Klaus Renft
Zwischen Liebe und Zorn
Autobiographie

Schwarzkopf & Schwarzkopf

KLAUS RENFT

ZWISCHEN LIEBE UND ZORN

AUTOBIOGRAPHIE
Herausgegeben von Hans-Dieter Schütt

Schwarzkopf & Schwarzkopf

Ich hör im Nachtwind brausen noch den wilden Schwan.
Der Worte Wunden bluten heute nur nach innen.
Die Zeit der Wunder schwand. Die Jahre sind vertan.
   STEPHAN HERMLIN

Natürlich Wahrheit, Wahrheit, Wahrheit.
Immer nur Wahrheit.
Allerdings nur meine Wahrheit, okay?
Eine andere ist mir auch gar nicht begegnet.
   ERIC CLAPTON

DDR-Leben ist wie Lotto.
Doch die Kreuze macht ein Funktionär.
   KLAUS RENFT COMBO,
   »Rockballade vom kleinen Otto«

Klaus Renft, Begründer der Rockband »Klaus-Renft-Combo«, erzählt sein Leben. Es ist ein Leben, das in Thüringen begann und in den siebziger Jahren in Leipzig seinen künstlerischen Höhepunkt fand. Renft ist ein Mensch, der über seine musikalische Besessenheit zum Staatsfeind »avancierte«, zuvörderst freilich zum Mitgestalter und Zeugen einer massenhaften Rock-Begeisterung in der DDR. Gerade »Renft«, eine Band, die »nur« gute Musik machen wollte, wurde künstlerischer Hoffnungsträger einer Jugend, die nicht zur willenlosen Anpassung bereit war.

Dies ist kein Fan-Buch, es ist eher der Versuch eines Zeitspiegels. Klaus Renft erzählt gnadenlos subjektiv, mit leidenschaftlichem Bekenntnis zu Abenteuer und Irrtum. Kein analytisch recherchierender Abriß eines Kapitels Rockgeschichte der DDR wird geboten, aber ins Blickfeld rückt über die biographische Erinnerung doch ein lebendiges, einsichtsreiches Stück des untergegangenen Staates.

Der durch zahlreiche Interviewbücher bekanntgewordene Journalist Hans-Dieter Schütt hat aus Gesprächen mit Renft, Stasi-Akten und Tagebuchnotizen des Musikers dieses Buch gemeinsam mit Klaus Renft zusammengestellt. Es sind Szenen aus dem Alltag eines Rockbarden, Mosaiksteine einer bewegten Zeit, immer zwischen Liebe und Zorn. Äußerungen von Bandmitgliedern sowie Gerulf Pannach und Cäsar Gläser runden ein biographisches Bild ab, das doch widersprüchlich bleibt.

Zum Titel des Buches: »Zwischen Liebe und Zorn« heißt eines der bekanntesten Lieder von »Renft« (1972, Musik: Peter »Cäsar« Gläser). Den Text schrieb Gerulf Pannach, der die freundliche Genehmigung dafür gab, daß sein Song-Titel nun Buch-Titel wurde.

INHALT

WIE VIELE SCHRITTE? UND WOHIN?
VORWORT VON KLAUS RENFT
8

LEBENS LAUF
VORWORT VON HANS-DIETER SCHÜTT
10

DIE TÜREN GINGEN AUF IN EINE ANDERE WELT
EIN BIOGRAPHISCHES GESPRÄCH
27

MELODIE FÜR ZWEI INTONATIONSTRÜBUNGEN
EIN PORTRÄT PER AKTEN
180

**JA. LEBEN MIT DER HOFFNUNG,
DASS WENIGSTENS DIE NARBEN BLEIBEN.**
DAS TAGEBUCH
217

ZWEI STIMMEN AUS DER NÄHE
265

HART AM WIND LEBEN
VON PETER »CÄSAR« GLÄSER
269

SCHOCKEN! SCHOCKEN MÜSSEN WIR SIE!
BEGEGNUNG MIT GERULF PANNACH
280

**NACHWORT:
EIN JUNGE-WELT-ARTIKEL UND DIESES BUCH**
KLAUS RENFT BEFRAGT HANS-DIETER SCHÜTT
292

WIE VIELE SCHRITTE?
UND WOHIN?

ICH VERSUCHE ZU SAGEN, WER ICH BIN. Schütt hat mir dabei geholfen. Hat rausgefragt, rausgeholt, reingetan, sich bei anderen umgetan. In meiner ehemaligen Truppe. Bei Gerulf Pannach und »Cäsar«. Wir haben geredet, verstreute Tagebuchblätter lagen plötzlich rum, ein hoher Haufen. Träume, hingefetzt. Nach wieviel Bier? Nach wieviel Musik? Nach wieviel Publikum? Irgendwo in meinen Notizen aus fast dreißig Jahren steht: »Gehn wir mal versuchsweise davon aus, daß ein stockendes Herz, das zum Stift greift, nicht weniger dokumentarisch ist als eine Zeitungsmeldung.« Ein Jedes erzählt auf seine Weise, was es zu erzählen hat. Aus der immer gleichen Geschichte um das immer Gleiche, das uns umtreibt: die Angst, ins Vergessen zu fallen. Deshalb habe ich geschrieben. Deshalb habe ich erzählt. Hoffentlich nur eine Zwischenbilanz. Ohne große Ordnung, vieles bleibt in der Schwebe. Wabert. Was dasteht, ist meine Geschichte. Meine! Nicht die der »Klaus-Renft-Combo«, die noch aus tausend anderen wahren und unwahren Geschichten besteht. Aber die Gruppe »Renft« war mein Leben – das hielt mich hoch. Sie ist noch immer mein Leben – das wirft mich, wechselnd mit den Hochgefühlen, nach unten. Suche ich zuviel Zukunft in der Vergangenheit? Warten wir ab.

NOCH EINMAL HABE ICH LANGE IN DEN SPIEGEL GESTARRT, ich wollte mein Gesicht sehn. Nichts hat ein Recht auf Dauer, nichts altert in Würde, nichts bleibt schön. Dennoch will ich nicht leben, um eines Tages mit den sehr tiefen Falten auf der Stirn zu sagen: Das, was alles mit mir passiert ist, das habe ich nicht gewollt. Was aber habe ich gewollt: Musik und also den ständigen Zwang, mich meiner Sehnsucht nach eigenem Rock und eigener Gruppe und eigenem Publikum auszusetzen. Als alles anfing, als alles seine Höhepunkte hatte: Das war wie ein elektrischer Schock. Die Phantasien fraßen sich mir in die Eingeweide. Musik wurde zur Droge – ein herrlicher Zustand im Weltall, ein schwieriger Zustand in verordneter Provinz. Wenn ich nur ein einziges Mal und ausnahmsweise dem Wesen meiner Stasi-Akte glaube, dann hat Musik offenbar mit einem gewissen Überschuß an krimineller Energie zu tun. Diese Einsicht verdanke ich der DDR, und die Genossen meinten mit der kriminellen Energie mehr als unsere Trinkfestigkeit. Die Gruppe »Renft« ist zerrieben worden, vielleicht, so paradox es ist, weil wir versuchten, irgendwas (was?) vorm Untergang zu retten. Jeder auf seine sehr unterschiedliche Art. Wie war das vor über zwanzig Jahren, als wir uns behaupten wollten gegen das Verbot? Welcher Weg wäre richtig gewesen? Auf den Staat zu? Von ihm weg? Wie viele Schritte auf ihn zu, und wieviel Schritte von ihm weg? Egal, welche Richtung: Ein Schritt greift immer zu kurz, zwei Schritte sind immer katastrophal. Man springt nicht, sagt Heiner Müller, der kein Rockmusiker war und trotzdem ein weiser Mann, man springt nicht halb über einen Abgrund. Wer's dennoch tut, kommt in Gefahr, Legende zu werden. Zu früh womöglich.

VIELLEICHT REDE ICH CHAOTISCH, aber das ist lebendig. Lebendig – das immerhin ist beruhigend.

KLAUS RENFT

LEBENS LAUF

ZU DIESEM BUCH

Dieses Buch erzählt aus dem Leben des Rockmusikers Klaus Renft. Die von ihm gegründete und nach ihm benannte Leipziger Gruppe »Renft« hatte in der DDR Kultstatus. 1975 wurde »Renft« verboten, Klaus verließ Monate später das Land, lebte dreizehn Jahre in Westberlin. Nach dem Untergang der DDR wurden die »Renft«-Musiker von der Kraft überrascht, mit der sich Erinnerungen an die Band, über Jahre hinweg, in vielen Seelen des Ostens gehalten hatten. Acht CD's mit ausschließlich alten Songs erschienen nach der 89er Zeitenwende – ein Evangelium der Sentimentalität. Vielleicht war es diese Überraschung, die Renft bewog, in seinen eigenen Erinnerungen zu kramen. Was die Suche erbrachte, liegt nun als Buch vor. Tiefen und Höhen und Tiefen eines Musikerlebens – zwischen Liebe und Zorn, wie einer der bekanntesten »Renft«-Titel hieß. Erzählt wird aus drei Perspektiven: ein Interview, Auszüge aus den Akten des Ministeriums für Staatssicherheit sowie Teile aus einem Tagebuch, das Renft über fast dreißig Jahre unregelmäßig geführt hat. Drei »Erzähl«ebenen gleichsam, als seien drei Kameras auf Klaus Renft gerichtet gewesen. In allen drei Porträt-Abschnitten kehren Situationen wieder, die Betrachtungsweise aber ist eine jeweils andere. Vergleiche und Querverbindungen sind möglich, aus Puzzleteilen und Interpretationsunterschieden ergibt sich ein Gesamtbild. Das freilich bleibt, was es nur sein kann: fragmentarisch. Was nicht stattfindet, sind kulturpolitische Analysen und streng historische Einordnungen; Renft ging es auch weniger um eine lückenlose Gruppen-Chronik, als vielmehr um sein rücksichtslos subjektives Nachdenken: Was war mein Leben bis jetzt? Was habe ich daraus gemacht? Bleibt »Renft« mein Schicksal?

DAS INTERVIEW. »Also die Beatles: Sie waren mit einem Schlag in allen Ohren und Hitparaden, alle redeten über sie und kannten sie, jede Woche produzierten sie einen frischen Hit, es war wie ein Fieber, packte uns und schüttelte uns und schmiß uns hin und machte uns anders, als wir gewesen waren ... Mit dem Yeah kamen die Hippies und mit ihnen die langen Haare, hier und da schlichen Mähnige mit trotzigen Augen durch die Straßen; staatsbewußte Kellner weigerten sich, Langhaarige zu bedienen ... Wer lange Haare trug, war ein Gammler.«

So läßt Erich Loest im Roman »Es geht seinen Gang« seinen Helden Wolfgang Wülff Jugendzeit-Gefühl in Leipzig beschreiben. Es ist dies die Zeit, da auch der junge Klaus Jentzsch/Renft seine ersten Bands gründet und rasch lernen muß, mit Kontrollen und Verboten umzugehen. Vor allem muß er lernen, daß sein Lebensgefühl auf einen staatlichen Widerstand stößt, den er zunächst gar nicht provozieren will.

Loest schildert in seinem Buch den sogenannten Beat-Aufstand im Oktober 1965 in Leipzig, eine Folge des Verbots auch der »Butlers« – der ersten überregional bekannten Band des Klaus Renft. Prof. Werner Neubert urteilte im »Sonntag« vom 30. Juli 1978 über Loests Roman, der den Untertitel »Mühen in unserer Ebene« trug: »Sicherlich hat jeder Mensch zwei oder drei Grunderlebnisse, die seine künftigen Haltungen und Entscheidungen teils bewußt oder auch unbewußt mitprägen. Bei Wülff ist es die Erfahrung, die er mit der Staatsmacht bei einem Radau einiger Beat-Fans auf dem Leuschnerplatz der Messestadt gemacht hat ... Hieraus entwickelt Wülff nun ununterbrochen seine Selbstwarnung vor allem, was mit Machtausübung und Autorität zusammenhängen könnte, seine ganze Lebenskonzeption ... So gerät das Buch zunehmend in den Ton des bloßen Räsonierens über das Problem von Macht und Verantwortung bei uns. Der ›klein bleiben wollende Mann‹ reagiert sein Mißbehagen ab, das er selbst immerzu in sich produziert. Wenn Loests zentrale literarische Figur sich den Luxus solcher durchweg für den Sozialismus unproduktiver, zuweilen fast neurasthenischer Übersensibilität leisten kann, dann wirklich nur, weil Millionen keineswegs weniger Empfindsamer, aber fest Entschlossener im Lande DDR seit dem 8. Mai '45 Tag für Tag und Stunde für Stunde das getan haben und tun, was revolutionäre sozialistische Tat, Pflicht und Verantwortung heißt!«

Diese Rezension ausführlich zu zitieren, soll keinen denunziatorischen Nach-Schlag signalisieren. Aber Neubert beschreibt aus offizieller Sicht genau den Konflikt, in dem sich Klaus Renft, kaum daß er der Rock-Musik verfällt, permanent befinden wird: Musik ist ihm das Mittel, über sich selber klarer zu werden, sie ist Selbst-Bewußtsein – aber dieser natürliche Vorgang, zu sich selbst zu finden, wird von der Gesellschaft als geistige, moralische Verwirrung betrachtet und geahndet. Daß Renft und seine Freunde stets ein Publikum hatten, das größer und größer wurde – dieser Fakt klärte sie darüber auf, daß sie in ihrer Welt-Sicht kein Einzelfall waren, und so konnte ihnen die Erziehung durch die Obrigkeit im Grunde nicht viel anhaben. »Renft« war dabei nie eine prononciert politische Gruppe; diese Musiker näherten sich kaum mit ausgeprägtem Botschaftswillen ihrem künstlerischen Handwerk. Eher war es so, daß sie gleichsam von der Musik durchschaut wurden; vom Rock, der aus der Fremde kam, sind ihnen die Sachverhalte gezeigt worden, deren sie sich selber noch nicht bewußt oder nur in unbedachter Weise bewußt waren. Die Wirklichkeit der Rockmusik, die sich offenbar mit Sozialismus nicht vertrug, hat auch Klaus Renft aufmerksam und kritisch für die wirkliche DDR-Welt gemacht. Die Rockmusik hat ihn informiert über ihn selbst und über das, was in ihm vorging. Erst dieser Prozeß der Selbstveränderung, erst die Erkenntnis, daß er durch Musik bewußter leben konnte, schärfte allmählich die Überzeugung, durch Musik auch andere bewegen zu können. Vieles von dem, was auf der Bühne geschieht, geschieht so schnell und mit solch atemberaubender Subtilität, daß der Zuschauer es zwar nicht aufnehmen kann, aber trotzdem weiß, daß es entscheidend ist und in einem Bereich geschieht, der jenseits von Worten liegt. Die Gruppe »Renft« der letzten Jahre – nach dem anfänglichen Kopistendasein rund um Vanilla Fudge, Iron Butterfly, Pink Floyd und Deep Purple; »Child in Time« wurde zum Erfolgstitel auch in der »Renft«-Interpretation durch Hans-Jürgen Beyer und später Monster – war zuvörderst eine brachiale und trinkfeste Truppe; diese Musiker waren wesentlich daran beteiligt, deutsche Texte durchzusetzen; die Gruppe profilierte sich im kurzen kulturpolitischen Aufwind der frühen Honecker-Ära, deren wesentliches Feld der einigende antiimperialistische Gedanke war – Solidarität mit Chile. Die Band begeisterte Massen, weil sie unverfälscht war; ein kleiner Trupp der lasterhaften Handlungen, heftig begehrend nach Rausch, Verzauberung, Lust. Bekanntlich kann der Blick der Lüsternen auch recht traurig sein.

Die Interviews also mit dem Pfeife rauchenden Klaus Renft (er ist wahrscheinlich der einzige, der Pfeifenreiniger abschneidet, um sie mehrfach zu benutzen.) Aber hier soll nicht die Rede vom Geiz sein (das Kloßwasser kann man noch für den Eintopf verwenden), sondern von Gesprächen. Die finden in Berlin statt, in wechselnden Wohnungen zwischen Oranienburger Straße und Prenzlauer Berg. Erstaunlich der Gleichmut, mit dem Renft die Quartiere bezieht und wieder verläßt, renoviert und wieder ausräumt. Meistens sitzen wir in der Küche, Klaus ist ein Küchenmensch. Da kommt das Thüringer Dorf des Ursprungs durch, damals war die Küche das eigentliche Zentrum von Leben, Familie, Wohnung. Wo immer ich mich umsehe, stehen Umzugskoffer; manchmal ist

eine (ebenfalls wechselnde) Frau in der Nähe. Er wirkt immer etwas müde (wie nach einer Schlacht) und aufgekratzt zugleich (ungeduldig hoffend auf die nächste); die schütter gewordenen Haare wirr, der Tonfall heiter, jagend, nie aggressiv. Er erzählt offen, ohne Scheu. Er grübelt dem nach (dies nach wie vor ausgiebig), was aus ein paar Musikern »Renft« machte, und er beginnt dem nachzugrübeln (dies sehr zögernd), was aus ihm noch werden könnte und müßte, nun, da »Renft« unterm Ansturm von Gegenwart auch die Legendenkraft verliert, die Gruppe sich in Streitereien und trennenden Zwist verlor. Renft ist geblieben, was er immer war: ein Naiver, der auf glückliche Begegnungen angewiesen ist, auf Menschen, die das Vertrauen rechtfertigen, das er unkontrolliert schenkt. Ich weiß nicht, ob er eine Kreativität besitzt, die aus dem Refugium Erinnerung herausführen kann, aber ich weiß, daß er sozusagen bei offenen Fenstern und Türen lebt. Er glaubt vielleicht als einziger der ehemaligen Band an die doch niemals realistische Zukunft von etwas, das noch immer »Renft« heißen könnte. Er lebt mit dem Auge, das rückwärts schaut. Das macht ihn angreifbar, aber zugleich macht es ihn groß. Denn der Blick zurück ist der einzig verläßliche, und er bildet die einzige Herausforderung von Wert. Das immer macht die gegenwärtige Misere aus: daß wir aus Zukunft Gewißheiten erhoffen.

Wenn ich dem Leben des Klaus Renft zuschaue und zuhöre und versuche, seine Heimatlichkeit zu bestimmen, dann komme ich von Sätzen des französischen Dramatikers Bernard-Marie Koltès nicht los, der schrieb: »*Ich habe lange versucht, jenes Gefühl zu empfinden, das ich vom Hörensagen kannte, das des Mannes, der nach Hause zurückkehrte, doch fand ich dieses Gefühl eher beschissen und oberflächlich, jedenfalls lohnte es sich nicht. Es war eines Dichters unwürdig, so, wie es etwa eines Rockmusikers unwürdig ist. Eines Tages – ich weiß wirklich nicht mehr wo, weit weg von Paris, in einer eher feindseligen und abweisenden Umgebung – hörte ich plötzlich aus einer Bar oder aus einem vorbeifahrenden Auto gedämpft und fern ein paar Takte einer alten Platte von, sagen wir, Bob Marley, aber es hätte auch Rock sein können, vielleicht Eric Clapton; darauf habe ich eine Art Seuzfer ausgestoßen, wie die Gutsbesitzer in den Büchern sie ausstoßen, wenn sie sich abends im Wohnzimmer ihrer Hacienda am Kamin in einen Sessel setzen. Und jetzt kann ich sein, wo ich will, wenn ich auch nur von weitem Rat Race oder War höre, dann verspüre ich den Duft, die Vertrautheit und das Gefühl der Unverwundbarkeit, die Ruhe eines Hauses.*«

PORTRÄT PER AKTEN. Die Metapher las ich, um ihn noch einmal zu zitieren, bei Erich Loest: »Die Stasi war mein Eckermann«. Sicherheitsbürokratie als literaturnahes Ereignis? Mielke, in Assoziation gebracht zu Goethe? Ja. Jener bittere Spott, der beim Buchtitel des Leipziger Schriftstellers aus dem Jahre 1991 zweifellos und in beträchtlichem Maße mit im Spiele ist (einen Biermann-Gedanken aufnehmend), verkleinert nicht, was Aktenstudium nämlich auch bedeutet: Treffender als Loest hat niemand den unerwarteten Qualitätssprung benannt, der beim Studium von MfS-Akten von Abneigung zu Interesse führen kann, von Distanz zu Neugier, von Ekel zu wachsender Leselust, von schneller Lähmung durch verödete Sprache hin zur langsamen, aber durchaus belebenden Erkenntnis, daß gerade diese geistige Ödnis eine besondere Form von Realitätsspiegel ist. Und also überliefernswert bleibt. Mögen die MfS-Akten nicht die Wahrheit enthüllen – gewesene Wirklichkeit enthüllen sie auf jeden Fall. Auch über der unbarmherzigen Kleinlichkeit der inzwischen zahlreichen öffentlich gewordenen Berichte, diesen noch immer wuchernden Zeugenschaften dreister Nichtigkeit, läßt sich also letztlich ein Gestirn von Sinn aufziehen: »Alles zerfällt in Geschichten; jede ist anders, jede verlangt ihr eigenes Maß, ›... und eh man sichs versieht, ist's eben ein Roman‹. Es ist der Staatsroman der sich real setzenden (und real zersetzenden) sozialistischen Utopie.« So kann man es bei dem Essayisten Friedrich Dieckmann lesen, und auch MfS-Akten erzählen auf spezifische Weise diesen »Staatsroman«.

Wer über Staatssicherheit, also über die auch in diesem Buch notwendigerweise mitverhandelte Seite der DDR, wirklich urteilen will, der muß sich nach wie vor jene Originale zumuten, in denen mit Betroffenen wie Klaus Renft wahrlich deutsch gesprochen wird. Bei den einen bestätigt das Studium der Akten einen vorhandenen Haß auf den untergegangenen Staat, bei anderen setzt es diesen Haß erst frei, bei wieder anderen entwickeln sich verspätete Schamgefühle. Die Dokumente bleiben eine Prüfung, sich der Wirklichkeit zu stellen; die oft so leichtfertig gelobte Geduld des Papiers zeigt ihre böse Kehrseite. Der Gegenstand jeglicher Observierung: absurd, deren Mittel: suspekt. Der vermeintliche Staatszweck freilich schien Gegenstand und Mittel zu rechtfertigen, ebenso das rasche Anwachsen der Zuträgerschar. Jede Aktennotiz teilt neben dem Mitzuteilenden auch ihren anmaßenden Anspruch aufs letzte Wort mit; und letzte Worte sind sehr oft Urteile, deren behauptete Entschiedenheit doch Züge tiefer Verängstigung trägt. Verängstigung wiederum verhindert letztgültige Textformungen, setzt jene unfreiwillige Improvisationselemente frei, die Voraussetzung guter Unterhaltung sind. Denn so paradox es klingen mag: Die Akten verhindern zwar einen gemächlich-gemütlichen Abschied von der DDR (das ist ihr moralischer Nutzen), in gleichem Maße jedoch befördert eine fortgesetzte Dokumentation staatsbeauftragter Beobachtungsmanie den ironischen Blick auf die kurzatmig gebliebenen Sieger der Geschichte. Die alten Akten, ans Licht gebracht, stürzen in neue Bedrängnis – aber sie helfen gleichzeitig auf, namentlich zu souveräner Draufsicht.

Für den, der mit fremdem Blick auf fremdgesteuerte Lebens-Läufe blickt, sollte es nicht um Voyeurismus gehen, wohl aber um Gedächtnis, an dessen Ausformung wir alle beteiligt sind. Zu diesem Gedächtnis gehört bleibend – gerade anhand von Opfer-Akten – das wirklich ernsthafte, vorurteilslose Nachforschen, wieso sich Menschen eines Tages unkontrolliert und bereit zur Selbstaufgabe in den Mechanismus eines totalen Überwachungsdienstes begeben. Über meinem Schreibtisch hängt zu diesem Thema seit einiger Zeit ein vergilbter Zeitungsausschnitt, dessen Autor ich nicht kenne. Der Text ist mir fremd, er hat eine gnadenlose Lakonik, und doch erklärt er die Welt: »Im Schaufenster steht ein Schweizer Messer. Das Messer hatte Lust auf ein Verbrechen. Ich dachte: Wenn ich mich anbiete, wird nichts geschehen. Ich bot mich an, ich wollte kein Opfer sein.«

Zusammengetragen und chronologisch montiert wurden für dieses Buch Ausschnitte aus Polizei- und MfS-Akten über Klaus Renft/Jentzsch; Interviews und Zeitungsartikel, die in die Akten Eingang fanden; parteiinterne Berichte zur »Renft-Combo« und mit ihr in Zusammenhang stehende kulturpolitische Informationen. Alles beginnt friedlich mit einer musikalischen Einstufung im Jahre 1962; über »Butlers«- und »Renft«-Verbot führt der Weg geradezu bedrohlich kurvenlos zur Ausreise Renfts im Jahre 1976; aus einem Menschen wird ein »Sperrobjekt«.

Beibehalten wurden bei der Auswahl grobe orthographische Schnitzer (etwa die mehrfach variierte Schreibweise des Gruppennamens »Butlers«), die aber ebenso beredt sind wie die charakteristischen Satzkonstruktionen eines seelenlos standardisierten Berichtswesens. Die Akten-Notizen ergänzen einander, mitunter widersprechen sie sich auch. Die Aneinanderreihung ergibt eine seltsame Brechung des Materials. Akribie und Eifer produzieren mitunter unfreiwillige Komik – etwa wenn während des sogenannten »Beat-Aufstandes« im Oktober 1965 in Leipzig fortwährend Lageberichte durch den Polizei-Fernsprecher gejagt, mehrfach »Vorfälle« festgestellt und Alarmhandlungen ausgelöst werden. Regelmäßiger falscher Alarm führt schließlich zur entnervten Anweisung, die sich verselbständigende Meldewut zu dämpfen und gefälligst nur »wirklich Vorfälle« zu melden.

Wer das gebotene Amts- und Zuträgerdeutsch mit Sinn für Querverbindungen auf sich wirken läßt, für den ergibt sich am Ende des »Operativ-Vorganges« ein Mosaik, das Zeitgeschichte aufzeigt und das so vielleicht überhaupt nur mit Dokumenten erzählbar ist. Dieses Mosaik überführt auf eine Erfahrungsspur, auf der es noch immer Frontlinien gibt. Auch wenn Klaus Renft heute über alles lächelt: Nichts geschieht, was nicht am Ende Wunden brächte. Schatten, so nennt der Volksmund beziehungsreich die Sicherheitsdiener. »Ein Schatten«, so schreibt Günter Kunert, »bleibt beneidenswert/ unbehelligt vom rauhen Grund/ während man selber auf immer/ versehrt davongehen muß.«

Klaus Renft hatte, unter anderem, den Decknamen »Wanderer« bekommen. Als die Akte geschlossen wird, trifft ein Vermerk auf dem Deckblatt über den endgültigen Ablage-Wert der erspitzelten Auskünfte ein Urteil, das zum Zeitpunkt der Aktenschließung etwas gänzlich anderes meinte als zur Zeit der Akteneröffnung. In einem unfreiwilligen Akt von Vorsehung steht da: »Geschichtlich wertvoll.«

DAS TAGEBUCH. Ein tägliches Wechselbad aus Reibung und Augenblicksreizung. Das Tagebuch nimmt Klagen auf, Beschwernisse, Seufzer, allgemeine Fragen an das Schicksal. Wenn man mit sich und der Welt im Reinen ist, wird sich wenig Futter finden. Aber dort, wo das Leben dem Schreiber nicht freundlich gegenübertritt, zeigt dieser sich schon eher geneigt, die unentwirrbaren Dinge und die daraus folgenden Unsicherheiten zu Papier zu bringen. Freilich: In dem Moment, da der Jammer sich durch ein Schreibgerät entlädt, ästhetisiert sich auch schon – auf welcher Ebene auch immer – das formloseste Leiden und gerät in das kleidsame Licht des schönen Scheins. Mit dem Schreibakt stellt sich augenblicklich die Versuchung ein, Kümmernisse als Motiv ernst zu nehmen und sie insofern vielleicht sogar erfreulich erscheinen zu lassen. Jede Niederlage kommt sofort in den Rang eines interessanten kleinen Ereignisses – und wird dadurch weniger schlimm.

Wofür liefert ein Tagebuch den Beweis? Vielleicht dafür, daß das Leben auf seiner Oberfläche gar nicht so furchtbar bewegt ist. Wir führen doch alle ein Dutzendleben. Und doch sind Kleinigkeiten im Gemüt aufschreibenswürdig. Und plötzlich gibt es etwas, das aus dem Rahmen fällt. Das Tagebuch ist auf den Tag gemünzt, und es verzeichnet insofern wandelhafte Tageskurse. Dabei gibt es zur Einsicht frei, was die Filter bereits durchlaufen hat. Es ist eine kontrollierte Selbsteröffnung. Die Hauptsache ist gar nicht so sehr der Inhalt als vielmehr die Methode: Wie zeige ich meine Wunden und Pflaster, wie führe ich das vor. Dabei spielt der Leser zunächst gar keine Rolle. Das Tagebuch ist eine ganz private Besprechungsstation, ein Beichtstuhl, eine Reflexwand, ein Schatten; ein zweites Ich, das einer braucht, um das wacklige primäre Ich zu stabilisieren. Im Gespräch mit seinem Tagebuch fühlt man sich nie ganz allein.

Klaus Renft hat Tagebuch geschrieben. Geschrieben? Er hat die Splitter gestreut, hingefetzt, nachgeträumt, ausgeatmet im Bierdunst, er hat sich an Erlebnisse verloren und das Verlorene dann wieder mühselig zusammengesucht. Was wir gemeinsam gemacht haben, ist der Versuch einer nachträglichen Ordnung von Zerklüftetem, Herausgepreßtem, Eingesickertem, Verstaubtem. Ich bin Renft nachgelaufen in die Provisorien seiner Wohnungen, über Musikinstrumente bin ich gestiegen, zwischen Aktenordnern und Handwerkerkisten habe ich gesessen, wir wußten nicht, was ist gerade Wohnzimmer oder Küche, Schlafzimmer oder Küche, auch da stets der gewohnte Hauch Umzug und Durchzug, am Sohn vorbei, der Gitarre spielte, die Katze saß auf den Verstärkerboxen, wir haben gegraben in Stapeln, aus den unergründlichen Speichertiefen des Uralt-Computers kamen immer neue Ausdrucke. Fragmente über Fragmente, unleserlich, die Schichten überlagerten einander. Vielleicht hat die Ordnung, der wir die Sammlung mühselig unterzogen, einiges der spontanen Materialschlacht zerstört; es kehrte plötzlich ein seltsamer Friede ein in das wüste Schrift-Bild; ja, auch ein »wenig« mit Orthographie, zumindest, habe ich gern ausgeholfen. Ausgewählt wurde, was die Lebenslinie vermitteln kann, das Wesentliche, dem ein Text zugeliefert wurde, das mögliche Sagbare dessen, was gemeint war: Ein Mensch muß sich entscheiden, ob er Musiker wird oder Gemüsehändler. So beschreibt Renft den Konflikt, aber es ist ein Konflikt, der gar keiner werden darf: Weil die Musik von früh an alles überdrängt in diesem Menschen und sie Renft im besten Sinne des Wortes zu einem Asozialen macht, zu einem Menschen, der sich nicht sozialisieren läßt, nicht von den gesellschaftlichen Maßstäben der DDR und nicht von denen der Bundesrepublik. Die Tagebuch-Auszüge entwerfen das Porträt eines

Unbehausten, der an der Unbehaustheit ebenso leidet wie an der spießigen Alternative dazu. Der Mensch Renft lebt sich selbst. Und dem Menschen ist nunmal alle Freiheit gegeben, sich zu mühen, nach seiner Art – oder sich zu zerstören. Es ist müßig, die Welt zu verklagen, daß sie dem Menschen Grenzen gesetzt hat. Es ist wichtig, daß der Mensch seine Grenzen erreicht. Es bleibt dann doch noch Gefahr genug, diese Grenzen zu sprengen, die Macht des Urselbst zu mißbrauchen, sich selbst, so man sich erhoben hat, wieder zu stürzen. Renft stellt sich seiner Sehnsucht als Musiker, bis ans Ende seiner Kraft. Man muß mit ihm tragen, wenn man mit ihm arbeiten will. Wo man es nicht kann, muß man es sagen und gehen, denn man kann ihn nur stören und schließlich lähmen. Er hat sich in einem Geschäft und zwei Welten versucht, in denen es nicht folgenlos bleibt, wenn man sich der Aufrichtigkeit für fähig hält. Der Aufrichtigkeit, ein Leben zu verneinen, in dem alle Möglichkeiten des kommenden Tages berechnet sind, in dem man für jedes Risiko versichert ist, in dem alles nur so und nicht anders verlaufen wird. Wohl dem, sagt dieses Tagebuch polemisch, der ist, was die Gesellschaft von ihm fordert! Der muß sich nicht quälen. Wohl dem, der wenigstens kann, was er nicht ist! Der muß sich auch nicht quälen. Aber wehe dem, der es nicht versteht, sich von dem Entwurf zu unterscheiden, den er einst von sich selbst gemacht hat.

Mich hat erschreckt, wie gegenwärtig mir vieles von dem geworden ist, was Klaus Renft vor Jahren gedacht und notiert hat.

KLAUS RENFT, der Mann mit den vier Kindern und zwei Enkeln. Das ist, glaube ich, die Geschichte großer, ihn selbst überwältigender Erfolge. Ein Ausriß DDR-Historie, die auf vielfältige Weise ja immer weiter erzählt werden muß. Mehrmals während unserer Gespräche hatte Klaus Begegnungen mit dem Regisseur Heiner Carow. Der Tod riß diesen Künstler aus Plänen, die »Renft«-Story zu verfilmen. Diese Story erzählt von einem Musiker, der mit Leben beschäftigt ist. Also mit etwas, mit dem alle Lebenden zuvörderst zu tun haben: Es ist, nimmt man alle Dinge zusammen, die Geschichte eines Scheiterns. Und das sind allemal, ob wir das mögen oder nicht, die besten Geschichten.

Berlin, im August 1997   HANS-DIETER SCHÜTT

DIE TÜREN GINGEN AUF IN EINE ANDERE WELT

KLAUS RENFT –

EIN BIOGRAPHISCHES GESPRÄCH

Allezeit drängt nach vorne das Lebendige und regt sich,
zwischen Liebe und Zorn reift der Mensch, und er bewegt sich
auf sich zu immer mehr, was für den nicht angenehm ist,
der am Hintern zu schwer und im Kopf zu bequem ist ...
                                        (Gerulf Pannach)

HANS-DIETER SCHÜTT: Klaus, die erste Frage ist gleichsam gesetzt.

KLAUS RENFT: Was bedeutet Renft?

Genau, nur noch mal zur Klarstellung. Viele kennen zwar die richtige Antwort, aber ebenso viele behaupten, »Renft« sei thüringisch oder sächsisch und bedeute die mundartliche Bezeichnung für Brotkanten.

Brotranft, ja. Ranft ist thüringisch. Der Name Renft aber ist mein Familienname mütterlicherseits und läßt sich im Stammbaum bis an den Anfang des vorigen Jahrhunderts zurückverfolgen. Meine Mutter sagte mir in früher Kindheit, wenn ich groß sei, würde sie mir etwas sehr wichtiges erzählen. Sie gestand mir dann, daß der Mann, dessen Name auf meiner Geburtsurkunde stand, nicht mein Vater war. Sie hatte ihn geheiratet wegen der Sitten damals, die einsame Zeit und so – ich aber sei das Kind ihrer großen Liebe gewesen, einer Beziehung im Hause unseres Landarztes Dr. Strätz. So hat mir das meine Mutter erzählt. Das alles wäre gar nicht mehr von Belang, hätte ich nicht schon bei der Gründung meiner ersten Jugendband, der »Klaus Renft Combo« – wir spielten mit umgebauten Radios als Verstärker – instinktiv den Familiennamen meiner Mutter benutzt. Das war zu einer Zeit, da ich noch gar nicht wußte, daß dieser Name ursprünglich, hätte meine Mutter nicht jenen anderen Mann genommen, auch meiner geblieben wäre. Ich bin sozusagen von Anfang an bei meinen Wurzeln geblieben, durch Ahnung, nicht durch Wissen; das hab' ich immer als eine große Fügung betrachtet.

Du wurdest am 30. Juni 1942 in der Frauenklinik in Jena geboren.

**Links: Klaus' Mutter,
Namensgeberin
einer künftigen Legende.
Rechts: Schon BASS
erstaunt über die Welt**

So steht's auf meiner Geburtsurkunde, ja. Am Tag, da auch Ulbricht geboren wurde. Also, ob das nun unbedingt sein mußte! Aufgewachsen bin ich in Gernewitz, einem eher winzigen Dorf, in der Nähe von Jena. Ich bin noch einer aus dem Tausendjährigen Reich. Einer aus dessen letzten drei Jahren. Aber kaum Erinnerungen, logisch. Nur die eine, an was ganz Nebensächliches, das sich aber lebenslang hielt: Ich haßte schon beizeiten grünen Hering. Weiß nicht, wieso. Aber ich kriegte den einfach nicht runter. Von Anfang an. Das ist mir als erster Widerwille meines Lebens geblieben, und das war das erste Mal, daß Erwachsene an mir scheiterten. Mein Mund blieb einfach zu, wenn die Gabel kam. So hartnäckig war ich im Leben nicht immer. Thüringer sind nämlich nicht hart, Thüringer sind freundlich, sanft, ein bißchen biegsam.

Leider waren meine Schwester und mein Bruder über zehn Jahre älter als ich – als Spielgefährten waren sie also unerreichbare Größen. Mit dem Kriegsende, das ich als solches natürlich nicht mitgekriegt hatte, kam die Schokolade: Ein schwarzer Mann in Uniform saß in einem offenen Auto, vor unserer Molkerei, wo wir auch wohnten, und er verteilte das süße Zeug. Wir Dorfgören hatten schnell den Dreh raus: Wir brauchten den vorbeiziehenden Soldaten bloß »Schokolade« zuzurufen, und es kam ein angenehmer bunter Regen. Bis andere Soldaten kamen, die hatten andere Uniformen und keine Schokolade, und als die blieben, gab es bald gar nichts mehr zu essen. Es waren die Russen.

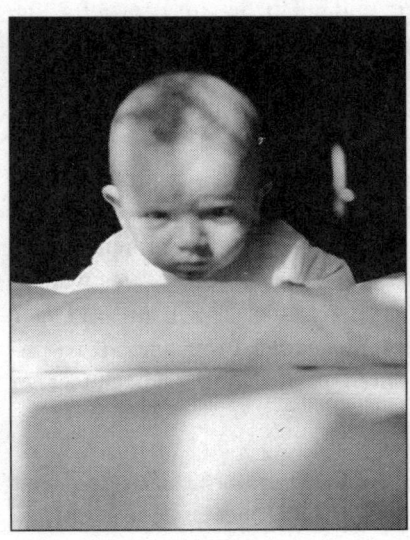 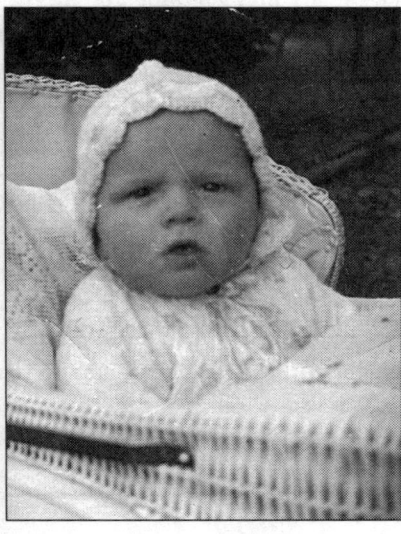

Aber deinen Vater mitgenommen haben, schon vorher, die US-Amerikaner.

Entnazifizierung, ja. Mein Vater hatte ja die Molkerei geleitet, das war ein lebenswichtiger Betrieb für die Versorgung der Bevölkerung, also wurde er nicht eingezogen, und da es an Männern fehlte im Ort, hatten die Nazis ihn noch kurz vor Toresschluß zum kommissarischen Ortsgruppenleiter gemacht. Wegen dieser Funktion kam er nun ins Entnazifizierungslager. Ich betete abends immer, und in dem Gebet bat ich den lieben Gott, er möge meinen Vater schnell wieder nach Hause schicken. Damals habe ich nicht verstanden, warum meine Mutter sagte, diesen Wunsch solle ich lieber herauslassen aus meinen Gebeten. Ich sag' ja: Erst viel später begriff ich das; der Mann war nicht mein richtiger Vater. Mit sechzehn Jahren dann lernte ich meinen Erzeuger kennen, bei seinem Besuch in Gernewitz. Ein Versuch ohne Folgen. Es gab kaum Gefühle für die Situation, auf jeder Seite. Ich bin gewissermaßen ein vaterloser Mensch. Geworden und geblieben. Vielleicht kommt von daher meine dauernde Nestsuche – aber auch die Verführung, nur mal Zigaretten holen zu wollen und nicht zurückzukommen. Mir fällt's schwer, was festzuhalten. Alles stirbt genaugenommen sowieso vom Augenblick des Beginns an. Was du auch anpackst. Naja. Aber zunächst war der Mann im Lager für mich der Vater, und es war ein großer Moment, wenn wir ihn dort besuchten. Freilich: Rein durften wir nicht. Das Haus am Lagereingang sah trotzig und gefährlich und gewaltig aus, wie eine Burg, davor viele Menschen. Da ist Vati, rief meine Mutter und zeigte auf ein Fenster. Ich sah viele Fenster, und aus denen guckten viele Väter. Sie fuchtelten mit den Händen und schrien alle gleichzeitig. Sie fuchtelten so mit den Händen, daß ich dachte, jetzt wachsen ihnen Flügel, und sie fliegen aus den Fenstern, von denen viele vergittert waren. Ich verstand natürlich nichts von der Situation, aber sie hatte was von Romantik. Auf dem Heimweg sagte meine Mutter nur ziemlich tonlos: Hoffentlich ist er zu deinem Geburtstag wieder zu Hause. Das war im Mai 1945. Ich erinnere mich an einen Osterhasen, den er mir im Lager gebastelt hatte, der lief auf einem schiefliegenden Brett wie ein verunglückter Hundertmeter-Läufer nach unten. In die Molkerei nach Gerne-

Links: Klaus' Großmutter: Dörfliche Gelassenheit
Rechts: Hose mit Klaus.

witz kam Vater nie wieder. Die Amerikaner nahmen ihn mit nach Kornwestheim bei Stuttgart. Wenn Mutter dorthin zu Besuch fuhr, wohnte ich bei der Familie von dem Hubrecht, der war Obermeier in unserer Molkerei. Und hier nun endlich muß von meinem ersten musikalischen Auftritt gesprochen werden: Um nämlich jeden Abend vorm Einschlafen das versprochene und heißbegehrte Bonbon zu bekommen, sang ich hektisch alles nach, was ich irgendwann von meiner Mutter aufgeschnappt hatte. *Liebe kleine Schaffnerin; Püppchen Luise; Davon geht die Welt nicht unter; Sag beim Abschied leise Servus; Du bist die Rose vom Wörther See; Die Lilly von Bajanka.*

Die Lilly von Bajanka?

»Ich bin die Lilly, die Lilly aus Bajanka
aus einer kleinen Stadt, in Kamerun in Tanga.
Wenn jemand käme,
sich schlecht benähme,
fletsch ich die Zähne
husch, husch im Busch.«

Den rassistisch angehauchten Blödsinn verstand ich damals natürlich noch nicht, aber was soll's: Ich sang, kriegte mein Bonbon und schlief glücklich ein ... Eines Tages dann mußten wir raus aus der Molkerei und zogen in die Wäscherei gegenüber. Mutter wusch fortan die Wäsche für die Bauern. Sie hat das nie verwunden: über Nacht von der Frau Direktor in der Molkerei zur Waschfrau. Das ist bei ihr immer eine Wunde geblieben, die vernarbte nie. Aber wenigstens hatten wir was zum Heizen damals – die Bauern mußten Kohlen für die Waschkessel mitbringen, und immer gelang es meiner Mutter, ein paar von den schwarzen Dingern unter der Schürze zu verstecken.

Was mich betraf: Ich ging gern in den Wald. Neben Heidelbeeren und Pilzen brachte ich, damit es bei uns daheim warm wurde, Tannenzapfen von dort mit, sogenannte Kiebchen. Der Wald war meine zweite Heimat.

Wie kann man, sagt der russische Dichter Dostojewski, an einem Baum vorüberzugehen, ohne glücklich zu sein.

Gernewitz in Thüringen

Das stimmt. Wald ist Ruhe und zugleich geheimnisvolle Unruhe. Butterblumen, Himmelschlüssel, dann wieder gespenstische Nebel und inmitten der Szene die Schreie großer Vögel, mit Echo. An der Roda entlang, über die Flußwiesen, so ging der Weg, der immer unheimlicher wurde, je weiter man sich vom Dorf entfernte. Hinter uns blieben die kühlen Flure der Bauernhäuser, die nach alten Kalendern rochen, nach säuerlichem Brot und nach den Milchtöpfen in den Kellern, nach Geschichten von Schneegestöber, von Herbsten und Räubern. Im Wald mußte man ein Gefühl dafür entwickeln, wann man umkehren muß. Man lernte, was Lichtwechsel ist, und wie schnell die Schatten kommen. Aber der Wald verstärkte auch das wunderbare falsche Gefühl, daß wir immer Kinder bleiben würden. Illusionen sind in der Kindheit am schönsten. Ich hatte ein tiefes Naturgefühl, glaube ich, ein wirklich selbstverständliches Verhältnis zur Natur.

Wann eigentlich beginnt Kindheit? Mit vier oder fünf Jahren – zwischen den Dingen und dir gibt es den Schleier noch nicht, den die Zeit später ausbreitet.

Kindheit ist, wenn Erleben unmittelbar ist, wenn die Welt mit dir selber aus dem Dunst hochkommt. Alles ist irgendwie noch eins, ja. Deshalb heißt es von Künstlern manchmal, die hätten sich die Kindheit in die

Hosentasche gesteckt und wären weggerannt. Wenn ich im Wald war, war mein Kopf voll von natürlicher Musik, zum Beispiel der Peitschenknall des Windes, die Wellen vom Fluß. Jede Stunde hatte ihren eigenen Geruch.

Und am Sonntag ging es in die Kirche? Welche Erinnerungen hast du an euer Dorfleben?

In der Kirche war nur sonntags, in der Kneipe jeden Tag was los – so kriegten wir den entscheidenden Unterschied mit. Die Kirche wäre fast mein musikalischer Uraufführungsort geworden. Die Frau des Bürgermeisters wollte mit Kindern ein Weihnachtskonzert aufführen, ich sollte mit glockenhellem Sopran »Ich bete an die Macht der Liebe« singen. Aber bei den Proben kicherte ich zu sehr, also flog ich raus. In der Kneipe dagegen konnte man kichern und flog nicht raus. Dort saßen die Bauern, der Doktor, Onkel Fritz mit dicker Zigarre. Ja, Onkel Fritz. Alle Kinder haben ja in ihrem Leben irgendwann und irgendwo ihren Onkel Fritz. Vorn am ersten Tisch zu sitzen und grüne Waldmeisterlimonade trinken zu dürfen, das war ein großes Erlebnis. Am Wochenende wurde die Kegelbahn aufgemacht. Manche der Männer trugen sogar Krawatte. Die Frauen dufteten nach Fliederparfüm oder Veilchen. Wenn die Stimmung stieg, durften wir Jungens die Kegel aufstellen helfen. Die Holzkegel konnten gefährlich weit auseinanderspringen. Nur ein einziges Brett gab es, hinter dem wir uns versteckten, wenn die Kugel auf die Bahn geknallt und auf Geschwindigkeit gekommen war. Es hatte was von Krieg spielen. Krieg war ein schönes Spiel. Die Kanonenkugeln kamen angerollt, und es donnerte, wenn Holz auf Holz krachte. Beim Erntedankfest oder zum Fasching kam eine richtige Kapelle mit Trommeln und Becken ins Dorf. Der große Saal oben, über der Gaststube, wurde bunt geschmückt. Junge Männer standen schon beizeiten am Tag an der Theke, mit geröteten Gesichtern, die früh anzeigten, wie dieser lange nachtlose Tag enden würde. Ein Freund von mir und ich, wir stiegen in der Kneipe auf zwei Stühle und sangen die »Capri-Fischer«, den großen Modeschlager von Rudi Schurike. Nicht mal die Kapelle konnte den spielen. Unser Gesang sprach sich anderntags auch bei denen rum, die nicht zur Kirmes gekommen waren. Wir avancierten zu dorfbekannten Künstlern. Eines Tages bekam die Molkerei einen neuen Leiter. Er hieß Hiller. Ein Kommunist, sagte meine Mutter sehr leise. Es hörte sich irgendwie nicht gut an. Hiller hatte eine Tochter. Im Treppenhaus aß sie mal eine Banane, mir gab sie die Schale. Die kaute ich und schluckte das Zeug runter. Da ich den Geschmack nicht kannte, ich hatte ja noch nie eine Banane zu Gesicht bekommen, war es trotz ihrer Demütigung ein Hochgenuß. Ich habe dem Mädel, ohne es zu wollen, die Show gestohlen. (*Klaus lacht*). So geht's einem mit den Kommunisten. Wenn ein wenig Ironie gestattet ist: Daß diese Ostdeutschen von weit hinter den Bergen der Zeitgeschichte dann im Lauf der Jahre klüger wurden, zeigte sich bei der Öffnung der Mauer: Wieder wurde Banane gereicht, aber diesmal aß keiner mehr Schale ...

1948 sollte ich in die Schule kommen, bekam aber Keuchhusten. Der führte zu leichten Lungenschatten, so kriegte ich eine Kur im Erholungsheim in Hohenlychen. Es war eine schlimme Zeit: Lebertran. Der kam gleich nach grünem Hering. An meinen ersten Tag in der Dorfschule kann ich mich wahrscheinlich nur deshalb erinnern, weil er in der

Auch »Capri-Fischer« werden älter: Klaus und sein Freund Peter in Gernewitz. Dazwischen liegen vierzig Jahre.

großen Pause endete. Das heißt, ich erklärte den Unterricht für mich für beendet. Ich konnte nämlich partout nicht stillsitzen, ließ Ranzen und Schiefertafel liegen und ging einfach nach Hause. Ganz unaufgeregt. Noch heute sehe ich die Lehrerin, Fräulein Pantke, erschüttert und wütend die lange Dorfstraße heraufkommen. Hinter mir her. Sie sagte einen bezeichnenden Satz: »Ehe er die Buchstaben lernt, wird er wohl lernen müssen, daß man nicht einfach abhauen kann.« Nicht einfach abhauen dürfen! Damit hatte sie unfreiwillig das Hauptlernziel für den künftigen DDR-Bürger formuliert. Für lange Zeit aber blieb das Verlassen der Schule mein einziger Ausbruchsversuch. Wir waren vier Klassen in einem Raum. Wenn die einen schrieben, haben die anderen was vorgelesen, und der Rest hat zugehört.

An einer Holzplanke gegenüber der Kneipe wurden immer die neuesten Bekanntmachungen für das Dorf angeschlagen. Eines Tages hing da ein Plakat mit einem Flugzeug, aus dem viele Käfer auf die Felder fielen. Es war eine US-amerikanische Maschine, die Kartoffelkäfer auf unsere Ernte »bombte«. Und warum? Damit wir nichts zu essen hätten. So sagte es Bürgermeister Döbel, der inzwischen unser Nachbar geworden war, und so stand es auf den Bekanntmachungen. Das Dorf wurde aufgerufen, gegen die Plage aufs Feld zu ziehen, wobei auf den Propagandazetteln, wie mir meine Mutter später erzählte, alles so formuliert war, daß man nicht genau wußte, wer das Ungeziefer war, die Käfer oder die Amerikaner. Wahrscheinlich beide. Für eine der rötlichen, vollgefressenen Larven gab es jedenfalls fünf Pfennige, für die weit ansehnlicheren ausgewachsenen Käfer einen ganzen Groschen. Abgerechnet wurde auf dem Dorfplatz, wo der Bürgermeister mit dem Zollstock den Käferstand im Marmeladenglas maß. Ich hatte schnell herausgefunden, auf welchen Feldern die reichlichste Ernte zu holen war, und ich bekam zudem mit, daß es sehr nützlich war, zwischendurch mal ein frisches Blatt mit einzulegen ins Glas. Damit die Viecher was zu fressen hatten. Denn wenn sie tot waren, rutschte alles wie schliffer Hefeteig zusammen, der Zollstock hatte nur wenig zu messen, und dies schmälerte die Einnahmen. Was gibt es sonst noch an Erinnerungen? Schiebewurstessen! Weißt du, was das ist? Wurst war damals selbst in Thüringen etwas Seltenes. Gab es mal eine Scheibe zum Abendbrot, wurde Schiebewurstessen veranstaltet: Man legt die dünne Zuteilung auf den Brotanfang, und bevor man abbeißt, wird alles mit den Zähnen ein Stück nach hinten geschoben. Auf diese Weise können mehrere Brote mit der gleichen Wurst gegessen werden, und der würzige Geruch bleibt für eine ganze Weile in der Nase. Einmal im Jahr war Schlachtefest. Mit einer kleinen Milchkanne ging ich zum Bauern, um Wurstsuppe mit nach Hause zu nehmen. Die Schweine müssen bestimmt geahnt haben, was ihnen blühte. Sie schrien zum Gotterbarmen. Alle in der Familie mußten mit anfassen. Ich habe das Blut geschlagen, damit es, bevor es in den Darm gefüllt wird, nicht gerinnt. In einem großen Kessel wurde alles gekocht, und wenn mal eine Wurst platzte, gab es eine besonders gute Brühe. Es war alles so selbstverständlich: mit den Tieren zu leben, sie zu lieben und sich dann an ihrem Fleisch zu laben. Klingt pathetisch, aber auf so einem Dorf passiert es kaum, daß die Leute das Kaninchen nicht schlachten können und ihnen der Bratenbissen im Hals steckenbleibt, weil sie das nunmehr getötete Tier ja so liebten. Nein, auf dem Dorf geht es archaischer zu, und diese Lebensweise war ganz und gar auch die meine.

Welches waren denn deine musikalischen Erlebnisse, an denen sich im nachhinein vielleicht ableiten ließe, daß aus dir unbedingt ein Musiker werden würde? Ab wann hattest du ein eigenes Instrument?

Mein erstes Becken verdiente ich mir in den Sommerferien auf einer LPG in Liebertwolkwitz. Das ist bei Leipzig, wo wir ja später hinzogen. Für 99 Pfennige die Stunde las ich Kartoffeln. Zu einer großen und kleinen Trommel kam ich durch meinen ersten Besuch im Westen. Meine Geschwister waren noch vor DDR-Gründung rübergegangen, 1948/49. Es hat im übrigen von meiner Warte aus später nie eine Distanzierung von ihnen gegeben; zu keiner Zeit machte ich diesen DDR-Wahnsinn mit, Verwandte im Westen als Klassenfeinde oder zumindest als ungebetene Anhängsel zu betrachten. Das war für mich eine der schlimmsten Deformierungen, die die SED zustandebrachte: daß sie den Zustand der Familientrennung bei vielen Menschen als etwas durchsetzte, das man widerstandslos einzusehen und zu verstehen hatte. Zuerst fuhr ich also damals zu meinem Bruder nach Pforzheim. Er besaß einen Plattenspieler mit Verstärker, eine elektrische Gitarre und eine Neubauwohnung. Westen – das war für mich vor allem: in der Nähe ein Laden mit Zündplättchen-Pistolen, ein Kaufhaus mit einer Rolltreppe und der Gemüsehändler mit seinen Mandarinen und Bananen. Im Kino wurde der Film »Calypso Fieber« mit Harry Belafonte gezeigt, und die Ostbesucher hatten im Kino an der Hauptstraße freien Eintritt. In zwei anderen Kinos gab es wenigstens Ermäßigungen, ich aber wollte unbedingt Musik- und Westernfilme sehen – ausgerechnet in einem Kino, wo man voll bezahlen mußte. Mein Bruder knurrte geizig, aber ich überhörte das leidenschaftlich und erfolgreich. Vom Begrüßungsgeld für Ostler, das es ja schon damals gab, hatte ich mir eine Luftpistole gekauft und meiner Tante mit dem Ding ein paar Balkonblumen geschossen, auf dem Rummel. Zuhause bei ihr spielte ich dauernd Bill Haley auf dem Plattenspieler. Der sei doch längst aus der Mode, sagte meine Tante und legte Gerhard Wendland auf – das war halt Pforzheim. Bei meiner Schwester in Karlsruhe wehte da schon ein anderer, ein etwas weltläufigerer Wind. Ich konnte, wenn die Schwester auf Arbeit war, im Radio AFN hören – das machte ich freilich so laut, daß die Leute auf der Straße stehenblieben und kopfschüttelnd nach oben guckten. Schade, daß ich das Fahrrad nicht mitnehmen konnte; meine Schwester wollte mit ihrem Mann nach Amerika auswandern oder nach Kanada, sie haben das dann auch getan, und sie hätten mir das Ding gern mitgegeben. Aber ich hatte auch so genug Schiß an der Grenze – wegen der mitgebrachten Luftpistole, den fast fünfzig Westernromanen im Koffer, vor allem aber wegen des vielen Ostgeldes, mit dem ich mir zu Hause Trommeln kaufen würde. Ich hatte von meiner Schwester Westgeld bekommen und es in einer Wechselstube eins zu vier in Ostmärker umgetauscht. Ich hatte Glück: Mein Koffer wurde im Zugabteil, bei der Grenzkontrolle, als einziger nicht aufgemacht.

Du hast es eben schon angedeutet: Ihr seid dann nach Leipzig umgezogen.

Ja, Ende April 1952 sind meine Mutter und ich nach Leipzig gezogen, in die Mozartstraße 8. Für mich drohte mit der Nachricht des bevorstehenden Umzugs vom Dorf in die Stadt eine Welt zusammenzustürzen. Ohne mein Gernewitz konnte ich mir das Leben nicht vorstellen, und tatsächlich: Die Kräfte der Kindheit können eine ganzen Kosmos zusammenhalten. Die Mitteilung des Ortswechsels erfüllte mich mit Angst und Furcht; die Veränderung meiner Welt kam mir unheimlich vor. Mir ging das oft so im Leben, und seltsamerweise erinnerte ich mich viel später,

Mozartstraße 8, Leipzig

als ich die DDR für immer verließ, an diese frühe Zeit: Jedes Neue erzeugte zunächst Unbehagen in mir. Jeder Wechsel, gerade auch der erzwungene, wurde als schmerzlicher Abschied empfunden; durch Änderungen wurde die Wirklichkeit, wie in Alpträumen, in furchteinflößender Weise verzerrt. Nur wenn's mit der Band später auf Tournee ging, fühlte ich mich immer heimisch – auch wenn die Orte nur so vorbeiflogen und eine gewisse Unbehaustheit das Leben beherrschte. Die Erwachsenen mußten also damals in Gernewitz richtig eindringlich mit mir reden, offenbar fürchteten sie sogar größere seelische Verstörungen bei mir. Vielleicht dachten sie auch an die Erfahrung mit dem grünen Hering. Nichts kann einem ja unter bestimmten Umständen so sehr Heimat sein wie das, wovon man sich trennen muß. Abschiedsgefühle sind diejenigen, die sich uns am tiefsten einprägen.

Auch Mütter werden ja zu Müttern immer erst so richtig im Augenblick der Trennung von ihren Kindern.

Jedenfalls: Mit den Verlockungen einer Eisenbahn, die auf Schienen durch die Stadt fährt, und nach ausgiebigen Erzählungen von einem Leipziger Zoo, in dem alle Tiere der großen Welt leben, stimmte ich einem Umzug schließlich doch zu, ohne größere psychische Verwerfung, ja, mit einem Mal konnte ich die Zeit der bevorstehenden Ortsveränderung gar

nicht abwarten. Eines Tages dann war es soweit, Hiller schickte uns das Molkereiauto, und auf der Autobahn verloren wir unseren schönen Korbsessel von der offenen Ladefläche. Nachdem es bemerkt worden war, lief der Fahrer auf dem Grünstreifen zurück, auf einer Wiese fand er das gute Stück, da lag es mit gebrochenem Bein, und ich heulte, als sei der Sessel ein verletztes Lebewesen. Ich weiß noch: In Leipzig angekommen, wollte ich gleich in den Zoo, von dem man mir so hingebungsvoll erzählt hatte; als mir dieser Wunsch abgeschlagen wurde, lenkte ich mein Interesse umgehend und störrisch auf die Trümmerbahn. Diese kleinen Lokomotiven mit den vielen Kipploren fuhren auf allen Straßen, inmitten unendlicher kaputter Häuserreihen. Es sah aufregend aus. Neben unserem Haus stand eine Ruine, eines Tages wurde sie gesprengt, damit hatten sich die Trümmerbahnen erledigt, und auf dem freien großen Platz spielten wir fortan Fußball. So ist die Welt durchaus in Ordnung: Aus Kriegsplätzen werden Fußballplätze ...
Meine Mutter begann in Leipzig als Näherin zu arbeiten, und sie mußte in Heimarbeit Gummis an Leichtmetallrahmen für Schweißerbrillen nähen. Ich hatte zur Vorbereitung die Fäden zu schneiden und mit Bienenwachs haltbar zu machen.

Kannst du dich an den 17. Juni 1953 erinnern?

Mein Gott, ich war elf Jahre alt. An dem Tag zogen an unserer Schule viele aufgeregte Leute vorbei. Es hagelte sozusagen die bekannten Losungen »*Preissenkung in der HO!*«, »*Wir fordern freie Wahlen!*« Was ich jetzt sage, habe ich damals natürlich nicht begriffen. Aber wir Kinder waren dabei, so ein Abenteuer reizte uns. Der Marsch ging in Richtung Zentrum. Am Gefängnis in der Beethovenstraße schrien die Massen: Öffnet die Zellen! Männer stiegen eine klapprige Bockleiter hoch, sie versuchten in sinnloser Wut, die vergitterten Fenster aufzubrechen. Ich sah einen Polizisten, der im dritten Stock aus dem Fenster schaute, er fuchtelte mit seiner Pistole herum, schoß in die Luft, überhaupt knallte es überall, und irgendwie krachten dann doch die Gitter aus der Wand, ich sah Leute durch die nun offenen Fenster kriechen, es schrie und rannte alles durcheinander; Rufe hörte ich: »Panzer, Panzer« – plötzlich stieg doch die Furcht in einem hoch, und ich rannte nach Hause. Hinter dem Hügel in einer nahegelegenen Parkanlage fand ich Schutz, kauerte mich zwischen die Büsche, hatte nun echte Angst, aber ich konnte auch nichts mehr beobachten von diesem seltsamen Schauspiel, verfluchte meinen Schiß, rannte nach Hause, dann wieder zurück, weil die Neugier schließlich doch stärker war. In der Dimitroffstraße, vor der Hochschule für Grafik und Buchkunst, kam ein Panzer angerast, bremste scharf, machte eine Drehung, rutschte halb auf den Bürgersteig, wobei der Gossendeckel zermalmt wurde. Der Panzer richtete sein Rohr in Richtung Polizeipräsidium. Ein Mann packte mich beim Arm, schleuderte mich aus der Gefahrenzone. Wie ein Held fühlte ich mich, auch, weil meine Mutter ihre Angst um mich so offen und ungehemmt gezeigt hatte und ich trotzdem wieder rausgegangen war: Ich kehrte den Gegensatz zu ihr hervor, ließ mir Geld für den Bäcker geben, denn unterwegs hatte ich aufgeschnappt, was von Mund zu Mund ging: Man solle sich bevorraten. Natürlich hoffte ich, mitklauen und so das Geld der Mutter behalten zu können. Zum Bäcker kam ich leider zu spät, der Laden war schon wie leergefegt. Ein paar Tage später wurde unser Haus von Polizei umstellt, sie holten den Siegfried Dölle aus dem ersten Stock ab, bei einer Gefangenenbefreiung soll er mitgemacht haben. Wir starrten schweigend auf die Szene, keiner sagte oder machte was. Die Gardinen vom Nachbarn wackelten – aber auch ich hatte Angst und hielt den Kopf nicht unbedingt ans offene Fenster. Solche Gardinen, hinter denen man hervorlugen, sich aber auch verstecken kann, sind wahrscheinlich das wichtigste Utensil der Geschichte. Siegfried Dölle kam nicht wieder, und niemand im Haus oder in der Straße stellte Fragen.

Du sagtest eben, Gardinen seien wohl das wichtigste Utensil der Weltgeschichte. Klingt nicht gerade euphorisch, was deinen Blick auf Menschen betrifft. Wenn du dein Leben befragst, auch deine frühen Erfahrungen: Wie sind denn für dich die Menschen?

Wie die Menschen sind? Moralisch? Geht's nicht eine Nummer kleiner? Ich kann da nur in meiner kleinen Welt rumkramen. Mein Freund Gerald zum Beispiel war ein Musterschüler. Als ich in Mathe mal wieder keine Hausaufgaben hatte, schwitzte ich Blut und Wasser. Zum Glück ging der Lehrer gleich zu den neuen Aufgaben über. Das heißt: beinahe. Gerald meldete sich schnell, schielte triumphierend rüber zu mir und machte schadenfroh darauf aufmerksam, daß noch nicht über die Hausaufgaben gesprochen worden sei. Oder die Familie Siegfried, die war nie zu durchschauen. Die Mutter war Dozentin, ihr Lebenskamerad Russischlehrer.

Sohn Rolf-Bernd, auch in meiner Klasse, hatte immer alle verdroschen, war hinterhältig und fett. Sie gaben sich röter als Rote und waren eines Tages im Westen.

Warst du später in der FDJ?

Nein, aber ich wurde nie direkt unter Druck gesetzt deswegen. Irgendwie war ich schon damals einer, der nirgends reinpaßte. Niemand kam klar mit mir, ich kam mit den anderen nicht klar, und der lieben eigenen Ruhe wegen ließen mich alle in Ruhe. Mal verblüffte ich mit Gedanken oder Ideen, dann wieder mußten alle denken, an mir sei Hopfen und Malz verloren.

Der Maler Wolfgang Mattheuer hat einmal den Clara-Zetkin-Park als »Central-Park Leipzigs« bezeichnet. Ein Eldorado kleiner Flucht-Sehnsuchten ist es beim Lyriker Georg Maurer. Tun und lassen, was man will. Abenteuerspielplatz, auf dem die Illusionen der Alten so viel Raum haben wie die der Jungen. Was war der Clara-Zetkin-Park für dich?

Das etwa, was da beschrieben wurde von klügeren Leuten. Dort in dem Park konntest du dein Recht auf Wildnis ausleben. Gleich vorn auf der Wiese stand und steht eine alte Trauerweide. Sie war der Unterschlupf für unsere Straßenbande, und ich fühlte mich als Herr des Baumes. Denn ich war der Boß. Man nannte mich den König der Mozartstraße. Mozart und Straßenbande, das paßt ja verdammt gut zusammen. Aus Kartoffeln fertigte ich Stempel, jedes Bandenmitglied bekam einen Ausweis. Natürlich hatte den nie einer dabei, aber ein gemeinsam anerkanntes Ritual ist bekanntlich oft wichtiger als dessen möglicher praktischer Nutzen. Ein Stück weiter von der Trauerweide stand der Musikpavillon, in dem am Sonntagvormittag Männerchöre sangen, und zwar für die Spaziergänger, die meistens auch Männer waren. Ende der fünfziger Jahre wurde aus dem Clara-Zetkin-Park ein Zentraler Kulturpark. Die Romantik ging verloren, die Straßenbanden hatten kein richtiges Zuhause mehr, die Trauerweide wurde wieder, was sie war: nur ein Baum. Aber eine Parkbühne wurde gebaut, eine Gaststätte, und die Dahlienterrassen entstan-

Der Musikpavillon

den. Es blieb trotz verstärkter Ordnung beim ständig großen Betrieb im Park. Fred Frohberg und Brigitte Rabalt sangen, es fanden Modenschauen und Freilichtkino statt. Im Winter wurde gerodelt, auf der sogenannten kleinen und großen Warze, der Zweibrückenteich und der Schwanenteich verwandelten sich in Eisbahnen. Auf dem Platz vor dem Georgi-Dimitroff-Museum spielte eines Tages das von mir besonders geliebte Rundfunk-Tanzorchester Leipzig unter Leitung des berühmten Kurt Henkels. Tagelang ging mir ein Rhythmus im Kopf herum, der stammte aus dem »Pinguine Mambo«. Wunderbare Rasseln im Orchester habe ich in Erinnerung. Dieser Rhythmus ging mir nicht mehr aus der Birne. Im Musikladen in der Petersstraße, das entdeckte ich kurze Zeit später, lagen zwei rote Kugeln mit schwarzen Griffen. Genau solche, wie sie für den Rhythmus gebraucht wurden. Nur leider lag da auch ein Preisschild. Kaufen konnte ich die Dinger nicht, wenigstens lief ich nach der Schule immer wieder an dem Laden vorbei und guckte durchs Schaufensterglas. Bis ich mir ein Herz nahm, reinging und die Kugel blitzschnell unter den Pulli steckte. Das Problem war das Laufen im Geschäftsgang. Die Geräusche der Kugeln, ähnlich wie eine Babyrassel mit Steinchen gefüllt, begleiteten jeden Schritt. Ganz toll wurde es auf der Trepppe; mir war, als spielte eine Rhythmusgruppe unterm Pulli. Meine Beine waren wie Gummi. Hinterher, als alles überstanden war, wurde mir schlecht. Auf Jahre hin habe ich das Musikhaus gemieden.

Der Paul Breitner von Bayern München hat mal im Fernsehen erzählt, wie er sich in einem ganz wichtigen WM-Fußballspiel bei einem Elfmeter für die Deutschen kurzerhand den Ball schnappte und das Ding reinjagte. Als er die Szene später auf seinem Zimmer im Fernsehen sah, wurde ihm speiübel, und er kriegte Herzrasen. Da nämlich begriff er erst, mit welch unverschämtem Mut er gehandelt hatte und was es für Folgen gehabt hätte, wenn es schiefgegangen wäre. Und es wäre schiefgegangen, hätte er sich die Verantwortung klargemacht. So ging's mir bei den Rasselkugeln, aber dieses Beispiel steht natürlich auch für größere Dinge: Was man an wichtigen Sachen macht im Leben, ich glaube, bei denen darf man im Moment, da sie geschehen, gar nicht wissen, daß sie wichtig sind und demnach ein bißchen Mut fordern. Wirklich mutig ist man nur, wenn man nichts weiß.

Der Clara-Zetkin-Park blieb auch später ein wichtiger Bezugspunkt für mich. Auf dem Weg zu meiner Lehrstelle in Schleußig mußte ich täglich zweimal durch den Park. In einer kleinen Handwerksbude lernte ich Tischler. Mein Meister Alfred, noch heute ist mir unklar, wie der zu seinem Meisterbrief kam, mein Meister Alfred also war ein alter, versoffener, geiziger Hurenbock. Sonnabendmittag, wenn die Gesellen nach Hause gingen, mußte ich mit einem anderen die Werkstatt saubermachen. Die Bude hatte keine Absaugvorrichtung; Hobelspäne und Schleifstaub waren selbst im allerletzten Winkel zu finden. Es begann jedesmal ein Kampf gegen Raum und Zeit, denn ich wollte so schnell wie möglich raus – und ins Kulturhaus, Musik machen. Also schnell Späne zusammengekehrt, Riemen gewachst, Arbeitstische mit Petroleum eingerieben – und weg! Wenn nicht gerade der Alte plötzlich mit seinem nichtbrennenden Zigarrenstummel auftauchte und schikanöse Sauberkeitskontrollen veranstaltete. Manchmal dachte ich: Alle Zeitungen schreiben, wie gut es der Jugend in der sozialistischen Heimat geht, und dann diese kapitalistische Behandlung!

Deine erste Schülerband nannte sich »Kolibris«.

Die erste Schülerband hieß »All Stars«. Ich spielte Schlagzeug auf Tambourins. Als Kessel benutzte ich Papierkörbe. Als Blasinstrumente hatten wir aus einem Scherzartikelgeschäft eine Trompete und ein Saxophon – aus Pappe. Um dem Instrument auch nur einen einzigen Ton zu entlocken, mußte hineingesungen werden. Ähnlich einem »Mundhobel«, bei dem Seidenpapier über einen Kamm gezogen wird. Vor der »Kolibri«-Zeit hatte ich auch noch an einem Wettbewerb junger Talente teil-

Links: Kurze Karriere als Schlagzeuger. Rechts: Das historische erste »Renft«-Foto: Auftritt im Kulturhaus Nord. Bernd Schlund, Hans-Dieter Schmitz, Klaus Renft, Bernd Seifert, Hans-Dieter Schmidt (v.l.)

genommen und wollte mit einer Schülerband »In the Mood« spielen. Nach der ersten Strophe sollte ein Schlagzeugsolo von mir kommen. Ich trommelte und trommelte, leider war nicht exakt abgesprochen, wann die anderen wieder mit einsteigen würden; so fand ich kein Ende, machte schließlich, mehr aus Verzweiflung, einen Tusch und bekam großen Zwischenbeifall. Wie Goethes »Zauberlehrling« kam ich mir vor, aber aus der Unfähigkeit aufzuhören erwuchs plötzlich das nötige Selbstbewußtsein, um eine Band gründen zu können. Du mußt ja unbedingt ein Quentchen Größenwahn mitbringen für so einen Plan. Und dann der Baß, den ich eines Tages spielte und der sozusagen mein Leben wurde! Eine Katastrophe! Immerhin konnte ich mir für meine 72 Mark fünfzig im Monat mit der Zeit so einen Baß zusammensparen. Bei Herrn Schwarzenberg in der Goldschmiedegasse kaufte ich für 250 Mark ein Instrument, schleppte es zu meinem Freund Cony in die dritte Etage des Hauses, in dem er wohnte, war von dem Transport fix und fertig, und Conys Vater fragte: Wo hast du denn diesen Sarg her? Bis mir beim Baßspielen endlich etwas Horn auf die Finger gewachsen war, hatte ich ständig dicke Blutblasen, und wenn wir sonnabends zum Tanz spielten, war mein Instrument blutverschmiert. Hatte man sich das Ding auf die Schulter gehievt, stieß man ständig irgendwo an; in der Straßenbahn wurde man nach dem Tanzabend manchmal gar nicht mitgenommen, und unter diesen Umständen erwies es sich als äußerst schwierig, eine Braut zu bekommen. Die Mädchen gingen lieber mit dem Gitarristen oder dem Mann am Klavier. Einmal habe ich das Gerät, um nach einem Konzert im Leipziger »Alten Gasthof« ein Mädel nach Hause zu bringen, über den erstbesten Gartenzaun gehoben und im Tiefdunklen abgestellt. Ganz früh am anderen Morgen erkannte ich das Gartengrundstück natürlich nicht wieder, den Baß hatten die Hausbesitzer inzwischen reingenommen, und ich mußte fast die gesamte Vorstadt-Straße abklingeln, ehe ich wieder zu meinem Instrument kam.

Du hattest also zuerst Schlagzeug gespielt ...

Ja, in der schon erwähnten Schülerband, den »All Stars«. Aber dann hieß es, der Peter Kahle spielt Schlagzeug, naja, übernahm ich halt den Baß. Keiner spielt ja gern dieses Instrument. Wer Baß spielt, bekommt mit Mühe die schönen Frauen – aber eben nicht die ganz schönen. Aber irgendwie ist der Baß eine Art schwermütiger Sünder, wie der Mensch.

Was gäbe es noch zu erzählen von den »Kolibris«?

Auf einer sogenannten Goebbelsschnauze, wie damals die Volksempfänger hießen, hörten Cony und ich die Westhits vom »Deutschen Freiheitssender 904«, und auf der Kurzwelle im 49-Meterband kam »Radio Luxemburg«. Bald hatten wir alle neuen Titel drauf und wollten unbedingt im Clara-Zetkin-Park auftreten. Das war damals überraschend unkompliziert. Ich ging ins Nachbarhaus zur Verwaltung, brauchte mich aber gar nicht groß vorzustellen, denn die lauten Proben bei Cony waren jedesmal in der gesamten Straße zu hören, und man gab uns tatsächlich einen Termin für den April 1959. Wir probten wie die Verrückten, die Welt bestand nur noch aus Musik. Es war kalt, erinnere ich mich. Trotzdem, bei klirrender Kälte spielten wir zunächst zu einem Tanztee, auf der Parkbühne. Weit und breit kein Tee, das war klar – aber es tanzte auch niemand. Uns kribbelten die Finger, und dem ohnehin spärlichen Publikum verschlug es offenbar die Sprache. Wobei ich die leise Ahnung hatte, eher wegen der Musik und weniger wegen der Kälte. Dennoch: Es sprach sich herum, was wir für eine ungewohnte Musik machten, und aus einer Mischung aus Trotz und Größenwahn probierten wir noch besessener. Der April-Termin im Park rückte immer näher, wir waren inzwischen die »Klaus-Renft-Combo«. Combo – das blieb lange Zeit so ziemlich das einzige fremdsprachige Wort, das die prüden Kontrolleure erlaubten. Schwierig war es mit den englischen Texten. Wir schrieben sie mit, wenn die Lieder im Radio liefen, aber jede Empfangsstörung und jeder Senderschwund trugen dazu bei, daß wir am Ende keinen der Texte vollständig hatten. Von der Aussprache ganz zu schweigen. Machte nichts, wir waren überglücklich, daß unsere Namen eines Tages sogar an der Litfaßsäule angeschlagen und wir so für den Auftritt im Park angekündigt wurden.

Ich hatte mir inzwischen einen Maßanzug fertigen lassen, dazu spitze schwarze Schuhe mit weißem Ledereinsatz gekauft, karierte Krawatte und weißes Nylonhemd. Die Manschetten mußten mindestens einen Zentimeter unter dem Ärmel vorgucken, über den Arm trug man die damals hochmoderne NATO-Plane, und man ließ die Messingabsätze, wie ein Westernheld, hörbar über den Asphalt schleifen. Nich' so'n tüftiges Zeug, wie es später in den Jugendmodeläden rumhing. Fehlten nur noch Zigarre und ein Whisky-Glas in der Hand.

Der Tag des großen Auftritts war mild und warm. Wir waren aufgeregt. Die Instrumente hatten wir bereits am Nachmittag aufgebaut. Der Haustechniker installierte eine neue 25-Watt-Mikrofonanlage. Bei mir zu Hause wollten wir noch mal die neuen Lieder durchsprechen, aber wir waren derart nervös, daß wir nur blödes Zeug miteinander quatschten. Rausgeputzt wie Gladiatoren marschierten wir schließlich in die Arena: Rom sollte uns zu Füßen liegen. Die Presley-Tollen, die wir auf dem Kopf trugen, waren durch den heftigen Zusatz von Zuckerwasser hart wie Ritterhelme. Viele Bekannte aus der Nachbarschaft warteten bereits im Park. Cony, der ein halber Grieche war, die Mutter Deutsche, begrüßte vor dem Auftritt einen griechischen Landsmann, der mit Frau und kleiner Tochter gekommen war. Ich ahnte nicht, daß dieses Mädchen mit Puppenwagen später meine Frau werden würde. Damals hatten sich ja die Jugendlichen in Banden aufgeteilt, und vorn an der kleinen Treppe zur Bühne stand fast die gesamte »Capitolmeute« – der Weiße mit seiner blonden Inge, Elvis, Locke, Banane, Klotz, Knut mit der Haley-Locke, Chruschtschow, der Lange und andere berüchtigte Stadtberühmtheiten. Der Platz glich dem einer Maidemonstration, nur daß eben keine Blauhemden, sondern James Dean-Jacken, Bluejeans und Mokassins das Bild beherrschten.

Unsere Erkennungsmelodie »Wochenend und Sonnenschein« spielten wir viel zu früh auf unseren leider heftigst verstimmten Instrumenten, aber nach wenigen Minuten war das Eis dennoch gebrochen. »Bonasera« begann als Tango, und als der Rock'n Roll-Teil anfing, lag eine große Staubwolke über dem Platz. Die Leute tanzten tatsächlich! Von allen Seiten kamen Menschen, und über die Wiese sah ich plötzlich die Lindenauer Meute kommen, die sich besonders während der berühmten traditionellen Leipziger »Kleinmesse« mit der »Capitolmeute« herzliche Schlägereien lieferte. Das würde die entscheidende Prüfung sein: Gelingt es unserer Musik, die beiden Truppen friedlich zu halten? Es gelang. Als wir die Geschichte von »Tom Dooly« und seinem traurigen Ende am Galgen sangen, herrschte auf dem Platz eine beinahe feierlich-getragene Stimmung. Die Halbstarken-Seelen weinten. Und die Polizisten, die mit ihrem »Toni«-Wagen inzwischen herangefahren waren, beobachteten das Treiben zwar mit Skepsis, aber doch ruhig. Das war unser Tag, und

Der James Dean aus Leipzig

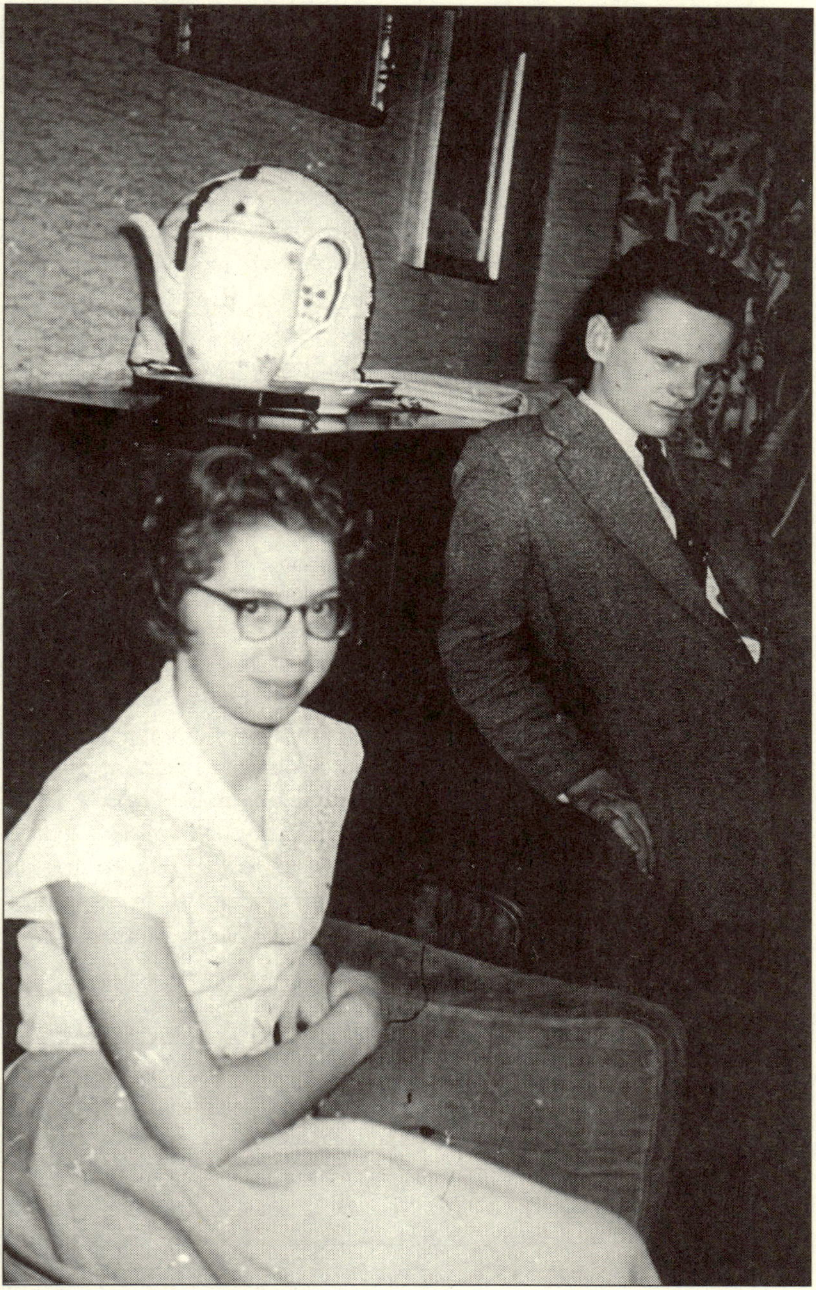

ich hatte zum ersten Mal im Leben erfahren, wie das ist: wenn du alles gibst, und das Publikum gibt dir alles zurück.

Natürlich hatte das Ereignis dennoch sein erwartetes Nachspiel. Wir wurden nämlich aus den künftigen Programmen gestrichen. Die Begründung: Euer Publikum hat Blumenbeete zertreten, Mädchen wurden belästigt, Zuschauer pinkelten in die Büsche, verbotene Westtitel erklangen. Mit dem kleinen Trost, daß so ein Auftritt, wie wir ihn gehabt hatten, eh nicht zu überbieten gewesen wäre, lösten wir uns wieder auf. Als »Kolibris« hatten wir gleichsam ein einziges Mal den Käfig verlassen, hatten ein einziges Mal aus voller Kehle gesungen und waren als »Renft« ein einziges Mal ein kleines Stück dem ganz großen weiten Himmel entgegengerauscht – dann wurden wir aber auch sofort wieder heruntergeholt.

Aber ich wollte selbstverständlich weiter Musik machen. Auf meiner Arbeitsstelle VEB Pianoforte Leipzig lernte ich den Pianisten Dieter Wend kennen, Cony hatte sich inzwischen ein Saxophon zugelegt, und so gründete ich eine neue »Klaus Renft Combo«. Renft! Der Mädchenname meiner Mutter! Und Jentzsch mit diesem blöden »tzsch« war mir eh ein Greuel. Sowas nimmt man doch, bitteschön, nicht zum Künstlernamen! Die Besetzung der neuen Gruppe war: »Cony« Konstantin Papamoschou (Saxophon), Dieter Wend (Klavier), Hans-Dieter Schmidt (Schlagzeug) und ich als Baß. Wir begannen im »Eiskeller«, spielten unbefangen Rock'n Roll, mußten aber bald aus bekannten Vorsichtsgründen aufs Umland ausweichen. Das Publikum folgte uns an die anderen Orte, und man sprach bald von einer Völkerwanderung, wenn die »Renfts« irgendwo spielten. Es war die Zeit, da wir nach jedem Konzert arztreif krächzten. Denn wir hatten keine Mikrofone, standen also an der Rampe und brüllten gegen die eigenen Instrumente an, vor allem, wenn wir *Little Richard* abdröhnten.

Wenig später hast du deine Band dann »Klaus Renft Quintett« genannt.

Wir kriegten die Einstufung, und die Behörden nannten uns einfach Quintett. Cony, mein Freund, ich sagte ja schon: mit vollem griechischem Namen Constantin Papamoschou, der ging dann in den Westen. Die Besetzung war: Bernd Schlund, Gesang und Gitarre; Hans-Dieter Schmitz, Saxophon; Bernd Seifert, Klavier; Hans-Dieter Schmidt, Schlagzeug; den Baß spielte ich. Wir traten im Leipziger Kulturhaus Nord auf, genannt der »Anker«, im Repertoire hatten wir Musik von Little Richard, Fats Domino, Schnulzen der Everly Brothers und Titel des Orchesters Billy Vaughan. Das »Aus« kam im Dezember 1962 durch den Rat der Stadt – obwohl wir in einem Leistungsvergleich die Oberstufe bekommen hatten. Aber die Behörde kriegte schnell raus, daß die in der Einschätzung positiv erwähnten langsamen Titel, ein Wiener Walzer zum Beispiel, von uns nur für die Einstufungsveranstaltung eingeübt worden waren. Kaum hatten wir diese Einstufung in der Tasche, lebten wir ausschließlich von der sogenannten »heißen Interpretation«. Der Rat der Stadt kriegte da natürlich kalte Füße. Die Band flog auseinander, und an eine neue Gruppe war zunächst nicht zu denken. Zum Glück nahm mich das Erato-Sextett auf, unser alter Schlagzeuger Peter Kahle hatte mich dorthin vermittelt. Jede Woche spielten wir zum Tanz im Bezirksklubhaus der FDJ »Georg Schumann« am Hauptbahnhof. Das Schlimmste waren gräßliche, verschwitzte, rote Jacken mit schwarzem Kragen, die wir als Kapellenkleidung tragen mußten. An jeder Säule im Saal stand: »Auseinander tanzen verboten!« Mein Gesangshit wurde: »Am Sonntag will mein Süßer mit mir segeln gehn ...« Das war so ziemlich das Modernste, was bei der FDJ gespielt werden durfte. Aber wenn das Publikum nach Hause gegangen und der FDJ-Trupp unter sich war, kam es vor, daß der Klubhausleiter zu uns sagte: »Jetzt, Jungs, könnt ihr spielen, was ihr wollt, Hauptsache: richtig hot!« Die doppelte Moral der Funktionäre. »Hot« war bestimmt das einzige Wort, das er auf Englisch konnte, und sein feistes Gesicht glänzte. Noch zu Beginn des Tanzabends hatte er einen Jungen durch den Einlaßdienst festhalten lassen und ihm ins Gesicht geschlagen. Das sind leider damals die prägenden Eindrücke gewesen, die ich von der FDJ kriegte.

Mit der Zeit wuchs meine Lust, wieder selbst was auf die Beine zu stellen. Heute sage ich: Ich suchte immer wieder nach Möglichkeiten, die mich nicht zu einem ordentlichen, eingeordneten Leben zwangen. Aushilfsweise spielte ich auch bei den »Rogers«, einer Jazzformation. Aber als die Gruppe zur Leipziger Messe im Pressezentrum auftrat, teilte man mir entschieden mit: Sie, Herr Jentzsch, können doch nicht so die DDR vor der internationalen Presse vertreten! Mit den Haaren? Wieder ein Aus. Ich hatte mich inzwischen mit dem Gitarristen der »Rogers« angefreundet, und wir beschlossen, eine neue Gruppe aufzubauen, ähnlich den berühmten englischen »Shadows«. Hajo, der Gitarrist, fühlte sich eher dem Jazz verpflichtet, ließ sich aber mit der Zeit von dem Gitarren-Plan überzeugen; hinzu kamen Bernd Reiher und Altmitstreiter Hans-Dieter Schmidt, und so gründeten wir 1962 die »Finders«. Aber schon vor unserem ersten Auftritt in Merseburg nannten wir uns um und hießen fortan »Butlers«. Wir kauften uns einen alten Daimler, Baujahr 1932; das war damals keineswegs eine teure Rarität, sondern im Gegenteil, das Diktat der kleinen Geldbörse. An beide Seiten des Wagens schrieben wir stolz: »The Butlers«. Es war eine wunderschöne Zeit, wir fuhren ausgelassen und hoffnungsvoll über die Dörfer. Über den Ärger, den wir geradezu anzogen, lachten wir. So hielt uns unterwegs zum Beispiel die Polizei an, wir sollten gefälligst die Schriftzüge am Auto überpinseln, denn sie gefährdeten angeblich den Straßenverkehr. Von der Kulturbehörde in Leipzig wurde mir mitgeteilt, englische Titel seien nicht erlaubt, und vor allen weiteren Auftritten sei von uns unbedingt eine Einstufung des Bezirkskabinetts für Kulturarbeit vorzulegen. Noch ahnten wir nicht, daß ein wirklicher Kampf beginnen würde. Denn mit einem Male waren die »Butlers« in aller Munde, und langsam konnte die FDJ-Bürokratie nicht mehr an uns vorbei. So würde es eine große Veranstal-

Links: The Butlers
Rechts: »Wochenend und Sonnenschein«

tung mit dem Jugendvarieté in Altenburg geben. Wir erhofften uns davon, endlich auch ungehindert und regelmäßig in Leipzig auftreten zu dürfen. Wenn nichts schief ging. Der Saal kochte schon vorher. Der Sender Leipzig hatte einen Übertragungswagen geschickt. Das Programm begann mit Schlagermätzchen, aber die Leute wurden unruhig und forderten, wir sollten unseren Block vorziehen. Bei der Absage wurde es total lächerlich, denn der Unglücksrabe vom Varieté, der vorher dran war, hieß zu allem Überfluß Hering. Das Publikum kreischte vor Ungeduld, und auch das würde man hinterher wohl wieder uns ankreiden. Wie sollten wir uns aus der Schlinge ziehen? Aufgeputschte Leute, zitternde Funktionäre und mittendrin wir, die wir denen einen sozialistischen Paradeabend bieten sollten. War der Begriff vom Teufelskreis bis dahin etwas Unbekanntes – an jenem Abend, so kam es uns vor, wurde er erfunden. Aber es wurde alles ganz schnell sehr eindeutig: Wir spielten gleich zu Beginn »Tell Me« von den Stones und »Memphis Tennessee« von Chuck Berry. Da die Stones zu den in DDR-Büros kaum bekannten, aber trotzdem irgendwie Unheil verkündenden Gruppen zählten, folgte ein paar Tage später die Vorladung aufs Rathaus. Von Vertrauensbruch war die Rede, aber merkwürdigerweise wurde kein einziges Wort über die Westtitel verloren – es ging um unsere langen Haare. Sie spiegelten angeblich westliche Dekadenz wieder, und so durften wir wieder mal für einige Zeit nicht auftreten.

Unsere Musik sprach sich dennoch (oder gerade deshalb?) sehr rasch herum; ich glaube, man kann unter den damaligen Verhältnissen, ohne überheblich zu sein, von einem kometenhaften Aufstieg sprechen. Sogar im Tonstudio des Leipziger Schauspielhauses machten wir erste Aufnahmen und schickten sie nach Berlin zu AMIGA. Die Vorbereitungen auf irgend so ein Deutschlandtreffen der FDJ waren gerade in vollem Gange, unsere Sterne standen also günstig, und die Notwendigkeit von einem bißchen Taktik hatten wir inzwischen begriffen. Wobei wir bei den Tonaufnahmen trotzdem heimlich, fast illegal vorgehen mußten, weil die Leipziger Kulturbürokratie offenbar einen Zahn schärfer und provinzieller vorging, als es die Leute in Berlin taten. Dort, im AMIGA-Studio, produzierten wir im Dezember 1964 vier Aufnahmen für eine Big Beat-Platte: *Herbstlaub, Troika, Quartermasters Stores* und unsere »Hausmarke« *Butlers' Boogie*. In der Fernsehsendung »Dreieck« aus Halle kam noch Bernd Schlund zu unserer Gruppe. Privat standen die Zeichen ebenfalls gut: Im März 1965 heiratete ich. Nein, noch nicht die Griechin mit dem Puppenwagen im Clara-Zetkin-Park! Meine Frau hatte zur Hochzeit auch ihre Frisöse Christiane Wunder eingeladen. Deren kräftige Stimme fiel mir auf, als während der Feier gesungen wurde. Ich fragte sie, ob sie nicht mal zu einer Probe der »Butlers« kommen wolle. Sie kam, und so begann die Karriere der Sängerin Christiane Ufholz, wie sie sich später nannte.

Christiane Ufholz – Entdeckung auf der Hochzeitsfeier

Mit den »Butlers« hattest du den ersten großen musikalischen Erfolg, einschließlich der Erfahrung, was es bedeutet, nicht verstanden und noch stärker als bisher reglementiert zu werden. Wie hat die Situation dein Leben verändert?

Darüber habe ich damals nicht nachgedacht. Im nachhinein hat die Sache auch so einen seltsamen politischen Stempel aufgedrückt bekommen – als seien wir von Anfang an auf oppositionellen Rabatz aus gewesen. Das ist Unsinn.

War es mehr so ein unbestimmtes, emotional begründetes Interesse an Chaos, hervorgerufen durch musikalischen Rausch?

Ja, aber auch das nicht so vordergründig! Wer ist denn nicht interessiert an Chaos, jetzt mal ehrlich? An Aktivität, die keinen Sinn hat, also an frei laufender Phantasie und Kreativität, an Spaß, an Spiel. Aktivität, die nichts in sich birgt als das, was sie ist. Keine Echos. Keine ideologische Motivation.

Jim Morrison von den «Doors» sagte mal: Er träume von einem nationalen Karneval, so etwas wie dem Karneval in Rio. Eine Woche nationaler Fröhlichkeit, ein Aussetzen aller Arbeit, aller Geschäfte, aller Diskri-

mierung und aller Autorität. Eine Woche totaler Freiheit. Das wäre ein Anfang. Natürlich, die Machtstruktur würde sich nicht wirklich ändern. Aber jemand von der Straße – ich weiß nicht, wie sie ihn finden würden, durch Zufall vielleicht – würde Präsident werden. Jemand anders würde Vizepräsident sein. Andere wären Parlamentsabgeordnete, Richter, Polizisten. Absolute Spinne, na klar, was sonst. Das Ganze würde bloß eine Woche lang dauern, und dann würde wieder alles so laufen wie zuvor. Aber es gibt die Idee anzufangen. Das ist nun zwar ein abwegiger politischer Gedanke, aber vielleicht läßt sich der, wenn du alle Erfahrungen deines Lebens bündelst, auf das Musikmachen übertragen. Das Leben als Feier, auch im großen politischen Zusammenhang.

Ja: Vielleicht hast du nur noch fünf Minuten zu leben, aber die leb nach deinem Willen, nach deinem Maßstab! Bei den »Butlers«, da war also nichts mit bewußtem Programm, wir waren Jungs, die auf die Beatles neidisch waren, mehr nicht, aber klar, das hat unser Leben ziemlich verändert. Die »Butlers« kamen ja schließlich gut an, wir haben sogar beim Pressefest der »Leipziger Volkszeitung« in Döbeln gespielt. Döbeln war wie Auslandseinsatz! Das war Ende April 1965, anschließend fuhr ich in die Frauenklinik, meine Frau Irmtraut hatte uns einen Sohn geboren. Das war eine völlig neue Situation für mich, und ich muß zugeben, Familie paßte irgendwie gar nicht zu meinem bisherigen Leben, zu diesem Rumstreunen, das die Bürokraten anstank. Wir wollten doch nicht heimisch und familiär werden, wir wollten weit weg, in unser ganz eigenes Liverpool. Und wir kamen bis in dieses Liverpool: Denn Freunde, die wir bei Veranstaltern hatten, setzten einen Monat später ein großes Konzert in der Leipziger Messehalle durch. Schmidtchen mußte zur Armee, und der neue Schlagzeuger hieß ebenfalls Schmidt, mit Vornamen Werner. Dazu noch zwei Sänger, Gerhart »Fats« Pachsteffel und Lutz Kirsten – so daß wir mit Christiane Wunder sieben und also sehr variabel waren. Die Halle riesengroß, die Akustik miserabel, der Raum überfüllt, die Anlage viel zu klein. Beim Stones-Song »Satisfaction« gerieten alle aus dem Häuschen.

Ekstase.
Solche Fan-Fotos dienten zur Begründung,
um auch die »Butlers« zu verbieten

Als Christiane und Bernd Schlund »Bleib bei mir!« singen, stellen die Veranstalter uns doch tatsächlich den Saft ab. Das Gekreische und Toben der Massen hatte aber bis zu diesem Moment ein Ausmaß angenommen, bei dem wir gar nicht mitkriegten, daß der Strom weg war. Das reizte die Funktionäre natürlich. Die dachten, wir machen bewußt weiter. Wie ein Fußballer, der im Abseits ist, den Pfiff des Schiedsrichters nicht hört, weiterstürmt, den Ball in die Maschen drischt – und Gelb kriegt. Als Folge, als Rache stürzten sich die Bürokraten auf unsere Steuerabrechnungen, mein Gott, das Thema interessierte uns doch überhaupt nicht! Was wollten die von uns? Vielleicht verhielten wir uns tatsächlich lax in den finanziellen Dingen, aber wir waren nicht kriminell. Spielen wollten wir, nichts als spielen. Die Schikanen gingen schließlich so weit, daß in Leipzig vor jedem Konzert die Länge unserer Haare kontrolliert wurde. Aber in gewisser Weise fühlten wir uns natürlich dennoch auf der Sonnenseite: Wir wurden ernst genommen. Zudem: Unsere Platte war erschienen und ein Verkaufsschlager geworden. Unsere Songs liefen im Radio. Was willst du mehr? So hoch fliegt kein Vogel.

Die Zeit nach der sogenannten Befreiung von der Kindheit. Frank Zappa hat mal geschrieben: »Die Zeit nach der Kindheit ist ja eine der großen Kraftquellen des Lebens, und so wie die Kindheit ist sie umkämpft als Deutungsfeld für Lebensmodelle und nutzbar in diesem Falle auch für die Musik. So gefährdet wie heilig, so produktiv oder verkommen, je nachdem wie die Lebensmöglichkeiten uns ihre Nutzung erlauben oder zugänglich machen.« So hoch fliegt kein Vogel, sagst du. Ihr habt einen Brief an das Zentralkomitee der SED geschrieben, habt euch beschwert, daß man auf euch zielt.

Ja, aber wir wollten keine moralischen Sondervergütungen erwirken, wir dachten nur, der Mann da oben hat Durchblick und pfeift mal kräftig in Richtung dieser Leipziger Idioten. Der Brief, das war ein dreiseitiges Ding. Wir sprachen im Brief von einem »Kleinkrieg« gegen uns. Natürlich hoben wir erstmal, als politische Einleitung, das Deutschlandtreffen hervor, gaben dann versehentliche Verstöße gegen gesetzliche Bestimmungen für Laientanzmusiker zu, inzwischen hatten ja drei von uns, aufgrund der vielen Angebote, ihr Arbeitsverhältnis gelöst, und wir schilderten dann in dem Honecker-Brief unsere Freude über einen langen ND-Artikel, der die »Butlers« voll gelobt und uns viele Türen geöffnet hatte. Am 4. April 1965 war nämlich im »Neuen Deutschland« ein ungewöhnlich positiver Riemen über uns erschienen. Das kam in der Leipziger Szene einem Erdrutsch gleich. Einige schäumten vor Wut, andere zitierten diesen Text fortan wie den neuen Katechismus. Ganz nebenbei und sehr verschlüsselt hatte das ND in dem Artikel auch gegen den Nutten-Hochbetrieb auf der Leipziger Messe losgeschlagen. Wir teilten dem Zentralkomitee unser Unverständnis darüber mit, daß man in Leipzig sehr durchsichtig und gemein über Steuertricks versuche, uns wegzudrängen. Wörtlich hieß es in dem Brief: »Wir sind große Idealisten unserer Musik und immer bereit gewesen, trotz unserer finanziellen schlechten Lage, kostenlose Veranstaltungen der FDJ durchzuführen. Wenn wir jedoch als Dank nur Schwierigkeiten haben und mehr Zeit bei Aussprachen über irgendwelche Vorkommnisse aufwenden müssen, als uns zur Probe bleibt, dann kann der größte Idealismus in die Brüche gehen.« Und dann als Gipfel der kulturpolitischen Offensive: »Gebt uns die Möglichkeit, in Ruhe und mit der entsprechenden Anlage arbeiten zu können, und es wird nicht notwendig sein, zum Beispiel Peter Kraus (vor einigen Jahren noch als ›Stotter‹-Peter abgelehnt) in die Deutsche Demokratische

Republik zu verpflichten.« Es fand, vielleicht als Reaktion auf diesen Brief, ein paar Wochen später eine Sitzung mit uns statt, bei der Bezirksleitung der FDJ in Leipzig. Es ging da auch um den ND-Artikel. Leute vom Zentralhaus für Kulturarbeit und vom Rat des Bezirkes geiferten gegen das »Neue Deutschland«. Ist ja auch nicht allzuoft vorgekommen in der SED-Geschichte, daß sich die Parteizeitung querstellt gegen die eigene Parteizentrale! Hauptkritikpunkt gegen das Blatt: Es habe den Zusammenhang nicht beachtet zwischen Tanzmusik und Gesellschaftsordnung. Autor Heinz Stern und Klaus Höpcke vom ND, er war damals wohl Kulturchef in dem »Zentralorgan«, saßen auch mit in der Runde. Höpcke meinte, er sehe keinen Unterschied zwischen kapitalistischer und sozialistischer Tanzmusik. Die Funktionäre vom Bezirk schäumten, und Heinz Stern sprach sogar von »Terror« gegen die »Butlers«. Als wir als Arbeitsbummelanten beschimpft wurden, sagte Höpcke: Wer so oft durch sein Spiel die Jugendlichen begeistert wie die »Butlers«, der muß ja auch einmal schlafen. Das kann man nicht als Arbeitsbummelei bezeichnen. Man sieht auch an diesem Beispiel, daß SED und FDJ nie ein monolithischer Block waren. Heute half uns der, der uns morgen in die Pfanne hauen würde. Man wußte nie so richtig, woran man war. Kulturpolitik war eine ewige Unwägbarkeit.

Im Oktober erschien dann in der »Leipziger Volkszeitung« eine Seite 6 mit dem Titel »Dem Mißbrauch der Jugend keinen Raum«, das war der Gegenartikel zur ND-Reportage von Stern. Das war ein bewußter Schlag gegen uns. Der Stil von beiden Artikeln, liest man sie heute, ist natürlich zum Schießen.

***

MATERIAL I

BUTLERS' BOOGIE: UNMUSIKALISCHE BETRACHTUNG ÜBER EINE LEIPZIGER GITARRENGRUPPE.
VON HEINZ STERN

Für 19 Uhr ist im Jugendklubhaus »Schwarzer Jäger« der Beginn eines Tanzabends angesetzt. Lange vor 18 Uhr stehen Gruppen von Jugendlichen einlaßbegehrend vor der Tür, die Mädchen mit den Hochhackigen im Netz. Der Andrang ist nicht allein allgemeiner Ausdruck der Tanzfreudigkeit, sondern muß zu einem nicht geringen Teil den zugkräftigen Anschlägen zugeschrieben werden, die da künden: Die »Butlers« spielen.

Die »Butlers« sind eine – und unstreitig die beste – von rund zwei Dutzend Gitarrengruppen, die im Sog der Beatles-Woge im Bezirk Leipzig aus dem Boden sprossen. Hans-Joachim Richter, 25, spielt die erste Melodiegitarre, Bernd Schlund, 21, die zweite; Klaus Jentzsch, 22, der Chef vons Janze, bearbeitet die Baßgitarre, und Hans-Dieter Schmidt, 21, das Schlagzeug. Die drei Gitarristen singen zu ihrem Spiel, gemeinsam, einzeln oder im Duett.

Sobald die Musik einsetzt, gleicht die Tanzfläche einem aufgewühlten Meer, auf dem die aus der Verstärkeranlage dringenden Rhythmen die Wogen hochpeitschen. Ich sitze den ganzen Abend im Saal, lausche der Musik der »Butlers« und sehe dem munteren Treiben ihres tanzenden Publikums zu. Für einen Ausflug aufs Meer reicht die seemännische Ausbildung, die ich vor einem Vierteljahrhundert in der Tanzstunde mitbekam, nicht aus. Es ist eine andere Generation, die hier tanzt, eine Generation mit einem anderen Rhythmus.

Dabei geht es ausgesprochen manierlich zu. Der Tanz bildet heute ein Grenzgebiet mit der sportlichen Gymnastik. Die Jugend schafft sich (auch unser alter Sprachschatz hat für dieses neue Verbum keinen adäquaten Ausdruck) mit Freude an der Bewegung, am Leben. Die Atmosphäre ist sauber und anständig – unvergleichlich sauberer, als man sie zwei, drei Wochen zuvor während der Messe in mancher Leipziger Nachtbar beobachten konnte.

Pünktlich um 23 Uhr 30 verabschieden sich die »Butlers« mit einem gekonnt vorgetragenen Titel von unerhörtem Schwung: »Butlers' Boogie«.

Die Liebe zur Musik führte die vier Jungen vor fünf, sechs Jahren in verschiedene Musikgruppen. Vor nunmehr einem Jahr taten sie sich zusammen. Ihre erste Bühne waren die musikalischen Straßen Berlins während des Deutschlandtreffens, ihr erstes Publikum war die Jugend der Republik. Unter den nicht wenigen Ensembles, die um die Gunst dieses großen Auditoriums wetteiferten, vermochten sie sich – nicht nur kraft der Lautstärke ihrer Darbietungen – bemerkbar zu machen. Meister Heinz Quermann lud sie zum Schlagertreffen ein, und Amiga-Chef Hähne wurde auf die begabten Jungen aufmerksam – alles in allem ein vielversprechender Start. Unterdessen ist auch die erste »Butlers«-Platte in Vorbereitung.

»Stimmt es, daß die Liverpooler Sängerknaben Ihr Vorbild sind?« möchte ich wissen. »Am Anfang waren sie es«, sagt Klaus. »Wir hatten uns als Gitarrengruppe zusammengetan, und auf diesem Gebiet waren die Beatles prädestiniert, als Vorbild zu dienen.«

Und heute? »Die Beatles-Periode währte bei uns nicht lange. Wir haben nicht nur die Pilzfrisuren bald abgelegt, sondern sind auch musikalisch bemüht, einen eigenen Stil zu entwickeln, wobei wir zwar den Big Beat nicht ausschließen, uns aber stärker dem Blues und dem Old Time Jazz zuwenden. Zwei Melodiegitarren, die gleichzeitig improvisieren, wie Hans-Joachim und Bernd es tun – das gibt es sonst nur noch im alten Dixieland von New Orleans.«

Wie die Liverpooler komponieren die Leipziger singenden Gitarren selbst und schreiben sich ihre eigenen Texte. Hans-Joachim schildert, wie das vor sich geht: »Einer von uns bringt eine Melodie mit, die er zu Hause aufgeschrieben hat. Dann improvisieren wir gemeinsam, variieren Melodie und Begleitung, versuchen erst einen Rhythmus, dann einen zweiten, dritten, bis wir der Meinung sind: So könnte es hinhauen, so müßte es ankommen.«

Klaus ergänzt: »Zu Beginn haben wir stark auf Show gemacht: Gitarren rauf, Gitarren runter. Jetzt konzentrieren wir uns mehr auf die Intuition im Sinne des klassischen Jazz. Da kann man solche Mätzchen nicht mehr einstudieren. Da entscheidet das Gefühl. Die Musik muß einfach kommen, ohne Absprache.« Die vier Jungen sind mit einem unwahrscheinlichen Maß an Liebe bei der Sache. Sie üben fast täglich und nicht selten bis zwei Uhr morgens.

Ich erkundige mich, was es mit dem eigenartigen Namen des Ensembles auf sich hat. »Das ist durchaus im ursprünglichen Sinn des englischen ›butler‹ gemeint: Wir wollen Diener unseres Publikums sein«, so lautet die Antwort. Nun, das Publikum nimmt solche »Dienste« gern in Anspruch. Wo immer die »Butlers« spielen, sind die Säle überfüllt. Die junge Truppe besitzt in der Messestadt bereits eine Anhängerschaft, die mit ihr durch dick und dünn geht.

Die Jungen haben geduldig meine Fragen beantwortet. In einer Tanzpause ist die Reihe an ihnen, mich zu interviewen. »Wie gefällt Ihnen unsere Musik?« möchten sie wissen. »Sehr gut«, antworte ich, »nur ein bißchen laut«. Die vier nicken zustimmend und sagen gleichsam entschuldigend: »Wir haben versucht, leiser zu spielen. Aber dann kommen die Jugendlichen und fragen: Was ist los, seid ihr krank?«

Nicht nur der geforderten Lautstärke wegen spielt die technische Anlage eines Ensembles in der modernen Tanzmusik eine große Rolle. Wenn die »Butlers« nach einem

Abend wie dem im »Schwarzen Jäger« zur Kasse gehen, dann bekommt jeder von ihnen 5 (in Worten: fünf) Märker auf die Hand, für eine Bockwurst und ein paar Glas Bier. Der Rest geht in ein Faß ohne Boden, das die Aufschrift trägt: Abzahlungen für die Technik. Die Jungen haben in ihre speziell angefertigten Gitarren, in die Verstärker- und Hallanlagen in kurzer Zeit gut und gern 15 000 bis 20 000 Mark gesteckt. Sie lieben ihre Musik und was dazugehört – die teure Technik! – über alles, und sie können es sich nicht leisten, Geld in Alkohol zu investieren. Für ihre Moral spricht ein solcher Fakt: Sie brachten es fertig, sich von ihrem einstigen ersten Gitarristen – einem großartigen Instrumentalisten und Komponisten – zu trennen, als klar wurde, daß seine menschlichen Qualitäten (Alkohol, Mädchen) immer mehr hinter seiner großen musikalischen Begabung zurückblieben. Bernd Schlund, der vordem eine eigene Gitarrengruppe geleitet hatte, nahm seinen Platz ein.

Die Beziehungen zwischen den »Butlers« und der Leipziger Jugend lassen nichts zu wünschen übrig. Und wie stehen die staatlichen Organe, die gesellschaftlichen Organisationen zur Gitarrengruppe?

Genosse Holger Retny hat als stellvertretender Leiter der Kulturabteilung des Rates der Stadt mehr als eine Aussprache mit den »Butlers« geführt. Bevor jeder der vier – wie es der Status einer Laienmusikgruppe nun einmal erheischt – ein geregeltes Arbeitsverhältnis nachweisen konnte, focht er manchen Strauß mit den Jungen aus. Das ist jetzt in Ordnung. Bernd Schlund und Hans-Dieter Schmidt sind heute Arbeiter in einer Brauerei, Klaus Jentzsch ist Verkäufer in einer Musikalienhandlung, und Hans-Joachim Richter studiert seit fünf Jahren an der Karl-Marx-Universität Mathematik. Er hat gute Studienergebnisse aufzuweisen und wird nach den bevorstehenden Abschlußprüfungen als Wirtschaftsmathematiker im Post- und Fernmeldewerk tätig sein.

Da dem Gesetz somit Genüge getan ist, erklärt Genosse Retny: »Wir sind bereit, den Jungen jede Unterstützung vom Rat der Stadt zuteil werden zu lassen.« Das betrifft Ausbildungsmöglichkeiten – zum Beispiel möchte Genosse Retny mehreren jungen Laienmusikern Gelegenheit geben, die Kunst des Arrangements zu erlernen – und das betrifft die leidigen Finanzen.

Auch Christian Berger, Mitarbeiter der FDJ-Bezirksleitung, versichert: »Wir stehen hinter den ›Butlers‹!« Von entscheidender Bedeutung für diese Einstellung war die Mitwirkung der Gitarrengruppe bei einer Großveranstaltung der Freien Deutschen Jugend in der Skatstadt Altenburg, die zu einem Bombenerfolg wurde. Doch es gibt auch Funktionäre, die den zur Gitarre singenden Tanzmusikern weniger wohlgesonnen sind. Christian Berger meint: »Wir haben in Altenburg ein Beispiel gegeben. Aber die Stadtleitung Leipzig der FDJ hat nicht den Mut, etwas Ähnliches zu organisieren.«

Bedarf es dazu wirklich so großer Kühnheit? Immerhin, man erzählt sich an der Pleiße, der stellvertretende Vorsitzende des Rates des Kreises Eilenburg habe einer Gitarrengruppe rundheraus Auftrittsverbot erteilt. Warum? Weil ihre Musik nicht mit den Prinzipien sozialistischer Kulturpolitik in Einklang stehe. Wie ist das zu verstehen? Darüber diskutieren wir in Eilenburg nicht. Basta!

Man könnte über den – oder die? – übereifrigen Verfechter falsch verstandener Prinzipien sozialistischer Kulturpolitik in Eilenburg-Schilda lachen – ja, wenn da nicht der Verdacht aufkeimte, daß solche »klaren« und »prinzipiellen« Gegner moderner Tanzmusik Verwirrung über die Jugendpolitik der Partei stiften und u.a. auch einige Freunde der »Butlers« und ähnlicher Gruppen unsicher machen.

Ich glaube, man kann Tanzmusik nicht in imperialistische und sozialistische unterteilen, sondern nur in Walzer, Tango, Twist usw., gegebenenfalls in Kategorien wie Big Beat, Old Time Jazz und ähnliche. Denken wir daran, daß Musik von der Art, wie die Butlers sie bringen, die Bürgerrechtskämpfer von Alabama auf ihrem mutigen Freiheitsmarsch von Selma nach Montgomery begleitet hat. In den Städten und Dörfern des Bezirks Leipzig tanzen zu den Klängen der FDJler Klaus, Hans-Joachim, Bernd und Hans-Dieter Mitglieder von Brigaden der sozialistischen Arbeit und Angehörige der Nationalen Volksarmee, ohne daß ihnen am nächsten Morgen im Betrieb oder beim Dienst zum Schutz unserer Republik die Knie zittern würden. Im Gegenteil, die Altenburger Jugend meinte nach der erwähnten Veranstaltung: »Solche Musik gibt uns Schwung für unsere Arbeit.«

Eben deshalb sagt die Partei im Jugendkommuniqué ausdrücklich: »Niemandem fällt es ein, der Jugend vorzuschreiben, sie solle ihre Gefühle und Stimmungen beim Tanz nur im Walzer oder Tango rhythmisch ausdrücken. Welchen Takt die Jugend wählt, ist ihr überlassen; Hauptsache, sie bleibt taktvoll.«

In diesem Sinne möchten wir an die Eilenburger und an alle, die es angeht, nicht ausgeschlossen die Liebhaber alter Volkslieder, die Bitte richten: Laßt doch der Jugend,/ der Jugend/ der Jugend ihren Lauf. /Ihren Lauf – und ihre Musik!

(Neues Deutschland vom 4. April 1965)

* * *

KURZBERICHT ÜBER DIE BESPRECHUNG BEI DER BEZIRKSLEITUNG DER FDJ, LEIPZIG, 13. MAI 1965

Mit Ausnahme der Kollegen des Zentralhauses für Kulturarbeit und des Rates des Bezirkes Leipzig identifizierten sich alle anderen Teilnehmer mit dem im ND erschienenen Artikel »Butlers Boogie« und zeigten in der Diskussion, daß sie sich über grundsätzliche kulturpolitische Zusammenhänge nicht im klaren waren. Die Redakteure Stern und Höpcke vom ND vertraten den Standpunkt, daß es keine Unterschiede zwischen kapitalistischer und sozialistischer Tanzmusik gäbe. Sie verkannten dabei die unterschiedlichen Aufgabenstellungen der Tanzmusik in den verschiedenen Gesellschaftsordnungen ...

Der Gitarrensound ist eine Bereicherung der Klangpalette der Tanzmusik, der jedoch nicht zur Ausschließlichkeit führen darf. Auf keinen Fall darf der Gitarrensound ein Freibrief für Dilettantismus und Rowdytum sein ...

Auch in der Diskussion war der unwillige ND-Redakteur Stern nicht davon zu überzeugen, daß die in seinem Artikel über die »Butlers« gegebene Orientierung falsch war. Der Artikel hat viele Funktionäre ideologisch geradezu entwaffnet. Daß die »Butlers« zeitweilig gesperrt wurden, bezeichnete ND-Redakteur Stern als »Terror«. Zum Schluß sagte Höpcke frech zum Abteilungsleiter des Rates des Bezirkes Leipzig, Werner Wolf: »Mit dir kann man ja nicht diskutieren, du stellst ja alle Fragen ideologisch.«

Die Kollegen vom Zentralhaus für Kulturarbeit fanden es sehr ungeschickt, daß zu dieser Aussprache, in der sich leitende Funktionäre über kulturpolitische Grundfragen Klarheit verschaffen mußten, die »Butlers« mit anwesend waren. Auch nach der Aussprache konnte zwischen den verantwortungsbewußten Vertretern des Zentralhauses und den ND-Redakteuren keine Einigung erzielt werden. Es muß als Provokation gesehen werden, daß die »Butlers« sogar zum Pressefest des ND in Berlin spielten.

gez. Grimmer

***

DEM MISSBRAUCH DER JUGEND KEINEN RAUM!

»Wie schön der Mensch ist! Wackere neue Welt, die solche Bürger trägt ...« Es scheint, als habe Shakespeare diese Worte für unsere Tage geschrieben, für unsere Welt, in der sich Schönheit und Lebenskraft einer neuen, unserer sozialistischen Menschengemeinschaft tausendfach bestätigen ... Es lohnt sich, in einer Zeit, da der Sozialismus, da die Welt des Friedens, der sozialen Sicherheit erstarken und wachsen, zu leben, zu arbeiten, zu kämpfen ...

Doch daneben gibt es junge Menschen, die ihre Ideale in einer höchst zweifelhaften amerikanischen Lebensweise erblicken, sie anbeten und nachäffen. Die langen, zotteligen Haare, die sie sich als äußeres Kennzeichen ihrer Geisteshaltung zulegten, engen ihren Horizont dermaßen ein, daß sie nicht sehen, wie abnorm, ungesund und unmenschlich ihr Gebaren ist ...

Mehrere Gitarrengruppen ahmen mit Vorliebe die Praktiken westlicher »Bands« nach. Bereits der amerikanisierte Name, den sie sich gegeben haben, weist darauf hin, wes Geistes Kind sie sind. Ob »The Butlers«, »The Shatters« oder »Guitar Men« – ihre Verhaltensweisen machen diesen Namen alle »Ehre«. Sie tragen lange, unordentliche, teilweise sogar von Schmutz starrende Haare, hüllen sich, wie die »Guitar Men«, in imitierte Tigerfelle, gebärden sich bei ihren »Darbietungen« wie die Affen, stoßen unartikulierte Laute aus, hocken auf dem Boden oder wälzen sich auf ihm herum, verrenken die Gliedmaßen auf unsittliche Art. Im Saal oder vor der Freibühne trägt diese »Interpretation« rasch Früchte. Jugendliche geraten in Ekstase, bewegen sich träge und stumpfsinnig in frivolen Rhythmen oder geraten in einen frenetischen Taumel ... Die Eifrigsten zeichnen sich nicht selten durch »besondere Kennzeichen« aus: In ihrem Zeugnis steht »Abschluß der sechsten Klasse«; bei der Volkspolizei sind sie wegen notwendiger Vorsprachen oder wegen Arbeitsbummelei bekannt. Es gibt Fälle, wo ihnen die Musiker kaum nachstehen. Ihre Notenkenntnisse sind verblüffend gering; sie üben ihre Stücke – meist unverkennbar westlichen Ursprungs – nach dem Gehör ein, übertünchen ihre fachlichen Schwächen mit überlautem Krawall, animieren ihr jugendliches Publikum zu Untaten, indem sie es durch bloßen Lärm aufputschen.

Doch damit nicht genug: Zu der fehlenden Qualifikation gesellt sich Arbeitsbummelei; die Gitarrengruppen, die einer geregelten Tätigkeit nachgehen, sind an den Händen einer Hand abzuzählen. Mit Krawall läßt sich eben leichter Geld machen! ...

In so manchem Gaststättenleiter findet sich ein weiterer »Förderer«. Umsatz first – so könnte man ihr Verhalten charakterisieren. Auftritte der »Butlers« oder der »Guitar Men« sind Tage, an denen die Umsatzkurve pfeilgeschwind nach oben klettert. Der Alkohol fließt nur so, vergessen sind Jugendgesetz und Jugendkommuniqué. Überhöhte Eintrittspreise ziehen überbezahlte Gruppen nach sich, völlige Überbewertung der Leistungen führt schließlich zu unverzeihlichem Leichtsinn: »The Butlers« unterschlugen innerhalb von sieben Monaten 10 000 Mark Steuergelder dem Staat, andere Gruppen führten illegal Hallgeräte in die Republik ein. Es ist an der Zeit, daß staatliche Aufsichtsorgane hierzu Stellung nehmen und verändern. Man muß in diesem Zusammenhang auch die Frage stellen, ob es sinnvoll ist, daß bereits Acht- und Neunjährigen das Twisten gelehrt wird.

Wer die Lust und Freude junger Menschen an Tanz und Musik mißbraucht, der muß damit rechnen, daß er in der sozialistischen Gesellschaft keinerlei Verständnis findet. Unser Staat duldet keine makabre, da unmenschliche Lebensweise. Gorki schrieb einst das schöne Wort: »Ein Mensch, wie stolz das klingt!« Unser Staat hat es zu seiner Maxime erhoben. Wer dagegen verstößt, muß mit harten Gegenmaßnahmen rechnen. Vielleicht merkt er so, daß der Kopf zum Denken da ist und nicht zum Tragen unästhetischer Frisuren. Bei uns herrscht der Geist, nicht der Ungeist.

Wer uns unsere Feiertage und unsere Freizeit vermiesen will, der darf sich keineswegs wundern, wenn es plauzt.

Ständige Kommission Jugendfragen des Bezirkstages Leipzig
(Leipziger Volkszeitung vom 20. Oktober 1965)

HANS-DIETER SCHÜTT: Großer Gott, so einen ähnlichen Artikel wie den in der LVZ habe ich noch Ende der achtziger Jahre verfaßt, in der »Jungen Welt«. Und das war immerhin über zwanzig Jahre später!

KLAUS RENFT: Darauf kommen wir sowieso noch mal, aber später! Da interessieren mich schon ein paar Fragen!

Gut, zurück zu dir. Politbüromitglied Kurt Hager schlug damals in Bitterfeld die rhetorischen Schneisen für den Bitterfelder Weg. Da seid ihr also mitten reingeraten.

Dieses Theater ging schon längere Zeit vorher los. Ständig Kontrollen, Überprüfungen, Warnungen. Mal Anerkennung, dann wieder Dämpfer. Die Anerkennung, um Dämpfer zu mildern – die Dämpfer, um Anerkennung in Grenzen zu halten. Zu unseren damaligen Auftritten schrieb Klaus Höpcke im ND, der gleiche Höpcke, der noch vor kurzem ganz anders geschrieben hatte: »Unser Feind, der westdeutsche Imperialismus, will Kernwaffen. Zugleich organisiert er den verdeckten Krieg gegen die DDR. Das schließt Bandentätigkeit ein. Und der Feind testet an Fällen von Rowdytum und Tumult seine Chance, bei uns mitzumischen.« Wenn man jetzt einen zugegeben etwas größeren Bogen spannt, kann man sagen: So wurden aus einst harmlosen »Kolibris« gefährliche, willfährige Kollaborateure des Weltimperialismus gemacht. Dazu kam irgendwann noch der Auftritt der »Rolling Stones« in der Westberliner Waldbühne. Das dort zerschlagene Mobiliar paßte in die Situation, als sei es eine Idee der SED selbst gewesen. Man stürzte sich propagandistisch sofort auf diese sogenannten Rowdies, und damit waren natürlich auch die »Butlers« Mode. Die Leipziger Volkszeitung, die uns ja sofort in Beziehung zur »amerikanischen Unkultur« gesetzt hatte, schrieb nur noch von »Mord, Verbrechen, Überfall, Geld durch Krawall«.

Die wollten wahrscheinlich, daß wir uns selber wie Abschaum vorkommen. Um den Rufmord perfekt zu machen, hieß es ja in dem besagten LVZ-Artikel, wir, »The Butlers« (zum ersten Mal der Name der Band in englischer Version) hätten »innerhalb von sieben Monaten 10 000 Mark Steuergelder« unterschlagen. Ich mußte aufs Rathaus, bekam ein Verbotsschreiben ausgehändigt, von einem Herrn Genossen Rolf Rothe, mit der wortwörtlichen Bemerkung: »Diesmal ist es auf Lebenszeit. Sie werden nie wieder eine Bühne betreten.«

Im Oktober 1965 gab es Tumulte unter Leipziger Jugendlichen. Der sogenannte Beat-Aufstand fand statt, offiziell wurde er als »Gammler-Aufstand« abqualifiziert, und als einer der Auslöser fungierten – die »Butlers«.

Ungefähr zwei Wochen vor diesem sogenannten Gammler-Aufstand, so nannten das die SED-Leute tatsächlich, tauchten die ersten Flugblätter auf, am Wilhelm-Leuschner-Platz in Leipzig, einem der pulsierenden Orte in der Stadt. Auch unser Verbot hatte sich herumgesprochen, aber

```
                Rückläufer an Kriminaldienst


           F e r n s c h r e i b e n  +  Spitzenmeldung
        ═══════════════════════════════════════════════

  An
  B D V P          L e i p z i g     25.10.65
  Abt. M.u.B.

  Betr.:  Ankleben von Handzetteln mit Aufruf an
          Beatelanhänger zum Protestmarsch im Stadt-
          gebiet Nord, Mitte und Süd, gem. § 110 StGB.

        Am Montag, den 25.10.1965, 18,10 Uhr, wurde Krminal-
  dienst vom OP.-Stab, über den Bürger
                         ▓▓▓▓▓▓▓▓▓▓, wohnh. Leipzig 21,
                         ▓▓▓▓▓▓▓▓▓▓
  bekannt, daß in Straßenbahnwartehalle in Leipzig - 21,
  Str. d. DSF, am Krankenhaus St. Georg, Handzettel mit
  folgenden Text durch Unbekannt angeklebt wurde.
              " Beat Freunde ! "
                 Wir finden uns am Sonntag, den 31.10.65
                 10 Uhr - Leuschnerplatz
                 zum Protestmarsch ein "
  Zettel mit Kaltzelleim geklebt, Leim noch naß. Weitere
  Zetel wurden zwischen Volkshaus Wiederitzsch und Rekla-
  meschild der Deutschen Versicherungsanstalt, ca. 600 m
  hinter Wartehalle St. Georg, rechte Seite stadteinwärts
  vorgefunden. Zettel im Original gesichert.
  Durch VP.-Hptwm. ▓▓▓▓▓▓▓▓▓▓, wurde ein Exemplar der
  o.a. Zettel auf der Grünlage zwischen Balcakstr. und
  Chauseehaus aufgefunden und Kriminaldienst übergeben.
  Durch FStW Lina 64, wurden in Leipzig - 1 bis 3, Karl-
```

irgendwelchen Protest hatten die Kriminalpolizei, die Partei und die FDJ wohl nicht erwartet. Wir übrigens auch nicht. Die Funktionäre dachten sich in ihrer bewährten Kurzsichtigkeit, sie könnten die Säuberung der Kulturszene von den Beatgruppen reibungslos über die Bühne bringen. Aber die Flugblätter lösten bei der SED-Bezirksleitung und in der »Runden Ecke«, so nannten die Leipziger das Kripo- und spätere MfS-Hauptquartier am Dittrich-Ring, wohl ziemliche Unruhe aus.

Ich wurde erneut zum Rat der Stadt bestellt, Abteilung Kultur. Von mir wollten die wissen, was am 31. Oktober laufen würde. Aber ich wußte nichts, ich gehörte nicht zu den Organisatoren der Protestdemonstration, wir als Gruppe hatten damit wirklich nicht das Geringste zu tun. Der Tag selbst wurde zum reinen Schock. Es war ein Sonntag. Tausende von Fans hatten sich auf dem Wilhelm-Leuschner-Platz versammelt, um gegen das Verbot unserer und anderer Gruppen zu demonstrieren. Ich werde das Bild dieser vielen jungen Leute niemals in meinem Leben vergessen. Schüler, Lehrlinge – aber alles andere als Gammler, wenn man von Einzelnen absieht, die immer auf so einen Zug aufspringen.

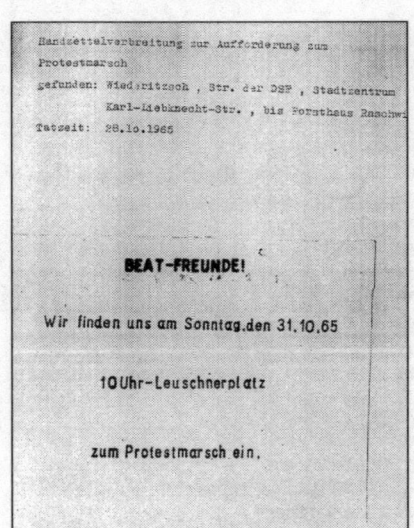

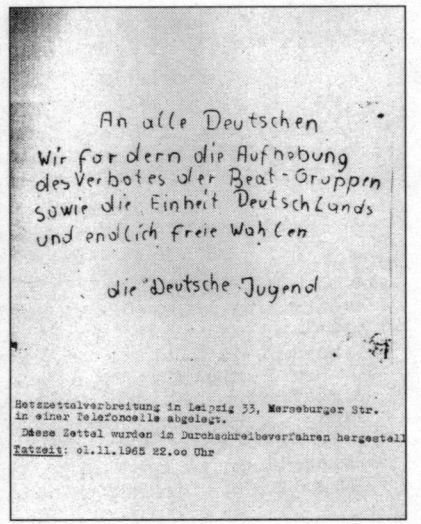

Ich sah, wie die Polizei Jugendliche aus den Straßenbahnen holte, MPi's waren zu sehen und Panzerspähwagen. Die Polizei ging mit Hunden, Schlagstöcken und Wasserwerfern auf die Leute los, sie bildete um die Innenstadt einen Ring; das alte Kesselprinzip. Kurz vor mir schnappte der Kessel zu, den die Vopos organisiert hatten. Dann zischte es aus den Wasserwerfern. Aber wie! Das Wasser stank. Ob da Jauche drin war? Wahrscheinlich war es dreckiges, versifftes Pleiße-Wasser. Das wahnwitzigste, absurdeste, surrealistischste Bild war das mit dem Koch vom Ratskeller, den kannte ich, der war rausgekommen aus seiner Küche, neugieriger Bursche der, und ihn traf es als Außenstehenden. Als die Wasserwerfer losgingen, wedelte es seine weiße Riesenmütze sonstwohin, sie wirbelte über der Szene wie ein Augenzwinkern. Einfach irre. Es ist überliefert, daß die Staatsdiener bei ihrer Wüterei nicht immer zwischen Freund und Feind unterscheiden konnten: Ein Stasi-Mann in Zivil kriegte, bevor er seinen Ausweis zücken konnte, mit dem Schlagstock der Polizei-Kollegen einen Hieb über den Scheitel und wurde von seinen wild drauflos knüppelnden Waffenbrüdern auf einen der bereitstehenden Lkw gestoßen.

Fast drei Jahrzehnte später habe ich in meiner Stasi-Akte die feinsinnige Beobachtung gelesen: »Dem Chef der Butlers kamen die Tränen.« Die Feststellung stimmte nicht ganz: Ich habe ein paar Liter Polizei-Wasser abbekommen. Die Bullen haben Jugendliche auf Lastwagen geschmissen und in Gefängnishöfen gesammelt. Die ganze Nacht mußten die stehen, Beine breit, Hände hoch, nicht mal austreten durften die, und von Leipzig aus wurden sie dann nach genauem Plan in die Braunkohle gefahren – Arbeitslager. Ein Freund von mir, Scharri, mit richtigem Namen

Vorige und diese Seiten: Beat-Aufstand 1965 in Leipzig – Funde aus Renfts Stasiakte

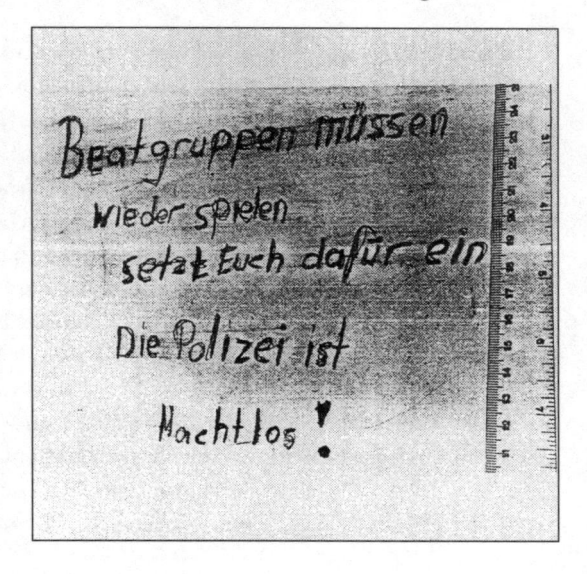

Schachmann, er ist schon gestorben, der mußte eine Woche lang in seinem Anzug und weißen Hemd in der Braunkohle schuften.

Am nächsten Tag stand unter dem Titel »Rowdys kamen nicht zum Zuge« in der Presse: »Gruppen von Rowdys und Gammlern versuchten gestern vormittag, das friedliche Leben in Leipzigs Innenstadt zu stören. Angehörige der Deutschen Volkspolizei, von vielen Bürgern unterstützt, gewährleisteten, daß Ruhe und Ordnung schnell wieder hergestellt wurden. Einige der Rädelsführer, die sich vorwiegend aus Arbeitsbummelanten und asozialen Elementen rekrutierten, wurden festgenommen. Sie werden einer Arbeit zugeführt, bei der sie lernen können, wie man sich in unserer Republik aufführen und bewegen muß.«

Was des einen Ende war, war des anderen Chance. Diese Lehre wußten auch damals einige Herrschaften perfekt zu beherzigen. Wolf-Dieter Raschke, später Chef von »Karussell«, schrieb in der Leipziger Volkszeitung: »Wir haben uns entschlossen, durch Musikunterricht unsere Kenntnisse in Theorie und Praxis zu erweitern. Die Vorfälle in der letzten Zeit hier in Leipzig haben uns sehr nachdenklich gestimmt. Heiße Rhythmen, musikalisch gekonnt gespielt – das sind unsere Vorstellungen von Tanzmusik.« Wolf Raschke hat seine Vorstellungen von Tanzmusik und seine Auffassungen über mich leider nicht nur der LVZ gegenüber geäußert, sein Mitteilungsbedürfnis ging sehr viel weiter, ich habe das allerdings erst erfahren, als ich viele Jahre später meine Stasi-Akten las.

Blitzartig änderte sich mit dem Verbot der »Butlers« die Welt für mich: keine Musik mehr, keine Arbeit mehr. Nun fühlte ich mich ortlos, bodenlos. In der Notenhandlung M. Oelsner hatte ich einen Halbtagsjob als Verkäufer und war froh gewesen, nicht die Einlieferung in ein Arbeitslager befürchten zu müssen. Mein Schwager war Kaderleiter in einem Kombinat, ständig klagte er über zu wenige Arbeitskräfte. Aber als ich fragte, ob ich in seinem Betrieb arbeiten könne, gestand er mir seine Angst vor unbequemen Fragen bei sich in der Fabrik, etwa, wieso er denn einen musikalischen Rowdy wie mich einstellen wolle. Zum Glück kriegte ich Arbeit im Warenhaus »Centrum« als Möbeltischler.

Ich ging zur Volksmusikschule und bekam Unterricht in Theorie und auf dem Kontrabaß. Mit kurzen Haaren und artig unter den Arm geklemmtem Notenbüchlein bemühte ich mich um Einordnung, um Disziplin und Fleiß. Denn ein Leben ohne Musik konnte ich mir nicht mehr vorstellen. Mein Lehrer, Herr Köpping, war Kontrabassist am Leipziger

Gewandhaus-Orchester und wußte von meinem Spielverbot. Es fiel mir nicht leicht, von Rockmusik auf Etüden und Sonaten umzudenken. Aber nach einigen Fortschritten schlug mir Köpping vor, mal im Kirchenorchester mitzuspielen. In Erinnerung habe ich bei diesem Auftritt sanfte, leise, freundliche Menschen. Ansonsten hatte sich mein Kontakt mit klassischer Musik stets in Grenzen gehalten. Einmal bekam ich Karten für ein Bach-Konzert geschenkt, klemmte mich in ein altes Jackett, in dem ich aussah wie ein Mistkäfer mit zu kurz geratenen Flügeln. Das Konzert fand in der ehrwürdigen »Alten Börse« statt, leider wurde ich wahnsinnig müde und mußte mich dauernd in den Oberschenkel kneifen, um nicht wegzukippen. Zudem blieb während des Konzerts das Saallicht an, und ich hatte das Gefühl, die starren mich alle an. Beim Schlußapplaus war ich der eifrigste und befreiteste. »Musikalisches Opfer« hieß das Stück. Ich kam mir vor, als hätte ich ein menschliches Opfer gebracht. Ich war beseelt von Musik – und zugleich ein Musikbanause, und ich dachte, wenn das diese Bürokraten von der Kulturpolitik wüßten, die würden sagen: Wir haben doch immer gewußt, was das für Typen sind ...

Von der eben erwähnten kirchlichen Atmosphäre nicht ganz unbeeindruckt, schrieb ich neue Texte, in denen ich zum Beispiel nach dem Sinn von Bomben und Kriegen fragte. Als ich mit den Texten aufs Rathaus ging, um sie genehmigen zu lassen, guckte mich dieser Herr Rothe, der für uns zuständig gewesen war, wie ein Wesen von einem anderen Stern an. Es hieß, ich sei auf einem wohl sehr dunklen Weg und hätte pazifistische Gedanken, nötig aber sei auch in der Tanzmusik ein verläßliches Klassenbewußtsein. Ich wußte gar nicht, was pazifistische Gedanken sind, aber ich war natürlich bereit, meinen dunklen Weg ein wenig beleuchten zu lassen. Also schloß ich mich der Singebewegung an und spielte im »Theater Poesie«, dem FDJ-Klub der Karl-Marx-Universität. Zusammen mit Gina Pietsch, Hartmut König, Manfred Wagenbreth und Kurt Demmler machten wir ein Programm zwischen sozialistischer Lyrik und rockbetonter Musik, Titel: »Der neue Tag«. Bei der Gelegenheit konnte ich auch wieder eine Rockband aufbauen, die noch aus Christiane Wunder, Ulf Willi, »Saftel« Birkholz und Peter »Cäsar« Gläser bestand. Unter dem Namen Ulf-Willi-Quintett traten wir in der privat bewirtschafteten Nachtbar »Intermezzo« auf. Bis um halb zehn mußten wir alle Titel mit Gitarre gespielt haben, denn Cäsar war noch Lehrling und hatte pünktlich um zehn zu Hause sein.

***

MATERIAL II: ERICH LOEST: ES GEHT SEINEN GANG

Der Roman, 1978 erschienen, reflektiert aus der Sicht eines Ich-Erzählers auch die Ereignisse des sogenannten Beat-Aufstandes 1965 in Leipzig. Das Urbild der im Buch erwähnten Band »Old Kings« sind die »Butlers«.

Erst sah es so aus, als hätte niemand etwas gegen die Beatles. Die Ortszeitung führte am Wochenende eine Jugendseite, da diskutiert ein Professor mit sich selbst, worüber die Jugend diskutieren sollte und was dabei herauszukommen habe, und dieser Professor schrieb, The Beatles stammten aus den Slums von Liverpool und hätten sich hochgeackert; teilweise trügen ihre Songs sozialkritischen Charakter. Ein prominenter Lyriker wurde im Fernsehen interviewt, was er von den Beatles hielt, die fand er überaus schön, und die Leute vom Rundfunk überschlugen sich, so waren sie von sich begeistert, weil sie mal ein Häppchen von ihnen brachten. Das geschah 1965, ich war sechzehn und in der zehnten Klasse und so groß wie heute 1,79, ich kann also nur bedingt auf mich herabblicken und behaupten: Ganz schön doof. Ich kann höchstens zu mir hinüberblicken und feststellen: Bruder, so doof warst du gar nicht! Ich will so sagen: Diese zehn Jahre sind meine Jahre, was ich gesehen habe, hab ich gesehen, was ich gehört habe, hab ich gehört, was ich gedacht habe, hab ich gedacht, und da möchte bitte keiner kommen und sagen, alles wäre ganz anders gewesen (...)

Überall entstanden Gruppen, die die Beatles nachahmten und sich die Zotteln wachsen ließen und von ihren Schwestern Halsketten ausborgten. Am bekanntesten wurde die Old-Kings-Combo, die beatete meist in Markranstädt, und die Massen wallfahrteten hin (...) Dann hieß es, die Kings wären verboten, sogar verhaftet wegen Steuerhinterziehung, und eines Morgens dräute Bauerheld, dunkle Elemente hätten für den kommenden Sonntag, zehn Uhr, eine Protestdemonstration gegen die Verhaftung der Old-Kings-Combo auf dem Leuschnerplatz angesetzt, und es sei strengstens verboten, daran teilzunehmen. Zehn Uhr am Sonntag auf dem Leuschnerplatz, wiederholte er gründlich, und wehe, wenn jemand von euch hingeht! Das predigten in diesen Tagen alle Lehrer in allen achten bis zehnten Klassen Leipzigs und in den Berufsschulen und den Lehrlingswerkstätten, zehn Uhr am Sonntag auf dem Leuschnerplatz, laßt euch dort nicht blicken!

(...) Es lag etwas von einer wilden, riesigen Sensation in der Luft; eine Protestversammlung hatte es in Leipzig zu meinen Lebzeiten nie gegeben, ich kannte so etwas nur aus dem Fernsehen ganz woanders und stellte mir vor, wie Massen mit Plakaten aufmarschierten, auf denen stand: »Freiheit für die Kings!« Und Polizisten und alle Stabülehrer schrieben unsere Namen auf. Ich hörte Sprechchöre und schrie mit, auf einmal waren die Kings unter uns und wurden auf den Schultern getragen und marschierten unserem Zug voran, auf einer riesigen Wiese lieferten sie ein irres Konzert, wer englisch konnte, und ich konnte wunderbar englisch, schrie mit. Die Beatles schwebten vom Himmel, sie dankten uns, weil wir die Kings befreit hatten; niemand von uns spürte noch das geringste bißchen Angst, wir alle konnten zehn Meter weit springen wie ein Mann auf dem Mond, wir winkten mit unseren Gitarren und waren ganz einfach high. Die Stones jagten in tollen Autos heran, wir alle sangen und spielten, ich schrie zwischen den Beatles und den Stones und hatte völlig vergessen, daß ich die Stones verabscheute, und ein ungeheurer Sound hallte aus dem Himmel auf uns zurück.

Es war ein heller, windstiller Morgen, die Straßen lagen ruhig wie meist am Sonntagvormittag, ich staunte über die Ruhe, denn ich hatte gedacht, die Stadt müßte kochen. Mir blieb Zeit, es war noch nicht einmal neun, ich dachte: Fährst nicht mit der Straßenbahn, beim Gehen siehst du mehr. Jungen streunten stadteinwärts, dort zwei, dort vier, andere stiegen aus einer Straßenbahn, manche begrüßten sich. Unter Bäumen parkten große grüne Lastwagen mit heruntergezogenen Planen. Bereitschaftspolizei.

Der Leuschnerplatz ist eigentlich kein Platz, sondern ein Sammelpunkt verschiedener Straßen. Als ich dort ansockte, war es halb zehn, hier und da standen Grüppchen von Jungen. Wir lachten, als jemand auftauchte, der eine rosa Bluse mit Rüschen trug, die hatte er sicherlich von seiner Schwester geborgt. Keiner reckte ein Plakat, und ich dachte, nun müßten bald die dunklen Elemente aufkreuzen, die diese Protestkundgebung organisiert hatten, jemand

Ruhestörern und Rowdys das Handwerk gelegt

Leipzig (LVZ). Wie wir von der Bezirksbehörde der Deutschen Volkspolizei erfahren, versuchte am gestrigen Sonntag eine Anzahl von Rowdys und Gammlern, die zum Teil Arbeitsscheue sind, das friedliche Leben in unserer Stadt zu stören. Sie verbanden damit die Absicht, Unruhe in das Stadion beim Fußball-Länderspiel DDR–Österreich zu tragen.

Besonnene Bürger, die unsere Sicherheitsorgane verständigten und tatkräftig unterstützten, gewährleisteten, daß Ruhe und Ordnung schnell hergestellt waren. Viele Erwachsene forderten, daß solche Erscheinungen, wie sie in jüngster Zeit durch unsere Zeitung geschildert wurden, energisch unterbunden werden.

Bei den zugeführten Ruhestörern hat es sich erneut bestätigt, daß die Anführer teils Diebe, Arbeitsbummelanten und asoziale Elemente sind, die ihren Lebensunterhalt auf eine Art und Weise bestreiten, die jeden ehrlichen Bürger empört.

Wir nehmen diese Vorkommnisse zum Anlaß, uns an die Eltern zu wenden, die aus den jüngsten Veröffentlichungen noch nicht die Konsequenzen zogen und ihre Kinder davor bewahrten, von solchen Elementen auf gefährliche Wege gezogen zu werden. Sie sollten sich klar darüber sein, daß sie für das Tun ihrer Kinder die Verantwortung tragen. Wir meinen, es ist an der Zeit, daß alle Erzieher gemeinsam mit der überwältigenden Mehrheit der Jugend dafür sorgen, daß sich niemand mehr von solchen Elementen mißbrauchen läßt und jenen, die im trüben fischen wollen, eine gebührende Antwort erteilt.

Die Anführer der Ausschreitungen sind einer Arbeit zugeführt worden, bei der sie lernen können, wie man sich in unserer Republik zu bewegen und aufzuführen hat.

Oben: Reaktion der »Leipziger Volkszeitung« auf die Proteste auf dem Wilhelm-Leuschner-Platz: »Die Anführer sind einer Arbeit zugeführt worden ...«

hielt eine Rede, und dann würden sicherlich Polizisten und Stabülehrer aus den Seitenstraßen strömen und die Rädelsführer festnehmen. Aber sicherlich konnte ich entwischen und wäre dann nicht auf Berichte aus dritter Hand angewiesen, ich wäre dabeigewesen und könnte in der Pause sagen: So und so und so, ich hab die riesigen Plakate gesehen mit den Köpfen der Beatles und der alten Könige, die Kronen trugen und Bärte und Haare bis zu den Knien, ich hab die Sprechchöre dröhnen hören, und zum ersten Mal in meinem Leben war richtig was los, und als alles im Gang war, konnte ich zehn Meter weit springen und schwebte über dem Platz und spielte auf einer Gitarre, von der Drähte zu Lautsprechern führten, die groß waren wie das Rathaus.

Dann schlug es zehn, und nichts geschah. Es fällt mir heute schwer, zu schätzen, wie viele Jungen auf die Warnung ihrer Lehrer hin gekommen waren. Dreihundert? Fünfhundert? Um der Wahrheit die Ehre zu geben, es war nicht gerade die geistige Elite der Nation, die sich da versammelt hatte. Schüler der EOS waren bestimmt nicht dabei, die hatten ja was zu verlieren, die Aussicht auf einen Studienplatz vor allem. In der Masse dürften es Lehrlinge gewesen sein, auch Abgänger der achten Klasse, auch der sechsten, Schüler der neunten und zehnten Klasse, auf zwanzig Jungen kam vielleicht ein Mädchen. Man sieht solche Gestalten manchmal zusammengeballt als Fußballfans mit Tuten und Fahnen; in der Schule haben sie nichts gegolten, sie sind keinesfalls die Lieblinge ihrer Lehrmeister, da drängen sie sich zusammen, um die Wärme der Gruppe am Rand des Gewohnten und Gewünschten zu finden. Manchmal beweisen sie ihre Kraft gegenüber Parkbänken. Jetzt standen sie hier und glotzten. Nichts geschah. Wo blieben die dunklen Elemente?

Ich möchte heute noch wetten, daß wir uns nach einer Stunde aus Langeweile zerstreut hätten. Aber da sorgte ein Lautsprecherwagen der Verkehrspolizei für Abwechslung, er rollte langsam hin und her, blechern hallte es: »Bürger, Ihr Verhalten ist ungesetzlich! Sie werden aufgefordert, sofort die Straße zu räumen!« Die Jungen standen auf den Bürgersteigen, feixten, warteten. Ich verdrückte mich in die Petersstraße hinein, hörte abermals, mein Verhalten wäre ungesetzlich, und wagte mich wieder neugierig vor. Die Dinge entwickelten sich (...) Eine Minute später wurde uns ein seltenes Schauspiel geboten. Die Macht rollte über den Leuschnerplatz: Vorn ein Jeep mit Polizeioffizieren, dahinter zwei Lastwagen mit aufgesessenen Bereitschaftspolizisten, im Zentrum das Paradestück: Ein Wagen wie ein Elefant, das Fahrerhäuschen mit Sehschlitzen wie ein Panzer, obendrauf eine Kuppel mit gedrungenem Rohr: Ein Wasserwerfer. In natura habe ich sowas weder vorher noch hinterher jemals gesehen. Dann wieder zwei LKW mit Polizisten und noch ein Jeep. So rollte dieses Armada langsam über den Platz, die Jungen staunten, manche pfiffen, allmählich kam Schmiß in die Sache.

***

HANS-DIETER SCHÜTT: Kannst du dich eigentlich noch an deine erste Rundfunk-Aufnahme erinnern?

KLAUS RENFT: Ja. »Zukunft wird aus Tat geboren.« Kennt zum Glück kein Schwein mehr.

Du bist eines Tages zur Nationalen Volksarmee gekommen. Einer, der offiziell ungeliebte Beatmusik macht, erlebt so einen Einschnitt anders als ein Staatsgläubiger. Oder ein bürgerlich veranlagter Mensch. Du aber bist Nomade.

Ja, trotz vieler Eingaben und aller möglichen Verzögerungsversuche mußte ich Anfang Mai 1967 zur NVA. Es schien mir unmöglich, anderthalb Jahre dort auszuhalten. Morgens um acht Uhr in der Kaserne in Döbeln, ich sollte Funker werden, meldete ich mich sofort im Med-Punkt. Bevor sie dich ins normale Soldatenleben stülpen, dachte ich mir: Erstmal aus der Reihe tanzen! Ich konnte auf Befehl Übelkeit produzieren, übergab mich sofort und hoffte auf sich erhöhende Temperatur.

Es sprach sich schnell herum, daß einer von den ehemaligen »Butlers« in der Kaserne war. Schon allein dadurch war ich aufgefallen, daß ich mich mit Übelkeit ins Krankenrevier hatte einliefern lassen und dort ganz naiv die Geschichte erzählte von zwei kleinen Kindern zu Hause sowie den beiden Geschwistern und dem Vater im Westen. Ich sagte, das seien ja im militärischen Ernstfall meine Feinde – nun sei ich zwar selbstverständlich von Sinn und Auftrag der Nationalen Volksarmee überzeugt, aber mein etwas sensibles Gemüt gewänne mitunter Oberhand über meinen Körper, und das schwäche diesen auf unberechenbare, zumindest jedenfalls dienstbehindernde Weise. Mir würde schlecht bei dem Gedanken an meine abtrünnig lebende Familie, immerhin seien es doch meine engen Verwandten; die Vorstellung der Zwangssituation, in der ich mich befände, verursache unkontrollierbaren Streß. Krankenschwester und Arzt guckten konsterniert und unschlüssig auf diesen seltsamen Typen. Mich a priori zum Simulanten zu stempeln, das wagten sie merkwürdigerweise nicht. Mitunter geschehen ja wirklich Zeichen und Wunder, und aus Zufall wird Fügung. Man gab mir sogar Beruhigungsspritzen und legte mich erstmal ins Bett. Ich verbuchte einen ersten Teilerfolg. Im Krankenzimmer nun besuchte mich plötzlich die regionale Armee-Band und fragte, ob ich mitspielen wolle. Als Krankem war mir das so ohne weiteres nicht möglich, also nahmen die Jungs Kontakt zum Politoffizier auf. Sie müssen den Mann tatsächlich überzeugt haben, denn Sonnabendmittag wurde ich entlassen, abends stand ich im Volkshaus auf der Bühne. Schlief eine Nacht bei der Mannschaft, das gleiche am Sonntag, und am Montagmorgen lag ich wieder im Krankenbett. Dieser Lebensrhythmus gefiel mir, alles ging gut – bis zum Tag der Vereidigung. In mir kam sogar Hoffnung auf, die würden mich für diesen Schwur-Schnulli vergessen. Aber leider brachte man die Uniform herein und forderte mich auf, umgehend zum Appellplatz zu kommen. Bloß: Die Stiefel hatten sie vergessen, also tauchte ich in Pantoffeln auf und latschte so, unter allgemeinem Gelächter, in der Kolonne mit. Ich sah den Oberst, der bestand aber nur aus einem Ballon, der früher sein Kopf gewesen sein muß: ein hochrotes Etwas, wie ein Krebs in kochendem Wasser. Er schrie etwas von Verunglimpfung und dann: »Auch von den ›Bulters‹ lassen wir uns nicht provozieren!« Dieser Versprecher stand geradezu in der Luft, es herrschte einen winzigen, ewiglangen Augenblick atemlose Stille, dann grölten die Soldaten los. Ich wurde aus dem Glied gejagt und ins Bezirkslazarett Leipzig-Wiederitzsch verlegt. Da wehte ein anderer Wind, und mit der Provinztaktik vom Sensibelchen konnte ich hier nicht mehr landen. Gleich bei der Aufnahmeuntersuchung musterte der Stabsarzt zuerst meine Akte, dann mich und sagte kurz und bündig: »Den Felix Krull zu spielen, das brauchen Sie hier erst gar nicht anzufangen.« Abends gab es eine Portion bunte Pillen, in einem Schälchen serviert. Zwei andere neben mir schmissen das Zeug sofort aus dem Fenster, hinaus ins Wiesengras, das die Pillen umgehend verschluckte. Das kann eine Falle sein, dachte ich und fraß den Mist auf. Am anderen Morgen mußten wir zur Blutuntersuchung, meine beiden Zimmerkameraden kamen danach wieder zu ihrer Einheit. Ich hatte begriffen: Wollte ich länger bleiben, durfte ich keinen Fehler machen. Nun stellte sich zum Glück noch heraus, der Psychologe, der mich betreute, hatte die »Butlers« des öfteren gehört, er gab vorsichtige Signale, ich hätte einen merkwürdigen Verstimmungszustand, die Sache mit der Armee könnte also ein für mich gutes Ende finden.

Ich entspannte mich, fühlte mit einem Male sogar angenehme Langeweile, denn Langeweile, interpretiert man sie positiv, ist nichts weiter als Zurückeroberung von Zeit. Also holte ich mir aus der Bücherei was zum Lesen, und wie ausgeruht ich war, das zeigte sich darin, daß ich vor allem – Lenin auslieh. Der interessierte mich wirklich, ich hatte ja Zeit, und zum anderen hoffte ich, auch die Auswahl der ausgeliehenen Literatur hätte Einfluß auf meine Beurteilung. Die mußten doch merken, was ich las. Allen um mich herum war klar: Einer von den »Butlers«, bisher Sinnbild von Antihaltung und Nichtangepaßtheit, ist verrückt geworden. Zudem begann ich, nach gründlichem Lesen, den Lenin auch noch zu zitieren: schwadronierte über Sinn und Unsinn des Exerzierens, über Uniformen und den preußischen Drill.

Natürlich entspannen sich daraus Diskussionen mit den Kameraden, und sehr bald stieß das einigen Vorgesetzten übel auf. Offenbar hatte ich sie ausgerechnet mit Lenin irritiert (und dabei hatte ich doch eigentlich nichts wirklich Bedrohendes getan!), und eines Tages wurde ich mit einem Urlaubsschein zur Genesung nach Hause geschickt. Lenin, ich danke dir. Nach kurzer Zeit kam allerdings der Befehl, mich wieder bei meiner Einheit in Döbeln zurückzumelden. Jetzt ging wohl alles wieder von vorn los, fürchtete ich resigniert, mir wurde gleich wieder schlecht, und meine Stimmung sank auf den Tiefpunkt. Auf der Fahrt nach Döbeln nahm ich gleichsam Abschied von der Welt. Ich fühlte mich leer und sinnlos, heulen hätte ich können. Aber es kam ganz anders. Gleich am Schlagbaum zur Kaserne lagen meine Zivilsachen. Ein Offizier kam auf mich zu und sagte in knappester Form, ich möge verschwinden und mich anderweitig für den Staat nützlich machen. Der Offizier machte einen zufriedenen, erleichterten Eindruck, als ich darauf nichts erwiderte, mich umdrehte und umgehend die Straße zum Bahnhof entlangstolperte. Furcht hatte ich, die könnten ihre Entscheidung rückgängig machen. Mich umzudrehen, wagte ich nicht. Bei der »Nachbehandlung« zu Hause gelang es mir sogar, noch vier Wochen Kuraufenthalt in Thale im Harz herauszuschlagen.

Nun gab es seit 1967 wieder die »Klaus Renft-Combo«. Es ist ja ziemlich schwer, gleichsam Ordnung ins Personalkarussell deiner Gruppen zu bekommen. Immer wieder mal Wechsel, nur mit Mühe formiert sich schließlich die End-Formation, das, was sich später bloß noch markant und knapp »Renft« nennt. Ihr kamt ja alle aus unterschiedlichen Berufen, und ungefähr 1970 fingt ihr an, eigene Lieder zu schreiben.

Christiane war inzwischen zur Gruppe »Lift« nach Dresden gegangen. Wir begannen um diese Zeit mit klassischen und Jazz-Elementen zu experimentieren. Von einem Stromzähler hatten wir den Motor umgebaut und erzeugten damit furchterregende Töne. Ich weiß noch: An der Hochschule für Grafik fand ein Konzert statt, bei dem wir Neues ausprobierten. Wir probten ernsthaft und angespannt. Den ersten Teil nannten wir »Liebe«, ich begann mit einem langen Kontrabaßsolo. Dann spielte Cäsar verschiedene Barockthemen auf der Blockflöte, und Ulf spielte klassische Passagen. Das zweite Thema sollte »Haß« darstellen und wurde auf elektronischen Instrumenten dargeboten. Cäsar ließ die Gitarre heulen, Ulf malträtierte die Orgel, und ich rubbelte auf meinem E-Baß. Dann kamen die furchtbaren Töne von besagtem Motor. Ein Bombenalarm konnte kaum schlimmer geklungen haben. Dann der letzte Ton: wie ein Todesschrei, und nur noch das monotone Ticken eines Metronoms war in der unheimlich gewordenen Stille zu hören.

Plötzlich von irgendwoher eine Stimme, die schon sehr bestimmt anfing, aber sehr schnell scharf und laut wurde: »Aber hallo, was ist denn hier los?!« Es war der Hausmeister, der völlig verstört aus seiner Wohnung gekommen war und durch das Luftloch in den Keller rief. Dadurch bekam unsere doch etwas zu tragisch geratene Darbietung noch eine ungewollte Auflockerung. Der Beifall wollte nicht enden. In der anschließenden Diskussion haben sich vor allem die Musikwissenschaftler und M/L-Studenten über Stil, künstlerischen Wert, Anspruch und Aussagen derart gestritten, daß ich mir plötzlich nicht mehr vorstellen konnte, was dieses Meditieren, das sich so rasch von seinem eigentlichen Anlaß entfernt hatte, eigentlich alles mit unserer Musik zu tun hatte.

Du fragst nach den Berufen der Endformation: »Cäsar« Gläser, der Typ mit Stirnband und John-Lennon-Brille, war gelernter Elektriker, Christian Kunert hatte neben dem Abi den Facharbeiter als Schlosser gemacht, Peter Kschentz war Schriftenmaler und ein Allround-Bastler, Jochen Hohl war ursprünglich Ingenieur für Geophysik, »Monster« Thomas Schoppe ist Feinmechaniker gewesen, und ich war Tischler und Klavierbauer. So, wie kam diese End-Formation zustande? Wir hatten gehört, in Borna gäbe es eine Amateurgruppe, bei denen einer unheimlich »brüllen« könne. Wir ließen den Mann kommen, er stellte sich uns mit dem Lied »Monster« der US-amerikanischen Gruppe »Steppenwolf« vor, damit hatte Thomas Schoppe seinen Spitznamen weg, und wir besaßen fortan den wohl berühmtesten Sänger der Gruppe. Monster glaubte man nie, daß er Feinmechaniker ist. Seine Stimme sägte, kreischte, schlug zu. Gemeinsam mit Michael Heubach und »Cäsar« Peter Gläser, der 1970 seinen Armeedienst beendete, entstanden die ersten

Titel der »Renft«-Neuzeit. Cäsar kannte von der Armee her einen, der Cello, Gitarre und Saxophon spielte. Das war Jochen Hohl, und als »Fats« als Schlagzeuger ausstieg, er wollte in den Westen ausreisen, mußte sich Jochen Hohl an die Schießbude setzen. Und neu auf die Bühne kam auch unser Kraftfahrer »Pjotr« Peter Kschentz, den kannte ich von früher, als er noch bei den »Jockers« und »Shatters« gespielt hatte. Er ließ sich nicht gern fest an eine Truppe binden und spielte nur ab und zu mit, wenn er nicht gerade an seinem Auto werkelte. Pjotr spielte Flöte, Geige, Gitarre, Tenorsax, Baritonsax, Mundharmonika, er sang und komponierte mit, und wenn ich mal an einer Bar hängenblieb, spielte er auch Baß. Ein Mensch, der trotz seiner Vielseitigkeit stets im Hintergrund blieb. Texte schrieben damals, gewissermaßen waren sie das literarische Rückgrat der Gruppe, Kurt Demmler und dann vor allem Gerulf Pannach. Kuno (Christian Kunert) kam 1972 als vorläufig letzter Neuzugang dazu, und sein kompositorischer Einstand war »Kinder, ich bin nicht der Sandmann«. Text: Kurt Demmler. »Kinder, ich bin nicht der Sandmann,/ der in die Heia euch singt./Spuckt euern Schnuller getrost wieder aus,/ wenn dieses Lied hier erklingt./ Kinder, ich bin nicht der Sandmann./ Der hat ja so einen Bart./ Kinder, ich bin nicht der Sandmann, o nein,/ ich bin von ganz anderer Art.// Kinder, ich bin nicht der Sandmann./ Artigkeit, die sich nicht mal/ ab und zu mit einem Widerspruch paart,/ die Artigkeit find ich schal.«

Bis auf Kuno waren wir alle Autodidakten. Vielleicht war das ein Grund für die bleibende Variabilität der Gruppe und ihren sturen selbstkritischen Realismus. Wir haben zum Beispiel lernen müssen, mit der Kraft der Musik nicht die plötzlich vieldiskutierten Texte zu erdrücken. Das war gar nicht so einfach, denn das Musikalische ging immer wieder durch mit uns, und um einen unmittelbar politischen Impuls ging es uns ja gar nicht vorrangig, also nicht vordergründig.

Wie liefen Renft-Konzerte gewöhnlich ab? Kontrolliert?

Kontrolliert und also eingeschüchtert wurde schon lange vor einem Konzert. Vor allem durch den Rat des Bezirkes. Die zogen ja auch, ohne mit der Wimper zu zucken, unsere Technik ein, und dann, wenn ein Auftrittsverbot war, mußten wir geradezu kämpfen, um an die Technik, die doch uns gehörte, wieder ranzukommen. Das waren begnadete Beschlagnahmer.

Einmal, als sie uns einen Schallverstärker nicht aushändigen wollten, sagte mir Kurt Demmler im Ratskeller, notfalls solle ich das Ding mit Gewalt rausholen. Klar, daß man mit der Zeit aggressiver wurde. Hier will ich noch mal zurückblenden in die Zeit vor unserer letzten Besetzung. Ich erinnere mich an die gespannten Monate 1968. Alle waren gereizt. Jedes Konzert war ein Spießrutenlauf gegen die Bürokratie. Der Prager Frühling verschärfte die Situation, und noch machten wir gute Miene zum bösen Spiel. Mit Schlagern und Stimmungsmusik versuchten wir uns zu retten. Jetzt aufzufallen, hätte das Ende bedeuten können. In diesem Punkt waren wir uns seltsam einig, kurz.

Ich weiß noch, da war ein Konzert in Dahlen – durch eine Beschwerde über die »Jockers«, eine andere Band der Region, waren wir skeptisch geworden und wären am liebsten nicht hingefahren ... Du hör mal, ich kann bei manchen Fragen nur sehr popelig antworten, meine Erinnerung ist da sehr klein. Dahlen ...

Kein Problem. Erzählst du eben von Dahlen.

Schon als wir ankamen, spürten wir Mißtrauen, Kälte. Und tatsächlich, bereits nach den ersten Runden beschwerte sich das Personal über die Musik und deren Lautstärke. Auf meine Frage, was die jungen Leute im Saal hören wollten, sagte die Bedienung: Die Leute? Hier bestimmen wir, was gespielt wird, und wir bestimmen auch, wer spielt. Veranstalter war die FDJ. Einer von denen sagte, er hätte die Schnauze voll, sie würden nun wohl keine Veranstaltungen mehr mit uns machen, das hielte ja kein Mensch aus.

Es war zunächst nicht herauszukriegen, ob der unsere Musik meinte oder das Gezerre der Behörden, in das sie als Veranstalter unweigerlich jedes Mal mit hineingezogen wurden. Aber wahrscheinlich meinten die, was nicht auszuhalten sei, wäre unsere Musik. So'n FDJ-Typ bezeichnete eine unserer Jazzrunden als »Katzenmusik«. Das erinnert mich, wenn ich das jetzt so erzähle, an eine bittere Begebenheit, die Manfred Krug mal zum Besten gab: Als er Jazz sang, meinte der damalige DEFA-Chef Hans Rodenberg, warum er als renommierter DDR-Künstler denn nicht ordentliche deutsche Musik mache. Krug, ziemlich naiv, versuchte ihm zu erklären, wer Armstrong sei, und er brachte dem Rodenberg ein paar Platten von Armstrong vorbei. Als beide sich wieder mal trafen, sagte der DDR-Spitzenfunktionär zu dem Schauspieler: Er habe sich das Zeug

»Renft« in klassisch gewordener Besetzung:
Kuno, Jochen, Cäsar, Monster, Pjotr, Klaus.

angehört, und er könne nur sagen, so klinge seine Badewanne auch, wenn er Wasser einließe. Das war das Niveau! Das war die Atmosphäre dieser ewigen Kleinkriege mit FDJ-Provinzlern, die den lieben Gott markierten. Quälend pissig.

Dahlen, ein Ort, den keiner kennt, Dahlen – das war die DDR. Wir spielten dann »Die schönste Rose der Prärie«, »Im Himmel, da wartet mein Schimmel auf mich«, »Das ist alles nicht so schlimm wie 'ne Kneipe ohne Bier«, alles so'n absolutes Scheißzeug, und die Reaktion aus Richtung Theke, wo die Veranstalter hockten, war eindeutig und nicht anders zu erwarten: Na, seht ihr, wenn ihr wollt, könnt ihr ja! Ein Satz, den ich immer wieder gehört habe, und der in seiner scheußlichen Freundlichkeit was Faschistoides hatte, da kann mir einer sagen, was er will. Freie Deutsche Jugend!

Da kannst du fast jedes Konzert nehmen, und wenn ich an die Zeit damals denke, merkwürdig, sind es bestimmte Szenen, die sich eingegraben haben. Einmal gaben wir ein Konzert in der Parkgaststätte Markkleeberg, dort, wo immer die große DDR-Landwirtschaftsausstellung stattfand. Die Musiker: Ulf Willi, Klavier; Christiane Wunder, Gesang; Werner Schmidt, Schlagzeug; und ich, Baß. Viele Gäste und die Kellner lehnten unseren Jazz ab. Es kam zu lauten Zwischenrufen und Beschimpfungen. Wir nahmen daraufhin unser Menschenrecht auf Anpassung wahr und betrieben schleunigst wieder unsere musikalische Besänftigungstaktik – mit »Blau ist die Nacht« und solchen Dingern. Eine Frau rief zur singenden Christiane auf die Bühne hoch: Kannst du nicht deutsch singen? Das sind doch die, rief einer, gegen die im Rathaus Anzeige erstattet wurde! Woher wußte der das? Mich schreckte der Pogromwille der Leute. Wegen ein paar ungewohnten musikalischen Tönen waren die zu einem Protest bereit, der ans Lynchen erinnert.

Ich weiß auch noch: Im August 1968 spielten wir zum Tanz im Kreis Plauen. Die gesamte Nacht rollten Panzer und andere Militärfahrzeuge die Straße entlang. Im Wald, wo meine Frau Irmtraut, mein Sohn Christian und ich am Vortage noch Pilze gesammelt hatten, befand sich am anderen Morgen ein riesiges Militärlager. Am 21. August rückten die Sowjets ein in Prag, wir waren wie gelähmt. Durch die Selbstverbren-

Eine Band am Haken – und schon hatte man auch Renft wieder am Haken: Manfred Wagenbreth, Ralph-Rüdiger Stolle, Jürgen Matkowitz, »Fats« Pachsteffel, Klaus Renft (v.l.)

nung von Jan Palach in Prag war die Situation noch komplizierter geworden. Alles war geladen wie ein Pulverfaß. Folgender spontaner Text entstand damals in unserer Truppe:

In den Sommertagen – will der Fuchs es wagen/ bei den Nachbarn einmal nachzusehn/ Er kann's nicht ertragen – wenn die andern sagen/ laß mich leben wie ich will. // Das kann er nicht dulden – macht beim Leben Schulden/ sein Revier scheint in Gefahr/ sich nach Freiheit strecken – laß ich mir gut schmecken/ schlägt das Huhn und kocht es gar.// Hilfe, ruft der Nachbar – sollst du haben lacht er/ schenkt ihm ein den roten Wein/ mußt nur mit mir singen – aber nicht bestimmen/ können wir doch Freunde sein.// Und das gute Essen – wird für ihn zum Fressen/ keiner spuckt ihm mehr hinein/ schluckt man Freiheit runter – wird das Leben bunter/ und wir fangen wieder an.

Von überallher kamen zu jener Zeit Konzert-Absagen, alle hatten Angst und fürchteten bei den Auftritten wohl politische Stellungnahmen von uns. Es war keine gute Phase ...

Du hast vorhin nach dem Personalkarussell gefragt. Ja, wie war das, bevor sich »Renft« endgültig formierte? Wie gesagt, Cäsar mußte zur Armee, Ulf Willi stieg aus, die Band war am Ende. Um vielleicht noch etwas zu retten, fuhr ich zur Werkstattwoche der Singegruppen nach

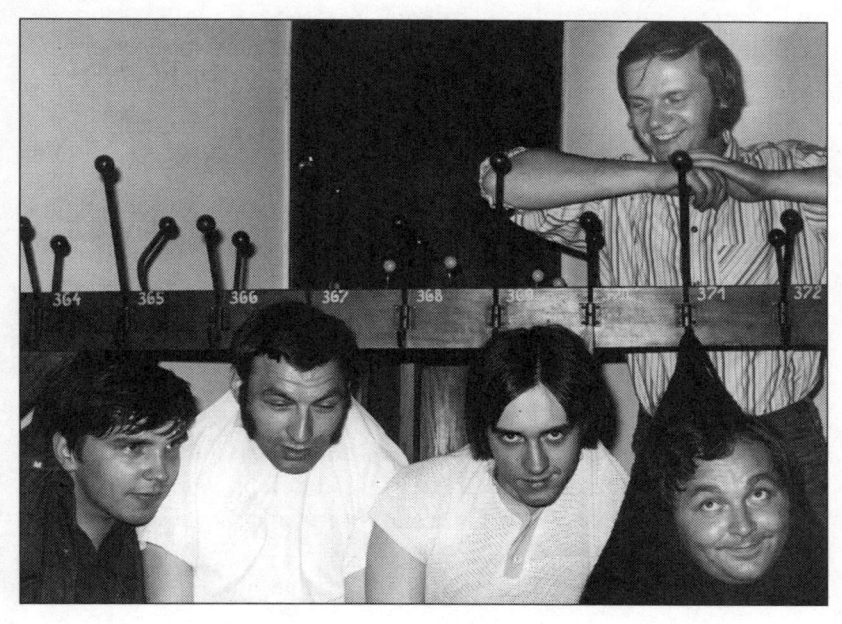

Karl-Marx-Stadt, das war die einzige Möglichkeit, um wieder an eine Auftrittsgenehmigung als Rockgruppe zu kommen. Das gelang mir auch, so Ende der sechziger Jahre hatte ich dann mit Jürgen Matkowitz an der Gitarre, Manfred Wagenbreth, ebenfalls Gitarre und Gesang, Ralf Stolle an der Orgel und Gerhard »Fats« Pachsteffel, Gesang und Schlagzeug, nach den »Butlers« die erste überregional bekannte Band gehabt.

Es begann die große Zeit von Gaschwitz, Mülsen und Röcknitz – und es begann der erneute große Ärger. In Gaschwitz hatten wir mal, hinter der Bühne, ein Foto gemacht. Um die triste Kulisse dort etwas aufzuheitern, wurden die Hemdkragen an den Garderobenständer eingehakt. Die Fotos fanden reißenden Absatz – und den Weg bis ins Rathaus. Von der Kulturreferentin, Frau Hamann, bekam ich eine Vorladung, wie immer zum darauffolgenden Dienstag, dem Behördentag. Vor ihr auf dem Schreibtisch lag das Foto. Wie eine Aufseherin blickte sie auf mein Käppchen, unter dem ich so kunstvoll wie notdürftig meine etwas länger gewordenen Haare zu verstecken suchte. Das Foto, das vor ihr lag, nahm ich zunächst gar nicht ernst, ich dachte sofort wieder an Steuerhinterziehung oder unerlaubte Texte oder ähnliche Lieblingsverdächtigungen. Sie tippte auf das Bild, schob es dann verächtlich zu mir rüber, als zeige sie mir was ganz Neues, und nun legte sie los, schneidend scharf und dennoch unverkennbar hausfraulich: »Sie sind von uns zum wiederholten Mal daraufhin belehrt worden, die Gesetze und Bestimmungen unserer sozialistischen Kulturpolitik einzuhalten und jegliche Provokation zu unterlassen. Und warum machen Sie das wieder? Auf dem Foto wird es so dargestellt, als würden bei uns die Musiker unterdrückt, ja stranguliert.«

Urteilsverkündung: Die Fotos bleiben eingezogen, wir kriegen eine letztmalige Verwarnung, ein weiterer Verstoß bedeutet einen erneuten Entzug der Spielerlaubnis, und dann würde uns auch kein Singestudio oder sonstwer retten. Und während die hausfrauliche Kollegin Hamann so redet und ich schon wieder mit meinen Gedanken draußen an der frischen Luft bin, langt sie in einer Schnelligkeit, die ich bei ihr nie vermutet hätte, mit der Hand rüber zu mir und reißt mir das Käppchen vom Kopf. Ich seh noch ihren befriedigten, also erneut verächtlichen Gesichtsausdruck, wie da meine langen Haare nun in den Nacken rutschen. Ich versuchte es schnell bei den Göttern: »Marx und Engels hatten auch lange Haare«.

Damit hatte ich den Nerv getroffen, aber immerhin spürte ich bei dieser Frau nun erstmalig eine wirklich tief empfundene Empörung, die sie ernsthaft nach Luft schnappen ließ. Ich erhielt die Auflage, mich zum nächsten Konzert mit einer ordentlichen Frisur im Rathaus vorzustellen. Schon wieder Rathaus! Was ich in meinem kurzen Leben auf Rathäuser gelatscht bin! Frisuren wurden damals furchtbar ernstgenommen, und eine Veranstaltung der FDJ-Bezirksleitung, bei der wir auftreten sollten, wurde wegen unserer Haare sogar abgesagt. Das waren eigentlich so die gebräuchlichen Unannehmlichkeiten, die wir in regelmäßigen Abständen bekamen: lange Haare, englische Texte, Gagen zu hoch, Verstärker zu laut, der Meldepflicht nicht nachgekommen, zuviel Westtitel gespielt, mit Jeans aufgetreten, überfüllte Säle. Hinzu kamen bürokratische Hemmnisse wie etwa die jährlich vorzulegende Unbedenklichkeitserklärung vom Arbeitgeber, von der hing ab, ob man eine Einstufung bekam. Auch das war nichts weiter als eine Form der Disziplinierung und Erpressung. Die Bedrängnis nahmen wir aber auf uns; denn Musik blieb für uns Freiheit, Wildheit, Fluchtmöglichkeit aus dem Frust. Wir liebten unser Publikum, hatten, wenn wir an die Bar gingen, die Taschen voller Geld, all dies konnte uns niemand wegnehmen.

Wenn die »Renfts«, als eingefleischte Leipziger, ab und zu in Berlin auftraten – waren das in euren Augen besondere Konzerte?

Unbedingt. Wir spielten ab 1969 in Friedrichshagen, im Tennisstadion, auch im Klubhaus der Eisenbahner in Karlshorst. Meistens war unser Fahrzeugpark nicht in Ordnung, und wir kamen in letzter Minute an. Ich erinnere mich an ein Konzert in der Gaststätte »Rübezahl« am Müggelsee. Schon der Vorplatz: total überfüllt. »Millionenschulze« mit seiner Ordnungsgruppe versuchte, Regelungen und Beruhigung ins Chaos zu bringen. Er stand auf der obersten Treppenstufe. Wie ein Dirigent bestimmte er, wer zuerst rein durfte: erst seine Freunde, dann die hübschesten Mädchen, dann frei seiner Nase nach – bis der Saal knackevoll war. Schulze war der Veranstalter von der FDJ, und »Millionenschulze« nannten wir ihn, weil er überallhin Beziehungen hatte, ob das zur Partei war oder zu Ministerien, ob es darum ging, ein Auto, ein Quartier oder gar ein Haus für irgend jemanden zu besorgen. Wir schleppten Boxen und Instrumente, in einer schmalen Gasse, durchs Publikum. Bei so einer Gelegenheit finden sich stets hilfsbereite Hände, in der Hoffnung, umsonst oder überhaupt mit reinzukommen in den Saal. Wenn es übrigens zum Schluß ans Abbauen der gesamten Maschinerie ging, fanden sich dann weit weniger freiwillige Helfer.

Die andere Band, in diesem Fall die von Uwe Schikora, war natürlich schon lange vor uns da und hatte bereits aufgebaut. Sie besaß dadurch den Vorteil, ihre Verstärker auf der Bühne besser verteilen zu können. Natürlich gab's da ein Konkurrenzgefühl. Schikora und Band waren damals recht gut im Geschäft. Wir begrüßten einander freundlich, aber diese gewisse Spannung zwischen Leipziger und Berliner Bands war immer zu spüren und bei aller Höflichkeit auch diesmal nicht zu übertünchen. Schikora spielte vor uns, denn wir hatten zudem, wie üblich, Schwierigkeiten mit unseren Verstärkern.

Ein paar neue Songs hatten wir drauf, etwas konzertant, von Pink Floyd zum Beispiel. Die unmittelbar zu Beginn zu spielen, nachdem Schikora gleich mit seinen besten Liedern angefangen hatte, das war ein Risiko, und als »Fats« von uns dazu eine feierliche Ansage machte, herrschte sofort unheimliche Ruhe im Saal. Die Leute, man merkte es, rückten vor zur Bühne; es sah ein bißchen aus wie eine drohende Bewegung, als wolle

Links: Auftritt im »Rübezahl«: Cäsar, Jochen, Klaus – und Monster.
Rechts: Gast bei »Renft« - der spätere Schlagersänger Hans-Jürgen Beyer.
Klaus: »Ich hatte einen Blick dafür, ob gefährliche Beobachter im Saal waren. Hans-Jürgen Beyer fragte immer, ob er sich beim Singen hinknien dürfe. Waren keine Funktionäre erkennbar, nickte ich. Er kniete. Und das Publikum johlte.«

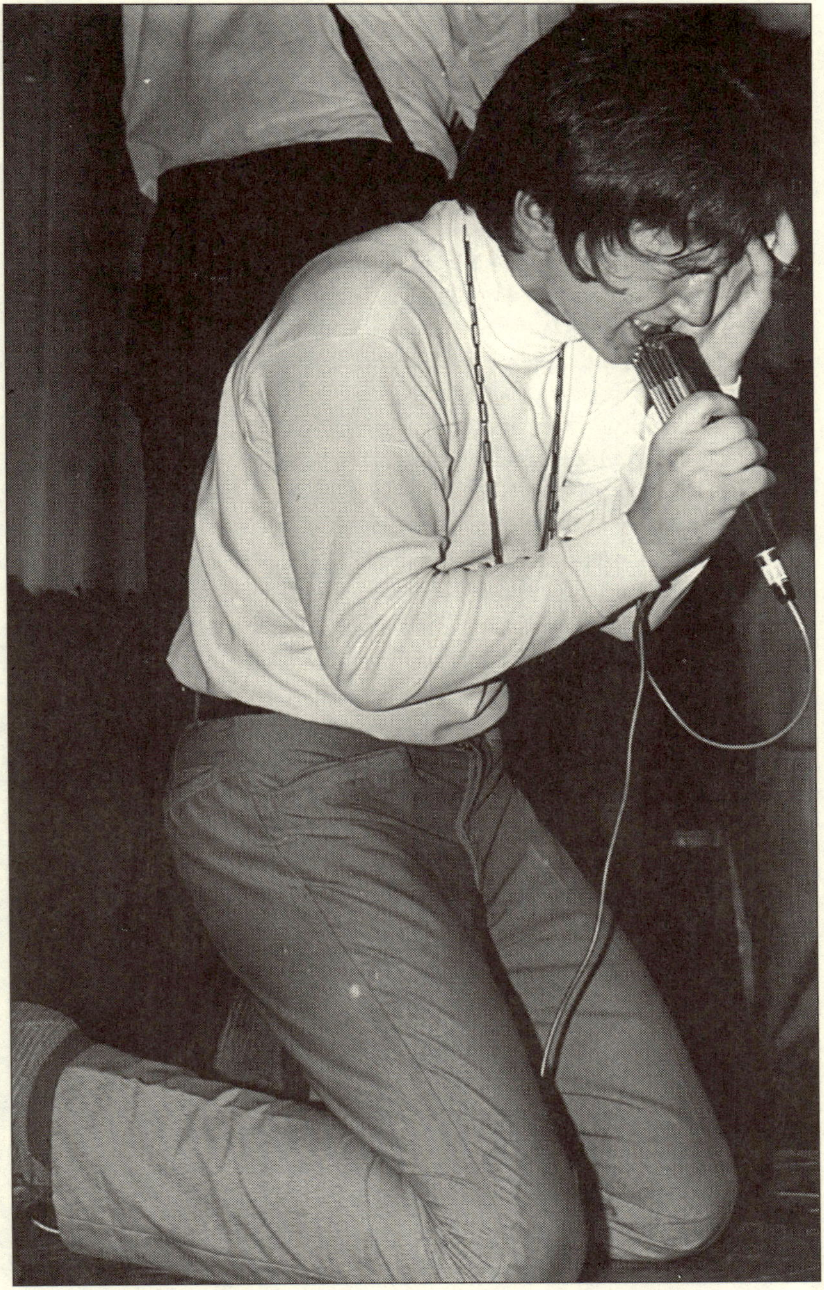

man sowas wie Solidarität zeigen mit Schikora. Wir begannen mit einem großen, fast theatralischen Orgelvorspiel. Die Gitarre baute sich langsam auf, und das Fast-Konzert dauerte zwanzig Minuten. Mittendrin merkte ich, die Leute sind begeistert. Inzwischen waren einige ganz hinten auf Tische und Stühle geklettert, es bildete sich eine Art Gegenbühne. »Millionenschulze« strahlte übers ganze Gesicht. Vorn beim Wirt bekamen wir zwei Kisten Rotwein und, was damals eine Rarität war, zehn echte Salami-Würste; zwar keine ungarischen, aber immerhin rumänische. Wir befanden uns nämlich gleichsam auf Transitreise, nach dem Konzert ging's zum Urlaub nach Dranske an der Ostsee, und mit diesem Proviant würden die ersten Tage an der See gut abgesichert sein.

Wir wohnten dort oben an der Küste im Lager der Karl-Marx-Universität Leipzig, wollten die Zeit nutzen, um ein paar neue Texte zu schreiben und Lieder zu proben. Die mitgebrachte Wurst verteilten wir unter den Studenten, ein bißchen Selbstwerbung hatten wir durchaus nötig, denn unser Lebensstil und unser etwas wildes Aussehen paßte so gar nicht zu den Gepflogenheiten eines FDJ-Lagers – obwohl die Jungs in den blauen Berufsjugend-Hemden ziemlich froh waren, eine Band dabei zu haben, die abends zum Tanz spielt. Aber sicherheitshalber hatte man unsere Zelte etwas abseits vom großen Geschehen aufgebaut. Der Versuch, uns ins aktive Lagerleben zu integrieren, wurde spätestens gestoppt, nachdem wir Kartoffeln schälen sollten. Mittels Tonbandgerät und Verstärkerboxen lockten wir einige Mädels an, die unsere Pflichtarbeit übernahmen. Das Erziehungsmodell Renft scheiterte wieder einmal. Ja, so, würde ich sagen, waren unsere alltäglichen Abläufe.

Was kostete der Eintritt für die Tanzabende?

So zwischen drei und fünf Mark, jeweils mit dem obligaten Kulturfünfer, also fünf Pfennig zum regulären Preis dazu.

Was unterschied euch von Bands wie etwa den Puhdys?

Die Puhdys waren stärker integriert in einen kommerziellen Kreislauf, und so ein Kreislauf harmonisiert eine Truppe und ihren Umgang mit der übrigen Welt. Wir »Renfts« waren zum Schluß sechs Musiker mit sieben Meinungen, wir fanden nie zu einer homogenen Truppe, waren sehr oft im Streit, ständig beim Suchen. Wir waren eine Gruppe mit mehreren kreativen Köpfen, und so eine Gruppenbezogenheit bedeutet für jeden eine unausgesprochene Verpflichtung: Wer für die Band arbeitet, muß teilhaben an ihrem Innenleben. Auf ziemlich lange Zeit überspielte unsere musikalische Leidenschaft, daß es dieses gemeinsame Innenleben aber gar nicht gab. Wir waren nur auf der Bühne eine Gemeinschaft. Manchmal glaube ich, wenn wir damals nicht verboten worden wären, hätten wir uns bald selber aufgelöst. Der Druck der Funktionäre auf uns schuf Solidarität innerhalb der Gruppe. Wir rückten unter diesem Druck zusammen. Aber mehr war da nicht, ohne Druck stellte sich »Renft« als eine ziemlich bunt zusammengewürfelte Truppe der Unberechenbaren heraus. Durch diesen politischen Druck von außen begann sich auch Publikum für uns zu interessieren, das uns bis eben noch »Roter Renft« tituliert hatte. Das war besonders während der Weltfestspiele 1973 der Fall, da kamen wir bei einigen in den Verdacht einer Staatsband.

Es war dieser kleinkarierte Staat, der uns gleichsam hochpushte. Was haben wir denn eigentlich gemacht? Wir haben das Wah-Wah-Pedal getreten, ließen unsere langen Haare auf Satinhemden peitschen, wir wollten doch nicht den Staat im Griff haben, sondern nur den Synthesizer und das Mellotron. Unsere Akkorde und Riffs haben wir auf Gibson und Fender gezupft, den Nobelmarken amerikanischer Gitarrenbauer, und wir haben die gleichen Mikrofontypen angesungen wie Fleetwood Mac oder Abba. Wir hatten ja zum Beispiel auch ein ganz anderes Publikum als etwa Biermann, zunächst jedenfalls. Viel später erfuhr ich übrigens, daß unter den Renft-Fans kurioserweise auch viele Stasileute waren. Das habe ich schon mal erwähnt, aber es ist wirklich wichtig für mein Verständnis: Es gab nicht die Stasi und die FDJ, beides so festgefügte Blöcke, die alle gegen uns gearbeitet haben. Nee. Es war alles vielschichtiger und nicht so schwarz-weiß, wie es jetzt mehr und mehr dargestellt wird. Natürlich war uns mancher Berufsjugendliche nicht besonders gut gesonnen, aber andere Funktionäre wiederum haben dafür gesorgt, daß wir auftreten konnten. Und es ist ja auch ganz lustig, wie wir die Oberen mit Songs wie »Ketten werden knapper« ausgetrickst haben, um sie auf andere Fährten zu locken. Also: ein ehrlich gemeintes politisches Zugeständnis – und hinter den Kulissen ein bißchen aufdrehen.

Zum anderen: Wir kamen musikalisch aus einer Zeit, da die technischen Anlagen weniger empfindlich reagierten; wir benutzten Anlagen zunächst mehr wegen der besseren Vernehmlichkeit, weniger als Mittel

»Renft«-LP's in der DDR, die Nummer 3 (»Variationen der Einsamkeit«) blieb nur ein Cover-Entwurf

90

»Klaus-Renft-Combo« ist keine über den zu dieser Zeit DDR-weit geltenden Standard herausragende LP. Auch Renft haben ihr Lied zu Ehren der sogenannten »Weltfestspiele«, auch Renft bewegen sich musikalisch irgendwo im Niemandsland zwischen Folk, Blues und Hardrock; sind textlich manchmal schrullig naiv, manchmal kabarettartig kritisch. Doch hinter der Einheitsfassade zeigt sich schon bei den frühen Renft ein eigener, unverwechselbarer Personalstil. Trotz der aus heutiger Sicht amateurhaften Abmischung aller Titel, die zwischen obskuren Landmuggen bei dörflichen Tanzabenden und hochtrabend »Konzert« genannten Poltergigs in kleinen Städten aufgenommen wurden, haben auch die Titel dieser ersten LP den gewissen Funken, den »blues«, dieses jenseits aller rationalen Erklärungen existierende geheimnisvolle Gefühl von Seele, Schwäche und Schmerz.

STEFFEN KÖNAU, Mitteldeutsche Zeitung

von Kunst. Wir waren, was das Aussteuern betraf, im Kopf oft weiter als in den Fingern. Zunächst waren wir hauptsächlich vom musikalischen Effekt ausgegangen, später wurde differenzierter die Einheit von Text und Musik angegangen.

Aber nie produzierten wir, jedenfalls in unseren besten Zeiten, einen politisch vordergründigen Text, eine prononcierte Botschaft, bei der die Musik nur Nebensache war. Es sei denn, ein wenig aus taktischen Gründen. Der Rausch Musik war uns immer das Wichtigste. Die Botschaften waren dann einfach da. Wir wollten mitsingbaren Liederbeat, wie es damals die Polen so Klasse machten, und wir waren auch viel melancholischer, nicht so aggressiv wie etwa Biermann. Dann aber geriet Gerulf Pannach unter den Einfluß von Wolf Biermann, vielleicht war dies das eigentliche Ende von »Renft«. Biermann war eine Art Gottvater, Pannach wollte dem »Herrn« gefallen, und so wurde er immer kompromißloser. Wir natürlich, in individuell unterschiedlichen Schwankungen, wurden es damit objektiv auch. Im Verhalten nach außen hin.

Du auch?

Ja, aber ich hatte, vielleicht mehr als die anderen, den unbedingten Ehrgeiz nachzuweisen, daß wir trotz unserer schärfer werdenden Texte öffentlich weiterspielen können. Bei jedem Konflikt bangte und barmte ich regelrecht. Nach allen möglichen Windungen suchte ich, damit unsere Musik nur weitergehen kann. Aber Vermittlung wurde immer schwieriger, und dann kam eben der Punkt, an dem wir bei jedem Konzert dachten, das ist heute das letzte Mal. Eigentlich hatte der Staat es leicht, uns dann auseinanderzubringen. Weil die Gruppe in lauter Individualisten zerfallen war. Aber der Widerspruch ist eben, daß diese Schwäche von »Renft« zugleich auch die große Stärke bedeutete. Die kräftigen Risse. Zunächst konnte man auch denken, daß die Atmosphäre sich bessern würde. Anfang der siebziger Jahre war es ja so: In der ersten Monatshälfte gaben wir für die Konzert- und Gastspieldirektionen etwa 17 Konzerte, zumeist Einzelauftritte, also keine Tourneen. Die Zeit, die zum Auf- und Abbauen nötig war, für Reparaturen oder ähnliches, die nutzten wir für Proben. Die restlichen vierzehn Tage des Monats blieben für Schallplattenaufnahmen, für Rundfunkkonzerte und Auftritte bei einzelnen Tanzabenden, in Studentenklubs oder Jugendklubs der FDJ. Wir waren voll beschäftigt.

Honecker hatte auf dem VIII. Parteitag seines Gartenzwerge-Geschichtssieger-Vereins von einem »offenen, sachlichen und schöpferischen Meinungsstreit« gesprochen. Die Rede war von vollem Verständnis für die »schöpferische Suche nach neuen Formen«. Wenn man von den festen Positionen des Sozialismus ausgeht, hatte Honecker erklärt, könne es »auf dem Gebiet der Kunst keine Tabus geben«. Das war ja wohl ein Angebot, das ernstgenommen werden konnte. Bei den X. Weltfestspielen im Sommer 1973 wollte sich die DDR weltoffen präsentieren, und in der Euphorie dieser Tage, im warmen Regen staatlicher Toleranz, entwickelten auch wir Profil und Selbstbewußtsein.

Einschub Weltfestspiele: Abends waren wir eingeladen, nach einem wahnsinnigen Konzert, bei dem ich gedacht hatte: Mensch, die DDR ist im Kommen! Und dann waren abends diese fetten Berufsjugendlichen versammelt. Ein Riesenbankett, mit Sachen, die hatte ich bis dahin nicht mal gesehen. Und wie wir so stehen, da fällt denen ein, uns für unsere Auftritte zu loben. Da habe ich keinen Happen mehr runtergekriegt. Mit Monster habe ich noch ein paar Whiskys gesoffen, und dann sind wir abgehauen. Fette Ärsche mit Blauhemd, klar, daß die nicht freiwillig abtreten würden. Die würden, das war mir klar, nie was begreifen von Jugend und Anarchie.

Weltfestspiele, ich will ehrlich sein, das war trotzdem Offenheit nach außen – gleichzeitig passierte aber Reglementierung, es herrschte eine seltsame Gleichzeitigkeit, die man erst im nachhinein auseinanderklamüsern kann. Die Offiziellen kümmerten sich um uns und förderten uns – aber genau damit wollten sie uns in den Griff kriegen. Es gab sogenannte Produktions- und Entwicklungsgruppen, unter Einbeziehung der Massenmedien, es wurde diskutiert – und, scheinbar ganz nebenbei, kontrolliert. Es gab eine Zeit, da konnte man wirklich nicht das Produktive von der Zensur unterscheiden, weil die Arbeit immer von der Hoffnung überlagert war, die Diskussion sei ehrlich gemeint und tabufrei. Und immerhin: Jede Auseinandersetzung ist ja was Produktives. Wenn du dich wehren mußt, entwickelst du Kräfte und Ideen. Der Wind, der dir ins Gesicht bläst, ist immer besser als die Windstille der Beliebigkeit. Es war die Zeit, da überschwemmten westliche Unterhaltungsfilme das Kino und unser Fernsehen, und wir mußten feststellen, Themen wie Flucht, Rebellion, Einsamkeit, Verzweiflung, Todessehnsucht waren nicht gemeint, wenn die Rede auf »tabufrei« kam.

Dein späterer Freund in Westberlin, der Musikjournalist Olaf Leitner, sagte im RIAS: »Die DDR-Medien führen profilierte Beat-Interpreten wie Mud – Dreck! –, Bay City Rollers oder UFO vor, sie erfreuen mit Teenager-Stars wie Harpo, lassen Diskotheken-Kurzbrenner hochleben wie Johnny Wakelin, David Dundas, Billy Ocean oder Penny McLeen, sie zeigen Gruppen wie Smokey, Pussicat, Middle of the Road oder Rubettes vor, die ihre Darbietungen nur am Kriterium der Verkaufbarkeit ausrichten und jedes Experiment als Inkasso-mindernd ausschließen. George Baker Selection oder hiesige Schlagersterne wie Chris Roberts machen eine Musik, die zwar nicht für ›imperialistische Ziele‹ eintritt, aber auch keineswegs emanzipatorisch wirkte. Das gewaltige künstlerische Potential des westlichen Auslands, das zugunsten qualitativ hochwertiger Musikproduktionen auf Hitparaden-Tantiemen verzichtet, wird kaum genutzt. Warum tritt in der DDR-Fernsehsendung ›rund‹ ein holländisches Damentrio auf, das im Lolita-Look wiederum nur die Frau als Sex-Objekt offeriert, warum engagiert man nicht einen Mann wie Leo Kottke, einen sicher auch schon in der DDR bekannten Gitarristen, der vermutlich nicht viel teurer ist als die Holland-Riege? Warum nicht Leute wie Eric Burdon, Maggie Bell oder Roy Buchanan, warum nicht Randy Newman oder Jeff Back?«

Ja. Dabei sage ich noch mal, wir wollten mit unseren Themen niemanden bösartig provozieren, wir wollten nur nichts schlucken, wir ließen einfach unseren Gefühlen freien Lauf und sahen da eigentlich keinen Widerspruch zur Staatsidee. Was wir nicht mitkriegen wollten, solange wir spielten: Die Idee war vom Staat längst versaut worden.

Wahrscheinlich muß man da aber differenzieren: Leute wie Pannach haben es schon sehr wohl eher mitbekommen. Jedoch der Thüringer – wie hast du vorhin gesagt? – ist freundlich, sanft und ein bißchen biegsam. Du bist Thüringer.

Jaja, du meinst mich, ich krieg das schon mit. Und ich sag dir: Mit dem Kopf durch die Wand machte mir noch nie Spaß. Dazu stehe ich. Bei all dem Mist: Gleichzeitig gab es in der DDR doch eine Reihe von Ereignissen, die unter Ulbrichts Herrschaft undenkbar gewesen wären. Ulrich Plenzdorfs Stück »Die neuen Leiden des jungen W.« etwa, dessen Held ein gegen Eltern und Lehrmeister rebellierender Jugendlicher ist, wurde aufgeführt, freilich nur im Theater. Das war ja als Filmdrehbuch geplant, so viel ich weiß, ein tolles Stück, da war Zeitgefühl drin.

Stimmt schon. Einige Schriftsteller gingen daran, jene nichtantagonistischen, ja unterschwelligen Widersprüche kenntlich zu machen, die sich nicht in dramatischen Kollisionen entluden, aber in einer bisweilen beängstigende Weise ein gut Teil unseres Lebens beherrschten. Freilich, auch diese Texte erreichten nur wenige. Aber wahrscheinlich sind es eh immer nur Minderheiten, die sich wirklich für sowas interessieren. Dasselbe galt damals für Volker Brauns »Unvollendete Geschichte«, die sich hart und klar mit den Fluchtängsten von Staats- und Parteifunktionären und den Folgen für die Betroffenen auseinandersetzte. In ihrer Kritik – »die Sorge um den Menschen brachte den Menschen um« – ging zum Beispiel diese Geschichte weiter als euer Lied von jenem westsüchtigen, des Lebens in der DDR überdrüssigen Mann.

Naja, du kannst ja Volker Braun und uns nicht vergleichen, Literatur und Rockmusik. Klar, ich würde sagen, unsere Texte hatten Qualität und standen in guter Relation zum musikalischen Anlaß. Sie sind um Längen besser gewesen als das, was in der bundesdeutschen Szene von Rock und Schlager aufgetischt wurde damals. Unsere Texte bemühten sich um Entkrampfung, richteten sich gegen spießbürgerliche Beklemmungsanlässe und hatten ab und zu Witz. Ich glaube nach wie vor: Es ist ein historisches Verdienst der DDR-Künstler, die deutsche Sprache für die Rockmusik singbar gemacht zu haben, ein Problem, an dem Westsänger damals immer wieder gescheitert sind. Die haben sich stets wieder in die englische Sprache zurückgezogen, und man merkte vielen die Unzufriedenheit darüber an. Die Texte der DDR-Leute übrigens argumentierten keineswegs gegen eine sozialistische Lebenssicht.

Aber: Sie argumentierten auch selten dafür. Die Texte waren nicht reaktionär, nur eben meist im ideologisch luftleeren Raum angesiedelt. Schon das wurde übelgenommen. Das war weder Agitations- noch Informations-Lyrik, sondern Allerwelts-Literatur, zum sofortigen Verbrauch bestimmt. Trotzdem war die Sprachkraft irgendwie ansprechend, überzeugend.

Und die Musik?

Man spielte sich langsam frei, die stilistische Unsicherheit schwand, Verkrampfungen lösten sich, man wurde lockerer damals und löste sich von dem Trauma, nur Kopist zu sein. Die Arrangements kriegten was von internationalem Niveau, bildeten wir uns jedenfalls ein, und ich weiß noch, zunehmend wurde damals als Lob dieser blöde altmodische Begriff »zündend« verwendet. Das war eine Opa-Ulbricht-Formulierung. Die hielt sich bei den Nachfolge-Großvätern im Politbüro. Was oben gefiel, galt als »zündend«.

Nur eines war die DDR-Rockmusik eben überhaupt nicht: so richtig DDR-spezifisch. Ich weiß gar nicht, was das ist. Vielleicht wollte sie es ja nie sein. Entweder war Rockmusik in der DDR rebellisch, das war dann ein Drang raus aus dem DDR-Mief und insofern schon nicht mehr DDR, als der Rock sich natürlich nicht traute, wirklich ganz ehrlich zu sein in der Kritik. Das wäre schließlich das Ende gewesen. Oder die Rockmusik war Pseudophilosophie, Pseudopoesie, und das hatte auch nicht viel mit DDR zu tun, es sei denn, mit SED-Propaganda. Alles war Zwischending, irgendwie.

Manche Fans nahmen uns übel, daß wir im Fernsehen auftraten und nicht mehr »Born to be wild« in Reinkultur boten. Daß wir mit Songs wie »Wer die Rose ehrt« die Hitparaden stürmten, nahmen die Fans als Zeichen, wir hätten unseren Frieden mit dem Staat gemacht. Fakt ist: Niedergeschlagenheit wechselte mit Hochgefühlen. Das Komitee für Unterhaltungskunst drängte zum Beispiel auf eine Zusammenarbeit des Rates des Bezirks Leipzig und der KGD mit uns. Wir hatten angekündigt, eine Kantate zu schreiben und aufzuführen. Man versprach uns eine Verstärkeranlage, wollte Modeentwürfe vorlegen, zugeschnitten auf die einzelnen Mitglieder der Gruppe. Wir sollten ein neues Erscheinungsbild bekommen und ganz auf das gewünschte Bild von DDR-Jugend getrimmt werden. Natürlich wollte das Komitee für Unterhaltungskunst damit auch Einfluß auf unser Programm nehmen, das nannte sich künstlerische Abstimmung, auch ein Regisseur sollte für uns benannt werden. Mit diesen Leuten, die uns das Komitee für Unterhaltungskunst vorschlug, klappte es aber nicht. Wir fanden keinen Faden zueinander.

Es entstand eine merkwürdige Patt-Situation, ein Vakuum, in das jederzeit etwas hineinknallen konnte. Wir fühlten uns auch geschmeichelt, klar, und wir benutzten die Situation, um ein großes Problem zu lösen:

Je länger der Abend ...

Cäsar war exmatrikuliert worden, damit war sein Berufsausweis passé. Unsere Spielerlaubnis wurde im Jahresrhythmus verlängert, die Cäsars nur halbjährlich.

Die Zeitschrift »Melodie und Rhythmus« sprach zwar, um noch mal auf die Texte zu kommen, von einer »echten Poetisierung der Alltagssprache im Sinne Brechts«, war sich aber dennoch nicht schlüssig, wie weit die Forderung nach sozialistischer Beatpoesie erfüllt war. »Es gibt auch«, so hieß es, »Textpassagen, deren symbolhafte Verklausulierungen schon beim Lesen kaum verständlich werden, geschweige denn beim musikalischen Vortrag«. Da war von »individualistischer Weltschau« die Rede, und so eine Zeile wie »Irgendwann denkt er dann, wenn auch nicht laut« wurde später als Anstiftung zur Unruhe interpretiert.

Die zweite LP 1974 machte ja Furore. Die »Gänselieschen«-Zeit war vorbei. »Ermutigung«, »Nach der Schlacht« und »Irgendwann werd ich mal« kamen knallhart zur Sache. »Nach der Schlacht war'n die grünen Wiesen rot/ Nach der Schlacht war'n viele Kameraden tot/ Und man stellt sich auf das verbliebne Bein/ Und man meint, das müsse der Sieg schon sein.« So fängt Kurt Demmlers »Nach der Schlacht« an, und das Lied endet: »Nach dem Sieg war'n die grünen Wiesen rot/ Nach dem Sieg war'n viele Kameraden tot/ Und man stellt sich auf das verbliebne Bein/ Denn die Schlacht wird viel viel länger sein.«

Noch in Heft 12/1974 der SED-Funktionärszeitschrift »Einheit«, einem unerreichbaren Muster an Ödnis und Geistlosigkeit, mit seiner Vielzahl von Phrasen reif fürs Guinnessbuch der Rekorde, hieß es: Gruppen wie die »Klaus-Renft-Combo« bringen auf ästhetisch reizvolle, die Jugend unmittelbar ansprechende Weise sozialistische Lebenshaltung zum Ausdruck. Ein gewisser Horst Slomma schrieb das.

Später, nach unserem Verbot, war mir klar: In der DDR mußte es schiefgehen, diese Idiotie mit dem guten, neuen, aber langweiligen Menschen! Natürlich habe ich mich noch im nachhinein geärgert. Weil: Du verstehst zunächst einfach die Logik nicht, die dich zum Arsch macht und weit ins Abseits stellt – weil du angeblich den Sozialismus mit seinen weltneuen Werten bedrohst –, und gleichzeitig präsentiert sich Susie Quattro als in Leder geschlagenes Sexualobjekt in der DDR-Jugendsendung »rund«. Die singt auf einem Niveau, das sich auf reine Kommerzmusik spezialisiert hat und von dem es hinter den Kulissen damals hieß, das Zeug sei geschrieben und produziert worden, um den Deutschen auch noch den letzten Schwachsinn anzudrehen. So ging das ja damals am laufenden Band. Von wegen neue Werte.

Das Jahr 1975 fing dann äußerst programmatisch an: Das Komitee verbot uns ein Polen-Gastpiel nach Krakow. Und Kuno begann eines Tages Texte vorzuschlagen, die sich sehr stark an revolutionäre Gedanken Gerulf Pannachs anlehnten. Auch wollte Monster plötzlich nur noch englisch singen, zum Beispiel, als Gerulf einen deutschen Text auf »Rock together« von Monster gemacht hatte. Er sagte, Rock sei englische Musik, und es gäbe halt Gefühle, die könne man in diesem »Scheißdeutsch« nicht ausdrücken. Mit unseren bisherigen deutschen Texten hätten wir uns eh was vorgemacht.

Klaus, in diesem Jahre 1975, das du eben angeschnitten hast, kam das Ende von »Renft«. Du bist ein Jahr später in den Westen, hast geheiratet, deine zweite Frau war griechische Staatsbürgerin – jenes Mädchen mit Puppenwagen, das du zum ersten Mal im Clara-Zetkin-Park gesehen hattest, als dein griechischer Freund Cony beim Auftritt eurer Schülerband einen Landsmann begrüßte. Nun sind neben dem Zusammenfinden von »Renft« auch die letzten Phasen der Gruppe mit Personalquerelen verbunden. Im Grunde ist das bis heute so weitergegangen, denn Streit hat auch den Legenden-Nachklang belastet, wir kommen drauf. Ein ständiger Clinch, wer mit wem kann oder nicht kann. Und immer ist es ein Streit um Klaus Renft. Warum? Als Problemworte kursieren: das Baßspiel, das Bier, der Personenkult.

Monster hat immer schon mal versucht, mir die Leitung der Gruppe abzunehmen. Auch kurz vorm Ende, so Anfang 1975, da stritten wir uns mächtig, meistens im Ratskeller, natürlich beim Bier. Ich fand einige Texte wirklich zu scharf, »Otto« zum Beispiel.

Das Lied glich einer Anleitung: Wie schaffe ich es, aus der DDR abzuhauen? Der kleine Otto macht sich auf einem Elbekahn davon, wird allerdings geschnappt und abgeurteilt. Dann bringt er sich um: » ... er wollte nicht mehr leben, fuhr nach Wittenberge rauf./ Dort ging es in die Elbe/ die Stelle war dieselbe/ vielleicht taucht er in Hamburg wieder auf./ Hol mich nach Norden ...«

Ich meinte damals, wir müßten listiger sein, Pannach aber, Kuno und Monster – die wollten ihr politisch hartes Ding konsequent durchziehen. Irgendwie stand ich zwischen Liebe und Zorn, die wollten nur den Zorn. Ich muß nicht erläutern, wie bescheuert ich inzwischen den Staat fand, ich war zigmal von irgendwelchen Idioten verboten worden, trotzdem: Ich wollte spielen, ich sage das zum x-ten Mal. Und ich sah für dieses übergeordnete Ziel durchaus noch künstlerischen Spielraum, war also für vertretbare Kompromisse. Die aber meinten, ich übe Verrat.

Nun gibt es ja eine interessante Definition von Verrat: Er bedeutet manchmal nichts anderes, als die Zeichen der Zeit zu verstehen.

In diesem Sinn fühlte ich mich nicht als Verräter, sondern als Bewahrer. Aber ich konnte reden, was ich wollte. Eskaliert war die Situation nach einem Konzert in Karl-Marx-Stadt, ich war da so sauer, daß ich im März 1975 vor der Gruppe eine schriftliche Erklärung abgab, vor einem Konzert in Weißenfels: »Zur Zeit herrscht eine Atmosphäre, die jeder freundschaftlichen Grundlage entbehrt. Bisher war es üblich, gemeinsam über Unstimmiges, den Programmablauf und Proben zu beraten. Da wir als Gruppe arbeiten, ist jedem bekannt, wie wichtig es ist, nach kollektiver Beratung eine einheitliche Meinung zu vertreten. Das beginnt beim Text, geht über die Musik und das Arrangement und schließt eine gemeinsame Haltung gegenüber Funk und Platte ein. Am 7. März, gegenüber dem Komitee für Unterhaltungskunst, wurde ich von allen als Leiter bevollmächtigt. Jetzt aber sieht es praktisch so aus, daß ich nicht mal mehr gegrüßt werde. Konkret geht es um die Veranstaltung am 23. März in der Stadthalle Karl-Marx-Stadt. Mal abgesehen davon, daß die Behauptung Monsters, das Konzert stünde unter dem Titel ›Die Deutschen sind ein Volk von Denkern und Tyrannen‹ nicht stimmt: Es ist unverantwortlich, derartiges ohne Absprache mit dem Leiter der Gruppe zu veranstalten. Auch die öffentlich vorgetragene Behauptung, man könne nicht in einem Land leben, aus dem man nicht auswandern kann, ist meines Erachtens falsch. Das ist ebenfalls nicht die einheitliche Meinung der Gruppe, und sehr viele Menschen, die nicht auswandern können, leben sehr wohl in diesem Land. Und eine ganze Menge davon sogar ohne Auswanderungsgedanken. Bisher sind wir unsere Wege gemeinsam gegangen und haben unsere Ziele gemeinsam verfolgt. Jeder hat sich, nach Diskussion, der Mehrheit angeschlossen. Ohne daß jemand gezwungen wurde, seine Grundhaltung zu verleugnen. Im Moment ist mir nicht mehr klar, ob wir noch gleicher gemeinsamer Auffassung sind oder sich Strömungen herausgebildet haben, die einheitliches Auftreten nach außen unmöglich machen. Daraus folgere ich, daß ich Euer Vertrauen verloren habe und als Kapellenleiter nicht länger akzeptiert werde.«

Am 26. März hatten wir eine Aussprache im Ratskeller. Es ging um mich, und danach war ich nicht mehr Leiter der Gruppe »Renft«. In einstimmiger Wahl wurden Monster Thomas Schoppe zum künstlerischen und ich zum organisatorischen Leiter gewählt.

Was wurde dir konkret angelastet?

Es hieß, ich wolle einen Brief an das Komitee für Unterhaltungskunst schreiben, das sei eine Aufkündigung der Gemeinsamkeit. Ich hätte die Absicht, »Renft« aufzulösen, um eine neue Gruppe aufzubauen.

Und? Wahr?

Quatsch, alles Quatsch. Mich belastete lediglich enorm, daß die Chance versaut wurde, innerhalb des öden Systems als anarchistischer Haufen zu bestehen. Aber natürlich hielt ich mich an die festgelegte Meinung der Gruppenmehrheit. Wir hatten gemeinsam gespielt, gepokert – nun würden wir auch gemeinsam untergehen.

Wie lief das in den letzten Monaten ab, bis zum Verbot?

Im März wurde Gerulf Pannach die staatliche Spielerlaubnis entzogen. Der Herr Czerny vom Komitee für Unterhaltungskunst teilte uns mit, er sehe keine Möglichkeit mehr, mit einer Gruppe zu verhandeln, die sich außerhalb der Gesetze stelle. Pannach dürfe nicht mehr mit uns auftreten. Kuno war voll auf der Linie von Pannach, allerdings hatte ich den Eindruck, er durchschaute noch nicht, worauf er sich da einließ; ihm war nicht bewußt, daß das System einen Menschen sehr schnell zermalmen konnte. Jedenfalls wurde uns ein offizieller Betreuer zugeteilt, was wohl aus einem Auftritt Anfang März 1975 im Berliner Metropol-Theater resultierte. An diesem Abend hatte eine lautstarke Gruppe im Publikum, wahrscheinlich bestellt, gegen den Auftritt von »Renft« protestiert. In meiner Stasi-Akte fand sich dazu der stolze Kurzbericht eines MfS-Mitarbeiters, der da mächtig mitgegrölt hatte gegen uns. Fortan wurden wir vom Komitee für Unterhaltungskunst unentrinnbar in eine anarchistische Ecke gedrängt, eigentlich also in die richtige, und ich fragte mich, wie lange wir weiterexistieren könnten. Sollten wir uns als kontrollierte Profis im Underground bewegen? Sollten wir beim Komitee klein beigeben? Es bahnte sich die endgültige Machtprobe an. Die Ideologisierung der DDR ließ nicht mehr zu, sich unabhängig von festgelegten Etiketten zu bewegen. Es gab nur rote Jasager oder Pseudo-Neinsager; wir wollten weder zu den einen noch den anderen gehören. Eigentlich wollten wir uns raushalten, mußten aber begreifen, daß unser Musikinstinkt uns haargenau zwischen sämtliche Stühle getrieben hatte. Am 1. April 1975 kam es zu einem Gespräch im Komitee für Unterhaltungskunst. Anwesend waren der Chef des Komitees, dieser Genosse Czerny, ein paar andere Funktionäre und wir alle von »Renft«. Was folgte, nannte sich Aussprache, war aber ein Verhör.

Czerny: Das Komitee will nicht, daß Renft so einen Weg geht wie Pannach. Auch Äußerungen von Schoppe, ähnlich wie das, was Pannach schreibt, sind Provokationen gegen die DDR. Bei »Amiga« liegt ein Band mit Texten von Pannach, die eindeutig DDR-feindlich sind. Diese Texte diskriminieren das Ministerium für Staatssicherheit, ein Machtorgan der Regierung. Und die Regierung wird von der Volkskammer gewählt, und die Volkskammer repräsentiert das Volk. Das Komitee läßt keine Angriffe zu. Wenn sich solche Auffassungen, wie Sie sie äußern, nicht wiederholen, können wir zur Tagesordnung übergehen. Sind Sie bereit, in der DDR zu arbeiten?
Kubiczek: Welches politische Konzept vertreten Sie? Deutsch-Rock ist keine Erfindung von »Renft«, sondern von der BRD.
Jentzsch: Wir wollen keine Politik machen, sondern Kunst.
Czerny: Sie machen aber Politik.
Kubiczek: Aber nach welchem Konzept?
Kuno: Wir sind Freunde der DDR, des Sozialismus, wir wollen aber keine nichtssagende Musik machen, wie Schlagersänger.
Czerny: Die Texte des Pannach sind diffamierend. Warum distanzieren Sie sich nicht von Pannach, der keine gültige Spielerlaubnis hat? Wenn Sie weitermachen mit solchen Provokationen, ja, dann arbeiten wir nicht mehr mit Ihnen zusammen. Das heißt, etwas deutlicher gesagt: Dann arbeiten Sie überhaupt nicht mehr. Übrigens: Wer sind eigentlich die Barbaren? Jaja, sehen Sie, wir sind gut informiert.
Kuno: Barbaren? Na zum Beispiel der, der Arche geschlagen hat. Herr Czerny, warum kritisieren Sie uns und nicht diese Leute? Wenn ein Volkspolizist Volk schlägt, erschüttert das mein Vertrauen in den Sozialismus, und ich kritisiere den Schläger in meinen Texten. Das ist das Mildeste, was so einem Barbar passieren kann.
Kubiczek: Daß Volkspolizisten ihre Arbeit tun, das erschüttert mein Vertrauen zum Sozialismus nicht. Aber Ihr Deutsch-Rock-Konzept, das hat mein Vertrauen in Sie sehr wohl erschüttert.
Czerny: Entweder arbeiten wir aufrichtig zusammen oder Sie arbeiten gar nicht mehr. Ziemlicher Großmut von mir, daß ich als Generaldirektor so viel Zeit für Sie verwende. Wir warnen Sie, gegen die Staatsmacht aufzutreten.
Kuno: Was werfen Sie uns vor? Deutsch-Rock?
Czerny: Das reicht ja wohl, oder?

Kuno: Warum soll ich nicht Kritik anbringen?
Kubiczek: Sie wollen also doch Politik machen!
Czerny (klopft erregt mit beiden Händen auf den Tisch): Wir hören uns jetzt die Bänder an.
Monster: Sie sind falsch informiert über Äußerungen von mir.
Czerny: Weil Sie uns nicht informieren. Wir haben ein eigenartiges Verhältnis zueinander.
Kuno: Weil Sie autoritär sind. Dagegen bin ich allergisch.
Czerny: Warum sind Sie immer so spontan?
Kuno: Warum fahren andere ins Ausland und wir nicht?
Czerny: Ja, dann überlegen Sie sich doch mal Ihre unbewiesene, unhaltbare Äußerung, im Sozialismus würden Persönlichkeiten vergewaltigt.
Kubiczek: Meine Herren, verstehen Sie doch bitte, wir wollen Ihre Solidarität ...

So lief das Gespräch. Der reinste Ionesco – absurdes Theater! Dann wurde noch eine mögliche neue Einstufung unserer Gruppe besprochen, aber die käme erst in Frage, wenn alle deutschen Texte vorlägen, die wir ins Programm nehmen wollten. Wir saßen alle noch ein bißchen verlegen herum, aber als sich die Runde auflöste, schob mich Czerny auf den Gang, und es kam der Hammer: Herr Renft, sagte der Typ, wenn Sie sich von zweien Ihrer Musiker trennen, von denen, die uns allen Ärger machen, dann bekommen Sie jede staatliche Unterstützung und natürlich auch Reisen ins westliche Ausland, mit Devisen.

Ich habe mir das fassungslos angehört. Das war die größte Schweinerei, die mir bis dahin begegnet war. Ich habe den nur angeguckt, und er verschwand; die Situation war ihm sehr peinlich. Damit wußte ich: Frei ist nur, wer nichts zu verlieren hat und damit mit sich selber ganz im Reinen ist. Aber wie soll man ins Reine kommen, wenn man alles verliert ...

Fakt war: Wir kriegten keine Verlängerung des Exklusivvertrages beim Komitee für Unterhaltungskunst, der Kulturminister Hoffmann verfügte eine Zurückstufung, und das hieß: Betreuung wieder durch den Bezirk Leipzig. Na, die freuten sich natürlich.

Aber immerhin: Plötzlich konnten wir unsere erste – und freilich letzte – Auslandstournee machen. Nach Polen. Übernachtung, Verpflegung und Betreuung waren derart miserabel, daß wir nach drei Tagen abbrechen wollten. Der staatliche Betreuer warnte uns jedoch: Ich muß nach der Reise einen Bericht an den Bezirk schreiben; wenn Ihr jetzt nach Hause fahrt, wird es die Gruppe »Renft« nicht mehr geben. Monster war erkältet und unheimlich heiser, dennoch bestand gerade er auf Durchhalten. Wir hielten durch. Bis zu dem Konzert, das für die polnische Seite angeblich am wichtigsten war – danach hauten wir ab. Alle Veranstaltungen absolvierten wir ohne Honorar, am Ende hatten wir ein Minus von 4000 Mark. Symbolisch für das Klima unseres sich anbahnenden Endes war der anschließende Urlaub in Dranske auf Rügen: Studentenlager von Heimleiter-Erziehern aus Hohenpriesnitz. Baden, saufen, Rommé spielen, Rommé spielen, saufen, baden. Ein paar Tanzabende in Glowe bei »Fusion« und zwei eigene Diskoabende. Es ging ganz tief nach unten. Merkwürdig, daß aus dieser Phase unserer Zerstörung sich die ganze Banalität einprägte, dieses Dahinsiechen ... Gerulf Pannach kam im Lager an, wir tranken zur Begrüßung umgehend ein paar Flaschen Whisky, gleich vorm Zelt. Gerulf, Angelika und ich gingen anschließend bei hochgezogenem Sturmball baden: sofort Zeltplatzverweis. Mit Mühe und Not bewirkten wir noch eine Nacht Verlängerung, weil gerade Sonntag war. Nach lästigen Aussprachen mit dem Bürgermeister von Bergen, dem ABVer und dem Hauptlagerleiter blieb es bei je 200 Mark Ordnungsstrafe – für Gerulf und mich, Angelika hatten sie vergessen. Jeder Ärger hat sein Gutes: 200 Mark gespart und ein bißchen diebische Freude genossen.

Im Lager der Karl-Marx-Universität waren auch chilenische Emigranten angekommen, wir sollten an einem Solidaritätskonzert teilnehmen. Da nicht alle von uns da waren, spielte Gerulf mit. Ein paar Tage später, bei einem Konzert im Arena-Theater Rostock, wußte der Mann von der Kultur- und Gastspieldirektion alles. Er bestand darauf, daß Pannach hier nicht mitspielen dürfe. Sonst würde die Tournee sofort abgebrochen, und die Gruppe würde es nicht mehr geben. Fortan war es für Gerulf nicht einmal mehr möglich, irgendwo allein aufzutreten. Selbst Versuche, nicht angemeldete Soloauftritte durchzuziehen, sie heimlich zu organisieren, scheiterten. Immer sickerte etwas durch, und drakonische Maßnahmen wurden angedroht. Und es war nicht so, daß ich in jener Zeit nicht etwa ohne Angst gelebt hätte. Einmal klingelte unser Techniker mit frischen Brötchen bei mir, zur Frühstückszeit, so gegen Mittag also. Da dachte ich, jetzt haben sie dich, jetzt schnappen sie dich – und ich habe nicht die Tür aufgemacht, vor Angst.

Unsere drei letzten Konzerte und der letzte Tanzabend fanden am 5. September 1975 in Naumburg statt, am 11. September in Zeitz und am 13. September in Röcknitz. Das sind die historischen Daten. Nach dem

17. September in Berlin-Schönefeld, nach einem Konzert in der Abflughalle, wurden alle Verträge storniert. Wir hatten bei einem Herrn Gärtner von der Konzert- und Gastpieldirektion unser Programm vorgelegt. Er bestätigte es, und wir sollten es am 18. September auch zu unserer Einstufung im Leipziger Kulturhaus »Alfred Frank« spielen. Zu dem Vorspiel kam es gar nicht erst. Als wir früh um acht Uhr in dem Kulturhaus erschienen, stand unser staatlich verordneter Betreuer Rothe etwas aufgeregt und zugleich peinlich berührt vorm Gebäude und teilte uns in bemühter Strenge mit, die Einstufung fände nicht statt, wir hätten die Texte nicht eingereicht. Nachdem wir ein Weilchen vor Metzgers Festsälen, so hieß die Kulturbude im Volksmund, herumgeblödelt und ein paar herumstehende Funktionäre (oder Spitzel) mit lauten Bemerkungen auf den Mops genommen hatten, beschlossen wir, in den geliebten Ratskeller zu ziehen. Jetzt mußte etwas Flüssigkeit her, denn neben unseren musikalischen Talenten verfügten wir noch immer über das schöne Talent, immer ein wenig durstig zu sein. Wir waren in seltsamer Stimmung. Wir begriffen die Katastrophe und begriffen sie doch auch nicht. Es stellte sich eine fatalistische Heiterkeit ein, die etwas Irrationales hatte. Die ganze Masse des Mittelmäßigen mit seiner absoluten bleiernen Schwere hat auch etwas Gutes: Es ist doch leichter, drüber zu stehen, wenn das Niveau tief ist.

Mit einem Male kam Herr Rothe in den Ratskeller, winkte mich vom Tisch, ging mit mir zum Telefon und wählte die Nummer von der Direktorin der Konzert- und Gastspieldirektion Leipzig. Die warnte mich aufgeregt, wir sollten auf keinen Fall in Leipzig herumerzählen, wir seien verboten worden. Sie erbat unsere Texte, wir sollten sie am nächsten Tag abgeben, der neue Termin für die Einstufung sei Montag, der 22. September. Es schien, als wollten die einlenken. Nun tranken wir erst recht einen, es können auch zwei gewesen sein, und gutgläubig gab ich später die geforderten Texte ab. Wieder fuhren wir, an besagtem Montag, ins Kulturhaus und bauten schon mal eifrig und doch etwas aufgeregt die Instrumente auf. Als Gerulf Pannach erschien, kam es zum ersten Zwischenfall. Rothe machte Gesichtskontrolle: Wer nicht zur Kapelle gehöre, dürfe den Saal nicht betreten, hier handele es sich schließlich nicht um eine öffentliche Veranstaltung. Hausverbot für den Texter, der doch die Hauptperson war! Das bewies erneut, die waren an ehrlicher Debatte gar nicht interessiert. Als Pannach sich daraufhin wortlos und ohne Meutern umdrehte und es sich draußen auf einer Bank am Straßenrand bequem machte, flackerte ein Hauch Unsicherheit über Rothes Gesicht. Er war wohl überrascht von der Gelassenheit. Möglicherweise wäre ihm eine forsche Reaktion unsererseits lieber gewesen, eine vorzeitige Konfrontation hätte die Einstufungsveranstaltung erledigt, noch ehe sie begonnen hatte. Pannach also blieb draußen, aber kurios war folgendes: Unser einstiger Techniker lebte in Westberlin, er hatte per Ausreiseantrag die DDR verlassen. Da die Behörden ihm aber eine Besuchserlaubnis gegeben hatten, er gerade in Leipzig war und wir unseren neuen Techniker extra hätten aus Dresden holen müssen, baten wir ihn, für diesen wichtigen Einstufungstermin mit anzufassen. So kam es, daß bei dieser gleichsam hermetisch abgeschlossenen Veranstaltung ausgerechnet ein Klassenfeind anwesend war!

Wir waren gerade beim Einspielen und Einstimmen, als plötzlich die Aufforderung kam, uns nach unten in den Saal zu begeben. Aus Berlin vom Komitee für Unterhaltungskunst war extra Herr Kubiczek angereist. Was uns nun verkündet wurde, hatten wir schon seit langem für akut gehalten; aber mitunter denkt man ja doch, alles wird gut. Nichts jedoch würde gut werden. Frau Ruth Oelschlegel von der Konzert- und Gastspieldirektion: »Ich möchte Ihnen im Namen der Kommission mitteilen, daß wir nicht der Auffassung sind, daß dieses Vorspiel heute stattfindet, und zwar aus folgenden Gründen: Die Texte, die Sie mir übergaben, haben mit unserer sozialistischen Wirklichkeit keine Übereinstimmung. Die Arbeiterklasse wird darin diffamiert und verletzt. Sie werden verstehen, daß wir nicht gewillt sind, uns das auch noch musikalisch untermalen zu lassen, was Sie uns da textlich vorlegen. Und wir sind der Auffassung, daß damit die Gruppe ›Renft‹ als nicht mehr existent anzusehen ist, mit diesen Texten, die Sie uns hier vorgelegt haben. Das ist alles, was ich Ihnen zu sagen habe, die Kommission hat beraten und ist zu dieser Entscheidung gekommen.« Danach sind wir wieder in den Ratskeller gegangen, und das Entscheidende sagte Kuno. Kuno sagte: »Renft ist tot.« Und Renft war tot.

Als Frau Oelschlegel übrigens ihren Monolog gut geübt abzog, wie eine Kommissarin, es fehlte nur noch die Lederjacke, da hatte ich die Gitarre um und unter dem Gurt ein kleines Aufnahmegerät. So wurde der Beweis für das Verbot aufgenommen. Ich habe das niemandem gesagt; keiner von den Musikern wußte was von meiner Aktion. Als die Oeschlegel fertig war, wurden die Instrumente von der Generaldirektion gleich konfisziert, unser eigenes Gelumpe haben wir wortlos abgebaut, lediglich Pjotr sagte leise, mit seinem derben Humor, so, jetzt gehen wir auf den Sachsenplatz und machen ein schönes Abschiedskonzert. Es befanden sich nur wir Musiker auf der Bühne. Irgendwann habe ich das Gerät ausgemacht, Kassette raus, und Angelika, die mit drin war, nahm das Tondokument mit, in einem großen Tuch. Sie wußte nicht, was die Kassette bedeutete, aber aus meinen Blicken ahnte sie, daß sie jetzt sehr unauffällig handeln mußte. Das war schließlich nicht ungefährlich damals, ein heimlicher Mitschnitt.

Wir sind hinterher alle – wohin auch sonst! – in den Ratskeller gezogen, waren dort inzwischen nicht mehr gern gesehen, denn wir benahmen uns wohl immer ziemlich laut – aber nie laut genug, um rausgeschmissen zu werden. Kaum ritten wir ein, wurde uns der Bachsaal zugewiesen, mein Gott, dort hatten wir bisher noch nie saufen dürfen. Sieh an, die Tür ging auf, und auch Wolf-Rüdiger Raschke kam, der spätere »Karussell«-Chef, der beobachten sollte, wie wir uns verhalten. Daß da ein Deal gegen uns lief, erfuhr ich erst zwanzig Jahre später bei der Gauck-Behörde: Raschke wieder als heimlicher Reporter. Plötzlich stand auch Major Fritzsche von der VP im Saal, uns bestens bekannt, ich wurde hinausgebeten, zu einem Gespräch. Da standen alle »Renfts« auf: Der bleibt hier! Fritzsche garantierte, ich sei in einer Viertelstunde wieder da, es ging eine Wendeltreppe hoch, zum Oberbürgermeister. Der las mir ein Papier vor, was alles passieren würde, wenn wir auf dem Sachsenplatz spielen. Das war eine knallharte Drohung und Warnung. Ich weiß bis heute nicht, woher die von Pjotrs Scherz erfahren hatten.

Ihr hattet ja zu der Zeit auch Kontakt zu Robert Havemann in Grünheide.

Mitte November sind Gerulf, Kuno, Monster, Cäsar und ich nach Berlin gefahren. Nachdem wir Cäsar an der Musikschule Friedrichshain abgesetzt hatten, fuhren wir zum Funkhaus in der Nalepastraße. Unserer alten Freundin Luise Mirsch begegneten wir, ihr haben wir die ersten Produktionen zu verdanken, sie managte uns sozusagen im Funk. Aber sie begrüßte uns nicht, wie wir es gewohnt waren, herzlich und warm; sie wirkte merkwürdig distanziert und unmutig. Sie druckste ein wenig herum, sah mich dann scharf an und sagte: Das hättet ihr wissen müssen, ihr habt es bewußt auf die Spitze getrieben! Und zu Gerulf gewandt: Mußtest du das der Gruppe antun, im Metropol-Theater Biermann-Lieder singen? Ihr habt Tausenden von Fans die Gruppe »Renft« weggenommen! Starker Tobak. Hey, Luise, was war los? Die Redakteure von der »Notenbude« und der »Beatkiste« erzählten, sie bekämen viele Anrufe, warum »Renft« nicht mehr auftrete, aber sie seien dazu verdonnert, keine Auskunft zu geben. Unsere gesamten Aufnahmen im Funk seien auf Befehl von oben gelöscht worden. Unsere LP II sei durch einen DKP-Verlag in Westberlin und in der Bundesrepublik in die Läden gebracht worden – allerdings wurde sie nie ausgeliefert.

Abends fuhren wir nach Grünheide zu Robert Havemann. Geplant war ein Treffen mit einem in der DDR akkreditierten »Spiegel«-Journalisten, der ein Interview mit uns vorbereiten sollte. Wir wurden im Ort kontrolliert, konnten aber passieren. Havemanns wohnten in einem zweckmäßig, aber gemütlich eingerichteten Haus, ein Stück hinter Erkner. Havemann selbst machte den Eindruck eines gelassenen, ja weisen Menschen, der über den Dingen zu stehen schien. Er besaß eine seltsame kleine Holzvorrichtung, eine Art Treppe, da legte er manchmal, wenn er sprach, oben Kugeln drauf und ließ sie herunterkullern. Lächelnd sagte er in das störende Geräusch hinein: »Die Genossen müssen ja nicht alles hören.« Er trank mit sichtlichem Behagen seinen Cognac Martell und achtete beim Einschenken in die Gläser der anderen schlitzohrig darauf, daß die ja nicht zu voll gerieten. Bei dieser Begegnung waren noch drei Frauen und ein Mann dabei, Leute vom Journalistischen Institut Westberlin. Im Hintergrund hielt sich der Poet Jürgen Fuchs auf, ein sehr nachdenklicher, sensibler Mensch. Es riß die anwesenden Intellektuellen nicht gerade vom Hocker, als wir drei neue Renft-Songs spielten. Besinnlicher wurde die Szene, als Gerulf zur Gitarre griff und sang. Zum Schluß sang Biermann, der irgendwann dazu kam, ein altes Spanienlied und meinte, durch die weltweite Wirtschaftskrise würde die Welt kurz vor einem globalen Faschismus stehen.

Ihr habt dann zum zweiten Mal in eurer Karriere einen Briefverkehr versucht – mit Erich Honecker.

Den Brief wollten wir sogar bei Honecker persönlich abgeben, Kuno, Monster und ich. Wir sind mit dem Auto nach Berlin gefahren, zum Hause des Zentralkomitees. Wir wußten nicht mal ganz genau, wo das ist. Also rein und gesagt, wir möchten den Herrn Honecker sprechen. Gerulf blieb draußen. Der Typ in der Anmeldung machte ein Gesicht, als stünde die Konterrevolution bevor. Aber immerhin, so schien er sich zu beruhigen: Die melden sich wenigstens an. Wen wollen Sie sprechen? fragte er mehrmals ungläubig. Natürlich kamen wir keinen Schritt weit in dem heiligen kalten Tempel, aber unser Auftritt kam den Beamten einer mittleren Katastrophe gleich. Wir ließen uns nämlich nicht abweisen, lungerten hartnäckig auf einer Besucherbank herum und wurden offenbar freigegeben zur Besichtigung für plötzlich sehr auffällig hin und her wieselnde Herren. Später las ich in meiner Stasi-Akte eine kurze einfältige Nacherzählung, man hätte uns vor dem Haus noch observiert, dann aber seien wir reingegangen, und es könne nicht mitgeteilt werden, was wir drin wollten. Das klang, als hätten sich die Spitzel nicht reingetraut, aber wahrscheinlich folgte eine stillschweigende Wachablösung, den Rest der sinnlosen Beobachtung übernahmen die Kümmerlinge in Vestibül und Gang. Wieder kam der Genosse, und wieder fragte er, wen wir sprechen wollten. Es gibt Dinge, die passen in keinen Parteikopf.

Nachdem wir eine weitere Weile da herumgesessen hatten, kam einer und fragte uns, ob wir heute schon Zeitung gelesen hätten. Auf unsere prompte Verneinung reagierte er geradezu triumphierend: Genosse Honecker sei in Prag.

Schade, sagten wir, gaben den Brief ab, schauten uns noch mal um in der schauerlichen Machtzentrale und gingen von der fremden Bühne.

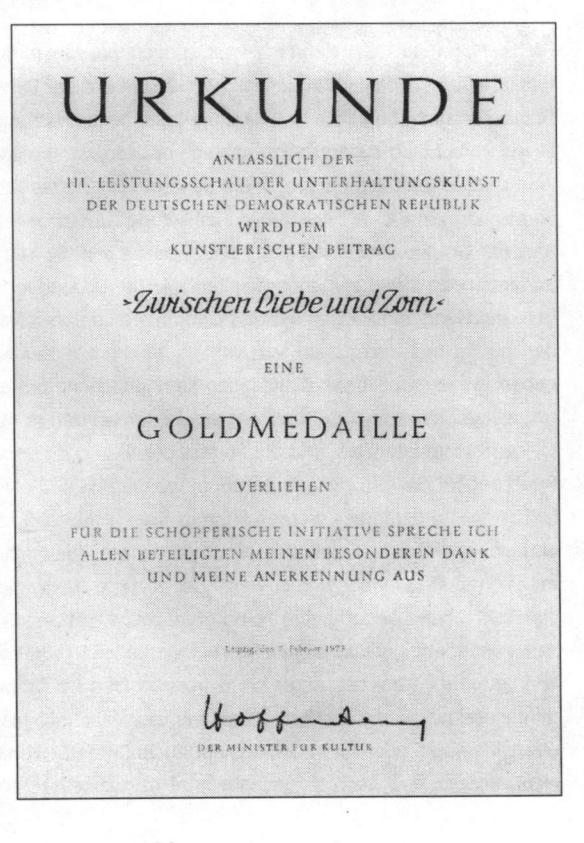

***

URKUNDE

ANLÄSSLICH DER
III. LEISTUNGSSCHAU DER UNTERHALTUNGSKUNST
DER DEUTSCHEN DEMOKRATISCHEN REPUBLIK
WIRD DEM
KÜNSTLERISCHEN BEITRAG

Zwischen Liebe und Zorn

EINE

GOLDMEDAILLE

VERLIEHEN

FÜR DIE SCHÖPFERISCHE INITIATIVE SPRECHE ICH
ALLEN BETEILIGTEN MEINEN BESONDEREN DANK
UND MEINE ANERKENNUNG AUS

Leipzig, den 7. Februar 1973

DER MINISTER FÜR KULTUR

MATERIAL III

DER FDJ-ZENTRALRAT UND »RENFT«

Reiner Majewski: Nun aber ging es einigen maßgeblichen Leuten mit der Toleranz eindeutig zu weit. Damit im Zusammenhang steht auch, daß die Rolle der FDJ neu definiert wurde, nämlich als Kampfreserve der Partei und nicht mehr, wie es vordem noch hieß, als Interessenvertreter der Jugend. 1974 kam Egon Krenz an die Spitze der FDJ, der diesen Kurs vehement vertrat und ihn auch durchsetzte.

Wicke/Müller: In diese Zeit fiel auch das Verbot der Klaus-Renft-Combo, was eine weitreichende Symbolwirkung hatte und ja wohl auch haben sollte. Die Gruppe besaß einen Fördervertrag mit dem Zentralrat der FDJ, der unter Ihrer Verantwortung zustande gekommen war. Wie ist es zum Bruch mit der Band gekommen?

Reiner Majewski: Dazu kann ich konkret nicht viel sagen, denn ich war nicht dabei. Ich war zu dieser Zeit nicht im Zentralrat, sondern auf der Parteihochschule. Ich habe das überhaupt nicht begriffen und kann es auch heute noch nicht wirklich nachvollziehen. Wenn ich zur Selbstüberschätzung neigen würde, dann würde ich sagen, es hatte damit zu tun, daß Renft keine Lobby mehr im Zentralrat hatte, weil ich nicht mehr da war. Es war immer ein Kampf. Renft war von Anfang an ein ungeliebtes Kind. Aber das ging anderen Gruppen nicht viel anders. Es war die ganzen Jahre über eine heftige Auseinandersetzung selbst zwischen der Zentrale des Jugendverbandes und den Auffassungen und Handlungsweisen in den Bezirken. Wir mußten unsere eigenen Bezirksleitungen häufig regelrecht dazu verdonnern, sich mit dieser Musik auseinanderzusetzen, haben immer wieder versucht, ihnen klarzumachen, daß ein partnerschaftliches Vertrauensverhältnis zu den Künstlern aufgebaut werden muß, daß man dabei die Spezifik der Künste beachten und die Persönlichkeiten der Künstler respektieren muß. Was Renft angeht, so habe ich nie gesehen, wo die Musik, das Auftreten der Band, ihr Verhalten hätten gefährlich werden können, was nicht heißt, daß ich alles gebilligt habe, was sie machten. Insbesondere Renft selber war für mich ein anarchischer Typ, den man so nehmen mußte, wie er war. Aber er hatte sich in Leipzig insbesondere die dortige KGD-Chefin derartig zum Feind gemacht, daß man ständig die Hände darüber zu halten, sondern wohl auch ganz froh waren, daß sich das Problem Renft auf diese Weise erledigte. Es hatten sich unter Krenz inzwischen auch Auffassungen bei uns im Hause durchgesetzt, wo es Künstlern gegenüber dann nur noch hieß, entweder ihr macht das, was wir wollen, oder wir verzichten auf euch. Doch die konkreten Umstände kenne ich nicht, und ich hab' auch im nachhinein nicht rekonstruieren können, was der eigentliche Anlaß gewesen war. Aber es ging irgendwie ja immer um die Grundfrage, was zum Sozialismus gehört und was nicht. Ob diese Art der Musik, die sich damit verbindende Lebensweise, die dazugehörigen Lebensauffassungen, ob die sich auf dem Boden des Sozialismus entwickelt hatten oder ob sie vom Klassenfeind hereingetragen worden seien, das waren die Punkte, um die im Apparat heftige Auseinandersetzungen stattfanden. Mit der Veränderung der Rolle der FDJ haben sich dann eben diese dogmatischeren Auffassungen durchsetzen können.

Wicke/Müller: Damit ist doch aber das ganze Land zum bloßen Objekt der Auffassungsunterschiede in den Apparaten gemacht worden.

Reiner Majewski: Ja, sicher. Die Grundposition war, daß in der Gesellschaft alles geplant, geregelt, gesteuert und vor allem kontrolliert werden müsse. Bestandteil der bei uns herrschenden Vorstellungen, der politischen Orientierung war, daß grundsätzlich alles zu beeinflussen sei. Und so sind viele Fragen, die die Menschen betrafen, nicht unter dem Gesichtspunkt betrachtet worden, ob diese damit überhaupt etwas anfangen können, wie sie reagieren werden, ob und wie es sie betrifft. Ich fand mich innerlich dazu permanent im Widerspruch. Mir ging es schon darum, auf Interessen, auf Bedürfnisse, auf Entwicklungen zu reagieren und sie ernst zu nehmen. Ich habe erst später bemerkt, daß ich damit lange Zeit ein bißchen als Exot behandelt und angesehen worden war, weil man die realen Wirkungsmöglichkeiten sowieso für nicht sehr groß hielt. Anfangs haben wir ja tatsächlich nur reagiert. Erst später, Ende der siebziger, vor allen Dingen in den achtziger Jahren, spielte es im Apparat überhaupt keine Rolle mehr, ob es die Jugendlichen interessierte oder nicht, sondern da wurde dieser agitatorische Erziehungsanspruch völlig abstrakt in den Vordergrund gestellt.

(Aus einem Interview mit Reiner Majewski, Mitarbeiter der Abteilung Kultur im Zentralrat der FDJ, in: Peter Wicke/ Lothar Müller: »Rockmusik und Politik«, Ch. Links Verlag)

***

An den
Ersten Vorsitzenden
der Sozialistischen Einheitspartei Deutschlands
Herrn Erich Honnecker
-persönlich-   Leipzig, den 08.12. 1975

Sehr geehrter Herr Honnecker!

Wir wenden uns an Sie, obgleich wir nicht Mitglieder der SED sind – aber an wen sollen wir uns mit unseren ernsten Fragen noch wenden, nach all den bitteren Enttäuschungen, die wir seit unserem Berufsverbot erlebt haben.

Das Wort Berufsverbot wird Sie vielleicht wundern, vielleicht sogar empören – aber wie anders sollen wir die Tatsache kennzeichnen?

Am 22. September, vor gut einem Monat, waren wir vom Rat des Bezirkes Leipzig eingeladen worden, unser neues Programm vor dafür verantwortlichen Funktionären vorzustellen, vor Vertretern des Rates des Bezirkes Leipzig (Koll. Geldner, 1. Stellvertreter des Abteilungsleiters Kultur), der Konzert- und Gastspieldirektion (Kolln. Oelschlegel) und der Bezirkskommission für Unterhaltungskunst, sowie vor Herrn Kubiczek vom Komitee für Unterhaltungskunst Berlin.

Von dem Urteil dieser Kulturfunktionäre sollte abhängen, ob wir 1. unseren Berufsausweis behalten können und 2. in welcher Honorar-Einstufung wir, falls überhaupt, in Zukunft auftreten dürfen.

An dieser »Abnahme« waren zwei Dinge ungewöhnlich: Es ist nicht üblich, daß eine in der DDR hochgeschätzte Beatgruppe, deren Mitglieder seit Jahren eine Zulassung als Berufsmusiker ordnungsgemäß erworben hatten, eine Berufsgenehmigung neu erwerben muß. Diese willkürlich angesetzte Prüfung kann nicht anders aufgefasst werden als eine Bedrohung.

Die zweite Ungewöhnlichkeit bestand darin, daß wir unsere neuen Titel, auf Betreiben des Rates des Bezirkes unter Ausschluß der Öffentlichkeit vorstellen sollten, eine Maßnahme, die wir als Diskriminierung betrachten mußten, als einen Versuch, uns in aller Stille ohne demokratische Kontrolle des Publikums, kalt zu stellen.

Trotz dieser ungewöhnlichen Bedingung waren wir bereit, diese sogenannte Prüfung über uns ergehen zu lassen und hofften trotz der bedrohlichen Gerüchte, die zu uns gedrungen waren, auf die Gelegenheit einer vielleicht fruchtbaren Aussprache.

Unsere großen Erfolge in der DDR haben uns nie besoffen und selbstgerecht gemacht, natürlich waren wir bereit, auch mit diesen Menschen, die uns in der Vergangenheit nicht gerade beflügelt und zu höheren Leistungen angespornt hatten, geduldig zu spre-

RENFT DDR

Leitung: KLAUS JENTZSCH
701 Leipzig
Hohe Straße 49 · Tel. 38 27 27

Leipzig, den 08.12.1975

An den
Ersten Vorsitzenden
der Sozialistischen Einheitspartei Deutschland

Herrn
Erich Honnecker
- persönlich -

Sehr geehrter Herr Honnecker!

Wir wenden uns an Sie, obgleich wir nicht Mitglieder der SED sind -
aber an wen sollen wir uns mit unseren ernsten Fragen noch wenden,
nach all den bitteren Enttäuschungen, die wir seit unserem Berufsverbot erlebt haben.
Das Wort Berufsverbot wird Sie vielleicht wundern, vielleicht sogar empören -
aber wie anders sollen wir die Tatsache kennzeichnen?
Am 22. September, vor gut einem Monat, waren wir vom Rat des Bezirkes
Leipzig eingeladen worden, unser neues Programm vor dafür verantwortlichen
Funktionären vorzustellen, vor Vertretern des Rates des Bezirkes Leipzig
(Koll. Geldner) der Konzert-und Gastspieldirektion (Kolln. Oelschlegel)
und der Bezirkskommission für Unterhaltungskunst, sowie vor Herrn Kubiczek
vom Komitee für Unterhaltungskunst Berlin.
Von dem Urteil dieser Kulturfunktionäre sollte abhängen, ob wir 1. unseren
Berufsausweis behalten können und 2. in welcher Honorar-Einstufung wir,
falls überhaupt, in Zukunft auftreten dürfen.
An dieser "Abnahme" waren zwei Dinge ungewöhnlich: Es ist nicht üblich, daß
eine in der DDR hochgeschätzte Beatgruppe, deren Mitglieder seit Jahren eine
Zulassung als Berufsmusiker ordnungsgemäß erworben hatten, eine Berufsgenehmigung neu erwerben muß. Diese willkürlich angesetzte Prüfung kann
nicht anders aufgefasst werden als eine Bedrohung.
Die zweite Ungewöhnlichkeit bestand darin, daß wir unsere neuen Titel,
auf Betreiben des Rates des Bezirkes unter Ausschluß der Öffentlichkeit
vorstellen sollten, eine Maßnahme, die wir als Diskriminierung betrachten
mußten, als einen Versuch, uns in aller Stille ohne demokratische
Kontrolle des Publikums, kalt zu stellen.
Trotz dieser ungewöhnlichen Bedingung waren wir bereit, diese sogenannte
Prüfung über uns ergehen zu lassen und hofften trotz der bedrohlichen
Gerüchte, die zu uns gedrungen waren, auf die Gelegenheit, einer vielleicht
fruchtbaren Aussprache.
Unsere großen Erfolge in der DDR haben uns nie besoffen und selbstgerecht
gemacht, wir waren bereit, auch mit diesen Menschen, die uns
in der Vergangenheit nicht gerade beflügelt und zu höheren Leistungen
angespornt hatten, geduldig zu sprechen. Und im Interesse unserer eigenen
Arbeit hätten wir gern jeden konstruktiven Verbesserungsvorschlag

Postscheckkonto: Leipzig 8499-53-71437   Bank: Stadt u. Kreissparkasse Leipzig 5602-48-59888

b.w.

chen. Und im Interesse unserer eigenen Arbeit hätten wir gern jeden konstruktiven Verbesserungsvorschlag ausdiskutiert. Wir sind seit je bereit gewesen, bessere Lösungen in Fragen der Musik wie des Textes zu akzeptieren.

Aber wozu schreiben wir Ihnen diese Selbstverständlichkeiten!

Zu all dem kam es nicht, denn als wir unsere komplizierte Anlage aufgebaut hatten und unser neues Programm vorspielen wollten, wurde uns ohne Kommentar mitgeteilt, daß die Kommission nicht die Absicht habe, sich »diese Texte auch noch musikalisch untermalen zu lassen.« Gleichzeitig wurde uns von Frau Oelschlegel mitgeteilt: »Wir sind der Auffassung, daß damit die Gruppe Renft als nicht mehr existent anzusehen ist, mit diesen Texten, die Sie uns hier vorgelegt haben!«

Auf unsere Frage, ob wir damit verboten sind, gab Frau Oelschlegel uns die ausweichende Antwort: »Ich habe nicht gesagt, daß Sie verboten sind, sondern daß Sie für uns nicht mehr existieren. Die Kommission hat beraten und ist zu dieser Entscheidung gekommen. Das ist alles, was ich Ihnen zu sagen habe.«

Dann wurden wir aufgefordert, sofort, oder falls wir sie nicht dabei hätten, in 48 Stunden, unsere staatlichen Zulassungen als Berufsmusiker (Berufsausweise) beim Rat des Bezirkes Leipzig abzugeben.

Die Äußerungen sind uns deshalb so gut im Gedächtnis, weil wir uns die Bandaufnahme, die wir von diesem Gespräch haben, oft genug danach fassungslos anhörten. Diese Aufnahme kam nämlich versehentlich zustande, weil unsere Tonanlage für das Konzert schon eingeschaltet war.

Die Folgen dieses Verbots ließen nicht lange auf sich warten. In den Schallplattengeschäften wurde Leuten, die unsere Platten kaufen wollten, mitgeteilt, daß »Renft-Platten nicht mehr verkauft werden dürfen«. Von Kollegen, die im Rundfunk arbeiten, wurde uns diskret mitgeteilt, daß die Redakteure unserer Massenmedien, die Anweisung erhalten haben, auf zu erwartende Anfragen nicht zu antworten. Gerüchte wurden im Kollegenkreis verbreitet: Die Renfts haben sich wegen finanzieller Streitigkeiten aufgelöst. Ein anderes Gerücht: Die Renfts sind nach'm Westen abgehaun. Andere verbreiteten: Die Renfts haben Biermann-Lieder gespielt und sind deshalb verboten.

Wir mußten feststellen, daß von nun ab kein einziger Titel von uns mehr im Programm gespielt wurde und unter dem Druck der vielen Anfragen, die in dieser Sache beim Rundfunk eingingen, log der Moderator Hans Miserski, in der Radio-DDR-Tip-Parade über den Sender: »Die Renfts haben sich aufgelöst!«

Der Leiter unserer Gruppe, Klaus Jentzsch (Renft) verlangte sofort in einem Brief an den Vorsitzenden des Staatlichen Rundfunk-Komitees eine öffentliche Richtigstellung. Wir erhielten auf diese rechtlich begründete Forderung nicht einmal eine Antwort.

Sehr geehrter Herr Honnecker – nach all dem wird es Sie nicht wundern, wenn wir Ihnen sagen, daß wir die feste Absicht haben, zusammen zu bleiben. Jahrelang haben wir an der Herausbildung eines musikalischen Stils gearbeitet, der von unserem Publikum in der DDR geschätzt wurde. Mit den vielen Goldmedaillen, Auszeichnungen und Erfolgen in den Spitzenparaden der DDR in den letzten Jahren wollen wir Sie hier nicht langweilen. Wir werden alles tun, was uns geeignet erscheint, damit dieses unsinnige und kurzsichtige Berufsverbot rückgängig gemacht wird, damit der Schaden, der für uns, aber in gewisser Weise auch für unser Land schon entstanden ist, nicht noch größer wird.

Wir erwarten, daß wir zu einem vernünftigen Gespräch mit denselben Leuten kommen, die uns leichtfertig an den Rand unserer Gesellschaft treiben wollten. Wir erhoffen uns von diesem Brief, daß Sie uns, verehrter Genosse Honnecker, nach Abwägung aller Umstände helfen. Wie sollen wir aber erfolgreich für unsere Rehabilitierung kämpfen, wie sollen wir uns als organisch gewachsene Gruppe von aufeinander eingepielten Leuten für unser Recht einsetzen, wenn zwei unserer künstlerisch wichtigsten Mitglieder ausgerechnet in diesem kritischen Moment zur Ableistung ihres Dienstes bei der Volksarmee eingezogen werden? In einer Zeit, in der, wie jeder DDR-Bürger wohl weiß, normalerweise Einberufungen nicht ausgesprochen werden. Unser Sänger, »Monster« Thomas Schoppe, der seinen Grundwehrdienst 1 1/2 Jahre längst ordentlich abgeleistet hat und »in Ehren entlassen« wurde, soll am 06. Januar 76 zum Reservistendienst eingezogen werden. Unser Organist »Kuno« Christian Kunert, soll sogar noch in diesem Jahr in die Kaserne.

Wahrscheinlich ist es nicht nötig, daß wir Ihnen gegenüber beteuern, daß wir ganz und gar nichts gegen die Ableistung des Wehrdienstes in der NVA haben, aber die Hektik, mit der unsere beiden Mitglieder gerade in dieser für uns kritischen Zeit und außerhalb der Einberufungsgepflogenheiten aus unserem Kollektiv gerissen werden sollen, können wir weder verstehn, noch einfach hinnehmen. Allein die spektakulären und beleidigenden Bedingungen, unter denen unsere beiden Mitglieder von fünf Volkspolizisten wie Verbrecher in einem Polizeiauto von zuhause zum Wehrkreiskommando abtransportiert wurden, sind in Leipzig Stadtgespräch. Dies war eine grobe Unkorrektheit, denn keiner von beiden hatte die Aufforderung zum Erscheinen vor dem Wehrkreiskommando mißachtet.

Wir bitten nochmals um Verständnis, daß wir uns mit dieser Angelegenheit an Sie gewendet haben, aber in Anbetracht der Dringlichkeit und auch bedrohlichen Undurchsichtigkeit dieser ganzen Geschichte, wußten wir uns keinen anderen Rat.

Mit sozialistischem Gruß

***

SED-Zentralkomitee, 15. Dezember 1975

Sehr geehrter Herr Jentzsch!
Den Brief des Kollektivs RENFT vom 8. Dezember 1975 habe ich erhalten.
Es ist veranlaßt, daß die von Ihnen geschilderte Situation und die damit zusammenhängenden Probleme sorgfältig geprüft werden.

Mit sozialistischem Gruß
E. Honecker

***

Rat des Bezirkes Leipzig
Abt. Kultur   Leipzig den 17. 12. 1975

Information über ein Gespräch mit Christian Kunert:
... Verabredungsgemäß hatte er vier Texte mitgebracht, davon 3 selbst geschrieben und 1 Text von G. Pannach. Bis auf das recht einfallslose Gedicht »Beim Zahnarzt« von Kunert drückten die anderen 3 Titel, unter Berufung auf andere kulturpolitische Ergebnisse, vor allem der Pannach-Text »Ketten werden knapper« und der Kunert-Titel »Wie füttert man einen Esel«, die bereits bekannte Grundhaltung aus. Hier geht es erneut um einen vehementen Angriff auf die sozialistische Staatsmacht (nur Schurken machen Karriere, nur Heuchler sitzen heute oben, wer die Wahrheit sagt, kriegt Dresche, die Orden bekommen immer die falschen).
    Im gesamten Gespräch hat sich die in den Texten ausgedrückte erschreckende Unkenntnis gesellschaftlicher Zusammenhänge, die völlig unzureichende marxistisch-leninistische Bildung und die Überheblichkeit bestätigt ...

Wolf
Mitglied des Rates für Kultur

***

SOZIALISTISCHE EINHEITSPARTEI DEUTSCHLANDS
ZENTRALKOMITEE
ERSTER SEKRETÄR

Herrn
Klaus Jentzsch

701 Leipzig
Hohe Straße 49

Sehr geehrter Herr Jentzsch!

Den Brief des Kollektivs RENFT vom 8. Dezember 1975 habe ich erhalten.

Es ist veranlaßt, daß die von Ihnen geschilderte Situation und die damit zusammenhängenden Probleme sorgfältig geprüft werden.

Mit sozialistischem Gruß

E. Honecker

Berlin, 15. Dezember 1975

Frank Joachim Herrmann 29. 1. 76
An Gen. Erich Honecker

Lieber Erich! Wie die Bezirksleitung Leipzig berichtet, hat am 22. 1. 76 der 1. Stellvertreter des Abteilungsleiters beim Rat des Bezirkes Leipzig, Genosse Geldner, mit den Angehörigen der ehemaligen »Renft«-Combo abschließend gesprochen. Anwesend waren: Christian Kunert, Peter Gläser, Jochen Hohl, Thomas Schoppe und Klaus Jentzsch. Es wurde ihnen mitgeteilt:
1. Die mit dem Zwischenbescheid des Ersten Sekretärs des Zentralkomitees angekündigte sorgfältige Prüfung aller in der Eingabe formulierten Beschwerde ist erfolgt.
2. Alle der ehemaligen »Renft-Combo« gegenüber eingeleiteten und durchgeführten Maßnahmen sind auf der Grundlage der geltenden gesetzlichen Bestimmungen erfolgt. Sie sind voll rechtskräftig und in vollem Umfang, ohne jeden Abstrich gültig.
3. Die Abteilung Kultur ist bereit, mit den fünf Bürgern in Einzelgesprächen über ihre künftige Tätigkeit zu beraten und ihnen zu helfen. Zu diesen Einzelgesprächen können sofort Termine vereinbart werden. Ein Gespräch mit der Gruppe als Ganzes erfolgt künftig nicht mehr ...

Die Reaktion der Mitglieder der ehemaligen »Renft-Combo« schildert der Bericht der BL Leipzig so:
– Wir sind sehr enttäuscht, hatten uns von der Beantwortung unseres Honecker-Briefes mehr versprochen. Die Fakten sind nicht richtig geprüft worden. (Schoppe)
– Unsere heißgeliebte DDR ist also ein Staatsorgan, das uns nicht die Möglichkeit gibt aufzutreten. (Kunert)
– Wir werden uns hüten, daß das, was jetzt passiert, auf unsere Kappe geht. Wir kriegen täglich im Durchschnitt 100 Briefe. Wir werden sie selbstverständlich beantworten und darin unsere Meinung und unsere Beweise darlegen. Das ist ja unsere einzige Möglichkeit – jedenfalls im Moment noch. (Kunert, Jentzsch, Schoppe)
– Das Vertrauen, von dem Sie immer sprechen, ist doch durch Sie gebrochen worden. (Kunert)
– Die staatlichen Organe sorgen mit ihren Maßnahmen für eine Legende für die Renft-Combo. (Schoppe)
– Schoppe bemerkte während des Gesprächs: »Wir werden sehen, was sich jetzt weiter ergibt«, und danach: »Jetzt habe ich die Schnauze endgültig voll.«

Das mehrfache Angebot, mit den Angehörigen der ehemaligen Gruppe über Möglichkeiten für ihre künftige Tätigkeit zu beraten, wurde von ihnen nicht wahrgenommen. Am beharrlichsten vertraten Kunert, Schoppe und Jentzsch ihre politisch-ideologische Position. Hohl und Gläser werden, so die Bezirksleitung Leipzig, voraussichtlich zur Trennung von ihnen und zur Tätigkeit in einer anderen Tanzformation zu bewegen sein.

156 v. 30.1.76 RÖ

Lieber Erich!

Wie die Bezirksleitung Leipzig berichtet, hat am 22. 1. 76 der
1. Stellvertreter des Abteilungsleiters Kultur beim Rat des
Bezirkes Leipzig, Genosse Geldner, mit den Angehörigen der ehe-
maligen "Renft-Combo" abschließend gesprochen. Anwesend waren:
Christian Kunert, Peter Gläser, Jochen Hohl, Thomas Schoppe und
Klaus Jentzsch.

Es wurde ihnen mitgeteilt:

1. Die mit dem Zwischenbescheid des Ersten Sekretärs des Zentralkomitees vom 15. 12. 75 angekündigte sorgfältige Prüfung aller
in der Eingabe vom 8. 12. 75 formulierten Beschwerden ist erfolgt.

2. Alle der ehemaligen "Renft-Combo" gegenüber eingeleiteten und
durchgeführten Maßnahmen sind auf der Grundlage der geltenden
gesetzlichen Bestimmungen erfolgt. Sie sind voll rechtskräftig
und in vollem Umfang, ohne jeden Abstrich gültig.

3. Die Abteilung Kultur des Rates des Bezirkes ist bereit, mit
den fünf Bürgern in Einzelgesprächen über ihre künftige Tätigkeit zu beraten und ihnen zu helfen. Zu diesen Einzelgesprächen können sofort Termine vereinbart werden. Ein Gespräch
mit der Gruppe als Ganzes erfolgt künftig nicht mehr.

Genosse Geldner stellte anhand der Ergebnisse der Überprüfung
jede einzelne Behauptung in der Eingabe klar. Er erklärte, daß
der Vorgang endgültig abgeschlossen ist.

Die Reaktion der Mitglieder der ehemaligen "Renft-Combo" schildert der Bericht der Bezirksleitung Leipzig so:

- Wir sind sehr enttäuscht, hatten uns von der Beantwortung
unseres Briefes mehr versprochen. Die Fakten sind nicht richtig geprüft worden. (Schoppe)

Frank Joachim Herrmann war persönlicher Referent Honeckers

INTERVIEW VON MITGLIEDERN DER »KLAUS-RENFT-COMBO« MIT DIRK SAGER (ZDF). 24. FEBRUAR 1976

Jentzsch: Nach meinem Verbot 1965, das war das erste, was ich hatte, damals waren es die Butlers, da also kam nach unserer Zulassung Cäsar zu uns, und die jetzige Besetzung ist 1971 entstanden.
ZDF: Was ist 1965 gewesen?
Jentzsch: War es ähnlich wie heute.
ZDF: Was war da?
Jentzsch: Wir wurden verboten, weil unsere Musik, die sollte nicht mehr den Forderungen der Jugendlichen entsprechen.
ZDF: Was war das für Musik?
Jentzsch: Ähnlich wie heute, damals Beatmusik, was man heute als Rock- oder Popmusik bezeichnet.
Schoppe: Ich habe früher in einer kleinen Amateurgruppe gespielt und bin mehr oder weniger durch meine kräftige Stimme dem Klaus aufgefallen und bin dann so auf diese Art und Weise zu ihm gekommen.
ZDF: Was haben Sie für einen Beruf gehabt?
Schoppe: Ich war Mechaniker.
ZDF: Und sind jetzt Berufsmusiker.
Schoppe: Ich bilde es mir ein.
ZDF: Christian Kunert, wie sind Sie zur Gruppe gekommen?
Kuhnert: Meine Gruppe, in der ich 70/71 war, die hat sich aufgelöst, und 1971, das war gerade der Zeitpunkt, wo Renft einen neuen Organisten brauchte, und da haben sie mich gefragt, ob ich mitmachen wollte. Da habe ich Ja gesagt.
ZDF: Und Sie, Herr Pannach?
Pannach: Ja, ich kam zur Gruppe Renft, als es darum ging, für die Gruppe eigene Lieder zu machen mit eigenen Texten und nicht mehr englische Gruppen nachzuspielen. Und hab dann als Texter für die Gruppe gearbeitet, Texte geschrieben, die sich mit dem Hier und Heute beschäftigt haben und bin sogar 1972 als Chansonsänger mit in die Gruppe eingestiegen und bin auch mit der Gruppe aufgetreten. Ich glaube, die Gruppe hat einen sehr volkstümlichen Beat gemacht, sehr plebejisch.
ZDF: Was heißt das?
Pannach: Plebejisch? Es ist eine kräftigere Art zu musizieren. Und vor allem hat sie Texte gehabt, die sich mit Wirklichkeit befassen. Und das hat die Leute sehr interessiert.
ZDF: Warum wurde die Situation für die Renft-Combo kritischer und nicht auch für andere Gruppen, obwohl doch die Renft-Combo eine der populärsten Gruppen der DDR gewesen sein soll, sogar die populärste?

Jentzsch: Das begann damit, daß wir nicht mehr bereit waren, an unseren Texten Änderungen vorzunehmen. Denn selbst unsere Schallplatten bestehen nicht aus den Fassungen, die wir ursprünglich angeboten haben. Es handelt sich um korrigierte Fassungen. Als wir nicht mehr bereit waren, an unseren Texten rumschnippeln zu lassen – da begann es.

ZDF: Nun sagen aber doch die Offiziellen immer wieder, daß die Texte anspruchsvoller werden sollen in der Musik und subtiler sein sollen, aber nicht so subtil, wie Sie sie gemacht haben?

Pannach: Und da haben wir in der letzten Phase, die die Gruppe noch spielen durfte, eben Texte gemacht und gehabt, die einigen Funktionären in die Nase gestiegen sind, weil da wahrscheinlich zuviel Wirklichkeit drin war, und das hat zum Verbot geführt.

ZDF: Glauben Sie, daß man solche Texte nicht machen kann?

Pannach: Ich bin der Meinung, daß es nötig ist, diese Texte singen zu dürfen, sonst verändert sich nichts im Leben dieses Staates, sonst stagniert die Beatmusik und Lieder werden, wie die Leute das nennen, zum Bonzenlied, worin die Meinung der Zensoren wiedergespiegelt wird und nicht die Meinung der Musikanten oder ihrem Publikum.

ZDF: Ihre erfolgreichen Titel – das sind auch zwei Lieder über Chile, auf einer Platte, zu der auch andere Stars der DDR-Szene beigetragen haben. Die Probleme anderswo, sie sind leichter zu besingen ...

Jentzsch: Es gibt Probleme, die sind tabu, so wie Armee beispielsweise, und nicht tabu sind Sachen, etwa wenn ich über billige Miete singe oder daß Kollegen in einem Betrieb besonders gut arbeiten. Wenn in den imperialistischen Ländern irgendwas falsch gemacht wird, da kann man sich endlos drüber auslassen, da kann man eine ganze Langspielplatte mit füllen. Aber was innerhalb der Landesgrenzen passiert, da gibt es Tabus. Erich Honecker hatte damals auf dem VIII. Parteitag gesagt, es wird eigentlich für jemanden, der auf dem Boden des Sozialismus steht, keine Tabus geben. Und wir meinten eben, uns einmischen zu müssen in diese Wirklichkeit und sind dann dummerweise an dem Punkt, wo wir am ehrlichsten waren, verboten worden.

Pannach: Es geht ja nur um die Texte, und wenn andere Gruppen nicht verboten werden, dann besagt das, sie haben Texte, die ungezügelten, blinden Optimismus, und sie vernebeln die Massen über deren wirkliche Lage. So hart muß ich das sagen.

ZDF: Welche Probleme haben denn Sie angesprochen?

Pannach: In unserem ersten größeren Hit »Zwischen Liebe und Zorn« ging es darum, daß Revolution das Morgen im Heute ist und kein Bett und kein Thron für zufriedene Leute. Es muß etwas getan werden für die Revolution ...

Jentzsch: ... und das heißt zuallererst, Intoleranzen abzubauen gegen diejenigen, die nicht die sogenannte Avantgarde bilden. Sozialismus und Revolution mit Avantgarde ist im Grunde Verrat an Sozialismus und Revolution.

Pannach: Damals war auch noch dieses Lange-Haare-Problem, das artete zum Generationenkonflikt aus, und das wurde auch angesprochen von uns, und es ging auch darum, daß keiner nur für sich selbst in die eigene Tasche wirtschaftet, sondern daß es doch um die gemeinsame Sache geht. Wir haben auch Texte gemacht zur internationalen Solidarität, »Ketten werden knapper«, und auch um Probleme ging es wie in der »Ballade vom kleinen Otto«, die haben zu tun mit der Mauer und der Nichtfreizügigkeit und dem, was daraus an Psychosen alles entstehen kann.

ZDF: Wo schließt ihr für euch an in der Tradition der Beatmusik?

Jentzsch: Die Entwicklung kommt auf jeden Fall aus England und den USA, also die musikalische Form. Die haben wir übernommen und versehen sie mit unseren Inhalten.

ZDF: Also ein eigener DDR-Beat?

Jentzsch: Das wäre wohl etwas zu anmaßend. Aber vielleicht Ansätze, ja.

Abspannkommentar des ZDF (»Kennzeichen D«) zu diesem Interview:

Als ich von den Renfts, ihren Liedern und ihrem Auftrittsverbot hörte, mußte ich auch an die vielen engagierten, also radikalen Demokraten in der Bundesrepublik denken, denen man nicht glauben will, daß ihre Basis die freiheitlich demokratische Grundordnung ist und die deshalb überprüft wurden, ob sie vielleicht in staatsabträglicher Absicht aufgefallen sind. Und mir fiel auf, daß Behörden hierzulande aus übertriebener Kommunistenfurcht zu Maßnahmen greifen und Behörden dort aus Furcht vor Diskussionen von verordneten Tabus, und daß, abgesehen von der Unvergleichbarkeit der Systeme, die Betroffenen auf beiden Seiten in einer bösen Lage sind.

***

Rat des Bezirkes Leipzig
Abt.: Kultur

703 LEIPZIG, den 22. 9. 1975

Herrn
Klaus Jentzsch

701 Leipzig
Hohe Str. 49

Auf der Grundlage der Anordnung über die Ausübung von Tanz- und Unterhaltungsmusik vom 15. Juni 1964 (veröffentlicht im Gesetzblatt der Deutschen Demokratischen Republik, Teil II, Jahrgang 1964, Seite 597) erlischt entsprechend § 16, Absatz 4, mit dem 22. September 1975 die Gültigkeit der Ihnen ausgehändigten Auftrittserlaubnis als Tanzmusiker.

Wolf
Mitglied des Rates für Kultur

An den Ersten Sekretär
des Zentralkomitees der SED
Erich Honecker
-persönlich-   Leipzig, den 9. 3. 1976

Sehr geehrter Herr Honecker!
Vielen Dank für Ihren persönlichen Zwischenbescheid auf unsere Eingabe vom 3. 12. 1975. Wir, das Kollektiv »Renft«, machten uns damals große Hoffnungen, wieder gemeinsam auftreten zu dürfen, doch groß war unsere Enttäuschung, als uns am 22. 01. 1976 vom Rat des Bezirkes Leipzig die Entscheidung zur endgültigen Auflösung der »Renft-Combo« mitgeteilt wurde.

Sehr geehrter Herr Honecker, es ist nun das dritte Mal, daß ich mit einem Auftrittsverbot belegt wurde, und jedesmal bedeutete es auch die Auflösung dieser Gruppe sowie das Ende für die künstlerische und materielle Basis.

Aus diesem Grund beantragte ich am 30. September 1975 beim Rat der Stadt Leipzig, Abt. Inneres, verbunden mit meiner Eheschließung, einen Wohnsitzwechsel nach Griechenland. Damals wurde ich auf eine übliche Bearbeitungszeit von 3-4 Monaten orientiert. Als ich nach vier Monaten noch immer ohne Benachrichtigung war, bat ich den Rat des Bezirkes Leipzig, Abt. Kultur, am 3. 02. 1976 um Unterstützung. Daraufhin wurde ich für den 17. Februar 1976 zum Rat des Bezirkes bestellt. In dem dort geführten Gespräch mit der Kollegin Fiedler erfuhr ich, daß mein Fall geprüft worden war und sie nun erst meinen Antrag entgegennehmen können, jedoch über eine weitere Bearbeitungszeit könne man keinerlei Auskunft geben.

Da ich an einer schnellen Beendigung dieser für mich unerträglichen Situation interessiert bin, bitte ich Sie hiermit um Unterstützung.

Mit sozialistischem Gruß
Klaus Jentzsch

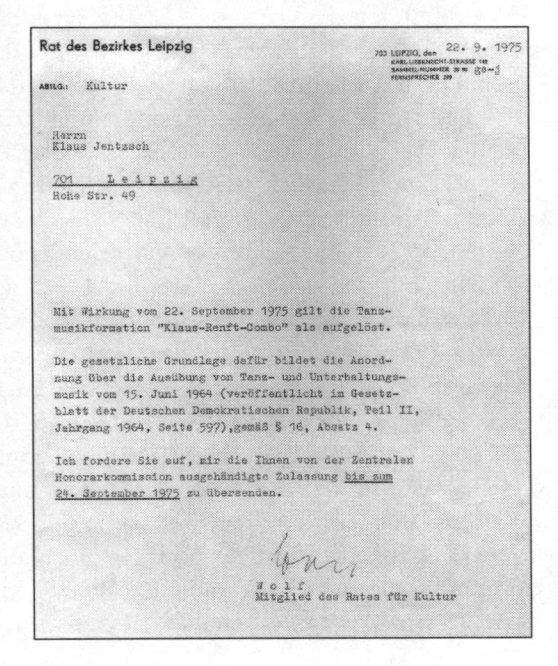

HANS-DIETER SCHÜTT: Das Maß für dich war voll. Wie ging dann deine Ausreise vonstatten? Du hattest einen Ausreiseantrag gestellt.

KLAUS RENFT: Nicht Ausreiseantrag. Ich habe keinen Ausreiseantrag gestellt, sondern einen Antrag auf Heirat mit einer griechischen Staatsbürgerin.

Das ist doch egal, oder?

Nein, das ist nicht egal. Ich wollte nach wie vor eine Variante fahren, bei der die Trennung zwar vollzogen wird, aber trotzdem alles offen bleibt. Ich wollte den mir aufgezwungenen politischen Grund für den Gang aus der DDR nicht gelten lassen. In der einen DDR haben wir gelebt, die andere haben wir in der Zeitung gelesen, und von der dritten haben wir geträumt. Diese dritte DDR wollte ich mir nicht nehmen lassen. Im übrigen muß ich sagen, daß es die Stasi war, die mir diesen Rat gab: Herr Jentzsch, Sie haben doch eine griechische Freundin, machen Sie's doch so und so ... Also, die wollten mich auch so schnell und reibungslos wie nur möglich hinter sich haben. Irgendwie hatte ich das Gefühl, mit dem gegenseitigen Einverständis, daß man nun auf der jeweils anderen Seite des Grabens stand, bildete sich eine Fairneß der besonderen Art heraus: Laß du uns in Ruhe, dann sorgen wir dafür, daß dein Fall schnell erledigt wird. Sang- und klanglos, ohne politische Aufregung. Das Böse damals war eine ganz andere Art der Isolation: Freunde zogen sich zurück, sie hatten Angst, sich mit mir in der Öffentlichkeit zu zeigen. Beim Festival des politischen Liedes in Berlin, da ging ich im Februar 1976 noch mal hin, da wurde ich wie ein Aussätziger behandelt. Ich hätte mir von denen, mit denen ich mal gemeinsam solidarisch für Chile war, jetzt auch ein wenig Solidarität gewünscht. Nothing! Ehrlich, man grüßte mich nicht einmal. Das Schlimmste ist, wenn dem Menschen das Gespräch verweigert wird. Totschweigen, Kommunikation verweigern – das war die sozialistische Todesstrafe. Ich hatte ja noch ein weiteres Mal an Honecker geschrieben, ich mußte meine Enttäuschung irgendwie ausdrücken. Ich bat ihn, diesen unerträglichen Zustand des Wartens beenden zu helfen, weil ich ja nun schon vier Monate auf die Genehmigung des Umzuges nach Griechenland wartete. Am 30. März bekam ich die Ausreisebewilligung. Bis 30. Mai hatte ich die so deutsche, so demokratische Republik zu verlassen.

Kurz vor dieser Ausreise, im April 1976, habe ich geheiratet. Der Ort der Hochzeit wurde ein ziemliches Problem. Zuerst hatten wir eine Gartenkantine in Leutzsch bei Leipzig gemietet. Dort sollten Polterabend und Hochzeitsfeier stattfinden. Aber ein paar Wochen vorher kam ein Anruf vom Verpächter, ich sei dort, bei einer Besichtigung, erkannt worden, ich sei unerwünscht, der Siedlerverband könne keine Genehmigung für die Feier geben, die Sache sei zu gefährlich. Polterabend war schließlich in Holzhausen im »Sächsischen Hof«, mit einem kalten Büfett so um die 2000 Mark. Der gesamte Leipziger Untergrund schien versammelt. Cäsar und Jochen kamen mit »Karussell«, sie spielten inzwischen zusammen, und es tut schon weh, wenn man die alten Kumpels bei einer anderen Band sieht und ohne einen selbst alles so grausam normal weiterläuft. Plötzlich bist du nur noch ein Punkt aus dem Gestern. Eigentlich gibt's dich gar nicht mehr. Den ganzen Abend stand übrigens ein VP-Auto mit vier Mann Besatzung auf dem Hof. Als wir die Polizeistunde überschritten hatten, kamen sie rein, guckten sich um, aber es sah mehr nach Neugier als nach Gesetzesstrenge aus, und sie ließen uns denn auch weiterfeiern.

Die standesamtliche Eheschließung ging ohne großes Zeremoniell über die Bühne. Wir waren ja mit unseren Gedanken schon weit weg. Zoff gab es bei der Beschaffung der Papiere für die Übersiedlung. Bei der Polizei, beim Paß- und Meldewesen, mußte ich das ganze Zeug nicht nur einmal, sondern ein zweites Mal ausfüllen. Ich hatte nämlich meine Ausreise »nach Griechenland über Westberlin« beantragt. Es mußte aber unbedingt heißen »nach Griechenland, Grenzübergangsstelle Berlin Friedrichstraße nach Westberlin«. An dieser Formalität wäre beinahe ein Dreivierteljahr Bemühungen gescheitert. Denn: Ein Visum nach Westberlin, wie es auf dem erstausgefüllten Formular hieß, müßte bei der Abteilung Inneres beantragt werden, und das bedeutete: nicht Fortsetzung des Vorgangs, sondern neuer Start ... Scheißspiel: Die einen bei der Stasi hatten mir die Flucht per Hochzeit angeraten, die anderen wollten mich demütigen. Oder es waren ein und dieselben. Schizophrene Truppe.

Ich kann mir vorstellen, daß für jemanden wie dich irgendwann der Punkt kam, an dem die Bürokratie wirkte wie eine selbständige militärisch-einschüchternde Kraft.

Um das zu erfahren, brauchte man in der DDR freilich nicht extra einen Ausreiseantrag zu stellen. Aber ich weiß ja nicht, in welcher DDR du gelebt hast. In der FDJ-DDR. Das war eine ganz andere DDR. Weißt du, das sind so verschiedene Fragen: Welche Genehmigungen sind für den Zoll nötig? Wie lange ist die Bearbeitungszeit für den ganzen Kram? Welche Transportmöglichkeiten gibt es? Ein Zollantrag muß gestellt werden; darin müssen, drei Wochen vor Ausreise, sämtliche Gegenstände notiert sein, die mit rüber sollen. Aber abgefertigt wirst du nur, wenn das Visum zur Reise vorliegt. Die warten natürlich mit dem Visum, die bringen dich in Zeitdruck, die machen dich bis zum letzten Moment aller Termine nervös und anfällig für Fehler. Der Zoll war auf dem Leipziger Messegelände ansässig, Messehalle 17. Dort angekommen, jagten die mich wieder woandershin. Im Dimitroff-Museum mußte ich mir eine Bilder-Genehmigung holen. Eine Extra-Liste brauchst du auch für Bücher und Schallplatten. An Dokumenten sind nötig für die Ausreise aus der DDR: Gesuch mit Begründung, Lebenslauf, Bescheinigung über Schuldenfreiheit. Ach, naja, wie du schon sagst, der ganze bürokratische Kram. Zu dieser Geschichte gehört noch, daß wir alles sehr sorgfältig verpackten, wirklich bruchsicher ging das Zeug auf den Güterbahnhof. Als wir später drüben in Westberlin unsere Sachen vom Bahnhof holten, die Kisten und Verschläge, da war alles ein einziger Scherbenhaufen. Gute Arbeit hatten die Jungs geleistet! So lief das. Ich hätte heulen können vor Wut. Aber auch das war vielleicht die verständliche Reaktion von kleinen Leuten, die zusehen mußten, wie einer die enge Welt verläßt, in der zu bleiben sie verurteilt waren. Da kommt dann, als psychische Rettung, das tröstende deutsche Ideal durch, wie es Tucholsky beschrieben hat: das Ideal, hinter einem Schalter zu stehen.

Am 30. Mai 1976 hat unser Anwalt Volker Seelig Angelika und mich mit meinem Polski Fiat nach Berlin gefahren, zum Grenzübergang Friedrichstraße. Er weinte beim Abschied. Heute weiß ich: Danach ging er in eine Kneipe und schrieb alles auf. Seitdem glaube ich zu wissen, daß Anwälte ein besonderes Talent haben und für alle Seiten wichtige Personen sind. Guck dir an, was Anwälte in der Wendezeit und danach für Karrieren in der Politik machten. Genau wie diese Pastoren, die nicht Trittbrettfahrer, sondern politische Trittbrettpfarrer sind! Aber zurück

Zerstörte Möbel, die Stasi hatte gute Arbeit geleistet
(Szenenfoto aus dem Film »Saitenwechsel«)

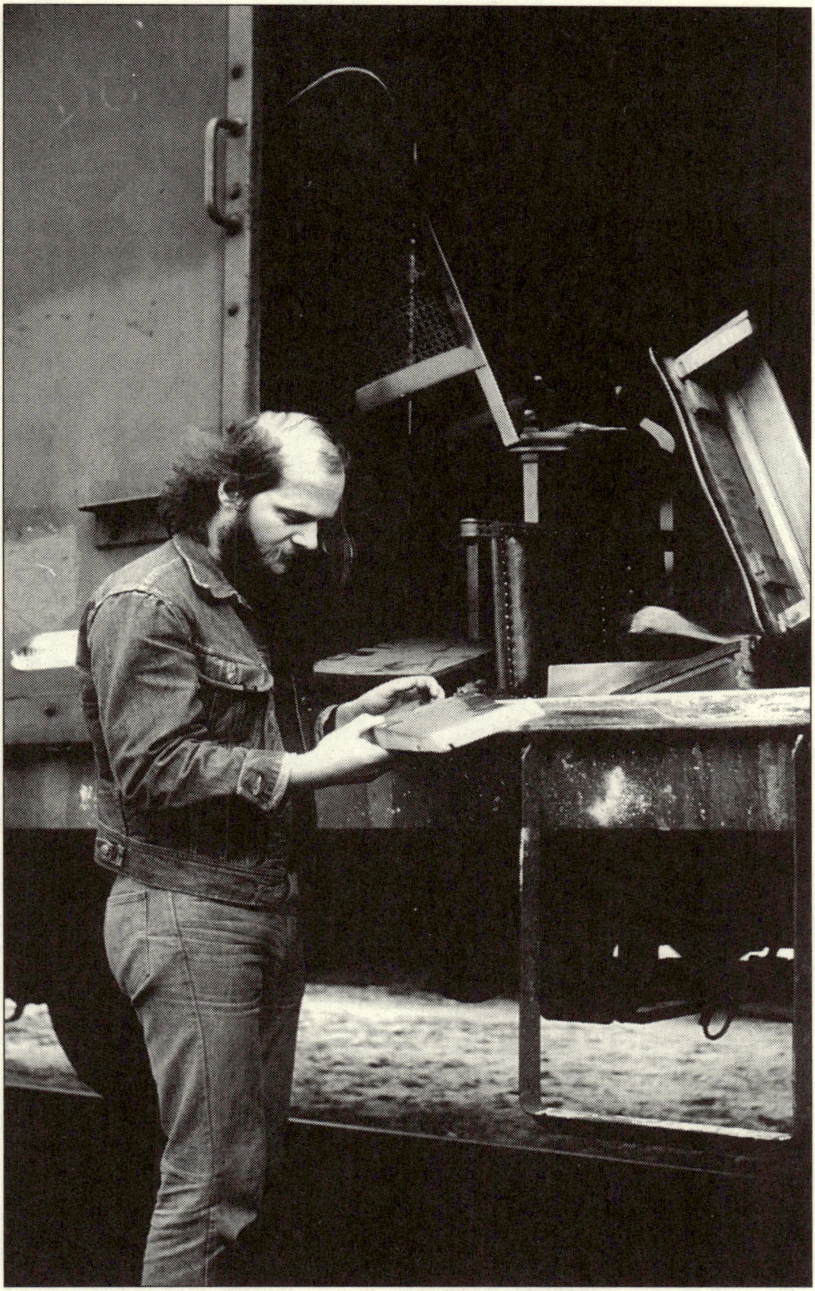

zu meiner Ausreise. Uns allen war sehr mulmig zumute. Nachdem wir die Koffer in die Vorhalle gebuckelt hatten, im Tränenpalast, wurden sie beim Zoll durchleuchtet. Die Polizisten fragten nach unentwickelten Filmen und nach Tonbändern; die würden jetzt gelöscht. Ich verneinte, obwohl ich die Orginalaufnahmen unserer verbotenen Lieder dabeihatte. Ich rechnete mit einem Bluff – und hatte recht. Als wir uns zur Paßkontrolle anstellten, öffnete ein Beamter eine Schleuse und winkte uns sofort aus der Reihe. Die wußten, wer wir sind, die wollten, daß alles ganz schnell geht. In nur wenigen Minuten standen meine Frau und ich auf dem S-Bahnsteig, von dem aus wir ohne weitere Kontrolle nach Westberlin fahren konnten. Ich fühlte mich leer, absolut leer. Die ständig strapazierte Vorstellungskraft, wie es wohl hinter der Mauer, hinter Beton und Stacheldraht aussehen würde, hatte alle Empfindungen für die Realität derart gelähmt, daß ich wie ins Bodenlose schaute, emotionslos, freudlos und gleichgültig. Die Augen sahen nichts. Wir waren ernüchtert, noch ehe wir überhaupt freudetrunken werden konnten. Ich war ungeheuer erschrocken, als ich drüben am Bahnhof Zoo Reklame für DDR-Produkte sah, Pentacon und so. Ich dachte, was ist denn hier los. Sind wir bloß 'ne Schleife gefahren? Damals wußte ich nicht, daß die S-Bahn in Westberlin von der Reichsbahn bewirtschaftet wurde. Der Blick auf die Mauer, nun aus Richtung Westen, löste die gleichen Empfindungen von etwas Fremdem und Abstoßendem aus wie beim Blick vom Osten. Also: Am Bahnhof Zoo waren wir ausgestiegen und warteten mit unseren vielen Koffern und Taschen auf die Familie, die uns aufnehmen würde. Angelikas Mutter war in Leipzig mit diesen Leuten befreundet gewesen. Sie wollten uns nun abholen. Aber niemand kam. Ein Anruf bei ihnen ergab die Antwort, sie hätten bereits Alkohol getrunken und könnten also nicht mehr mit dem Auto fahren. Das fing ja gut an! Notgedrungen versuchten wir uns als Lastenträger, ein Taxi hielt und verlangte für alle 500 Meter knappe 6 Mark. Zehn Mark hatte ich nur umtauschen dürfen. Mir schwante, was auf uns zukommen würde. Der Verkehr wirkte auf mich geradezu beängstigend, so schnell und hektisch, jetzt kam der DDR-Bürger in mir voll durch. Und dann unsere Gastgeber! Der Suff hatte schon deutliche Spuren bei ihnen hinterlassen; ich dachte an unsere früheren Sauftouren in Leipzig und hoffte, so noch nicht auszusehen. Sie stellten sich als cholerische, unkonzentrierte Menschen heraus, ständig dieser Blick aus gebrochenen Augen. Es begann eine schlimme Anfangszeit.

Am anderen Tag meldeten wir uns im Notaufnahmelager Marienfelde. Sofort wurden wir zu einem US-amerikanischen Verbindungsoffizier geführt. Er fragte uns, ob wir militärische oder staatssicherheitliche Auskünfte geben könnten, was wir verneinten. Die interessierte alles Zeugs über die Russen in der DDR und über die NVA. Auch über unser Spielverbot in der DDR wollte der Offizier einiges wissen und bestellte uns zu einem weiteren Termin für den nächsten Tag. Allerdings verschliefen wir, kriegten ziemliche Angst vor möglichen Folgen, kamen erst mittags in Marienfelde an – und nichts passierte. Die Sache hatte sich damit für den Amerikaner erledigt. Die drückten mir noch einen Antrag in die Hand, als anerkannter Sowjetzonenflüchtling. Das war mir denn doch zu fette. Ich hatte in der DDR ganz normal gelebt, und die DDR war keine Zone, sondern ein Staat. Nun fragten uns die Franzosen – allerdings nur danach, ob unsere Ehe eine wirkliche sei oder bloß eine Scheinehe wegen der Übersiedlung. Jetzt fehlten noch die Engländer, tatsächlich, die bestellten uns für Mittwoch ins Hauptquartier in der Nähe vom Olympiastadion. Dort gab es neben dem Gespräch wenigstens noch einen Orangensaft. Gemeinsam mit anderen Leuten aus der DDR – die meisten kamen aus dem Knast, einer war richtig abgehauen – wurden wir wieder nach Marienfelde gefahren. Erneut Anträge, Formulare, Fragen. Zermürbender Papierkrieg. Wie schon in der DDR bekam ich das Gefühl für den staatserhaltenden Wert von Bürokratie – die kann genauso in Schach halten, kontrollieren, Ausbruch verhindern wie ein Soldat mit Waffe.

Es kam bald zum Bruch mit unserer ersten Gastgeber-Familie. Da sie mitbekamen, daß wir von Anfang an darum kämpften, bald besuchsweise auch wieder in die DDR reisen zu können, erklärten sie klipp und klar, damit würden wir sie politisch gefährden. Also zogen wir zu einem Bekannten von mir, dem RIAS-Musikredakteur Olaf Leitner. Ich habe dem Olaf das nie vergessen. Zum ersten Mal spürte ich so etwas wie Geborgenheit, und sehr deutlich kam mir zu Bewußtsein, wie groß plötzlich mein Bedürfnis nach dieser Aufgehobenheit war. Ich bekam Angst vor der Zukunft. Ein paar Tage später erhielt ich einen Personalausweis von Westberlin. Ich fühlte mich heimatlos. Eigentlich unvorstellbar: Das erste Gebrauchtauto – das war erst wie ein erstes Zuhause in dieser fremden Welt.

Am 17. Juni, dem Feiertag drüben, schrieb ich erstmalig wieder etwas in mein Tagebuch, nein, ich schrieb nicht, es überfiel mich regelrecht:

»Wie die Kraft des Flusses aufhört zu reinigen, wenn der Schmutz zu groß wird, so sind wir kraftlos geworden gegen den Schmutz der Scheißwelt. Nichts kann uns mehr reinwaschen. Die Fäulnis, die verchromen und lackieren wir. Es scheint hier keinen anderen Weg zu geben, als ständig alles zu erneuern, als die Gegenwart als das zu begreifen, was sie ist: Dreck, der nicht aufhebenswert ist. Nichts wird produziert, was mehr wäre als Dreck. Keinem steht mehr zu, als verdrängt zu werden von immer neuem buntem Dreck. Wir müßten verzichten, um uns zu retten. Verzichten, bloß verzichten. Das ist das Einfache, das schwer zu machen ist, nicht der Kommunismus. Nur die Idioten, die Unwissenden, die lachen noch frei, der große Rest verliert sich in lächerlichem Genuß. Aber es hilft nichts, die innere Leere zu übertünchen. Auch wenn Franz Josef Strauß seine Reden als Arien singt – plötzlich weiß ich, daß politischer Geist überall der gleiche ist: Tünche aus Worten ... Ich stelle fest, wie sehr ich doch von dieser DDR geprägt bin ... Die Menschen in dieser Stadt, ja alle Menschen, auch die, die ich zurückließ, die betrachte ich wie etwas, das außerhalb meiner Vorstellungen existiert: Sie haben etwas Stein, etwas Holz, etwas Weiches und etwas Blech – und etwas Licht und Wärme. Sie haben Nachbarn, sie haben Kinder, sie haben jeweils einen Partner oder eine Partnerin. Aber die Nachbarn sind ihre Feinde, die Kinder müssen jeden Schritt sehr vorsichtig machen, um nicht in die Gefahr der Ruhestörung, der Ordnungswidrigkeit zu geraten, und die Partner sind auch nicht das erhoffte Paradies. Dann haben die Typen noch Fernsehapparate und Zeitschriften, darin sehen sie Nachbarn Kinder, Partner; Villen, Wiesen, Betten. Und dann ist die Nacht und das Wochenende und der Sommerurlaub und das Jahr vorbei, und ein neuer Teppich, ein neuer Fernsehapparat, ein neues Auto ist fällig. Und in den Mauern sind Sprünge, die Fensterrahmen werden grau, dabei ist noch kein Drittel abbezahlt von den Kosten für das Haus, die Möbel, das Leben hier. Und hinten leuchtet Nacht für Nacht die Stadt auf mit ihrem hellbunten Zentrum, gefüllt mit jenen, die hingefahren sind, um den Zimmern, den Fenstern, den Polstern, dem Leben hier zu entgehen. Und am nächsten Abend sind andere dran, und auch sie werden am Morgen danach ihren Dienst wieder antreten, denn sie sind alle vernünftig und passen auf sich auf. Denen darf nichts zustoßen.«

Gab es Solidarität aus der DDR? Daß eine Gruppe wie eure verboten wird, kann nicht ohne Wirkung an anderen vorübergehen.

Solidarität? Kaum daß ich nach drüben war, kamen Anrufe mit der immer gleichen Frage: Sagt mal, ihr müßt doch noch 'n Haufen Verträge haben für Veranstaltungen und Konzerte. Die braucht ihr doch jetzt nicht mehr – kannst du uns nicht die Termine geben?

Im November 1976 wurde Wolf Biermann ausgebürgert aus der DDR.

Ach, naja, Biermann. Das war menschlich mein Fall nie.

Das ist jetzt nicht das Problem. Vielleicht sind Biermanns Wutgier, sein Beleidigungspathos und seine wölfischen Wehklagen (noch immer das Beste an ihm!) ein besonders höllisches Beispiel deutsch-deutscher Jahrhundertverwirrung: Im Osten war ihm alles leicht, weil vieles schwer war; im Westen wurde ihm vieles schwer, weil da alles viel leichter ist. Aber weiter preßt er sich selbst aus sich heraus, grinst mit Konsonanten, umarmt Akkorde, ist Hammerherz und Rührseele. Das hat schon was. Sicher sang er einst angstvoll, mutig, trotzig, zitternd wie ein »Kind im Walde«, heute bewegt er sich wie der Pfau am Hofe. Es scheint, nicht mal mehr der Hahn im Korbe reicht ihm.

Der reichte ihm nie! In der Wohnung bei ihm waren wir, in der Chausseestraße, aber ich hatte das Gefühl, er interessiert sich nicht für die Leute, die zu ihm kamen, er benutzte die Leute zur Selbstdarstellung. Aber das ist vielleicht kaum verwunderlich, wenn man Liedermacher und Sänger ist und also Publikum braucht. Ohne Publikum stirbst du. Jeder, der zu Biermann kam, war Publikum. Anderes hatte er nicht. Es ist Scheiße, wenn dein Publikum Geheimsache wird.

Er ist seelenheiser geworden, der Dichtersänger. Ein Gesinnungsexot, der sich eines Tages wundgeschimpft hat auf der Suche nach lebendigem Leben; geblieben ist nur ein verzweifelt aufrechterhaltenes »Hau ab!«, wenn fremde Berührung droht.

Brecht, so hat mal Heiner Müller gemutmaßt, der hatte Glück, daß es Hitler gab: So fand der »Dreigroschenoper«-Schreiber sein Thema und entging dem Schicksal eines gängigen Erfolgsautors. Biermann hatte vielleicht Glück, daß es Honecker gab.

Dieses Glück hattet ihr »Renfts« auch. Auf einer Pressekonferenz hatte Biermann zur Solidarität mit Pannach und Kunert aufgerufen, die in der DDR inzwischen verhaftet worden waren, und über dich sagte er, du seist nun gar nicht sein Freund, denn du hättest dich mit »bedenklicher Freiwilligkeit« in den Westen abgesetzt.

Ich hätte die Gruppe gespalten, behauptete Biermann. Ich rief ihn sofort an, wütend, aber auch verunsichert, und ich fragte ihn, wieso er denn sowas sagen könne, und Biermann antwortete, er bezöge sich auf Aussagen meiner Musiker, die seien enttäuscht von mir. Das Telefonat wurde gefilmt, es sollte für einen Film über mich, Titel: »Saitenwechsel«, verwendet werden.

Biermann wörtlich: »Deine Musiker sagten, du hättest nur Interesse gehabt, in den Westen abzuhauen. Ich würde nicht automatisch jeden verurteilen, der unter dem Druck der Verhältnisse, weil er ihnen nicht mehr standhalten kann, es vorzieht, das Land zu verlassen. In manchen Fällen mag das sogar die einzig richtige Lösung sein. Was ich mit dem Wort ›bedenklich‹ meine, ist einfach die grundlegende Überzeugung, daß es in der DDR nicht weitergehen kann, wenn immer zur Freude der stalinistischen Bürokratie die Menschen, die wichtig sind, die kostbar sind, die sich einmischen und die deswegen Schläge erleiden, wenn immer diese wichtigen Menschen das Land verlassen.

Und du gehörtest zu diesen Menschen, die in der DDR wichtig sind, die dort gute Sachen gemacht haben, und in die Hoffnung gesetzt wurde. Du warst kein Wald- und Wiesenmusiker, sondern mit eurer Musik verbanden sich bestimmte politische Vorstellungen, und das ist für die DDR ein großer Verlust.«

Ich erwiderte ihm am Telefon: »Ich habe noch kurz vor der Verhaftung mit Kuno, Monster und Gerulf in Leipzig zusammengesessen, etwa vierzehn Tage vorher, und da ist von meinen Musikern nichts gesagt worden, daß ich die Gruppe gespalten hätte, im Gegenteil, wir haben überlegt, ob wir eventuell eine neue Platte machen.«

Biermann darauf: »Da müssen sie in ihrer unendlichen Güte offenbar dir verziehen haben. Ich rechne dir hoch an, daß du dem Pannach, als es dir noch möglich war, Gelegenheit gegeben hast, im Rahmen der Renft-Band aufzutreten, aber ich war verzweifelt, daß so viele kostbare Leute das taten, was sich die reaktionäre stalinistische Bürokratie wünscht und was sie betreibt, nämlich: daß die guten Leute weggehen und Ruhe im Karton ist und die Zyniker über uns lachen und sagen können: DDR, das ist der dumme Rest!«

Weißt du, es lohnt sich, noch ein wenig bei Biermann zu bleiben. Indirekt hat das Thema ja doch mit dir, mit euch zu tun. Mit einem Leben zwischen Liebe und Zorn. Es gibt ein Foto von Roger Melis: Biermann steht an der Weidendammer Brücke in Berlin, unter sich die Spree, über sich ein runder Bogen Brückeneisen. »*In dieser Pose kann man es schön sehen, wie mir die Flügel aus den Schultern wachsen.*« *Das Foto mit dem Brückenadler hat Biermann zu einem seiner bekanntesten Lieder angeregt, der* »*Ballade vom preußischen Ikarus*«. *Darin die Zeilen:* »*dann flieg ich hoch – dann stürz ich ab/ mach bißchen Wind – dann mach ich schlapp*«. *Biermann machte nicht schlapp, und ein bißchen Wind war seine Sache nie. Wahrscheinlich fliegt er überhaupt nur los wegen des Absturzes. Denn Absturz ist das Höchste: Rausch, Druck, irrer Zustand, tragischer Verrat an allen Fliegerträumen; aber schneller kommt man halt nicht auf den Boden, den man doch immer schon längst unter sich verloren hat. Irgendwoher muß man sich ja (Dichterpflicht!) die heil-losen Wunden herholen – um sie mit Wut zu reinigen, mit Reimen zu pflastern, mit Saiten zu vernähen. Ja, Absturz ist Rausch. Deshalb müssen die Adlerflügel aus Eisen sein. Schneller, schneller! Wünsche nach Beständigkeit sind nur die Nichtswolken, die man durchfliegt, Verwünschungen jedoch der Treibstoff, der alles noch schneller, wüster, tödlicher macht. Abstürzen ist Synonym für Leben, wird Orgasmus – wenn man andere mitreißt, und Biermann wollte immer schon viele mit in diesen Abgrund reißen, den er manisch herbeisingt und -schreibt. Der ist in die Gitarre so verliebt wie in Dreckschleudern; sein Zorn (der einst Format hatte und inzwischen zur Kunst-Form gerann) bleibt unverschämt ungerecht. Da hält einer, der das Ideologische haßt, seinen Feindbildern eine stacheldrahtige, herzinnerliche Treue.*

Was hat das mit mir zu tun?

Daß du dich damals gegen Biermanns Anwürfe gewehrt hast, war richtig.

Biermann hat auf dieser Pressekonferenz in West-Berlin über mich Bemerkungen gemacht, die überallhin gehört hätte, nur nicht auf diese Pressekonferenz. Wer wollte oder konnte denn die inneren Verhältnisse zwischen ausgewanderten oder ausgebürgerten DDR-Leuten so genau durchschauen, um die Anzüglichkeit zu verstehen? Und wie sollte ich mich denn am Telefon, bei laufender Filmkamera, gegen diesen begnadeten Rhetoriker zur Wehr setzen?

Ich sagte ja, du hattest sicher recht damals. Aber das ist die Tragik: Du wolltest nicht politisch sein, sondern nur Musiker – und die Politik hat dich eingeholt, und ausgerechnet in Gestalt eines Sängers. Ob man diesen Biermann mag oder nicht: Er bleibt wichtig in seinem antistalinistischen Beharrungsvermögen. Die »verdorbenen Greise« sind zwar inzwischen eine leitmotivische Wiederholungsschleife von ihm, alte Feinde müssen herhalten für geschonte neue – aber Biermanns Schimpfiaden (so wie seine Liebeserklärungen an Havemann und Fuchs) sind in ihrem Kern bös-hilfreiche Herausforderung, sich in den Scherben der geschichtsgroßen Träume dem eigenen Spiegelbild zu stellen. Die DDR, da hast du schon recht, hat ihm die Chance zu Hohn und Haß, die er ausgießt, geradezu reichlich ins Füllhorn geschaufelt.

Nach meinen ersten Wochen in Westberlin drehten Christoph Busse und Olaf Leitner für die ARD einen mit Spielszenen gestalteten Dokumentarfilm über mich, Titel: »Saitenwechsel«; ich habe den Film eben schon erwähnt. Durch Biermanns Ausbürgerung wurde der fast fertige Film in eine gänzlich andere Richtung gekippt. Ich diente plötzlich nur noch als Vehikel für Biermann. Überhaupt wurde die Arbeit am Film zu einer großen Enttäuschung für mich. Das Team begleitete meine Frau Angelika und mich auf unserem ersten Griechenlandtrip, aber es stellte sich schnell heraus: Die hatten die Reise beim Sender nur rausgeschunden, um sich ein paar schöne Tage zu machen. Meine Enttäuschung steigerte sich derart, daß ich eines Abends so vom Hotel runterguckte und dachte, jetzt stürzt du dich hier in den Schacht, und alles wird wieder gut: Du wirst schwerverletzt sein, alle werden sich wieder nur um dich kümmern, du bist wieder im Mittelpunkt von Fürsorge und Zuneigung. Ich fühlte mich nämlich von der Biermann-Sache in dieser Fürsorgeerwartung verletzt, aber ich wollte nicht selber mit der Faust auf den Tisch hauen, sondern mit dieser Vorstellung, mich hinunterzustürzen, die anderen zur Reaktion bewegen. Sie sollten von sich aus zugeben, mir unrecht getan zu haben. So unnütz, so ausgeliefert und so erniedrigt kam ich mir vor. Geradezu anlehnungsbedürftig hatte ich mich auf Menschen eingelassen, und ich merkte, ich sollte in eine Nebenrolle gedrängt werden. Bier-

mann, wie schon erwähnt, hat uns den Film zerknallt. Er hat ihm eine neue Message gegeben: Renft – der Loser, er – der Star. Ich habe das instinktiv gespürt, aber rational nicht durchgeholt. Meine Blauäugigkeit tat ihr Übriges, und außerdem bekam ich insgesamt 10 000 Mark Honorar. Das war für mich damals eine Riesensumme. Aber wie gesagt, ich war total blauäugig. Es ist zum Beispiel üblich, nach so einem großen Film, daß sich der Hauptdarsteller was wünschen darf. Mich fragte der Regisseur auch. Später erfuhr ich, die üblichen Wünsche bei solchen Anlässen waren Videorecorder oder sowas in dieser Preislage. Ich wünschte mir »Faust« auf Kassette, gesprochen von Gustaf Gründgens. Das Ding habe ich mir nur ein einziges Mal angehört, der große Gründgens nuschelte mir zu sehr.
Die falschen Töne in dem Film von Busse und Leitner hätten mich eigentlich verstören müssen. Aber ich habe alles brav mitgemacht, und ich weiß nicht, ob aus Opportunismus oder aus Not. Vielleicht auch aus Unkenntnis über diesen Westen. Die FAZ schrieb im August 1977, nach der Ausstrahlung des Films: »Renft, der junge Mann mit dem bärtig umzausten Trauergesicht, stolpert durch ein ulkiges West-Berlin, wo es für ihn nur Elendshalden und Elendsquartiere, nur eine Mondeinsamkeit gibt und wo sich ihm als einzige erhabene Perspektive der Blick von den Aussichtsplattformen über die Mauer anbietet. Und dann der Coup: das von einem Tonband listig belauschte und aufgezeichnete Telefongespräch zwischen dem gedemütigten Renft und seinem Demütiger Biermann. Was die Passage vorführte, war nicht viel: Künstlergezänk vor dem Hintergrund des Heimatverlustes, bei dem beide Seiten sich politisch-moralisch in die Brust warfen, Biermann-Chuzpe und Renft-Larmoyanz, die sich unter Berufung auf die verlorene, verlassene oder verratene DDR wechselseitig anstänkerten.«
Ich habe mich geschämt.

***

MATERIAL IV

WAS IST MIT »RENFT« GESCHEHEN?
INTERVIEW MIT THOMAS SCHOPPE

Sie waren Mitglied der Rockband Renft. Es heißt, Renft hätte damals in der DDR bewußt auf ein Verbot hingearbeitet.

Ach, hingearbeitet. Wir lebten doch in einer Traumlandschaft, in der wir uns gegenseitig Mut gemacht und uns selbst gehuldigt haben. Nicht alle aus der Band, aber der kritische Kern um Pannach, Kuno und mich. Wir haben damals allesamt nicht schlecht gelebt in der DDR. Aber Kuno und Pannach kippten die Band. Wir haben Marcuse gelesen, und über solche Sachen wie den Prager Frühling sind wir nie fertiggeworden, rot, wie wir waren. Wir wollten bestimmte Sachen, die uns nicht paßten, provokant vorbringen.

Hat es Sie überrascht, daß man darauf so hart reagiert?

Erwartet hatten wir das nicht. Aber es war uns eigentlich auch egal. Klaus hatten wir als Bandchef abgewählt, Kuno wollte aussteigen, Jochen mochte auch nicht mehr. Für mich war das Kapitel DDR eh schon abgeschlossen. Deshalb haben wir auch alle Warnungen, beispielsweise die von Havemann, nicht beachtet.

Wovor hatte Havemann Sie gewarnt?

Havemann meinte, daß die Stasi bestimmte Sachen mitmacht, so wegen des lieben Friedens. Aber bei anderen haut sie drauf. Wir haben früh um zehn in der Leipziger Kneipe «Cockpit» gesessen, total benebelt natürlich, und aus dieser Sicht war es ganz normal, daß man völlig frech und respektlos da rangeht. Manchmal haben wir die Leute auf der Straße angebrüllt: Geht nicht mehr arbeiten für diesen Scheiß-Staat und so. Mein Gott, waren wir daneben.

Man hat ja dann noch eine Art Wiedereingliederung an Renft erprobt.

Kann man so sagen. Erst kriegten wir noch eine Polen-Tournee hinterhergeschmissen, dann versuchten sie, Kuno und mich zur NVA-Reserve einzuziehen. Ein Witz. Ich bin da gleich hin und hab rumgeschrien: Scheiß-Laden, kommt nicht in die Tüte, daß ich hierbleibe. Wir sind dann wieder gegangen, und die haben uns gehen lassen.

Die Stasi hat Renft aber auch nach Ihrer Ausreise in den Westen immer im Auge behalten?

Ja, klar. Da ging das erst richtig los. In Leipzig hatten die Stasi-Leute noch einen Rüffel von Mielke selber bekommen: «Warum kann man dieser Typen nicht habhaft werden? Warum werden die nicht liquidiert?« hat er gebrüllt. Da haben sie dann aufgepaßt. Bei mir war ständig die gesamte Heinstraße voller Spitzel. Ich wollte bloß noch raus.

Im Westen kam dann die Ernüchterung?

So war das. Kuno und Pannach hatten ja da schon Auftritte mit Biermann und so gehabt und blöde Interviews im »Spiegel«. Das war so die Nummer «Märtyrer im Vorprogramm«. Aber als ich rüberkam, bin ich auch erst mal da hin. Das war so die Szene Alternative und Spartakisten und K-Gruppen. Die standen im Foyer wie die Jesuiten. Ich dachte nur: Oh Gott, wo bist du nur? Ich konnte das nicht lange machen, dieses »huch, wir armen DDR-Liedermacher«.

Aber als Rocker waren Sie nicht gefragt.

Im nachhinein hätte es klappen müssen. Wären wir nicht so blöd gewesen, hätten wir das Ding ganz politisch durchgezogen und voll kontra DDR gemacht. Das hätten die uns alle abgekauft. Aber zum ersten Konzert im Quartier Latin hatte die Stasi so viele Westkommunisten gekarrt, die mit Parteiauftrag »Buh!« schrien, noch ehe wir eine Note gespielt hatten. Nach der Pleite sind alle weggelaufen. Zuerst der Gitarrist, dann die Trommlerin. Und das war's dann.

Steve Körner in »Junge Welt« vom 26. September 1990

***

HANS-DIETER SCHÜTT: *Du warst nun drüben im Westen, die Unsicherheiten der ersten Zeit hast du in deinem Tagebuch beschrieben. Neun Jahre hast du als Inspizient und Tonmeister gearbeitet, am Westberliner Renaissance-Theater, unter Intendant Heribert Sasse.*

KLAUS RENFT: Die erste Zeit! Du sagst, die erste Zeit. Das waren ein paar verflucht lange Jahre, in denen ich langsam zum Bürger mutierte. Ich kriegte keinen Fuß auf die Erde, das muß ich schon so sagen. Meine musikalischen Träume kollidierten mit der Einsicht, daß ohne Kohle das Leben nicht den rechten Spaß macht. Und noch wichtiger als Kohle ist eine Lobby. Die hatte ich erst recht nicht. Die haben sich im Westen nicht wirklich für uns interessiert; wir waren für die drüben nur Exoten. Als wir in ihr Leben kamen, störten wir. Schon vorher haben die im Westen den DDR-Beat pauschal und hämisch verlacht. Nicht eine Spur ernst genommen. Die renommierte, aber zum Glück auch einflußlose Zeitschrift »Sounds« schrieb über die ersten Westtourneen der Puhdys: »Die Jungs können zwar 'nen anständigen, soliden Tisch zimmern, aber an Gefühl und Ausdruckskraft ist ihnen eine zahnlose Kreissäge überlegen.« Als ich rüberkam, gab es zunächst gute Kontakte zu Lok Kreuzberg, wir kannten uns von den X. Weltfestspielen her, später hießen die »Spliff«, wir waren gedanklich auf einer Linie, sowas ähnliches wie sozialistischer Spleen in freiheitlicher Form, also die hatte ich angesprochen, die hatten Lust auf was Gemeinsames, und als wir die ersten Proben machten, war irgendwie auch Nina Hagen dabei. Christiane Ufholz kam dann auch in den Westen, ich schrieb ein bißchen Musik, kurzum: Wir wollten eine neue Band gründen. Nina Hagen war mit Christiane befreundet, die beiden zogen zusammen, wir alle wohnten in so 'nem typischen Berliner Bau mit Vorder- und Hinterhaus. Nina Hagen bekam wenig später einen Vertrag bei CBS, den hat ihr möglicherweise Biermann beschafft, jedenfalls hatte sie plötzlich Geld, zumindest in Aussicht, und eines Tages sagte sie mir, sie hätte eine eigene Band. Ich freute mich für sie. Leider schwand die Freude, als sie mir die Namen ihrer neuen Truppe nannte. Es war die Gruppe, mit der ich bisher geprobt hatte. Ich konnte bei den Jungs leider nicht, im Gegensatz zu ihr, mit entsprechendem Lockgeld aufwarten. Das war's denn. Nina hatte mir schlicht und einfach meine Musiker abgekauft. Natürlich habe ich weitergeackert, habe die »Windminister« gegründet und stümperte rum.

In dieser fremden Welt bin ich nicht klargekommen, ich geb's zu. Der

Start der neuen Gruppe war eine einzige Pleite. Die Band spielte gar nicht richtig zusammen beim ersten Konzert, alles war ständig verstimmt, die Gitarren und das Publikum. Es war viel zu laut, trotz einer guten Anlage, keiner verstand unsere Musik. In den Zeitungskritiken wurde geschrieben, wir seien arrogant gewesen. Wahrscheinlich stimmte das, wir schirmten uns durch Arroganz ab. Wir hatten den Mund zu voll genommen. Eigentlich war die Band schon nach diesem ersten Konzert Pleite, nicht im finanziellen, sondern im geistigen Sinne. Wir hatten gepokert und verloren. Nun konnten wir nur noch versuchen, durch ein Demoband eine Schallplattenfirma zu einem Vertrag zu bewegen. Aber die Band war zu sehr gespalten, ich spürte, daß mein Mißtrauen in die angeblich goldenen Verheißungen des westlichen Showgeschäfts auf Widerstand stieß. Die machten sich alle noch immer was vor, dachten wohl, es würde nur so Millionen regnen. Nur Monster, der inzwischen auch im Westen und wieder mit mir zusammen war, der hatte sich mal ausnahmsweise meinen Auffassungen angeschlossen. Er hatte klaren Kopf behalten. Ich ahnte ja damals noch nicht, wie ernsthaft wir noch mal aneinandergeraten würden. Ich glaube, eine Ehekrise, die er hatte, die »Renft«-Pleite und die schwere Anfangszeit im Westen haben zusätzlich dazu beigetragen, daß er nicht den Boden verlor. Im Januar 1980 gab ich auf. Wir würden niemals zu einer Truppe werden, wir machten Schluß mit den »Windministern«.

Im übrigen wurde ich bei den Konzerten und auch bei anderen Gelegenheiten immer wieder nach »Renft«-Platten aus der DDR gefragt. Bei einer telefonischen Anfrage von mir, wie es denn mit den gesperrten Aufnahmen von Amiga wäre, sagte mir der Ostberliner Schallplattenchef René Büttner: »Du lebst doch lange genug im Westen, und da müßtest du ja die Übernahmepreise kennen.« Das war schon hart: Erst spielen wir unsere Lieder für sozialistische Honorare ein, sprich für'n Appel und ein Ei, dann werden sie verboten, und plötzlich sollen wir sie mit westlichen Devisen zurückkaufen. Das war schon eine große Schweinerei. Die hätten uns ja die Lieder, die sie angeblich so haßten, mit Freuden nachschmeißen müssen. Also, ich kriegte die Lieder nicht, denn ich hatte kein Geld.

So galt es, einen anderen Weg zu finden. Ich durchkramte meine alten Bänder und Kassetten nach Liveaufnahmen, aber die Qualität war miserabel. So fuhren wir drei Neuwestler Kuno, Monster und ich zu dem Sänger Knud Kiesewetter ins Studio, um wenigstens noch ein bißchen was rauszuholen. Nach drei Tagen, Mitte Juni 1980, war es dann soweit, und wir nannten das Werk »Rock aus Leipzig«. Von »Windminister« ist ein gemaltes Bild geblieben, das ich als Bühnenhintergrund entworfen hatte. Ich hatte damals sehr viel, ich sag's nochmal, dem Olaf Leitner zu verdanken, im RIAS konnte ich als Musikredakteur arbeiten, machte pro Woche drei Sendungen von je einer Stunde. Dann baute ich mit Uli Gerhardt ein Kunstkopfstudio auf, aber als der Sender seine Programmstrukturen änderte, war Schluß für mich.

Zum Glück bekam ich diese feste Anstellung im Theater. Den Intendanten und Regisseur Heribert Sasse lernte ich gleich bei meinem Einstellungsgespräch im September 1981 kennen, er sagte mir, am Theater zu arbeiten, sei eine besondere Sache, es liege nicht jedem, ich möge ihm das Mißtrauen also verzeihen, man müsse abwarten. Eingestellt wurde ich als Inspizient und Tonmeister. Gleich am ersten Abend kam es zum Krach. Sasse spielte »Liliom«, und seine Garderobe lag direkt neben der Bühne, ganz in der Nähe meiner Durchrufanlage. Ich machte die Ansage über die Hausanlage, den Text hatte ich auswendig gelernt: »Einen recht schönen guten Abend, meine Damen und Herren, ich begrüße Sie zur heutigen Veranstaltung, die Zeit: Es ist 18 Uhr 45, ich wiederhole, 18 Uhr 45.« Ich hatte das Mikrofon noch nicht weggelegt, da stand er schon, bereits halb im Kostüm, neben mir: »Das machst du nicht an meinem Theater! An meinem Theater nicht! Das kannst du im Osten machen, nicht hier!« Er sah mein völlig verdutztes Gesicht, ich bekam Angst, gleich würden ihm die Augen aus dem Gesicht rollen. Ich begriff gar nicht, was er wollte, und er sah wohl, daß ich nichts begriff. »Bei uns«, schrie er, »gibt es keine Veranstaltungen, sondern Vorstellungen!«

Klaus Renft, Stück für Stück integriert ins Westdeutsch-Alltägliche. Theatermacher hinter den Kulissen. Bist du von Westberlin aus mal durch die DDR gefahren? Im Transitverkehr? Das muß doch ein seltsames Gefühl sein.

Eine Zeitlang stand mir nicht der Sinn danach, überhaupt nur Bodenberührung mit der Vergangenheit zu kriegen. Die Schikanen waren ja weitergegangen. Der Vater meiner Frau Angelika hatte einen schweren

Intendant Heribert Sasse an Klaus Renft

Renaissance-Theater Berlin

Heribert Sasse

Herrn
Klaus Renft

- Im Hause -

Berlin, 1.12.1983

Lieber Klaus Renft,

das mit "Honeckers Rache" war zwar recht
bösartig, aber nicht so gemeint, und
wenn sich die Rache Honeckers an einem
so fantastischen Mann am Ton und Mischpult
ausdrückt, wie Du es sein kannst, wenn Du
willst - allerdings wollen muß er schon
mein Dickkopf Renft - wäre die Rache Honeckers nicht zu fürchten, sondern zu hoffen.
Heute, ich weiß, beginnt eine schwere Vorstellung für Dich. Du bist darin der Gegen-
part zum ganzen Geschehen.
Wenn Du den Ton so fährst wie gestern, dann
kann es nur grandios werden.
Für die unheuer stressige Arbeit ganz großen Dank.

Der grausame Chef

Unfall in der DDR, er lag zehn Tage im Koma, und Angelika bekam nicht rechtzeitig die Einreise in die DDR, obwohl sie ja eigentlich nichts mit dem Fall »Renft« zu tun hatte. Zudem war sie noch schwanger, und dann diese Aufregung. Das war eine Art Sippenhaft. Sie hat ihren Vater nicht mehr lebend gesehen. Irgendwann aber legt sich aller Groll so, daß man die Gegebenheiten hinnimmt. Ich bin mal nach Dortmund gefahren und habe bei einem Kumpel einen Verstärker geholt. Vor angehenden Sozialarbeitern hielt ich in der Pfalz noch einen Vortrag über DDR-Rockmusik. Auf der Heimfahrt fiel an dem BMW, den ich fuhr, die Scheibenwaschanlage aus. Auf jedem Parkplatz zwischen Eisenach und Berlin mußte ich halten, Scheiben per Hand wischen. Jedesmal, wenn mich ein Auto überholte, klatschte der Dreck ans Fenster, ich fuhr blind. Irgendwie bekam ich mit der Zeit das Gefühl, ich würde verfolgt. Das übliche Syndrom, der übliche Lada, die übliche Selbsttäuschung. Ein schlechtes Gewissen hatte ich freilich, denn für einen Freund sollte ich ein Stück »Shit« rüberschmuggeln, und natürlich hatte ich mich für den Auftrag breitschlagen lassen. Am Grenzkontrollpunkt Drewitz schlossen die Grenzer das Eisentor haargenau vor meiner Nase, und die Warteschlange, die nun mit mir als Anfang begann, wurde zu einem anderen Kontrollhäuschen umgeleitet. Ein völlig sinnloser, grundloser Vorgang. Reine Schikane also. Ich dachte nur, wenn die den Stoff bei dir finden, ist alles aus. Wegschmeißen das Zeug? Ging nicht, ein Grenzer stand genau neben meinem Auto und beobachtete mich. Jedenfalls bildete ich mir auch das ein. Plötzlich sah ich mehrere Grenzer mit gezückter Maschinenpistole auf mich losmarschieren. Ich schnell den Stoff aus der Tasche genommen und durch meinen langen Bart in den Mund gesteckt. Sofort merkte ich, wie sich die Scheiße auflöste. Ein Offizier forderte mich zum Aussteigen auf. Flankiert von Grenzern, nein, das waren MPi's mit Stiefeln an den Beinen, ging's in eine Baracke. In der Mitte des Raumes stand ein Stuhl, ich mußte mich setzen und die Hände akkurat auf die Knie legen. Sprechen durfte ich nicht, das empfand ich sogar als angenehm, denn der Klumpen in meinem Mund setzte seinen Auflösungsprozeß ungeniert fort. Aber das Zeug begann im übrigen merklich zu wirken. Um mich herum sechs Gewehrläufe, genau auf mich gerichtet. Ich malte mir die Schrecklichkeiten aus, die ich unter Wirkung des unberechenbaren Stoffs gleich auslösen würde. Der Schweiß stand mir auf der Stirn, ich fror. Aber was sich zuerst auflöste – ich begriff überhaupt nicht, warum die so ein Theater gemacht hatten –, war diese seltsame Festnahme. Wie selbstverständlich gingen die plötzlich mit mir zum Auto zurück, ich mußte alles auspacken, vor allem der fünfzig Kilo wiegende Verstärker mußte es ihnen angetan haben. Vielleicht dachten die, ich wollte einen rausschmuggeln. Als alles aus dem Auto draußen lag und rumstand, bekam ich meine Papiere zurück und die schnarrige Weisung an den Kopf geknallt, sämtliche Dinge unverzüglich und ohne viel Aufhebens wieder einzuräumen. Mich packte die Wut, dann das wirkende Drogenzeug, jedenfalls brüllte ich militärisch kurz und schneidend zurück, sie sollten gefälligst den schweren Verstärker mit anfassen, um überflüssige Wartezeiten zu vermeiden. Und was soll ich sagen: Die gehorchten. Zwei Mann zeigten sich von meiner Dreistigkeit derart überrascht, daß sie unverzüglich zugriffen. Im Westen ging ich dann sicherheitshalber zu den Alliierten, aber ein Transitreisender hatte seine Beobachtungen zu meinem Fall bereits gemeldet, guck an! dachte ich, das ist ja (wenn hier auch positiv gemeint) wie bei der Leumundforschung der Stasi daheim im Leipziger Wohngebiet ...

Sag mal: Denkst du, daß vielleicht viele Westdeutsche am Ende die besseren, folgsameren DDR-Bürger gewesen wären?

Manchmal wünscht man sich, daß die Geschichte zu einem Spiel bereit ist, zu einem Rollentausch. Uns würden wahrscheinlich die Augen übergehen, wie ähnlich die Leute überall sind, egal, in welchem System die leben. Wie das Freiheitsbedürfnis im Osten durch den Staat als Mittel benutzt wurde, um junge Leute bei der Stange zu halten, so wird es hier im Westen benutzt, um einen Markt am Leben zu halten. In beiden Fällen ist die Grundidee verfälscht, und aus behaupteter Freiheit wird der Knüppel, der dich in jedem Fall trifft. Freiheit heißt überall und zu allen Zeiten: Wenn du meiner Meinung bist – dann kannst du alles sagen.
  Im übrigen bin ich, um die Sache mit dem Grenzzwischenfall zu Ende zu bringen, sträflicherweise mit dem Auto noch bis nach Hause gefahren, besser: geflogen, ich war ja bekifft, es war eine Fahrt mit der Schwebebahn, und mein Mund glich einem abgestorbenen Organ ...

Bis 1989 war die DDR für dich fremdes Land. Dann kam der Einbruch, und mit ihm kamen viele zurück, die einst hinausgeekelt worden waren. Wie ging das bei dir? Im Abendlicht, sagt der Theatermann B. K. Tragelehn, da hatte die DDR noch mal ein paar schöne Momente.

Ja, aber mehr nicht. Als die Mauer fiel und ich die tobenden Leute sah, wußte ich, was sie erleben würden. Im Berliner Haus der Jungen Talente in der Klosterstraße traten zur Wendezeit Biermann und Pannach auf, da fuhr ich rüber, aus Nostalgie, aus Neugier, und da kriegte ich im Laufe des Abends erstmals mit, in den Gesprächen, in den Publikumsreaktionen, daß »Renft« eine Legende ist. Woher sollte ich das auch wissen, ich war fast fünfzehn Jahre draußen gewesen. Die Leute redeten plötzlich wieder von uns, in Artikeln und Berichten über DDR-Rock fiel seit jenem Herbst wieder unser Name, das war für mich wirklich eine Überraschung. Ich hatte mich doch nicht mehr für die DDR interessiert, ich guckte kaum Ostfernsehen, ich ahnte nicht, daß sich von 1975 bis 1989 so eine handfeste Erinnerung an unsere Gruppe gehalten hatte. Also, irgendwann in diesem merkwürdig märchenhaften Herbst 1989 traf sich »Renft« im Haus der Jungen Talente. Monster, Cäsar, Pjotr, Jochen, Kuno und ich. Ich war aus Westberlin gekommen. Die Situation war aufregend, so, als wenn du deine geschiedene Frau nach Jahren wiedertriffst, und beide ahnen, daß das, was alles vorbei ist, dennoch sehr lebendig sein kann. Aber »Renft« wäre nie »Renft« gewesen, wenn es nicht ziemlich schnell Zoff gegeben hätte. Pjotr und Jochen Hohl kriegten sich zum Beispiel wegen »Renft«-Liedern in die Haare, die inzwischen von »Karussell« gespielt worden waren. Jochen war ja Schlagzeuger bei denen. Wir diskutierten natürlich über Auftrittspläne. Aber Kuno sagte, er wolle nicht mehr, ihn störe das Herumreisen, die Lautstärke, dieses blöde Bühnenleben. Pannach hatte auch keine Lust, da war er sich mit Kuno einig; später aber schwenkte er um und galt nun wiederum bei Kuno als wortbrüchig. Der Abend knirschte, schon wieder wurde gestritten, daß sogar Lokalverbot drohte. Der Frust überkam mich, ich stand auf, ging raus und wanderte zurück in Richtung Invalidenstraße, Grenzübergang. In der »Bärenschenke« in der Friedrichstraße trank ich noch ein Bier, kam mit so 'nem Kumpel am Tresen ins Gespräch, irgendwie kam die Rede tatsächlich auf »Renft«, ich sagte, ich sei dieser Renft, da hob der gewaltig ab und drohte mir Prügel an, daß ich schleunigst die Kajüte verließ. Ich Penner solle nicht noch mal wagen, »Renft« zu beleidigen, er behaupte ja auch nicht, er sei der Kaiser von China. Das war mein erster DDR-Abend. Ich hatte die Nase gestrichen voll. Aber wie das so ist, wenn man Blut geleckt hat: Irgendwann liefen die Fäden erneut zusammen, wir wollten wieder auf Tour! Eines Tages traf ich Raschke, den Chef von »Karussell«, die machten gerade Aufnahmen im Westberliner Hansa-Studio. Guck an, dieser Raschke, dachte ich mir, rundherum fällt der Putz, und so viele sind verunsichert, aber der sitzt schon wieder in einem Weststudio. Der Name Raschke spielt ja in meiner Stasi-Akte eine gewisse Rolle, er hat brav berichtet. Als wir uns nun trafen, wußte ich natürlich noch nichts, möglicherweise hat er blitzkurz gezuckt, war vielleicht für den Bruchteil einer Sekunde unsicher, ob ich was ahnte von seiner inoffiziellen Freizeitbeschäftigung. Nichts wußte ich, arglos war ich wie fast immer, jedenfalls ging er sofort in die Offensive. Wie wär's, fragte er mich, wenn »Karussell« und »Renft« eine gemeinsame Tournee machen würden? Ja, sag ich, wenn du jedem von uns pro Auftritt tausend Mark gibst, sind wir dabei. Nickt der doch glatt: Okay. Raschke hat eine Wahnsinnssumme verdient mit dieser Tournee. Die 1000 Mark für uns waren fast ein Almosen. Bis auf Kuno und Pannach waren alle dabei: Monster, Cäsar, Pjotr, Jochen und ich. Cäsar bestand darauf, Stolle mit einzubeziehen. Mir war Stolle immer zu lahmarschig, aber gut. Wir probten und probten, und tatsächlich, mitten in einer etwas langwierigen Probierphase, schlief dieser Stolle ein! Auf dieser Tournee sollten wir in Hannover zum Vorprogramm von Roger Chapman spielen. Plötzlich überraschte uns Cäsar mit der Mitteilung: ohne mich! Eine Woche vor dem Konzert! Er gab keine Gründe an, wir haben nicht drüber gesprochen, im nachhinein denke ich: wegen seiner Stasi-Geschichte. Soll er aber selber erzählen! Für Cäsar sprang Lutz Heinrich ein. Jochen trommelte bei den Auftritten erst bei »Karussell«, hinterher bei uns. Als er von Journalisten gefragt wurde, in welcher Truppe er denn lieber spiele, antwortete er so diplomatisch wie eindeutig: Bei »Renft« zerkloppe ich mehr Stöcke.

Anfang Mai 1990 gab es das große DDR-Comeback in Leipzig, vor 3000 Fans. Im »Haus Auensee«. Wie war's?

Wir waren mächtig aufgeregt, mehr kann ich nicht sagen. Aber wenn du drin bist in deiner Musik, wenn die Verstärker knallen, dann gehen die Türen zu einer anderen Welt auf. Es war eine schöne Zeit, wir machten unsere Revival-Konzerte, aber es blieb freilich auch der traditionelle Wurm drin. Wir hatten Pech mit Managern, und innerhalb der Truppe blieb es bei den Sticheleien und Unverträglichkeiten von früher. Es wurde zudem peinlichst darauf geachtet, daß ich nicht der Boß bin. Das war Monsters Hauptproblem, und er stänkerte gegen mich, wo es nur ging.

Das Problem von früher. Es kam keine Ruhe rein. Die Frage war: Sollten wir nur die alten Sachen spielen oder einen Bruch mit der eigenen Legende vollziehen und uns ganz neu präsentieren? Ich war der Meinung, die alten Lieder zu bringen, es ging doch bei unserem Publikum ganz wesentlich um den Erinnerungs- und Wiedererkennungseffekt. Stück für Stück könnten wir unser Repertoire um Neues ergänzen, aber gegen eine resolute und gänzliche Blutwäsche war ich strikt. Das paßte Monster nicht. Irgendwann hörte dann Jochen auf, ich brachte Olaf Wegner mit von der Hansi Biebl-Band. Den lehnte Monster auch ab, es ging in bescheuert-bewährter Weise hin und her. Dann kam ein Westmusiker, und kurz vor Weihnachten 1990 kam es zum gigantischen Streit. Wir tobten uns auseinander, Anfang Januar kam ein Anruf von Monster, sie wollten mich besuchen. Na gut. Pjotr, Robert und Monster verkündeten mir, meine Art Baß zu spielen sei nicht mehr vertretbar. Kurz darauf traf ein Anwaltsbrief ein: Ich bekäme zwei Prozent aller Umsätze, wenn ich auf den Namen »Renft« verzichte. Das lehnte ich ab. Der Name Renft ist nicht nur der Familienname meiner Mutter, mit ihm ist ein wesentlicher Teil meines Lebens verbunden. Mitte der sechziger Jahre hatte ich ihn amtlich als Künstlernamen eintragen lassen. Das hat jeder der vielen Musiker in den wechselnden Besetzungen der Renft-Combo gewußt, diese Tatsache wurde von niemandem in Frage gestellt. Bis zur erzwungenen Auflösung von »Renft« spielten wir unter diesem Namen, und nach dem Fall der Mauer bauten wir unter diesem Namen eine neue Gruppe auf. Also, daß die neue Band den Namen »Renft« weiterführte, kam für mich nicht in Frage. Im übrigen interessierte ich mich nicht weiter für die Angelegenheit, ich versuchte mich als Maler, und die neue Gruppe machte weder Konzerte noch Platten. Nach über einem Jahr Pause kam es zu einem neuen Versuch, »Renft« wiederzubeleben; nach schwierigem Zusammenraufen spielten wir, unter kläglichen Bedingungen, zum ersten Mal öffentlich, im August 1992 in Bad Schmiedeberg anläßlich einer Vernissage von mir. Dieser Beginn war aber nur der Beginn neuen Streits. Das Gerangel um den Namen ging weiter. Pjotr forderte mich nun schriftlich auf, den Namen Renft rauszugeben, und Monster meinte, Renft sei kein Name, sondern ein Kürzel, dessen Benutzung unters Gewohnheitsrecht falle, und ich solle die Band verlassen.

Wie kam es denn, daß ihr erneut zusammenfandet?

Es war so, daß Christiane Wunder, Frank Fischer, Bernd Schlund, Lutz Heinrich und ich uns geeinigt hatten, eine neue Renft-Combo zu gründen. Bernd sagte als erster ab, er hatte Schiß. Dann bin ich zu Kurt Demmler und spielte ihm meine Kompositionen vor. Zwei der Lieder gefielen ihm, »Liebe« und »Frühling im Herbst«. Den Rest bezeichnete er als Schmuserock und Rasiermusik. Das hätte nichts mehr zu tun mit den »Renfts« von früher. Ich sei überhaupt kein richtiger Rocker, wie er auch nicht, und jeder solle doch besser nur das tun, was er kann. Mein Talent läge in der Fähigkeit, unterschiedliche Leute zusammenzuführen, bissige Typen zu zähmen. Ich habe ziemlich schnell mitbekommen, daß es ein Fehler war, mit Monster wieder anzufangen. Vielleicht war es ja auch wirklich falsch, sich voll auf Revival zu verlassen. Zu einer Zeit des gesellschaftlichen Umbruchs hätten möglicherweise viele auf ein Signal von uns gewartet. So ist das vielleicht mit dem Publikum: Sobald es nur noch Selbstbestätigung kriegt, wird es unbrauchbar. Sobald es keine Selbstbestätigung mehr erhält, aber auch. Revival schafft nachträgliche Identität. »Renft« wäre »Renft«, wenn wir Identität geschaffen und sofort wieder zerstört hätten, also früher die bloß offizielle DDR-Identität und jetzt auch die anpasserische Westidentität. Ohne zu singen »Kohl muß weg!« oder »Her mit den Arbeitsplätzen!« Wir waren ja nie eine Band, die Polittexte vertonte; Rock kommt woanders her. Wir waren jedenfalls nicht in der Lage zur Erneuerung. Demmler hatte recht. Er schlug vor, eine neue Gruppe zu gründen und sie »Klaus Renft und seine Enkel« zu nennen. Oder wenn ich nicht mit Monster könne, solle ich es mit Kuno, Cäsar und Christiane versuchen sowie mit Klunki, Olaf und Sauerkraut. Auf dem Geist der Alten aufbauen. Kurt Demmler sprach aus, was ich schon lange spürte, aber mir nicht einzugestehen wagte. Ich wußte, wir würden nicht mehr lange einzig und allein darauf aufbauen können, irgendwann mal in vergangener Märchenzeit verboten gewesen zu sein. Aber wie einen neuen eigenen Stil finden? Das war die Frage.

Fragt sich nach wie vor, wieso du überhaupt wieder mit Monster auf ein Schiff gestiegen bist.

Seltsam war's schon. Monster ging es dann irgendwann ganz beschissen, er hatte wohl ganz trübe Gedanken, ein Freund erzählte mir das, und da habe ich ihn angerufen. Was soll das Beharren auf Feindschaft, wenn es einem Menschen dreckig geht, mit dem man einen Gutteil seines Lebens über die Bühnen gezogen ist. Vielleicht hat ihm der Anruf gutgetan, obwohl er von mir kam – zwei Monate später jedenfalls war Monster wieder fit, wir sprachen miteinander und meinten im Hochgefühl der neuen Verständigung: Wir versuchen es noch mal gemeinsam. Nicht viel später ging Monster auf Schlagzeuger und Keyboarder los, alles entsprach erneut nicht seinen Ansprüchen, Delle kam in die Band. Erneut wollte Monster alles neu machen, ich aber war nach wie vor auf Tradition aus, auf Befriedigung einer Erwartungshaltung des Publikums, die man peu à peu weiterentwickeln könnte. Monster kam eines Tages sogar mit Syntheziser-Musik an, das war nun überhaupt nicht mein Ding. Ich will Rock live auf der Bühne. Also: Streit, Streit, Streit. Man machte mir schließlich einen Vorschlag, angeblich zur Güte: Ich solle am Baß nur die alten Dinger spielen, Pjotr die neuen. Ich lehnte ab. Eines Tages kamen sie mit einem Vertrag, die Gruppe wolle man in eine Gesellschaft bürgerlichen Rechts umwandeln. Im Vertrag stand die Klausel, daß rausfliegt, wer sich geschäftsschädigend verhält, und daß der Name »Renft« bei denen bleibt, die weiterspielen. Ich unterschrieb. Naja, und dann passierte die Sache mit dem Bierglas. Robert, unser Keyboarder, hat mich nach einem Konzert in Cottbus derart gereizt, daß ich ausrastete. Ich hatte noch mit Fans

gequatscht, die anderen waren schon im Bus, ich beeilte mich, hatte aber das Glas noch in der Hand, da stellte sich Robert quer: Mit Bier kommst du nicht in den Bus. Das Bier kam doch in den Bus, allerdings ohne mich, sondern in kräftigem Schwall in Richtung Robert. Anschließend bin ich etwas handgreiflich geworden, mit leerem Glas. Es kam ein Einschreiben: Ich sei wegen geschäftsschädigendem Verhalten gekündigt. Aber der Brief kam nicht etwa postwendend, sondern dazwischen lagen noch ganz stille streitleere Wochen, in denen wir spielten, als sei nichts passiert. Nachdem ich den Kündigungsbrief gekriegt hatte, machte Monster mir noch das Angebot, gemeinsam eine Live-Platte aufzunehmen, als Höhepunkt einer langjährigen Zusammenarbeit. Das lehnte ich ab. Seitdem denken sie, sie seien »Renft«. Man muß sich das mal vorstellen: In der neuen Truppe bei denen spielt einer, der drei Jahre bei der Armee war, und der kassiert jetzt für Lieder, die sich mit Wehrdienstverweigerung auseinandersetzten und wegen derer wir verboten wurden. Also: Seit Sommer 1996 bin ich raus aus der Band. Jetzt bin ich frei.

Auch Legenden werden älter:
Klaus, Cäsar, Jochen, Kuno, Pjotr und Monster 1972 –
Kuno, Cäsar, Gerulf, Jochen und Klaus 1997

Arbeitslos.

Frei. Es klingt verrückt: Obwohl an der Band mein bisheriges Leben hing – der Rausschmiß wirkte wie eine Erlösung. Mir fiel ein Stein vom Herzen. Loslassen kann ein wunderbares Empfinden sein. »Renft« zu bleiben, war ein Versuch gewesen, rückverbunden zu leben, mit wachem Vergangenheitssinn, mit Wurzel. Das hatte ein schönes Gefühl gegeben: Ich fühlte mich neugierig, als wäre nicht auch ich älter geworden. Ich fühlte mich bereit, als wäre nicht auch ich etwas müder geworden. Niemand kann doch geduldiger nach vorn blicken als der Rückgestützte. Aber was soll's. Die treten als »Renft« auf, es interessiert mich nicht mehr. Von den »Alten« sind bei denen noch Pjotr und Monster dabei, die anderen haben mit der Geschichte von »Renft« nichts zu tun. Das Problem ist nur: Die Fans fragen, und es ist keine gute Situation.

Spielen sie denn besser, zum Beispiel als du?

Vielleicht perfekter, aber nicht besser. Charlie Watts, wird gesagt, sei der schlechteste Schlagzeuger der Welt, aber ohne ihn sind die Stones nichts, und er wird groß durch die Stones.

»Mit dem Mann ist kein kreatives Arbeiten möglich«, wird Thomas »Monster« Schoppe, nach dir befragt, in einer mitteldeutschen Zeitung zitiert. Du bist nun mitunter zu Konzerten unterwegs mit Cäsar, Jochen Hohl, Christian Kunert und Gerulf Pannach, gleichsam unter Decknamen: »Cäsar und Gäste – Renft in Originalbesetzung«. Was antwortest du auf die Frage, wer heute nun die richtige Gruppe »Renft« ist?

In jeder Psychiatrie gibt es mindestens drei Napoleons, warum soll es in der Realität, dieser weitestverbreiteten Art von Psychiatrie, keine zwei »Renfts« geben. Aber so sehr ich mit Monster im Clinch liege – in der Zeitung, die du zitierst, hat er etwas gesagt, womit er hundertprozentig recht hat: »Keine Band der Welt ist so dusslig wie wir.« Ich sag's nochmal:

Einer der letzten Versuche, 1995:
Hoffmann, Renft, Kschentz, Schoppe (Monster), Kriese, Prüfer.

Wir wären damals, in diesem Jahr 1975, ohnehin auseinandergeknallt. Die Konfrontation mit dem Staat ging eigentlich nur um die Frage, wer hält länger aus. Vierzehn Tage später hätte sich das Problem »Renft« von selbst geklärt. Nach der Wende versuchten wir nichts weiter, als nahtlos dort anzuknüpfen, wo wir verboten wurden. Wir machten fünfzehn Jahre Zwangspause, um diese fehlenden vierzehn Tage bis zur Explosion mit Selbstauslöser nachzuholen. Die fehlten uns noch zur eigenen Geschichte. Ja, wir kamen wieder zusammen, um diese vierzehn Tage auszuleben, um also sozusagen auch die Trennung durchzuleben, die uns der Staat durch seine vorauseilende Verbotsaktion damals verweigerte.

***

MATERIAL V

KLAUS, MONSTER, KUNO:
UND WENN DU NACH LEIPZIG KOMMST ...

Unsere Renft-Combo bestand in ihrer letzten Besetzung von 1972 bis 1975, dann wurde sie verboten. Diese Jahre über sind wir eifrig durch die kleine DDR getourt, wir produzierten Platten und verdienten reichlich Kohle. Was uns schließlich den Spaß daran verdarb, war die ständige Bevormundung durch die Kulturbehörde. Die glaubten, uns in puncto Auftreten, Klamotten, Ansagen, Musik und vor allem Text reglementieren zu müssen und zu können. Als wir das dann immer entschiedener ablehnten und uns entsprechend verhielten, wurden einige entscheidende Leute sehr böse. Und wenn Du das Otto-Lied oder »Glaubensfragen« hörst, kannst Du sie vielleicht verstehen. Wir waren auf das Verbot jedenfalls innerlich vorbereitet und nahmen es guten Gewissens zur Kenntnis.

Unsere Lieder kursierten in der DDR auf über 200 000 LP-Exemplaren und cirka 30 000 Singles, deren Restbestände schnell aus den Plattenläden entfernt wurden. Hier im Westen sind wir, Monster, Klaus und Kuno (Cäsar und Jochen spielen inzwischen wieder in einer Leipziger Rock-Band, Peter war zuletzt Kraftfahrer bei einer Bettfederfirma) häufig nach Renft-Aufnahmen gefragt worden, konnten damit aber nicht dienen. Vor allem hatten wir keine Lust, mit der DDR-Plattenfirma AMIGA, noch dazu fast ohne Erfolgsaussichten, um unsere eigenen Produkte zu feilschen.

Wen es aber interessiert, der soll trotzdem erfahren, wie es um die sogenannte legendäre Renft-Combo bestellt war, zumal wir unsere Vergangenheit nicht verleugnen wollen, mag ein jeder von uns auch anders dazu stehen.

Deshalb also, auch um den Nimbus ein bißchen zu lüften, diese Reminiszenz-Platte (die Live-Aufnahmen sind rechtlich nicht gebunden), die wir natürlich mit einer Portion Eigenliebe und ein wenig Wehmut zusammengestellt haben. Denn vergessen können wir die Welt der Rockmusik nicht, sie hat uns geprägt, so wie wir sie in der DDR mitgeprägt haben.

Und wenn Du nach Leipzig kommst, grüß Cäsar und die anderen von uns.
(taz vom 9. Mai 1990, Begleittext zur Live-LP 1980 »Rock aus Leipzig«)

***

NACH DER SCHLACHT:
SICH FINDEN, VERLIEREN UND WIEDERFINDEN
Von St. Schwarz

Renft wieder auf einer DDR-Bühne, und alle sind sowas von gespannt: Pressekonferenzen werden abgehalten, vor und nach dem historischen 1. Mai, und die alten Helden verärgern in Leipzig reihenweise Journalisten, können, wollen auch nicht mehr großartig unterscheiden, wer denn nun für wen schreibt und wie das zu beweisen ist aus Renft-Sicht. Dem offiziellen Eröffnungskonzert zur Tournee gemeinsam mit »Karussell« am Kampf- und Feiertag vor 2000 nostalgischen Fans (jemand sprach vom »Rest der DDR«, der da auf der Sommerbühne des Hauses »Auensee« versammelt war) ging ein Auftritt in Lößnig, einem Leipziger Randbezirk, voraus. Und das ist nicht ganz unwichtig zu bemerken, denn was da in einem Club der Bauhochschule ablief, war bei aller offenbaren Begeisterung doch auch ein wenig schizophren. Da geben Renft nach fünfzehn Jahren ihr erstes Konzert in der DDR, und das Publikum in besagtem Club verkörpert ausgerechnet den Prototyp des systemkonformen DDR-Studenten: Bier, im Rhythmus klatschen und Mitgrölstimmung der gehobenen Form bei der einen wie der anderen Band, als gäbe es da keinen Unterschied. Als Vorband hatten die Baustudis obendrein noch eine Schunkel- und Polonaisencombo aus den eigenen Reihen ins Rennen geschickt, die sehr schöpferisch Rio Reiser nachdichtete (»König der BaHo«) und immerzu ihre Leser schreien hörte. Da gähnten selbst die »Karussell«-Roadies und blätterten ihre BILD-Zeitungen durch.

Daß die »Renft-Karussell-Tour« nach der aktuellen LP der Band um Wolf-Rüdiger Raschke so benannt wurde, halte ich für völlig daneben geraten, weil dies eine gemeinsame Akzeptanz beider Gruppen suggeriert, die einfach nicht vorhanden ist. Warum zum Beispiel fehlt Peter »Cäsar« Gläser, der eigentlich legendäre Renftler? Die anderen Band-Mitglieder wollten nicht rausrücken mit der Sprache oder sie erzählen, Cäsar hätte keine Zeit. In Wirklichkeit will er, der zunächst mitprobte, einfach nicht mit »Karussell« auf Tour gehen; zu verschieden sind halt die Wege der Musikanten.

Bei Kuno sind »terminliche Gründe« verantwortlich für seine Abwesenheit.

Keine Frage, »Karussell« hat gute Songs hervorgebracht: »Fischlein unterm Eis«, »Als ich fortging«. Aber die Band versucht nun offenbar, über ihren Sänger Rechtfertigungsstrategien einer nach wie vor etablierten DDR-Band an die Leute zu bringen, die – jenseits aller Poesie – Anspruch auf politische Integrität erheben. Und so werden von Raschke revolutionär-romantische Zusammenhänge zwischen dem »Karussell«-Song »Wintermärchen« und Leipzigs Herbstmontagen 1989 konstruiert, versucht er sich an nie dagewesenem heroischen Pathos; bei »Die Männer ganz oben« und »Marie, die Mauer fällt« kommen mir sowieso die Tränen, dank der fleißigen Rundfunkmoderatoren, die wieder einmal gute Aufbauarbeit geleistet haben. Schließlich ist noch der verblüffende historische Optimismus der Kapelle in diesen DM-Wochen hervorzuheben: »Die mit den Träumen/ und die mit dem Geld/ beschimpfen sich/ früh oder später ...«

Dies alles liegt mir schwer im Magen, und ich sehe, es wird geschluckt von einem Publikum, das der »Karussell«-Sänger aufrichtig glückstrahlend für seine Fans vereinnahmte, denn er hat das Talent, jede Publikumsregung als Zeichen der Gunst zu interpretieren. Schlagzeuger Jochen Hohl, der einzige Musiker, der zu beiden Bands gehört, wirkte denn auch den ganzen Abend irgendwie abwesend, auch noch Stunden später an der Bar, als Basser Klaus Renft schon lange fröhlich-trunken die »fehlenden Bräute« beklagte ...

Und Renft? Die alten Männer tanzen noch: Im Moment des Konzertes sind sie wieder voll da – ein sehr auffälliger Gegensatz zu ihrem eher abgewrackten Gebaren jenseits der Bühne. Thomas »Monster« Schoppe hat noch genau diesen Gesichtsausdruck wie auf dem Cover der ersten LP: entschlossen, dynamisch, direkt, nur heute mit einem leise-schmerzlichen Glanz in den Augen und ohne die Locke in der Stirn. Es ist schon komisch und beinahe rührend, wenn dieser wuchtige, vollbärtige Kerl über sich und dieses Land nachdenkt und schließlich leise sagt: »Herrgott, ich bin doch ein Kind der DDR ...« *(taz vom 9. Mai 1990)*

***

RENFT LIVE: DIE LEGENDE LEBT
Reise in die Vergangenheit des Rock – Rührung und Revolte
Von Steffen Könau

Zwei-, drei- oder sogar viertausend sind gekommen, um zu sehen und zu hören, daß die Legende ihre eigene Exekution überlebt hat. Es ist am Abend des 1. Mai auf einer abgelegenen Freilichtbühne am Rande Leipzigs das erste Konzert der Renft-Combo nach fünfzehn Jahren behördlich verordneten Schweigens. Und Totgeschwiegenwerdens.

Die beiden Renft-Platten kursierten dennoch stets im Lande. Oder vielleicht gerade deshalb. Die Schwarzmarktpreise stiegen ins Abenteuerliche, Renft-Songs wie das Lied vom »Apfeltraum« wurden in Waschbrettversionen zu allgemein gebräuchlichen Lagerfeuerhits. Um die Band begann mit den Jahren der Nimbus des Geheimnisvollen zu wuchern. Und nun stehen sie auf der Bühne. Drei, vier Takte, zwei Zeilen Text – und obwohl mit Peter »Cäsar« Gläser und Christian Kunert zwei wichtige Figuren der Kultband fehlen, ist klar: Das ist Renft. Die Fans, die alten wie die jungen, feiern es wie einen Sieg.

Die Helden aber haben einen Bauch bekommen. Pjotr ist faltig geworden, Monsters

Haar ist grau, seine früher so gefürchteten Sprünge sind heute viel eher harmlose Hopser, Renft selbst kämpft mit Haarausfall. Tja, man geht halt langsam auf die Fünfzig zu. Trotzdem. Jochen trommelt sich noch immer die Seele aus dem Leib, Klaus steht steif wie ein Brett auf der Bühne, verzückt, mit geschlossenen Augen kämpft er mit seinem Baß, und Monster schreit, röchelt, stöhnt und stampft wie in besseren Tagen.

An der Musik ist die Zeit spurlos vorübergegangen. »Zwischen Liebe und Zorn«, »Nach der Schlacht« und natürlich der »Wandersmann«: »Abschied heißt doch auch weitergehn/ Tränen hat die Trauer, aber auch das Glück ...« Der Mythos selbst hat Mühe, aufkommende Rührung im Zaum zu halten. Die Zeitmaschine, einmal in Gang gesetzt, funktioniert verblüffend gut. Willkommen im Jahr '75!

»Als ob es all die Jahre nicht gegeben hätte ...«, bemerkt Thomas »Monster« Schoppe, verwundert ob der beinahe grenzenlosen Begeisterung des Publikums. Auch wenn die Mehrheit Kapitel Eins der Renft-Geschichte aus eigenem Erleben nicht kennt, gar nicht kennen kann, tobt der Platz problemlos von Erinnerung zu Erinnerung. »Gänselieschen« – tausendfacher Chor, »Cäsars Blues« – die Erfindung des Pogo, »Als ich ein Vogel war« – Andacht und rhythmisches Nicken. Die Reinkarnation des deutschdemokratischen Rock'n-Roll-Embryo, sie ist perfekt, als sie die »Rockballade vom kleinen Otto« auspacken, jenes Liedchen von Fernweh und Flucht, das ehemals den willkommenen Anlaß abgab für das Verbot der Band.

Volle neunzig Minuten ziehen die alten Herren um Klaus Renft schließlich durch. Witzig, versonnen, phantastisch. Nach der fünften Zugabe erst, kurzatmig, sind sie am Ende des gemeinsam geprobten Programms angelangt, lassen die Massen ihre Helden widerwillig ziehen. Und hinter der Bühne bricht sich die mühsam beherrschte Rührung Bahn: Feuchte Augen bei den knochentrockenen Rockern, immer wieder »wunderbar, wunderbar«. Anschließend dann schnell ein Bier auf den Schreck. Ganz so, als hätte es all die Jahre nicht gegeben, als wären die bloß eine Erfindung irgendeiner Kulturverwaltung gewesen.

(taz vom 9. Mai 1990)

***

LEIPZIGS KUNSTPREIS FÜR RENFT?
Von Ralph Grüneberger

Nach Aussage der Politiker verzeichnet das erste Halbjahr 1990 bereits ein Übermaß an »geschichtlichen« Stunden. Ein Abend allerdings wird mir besonders im Gedächtnis bleiben. Der Abend des 1. Mai 1990. Länger als auf die Einführung der D-Mark habe ich auf das Wiederhören von Renft gewartet. An diesem Abend fühlte ich mich am wenigsten betrogen. Ich hatte das Gefühl, unter meinesgleichen zu sein. Das Herz konnte links schlagen, ohne ausgebuht zu werden. Die Bühne war nicht parteipolitisch beflaggt. Von ihr wurde nicht auf mich herabgesprochen; das helle Sächsisch ist keine Sprache, die über die Köpfe hinweggeht ...

Keine andere Musikformation hat meinen Glauben an die Kraft des lyrischen Wortes derart beeinflußt wie diese Gruppe. Noch heute und damit fast zwanzig Jahre nach Entstehen der meisten dieser Rocksongs bringt mich der Kunstsinn dieser Stücke ins Schwärmen ... Ich komme nicht umhin, mir vorzustellen, welche Erfolge die Gruppe sich selbst hätte einspielen können, wenn ihr nicht der europäische Vergleich, die Kommerzialisierung und Perfektionierung der Plattenproduktion (wie später zum Beispiel »City«) sowie der gesamte westliche Musikmarkt verschlossen gewesen wäre. Die Leute von Renft haben im Westen kaum die Medien gefüllt und Galle in den Äther gelassen. Heute sind die Talk-Shows voller Opfer, aber diesen linken Nicht-Gala-Künstlern scheinen die Mikrofone und Studiobühnen ein weiteres Mal versperrt zu sein.

Allein die Tatsache, daß zum Auftritt in Leipzig die Renft-Mannen nicht in kompletter Formation an der Bühnenrampe stehen konnten, weil die offizielle Abkapselung zum Auseinanderbrechen von innen führte, so daß als Langzeitfolge heute einer der ehemaligen Frontmänner sein Geld hinter einer Taxifrontscheibe verdienen muß (»ein Musikant, o weh, hat doch nichts im Portemonnaie«), läßt mich das (einmalige) Comeback nicht unbetrübt betrachten ...

Das Einspiel zu Konzertbeginn, ein Tonbandmitschnitt des von der damaligen Konzert-und-Gastspiel-Direktorin ausgesprochenen staatlichen und kulturpolitischen Bannes über die Gruppe Renft, wurde vom Publikum mit empörten Pfiffen quittiert. Doch andere Konsequenzen hat es meines Wissens bisher nicht gehabt. Eine Schande für die Musik und die Stadt, deren Kunstpreisliste die Gruppe Renft bis heute nicht verzeichnet.

(Leipziger Volkszeitung vom 17. August 1990.
Ralph Grüneberger, geboren 1951 in Leipzig, ist Lyriker und veröffentlichte u.a. ein »Poesiealbum« (1983) sowie den Gedichtband »Frühstück im Stehen« (1986).

***

FURCHTBAR GELACHT UND GESOFFEN
Ein Interview von Steve Körner

Wie begegnet man einer Rocklegende? Ihre Platten wurden zu DDR-Zeiten gehandelt wie goldene Uhren. Gerulf Pannach und Christian »Kuno« Kunert hatten für meine Generation im Westen das Renft-Erbe weitergetragen, das im Osten »Karussell« weitertrug.

Im Zuge der Biermann-Ausbürgerung waren die beiden nach 1977 nach einem Dreivierteljahr Stasi-Knast wegen »staatsfeindlicher Hetze« in Westberlin gestrandet. Nun trafen wir uns – am Biertisch, wo auch sonst – und quatschten über Zukünftiges und über Vergangenes.

Eure Erinnerungen an die DDR und ihre Veranstalter dürften nicht gerade die besten sein. Wie sieht es da mit Berührungsängsten aus, wenn ihr dort auftretet?

Pannach: Einige Berührungsängste gibt es schon noch. Wir können ja nicht jedem an die Bluse gehen. Ab dreißig ist Ruhe im Schiff! Nein, wer unser Konzert gut findet, den finden wir auch gut. Es ist wichtig, an das Publikum zu denken als an jeden Funktionär, der hier in der Vergangenheit in irgendeiner üblen Weise tätig war.

Dieser Tage erscheint eure neue LP. Viele bedauern aber noch mehr, daß eure alten nicht mehr zu haben sind.

Pannach: Ach, das ist doch mindestens zehn Jahre her und furchtbar langweilig. Die Songs waren ja nicht verkehrt, aber inzwischen spielen wir auf einem ganz anderen Level. Die neue Platte ist ein Live-Mitschnitt, weil da am besten rüberkommt, was wir machen. Wir sind nicht die Typen fürs Studio, da ist kein Tresen in der Nähe.

Im vergangenen Jahr gab es das Renft-Revival. Ihr habt euch da rausgehalten.

Pannach: Das war nicht unser Ding. Soll'n es die machen, die gern revival'n. Die Renftler waren ja gut drauf, und es hat ihnen Spaß gemacht. Schließlich haben sie lange Jahre nicht mehr gespielt. Für die war das wie für die Ostler die Bananen. Die leben immer noch vom Gänseliesschen. Für uns kein Thema.

Auch wenn sie jetzt eine neue Platte machen?

Pannach: Ein bißchen helfen vielleicht. Irgendwie sind's ja alte Kumpels. Aber auftreten? Nein.

Nun seid ihr in den letzten vierzehn Jahren auch nicht gerade von Erfolg zu Erfolg geeilt.

Pannach: Logo hatten wir Höhen und Tiefen. Aber wir haben die ganze Zeit gearbeitet. Nicht nur als Liedermacher, wir haben auch mit Bands gespielt, gemeinsam mit anderen DDR-Exilanten wie Hansi Biebl, wir haben Theater und Film gemacht. Zwischendurch schippten wir auch mal Schnee in Westberlin, weil wir keine Kohle hatten. Sind doch gute Erfahrungen.

Kunert: Du kannst nicht über dein Leben großartig was erzählen, wenn sich nichts bewegt. Also, daß wir in der DDR im Knast waren, das stellt sich im nachhinein als was Gutes raus. Ich kann da 'ne Menge Geschichten erzählen. Wer das nicht hat, der hat es eben nicht. Beispielsweise so: Die Renft-Combo sitzt 1975 im Ratskeller in Leipzig, und Klaus Renft kommt und sagt: »Die FDJ will uns in 'n Westen schicken, zum DKP-Pressefest.« Und alle sind natürlich heiß auf den Westen. Das war ja das Größte. Also haben wir gesagt, okay, wir machen das. Da legt der Klaus sechs dicke Formulare hin, für jeden eins. Welchen Onkel haben Sie wo wohnen? Ich guck mir das Ding an und sage: Das geht überhaupt nicht. Die anderen wollten mich überreden. »Kuno, nun mach mal keine Scheiße!« Dann haben sie sich schon überlegt, einen Ersatzmann mitzunehmen. Da hab ich so lange auf die eingeredet, bis sie gesagt haben: »Du hast ja recht, das geht einfach nicht.« Man kann nicht alles gucken lassen, bloß damit man mal zwei Tage mit nach Essen fahren darf. Und der Witz ist, am Ende waren alle der Meinung, wir fahren nicht unter diesen Bedingungen. Und Renft ist dann zur FDJ und hat die Anträge zurückgebracht. Da war ich leider nicht dabei. Er hat wohl gesagt: »Nee, wir haben keinen Bock, wir wollen das hier nicht ausfüllen.« Wie die geguckt haben, das hätte ich gern gesehen.

Die Renft-Combo war in der DDR eine Kultband.

Pannach: Die haben immer gedacht, wir wären irgendwie politisch. Das waren wir überhaupt nicht. Wir haben nur die Jugend von der Straße geholt. So um 1974 war die Renft-Combo auf dem besten Wege, eine Staatsband zu werden. Wir waren in 'ner Krise, weil die alten Fans wegblieben, was später ja auch der Stern-Combo Meißen passiert ist. Das neue Publikum, das kam, war, sag ich mal, FDJ-determiniert. Im Prinzip wollten wir wieder zurück. Wir waren ja mal DIE Underground-Band in der DDR. Wir haben uns geeinigt, daß es so nicht mehr weitergeht, und die neuen Songs waren dann so heavy, daß sie der Staat nicht mehr ertragen hat. Auf jeden Fall war's ein geiler Abgang. Es war schon ein tierisch gutes Gefühl, daß sie endlich merkten, daß die Leute nicht allen Blabla-Scheiß wiederholen wollen, daß ihnen einer mal sagt: Junge, ich bin einfach anders, und die Welt ist auch anders, als ihr sie gern sehen wollt.

Wie war denn der Neuanfang drüben?

Kunert: Als wir in den Westen kamen, haben die alle gedacht, wir sind Dissidenten oder Politiker. Leider haben wir da streckenweise mitgespielt. Das war völlig dumm. Wir waren plötzlich in einer Rolle, als hätten wir was Besonderes zu sagen zum Thema »Sozialismus oder Wie verändert man die Welt?« Hatten wir aber nicht. Wir haben in der Kneipe gesessen, genau wie in Leipzig, furchtbar gelacht und furchtbar gesoffen. Wir haben in der Gemüsemarkthalle gearbeitet, weil wir keinen Job hatten. Da kannst du dir vorstellen, da kümmerst du dich nicht um Politik. Da mußt du sehen, daß du deine Zwiebelsäcke von da nach da trägst. Und dann kommst du in den Westen und hast die gesamte SEW auf dem Hals. Die haben uns alle beschimpft. Irgendwelche K-Gruppen luden uns zu ihren Tagungen ein, und wir Idioten sind da hin und wieder hingefahren und haben gesungen. Das lag uns überhaupt nicht. Hinterher haben wir gelacht und gesagt: Was ist denn hier los? Erst Solidarität mit der Linken, dann Essen und Trinken. Nach einem Jahr hörten wir rigoros auf zu spielen. Die Songs, die in der DDR Power hatten, klangen hier plötzlich weinerlich. Alles in allem brauchten wir wir wohl acht Jahre, bis wir uns eingelebt hatten.

Ihr habt auch mit Biermann gespielt?

Pannach: Wir haben am Anfang große Konzerte zusammen gemacht. Das hat vielleicht zwei Jahre gedauert, dann war auch dieses Sache durch. So, wie wir ticken, das war immer 'ne andere Szene als die der Literaten und Künstler, auch schon im Osten. Biermann ist einer, der nicht raucht und nicht trinkt. Das ist schon Scheiße.

Nun stoßt ihr aber auch beim Publikum, und gerade wenn ihr durch den Osten tourt, auf eine politische Erwartungshaltung.

Kunert: Wir sind damals noch zu Krenz-Zeiten in Leipzig aufgetreten. Da haben wir den Leuten gesagt, wir fangen hier nicht an, irgendwelche Freiheitslieder zu singen. Wir singen das, was wir auch in Westberlin singen würden. Da waren sie erst ein bißchen geschockt. Aber am Ende war's okay. Wir haben keinen Bock, zu irgendwas zurückzukehren. Ich wohne in Westberlin in einer 228-Mark-Wohnung, ein richtiges Loch halt, da ist es mir egal, was in Deutschland drumherum alles passiert. Da wohne ich. Nebenan ist meine Stammkneipe. Das ist mein Leben. Ob Kohl nun in Berlin oder in Bonn regiert? Gut, ich bin nicht unbedingt scharf darauf, mit ihm in einer Stadt zu wohnen. Aber das geht mir so am Arsch vorbei, verstehst du, was ich meine?

(Junge Welt, 20./21. Juli 1991)

***

HANS-DIETER SCHÜTT: Wenn du heute auf den Vereinigungsprozeß von Ost und West schaust – was stört dich am meisten?

KLAUS RENFT: Mich stört dieses Durchstreichen von dem, was im Osten Leben hieß, auch unter den Bedingungen eines totalitären Regimes. Damit will ich nicht etwa leugnen, daß es in der DDR Opfer gegeben hat, Leute, deren Leben durch die SED und ihre Hierarchien zerstört worden ist oder die psychisch so geschädigt sind, daß sie sich ihr Leben lang nicht wieder davon erholen. Ich behaupte auch nicht, es gäbe keinen Grund, sich betrogen zu fühlen – um Reisen, die man nicht hat machen können, um so viele Annehmlichkeiten des täglichen Lebens, um Mitsprache, um persönlichen Entfaltungsraum und anderes mehr. Aber ich wehre mich gegen Kritik, die schon wieder kritiklos ist, weil sie in Bausch und Bogen alles für schlecht erklärt, was DDR war. Und mich ärgert, wie eine ganze Gesellschaft sozusagen psychiatriert wird – allesamt deformiert, alles Insassen einer geschlossenen Anstalt. Das stimmt doch nicht. Das is' Mist.

Der Theaterregisseur Frank Castorf hat sein Leben in der DDR immer als so eine Art Oblomow-Gefühl beschrieben: Ob man nun morgens aus dem Bett stieg oder nicht, das ist sehr folgenlos geblieben, und der Zustand war sehr angenehm. Ob man 100 Mark oder nur zehn hatte – das Pils konnte man bezahlen und die Wohnung auch.

Castorf hat recht, wenn der das so beschreibt: Hinterm grauen Vorhang war Farbe. Wenn eine Kneipe zumachte, dann zog man los, eine Flasche Korn in der Tasche. Irgendeine Bude zum Feten fand sich immer. Und wir haben gefetet bis zum Koma.

Strafen befürchteten wir nicht, sagt Castorf, weil einfach die kompetenten Strafpartner fehlten.

Diejenigen, die Zensur betrieben oder Zensuren verteilen wollten, die hielten wir einfach für blöd, die ließen wir nicht rein in unseren Kopf, in unser Koordinatensystem, die kamen immer nur mit ihrer politischen Indoktrinierung, das nahm ziemlich lange Zeit keiner von uns ernst. In der Bundesrepublik ist es üblich, daß man sofort seine Sache verrät und die ästhetischen Fronten wechselt, wenn der äußere Erfolg ausbleibt, also: der Beifall der Kritik, die Auflagenhöhe, die Einschaltquote. Wenn man so zu denken anfängt, ist man schon verloren. Überall diese Angst, nicht nominiert zu sein. Das geht mir ab.

Der Mensch hat ein Recht auf Asozialität?

Wer nicht arbeiten will, muß so leben können. Finde ich. In diesem Sinne bin ich sehr für ein entspanntes Verhältnis zur Ökonomie. Heute hat flächendeckend ein Kleinbürgertum die Macht übernommen, dessen größtes Abenteuer die kleinen Fluchten sind. Vierzehn Tage Mallorca und wieder rein ins Hamsterrad! In der DDR stöhnte jeder über die viele, viele Arbeit. Dabei handelte es sich bei den meisten um verlängerte Ferien. Asozialität fängt für mich an, wenn man keine Angst vor ihr hat. Alles natürlich innerhalb von gesellschaftlichen Grenzen, die einzuhalten sind. Aber die Vorschaltzeit ist wichtig. Die war in der DDR motivlos, langweilig, aber doch größtenteils neurosenfrei.

In der DDR hatte alles, wieder Zitat Castorf, so einen Touch Transsibirische Eisenbahn: Kommt man durch oder fällt die Lok aus? Oder wird die gar geklaut während der Fahrt? Vielleicht tauscht sie der Lokführer gegen eine Flasche Wodka? Und wie lange dauert es, ehe man aus einem Stück Eisen eine neue herausfeilt?

Ich sagte ja, bei jedem Auftritt zum Schluß wußten wir, das könnte der letzte sein. So hat man alle Kraft in diesen Auftritt gelegt – um Musik so autonom wie möglich zu machen. Es war ein freies Bewegen in Raum und Zeit. Die sogenannte oder auch wirkliche große Initiative war ja auch bei vielen anderen längst vorbei. Und irgendwann ist jeder ausgestiegen, der letzte dann im Altersheim. Weil keiner mehr eine Motivation hatte. Mief hat den Staat erhalten – und zerstört.

Hast du die SED gehaßt?

Als Machtorgan? Nein, Kleinbürger hasse ich nicht. Das waren Gartenzwerge. Sagt übrigens auch wieder Castorf, den haben wir jetzt ein bißchen am Wickel. Das Politbüro – das sind keine Supermonster gewesen. Wer sie so nennt, sucht sich eine Ausrede, um sich im nachhinein mutiger zu machen, als er war und sein mußte. Gleichzeitig gab es so eine Utopie der Gleichen, der fühlte ich mich ganz seltsam verhaftet: Ich war also zuvörderst antikapitalistisch eingestellt, und deshalb blieb immer so ein Restposten Solidarität mit dieser Utopie – auch wenn die sich nun frech und blöd Deutsche Demokratische Republik nannte. Ich wählte den Gang in die Asozialität, wo man sich sagte, eure Spielregeln da draußen sind so langweilig, eure Korruptionshöhen so niedrig, nein danke. Ich glaube, viele verweigerten sich nicht aus einer wirklichen Opposition heraus, wie die Bürgerrechtler, sondern weil sie sich sagten: Es macht keinen Spaß mehr mitzuspielen. Und es ist egal, was passiert, wir befinden uns in einem merkwürdigen Science Fiction.

Was ist jetzt zu tun?

Den Abenteuerspielplatz gibt es nicht mehr.

Was natürlich kein Grund ist, sich die DDR wiederzuwünschen.

Aber den Spaß muß man wieder versuchen freizubuddeln. Die Vergangenheit hat einen ungeheuren Einfluß auf das, was passiert – und zwar, bevor die Leute das selber mitkriegen. Das fände ich in diesem Deutschland so wichtig: daß die Menschen sich daran erinnern, was sie mal gemacht haben. Und nicht, was sie sich wünschen, gemacht zu haben. Wir sind doch nicht nur vierzig Jahre gepeitscht worden, bei Wasser und Brot. Nein, wir haben wirklich gelebt. Das verstehen die im Westen nicht, aber es gibt keine Gründe, es zu verdrängen, nur weil die Westler das nicht kapieren.

Klaus, hier in deiner Wohnung hängen eigene Bilder, ziemlich großformatige, viele stehen in den Ecken, der Platz reicht nicht, deine Wohnung wächst sozusagen mit Kunst zu. Es sind sehr farbintensive Traumdeutungen, Konturenspiele. Du malst seit einigen Jahren, vielleicht so eine Art Flucht, seit es mit der Musik nicht mehr ganz so hinhaute. In einem Junge-Welt-Interview mit der Journalistin Christine Wagner hast du im März 1992 gesagt: »Jetzt weiß ich, wo es bei mir hinläuft als Maler. Ich bin sozusagen mehr Musiker auf dem Papier geworden.«

Das stimmt. Mich treibt, das habe ich der Christine Wagner im Interview auch gesagt, nicht der Ehrgeiz, als zeichnerisches Talent anerkannt zu werden. Ich lasse bei Malen Frust raus, es hat etwas mit Rausch zu tun und auch mit einer Abwehr gegen Dinge, die dich kaputtmachen: allabendliches Fernsehgeglotze, stupides Saufen, Gedanken daran, wo du Geld herkriegst. Ich bin ja totaler Autodidakt, angefangen hat es mit Bierdeckeln, die ich vollkritzelte. Beim Musizieren bist du abhängig von Partnern, das ist das Große, aber das ist auch die Fessel. Beim Malen entdeckte ich die Freiheit, über mich selbst zu bestimmen. Du kannst ganz allein in alle Tiefen steigen, du bist auf dich zurückgeworfen, du kriegst Sehnsucht nach Gesichtern, denn die Gesichter der Menschen kennen heute nur noch die Hast, die Anspannung. Die Menschen haben keine Ruhe mehr, um zu wachsen, so vieles hat seine Bildhaftigkeit verloren, setzt sich nur noch aus den Abfällen des Tages zusammen. Wobei ich sagen muß, ich habe zuerst gar nicht Gesichter gemalt, sondern Blumen, Stilleben, sozusagen ganz freie Dinger, was die Phantasie eben gerade wollte. Überhaupt muß ich sagen, ich habe keinen Stil, ich bin ein stilloser Mensch. Sagt jemand, meine Bilder haben Kraft, mache ich was Sanftes, sagt jemand, meine Bilder seien still, versuche ich was Kräftiges. Das ist wie bei »Renft«. Wenn wir in eine Richtung gedrängt wurden, hauten wir das Gegenteil raus. Das nimmt dir immer auch Publikum, denn Publikum will Verläßlichkeit und Wiedererkennung, aber es schafft auch Freunde. Übrigens hätte ich niemals von mir aus meine Bilder zu einer Ausstellung gebündelt, ich bin von Freunden überredet worden.

Christine Wagner, auf deren Interview du zitierend Bezug nimmst und auf ein weiteres Renft-Gespräch im »Tagesspiegel«, Christine Wagner schrieb: »Kalte Schöne, Aids, Das gebrochene Ich, Blitz und Donner, Nichts hören, nichts sprechen – so heißen die Bilder in Öl, knalligen Aquarellfarben oder mit Filzstift gezeichnet. Lebenslust und -frust spiegeln sich im Bilder-Ich des Klaus Renft wieder. Die Rocklegende der DDR griff in den Zeiten einer privaten und beruflichen Krise zu Pinsel, Farbe und Küchensieb, um sein drittes Leben zu entdecken. Abstraktes steht neben Skurrilem; Gegenständliches wird der Betrachter kaum entdecken – eher Ansätze, um der verletzten Seele und dem Sehnsuchtsschrei des introvertierten Künstlers auf die Spur zu kommen. Meisterwerke sind die Bilder wohl nicht. Wollen sie auch nicht sein ...«

Manchmal ist auch gar nicht das Bild entscheidend, ich spüre nur auf seltsame Weise, wie sich die Jahre, die Erfahrungen und Erlebnisse durchdringen, die unterschiedlichen Räume werden aufgehoben. Die einzelnen Erlebnisse, auch wenn sie weit auseinanderliegen, fließen wie das Wasser von Flüssen zusammen, sie gehen über in eine andere Dimension. Mit meinen Bildern führe ich einen Dialog. Und zwar so intensiv, sage ich Journalisten zu diesem Thema immer wieder (was Besseres fällt mir nicht ein), daß ich sogar vergesse, meine Pfeife zu rauchen. Doch wenn nichts beim Malen passiert, werde ich sauer. Als ich mal ein Selbstbildnis machte, liefen die Linien aus. Vor Wut habe ich das Bild zerrissen und – habe gesoffen. Was ich gemalt hatte, war gespuckt von einem Trunkenbold im vorletzten Stadium, übergefaseltes Zeug, entstanden zwischen Flaschen, jenseits des Geschmacks. Am nächsten Morgen: das übliche Scheißgefühl, aber auch Ärger über meine Reaktion. Ich ging zum Papierkorb, holte das Knüllpapier wieder raus, glättete, klebte zusammen – und staunte. Mein zerbrochenes Spiegelbild schaute mich an. Das Bild war mir aus den Händen geglitten, es kriegte nicht die Schönheit, in der ich mich sehen wollte. Aber je mehr ich hinguckte, desto klarer wurde: Das war ich, ein zerbrochenes Selbst.

Zu Klaus Renft gehören wechselnde Partnerschaften. Auch privat. Bist du verläßlich?

Wenn wir einen Menschen gefunden haben, mit dem wir uns zusammentun – oft geht das sehr rasch; immer dann nämlich, wenn wir glauben, wir werden keinen Menschen mehr finden –, dann tun wir so, als besäßen wir den, als gehörte der uns. Wir umgeben ihn mit Mauern, unendlich hohen Mauern, kerkern ihn ein, zementieren seinen Geist, seine Gefühle ein. Jahre später ist uns dieser Mensch gleichgültig, wir haben ihn vergessen. So ist das oft. Allein leben kann ich nicht, ich brauche ein Nest, ein Zuhause. Aber es bleibt unberechenbar, wann ich aufstehe, wann ich gehe und wann ich wiederkomme.

Was war beim Lesen deiner Stasiakte für dich das Erschütterndste?

Nicht die geschwärzten Namen, hinter die ich mit der Zeit gekommen bin. Das kann ich sogar nachvollziehen, wie man in sowas reingezogen wird: Das System hat die Denunziation zu einer Form der Leistung gemacht. Da reicht bei dem einen oder anderen ein Quentchen zuviel Ehrgeiz, und er hängt drin in der Jauche. Nein, das Schlimmste war das

Selbstbild von mir, auf das ich beim Lesen traf. Ich war erschrocken über das Porträt, das die von mir entworfen hatten. In den Akten bin ich ein unwürdiger Mensch. War ich denn wirklich so? dachte ich. Du hattest keine Chance, gegen deine miese Beurteilung anzukommen. Am furchtbarsten war der Satz in meiner Stasi-Akte: »Das unter der umseitig angegebenen Fahndungsnummer erfaßte Sperrobjekt stellte Antrag auf Einreise. Der Einreiseantrag wurde abgelehnt.« Ich war also kein Mensch mehr, ich war ein Sperrobjekt. Diese Bezeichnung, Junge, Junge, die hat schon ihre Dimension. Dutzendweise fand sich auch Fan-Post in meiner Stasiakte, hier: »Ich finde, daß ihr immer ganz tolle Musik gemacht habt. Ich möchte zwar nicht an euer Schicksal rühren, aber ich hätte gern gewußt, ob es stimmt, daß ihr Auftrittsverbot habt? Habt ihr noch den Text des letzten Liedes von euch? Wenn ja, wäre es möglich, mir den Text zu schicken? Ich brauche ihn für eine Diskussion in unserer Klasse. Wir sind uns einig, daß es nicht richtig ist, daß ihr nicht auftreten könnt. M. S. (17), Hörselgau, 15. 3. 76«. Oder sowas: »Wir sind zwei Schüler aus Karl-Marx-Stadt und gehören bestimmt mit zu den größten Renft-Fans – auch nach diesem ganzen Theater. Auch wenn es wirklich stimmt, was so erzählt wird: Ihr bleibt für uns die Größten ... Die 2 neuen Titel ›Glaubensfrage‹ und ›Ballade vom kleinen Otto‹ finden wir ganz progressiv. Da werden endlich einmal konkret Probleme beleuchtet. S. und R. P., Karl-Marx-Stadt, 11. 3. 76«

Eines freilich ist noch interessant: Die Staatssicherheit hat auf der einen Seite alles getan, um zerstörerisch zu wirken, denn die DDR baute Zukunft wie einen Unfall, aber unfreiwillig hat die Stasi andererseits sehr perspektivisch gedacht, über die DDR hinaus. Die Akte über »Renft« trägt den frühen Vermerk »Geschichtlich wertvoll.«

Die PDS als Nachfolgepartei der SED – hat sie auf das 1975 ausgesprochene Verbot von »Renft« reagiert?

Im Februar 1991 war ich wieder mal im Haus der Jungen Talente und hatte dort eine Unterhaltung mit Gregor Gysi. Ich sprach ihn an wegen des Verbots für »Renft«, und er ließ durchblicken, daß es eine Entschädigung geben könnte. Vielleicht. Dieter Birr von den »Puhdys« kam dazu und gestand, daß das Verbot von »Renft« damals gar nicht schlecht war für das Renommee seiner eigenen Gruppe. Ich war ziemlich platt, aber ich wußte gar nicht, ob wegen seiner Ehrlichkeit oder wegen der Bemerkung an sich. Gysi schrieb mir dann irgendwann in den nächsten Wochen einen ausweichenden Brief. Er laberte rum, mehr nicht. Entschuldigt für das Verbot hat sich die PDS zur Wahlparty der Partei am 16. Oktober 1994 in der Berliner Kongreßhalle.

Diese Entschuldigung von Lothar Bisky ...

Er hat sie schriftlich vorgelegt, die hatte einen komisch bemühten Ton. Im Grunde war es ein Austausch von PR. Durch uns kriegte diese Party ein Sahnehäubchen, die PDS konnte sich durch die Entschuldigung ein bißchen in den Schlagzeilen sonnen, andererseits war es für unsere neue Popularität auch ganz gut. Vorgelesen wurde die Entschuldigung von André Brie, dem damaligen Wahlkampfleiter. Er sagte den ganz guten Satz: »Renft spielt heute nicht für die PDS, Renft spielt!«

Zur Entschädigung, von der du geredet und gehofft hast, sagte »Monster« in einem Wochenpost-Interview 1994: »Wer soll denn das bezahlen? Ich rechne mir keine große Chance aus. Weil, das löst eine Lawine aus. Aber man darf das auch nicht so einfach wegtun. Ich sage nicht, okay, wir sind Helden gewesen, und wenn ich so drüber rede, gefällt mir das schon, daß ich meinem Gewissen gefolgt bin. Ist alles ehrenhaft. Bloß auf der anderen Seite: Ich werde auch angezählt. Ich hatte Familie, ich habe Kinder, und die mußten alle drunter leiden. Ich kann bis heute keine Versicherung abschließen, weil ich meine Brötchen von der Hand in den Mund verdiene. Diese DDR-Clique hier, ... ob das der Frank Schöbel ist, dufter Typ, aber die haben alle ihre Häuser, die haben ihre Bankkonten, und selbst bei der Umstülpung von Ost und West haben die noch Kohle gemacht.«

Wo »Monster« recht hat, hat er recht. Mit dieser Situation habe ich mich beizeiten abgefunden, ich bin überhaupt der Typ, der sich relativ leicht in sein Schicksal findet. Das hast du doch bei allen Übergängen: Leute, die schnell ihren Schnitt machen. Erst wird der Arbeiter SA-Mann, dann wird er Kommunist, und jetzt war er schon immer gegen den Sozialismus. Der Parteisekretär wird GmbH-Chef, und der FDBG-Mann Wirtschaftsberater. Die haben früher die Leute geschunden, und heute entlassen sie sie. Und vor Gericht sitzen die Bonzen und machen einen auf Menschenrechte. So ist das Leben. Deshalb haben wir ja damals unser Lied »Nach der Schlacht« gesungen.

Kurt Demmler schrieb: »*Feiern den Sieg der Revolution/ Die Amputierten auf der Station/ Billig der Wein, doch sie gießen sich ein/ Kamerad, ist nicht schad/ Um das Bein, s' mußte sein Kamerad// Aber auf einmal bricht ab der Gesang/ Einer schaut aus dem Fenster, da spazieren sie lang/ Die neuen Menschen – der neue Mensch/ Der sieht aus, wie er war/ Außer und unterm Haar, wie er war ...*«

Wir mußten das Lied übrigens »Nach der Schlacht« nennen, gedacht war es als Bericht inmitten der Kämpfe: »Die unendliche Schlacht«. Aber durch die Titeländerung sollte der Eindruck erweckt werden, was wir singen, trifft auf uns nicht zu, ist lange vorbei. Idioten!

Was stand denn nun eigentlich in der Bisky-Entschuldigung?

Zum Beispiel: »Wenn diese kurze Rede in inzwischen historischem Dekor gehalten würde, von Arbeiterfahnen eingerahmt, vor der Bronzestatue eines der unverstandenen Heiligen des Sozialismus, dann wäre sie eine Rehabilitierung zu nennen, dann könnte sie der Anfang von Wiedergutmachung sein. Wort für Wort müßte widerrufen werden, daß die Songs der Klaus Renft Combo nichts mit der sozialistischen Wirklichkeit zu tun hatten ...«

Bisky ging auf den Wortlaut des Verbots von 1975 ein, auf die Worte der Ruth Oelschlegel von der Konzert- und Gastspieldirektion Leipzig.

Ja. Er sagte: »Es müßte festgestellt werden, daß die Arbeiterklasse durch diese Songs nicht verletzt, sondern gut unterhalten wurde, und die Band hätte Dank verdient, auf die Amtsanmaßung, die Arroganz und den blinden und tauben Gehorsam der Staats- und Schutzorgane aufmerksam gemacht zu haben. Die Rede müßte damit enden, daß das Verbot der Klaus Renft Combo aus dem Jahr 1975 von Anfang an dumm, der DDR-Verfassung feindlich und unwirksam gewesen sei. Der Redner hätte zum Ausgleich der persönlichen Nachteile Kultur-Nationalpreise zu überreichen, und dann würden hier die Songs gespielt werden, die sowieso durch kein Verbot aus der Erinnerung zu verdrängen waren ... Wir sind froh, daß die Kultur-Kritik durch Parteien, Kirchen und andere selbsternannte Hüter der ewigen Wahrheiten und der unantastbaren moralischen Werte fast unmöglich ist. Schlimm genug, daß statt dessen die Zensur des Geldbeutels, der Einnahme-Ausgaben-Rechnung Brauch ist. In diesem Rahmen kann unsere Entschuldigung für das DDR-staatliche Verbot der Klaus Renft Combo, für die dadurch bewirkten Brüche in den Biographien ihrer Musiker, für die Verhinderung von künstlerischer Produktion nicht viel mehr als eine Geste sein. Sie ist nur für zwei Seiten unverzichtbar: für die Musiker, die bei der Band geblieben sind oder in anderen Formationen spielten, und für die Nachfolgepartei der DDR-Staatspartei SED. Vor vielen Fehlern der Vergangenheit bewahren uns die Verhältnisse, unter denen wir existieren. Vor der Bequemlichkeit, schräg empfundene Töne, respektlose Sprüche, nicht uniformes Aussehen und so weiter abzulehnen, können wir uns nur selber bewahren, durch Erinnerung. Indem die in der DDR regierenden Kommunisten und Antifaschisten vergessen hatten, daß sie als Protestanten gegen den gewohnten Gang der Geschichte, als Außenseiter der gutbürgerlichen Gesellschaft, als Gleichmacher und Umstürzler in einer Krise des kapitalistisch-imperialistischen Systems eine historische Chance erhalten hatten, verspielten sie diese Chance. Die Angepaßten, die nur zu Hause meckernden Mitläufer wurden ihnen lieber als die Protestanten, die Außenseiter, die Umstürzler. Wer ein Ja-Sager war, sagte eben auch Ja zu ihrer Ordnung der Gesellschaft, zum System ihrer Machtausübung.«

Klaus, die Bilanz sieht so aus: Die »Klaus-Renft-Combo«, gegründet 1958, verboten 1962 wegen »Verbreitung amerikanischer Unkultur«. »The Butlers«: gegründet 1963, verboten Oktober 1965 auf Lebenszeit. Grund: »Das Auftreten Ihrer Kapelle steht im Widerspruch zu unseren moralischen und ethischen Prinzipien«. Die »Klaus Renft Combo«: gegründet 1967, verboten im September 1975, wegen »Beleidigung der Arbeiterklasse und Diffamierung der Staats- und Schutzorgane«. Jetzt nun, entschuldige bitte, tingelt ihr euch durch die Erinnerung. Das Leben findet nicht mehr zwischen Liebe und Zorn statt, sondern zwischen Nostalgie und Müdigkeit.

Das sehe ich nicht so. Es ist keine Schande, mit über fünfzig noch zu suchen. Und diese Suche macht Spaß, weil die Leute zu unseren Konzerten kommen, nach wie vor. Die Beatniks von damals, mit ein bißchen Wanne und mit Lüftung an der Frisur, die kommen mit ihren Kindern und zeigen denen, was von der Jugend geblieben ist.

Eine Altherren-Mannschaft.

Hör mal, man kann eh sicher sein, daß sich in jedem menschlichen Leben, wenn die Vierzig überschritten sind, ein Drama abspielt. Im Alter hängen die Schultern, krümmt sich der Rücken, und die Konfektionsgrößen passen nicht mehr: Der Mensch verkrüppelt sozusagen zur Individualität. Eins ist richtig: Ich lebe nach wie vor mit »Renft«, ich kann's nicht ändern. Die Jahre im Westen, das kommt mir heute wie Aufenthalt in einem Transitraum vor. Da is' nich' ville passiert. Seit ein paar Jahren wohne ich wieder im Osten Berlins, und bisher is' da, ehrlich gesagt, auch nicht viel passiert. Also ich meine, irgendwas außer »Renft«. Ein bißchen von Wohnung zu Wohnung bin ich gezogen, von Konzert zu Konzert, jetzt trink ich nicht mehr, und ich bau mir wieder mal eine Wohnung aus. In der Oranienburger Straße. Morgen vielleicht wieder woanders. Naja, wie du mal gesagt hast in unseren Gesprächen: Im Grunde bin ich trotzdem ein Nomade – der immer auf das Telefonat wartet, daß es morgen auf die Bühne geht. Was die Musik anbelangt, heute, ziemlich lange nach diesem Leben, das »Renft« hieß: Nikos Kazantzakis, der Autor meines Lieblingsbuches »Alexis Sorbas«, hat mal ein sehr schönes etruskisches Sprichwort zitiert: »Nicht, weil zwei Wolken aufeinandertreffen, springt ein Funke über; zwei Wolken treffen aufeinander, damit der Funke überspringt.« Ich glaube, daß alles Geheimnis im Aufeinandertreffen, in der Begegnung liegt. So ein Aufeinandertreffen ist die Musik, die auf ein Publikum trifft, und aus dem Publikum strahlt gigantische Kraft zurück. Diese Gewißheit habe ich, die Sehnsucht danach ohnehin. Ich mache Musik, also bin ich. Ich werde gehört, also bin ich nicht allein. Vielleicht ist mein musikalischer Ehrgeiz nichts weiter als 'ne Angst, die vorwärts flieht. Die Zufälle lieben, das wäre die richtige Lebensart. Allem Planvollen entgegenhandeln, Leben gegen alle Regeln. Aber es funktioniert nicht, allein schon die Armbanduhr ist einem ja schon zum Körperorgan geworden.

Warum trinkst du nicht mehr?

Im Zweifelsfall muß man wissen, was man wirklich will: die Droge oder die Wahrheit. Ich glaube, Trinken ist ein Weg, mit dem Leben in einer überfüllten Umgebung fertigzuwerden, zudem ist es ein Produkt von Langeweile.

Langeweile ist zurückeroberte Zeit, hast du irgendwann gesagt.

Ich weiß, daß Leute trinken, weil sie sich langweilen. Ich trank gern. Es lockert auf und regt manchmal Gespräche an. Es ist wie beim Glücksspiel: Man geht weg, in eine Kneipe, trinkt die halbe Nacht lang und weiß nicht, wo man hinterher landen wird mit seinem Kopfinnen. Es könnte gut sein oder eine Katastrophe. Es ist wie beim Würfeln. Scheiße wird's nur, wenn die Katastrophe kommt. Bei mir kam sie oft. Da fühlte ich mich immer wie im Niemandsland. Nicht gelebt, nicht gestorben. Als ob du gar nicht existierst. Ich trank, wenn die »Renft«-Träume schön sein sollten. Ich erinnere mich an meine Kindheit: Die Träume, die du träumst, wachsen und wachsen, sie wachsen über dich weg. Du erlebst nie, was du träumst, und so wird der Traum eine Gefahr, eine zerstörerische Sucht.

Jetzt bist du trocken?

Nicht trinken – das ist die härteste Droge.

Welche Rolle spielt Geld in deinem Leben?

Es ist immer ein Wunsch, mehr nicht. Aber ich sag dir eines: Vom Reichtum aufwärts beginnt die eigentliche Not.

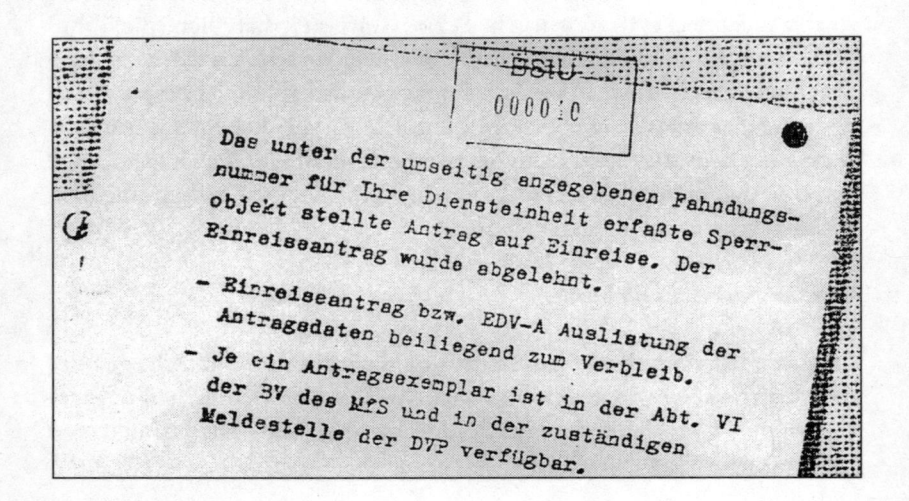

MELODIE FÜR ZWEI INTONATIONSTRÜBUNGEN

EIN PORTRÄT PER AKTEN

Der J. wird im VAO »Manager«, Reg.-Nr. XIII 115/71, operativ bearbeitet, ohne eigenes AK. Es besteht Verdacht der Mittäterschaft nach § 22, Abs. 2, Ziffer 2 StGB entsprechend § 146, Abs. 1 StGB tätig zu sein. J. liegt in der B-Kartei des VPKA wegen Verstoß gegen GO DDR unter BdVP Berlin, Dez. II, Nr. 372/70 ein. Im Archiv des Referates XII der BV Leipzig liegt er unter OG 129/69 ein. Siehe OV, Bl. 51, 60, 68, 70, 71, 80, 81, 98, 130, 132, 195, 233, 235, 266, 270, 271, 275, 276 und Handakte. Deckname: ZMA 4188, PKK/DDR vorh., E-Sperre gelöscht 7/82.

April 1977 (in bezug zu OV »Chanson«) nach Abschluß der OPK-Erfassung in PKK/West (»Wanderer«) durch BV Leipzig, Abt. XX/Z.

Die Akte trägt den Vermerk »Geschichtlich wertvoll«.

**PROGRAMMVORSCHAU 1973 DER
VEB KONZERT- UND GASTSPIELDIREKTION POTSDAM**

»Es kann nicht Aufgabe der Unterhaltungskunst sein, sich allen vorhandenen Bedürfnissen konzeptionslos anzupassen. Es gibt auch Pseudobedürfnisse, kleinbürgerliche Überreste und Ansprüche, die imperialistischen Einwirkungen ensprechen. Die Grundaufgabe der Unterhaltungskunst wird im Fünfjahrplanzeitraum darin bestehen, die Bedürfnisse der Arbeiterklasse und aller mit ihr verbündeten Klassen und Schichten nach Unterhaltung, Erholung, Entspannung, vergnüglichen und heiteren Erlebnissen und Begegnungen, unterhaltsamer Informationsaufnahme; nach gemeinschaftlich erlebter Geselligkeit, nach Spiel und spielerischem Wettstreit um Wissen, Geschicklichkeit und vielseitige Selbstbestätigung quantitativ umfassender und qualitativ den allgemeinen Bedürfnissen und ihrer Entwicklung angemessen zu erfüllen.«

aus dem Geleitwort von Heinz Düdder, Direktor

Amtliche Bekanntmachung
1. Mit sofortiger Wirkung ist die „Renft-Combo" aufgelöst. Den nachfolgend genannten Mitgliedern der ehemaligen „Renft-Combo" wurde die Staatliche Spielerlaubnis entzogen:
Klaus Jentsch
701 Leipzig, Hohe Straße 49
Thomas Tschoppe
7033 Leipzig, Weinbergstraße 14
Christian Kunert
701 Leipzig, Gustav-Adolf-Straße 45
Peter Gläser
701 Leipzig, Nürnberger Straße 22
Peter Kschentz
7142 Lindenthal, Wiederritscher Straße 11
Jochen Hohl
701 Leipzig, Friedrich-Ebert-Straße 120
Eine Mitwirkung der o. g. Personen in anderen Gruppen ist zu unterbinden.
2. Mit sofortiger Wirkung haben folgende Amateurtanzkapellen **Auftrittsverbot**:
Amateurtanzmusikformation „alpha 4".
Leiter: Hans-Joachim Maiwald, 7033 Leipzig, Aurelienstraße 15
Jugendtanzformation „sit".
Leiter: Götz Grösch, vertreten wird die Gruppe durch Michael Rüdther, 65 Gera, Tobias-Hoppe-Straße 12
3. Ein unbefristetes Auftrittsverbot erhielt:
Jugendtanzkapelle „oldhys".
Leiter: Hartwig Rothamel, 69 Jena, Bachstraße 32
4. Die Berufsschallplattenunterhalter Heide und Wolfgang Köhler, 301 Magdeburg, Hansastraße 21, sind nicht im Besitz einer staatlichen Zulassung.
5. Das Auftrittsverbot für das Tanzorchester Wolfgang Breitung, 69 Jena, Brandströmstraße 20, wird ab sofort **aufgehoben**.
Belzig, den 30. September 1975
Kikels, Ratsmitglied für Kultur

»WER DIE ROSE EHRT«:
JUGENDKONZERT MIT DER KLAUS-RENFT-COMBO

Programm-Nr. 41-13/006
Mitwirkende: Peter Gläser, Klaus Jentzsch, Jochen Hohl, Christian Kunert, Peter Kschentz, Thomas Schoppe, Angelika Glawes.

Sechs junge Musiker aus Leipzig erregen seit einigen Monaten Aufsehen, ihre Titel gehören zu den heißen Favoriten in Frank's Beatkiste und im DT-64-Musikstudio. Das oberste Ziel der Klaus-Renft-Combo ist es, verständlich und volkstümlich zu bleiben. Die enge Verbindung zur Singebewegung erweist sich dabei als nützlich. Im Anschluß an jedes Konzert besteht die Möglichkeit, mit einer Stereo-Diskothek Tanz durchzuführen, wobei die Mitglieder der Combo als Moderatoren die neuesten Produktionen der DDR und der sozialistischen Länder vorstellen.
Technische Bedingungen: Normale Bühne 4x6 m oder Podium, Wechselstromanschluß 220 Volt (Schukosteckdose!) in Bühnennähe. Gut gestimmter Flügel (oder Klavier) auf der Bühne. Vertragssumme: 2030,- M Tanz (Stereo-Diskothek) je Stunde 125,- M.
Fotos: Peter Langner (8), Heinz Golsch

Die geplanten Veranstaltungen mit der Gruppe „RENFT" im Kreiskulturhaus Stadtroda müssen ausfallen, da diese Gruppe keine Auftrittsberechtigung mehr hat.

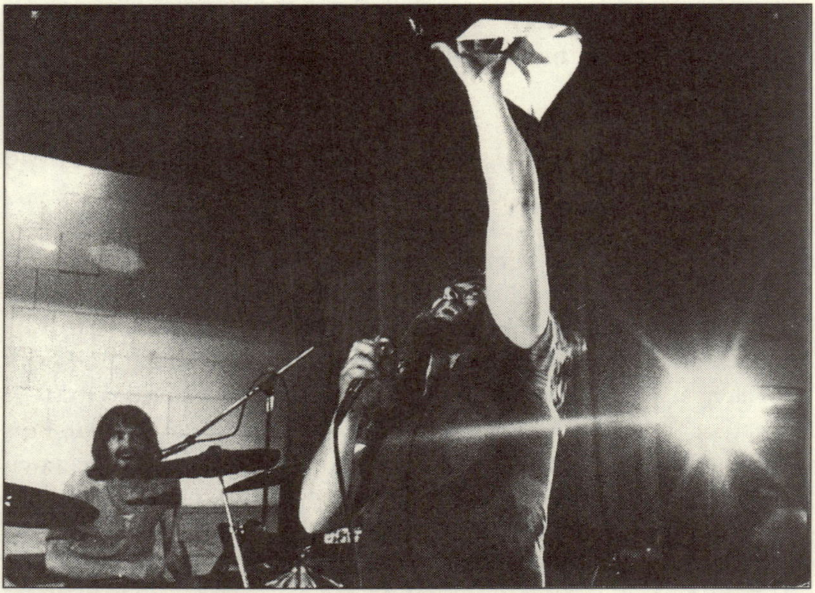

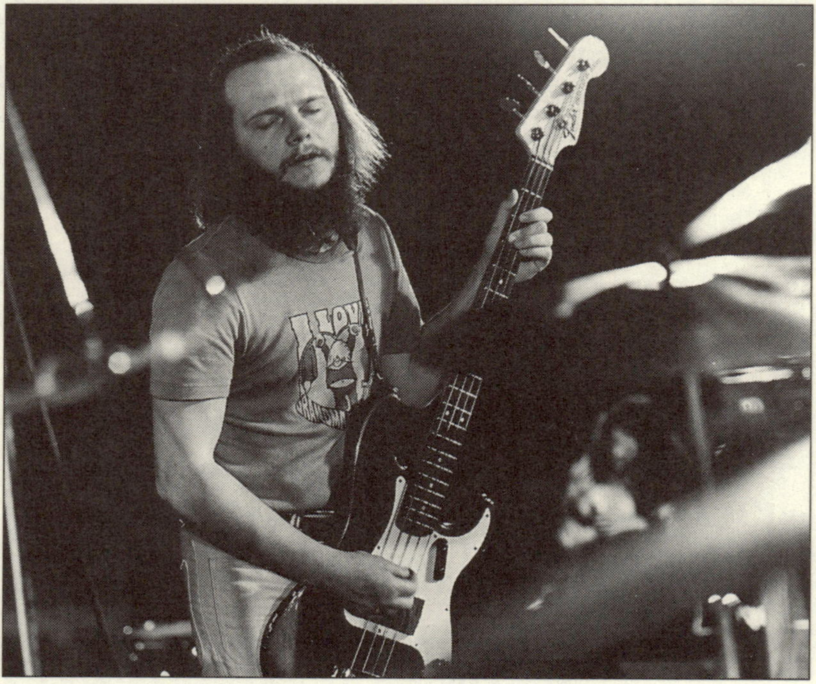

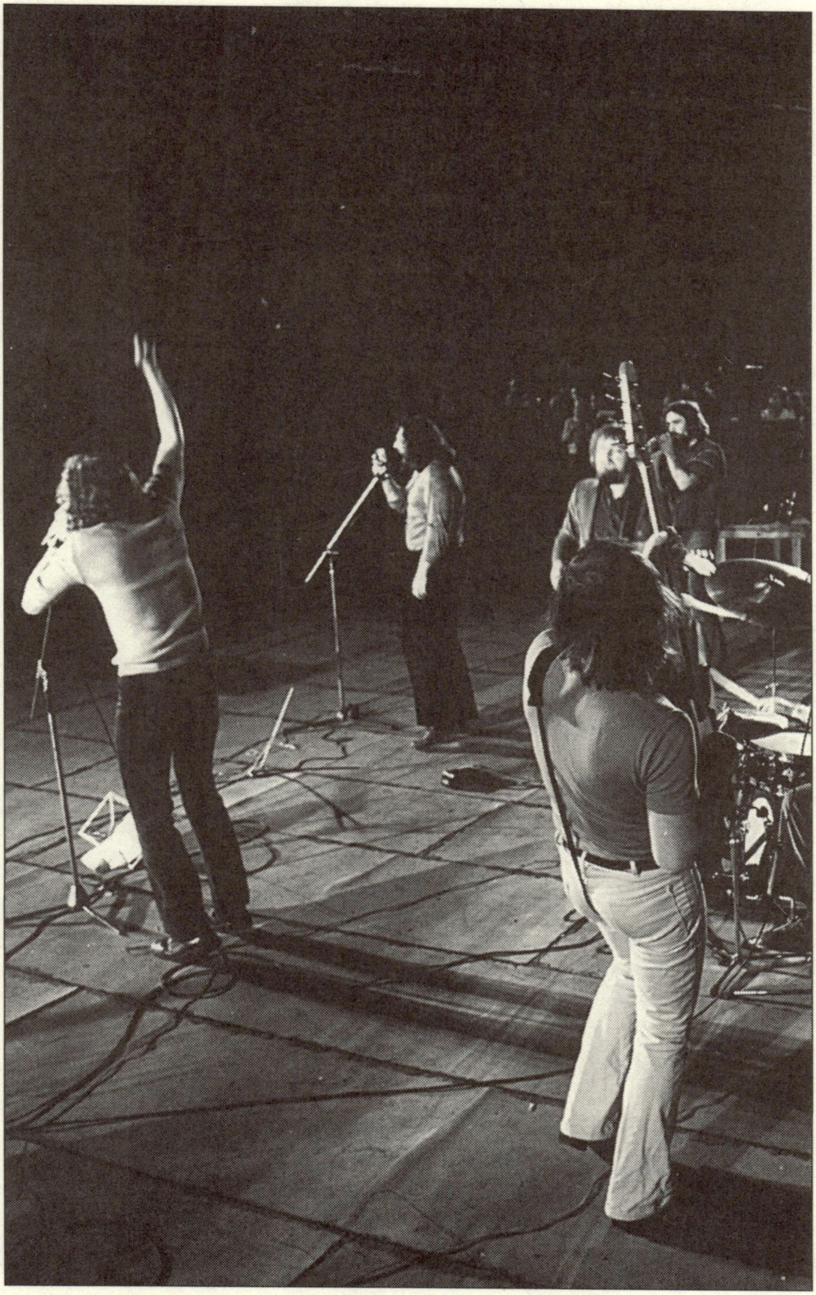

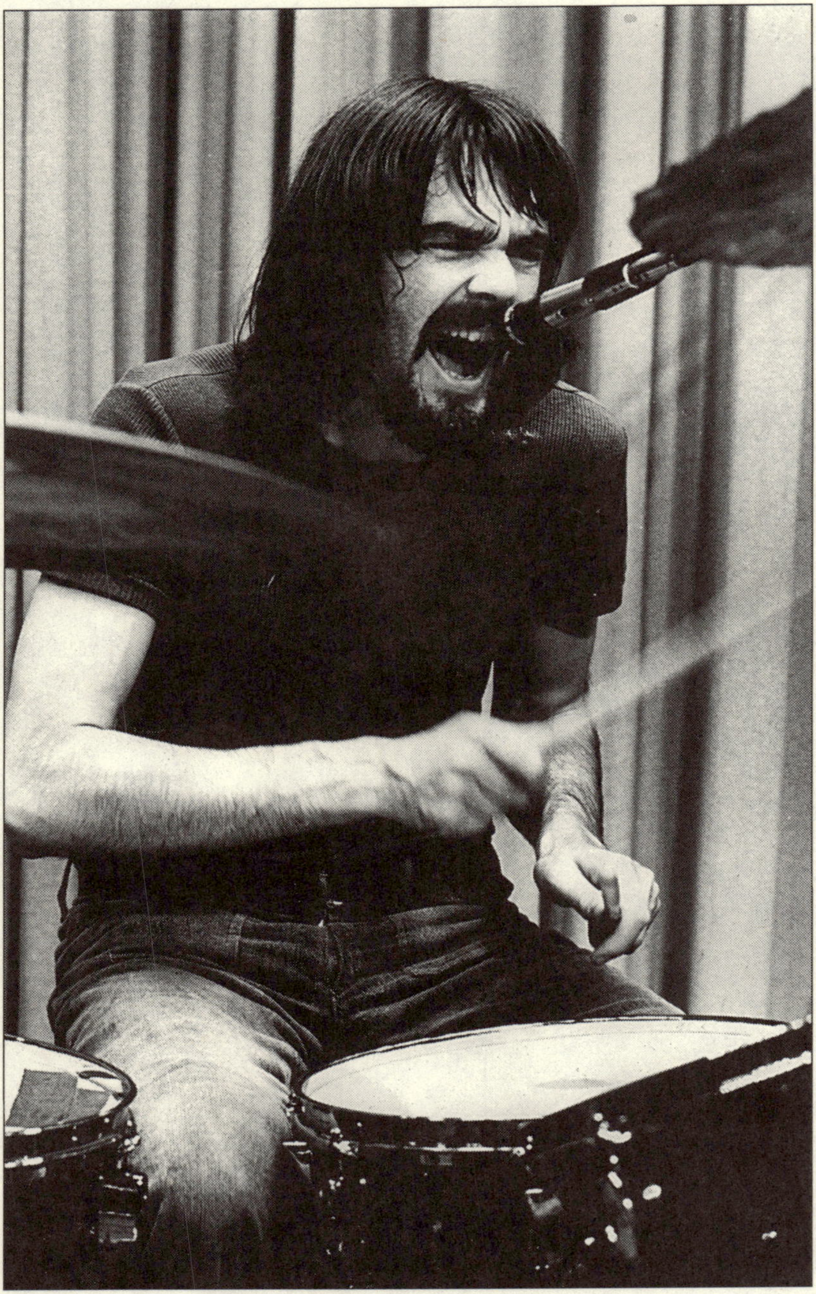

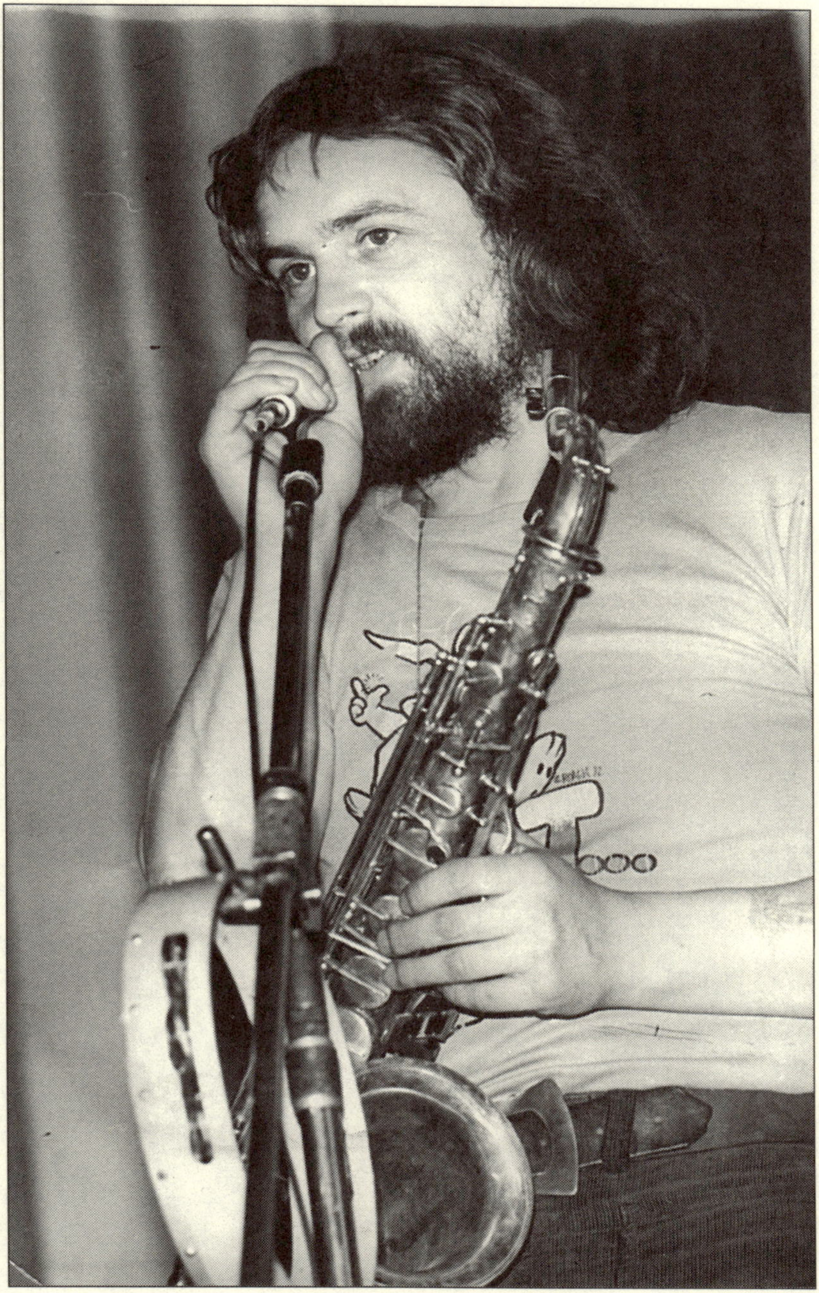

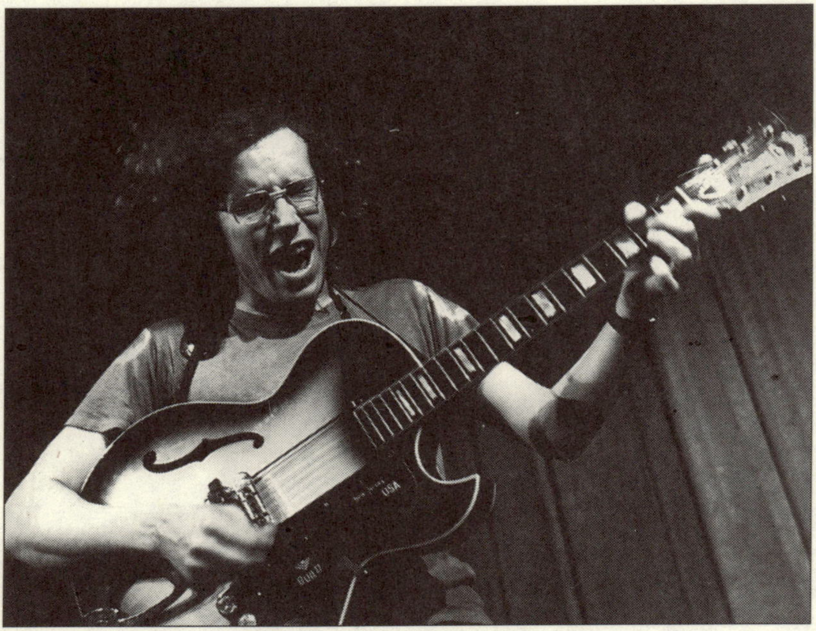
USA

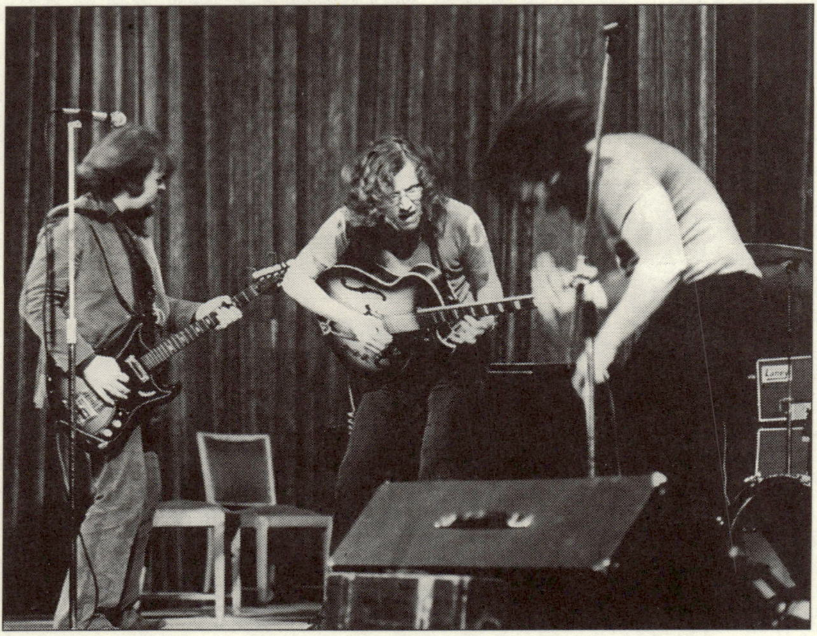

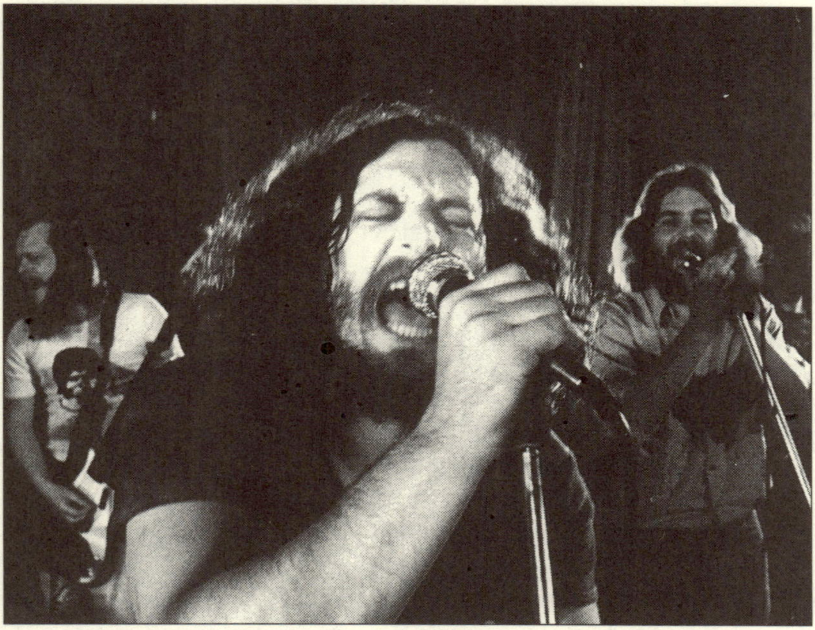

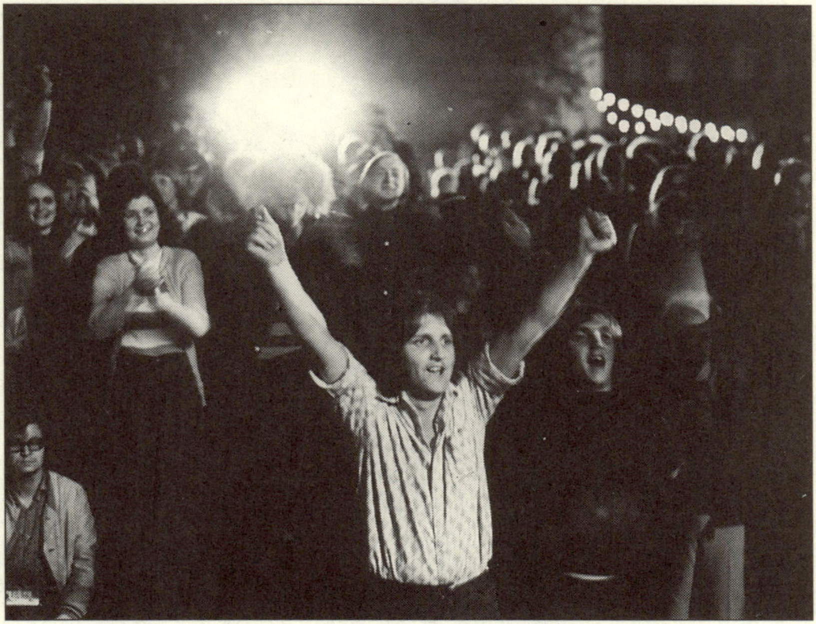

**Einstufungsbescheid
Kabinett für Kulturarbeit der Stadt Leipzig**

Nach seinem im Leistungsvergleich am 16. 10. 1962 gezeigten Leistungen wird das Klaus-Renft-Quintett in die Stufe C eingestuft.

Begründung: Es ist anzuerkennen, daß die Band trotz Fehlen des Pianisten angetreten ist. Hervorzuheben ist weiterhin die Interpretation eigener Titel, von denen besonders »Melodie für zwei« gut gefiel.
   Das Ensemble strahlt Musizierfreude aus, der Rhythmus »steht«. Leider kommt es häufig zu Intonationstrübungen bei langsamen Titeln (Klarinette bei «Yvette«, Gitarrist fehlende Durchgänge). Spürbar wird versucht, jeden Titel zündend zu interpretieren. Lobenswert ist das Bemühen um den Wiener Walzer. Die Band sollte aber davon ausgehen, sogenannte »heiße« Interpretationen zu bevorzugen. Dazu würde schon genügen, daß das Saxophon gepflegter klingt. Ein Lob dem Mann am Schlagzeug.

gez. Gerhard Klaus, Fred Henning, Heinz Ulbricht

***

MfS Leipzig, Telegramm-Abschrift

25. VII. 64, 15-19
Aufgenommen: 25/7 64 15.12
Klaus Jentzsch, Mozartstr. 8, Leipzig
Telegramm aus EYTHRA, DORFCLUB, HAERTEL

Die beiden Herren mit »Bonbon« machten auf mich keinen so schönen Eindruck. Sie fragten nach dir, wollen dir einige Informationen geben! «Vorsicht!« Dann haben sie mich noch gefragt, ob ich dir viel Kummer machte. Ich kam müde und abgespannt die Treppe hoch, da standen sie eben.
F.d.R. der Abschrift, G.G.

***

27. 8. 1964

Laut einen Bericht der Abt. E wird eingeschätzt, daß die Kapelle »The Butlers« heute keinen Schwerpunkt in Leipzig mehr darstellt. Durch die Abt. E wurde mit den Jentzsch über die gesetzlichen Bestimmungen eine Aussprache geführt. Den Jentzsch wurde hierbei klar gemacht, dass eine Laienkapelle keine Berufskapelle ist und diese Tätigkeit nur neben ihrer beruflichen Tätigkeit ausführen dürfen. Bis zum heutigen Tag wurde jedoch noch keine andere berufliche Tätigkeit wieder aufgenommen. Jentzsch gab in der Aussprache an, dass er diese Gruppe gegründet hat, um für die Jugend der DDR etwas Neues zu schaffen und um nicht hinter den »Westen« herzuhinken. In der Perspektive will er nicht mehr zum Tanz spielen, sondern nur noch als Schauorchester beim Fernsehen, Radio DDR und VEB Schallplattenvertrieb wirken.

***

VPKA Leipzig, den 8. September 1964

Die Kapelle war zum Deutschlandtreffen in Berlin eingesetzt und wurde vom Zentralrat der FDJ mit einer Urkunde ausgezeichnet. Diese Auszeichnung nutzen sie jetzt aus, um Eindruck bei Veranstaltern und Dienststellen zu erwecken ...

Einschätzung des Jentzsch: Jentzsch ist ledig und wohnt bei seiner Mutter. Sein Vater hat 1945 die DDR verlassen und ist in Westdeutschland wohnhaft. Weiterhin wohnt von ihm noch ein Bruder in WD und eine Schwester in Kanada. Es bestehen briefliche Verbindungen. J. gehörte früher einer Gruppe von Jugendlichen an, welche laufend sich im Clara-Zetkin-Park aufgehalten haben. Er sieht seine gesellschaftliche Arbeit nur in der Musik. Das ist sehr wenig.
  Im Wohngrundstück hat er einen guten Leumund. Er wird als ruhiger und höflicher Mensch eingeschätzt. Seine Mutter ist im Stadthaus tätig. J. soll sein Zimmer in der elterlichen Wohnung nach modernstem Stil eingerichtet haben ... Liegt in der B-Kartei nicht ein. Ist kein Rückkehrer oder Zuzug.

***

Mitteilung Leipzig, den 8. Oktober 1964

Durch die mir bekannte X., tätig im Fachbuchverlag Karl-Heine-Str. 16, wurde ich für den 6. 10. 64 in den Felsenkeller eingeladen. Dort fand eine Betriebsveranstaltung des VEB Getriebewerk Leipzig statt ... Im Gespräch mit der X. erfuhr ich, daß sie mit dem Chef der »Butlers« gut bekannt ist. Sie sagte, daß sie ihn in der Milchbar kennengelernt habe. Ich konnte auch feststellen, daß er sie auf eine herzliche Weise begrüßte. Inwieweit das Verhältnis gut ist, konnte ich nicht feststellen ... Am 7. 10. 64 war ich mit der X. und der Y. zusammen in Schkeuditz, in der »Sonne«. Im Felsenkeller hatte ich noch mit dem Chef der »The Butlers« ein Gespräch ... In der »Sonne« kam ich mit ihm nicht ins Gespräch, traf aber den mir bekannten X., wh: Schkeuditz. Er ist vorbestraft und besucht öfters die Tanzveranstaltungen der »The Butlers« in Schkeuditz. Am gleichen Tage habe ich mir die polizeilichen Kennzeichen aller Fahrzeuge, welche vor den Gaststätten parkten, aufgeschrieben. Diese füge ich im Anhang bei.

Durch die Bekanntschaft mit den beiden Mädchen und dem Zusammentreffen mit dem Chef der »The Butlers«, einschließlich Eintritt usw., hatte ich Auslagen in Höhe von 20,- M.

gez. Unterschrift

***

Strafsachenstelle Leipzig, den 19. Juli 1965

Kapellenleiter Jentzsch erschien gegen 14 Uhr 30 an Amtsstelle (Steuern) ... Herr J. vertrat die Meinung, daß er für alle Mitglieder der Gruppe verantwortlich ist, und er gern wissen möchte, wie hoch die Strafe jeden einzelnen betrifft. J. erhielt Kenntnis, daß er MDN 500.- u. 47.- Gebühren zu zahlen hätte ... Befragt über den Volkswagen-Bus, meinte J. daß dieser von einen X. in Dresden, ohne Taxe im Preise von MDN 3500.- gekauft wurde. Eigentümer des Bus sei das Kirchen-Amt zu Potsdam, Vermittler sei ein Kfz-Schlosser aus der Riebeck-Brauerei. J. war der Meinung, daß sie übers Ohr gehauen wurden, bis jetzt haben sie über

So lächeln gefährliche Staatsfeinde

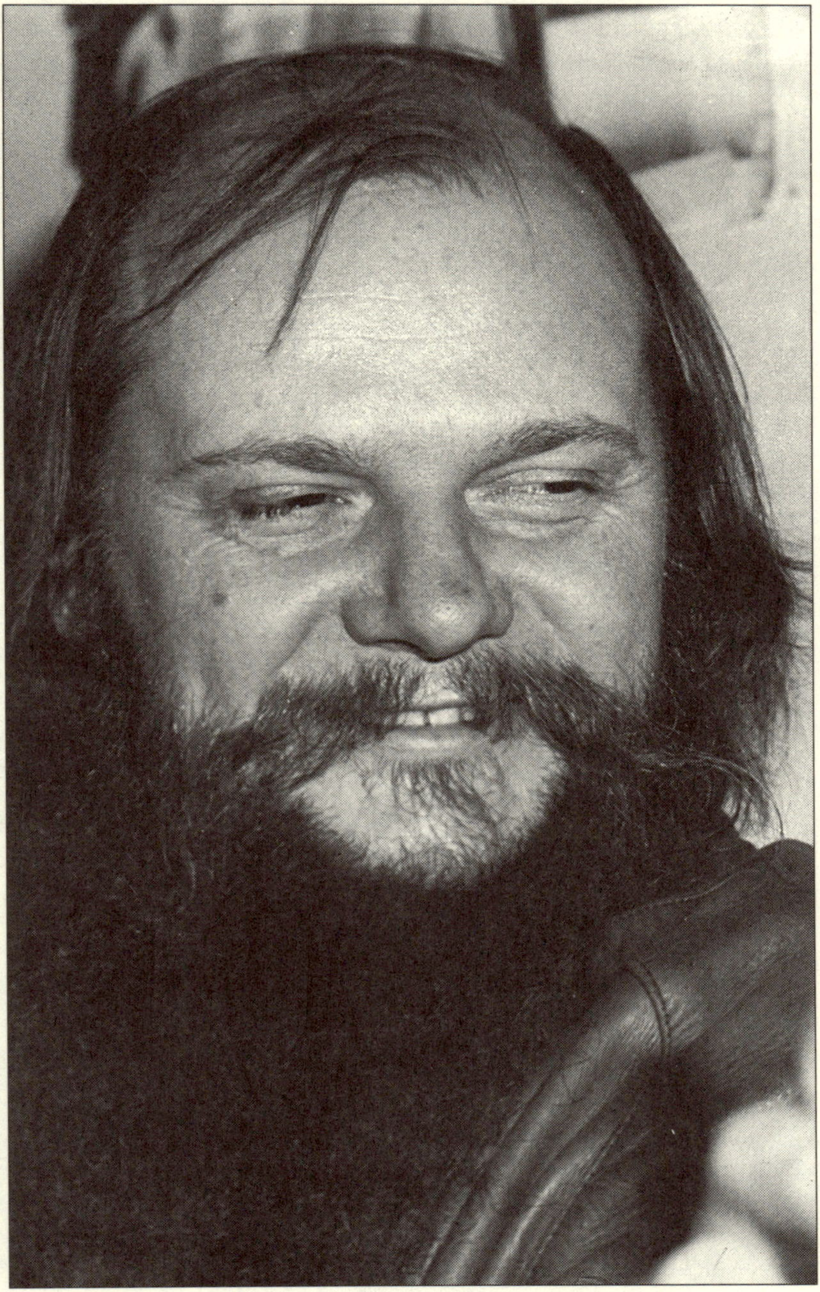

MDN 1000.- Reparaturen gehabt. Z.Zt. steht der Bus in Zwickau mit Vorder- u. Hinterradachsenbruch ... Befragt nach seiner jetzigen Arbeitsstelle, meinte J. daß er keiner geregelten Arbeit mehr nachginge, da seine Frau arbeiten geht und sie ihn unterstützt.

***

VPKA Leipzig, Abt. K, Komm. I/2 30. Juli 1965

Sachstandbericht zum KA »Manager«, Reg-Nr. B 282/65

Die Mitglieder der Kapelle »The Butlers« haben vor einigen Wochen einen VW Bus erworben ... Der vorhergehende Eigentümer soll das Kirchenamt Potsdam gewesen sein. Da auf Grund von Tatsachen aus westlichen Ländern bekannt ist, dass kirchliche Kreise bestimmten Einfluß auf jugendliche Tanzkapellen ausüben, muß dies bei der Bearbeitung weiter beachtet werden.

Operativer Maßnahmeplan zur KA »Manager«: Ermittlung der Arbeitsstelle aller Mitglieder der Kapelle, Postkontrolle, Ermittlung aller Personen, welche zu den Plattenring des X. gehören, die Bearbeitung des KA soll durch den Kandidaten Reg. Nr. AV 232/65 erfolgen.

Ltnt. d.K., W.

***

Bericht, Bandabschrift

Ich bin mit den Bathlers im Frühjahr 1964 bekanntgeworden. Sie suchten einige Gitarristen. Da aber meine Kenntnisse für ihre Musik noch nicht ausreichten, suchten sie nach einem anderen. Sie bekamen den Mathematikstudenten ... Ich persönlich schätze die Bathlers als einwandfreie Jungs ein. Ihre Musik findet meiner Meinung nach keinen Vergleich in der DDR. Ausschreitungen, die bei ihren Veranstaltungen vorkommen, sind nicht auf ihre Musik zurückzuführen ... Ihre Anlage, z.B. das Hallgerät von »Mezzi« besorgte ihnen der Italiener X. und das Hallgerät kostete 4000,– MDN. Es stammt aus Westberlin. Das andere Hallgerät namens »Din Akkord« bekamen sie von einer mir unbekannten Person aus Markranstädt für 3000,– MDN ... Klaus Jentzsch ist ein sehr patenter Kerl. Seine Einstellung zu unserem Staat ist auch nicht besonders gut. Vor dem 13. August 1961 war er viel in Westberlin. Er stellt sich drüben alles viel schöner vor ... Die Bathlers ließen sich von der Kapelle »Les Copitos«, wobei es sich um eine Negerkapelle handelt, Sachen aus Westberlin besorgen, vier Paar Hosen, vier Hemden, und bezahlten dafür 800,– MDN ... Wie mir bekannt ist wollten sich die Bathlers von Westberlin zwei Mikrophone besorgen. Ich war eigentlich dafür vorgesehen, doch auf mich sind sie nicht noch einmal zurückgekommen. Mit den Bathlers könnte man Verbindung aufnehmen indem man ihnen technische Geräte für ihre Anlage anbietet ...

***

Konsum-Gaststätte «Stausee»
Fockendorf/Krs. Altenburg
Fockendorf, August 1965

Betr.: Auftreten der Beat-Gruppe «The Butlers»

Anläßlich des Bezirksfestivals der FDJ am 24. und 25. 7. 1995 trat die im Betreff angeführte Gitarrengruppe in der hiesigen Gaststätte auf. Zu dieser Veranstaltung waren ca. 4000 Personen, vorwiegend Jugendliche, erschienen. Durch die vorgetragene Musik gerieten ein Teil der Jugendlichen derart in Erregung, daß sie auf Tischen, Stühlen und Bänken tanzten. Dadurch entstand Sachschaden wie folgt:

6 Stück neuwertige Gartentische, pro Tisch MDN 40, zus. MDN 240,–
12 Stück neuwertige Gartenstühle, pro Stuhl MDN 23, zus. MDN 276,–
10 Stück Gartenbänke, neuwertig, pro Bank MDN 35, zus. MDN 350,–
Gaststättengeschirr wie Teller, Tassen, Biergläser, Bestecks, MDN 95,–

An dem hier angeführten Mobiliar entstand Sachschaden. Es handelt sich hierbei um Eigentum des Konsum-Verbandes Kreis Altenburg, Bereich Gaststätte.

***

Bericht des IM-Kandidaten Reg.-Nr. A 232/65   4. September 1965

Auf Grund der Tatsache, daß es in der DDR kein Notenmaterial für Gitarrengruppen gibt, wird von den jeweiligen Mitgliedern Tanzmusik im »Liverpoolstil« von Rundfunksendern oder von Schallplatten auf Tonband aufgenommen und später danach geübt, bis der Titel auswendig beherrscht wird. Die Schallplatten, die den »The Butlers« dafür zur Verfügung stehen, stammen teilweise von X. Er hat jedoch nicht nur Schallplatten aus der DDR, sondern auch aus dem kapitalistischen Westdeutschland im Besitz.

***

Dezernat I   Leipzig den 7. September 1965

Information zur Veranstaltung des Filmclubs »Kino der Jugend« unter Mitwirkung der Laienkapelle »The Buttlers«:

Zur Veranstaltung wurde ein Vorfilm über Erziehungsfragen von Kindern und Jugendlichen und im Anschluß daran der Film »Abenteuer in Rio« mit Bellmondo dargeboten ... Während des Ablaufs des Filmes über Erziehungsfragen von Kindern und Jugendlichen wurde dieser mit Pfiffen, Gegröhle sowie von Trompetensignalen begleitet. Die negierenden Störungen änderten sich mit der Darbietung des Filmes »Abenteuer in Rio«. Gezeigte Mordhandlungen und Schlägereien wurden von den Jugendlichen mit spontanen Beifallskundgebungen aufgenommen. Nach Darbietung des genannten Films wurden die »The Butlers« zur Musikschau angekündigt ... Nach Einschätzung der Dinge muß gesagt werden, daß der Dank der Jugendlichen für die dargebotene Musik nichts mit Beifall zu tun hat, sondern es sich hierbei, durch die dargebotene Musikschau, um eine aufgeputschte in Extase geratene jugendliche Masse handelte.   F.

***

Volkspolizeikreisamt   Leipzig, den 9. September 1965

Die »Butlers« legen, wenn sie außerhalb von Leipzig spielen, auf der Bühne ein unmögliches Verhalten an den Tag, indem sie mit ihren Gitarren auf »Show« machen und dabei die unmöglichsten Verrenkungen vollführen. Bei labilen Jugendlichen erregt diese Spielart großen Beifall.

F., Ultn. d. K.

***

Volkspolizeikreisamt   Leipzig, den 1. Oktober 1965

Auszug für die KA »Manager« aus dem Material 411/65

Der Manager der »Butlers« X. führt über den Besitz seiner Platten Buch ... Es konnten folgende feindlich-gefährliche Plattentitel bisher bekanntgemacht werden:

1. Plattenmarke The Decca-Record Co.Ltd.: »Merry«, »I wanna be your man« (The rolling stones)
2. Plattenmarke Decca: »Good times, bad times«, »It's all over now« (The rolling stones)
3. Plattenmarke Decca: »The last time«, »Play with fire« (The rolling stones)
4. Plattenmarke Decca: »The under-assistent west coust satisfaction« (Interpret unbekannt)
5. Plattenmarke Decca: »Little red roaster off the hock« (The rolling stones)
6. Plattenmarke Parlophone: Beatles for sale (»No reply«, »I'm a loser«, »Rock'n'Roll Music«, »Eight days the week«)
7. Plattenmarke Odeon: »Long toll sally«, »I call your name« (The Beatles)
8. Plattenmarke Pye Records (sales) Limited: »Have I the right«, »Please don't pretend again« (The Honeycombs)

Ultn. d. K., F.

***

Vertrauliche Verschlußsache 37/65
SED-Bezirksleitung Leipzig   Leipzig, den 18. 10. 1965

Zu einigen Fragen der Jugendarbeit und dem Auftreten der Rowdygruppen

Die Genossen des Rates des Bezirkes werden beauftragt, in Verbindung mit den Räten der Kreise zu sichern, daß die ehrenamtlichen Kommissionen für die Einstufung der Laienmusikgruppen eine politisch richtige Zusammensetzung aufweisen, parteilich arbeiten und durch einen verantwortlichen staatlichen Kulturfunktionär geleitet werden. Es ist zu gewährleisten, daß allen Beat-Gruppen die Lizenz entzogen und eine Überprüfung durchgeführt wird.

Für die weitere Erteilung einer Lizenz ist entscheidend:
– Nachweis eines ordentlichen Arbeitsrechtsverhältnisses der Mitglieder dieser Laienkapellen;
– ihre Einstellung zur Arbeiter-und Bauern-Macht;
– ihre künstlerische Einstellung und die Einhaltung des Repertoires entsprechend den gesetzlichen Bestimmungen.
– Gruppen mit amerikanischen Namen werden nicht zugelassen ...
... Mit noch vorhandenem Liberalismus ist Schluß zu machen. Gammler und ähnliche Elemente, die gegen die Gesetze der DDR verstoßen, eine ernste Gefährdung der Ordnung hervorrufen und solche, die keiner ordentlichen Arbeit nachgehen, sind entsprechend der Verordnung vom 24. 8. 1961 in Arbeitslager einzuweisen.

***

Rat der Stadt Leipzig, Abt. Kultur   Leipzig, den 21. 10. 1965

Die Abteilung Kultur beim Rat der Stadt Leipzig spricht hiermit Ihnen und den Mitgliedern der Kapelle «The Butlers» ein unbefristetes Spielverbot aus.
Während tausende junge Menschen unserer Stadt in der Volkskunstbewegung Freude, Erholung, Bildung und ästhetische Befriedigung

suchen und finden, müssen wir feststellen, daß Ihre Gitarrengruppe der sozialistischen Laienkunstbewegung Schaden zufügt.

Das Auftreten Ihrer Kapelle steht im Widerspruch zu unseren moralischen und ethischen Prinzipien ...

Rolf Rothe, Abteilungsleiter

***

Leipzig, den 26. 10. 65

Durch den Gen. X., Sachgeb. I des VPKA Borna wurde bekannt, dass in Neukiritzsch in der Nacht vom 25. zu 26. 10. 65 Flugschriften mit nachstehenden Inhalt verbreitet wurden:
Weg mit den Verbot der Beat-Kapellen
4 Flugschriften wurden bei VP-Angeh. im Briefkasten eingeworfen. Eine Flugschrift wurden im Briefkasten des Partei-Sekr. gefunden und eine weitere wurde vor der VP-Wache angebracht.
Der Text wurde mit der Hand geschrieben. Maßnahmen zur Bearbeitung wurden durch das VPKA Borna eingeleitet.

Ltn. d. K., W.

***

Volkspolizeikreisamt Leipzig   Leipzig, den 26. 10. 1965

Betr.: Rücksprache mit Gen. X., zuständiger ABV vom »Haus Wiederitzsch«

Genossen X. waren die Vorkommnisse hinsichtlich der aufgefundenen Handzettel durch Information seitens des Revieres bekannt. Zur Sache selbst war er jedoch nicht in der Lage Hinweise zur Klärung zu geben, da er zur fraglichen Zeit sich nicht im »Haus Wiederitzsch« bzw. im Bereich der HOG aufgehalten hatte. Er befand sich zum genannten Zeitpunkt auf dem Verladebahnhof und überwachte die Verladearbeiten im Zusammenhang mit dem Manöver »Oktobersturm«.

Ltn. d. K., Sch.

***

Leipzig, den 28. 10. 1965
Betr.: Ermittlungen im Druckhaus Einheit zu den Hetzzettelfunden

Über die Parteisekretärin im Druckhaus Einheit, Genn. X., wurden zur Qualitätsbestimmung des Papieres der Hetzzettel mit dort beschäftigten Fachleuten gesprochen.

Gen. X., Meister im Maschinensaal, machte folgende Angaben zum Papier: Es handelt sich um ein Papier mit hoher Qualität. Es ist vollkommen holzfrei und hat eine außerordentliche Glätte sowie eine hohe Festigkeit. Ihm erscheint das Papier als eine Art Briefpapier. Derartiges Papier ist nicht im Druckhaus Einheit vorhanden.

Gen. X Leiter des Materiallagers und Koll X., Arbeiter im Materiallager, beides gelernte Papierfachleute, geben zur Qualitätsbestimmung folgendes an: Es handelt sich offensichtlich um ein Importpapier, vermutlich aus der Sowjetunion oder Jugoslawien ... Durch beide Personen wurde sofort eine Holzprobe mit Phloroglucin-Lösung durchgeführt. Dabei wurde der bekannte Nachweis erbracht, daß das Papier vollkommen holzfrei ist ...

***

Anruf Genosse Schmidt, MfS 29. 10. 65

Aus Anlaß des Zeitungsartikels in der LVZ gegen Beat-Rowdies wurde eine FDJ-Versammlung durchgeführt an der 16. Oberschule. Lehrer Rat, Seidel und Irmer haben geäußert, daß sie für diese Gammler sind und die Taten der Jugendlichen wohl verstehen.

29. Oberschule: Schüler der Klasse 8 bis 10 wollen sich an der Demonstration beteiligen.

Richard-Wagner-Oberschule: An der R.-Wagner-Schule wurde angerufen durch Gen. Kaiser, FDJ-Stadtleitung – für Sonntagvormittag wurden 80 Schüler als Betreuer für westdeutsche Jugendliche angefordert, Treffpunkt Haus der Volkskunst – gleicher Zeitpunkt wie Demonstration ...

***

Bezirksbehörde Deutsche Volkspolizei
– Chef –

Fernschreiben 30. 10. 65 an Minister des Innern Berlin

Information zur Lage am 30. 10. 1965, 18.00 Uhr: Im Bezirk Leipzig verstärkt sich in den letzten Tagen die Tätigkeit der Anhänger der sogenannten Beat-Gruppen und der Protestdemonstration am 31. 10. 65 in Leipzig ... Nach bisherigen Meldungen liegt der Schwerpunkt in Kreisen der Lehrlinge, der Betriebsberufsschulen und der oberen Klassen der Polytechnischen Oberschulen ...

An Kräften befinden sich in Einsatz:
2 Kompanien VP-Schule, ohne 1 Zug
7 FSTW
12 Mot.-Streifen Kräder
9 Diensthundestreifen (Diensthundeführer Bekleidung: Mantel, Stiefel, Pistole umgeschnallt)
20 K-Streifen und die Kräfte der VP-Reviere mit FH

Reserven:
1 Zug VP-Schule
2 Schnellkommandos mit Diensthund
2 Lautsprecherwagen
2 Tanklöschfahrzeuge

gez. D., Generalmajor

***

Volkspolizeikreisamt   Leipzig am 30. 10. 65

Grundsatz beim Einsatz von Kräften soll sein: Nicht zulassen, daß Jugendliche auseinanderlaufen, sondern zusammenfassen, verladen und zum Sammelpunkt, Hof 2 VPKA bringen.
Dort erfolgt Filtrierung und Verwahrung... Heute, bis 23.45 Uhr, erfolgten 50 Zuführungen, davon 7 Ermittlungsverfahren eingeleitet, 4 in Haft, 2 MfS, 2 gehen in die Kohle ...

***

Hptm. Sander an Oltn. Arnold, 11.40 Uhr: Am Markt konzentrieren sich ca 400 Jugendl., am Capitol ca. 100 Jugendl. Wenn Wasserwerfer in Erscheinung tritt, gehen sie auseinander und konzentrieren sich neu.

Maj. Leibold an Maj. Papendick, 11.50 Uhr: Die Gen. der VP in Zivil schätzen ein, daß wir den Gruppen hinterherrennen und nicht die Lage beherrschen.

Oltn. Galle an Maj. Fichte, 11.55 Uhr: Bevölkerung beschwert sich darüber, daß sie bei den pol. Maßnahmen durchnäßt werden. Beschreibungen werden angefertigt zur späteren Obs. und Aufklärung.

Oberstltn. Wittig an Oberstltn. Breuer, 12.30 Uhr: Amtsleiter ist zu informieren von Anweisung Gen. Honecker: Im Fußballstadion (internationales Fußballspiel!) auf nichts einlassen; nur im äußersten Notfall observieren, keine Gewaltberührung mit Polizei schaffen. Taktik von heute früh ändern.

Rundspruch, an VPKÄ 1-12 sowie BDVP Halle, KMStadt, Gera, Dresden, Cottb. 14.30 Uhr: Im Zusammenhang der Maßnahmen gegen die Zusammenrottung von Jugendl. im Stadtzentrum Leipzigs wurden insgesamt 244 Jugendl. zugeführt. In der Stadt Leipzig und im Stadion ist die O und S (Ordnung und Sicherheit – der Hrsg.) voll gewährleistet. Die pol. Lage ist wieder normal.

Major Deutscher an Hptm. Heckert, 16.40 Uhr: Der Gen. Hptm. Heckert und der Gen. Oblt. Walberg haben sich sofort zu der StVA Kästnerstraße zu begeben, wegen Präzisierung des Transports von Jugendl. in die Braunkohle ... Ausgegangen von der Zahl 200 zu Transportierender für den Zug der 5. VPB unter Leitung des Gen. Obltn. Walberg wurde festgestellt, ... daß auch zwei Diensthunde dem Transport beigegeben werden (und Kradlotse nach Borna!).

Major Köhler an Ltn. Heider, 19.22 Uhr: Einsatzstab MfS meldet: In der Petersstr. Ansammlung von ca. 100 Jugendlichen

Major Köhler an Ltn. Heider, 19.33 Uhr: Einsatzstab MfS meldet, daß im Stötteritzer Wald ca. 15 Jugendliche grölen »Gebt uns unsere Freiheit wieder«. Obltn. Ferch verständigt, FStW Lina 63 war im Einsatz. Es konnten aber keine grölenden Jugendlichen festgestellt werden.

Major Köhler an Ltn. Heider, 20.10 Uhr: Einsatz MfS meldet: Paunsdorf, Riesaer Str. und Tel. Zelle am Hotel International Flugblätter gefunden, Größe 5 x 5 cm mit folgendem Inhalt »Für Jugend Wasserwerfer – für FDJ Ausnahmezustand«. Jugendliche inszenieren in Leipzig 703, Fritz-Austel-Str., Schlägereien mit VP-Angehörigen. Hptm. Krause verständigt sofort betr. Lage aufklären. Konnte aber keine Schlägerei festgestellt werden.

OdH Hptm. Sander an Hptm. Wolf, 24.00 Uhr: Durch das VPKA Döbeln wird festgestellt: an zwei Litfaßsäulen Flugblätter »Unterstützt die Forderungen für die Aufhebung des Verbots der Tanzkapellen, distanziert euch vom Rowdytum.« Anweisung, nur w i r kl i c h stattfindende Vorgänge zu melden und künftig falschen Alarm (Stötteritzer Wald, Fritz-Austel-Straße) unbedingt zu vermeiden.

***

Bezirksbehörde DVP Leipzig, den 31. 10. 1965

An: Minister des Innern

Seit Bekanntgabe des Zusammenrottungstermins der jugendl. Staatsfeinde (etwa 2500 Demonstranten) wurden durch Lehrlinge des VEB Kirow Werkes Schlagringe angefertigt und an andere Lehrlinge des Betriebes ausgegeben. Im VEB Stahlbau Leipzig haben zwei Jugendliche selbstgefertigte Stahlruten mit Kunststoff bezogen und für den Tag der Zusammenrottung bereitgestellt ...
    Am 31. 10. um 12.45 Uhr während der Zusammenrottung meldeten sich beim Betriebsschutz der Bezirksleitung die Bürger Bernd G. (Mitglied der SED) und Werner O., beide beschäftigt im Warenhaus Centrum mit der Absicht, sich beim 1. Sekretär der Stadtleitung zu beschweren. Sie waren in der Petersstraße durch die Räumkette der VP in Mitleidenschaft gezogen worden. Als sie einem VP-Angehörigen erklärten,

daß sie mit den Zusammenrottungen nichts zu tun hätten und sie gegen diese »Behandlung« protestieren, sei ihnen gesagt worden, daß sie ihr eigenes Verhalten überprüfen sollten, zumal sie hätten sehen müssen, daß es zweckmäßig ist, diesen Bereich zu verlassen ...

Nach den Informationen der Mitarbeiter traten in Verbindung mit einem zeitgleich zur Zusammenrottung stattfindenden Fußballspiel im Zentralstadion keine Provokationen auf. Nach dem Spiel verließen die Zuschauer unter dem Einfluß des Sieges der Mannschaft der DDR angeregt und befriedigt das Stadion.

***

Meldung Hptm. Wolf, 1. 11., 20.27 Uhr:

Fundorte von Hetzzetteln:
– in der Tür beim Rat des Bezirkes
– geklebt im Vorraum der SED-Bez.-Ltg.
– vor der NF (Nationale Front – d. Hrsg.) in der K.-Liebknecht-Str.
Inhalt der Flugblätter: »Hallo Beat-Freunde! Haussuchungen, Verhaftungen, Verhöre! Es folgen Urteile und das geht zu weit. Unser Protest gegen das Verbot der Beat-Gruppen legen die ›Sicherheitsorgane‹ als staatsgefährdend aus. Man geht gegen uns mit Gummiknüppel, Wasserwerfer und MG vor. Man verhaftet und verurteilt uns, weil wir den neuen Beat lieben, aber wir fordern Freiheit für alle Beat-Freunde – es lebe der Beat!«

***

Parteiinformation SED-BL Leipzig, 1. 11. 65

Es gibt einen Teil Genossen, die mit unterschiedlichen Auffassungen die Vorkommnisse am Sonntag beurteilen: Man hätte die Jugendlichen die Demonstration durchführen lassen sollen. Sie wären alleine auseinandergegangen. Sie hätten uns keinen Schaden zugefügt, wir haben doch nichts zu verbergen. (Kollegin aus dem VEB Werkstoffprüfmaschinenwerk Leipzig, Abt. Lack, Mitglied einer sozialistischen Abteilung). Maßnahme: Intensivierung der polit. Arbeit und Prüfung, ob Observation nötig.

16,25 Uhr	verließ "Keil" in Begleitung von zwei männlichen Personen das Grundstück. Bei der einen Person handelt es sich um Jentsch, Klaus. Die andere Person wird unter "V 1" weiter geführt. In ca. 100 m Entfernung vom Wohngrundstück auf der Mozartstraße trennte sich Jentsch von "Keil" und "V 1" und betrat wenig später ein Gemüsegeschäft in der Beethovenstraße. Jentsch wurde nicht weiter beobachtet. "Keil" und "V 1" liefen weiter. Am Gewandhaus blieben beide stehen und "Keil" ging hinter ein Gebüsch und verrichtete seine Notdurft. In dieser Zeit stand "V 1" an der Straßenecke und schaute sich hier die Gegend an. Als "Keil" das Gebüsch wieder verlassen hatte, gingen beide weiter zur Harkortstraße. Hier verabschiedeten sie sich beide voneinander mit Handschlag. "V 1" wurde weiter beobachtet. "Keil" lief weiter durch die Riemannstraße zur Karl-Liebknecht-Straße.
16,35 Uhr	betrat er die Bücherstube Gutenberg in der Karl-Liebknecht-Straße. Hier schaute sich "Keil" einige Bücher an und unterhielt sich die ganze Zeit über mit einer jüngeren, dickeren, weiblichen Person. Nach Verlassen der Bücherstube um
16,50 Uhr	betrat "Keil" das Postamt 11 und kaufte hier an einem Schalter die Tagesausgabe der LVZ. Nach Verlassen des Postamtes stellte er sich an die Straßenbahnhaltestelle der stadtauswärts fahrenden Bahnen. Als eine Bahn der Linie 11 kam, bestieg er diese im zweiten Hänger. In der fahrenden Straßenbahn las "Keil" den Artikel über die Beat-Musik. In der Klemmstraße verließ er die Straßenbahn und lief zu seinem Wohngrundstück, welches er
17,05 Uhr	betrat.
21,45 Uhr	erlosch in seiner Wohnung das Licht. "Keil" verließ sein Wohngrundstück bis
22,10 Uhr	nicht. Zu diesem Zeitpunkt wurde die Beobachtung unterbrochen.

Beobachtung von "V 1":

Nach der Verabschiedung lief "V 1" durch die Harkortstraße bis zum Postamt. Hier traf er mit einer jüngeren männlichen Person zusammen mit Fahrrad. Mit dieser unterhielt sich "V 1" ca. 5 Minuten. Danach verabschiedete er sich von der männlichen Person und überquerte die Kreuzung bei rot in Richtung Neues Rathaus. "V 1" lief weiter durch die Burgstraße auf kürzestem Wege zum Capitol. Hier sah er sich kurz die Aushänge an.

**Klassische MfS-Prosa incl. Pinkelpause,
Zeitungskauf und Ampelüberquerung bei Rot (!)**

Leipziger Volkszeitung, 1. 11. 65:

»Niemandem fällt ein, der Jugend vorzuschreiben, sie solle ihre Gefühle und Stimmungen beim Tanz nur im Walzer- oder Tangorhythmus ausdrücken. Welchen Takt die Jugend wählt, ist ihr überlassen: Hauptsache, sie bleibt taktvoll! Die Volkstänze aller Länder und Zeiten, die dem gesunden Lebensgefühl der arbeitenden Menschen entsprangen, kennen verschiedene Rhythmen und verschiedene Bewegungsformen. Wir sind für zündende Rhythmen, aber wir wenden uns scharf dagegen, daß mit ihnen Schlagertexte und andere Mittel ideologischer Diversion der imperialistischen Propaganda bei uns eingeführt werden.«
        (Politbüro des ZK der SED im »Jugendkommuniqué«, 1965)

Also: Es muß alles im Rahmen bleiben und darf nicht so ausarten, daß einige Beatgruppen darauf abzielen, die Jugendlichen aufzuputschen ... Wer hat denn ein besonderes Interesse daran? Denen in Bonn kommt es sehr gelegen, wenn in der DDR Unruhe unter der Jugend entsteht ...
        (Klub «Junger Staatsbürger«, 50. Oberschule, Klasse 10 a)

Liebe junge Freunde! An dem Brief aus der 50. Oberschule gefällt mir vor allem, daß das Kind beim richtigen Namen genannt wird. »Die Leute in Bonn« sind in der Tat die treibenden Kräfte bei all diesem Unwesen auch mit den »Butlers«.   Hanna Günther, für die LVZ

***

Volkspolizeikreisamt Leipzig
Abteilung K – Kommissariat I   Leipzig, den 3. 11. 1965

Maßnahmeplan zur Fortführung der Aufklärungstätigkeit zu den Ausschreitungen am 31. 10. 1965:
(...)
III. Einbeziehung der inoffiziellen Mittel: Erarbeitung eines Fragespiegels für alle IM/ TQI zur
– Aufklärung des gegenwärtigen Verhaltens von Jugendlichen im Wohngebiet u. Betrieb, Gruppierungen sowie zur Feststellung der Wortfüh-

rer u. Hintermänner, Hinweise zur Hetzzettelverbreitung u. allgemeinen Informationstätigkeit zur Lage
– Analysierung des IM-Bestandes hinsichtlich ihrer Arbeitsstellen zur Aufklärung der Lage unter Jugendlichen in den Betrieben
– Erarbeitung eines Einsatzplanes zur Absicherung von Gaststätten und Klubhäusern für Wochenenden.
(...)
X. Einleitung operativer Beobachtungen: Die operativ interessantesten Personen der Beat-Kapellen »The Butlers«, »The Shattlers«, »The Guitarmen« sind unter operative Beobachtung zu nehmen.

Oe., Hauptmann der K.

***

Bezirksverwaltung für Staatssicherheit Leipzig
Abteilung XX/6   Leipzig, den 6. 11. 1965

Treffbericht
Quelle: KP »Manager«
Linie: Jugendliche Gruppierung
Ort: Café Schroer
Zeit: 5.11. 1965, 16 Uhr bis 17.30 Uhr
Mitarbeiter: Oberleutnant L. (Spencer), Leutnant H.
Nach Angaben des »Managers« hat unter den »Butlers« Jentsch noch am vernünftigsten auf die letzten Zeitungsartikel in der LVZ reagiert. Jentsch wäre auch an der offiziellen Aussprache zur Klärung bestimmter Angelegenheiten und über die Perspektive der »Butler« interessiert ... Es wurde festgelegt, daß sich »Manager« vorwiegend mit Jentsch in den Gaststätten der Stadt sehen läßt, weil J. sehr bekannt ist und er dadurch, in Gegenwart des J., die meisten Informationen bekommen wird ...

Einschätzung des »Manager«: Obwohl der »Manager« sich während des Treffs sehr aufgeschlossen und willig zeigte ... muß eingeschätzt werden, daß »Manager« nicht restlos ehrlich ist. Anhand der Beobachtungsberichte wurde festgestellt, daß er uns über eine Reihe von Verbindungen, mit denen er zusammenkam nach seiner Entlassung aus dem VPKA, nichts berichtete.

***

Abteilung Kultur
ZK der SED, Cz/Er. Berlin, den 18. 11. 1965

Ergänzung zu den Ursachen über das Überhandnehmen negativer Erscheinungen in den Beat-Gruppen:

In einer Parteiversammlung der Jugendkommission (Thema »Bitterfelder Weg«) wurde von mir u.a. darauf hingewiesen, daß DT 64 einseitig westliche Tanzmusik bevorzugt ... Gen. Turba antwortete indirekt, indem er sagte, seines Erachtens müsse man nach solchen Titeln einen Witz machen, der den entsprechenden Titel der Lächerlichkeit preisgibt.

Zum irreführenden, lobenden Artikel »Butler-Boogie« im ND: Genosse Höpcke, Leiter der Kulturredaktion im ND, akzeptierte unsere Kritik (Aktennotiz dazu). Er versprach, daß eine entsprechende Korrektur gebracht wird. Chefredakteur Genosse Hermannn Axen wurde verständigt ... Geschehen ist aber nichts.

Bei DT 64 sind alle Musikergattungen entsprechend den Bedürfnissen der Jugend einzubeziehen. So z.B. wäre es möglich, Programme mit Liedern, Songs und Chansons im politischen Kampf mit Erklärungen für die Jugend zu senden, da die Jugend ja vieles nicht mehr weiß. Zum Beispiel könnte Ernst Busch als Sänger und vielleicht auch als Erläuterer seiner von ihm interpretierten Lieder auftreten ...

Es muß festgestellt werden, daß ungenügend darum gekämpft wurde, daß die Kulturredaktion des ND, wenn nötig über das Politbüro oder das Sekretariat des ZK der SED, gezwungen wurde, sich über ihre falschen Auffassungen auseinanderzusetzen, damit die richtige Linie durch eine prinzipielle Veröffentlichung wieder hergestellt wird.

Um zu einem Forschungsplan für die wissenschaftliche Arbeit zu kommen, ist es notwendig, die wichtigsten Themen zu ermitteln. Als Beispiele für solche eventuellen Forschungsthemen nannte Koll. Gerd Natschinski:

– Die Entwicklung der Harmonik der internationalen Tanzmusik unter Berücksichtigung der nationalen Harmonik
– Die Spezifik des Mikrofongesangs
– Inwieweit sind sogen. kapitalistische Erscheinungen für uns anwendbar?

P. Czerny

***

Einschätzung   Leipzig den 18. 2. 1971

Klaus Jentzsch, ca. 27 Jahre, ehemals »Butlers«, geschieden (soweit mir bekannt), 2 Kinder, nähere Bekanntschaft mit X. und Mitglied eines Plattenringes ... wechselnde Mädchenbekanntschaften, minimales politisches Interesse.   gez. M.B.

***

Wohngebietsermittlung   Leipzig den 19. 2. 1971

Seit ungefähr sechs bis acht Jahren, diesbezüglich sind die Angaben der in Anspruch genommenen Quellen unterschiedlich, geht Klaus Jentzsch keiner geregelten Arbeit mehr nach, sondern betätigt sich ausschließlich als Musiker ... Anfangs probte er mit einigen Jugendlichen ständig im Keller des Wohngrundstückes. Obwohl er noch arbeitete, gehörte er dann einer Beat-Band an, die sich »die Buttlers« nannte. Später änderte er den Namen dieser Kapelle in »Ranft«. Seine Mutter soll eine geborene Ranft sein ... Tatsächlich ist fast täglich Betrieb in der Wohnung. Hier kommen mehrmals wöchentlich sowohl die fünf bis sechs Mitglieder der Kapelle, als auch andere männliche und weibliche Personen, zum Proben und zu Diskussionen zusammen. Vom Tonband werden Westtitel abgespielt ... Keiner der Quellen sind die bei dem J. verkehrenden Personen bekannt ...

    Klaus Jentsch besitzt im Grundstück einen schlechten Leumund. Verabscheut wird vor allem sein dekadentes Verhalten. Er trägt sehr langes ungepflegtes Haar, und seine Koteletten gehen in einen zerzausten Vollbart über. Seine Kleidung sind ein alter zotteliger Fellmantel, eine abgetragene Niethose und Kortschuhe ... Er ist aber auch deshalb unbeliebt, weil er im Haus durch seine Musikproben und die zahlreichen ständigen Besucher einen großen Unruheherd darstellt. Man rümpft auch darüber die Nase, daß ein solcher Mensch, der in der Woche bis Mittag schläft, außer seiner Beatmusik keine positiven anderen Interessen besitzt ...

    Klaus Jentzsch wird als ein fauler, bequemer, nachlässiger und unzuverlässiger Mensch eingeschätzt, der keinen Ehrgeiz besitzt. Er soll sparsam, ja fast geizig sein. Seine Lässigkeit kommt nicht nur darin zum Ausdruck, daß er vergißt, die Wohnungstür zuzuschließen, sondern auch, daß er den Pkw-Anhänger mit Hallanlage, Mikrofon, Lautsprecher,

Schlagzeug und Gitarren unverschlossen und und nur mit einer Plane bedeckt Tag und Nacht auf dem Hof stehen läßt, statt sie drei Etagen hoch in die Wohnung zu tragen. Er selbst vertritt die Meinung, daß sich durch seine Lässigkeit seine Beliebtheit bei den Jugendlichen erhöht.

Von den Hausbewohnern wird bedauert, daß so einer wie Klaus Jentzsch seinen Ehrendienst bei der NVA nicht abzuleisten brauchte ... weil er angeblich magenkrank ist. Es besteht die Annahme, daß er simulierte, denn immer, wenn ihm etwas Unangenehmes bevorsteht oder passiert, wird er angeblich magenkrank.

Quellen: X., SED, kennt Klaus Jentzsch seit etwa 10 Jahren
Y., SED, wiss. Mitarbeiter, kennt J, seit 15 Jahren
Z., parteilos, Rentnerin, kennt J. seit 18 Jahren.

***

Hausmitteilung an Gen. Kurt Hager 15. 8. 1974

Unserer Meinung nach müßte auf der Schallplatte »Dokumentation über die X. Weltfestspiele der Jugend und Studenten« die Thematik Sowjetunion verstärkt werden. Des weiteren wollen wir der Schallplatte empfehlen, die Botschaft Nerudas an die Jugend zu kürzen, um die Aussage zu vermeiden, daß Chile einen anderen Weg zum Sozialismus wollte.

Mit sozialistischem Gruß, P. Heldt

***

BV Leipzig, Abt. XX/7 Leipzig, den 1. 03. 1975

Aus dem gemeinsamen Urlaub mit der Gruppe Renft im Lager Dranske/Rügen und Gesprächen mit Klaus Jentzsch erfuhr die Quelle: Für eine gemeinsame Platte mit Biermann setzen sich die Musiker X. und Y. ein, während Jentzsch aus Vorsicht davon Abstand nehmen möchte. Die Quelle wird versuchen, durch persönliche Einflußnahme auf Jentzsch und andere Musiker das Projekt zum Scheitern zu bringen.

Die gegenwärtige Situation in der Gruppe ist von einem starken Zusammengehörigkeitsgefühl geprägt. Eine Zersetzung der Gruppe erscheint gegenwärtig nicht möglich ... T., Hptm.

***

Ministerium für Staatssicherheit
Abt. Reservekader
N. D., Feldwebel

Am 4. 3. 1975 um 20 Uhr fand im Berliner Metropol Theater eine Konzertveranstaltung mit der Gruppe »Renft« statt. Dabei wurde ich Zeuge eines Auftritts von Gerulf Pannach, bei dem dieser drei Lieder sang, wovon zwei als Wolf-Biermann-Lieder identifiziert wurden. Es handelte sich dabei um die Titel »1. Mai« und »Überholen ohne einzuholen«. Diese Lieder beinhalten Verunglimpfungen der Politik der SED ... und Beschimpfungen führender Persönlichkeiten der Singebewegung der FDJ ... Auf meinen Zuruf, er möge »abhauen«, antwortete er: »Das sollte man wirklich tun.«

***

**Generaldirektion beim
Komitee für Unterhaltungskunst** Berlin, am 18. 3. 1975

Ich mußte während des Gesprächs mit Mitgliedern der Gruppe RENFT darauf hinweisen, daß die Gruppe riskiert, ... die Spielerlaubnis zu verlieren, wenn sie weiter gemeinsam mit Pannach auftritt ... Am 15. 3. überprüfte ein Mitarbeiter unserer Einrichtung ein von der Gruppe Renft gegebenes Konzert in Sonneberg. Gerulf Pannach trat in diesem Konzert nicht auf. Nach unseren Informationen war er auch nicht als Zuhörer im Saal. Wir werden alle Möglichkeiten der richtigen Einwirkung auf die Gruppe RENFT in der nächsten Zeit verstärken.
Peter Czerny, Generaldirektor

***

Hauptabteilung XX
Leiter Berlin, den 20. 03. 1975

Vermerk
Der Minister für Kultur, Genosse HOFFMANN, bittet das MfS zu überprüfen, daß die von Pannach, Gerulf, wh. Leipzig, dem VEB Deutsche Schallplatte vorgelegten Entwürfe für die Herstellung einer Langspiel-

platte staatsfeindlichen Charakter tragen bzw. ob er wegen seiner Äußerungen im Metropol-Theater strafrechtlich zur Verantwortung gezogen werden kann.   Kienberg, Generalmajor

***

Generaldirektion beim
Komitee für Unterhaltungskunst   Berlin, den 8. 04. 1975

Bericht über ein Gespräch mit der Gruppe RENFT
Zunächst bezog sich Genosse Czerny auf die Veranstaltung am 23. 03. 75 in Karl-Marx-Stadt, wo Mitglieder der Gruppe folgende Äußerungen von der Bühne machten:
1. Das deutsche Volk sei ein Volk von Denkern und Barbaren.
2. Die Gruppe brachte ihr Bedauern zum Ausdruck, daß sie ohne Gerulf Pannach auftreten müsse.
3. In einem Land, in dem man nicht ausreisen dürfe, könne man nicht leben.

Genosse Czerny verwies mit Nachdruck darauf, daß solche provokatorischen Äußerungen sich nicht zu wiederholen haben. In dem Gespräch legte die Gruppe neue Texte von Gerulf Pannach vor. Dabei trat ein eklektisches Gemisch von ideologischen Unklarheiten, Verwirrung, falschen Auffassungen, ja Positionen, die wichtige Notwendigkeiten der sozialistischen Entwicklung in Frage stellen, zutage. Im Zentrum der Auseinandersetzung stand der Text »Glaubensfragen« von Gerulf Pannach.

Glaubensfragen

Du, woran glaubt der
der zur Fahne geht
Ruhm der Fahne schwört
und dabei stramm steht?

Du, woran glaubt der
der nicht anlegt
der als Fahne vor sich her
einen Spaten trägt?

Du, woran glaubt der
der in'n Kahn geht
und den Hintern quer
zu der Fahn' dreht?

Auf die Kritik der Vertreter der Generaldirektion, daß der Textinhalt die Verteidigungsbereitschaft herabsetze, antwortete Jentzsch, diese Fragen solle man ruhig stellen, damit die Jugend zum Nachdenken angeregt werde, warum sie zur NVA gehe ...

Unsere weitere Konzeption der Arbeit mit der Gruppe besteht darin, die positiven Kräfte zu stärken, die Gruppe negativ beeinflussende Mitglieder weiter durch differenzierte Beschäftigung mit ihnen so zu behandeln, daß sie ihren starken Einfluß in der Gruppe verlieren oder auch zu erreichen, daß sie eventuell aus der Gruppe ausscheiden ...

                        Peter Czerny

***

Staatsfeinde bei der Konspiration,
getarnt als biederer Gruppenausflug in eine Drachenhöhle (!)

Information über eine Beratung von 150 Unterhaltungskünstlern der DDR in Vorbereitung des IX. Parteitages der SED am 2. September 1975

Unter den Teilnehmern der Beratung befanden sich so namhafte Tanzmusikinterpreten wie Frank Schöbel, Andreas Holm, Chris Doerk, Reinhard Lakomy, Klaus-Dieter Henkler, die Gruppen Puhdys, Brot & Salz, Lift, Jahrgang 49, die Conferenciers O. F. Weidling, Heinz Quermann, Alexander Bauer, Günter Krause, der Schriftsteller Hansgeorg Stengel, die Chansonsängerin Barbara Thalheim, das Artistenduo Brillant, die Orchesterleiter Jürgen Herrmann, Fips Fleischer, Alfons Wonneberg, die Textdichter Gisela Steineckert, Wolfgang Tilgner, Fred Gertz, der Schauspieler Armin Müller-Stahl, die Komponisten Arndt Bause, Walter Kubiczek ...

In einem einleitenden Referat, das mit seiner optimistisch-kritischen Orientierung bei den Künstlern eine starke Resonanz fand, zog der Generaldirektor des Komitees für Unterhaltungskunst, Peter Czerny, eine Bilanz bisheriger Ergebnisse und steckte vor dem Hintergrund der innen- und außenpolitischen Entwicklung die neuen Ziele ab, die auf Grund der gesellschaftlichen Entwicklung in der DDR von den Unterhaltungskünstlern erreicht werden müssen. Er empfahl den Unterhaltungskünstlern, das Vertrauensverhältnis zur Arbeiterklasse weiter zu festigen ...

Am Ende der vierstündigen Konferenz verabschiedeten die Unterhaltungskünstler einmütig und mit großer Zustimmung einen Brief an den 1. Sekretär des Zentralkomitees der SED, Genossen Erich Honecker ...

***

BV für Staatssicherheit Leipzig
Abteilung XX/7 Leipzig, den 19. 09. 1975

Bericht: Wie festgelegt, erschienen die Musiker der »Renft-Combo« gegen 14.30 Uhr in der KGD Leipzig zur Aussprache mit der Genossin Oelschlegel. Ihnen wurde mitgeteilt, daß am 22. 09. 1975, 10.30 Uhr, die Abnahme und Einstufung im Klubhaus »Alfred Frank« erfolgt.

Die Kontrolle durch die Abt. VIII. ergab, daß es weder beim Betreten noch beim Verlassen der KGD zu Personenansammlungen kam. Jentzsch und Kunert werden unter Kontrolle gehalten. Das Vorspiel wird nicht öffentlich erfolgen. Weigert sich die Kapelle, ohne Publikum zu spielen, wird die Abnahme abgebrochen.   T., Hauptmann

***

Rat des Bezirkes Leipzig
Abtlg. Kultur   Leipzig, den 22. 9. 1975

Herrn Klaus Jentzsch
Mit Wirkung vom 22. September 1975 gilt die Tanzmusikformation »Klaus-Renft-Combo« als aufgelöst.
Die gesetzliche Grundlage dafür bildet die Anordnung über die Ausübung von Tanz- und Unterhaltungsmusik vom 15. Juni 1964 (veröffentlicht im Gesetzblatt der Deutschen Demokratischen Republik, Teil II, Jahrgang 1964, Seite 597), gemäß § 16, Absatz 4.
Ich fordere Sie auf, mir die Ihnen von der Zentralen Honorarkommission ausgehändigte Zulassung bis zum 24. September auszuhändigen.

Wolf, Mitglied des Rates für Kultur

***

Mitteilung an Genossen Hager   22. 09. 75

Werter Genosse Hager!
... wurde unsere Abteilung heute vormittag fernmündlich davon informiert, daß den Musikern der Renft-Combo, Beat-Formation aus Leipzig, die Berufsausweise abgenommen wurden ... Wie die Genossen der Bezirksleitung informierten, sollte in der vergangenen Woche die Renft-Combo bei der KGD in Leipzig, Genn. Ruth Ölschlegel, die Texte für ihr neues Programm zur Abnahme vorlegen. Die Combo erschien mit Gerulf Pannach und etwa 30 ihrer Anhänger und legte 6 von 13 Texten vor, die wegen ihres politischen Gehaltes nicht annehmbar waren. In diesem Zusammenhang soll die Renft-Combo damit gedroht haben, daß sie nachmittags auf dem Sachsenplatz auftreten werde, wenn sie keine Genehmigung erhalte ... Notwendige Maßnahmen, die verhindern, daß sich aus diesem Vorkommnis heraus negative Auswirkungen auf die schöpferische Atmosphäre im Bereich der Tanzmusik ergeben könnten, werden von uns eingeleitet.   Peter Heldt, Abteilungsleiter

Mitteilung an Genossen Hager 13. 10. 75

Werter Genosse Hager!
Die Beratung am 3. 10. hatte das Ziel, durch Umgruppierung, Zuführung neuer Kader und Ausscheiden bestimmter Mitglieder der Gruppe Bedingungen zu schaffen, daß die Klaus-Renft-Combo auf positiv ideologischer Grundlage weiter bestehen kann. Da neben Kunert (der als einziges Mitglied der Gruppe einen Berufsmusikerabschluß besitzt), Klaus Jentzsch als Leiter der Gruppe (an ihn ist der Name Renft gebunden) der ideologisch negative Wortführer der Combo ist und beide zudem engste Beziehungen zu Pannach und über diesen zu Biermann haben, erweist sich dieser Weg als nicht gangbar. Zudem hat in den letzten Monaten die Klaus-Renft-Combo erheblich an Einfluß und Ansehen unter der Jugend eingebüßt, von vernünftigen Jugendlichen wird sie im allgemeinen nur noch »Schweine-Renft« genannt.

Zur weiteren Entwicklung werden folgende Vorschläge unterbreitet: Die Klaus-Renft-Combo wird nicht neu formiert.

Es werden Versuche unternommen, folgende Mitglieder der Gruppe in anderen Formationen zu engagieren: Gläser in der Gruppe »Automobil«, Kschentz in der Gruppe »Fusion«, Hohl in der Gruppe »Confuogo« ...

Kunert, der ein guter Organist ist, soll in einer entsprechenden Orchesterstelle, nach Möglichkeit im staatlichen Anstellungsverhältnis, untergebracht werden.

Schoppe, der Sänger der Gruppe, ist kein Berufsmusiker. Ihm wird eine Arbeit in seinem Beruf angewiesen und eine Betätigung in einem politisch starken Ensemble empfohlen.

Für Klaus Jentzsch ist es gegenwärtig nicht möglich, eine Lösung zu bieten ... er ist politisch und moralisch verkommen.

Mit sozialistischem Gruß,
Peter Heldt

(Diese Information wurde auch Erich Honecker vorgelegt, sie trägt den handschriftlichen Vermerk: »Einverstanden E.H.«).

***

Bezirksverwaltung Leipzig
Abteilung XX/7　　　　　　　　　　Leipzig, den 28. 10. 1975

Information OV »Chanson«:
Am 27.10. 1975 fand im Dienstzimmer des Gen. X., Mitglied des Rates des Bezirkes und Leiter der Abteilung Kultur, eine Aussprache mit Musikern der ehemaligen »Klaus-Renft-Combo« statt ...
　Durch einen IM wurde der Verlauf der Auseinandersetzung auf Tonband aufgenommen und uns das Band zur Auswertung übergeben. Die Quelle macht ihrerseits aufmerksam, daß Jentzsch ein Aufnahmegerät in seiner Jacke einstecken hatte ...
　Maßnahmen: Einsatz »Volker« zur Prüfung, ob Jentzsch das Gespräch mitgeschnitten hat. Zutreffendenfalls Beschaffung des von Jentzsch gefertigten Umschnittes ...
　　　　　　　　　　　　　　　　　　　　　　　T., Hauptmann

***

Rat des Bezirkes Leipzig
Abteilung Kultur　　　　　　　　　　Leipzig den 3. 11. 1975

Information zur »Renft-Combo«:
Alle Bemühungen, die drei Musiker Gläser, Hohl und Kschentz aus der Gruppe herauszulösen und in andere Formationen einzugliedern, sind bisher ohne Erfolg geblieben ...
　Gegenwärtig wird mit dem Wehrbezirkskommando Leipzig intensiv darauf hingearbeitet, Christian Kunert so bald wie möglich zur NVA einzuziehen ...
　Von Klaus Jentzsch liegt beim VPKA Leipzig der schriftliche Antrag vor, nach Griechenland auszureisen. Dieser Antrag wird nach Absprache mit dem Leiter der Abteilung Inneres beim Rat des Bezirkes durch uns stark unterstützt ...
　Erst nachdem die ersten Schritte des Aussonderungsprozesses der drei »Führer« der Gruppe innerhalb der ehemaligen Formation spürbar geworden sein werden, haben erneute Verhandlungen um Eingliederung der drei zu erst genannten Musiker Aussicht auf Erfolg.
　　　　　　　　　　　　　　　　　G., 1. Stellv. d. Abtl.ltr.

***

Berlin, den 9.2. 1976

Durch Gen. Hptm. Tinneberg wurde ein ausführlicher Bericht auf Tonband gesprochen. Grundlage dafür war der Treff mit IM »Siegel« am 3. 2. 1976. Von politisch-operativer Relevanz ist die bisherige Vorbereitung der ehem. Mitglieder der Klaus-Renft-Combo, eine Störung des IX. Parteitages der SED durchzuführen. So planen sie Wachsmatrizen (Produktion DDR, Inhalt einer Schachtel 20 Matrizen) zu kaufen und ca. 2000 Exemplare einer Beschwerde über die Auflösung der ehem. Klaus-Renft-Combo zu fertigen. Diese Beschwerden sollen dann durch namentlich nicht bekannte Freunde in FDJ-Kleidung vor dem Objekt des IX. Parteitages verteilt werden. Obwohl sie nicht mit Auswirkungen bei den Delegierten rechnen, rechnen sie mit Auswirkungen bei NSW-Journalisten.

***

Rat des Bezirkes Leipzig
Mitglied des Rates für Kultur   Leipzig, den 11. 2. 1976

Information über ein Gespräch mit Klaus Jentzsch
Er stellte in groben Zügen dar, in welcher Richtung inhaltlich die Arbeit einer neuen Gruppe gehen soll.

Auseinandersetzung mit den Praktiken und dem geistigen Gehalt der Unterhaltungskunst in der DDR (Auseinandersetzung mit der Korruption in diesem Bereich, mit dem Nachäffen westlicher Vorbilder, mit der Tatsache, daß alles nur durch »Beziehungen« zu realisieren ist, Auseinandersetzung mit der immer mehr verfälschten Auffasung von echter Solidarität u.a. mehr)

Dabei ginge es ihm auch darum, nach Haltungen zu suchen. Haltung ist für ihn, wenn einer seinen Standpunkt nicht von äußeren Faktoren und Bedingungen abhängig sieht, sondern seiner eigenen Auffassung bis in die letzte Konsequenz treu bleibt – Mikis Theodorakis hat diese Haltung bewiesen; Wolf Biermann hat sie, Victor Jara hatte sie auch ....

Jentzsch: Hier hat uns niemand geholfen. Ich will wieder arbeiten, deshalb will ich nach meiner Eheschließung hier raus. Ich glaube nicht, daß ich hier noch einmal Fuß fassen kann. Will DDR-Bürger bleiben. Bin kein Staatsfeind. Will nur umziehen, den Wohnsitz ändern, Luft holen können. Leider habe ich nicht das künstlerische Vermögen wie Wolf

Biermann, sonst könnte ich mich auch hier halten. Mein Vermögen und meine Nerven reichen dazu nicht aus, deshalb nach Griechenland ... Ich war eigentlich nicht der Mann in der Combo, der den Aufbruch gewollt und gemacht hat. Ich war der Opportunist in der Gruppe. Für mich ist erst im Verlauf der Auseinandersetzungen klar geworden, daß man sich unter keinen Umständen vor einen Karren spannen lassen darf. Das werde ich hier nicht mehr tun, und das werde ich auch in Griechenland nicht mehr tun.

Geldner, amt. Abtl.ltr.

***

Hauptabteilung XX
Information 164/76   Berlin, den 12. Februar 1976

Die moralische Seite der Gruppe sank immer tiefer, so daß es vorkam, daß einige Musiker in betrunkenem Zustand an den Konzerten beteiligt waren. Dadurch war zu verzeichnen daß bestimmte engagierte Titel, z.B. »Chile«, nicht mehr überzeugend genug von der Gruppe gespielt wurden. Der Vortrag des Titels »So starb auch Neruda« vom Sänger im volltrunkenen Zustand vorgetragen, mußte bei einem öffentlichen Konzert abgebrochen werden, da er aufgrund seines Zustandes nicht mehr singen konnte.

***

Volkspolizeikreisamt Leipzig   Leipzig, den 12. 03. 1976

Im IV. Quartal '75 stellten alle Mitglieder der ehem. Gruppe Übersiedlungsanträge, welche bis zum jetzigen Zeitpunkt von allen Personen, außer Jentzsch, zurückgezogen wurden. J. hat nach wie vor die Absicht, mit seiner Verlobten, Glewas, Angelika, griechischer Abstammung, von Beruf Handelskaufmann, tätig als freischaffende Sängerin, zu deren Geschwistern und Großeltern nach Griechenland zu übersiedeln. Der Grenzoffizier des Komm. III des VPKA Leipzig muß für den Antrag des J. auf Übersiedlung eine Entscheidung für die Dienststelle des PM treffen.

Oe., Hauptmann der K

***

BV Leipzig MfS
Abteilung XX/7 Leipzig, den 27. 4. 1976

... IM »Siegel« wurde von J. als Trauzeuge benannt und wird an der Trauung und dem anschließenden Essen im Familienkreis teilnehmen ... J. hat »Siegel« beauftragt, sich für die Ordnung während des Abends verantwortlich zu fühlen, beginnend mit der Einlaßkontrolle und dem notwendigen Einwirken auf das Verhalten der Teilnehmer bis zur Einflußnahme auf das geordnete Verlassen der Gaststätte nach 02.00 Uhr.

»Siegel« macht auf ein Problem aufmerksam. Durch die rücksichtslosen Verhaltensweisen von Jentzsch – der u.a. am 23. 04. 76 bei der VP offen erklärte, daß »Siegel« sein »Vermögensverwalter« sei und dabei Adresse und Arbeitsstelle »Siegels« angab, obwohl ihm die Zugehörigkeit »Siegels« zur SED und seine atheistische, antireligiöse Einstellung bekannt sind – ergeben sich Gefahren für die Sicherheit »Siegels« betr. seines Leumundes an der Arbeitsstelle. Er bat darum, entsprechenden Einfluß zu nehmen, daß ihm dort keine zusätzlichen Schwierigkeiten entstehen, insbesondere daß die VP nicht Erkundigungen über ihn in Dresden einholt.

T., Hptm.

***

Inoffz. XX/7 April 1976

Jentzsch sieht keinen Anlaß für Demonstrativhandlungen, da seine Eheschließung mit Griechin genehmigt ist. Die standesamtliche Eheschließung fand am 23. 4. 76 statt; die kirchliche Trauung erfolgt am 1. 5. 76 durch Pfarrer Palmer in der Methodistengemeinde. Der Polterabend findet am 28. 4. 76 in Holzhausen statt. Dazu sind 80 Personen eingeladen, darunter X. (Berlin), noch keine Zusage, XX., Journalist beim ZDF/BRD, OV »Chanson«, XX/7, sowie alle ehem. Mitglieder der »Renft«-Combo und die Beatformation »Karussell«. Die Musiker wurden orientiert, keine Musikinstrumente mitzubringen. Es soll Tonbandmusik, die auch die bisher po.-op. relevanten Titel enthält, abgespielt werden.

***

VPKA Leipzig
Eig. Feststellung   Leipzig, 29. 04. 76

Hochzeitsfeier des K. Jentzsch im »Sächsischen Hof« Holzhausen: Jentzsch hatte Eintrittskarten ausgegeben, wodurch der Zutritt für fremde Personen nicht möglich wurde. Vereinbart war ein Umsatz an Speisen und Getränken von etwa 2000 Mark. Tatsächlich verzehrt wurden für etwa 1000 Mark Speisen und Kaffee einschließlich Kuchen sowie für 500 Mark Bier und Spirituosen. Jentzsch hatte Verzehrbons ausgegeben, dabei war ein Weinverzehr nicht enthalten.
Staatsverleumderische Äußerungen in bezug auf das Verbot der »Klaus-Renft-Combo« wurden nicht gemacht. Die Gäste waren ausnahmslos stark angetrunken und tanzten zu der sehr lautstarken Musik ... Der verhältnismäßig hohe Anfall von Glasbruch war einkalkuliert, wurde aber besonders verrechnet.   L., Utlnt. der K

***

Inoffz. XX/7   Mai 1976

J. hofft, bis Mitte Mai nach Westberlin übergesiedelt zu sein ... In der BRD will er eine Langspielplatte herausbringen und hat darüber bereits mit Kurt Demmler gesprochen, um dessen Genehmigung für die Texte zu erhalten. D. hat zugestimmt. J. hat noch keine klaren Vorstellungen, wie und wem er seine »Story« verkaufen will. Der BRD-Vertreter Gaus habe ihm geraten, sich an ein »seriöses« Blatt zu wenden.

***

Hauptabteilung XX/OG. Treffbericht
Quelle: Kurt. Mitarbeiter: Frank S.   Leipzig, den 20.5.76

Derzeit ist der Jentzsch sehr häufig im VEB Versteigerungshaus und in anderen Läden zu finden, wo Antiquitäten angeboten werden. Er muß noch einiges »Geld ausgeben«, das er nicht mit in die BRD nehmen kann, dafür aber die Sachen.
Am 14. 5. 76 erfuhr Kurt im Gespräch mit einem früheren Techniker von »Renft«, daß er und auch der Jentzsch auf der Ständigen Vertretung

der BRD in der DDR waren und abgefragt haben, ob man nichts gegen die »Verzögerung« ihrer Ausreiseanträge unternehmen könnte. Es wurden ihnen daraufhin mitgeteilt, daß man erst »den SED-Parteitag abwarten« wolle, danach werden sie entsprechende Schritte unternehmen.

Frank S.

***

Bezirksverwaltung Leipzig
Abteilung XX/7   Leipzig, den 29. 05. 1976

OV »Chanson«: Zur Einleitung von Sofortmaßnahmen bei evtl. Demonstrativhandlungen wird Jentzsch ab 23. 05. 1976 10.00 Uhr bis zur Ausreise nach WB durch die Abt. VIII unter Kontrolle genommen. Am 30. 05. 1976 wird der IM »Siegel« den Jentzsch und dessen Ehefrau nach der Hauptstadt fahren (Abfahrt gegen 7.00 Uhr mit PKW des Jentzsch).

T., Hptm.

***

Inoffz. XX/7   Juni 1976

J. äußerte sich in einem Tel.-Gespräch gegenüber einer Quelle der Abt. XX sehr unzufrieden über seinen bisherigen Aufenthalt in WB. Vor allem finanzielle Schwierigkeiten durch hohe Miete für die in Aussicht genommene Wohnung u. hohe Lebenskosten allgemein. Er erklärte, daß er sich in absehbarer Zeit kein Auto leisten kann u. den Fleischverbrauch stark einschränken muß. Weiterhin ist J. über die Bürokratie in WB verärgert. Im Gegensatz dazu sei die DDR noch ein »Sonnenstaat«.

***

Bezirksverwaltung Leipzig
Abteilung XX/7   Leipzig den 4. 9. 1976

Zum gegenwärtigen Zeitpunkt erscheint eine DDR-Einreise des Westberliner Bürgers Jentzsch in die DDR vorteilhaft, da er in seinem Kontaktkreis keinerlei Erfolgsberichte geben kann, sondern im Gegenteil Erwartungen auf ein Nachziehen anderer Musiker abgebaut würde.

T., Hptm.

6. 9. 1976: Nach seiner Einreise in WB wurde J. mit verschiedenen Organisationen konfrontiert, die Interesse bekundeten, ihn als Flüchtling der stalinistischen Zone darzustellen und dadurch einen finanziellen Start für ihn zu schaffen. So wurde ihm zum Beispiel angeboten, ein Auto und ein Telefon auf Kosten dieser Organisationen zu halten. Er lehnte jedoch diese Vorschläge ab. Als Motivation legte er klar, daß er auf gar keinen Fall derartige Manipulationen über sich ergehen lassen will ...

gez. IM »Siegel«

***

Notiz über ein Gespräch des Gen. Hager mit dem Mitglied der Gruppe «Puhdys», dem Genossen Gunther Wosylus 19. Januar 1979

Genosse Wosylus bedankte sich für die Glückwünsche des Genossen Hager anläßlich des zehnjährigen Bestehens der »Puhdys«. In einem angeregten Gespräch über die Erfahrungen dieser Gruppe, die sich für die sozialistische Unterhaltung der Jugend verantwortlich fühlt und auf ihre spezifische Weise bewußtseinsbildend wirkt, kamen eine Reihe von Fragen zur Sprache, die weiter verfolgt werden müßten: Die Künstler solcher führenden Gruppen wie »Puhdys«, »Karat« oder «Kreis« haben große Erfahrungen im Umgang mit Jugendlichen. Sie wissen, worauf ein großer Teil von Jugendlichen positiv bzw. negativ reagiert. Im Interesse der größeren Effektivität massenpolitischer Arbeit sollten verantwortliche Stellen bei der Organisierung von großen Veranstaltungen die Mitarbeit dieser Künstler vorsehen.

***

BV Leipzig, Abt XX 21. 01. 1986

J. ist längst aus der Staatsbürgerschaft der DDR entlassen. Es bestehen Verbindungen des J. zu Korrespondenten westlicher Massenmedien sowie zu ehemaligen DDR-Bürgern, die in der BRD feindlich gegen die DDR auftreten. Als Feind der DDR unterstützt J. deren Machenschaften.

W., Oberstleutnant

Klaus Renft übergibt 1995 seine Gitarre einer Ausstellung im Haus der Geschichte der Bundesrepublik Deutschland

JA.
LEBEN MIT DER HOFFNUNG, DASS WENIGSTENS DIE NARBEN BLEIBEN.

DAS TAGEBUCH

Juli 1968. – Heute ist Mittwoch. Es ist der erste Versuch von mir, Gedanken oder Erlebnisse eines Tages aufzuschreiben. Das wird kein regelmäßiges Tagebuch, kein Geschichtenbuch werden – aber doch der Versuch, Klarheit in den Kopf zu kriegen. Wenigstens im nachhinein, wenn die Dinge passiert sind. Ich proste mir zu: Also, Klaus, gehen wir mal versuchsweise davon aus, daß ein stockendes Herz, das zum Stift greift, nicht weniger dokumentarisch ist als vielleicht eine Zeitungsmeldung.

Meine beruflichen Gedanken gehen dahin, daß ich mir überlege, ob ich wirklich Musiker werde oder nicht doch besser Gemüsehändler oder Kraftfahrer. Möglichst selbständig will ich sein, aber ich lebe ohne richtiges Ziel. Ich tröste mich mit guten Vorsätzen, täusche mich damit über Leere und die fehlende Kraft weg, was wirklich Handfestes anzupacken. Ein Jahr auf der Musikhochschule ist zu Ende, ich habe die Oberstufe, mein Niveau ist zumindest so, daß ich nicht rausgeschmissen werde. Im praktischen Musizieren, bei dem mich Herr Köpping vom Gewandhausorchester auf dem Kontrabaß schult, bestand ich mit einer «Zwei».

Gestern war Probe mit meinem Schlagzeuger Werner Schmidt. Meine Technik auf dem Baß ist schwach. Ich hoffe, demnächst was Besseres ins Tagebuch schreiben zu können, denn sonst kann ich wirklich gleich Gemüsehändler werden.

Im Neuen Deutschland stehen scharfe Attacken gegen die Kommunisten in Prag.

August 1968. – Bei Herrn Straube im Rathaus. Die »Renft-Combo« ist wieder mal fällig. Die Punkte gegen uns: das Programm und die Steuern. Ich konnte aber alle Beschuldigungen abwehren, es blieb bei einer erneuten Verwarnung. Gerüchten zufolge sollen heute vier Leipziger Kapellen verboten worden sein. Wo soll das hinführen? Was machen wir denn falsch, indem wir uns einfach geben, wie wir nunmal sind? Ich will, daß die Ehrlichkeit von den einen die Ehrlichkeit von den anderen auslöst. Leben und leben lassen. Aber das geht offenbar nicht so reibungslos. Die lassen uns nicht leben, wie wir wollen. Die kontrollieren uns. Die schreiben ständig unsere Namen auf. Ich träume. Ohne Namen möchte ich sein, ohne Ort, zäh und spröde: Ich möchte Eigenschaften haben, die halten, was sie einmal versprechen. Aber ich bemühe mich, mit allen gut auszukommen. Ich schwanke.

Zeitunglesen langweilt, bis auf eine kleingehaltene Meldung: In Bratislava haben sich die streitenden kommunistischen Parteien mit einem Kommuniqué geeinigt. Ein Kommuniqué, heißt es da, wurde verabschiedet. Seltsam: Kommuniqués werden immer verabschiedet. Hat aber keinen Zweck, sie zu verabschieden – die kommen immer wieder. Und die Gespräche, wie es auch in der Zeitung heißt, die in guter Atmosphäre verliefen: Das heißt wahrscheinlich in Wahrheit, sie verliefen – im Sande ...

Ich frage mich, ob sich persönlicher Einsatz für eine politische Idee wirklich lohnt. Die Praxis beweist, daß alle, die sich statt dessen lieber bedeckt halten, am besten klarkommen. Klarkommen heißt: Weiterkommen, hochkommen. Aber will ich das? Was wäre das: weiterkommen, nach oben kommen? Ja, ich will auch nach oben kommen, aber nie im Leben auf einen Posten, sondern auf eine Bühne.

Oktober 1968. – Musikgruppen-Einerlei, verfluchtes Kuddelmuddel: Stolle will sein Geld verdienen, mehr nicht. Wird von Fats beschuldigt, er wolle aussteigen. An der Orgel ist er noch nicht sehr firm. Fats wollte bei Stein einsteigen, das hat aber nicht geklappt. Soll nun bei uns Schlagzeug spielen. Bello muß am 1. November zur NVA. Steibig will zum Erich-Weinert-Ensemble, er soll, falls ein besserer Gitarrist kommt, schon vorher ausgewechselt werden. Werner geht im Januar zur Gerhard-Stein-Combo.

Wenn das hier einer lesen würde, der uns nicht kennt, der würde denken: Klapsmühle.

Ich habe vor, eine neue Gruppe zusammenzustellen. Bei der alten zeigen sich Zerfallserscheinungen. Konzert in der Hochschule für Grafik und Buchkunst: ein einziger Mißerfolg. Unsere Show beginnt zu bröckeln. Fats hetzt gegen Stolle. Wem soll ich glauben? Wird es möglich sein, diese Gruppe zu retten? Sie ist für alle nur ein Steigbügel. Und zwischen allen – ich. Beim Singstudium wissen viele nicht, was Sache ist. Traurig bin ich und deprimiert. Ich muß genau in Erfahrung bringen, welche Möglichkeiten wir in der Stadt als Berufsmusikanten haben. Ich muß mich kümmern, denn ich kann ja leider nicht allein Musik machen.

Volkshaus Wiederitzsch. Eine Veranstaltung der Karl-Marx-Oberschule. Kein direkter Erfolg, aber die Musik war besser als die Abende zuvor. Viele Fans der Renft-Combo waren auch unzufrieden. Große Lust habe ich auf andere Leute, andere Atmosphäre. Aber wie und mit wem?

Heute macht Werner zum letzten Mal in Schkeuditz mit. Morgen geht er zur Armee, dann zur Gerhard-Stein-Combo. Gestern war Probe. Fats hat mit Stolle gestänkert und ihn beschuldigt, er würde sich bei allen anbiedern. Letzte Woche war ich mit Peter Grünstein vom Poetischen Theater »Louis Fürnberg« zwei Tage in Karl-Marx-Stadt, zur Singewoche. Sehr interessant. Als wichtigsten Gedanken für mich habe ich mitgebracht: Einerseits ist die Gruppe, die wir haben, sowas wie das Material – andererseits ist das, was wir emotional mit unserer Musik erreichen können, das Ziel.

Dazwischen, das Wie und der Weg, das ist das Geheimnis und das Abenteuer, das wir zu bestehen haben. Bei jedem Auftritt. Ich muß mir nach wie vor klar werden, was ich eigentlich will: privat, im Beruf, im Singestudio, in der Beatgruppe.

Mußte vorhin das Tagebuchschreiben unterbrechen: Mein Sohn ist vom Klavierhocker gefallen. Im Krankenhaus wurde er am Kinn genäht.

November 1968. – Es ist ein Uhr morgens. Ich kann nicht schlafen. Werner ist aus der Gruppe ausgestiegen, Bello kam zur Fahne. Fats ist ganz gut am Schlagzeug, Manfred Wagenbreth singt, und er spielt auch Gitarre. Wir sind gut angekommen bei Auftritten in Dresden und Gaschwitz. Bello machte mir noch eine Szene, kurz vor seiner Abreise. Ich hätte zuviel Geld von den Veranstaltern genommen, warf er mir vor. Außerdem meint er, man könne nicht gleichzeitig Beat und Singeklub machen. Er prophezeite mir deshalb weitere Abgänge aus der Truppe. Vieles, was in der Band besprochen werde, würde ich eh nicht erfahren, ich hätte ein völlig falsches Bild von der Situation. Ich sei ein Traumtänzer. Ich sage gar nichts. Die können reden, was sie wollen: Ohne Bindung an die Singebewegung bekommen wir keine Auftrittsgenehmigung als Rockgruppe.

Nie FDJ-Mitglied, aber in Arbeitsgruppen mitmischen ...

Januar 1969. – Ich habe den Eindruck, daß nicht mehr gut über die Gruppe gesprochen wird. Alle nölen, man gibt mir noch zwei Jahre, dann sei ich vergessen – Rückentwicklung auf der ganzen Linie. Ob ich umsteigen soll? Nur: Wohin?

Der neue Gitarrist, Jürgen Matkowitz, macht den Eindruck eines harten, selbstbewußten, nicht unbegabten Menschen. Zeigt viel Interesse für die Gruppe. Eine neue Sängerin hat sich auch beworben. Gaby. Sie kommt aus Berlin, studiert in Leipzig Dolmetscherin, russisch und englisch. Habe noch keinen richtigen Kontakt zu ihr gefunden. Sie will vor allem A. Franklin, Soul und Blues singen. Ihre Stimme ist gut. Morgen spielen wir in Mülsen, das erste Mal mit Herrn Matkowitz. Neue Titel sind: »I feel free« von The Cream und »About« von Steppenwolf. Auch können wir jetzt vielleicht wieder einige Jimi Hendrix spielen.

Der vergangene Sonnabend war ein merkwürdiger Tag. Von unserem »Sachsenring«, den Bernd Seifert lenkte, löste sich ein Teil der Hängerkupplung. Fast wären die Instrumente allein davongefahren. Als wir um 17 Uhr in Mülsen St. Niclas ankamen, ging fast alles (außer einem besonders zähen Schnitzel) seinen gewohnten Gang. Das Hallgerät war überholt worden, der neue Gitarrist, Matkowitz, hatte seinen englischen Verstärker mitgebracht. Nach dem obligatorischen Gang zur Bar, von dem wir, nach einer guten Weile, in bester Stimmung zurückkamen, ging plötzlich der Gesangsverstärker aus, der Kölleda KV 1500. Damit waren wir lahmgelegt, es wurde ein müder Singsang, den wir boten. Jemand hat uns dann einen Regent 30 besorgt, so ging der Abend schlecht und recht über die Bühne. Damit nicht genug: Auf der Heimfahrt kam gleich nach Mülsen heftiger Nebel auf. Wir mußten links und rechts aus dem Fenster gucken, um überhaupt was zu erkennen. Das ging eine Weile gut, bis es knallte und ein Kilometerstein und die Stoßstange dran glauben mußten. Kurz vor Leipzig, bei Weichau, hatte sich zwar der Nebel gelichtet, aber Fahrer Bernd schlief leider für den Bruchteil einer Sekunde ein. Die Zeit reichte, um mit 50 Sachen, zwischen zwei Bäumen durch, in den Graben zu schlittern. Der Hänger überschlug sich, die Instrumente verteilten sich in der Landschaft, über Stolles Posaune fuhr ein nachfolgendes Auto. Wir hatten also im wahrsten Sinne des Wortes Blechschaden gemacht. Die meisten von uns hatten geschlafen, so daß wir nicht mal dazu kamen, richtig zu erschrecken. Bis zum anderen Morgen, acht Uhr, warteten wir frierend auf den Kran. Als der auch dann nicht kam, holte Manfred ein Taxi herbei und wir fuhren heim. Mit Fats hatte es auch wieder Krach gegeben. Nachdem er schon den ganzen Abend unseres Auftritts in Mölsen gestänkert hatte, wollte er plötzlich sein ganzes Geld haben. Obwohl wir ausgemacht hatten, ich solle für ihn sparen, damit er nicht in Versuchung gerät, rumzuprassen und damit er endlich sein Schlagzeug und die Steuern bezahlen kann. Ich habe ihm das Geld gegeben. Fats bleibt wohl ein Querulant und wird daran scheitern.

Februar 1969. – Ich höre »Here it comes again« von den Fortunes. Manchmal reicht ein einziger Titel, und eine Gedankenlawine bricht los, bricht über mich herein. Here it comes again. Hier kommt es wieder: das Gefühl der Unsicherheit, der Angst. Ich mache zu viele Fehler in meinem Leben, ich habe keinen Halt, der Boden unter mir ist wie ein Geröllfeld. So reden die Bergsteiger vom Felsgeröll: Spring rein oder meide es! Ich finde keine Sicherheit auf dem steinigen Boden. Wie soll ich da als Musiker den anderen Sicherheit geben. Was tauge ich wirklich. Vielleicht tauge ich nur als Zwischenstation in der Entwicklung anderer Musiker?

Wüste Träume
Das Laufen ist wie eine Kettenreaktion
und jeder schaut nach außen und innen
doch ich habe nicht aufgepaßt
und bin außen schneller gelaufen
und so habe ich mein Inneres aus den Augen verloren

März 1969: – Sind mit der Singe in Klingenthal. Kurt Demmler ist nicht mehr dabei, er hat seinen Posten als Leiter des Poetischen Theaters niedergelegt, will nur noch Texte schreiben und komponieren.

Die Tageszeitungen sind voller Kämpfe: Kampfpositionen, Kampf um den Plan, Kampf gegen den Schnee, Kampf um Futterreserven, Kampf gegen die Verspätungen. Kampf, das liest sich mehr und mehr wie Krampf.

Es gibt Tage, da komme ich mit meiner Unvollkommenheit unerwarteterweise ganz gut klar. Ich denke mir: Wären die Menschen vollkommen, würden sie sich ja nicht voneinander unterscheiden. Das Eigene, das du hast, das rührt von der Unvollkommenheit her.

Erschreckend sind die vielen Superlative in unseren Zeitungen: unumstößlich, unverbrüchlich, ewig, nie wieder, für alle Zeit, allmächtig, allerhöchste, unauslöschlich, noch höher, noch tiefer. Aus Übertreibungen grinst die Dogmatik, höre ich im Radio von einem Westjournalisten.

Im Fernsehen sagt eine Dichterin: Es ist schwer, die Wahrheit zu schreiben, denn bis man durch das Gestrüpp von Banalität durch ist, ist man schon erschöpft. So einen Satz zu hören, ihn zu verstehen, ihn zu behalten und aufzuschreiben – dafür hat sich der Tag schon gelohnt. Ich schreibe ihn erstmal auf, mit dem Verstehen kann ich mir ja Zeit lassen. Nicht jeder Tag endet mit der Bilanz, wenigstens einen einzigen guten Gedanken erfahren zu haben.

Zuviel getrunken heute. Nun schreibe ich. Ich mache die Augen zu und seh lauter Spiegel, die mich von allen Seiten einpferchen, erdrücken. In der Kindheit hat es auch schon Spiegel gegeben, aber in größerer Entfernung. Allmählich kommen wir selber uns, im Laufe des Lebens, immer näher, es bleibt nur wenig Raum mehr um uns, bis wir uns ganz nahe sind. Der nächste Schritt heißt: den Spiegel mit der Faust zertrümmern, bluten, sich zerschneiden. Oder wir bleiben stehen. Wer unblutig ist, ist stehengeblieben.

Wenn wir mit unserer Musik mal wieder anecken, dann denke ich: Wenn größere Bewegungen unmöglich werden, dann ist es besser, sehr kleine zu machen, sich selbst fast bis zum Nullpunkt zu verlangsamen. Damit es nicht zum wirklichen Nullpunkt, also zum Ende kommt.

Wer Pläne macht, will etwas hinter sich haben. Alles Plänemachen ist im Grunde nur Vorfreude auf Erinnerung, eine Bilanz im vorhinein, ein Wunsch, es hinter sich zu haben – Todessehnsucht?

Picasso-Zitat: Der mittelmäßige Künstler gibt die Wirklichkeit genauer wieder als der begabte – weil es dem Mittelmäßigen an Einbildungskraft fehlt, ist er näher dran am Leben.

Am Fenster eine Fliege. Sie knallt gegen die Scheibe, als dürfte dort, wo sie nichts sieht, nichts sein. Ich verhalte mich zuweilen auch nicht anders.

Juli 1970. – Meine Ehe mit Irmtraut ist geschieden worden. Bei zwei Dickköpfen kann alles an einer einzigen Kleinigkeit zerbrechen. Vielleicht beginnt das Unglück in dem Augenblick, in dem einer den anderen zu durchschauen glaubt. Solange wir wissen, daß wir unerkundbar sind, ist sowas da wie Zuneigung. Ich werde nicht wieder heiraten: Ich fühle mich wie ein Pokerspieler, der sein Geld verloren hat und zudem noch erfährt, daß die Karten gezinkt waren. So ging nicht nur ein Spiel verloren, sondern auch das Zutrauen ins Spiel überhaupt.

Juli 1971. – John Lennon: Ein Held der Arbeiterklasse müßte man sein. Aber da muß man erst mal als Arbeiter arbeiten, lieber Klaus, und darf nicht nur am Abend große Pläne haben, am Morgen aber vor Halbträumen nicht aus dem Bett kommen. Es ist ein ständiges Auferstehen – und Betäuben. Nichts mit Held der Arbeiterklasse, nichts mit John Lennon.

August 1971. – Ich liebe Angelika. In den letzten drei Wochen kamen zwei Briefe und eine Karte an. Ich weiß nicht, ob Angelikas Vater, der alte Grieche, meine Post verschwinden läßt. Ich befürchte es. Das würde mich stark treffen.

September 1971. – Angelikas Vater: dieser Griechenopa! Ich muß den Alten bekämpfen. Vielleicht sollte ich ihn zuallererst auf seine in unserem Staat ungesetzlichen Geschäfte hinweisen. Ich werde ihm klarmachen, daß wir uns nicht die Gepflogenheiten von ein paar Geldsäcken aufzwingen lassen. Soll er doch dorthin gehen, wo es ungestraft bleibt, die eigene Tochter auf so unverschämte Weise zu bevormunden. Mich diskriminiert der Kerl, das geht bis zu Morddrohungen!

Es kam zu einem Gespräch zwischen Angelikas Vater und mir. Als sich Angelika an der Aussprache beteiligen wollte, hat er sie wie ein kleines Kind über die Knie gelegt und verdroschen. Mir hat er wieder gedroht, ich solle die Hände von seiner Familie lassen, und dann machte er doch tatsächlich den Vorschlag, mir eine Frau zu kaufen.

Wer ist Klaus Renft
Wer ist die Welt
Schreien ist sie
dein Versagen
in deiner Hoffnung

Januar 1972. – Michael Heubach, fast ein Jahr lang unser Organist, ist weg. Kuno steigt bei uns ein, neunzehnjährig, fett, verheiratet, ziemlich lustlos, wie ich finde. Er macht aber trotzdem den Eindruck eines verträglichen Menschen. Er scheint glücklich gewesen zu sein bei seinen »Biscats«. Wahrscheinlich, wenn ich mich ehrlich prüfe, hat er den »Renft«-Eintritt nur der Fürsprache und Überredungskunst von Fats zu verdanken. Ich sehe ein: Wir müssen unsere Vorurteile ihm gegenüber abbauen, ich vor allem.

Alle haben wieder Lust auf neue Titel. Cäsar, Jochen, Monster, Pjotr, Kuno und Klaus – das sind wir, die neue »Klaus-Renft-Combo«, die sich auch in diesem Jahr an der Spitze halten will. Was sind wir für Musiker?

Kuno spielt Posaune und Klavier, eine gute Vorbildung hat er durch seine Mutter und die Thomaner. Bei Jochen, unserem Schlagzeuger, fällt mir Ausgeglichenheit ein. Gelernt hat er Cello, war mehrere Jahre auf der Musikschule. Cäsar, der schon ein Diplom auf der Blockflöte hat, muß aufpassen, daß er wegen derzeit schlechter Studienleistungen und miserabler Disziplin nicht exmatrikuliert wird. Pjotr, der Autodidakt: Ich halte es für nahezu ausgeschlossen, daß er das schaffen wird, was in der jetzt gültigen Prüfungsvorschrift von einem Berufsmusiker verlangt wird, vor allem in den Theoriefächern. Monster ist ebenfalls klassischer Autodidakt. Auch bei ihm baut sich alles Musikalische auf einem allerdings starken Gefühl auf. Na, und ich? Vier Jahre Unterricht an der Tanzmusikschule Leipzig. Aber neuerdings habe ich nur noch den ganzen Tag mit Post, Steuerabrechnungen, Anrufen, Verträgen, Verstärkeranlagen, Transport- und Organisationsproblemen zu tun, mehr und mehr auch wieder mit Aussprachen bei allen möglichen Ämtern und Institutionen. Nur notdürftig lerne ich noch auf meinem Instrument das, was ich doch intensiv tun müßte. Manchmal denke ich schon, ich komme musikalisch nicht mehr hinterher. Es wäre schlimm, bekäme ich Angst vor den neuen Titeln, die wir spielen wollen.

Alljährlich, wenn es um die Verlängerung unserer Auftrittsgenehmigung geht, beginnt die große Angst, das große Zittern. Werden alle von uns die Genehmigung bekommen? Muß vielleicht einer von uns seine Sachen packen? Wir sind ein gutes Kollektiv, es wäre schade. Jeder bangt mit jedem ...

Ob man Musik macht oder Schreibmaschine schreibt oder Kaffee serviert – es ist egal, wie man sein Geld verdient, Hauptsache, man verdient Geld. Eigentlich widerspricht diese Aussage meiner inneren Einstellung, aber erstens treffe ich bei anderen, auch bei Freunden, immer öfter auf diese Haltung, und zum zweiten wird man leider geradezu dazu erzogen, sich so zu verhalten: Wenn mir die Zensur meine Musik und damit meinen wichtigsten Lebensinhalt nimmt, bin ich zu einer Gleichgültigkeit gezwungen, die der Staat doch eigentlich, wenn ich ihn in seinen Zeitungen ernstnehme, am allerwenigsten haben will. Es ist ein merk-

Aus dem DDR-Haushaltsbuch eines freischaffenden Musikers

würdiger Teufelskreis. Ich werde mich gegen diese Geldphilosophie wehren, ich will mein Leben nicht als Vorstufe eines »sozialistischen Kapitalismus« sehen.

Februar 1972. – Meiner Frau Angelika komme ich langsam näher. Ich glaube, aus den Fehlern meiner ersten Ehe zu lernen. Unterschiedliche Charaktere müssen halt den Punkt finden, an dem man es sein läßt, den anderen erziehen zu wollen – ohne sich dem Vorwurf auszusetzen, Toleranz sei nichts anderes als Desinteresse.

Ich fühle mich als eine Art Dolmetscher zwischen den Anschauungen, den Gesinnungen der Musiker und den Möglichkeiten im Rahmen der gesellschaftlich festgelegten Ziele.

November 1972. – Unsere Gruppe »Klaus-Renft-Combo« hat sich um die Sonderklasseneinstufung beworben. Die Jury verließ nach einer Dreiviertelstunde unseres Programms entnervt und mit verkrampften Gesichtern den Saal. Offizieller Grund, der uns hinterher mitgeteilt wurde: Wir hätten die Zeit überschritten. Ich kann es nicht glauben und warte mit der großen Hoffnung, daß es ein Mißverständnis war, auf die nächste

Aussprache. Die Einladung dazu aber kommt nicht. Unsere langen Haare machen uns zu Außenseitern, die man wegschiebt, überall. Doch es gibt Hunderttausende solcher Außenseiter. Kann nicht eine Band, wie wir eine sein wollen, solchen jungen Leuten ein Stück Zuhause sein? Warum läßt der Staat das nicht zu? Warum ist der Staat erst zufrieden, wenn man, wie jetzt ich, wütend und resigniert sagt: Werd' ich eben Pförtner!

Bin von der VP besoffen in der Otto-Schill-Straße aufgefunden worden.

August 1973. – Die Weltfestspiele. Renft als Hauptdarsteller bei der FDJ! Ja, wir haben beim Abschluß der Veranstaltungsreihe PLX gespielt, das war für uns das Größte. Doch auch bei Treffen davor sind wir aufgetreten, eigentlich immer mit Erfolg, aber stets mit den üblichen Pannen: Mal paßte unser Instrumenten-Aufbau nicht auf den Lkw, der als Bühne diente, dann wieder beschwerte sich ein Regisseur über unser Repertoire.

Der langweilige Mensch ist das Schicksal dieses Staates. Fast ein Ideal. Er hat keine eigenen Gedanken, er vollzieht nach. Und er verteidigt, was er nachgebetet hat, als eigene Meinung. Alles Neue wird so zur Gefahr. Da das Neue unfertig kommt, findet er Argumente, das Unfertige als das Wesen des Neuen an den Pranger zu stellen. Er sieht keine Entwicklungen. Er ist im wahrsten Sinne des Wortes selber fertig. AbgeFERTIGt, als Mensch.

Es gibt Momente, da verstehe ich, worunter Politiker leiden müßten, wenn sie ihren Beruf richtig ausüben würden – worunter sie aber letztlich nicht leiden, weil sie dann ihren Beruf nicht mehr ausüben könnten: Es ist die Schwierigkeit, sich wirklich in einen anderen Menschen hineinzuversetzen. Das packen die nicht. Unsere Politiker wollen immer nur Dankbarkeit. Altbekannter Eltern-Egoismus: Wir haben doch alles getan, du hast doch alles bekommen, du hast es doch gut bei uns! Dieser bemooste eigene Maßstab, der nichts anderes zuläßt, wird auch noch mit Selbstlosigkeit eingelullt.

September 1973. – Treffen mit Roland Oehme (Regisseur DEFA) und Hans Mahlich (Produktionsleiter DEFA). Mit wenigen Änderungen angenommen wurde unser Titel »Aber ich kann's nicht verstehen« für den Film »Wie füttert man einen Esel«, in der Hauptrolle Manfred Krug.

Aber ich kann's nicht verstehen

Glaubte sie sei noch ein Mädchen
Da war sie eine Frau
Lachte mich an wie die Sonne
Aus ihren Augen blau
Sagte mir herrliche Worte
Nahm meine Hände sacht
Führte sie an ein Feuer
Mitten in der Nacht

Glaubte sie hätte noch keinen
Aber sie hatte nen Mann
Der lag in seinem Ehebett
Zehn Häuser nebenan
machte mir kein Gewissen
es war wunderschön
Aber ich kanns nicht verstehn

Ich hielt sie für ein Mädchen
Kein Mädchen war sie dann
Ich hielt sie für alleine
Da hatte sie nen Mann
Ich hielt sie für nicht glücklich
Das war dann auch nicht wahr
Ihr Gatte sei der beste und
Sie liebe ihn sogar
Aber ich kann's nicht verstehn

November 1973. – Unsere Berufsausweise haben wir noch immer nicht. Die Arbeit an unserer Kantate, die wir bald vorlegen wollen – sie geht nur langsam voran, da wir zu viele Muggen machen. Wir haben auch keinen vernünftigen Probenraum. Die Techniker spuren nicht. Kurt läßt sich mit den Texten elend Zeit. Und ich? Ich bin machtlos.

Januar 1974. – Versammlung der Gruppe zum Problem Cäsar, dessen Berufsausweis gefährdet ist. Die Gruppe erklärt, ohne Cäsar verzichtet sie auf alle Konzerte. Cäsar schreibt eine Erklärung (Stellungnahme), warum seine Studienleistungen schlecht waren. Ich werde eine Erklärung abgeben, daß die gesamte Gruppe ein größeres Werk (Kantate) vorhat und Cäsar somit unbedingt gebraucht wird. Die Band gibt eine Stellungnahme über Cäsar ab, eine Art Vertrauenserklärung.

Wir waren in Olbernhau zum Winterurlaub, alle mit Kind und Kegel. Ich wollte damit eine familiäre Note in die Band bringen. Als Höhepunkt hatte ich ein großes Forellenessen bestellt. Aber es blieb bei der Vorfreude. Kleinigkeiten können viel zerstören: Als ich das jämmerliche Fischlein auf meinem Teller sah, brach sich die Schadenfreude der werten Kollegen Bahn. Ich hatte in meinem Glauben an diese kleine Idee zum Zusammenrücken die ganz andere Realität nicht bemerkt: Die machten sich über meine »familiäre Art« lustig.

Unsere LP »Varianten der Einsamkeit« wird aufgrund der Konzeption abgelehnt.

Konzert im Leipziger Grassi-Museum, anläßlich der Ausstellung »Venceremos«. Schlechte Organisation, zu kleiner Raum, zu kleine Bühne. In der LVZ gab's nicht mal eine Notiz. Ob wir die versprochene Mittel-Farbseite in der NBI kriegen?

Februar 1974. – Diskussion mit Monster. Während einer Veranstaltung hat er zweimal die Bühne verlassen. Er verspricht, das nicht wieder zu tun. Solche Diskussionen und meine Maßnahmen dagegen sind mir peinlich. Das riecht so nach Erziehung.

August 1974. – Zulassung als Berufsmusiker.

Die sozialistischen Funktionäre besuchen die sozialistischen Hausfrauennachmittage und beißen in die von den sozialistischen Funktionären eingekauften für die sozialistischen Rentnerinnen bestimmten sozialistischen Würste hinein die die sozialistischen Konsumvereine im letzten Augenblick auf sozialistische Art und Weise den Sozialistischen zur Verfügung gestellt haben: sozialistischer Kaffee sozialistische Zeitungen sozialistische Methoden in einem sozialistischen Staat sozialistische Kindergärtnerinnen sozialistische Jugend ein sozialistischer Gott in einer sozialistischen Welt der von der sozialistischen Regierung eingesetzt worden ist: Das alles wird von den sozialistischen Kleinkopie-Kapitalisten geduldet, gefördert, aufgestachelt, erfunden – um den Sozialismus verhaßt zu machen. Der Sozialismus behindert den Sozialismus.

Januar 1975. – Mit 32 sitze ich da und suche einen Ausweg. Es herrscht wieder mal die totale Krise. »Renft« ist unzufrieden mit Renft. Ich stehe zum x-ten Male vor der Frage: aufhören oder weitermachen. Vielleicht gibt es einen Kompromiß: Ich zupfe dann eben nur ab und zu meinen Baß. Immer nur dann, wenn's mich wirklich überkommt. Wie einer, der den Entzug nicht durchhält. Vielleicht muß ich solche Momente abwarten, um wirklich gut zu sein.

September 1975. – Es geht zu Ende mit »Renft«, sie machen uns fertig. Die letzten Konzerte werde ich nie vergessen. Die Zuschauer waren Zuschauer an einem Grab, Schaulustige bei einem Aufstand, der nicht gelungen ist. Ich habe Angst vor Augen, die mich fragen: Warum hast du das nicht verhindert? Betrunkenheit ist eine gute Maske. Manchmal trinke ich, um mit Arschlöchern reden zu können. Einschließlich meiner selbst. Mein Verstand ist ein weicher Hammer. Mein Bedauern um vertrödelte Nächte und verschwendete Jahre wächst.

Ich habe Lust zu Aktionen, die scheinbar keinen Sinn haben. Letztlich hat auch Musik nicht das, was in diesem Land unter Sinn verstanden wird: freiwillige Knechterei unter ewiges Lernen. Aber warum mache ich Musik? Vielleicht, um durch den Körper den Geist zu erreichen. Denn Musik ist zuallererst Körperlichkeit. Dem Körper seinen Frieden zu entreißen – als Weg, um zu innerem Frieden zu gelangen.

November 1975. – Wir sind in erster Linie eine Rock-Band, einfach eine Band. Was wir tun, ist nicht: eine öffentliche Versammlung einberufen, um ein aktuelles Thema zu diskutieren. Trotzdem nehmen wir mit jedem Konzert teil an der Erschaffung einer Welt, und wir feiern diese Schöpfung gemeinsam mit dem Publikum. Wie es Jimi Hendrix gesagt hat: Ein Konzert wird zu einer Skulptur der Körper in Aktion. Das hat sicher immer auch was mit Politik zu tun, doch unsere Macht ist irgendwie sexuell. Ich lese und merke: Jetzt habe ich alles so in mein Tagebuch geschrieben, als gäbe es »Renft« noch. Ich kann mich nicht daran gewöhnen, daß ich in der Vergangenheit lebe.

Dezember 1975. – Drei Tage Arbeit an einem ZDF-Interview. Von unseren staatlichen Stellen haben wir lange nichts gehört.

Es kommt der Zwischenbescheid auf unseren Brief an Erich Honecker vom 8. Dezember. Hoffnung! Vor Freude möchte ich durch die Straßen laufen und den Leuten laut ins Gesicht schreien: »Seht doch, es ist nicht so, daß man in der DDR nur durch Arschkriechen und Maulhalten existieren kann. Wer das behauptet und resigniert, hat unrecht! Wir haben noch eine Chance, unser Fall wird noch einmal sorgfältig geprüft!« Nun wird die Sache mit dem ZDF natürlich (erstmal?) auf Eis gelegt.

Januar 1976. – Honecker wird uns fallen lassen, ich weiß es nun. Es ist ein scheußliches Gefühl, nichts tun zu können. Das Leben ist eine sinnlose Strapaze. Alles stagniert. Zu nichts habe ich mehr Lust. Es heißt, das, woran man bis zuletzt glaubt und dem man die Treue hält – das ist das einzige, was den Begriff Wahrheit verdient. Ich möchte an die Musik glauben, ich möchte durch Musik mir selber die Treue halten. Aber ich fürchte, es gelingt mir nicht. Nicht mal das Bier schmeckt. Ob ich auswandere? Gehöre ich noch hierher? Vor der Antwort habe ich Angst. Es wäre auch eine Antwort auf die Frage, ob ich jemals wieder vor einem großen Publikum stehen werde. Was ist eigentlich mit meinem Heiratsantrag, den ich Anfang Oktober 1975 im Rathaus gestellt habe? Dieses Leben ist wirklich Scheiße: Die meisten Seile sind nicht in der Luft, sondern knapp überm Boden gespannt, und sie sind darauf angelegt, daß man elendig stolpert.

»Varianten der Einsamkeit« wollten wir in unserer abgelehnten LP behandeln. Längst vergessen. Aber die Themen stürzen wieder auf mich ein, viele Fragen bleiben. Die Vereinsamung des Menschen. Warum sind die Jungen einsam, trotz Disco, Sexrevolution? Warum bleiben die Alten allein? Warum empfinden Kinder ihren Eltern gegenüber keinen Dank? Woran liegt es, daß die Gespräche abebben, wenn man sich lange kennt? Paßt Fremdheit besser in diese Zeit als Vertrautheit? Wodurch wird der Mensch überheblich? Wodurch brutal? Und wodurch unkritisch? Ist die

Kindheit unser eigentlicher Lehrer? Warum fliehen wir die Realität, mit Liebe, mit Alkohol? Unterdrückt Leistungsdrang die Individualität? Kann sich ein Mensch, der etwas leisten will, Sensibilität leisten? Die ehrlichen Antworten dürfen wir nur flüstern. Flüstern ist die schlimmste Strafe für einen Rock-Musiker.

Antwort von Erich Honecker auf unseren Brief vom 8. Dezember. Dr. Geldner vom Rat des Bezirkes ist bemächtigt und beauftragt, das Ergebnis mitzuteilen. Die Satzbrocken schwirren mir im Kopf umher, wie Sterne im Universum, alles weit und dunkel und kalt. Interesse für unsere Arbeit .. befristete Zulassung ... Entstellung der Wahrheit ... Haltung überprüfen ... wird zurückgewiesen ... keine Ausnahmebedingungen ... gezwungen, uns die Verantwortung abzunehmen ... Schaden selber verursacht ... Prüfung abgeschlossen ... gesetzesgültig ... letztes Gespräch mit dem Kollektiv Renft ... erneute Beschwerdeführung erübrigt sich ... keine Möglichkeit, unter anderem Namen ...

Ein weiteres Gespräch mit diesem Herrn Geldner von unserer »Exekutive« vereinbart. Ich will wissen, ob er Arbeit für mich möglich hält oder mich bei meiner Ausreise unterstützt. Unsere Lohnunterlagen liegen bei der Steuerfahndung; man will uns wohl auch noch als Kriminelle entlarven, um vom Politischen abzulenken.

Es ist erstaunlich, wie unbelehrbar man sich falsche Hoffnungen macht. Erst redet man sich ein, daß man nicht verboten werden könne, nur weil man laut sagt, was man denkt. Dann redet man sich ein, nicht der Staat an sich bestrafe einen, sondern das Ganze sei ein Racheakt einiger Provinzidioten, die uns schon seit langem nicht ausstehen können. Aber Aufrichtigkeit und ein eigener Kopf sind diesem System ein Dorn im Auge. Doch ich will mich nicht fesseln lassen, ich will nicht bloß funktionieren, ich bin alt genug, für mich selber zu entscheiden, was ich tue und lasse.

Februar 1976. – Geli und ich sind nach Dresden gefahren. Spaziergänge in der Sächsischen Schweiz. Am Sonnabend stromaufwärts zu den Schrammsteinen, es ist eine wunderbare Gegend. Am Sonntag zur Bastei. Ich wußte gar nicht, daß es in unserer Nähe so phantastische Felslandschaften gibt, die bei den Alpinisten aus aller Welt bekannt und geehrt sein sollen, wie uns Leute in der Kneipe erzählen. Stark, der Eindruck vor den Schwedenlöchern. Ich stehe vor den gigantischen Sandsteinblöcken, jahrtausendealt sind die Furchen im Stein, und ich vergesse hier für Momente die erbärmliche Wirklichkeit. Plötzlich ist aber nicht nur das erbärmlich, was sich uns in den Weg stellt – wir selber empfinden unseren Ärger so sehr viel kleiner. Wir sind ein Staubkorn im Wind der Zeiten, dem sich nur entgegenstellen kann, was aus Stein ist. Wir sind nicht aus Stein. Leider nicht. Zum Glück nicht.

Gespräch bei Geldner. Ich schreibe hier nur die Fragen auf, die mich beschäftigen. Diese Fragen gleichen Bällen, die man gegen eine Wand wirft, aber die Wand gibt nach, und die Bälle verschwinden wie in einer weichen Masse, die sich nach jedem Wurf sofort wieder schließt. Geldners einzige Antwort auf alles: Sie hören von uns.
Wie haben sich die staatlichen Organe meine weitere Arbeit vorgestellt? Was bleiben mir für Möglichkeiten, um weiter musikalisch zu arbeiten? Welche Auflagen und Einschränkungen gibt es bei mir? Kann der Rat des Bezirkes mich bei der Heirat mit einer Ausländerin unterstützen? Warum wird behauptet, wir seien als Gruppe mit Gesetzen kollidiert, obwohl wir nachweislich einzig und allein wegen unserer Texte verboten wurden? Wäre unsere Gruppe denn auch verboten worden, wenn wir ein Programm gemeinsam mit der Singegruppe »Jahrgang 49« gemacht hätten? Warum wird von der Steuer und vom Zoll nach uns gefahndet? Will man mich fertigmachen, um Stärke zu zeigen?

Ich habe mir den »Kessel Buntes« im Fernsehen angetan. DDR-Unterhaltungskunst hat nicht einmal den Ansatz eigener Kultur. Jeder sogenannte Spitzeninterpret ist die x-Folie von irgendeinem Westfuzzie. Aber die Kopie steht zum Original wie ein Vergleich von Pforzheim und Venedig. Kleidung, Kameraführung, Bewegung und Moderatoren-Anmache – alles hat den Eindruck von Christbaumkugeln an einer Krüppelkiefer. Als letzte Errungenschaft werden Synthesizer und Fenderklavier vermischt mit etwas Philadelphia-Sound. Ich will weg hier, und jetzt bin ich offenbar schon so weit, daß mich eine dämliche Fernsehsendung zu so einem Schritt anstachelt. Dieser Staat zieht einem sogar die Motive, deretwegen man ihn verlassen möchte, auf die niedrigstmögliche Ebene.

Aus den Träumen:
Wie immer, diese Gestalten, die ich kenne, aber nicht fassen kann: der Mund geht ihnen über von Liedern. Sie singen sich das Herz leer, lehnen an der hüfthohen griechisch hellen Mauer des Brunnens und können sich nicht satt hören an ihren eigenen Gesängen.

Wenn du, weil du Durst hast oder dich um die Blumen sorgst, einen Brunnen suchst, dann sei klug: geh woanders hin, such dir einen Brunnen, an dem keiner singend lehnt und sich selber lauscht. Laß dich ja nicht ein, mit diesen Unentwegten.

Wenn dir aber der Durst schon derart zur Qual geworden ist, daß du nicht mehr weiterkannst, oder die Blumen die Köpfe schon auf die staubige Erde legen, so bleib eben, stell dich in gehöriger Entfernung vom Brunnen auf. Und mach dich auf eine lange Wartezeit gefaßt. Denn sie denken nicht daran, den Brunnen freizugeben. Keinen Schritt werden sie weichen, und läßt du auch kantige Schreie gegen sie los, die kein Hehl aus deiner Absicht machen, sie zu vertreiben – alles vergeblich, mit gekonnter Zungenparade werden sie auch deinen Schrei in ihr Lied verwandeln, ihm hingegeben lauschend. Die Sänger. Die Lauscher. Vielleicht gelingt es dir hier und da, durch Schwenken der Arme ihre Aufmerksamkeit zu erregen. Beirren aber wirst du sie damit nicht. Sie werden nur noch lauter singen, sich die Hände im Takt rot klatschen, kriegerisch die Erde flach stampfen.

Doch singend, im trüben Morgenlicht, in der prallen Mittagssonne, in den wachsenden Nachmittagsschatten, im milchigen Schein des Mondes dem eigenen Gesang ganz Mund und Ohr, werden sie (das ist deine Chance, nutze sie!) von Stunde zu Stunde härter und härter, wie Muschelkalk – bis alle von ihnen irgendwann (du mußt nur Geduld haben!) die Gestalt überlebensgroßer, versteinerter Münder und Ohren angenommen haben werden ...

März 1976. – Das ist die große Erfahrung, die ich mit der DDR gemacht habe: Man wurde genau von den Leuten fertiggemacht, zu denen man doch ursprünglich mal gehören wollte, nicht in einer Partei oder sonstwie aktiv, sondern vom Gefühl her, aus dem Unbewußten heraus. Diese Erfahrung ist zugleich die große Enttäuschung – aber Klassenkämpfe finden wahrscheinlich hauptsächlich unter Angehörigen derselben Klasse statt. Überall wachsende Verarschung. Wer verständige Menschen überzeugen will, der braucht eine Meinung. Um alle Menschen zu überzeugen, genügt es, keine Meinung zu haben. Aus der Avantgarde ist eine Nachhut geworden, die beim Rückzug allerhöchsten Lärm macht: Sie täuscht noch immer Angriffe vor.

Juni 1976. – Warum ist die deutsche Musikszene so kitschig oder, wenn sie gute Texte bietet, so wenig unterhaltsam? Konzert von Uru-Guru, alle Titel in einer Jazz-Rock-Mischform. Dann kam die Entschuldigung: Nun endlich müsse man auch mal was in deutscher Sprache bringen. Es folgte der übliche Händeklatsch-Klamauk mit blödestem Text. Das Publikum muß sehr auf diesen Titel gewartet haben, denn es tobte.

Musik, wenn du sie beschissen findest, bleibt auch auf einer Hifi-Quadroanlage beschissen.

Seit unserer Ausreise habe ich noch nichts ins Tagebuch geschrieben. Wir sind hier im Westen unmißverständlich aber freundlich, freundlich aber unmißverständlich in das freie, harte System eingegliedert worden. Gesetze gehen über alles – und auch hier gehen sie vor allem: über Menschen. Wir haben eine Wohnung bekommen, von einem Bekannten Olaf Leitners, der gerade ein Haus geerbt hat. Es ist ein scheußliches Gefühl, das sich bei mir einschleicht, und zugleich eine böse Erkenntnis, die ich begreifen muß: Besitz ist hier, in dieser Bundesrepubik, der wichtigste Schutz der Person. Wenn ich mit anderen über diese Wahrheit rede, stimmen sie mir zu, wundern sich aber, wie traurig, wie ungläubig, wie enttäuscht ich sie ausspreche. Es sei doch die selbstverständlichste aller Wahrheiten.

Wir werden einen Fernsehfilm drehen, zu dem ich Ideen und Musik liefern soll: Geschichte eines jungen Menschen aus der DDR, der versucht, im Westen Fuß zu fassen.

Proben mit Gitarrist und Schlagzeuger sollen bald beginnen. Ich bin aufgeregt. Jetzt fängt an, was ich erst wieder buchstabieren muß: Z-u-k-u-n-f-t.

Rot und schwerfällig stieg die Sonne über den Dächern auf. Ganz früh war ich auf einem Trödelmarkt. Staunen über diese vielen Typen, die äußerlich Not ausstrahlen, aber innerlich von einem Freiheitsempfinden getragen sein müssen, daß ich nur staunen kann. Ich ahne, wenn ich in den Spiegel schaue, daß ich bin wie sie. Aber ich habe Angst vor der Not, vor den Notbehelfen, vor dem sozialen Aus. Freiheit ist Bruch, Bruch mit dem Zustand, in dem man gestern lebte. Ich bin von der DDR in die Freiheit entlassen worden. So sagen es die Kumpels, und die meisten werden mich beneiden. Aber es ist ein gewaltsamer, mir aufgezwungener Bruch – mit einem Lebensrhythmus, mit einer Lebensvorstellung, die ganz anders war. Drüben habe ich gedacht: Die lassen mich nicht, der Staat war an allem schuld. Hier kriegst du eingeimpft: Du bist selber schuld an allem. Die Typen auf dem Trödelmarkt haben alles hinter sich, sie leben auf der anderen Seite des Grabens. Eigentlich leben sie, aus der Not heraus, genau die Bescheidenheit, die ich mir als Rettung dieser Gesellschaft vorstelle. Aber warum gehe ich so unruhig, warum gehe ich als Fremder über diesen Trödelmarkt? Warum bin ich froh, wieder draußen auf der Straße zu sein?

Angelika und ich waren beim Rechtsanwalt. Wir wollten wissen, was wir anstellen müssen, um in Westberlin bleiben und trotzdem ungefährdet in die DDR einreisen zu können. Rechtsanwalt Stange: Das geht nicht. Ich hätte eine Ausreise nach Griechenland, dort müsse ich hinfahren, dort müsse ich versuchen, die Sache zu klären. Überhaupt, fügte er hinzu, mit verächtlichem Ton, ich frage mich, Herr Jentzsch, was Sie noch im Osten wollen. Ich ließ mich provozieren und herauslocken, ich erzählte ihm von »Renft«, von unseren Plänen, einige von den verbotenen Sachen zu veröffentlichen. Stange meinte, das ginge nicht. Verboten! Naiv entgegnete ich, Wolf Biermann veröffentliche doch auch verbotene Lieder! Ja, lieber Mann, erwiderte Stange eiskalt, wollen Sie sich denn mit Biermann vergleichen?! Auf Wiedersehen.
Um mir das anzuhören, habe ich zwei Stunden im Warteraum gestanden.

Juli 1976. – Einen Monat sind wir jetzt in Westberlin und können es noch immer nicht begreifen. Alles fremd. Nichts geht voran. Die Leute leben mir ungerührt ihren Reichtum, ihr Anderssein vor. In den freundlichen Mienen, denen ich überall begegne, spüre ich die Aufforderung: Bitte, begreifen Sie doch, daß Sie nicht dazugehören.

Angelika verliert mehr und mehr die Nerven im alltäglichen Streß. Die Lage ist gespannt. Unsere Möbel sind beim Transport aus der DDR stark beschädigt worden. Wohin mit dem Zeug? Das Speisezimmer steht im Keller. Der Klempner wird erst in zwei oder drei Wochen kommen.

Das Schlimmste im Moment: Musikalisch ruhen alle Kontakte.

Freunde machten die Klempnerarbeiten in unserer Wohnung. Die neue Gasleitung steht. Kühlschrank und Küche sind gekauft. Erstmalig fühlen wir uns wohl. Für einen Fernseher hat uns ein Freund 1000 DM gegeben. So ziemlich das erste, was wir auf dem Bildschirm sehen, ist ein Film über den Terroranschlag auf die israelische Olympiamannschaft 1972 in München. Drei Anarchisten sind aus Berliner Gefängnissen geflohen, und die Israelis befreien in Uganda, mit einem Handstreich, Geiseln. 1000 Mark für einen Fernseher, 1000 Mark für die allabendliche Bestätigung, in welchem Zustand die Welt ist.

Angelika und ich bringen ihre Eltern an die Grenze in Friedrichstraße. Letzter Halt vor der Grenze ist der Anhalter Bahnhof. Grauenvoll zerfallen. Vor meinen Augen wischt ein Bild vorbei: ein DDR-Grenzer mit Maschinenpistole. Dann das Schild »Wir grüßen Sie in der Hauptstadt der DDR, Berlin!« Ich sehe die Zöllner und Grenzer mit ihren lauernden, musternden, neugierigen Blicken, ich beobachte das ungelenke preußische Getue, in dem doch immer auch etwas Proletenhaftes bleibt – und dennoch überkommt mich ein seltsam heimisches Gefühl. Für Bruchteile einer Sekunde überkommt es mich: jetzt einfach rübergehen. Die Vorstellung ähnelt die Sekunde, bevor der Selbstmörder sich fallen läßt; vielleicht ging es ihm nur um diese winzige Zeiteinheit, in der er das Gefühl kennenlernt, wie es ist, wenn man zu fallen beginnt. Aber der Preis ist hoch, nichts ist dann zurückzunehmen ... Ich wüßte, wenn die Uniformierten mich jetzt ansprechen könnten und es tun würden, welcher Ton da käme, und ich wüßte, wie ich antworten würde. Wie man sich als Bürger einem Offiziellen gegenüber verhält – es ist mir in Fleisch und Blut übergegangen. Es hat gar nicht mal was mit Angst zu tun, es ist

An der Mauer: Jetzt einfach rübergehen ...
(Szene aus »Saitenwechsel«)

Gewöhnung an ein erniedrigendes Ritual, dessen alltäglichste Praxis der Vopo ist, der auf einen zukommt, im Straßenverkehr, und sagt: »Na, was haben WIR denn falsch gemacht?« WIR! Von ganz weit oben kommt dieser Satz, und jetzt, da ich die Grenzer drüben sehe, muß ich plötzlich lächeln. Wahnsinnig aufgeregt bin ich, Angst aber habe ich keine. Wir verabschieden Gelis Eltern und wollen uns im Intershop noch eine Stange Zigaretten für 12 DM mitnehmen. Die Verkäuferin kann keine 100 DM wechseln. Typisch Osten.

Wir haben begonnen, das Bad zu renovieren. Langsam erledigt sich die Sorge Wohnung. In der Berliner Disconto Bank richtete ich mir ein Sparbuch und ein Girokonto ein. Schecks darf ich noch nicht benutzen, denn, so sagt der Filialleiter, das Konto muß erst ein halbes Jahr »Bestand nachweisen«. In der Wohnung mußte ein neues Gasrohr verlegt werden, das alte war zu dünn geworden. Dennoch weigert sich der Hauswirt, die Installation zu bezahlen.

Beim Einkaufen bekomme ich einen sicheren Blick für die billigsten Sachen. Der ist auch bitter nötig, denn bis heute weiß ich nicht, wieviel Arbeitslosengeld ich bekommen werde.

In der Potsdamer Straße sehe ich die ersten Nutten live, und zwischen vielen Reklameschildern von Warenhäusern und Banken steht verlassen und grau ein bescheidenes Schild: Vergeßt nicht die KZ-Lager des Dritten Reiches! Ich weiß nicht, wer dieses Schild dahin gestellt hat, ich weiß nicht, ob dahinter ein Schicksal oder eine politische Gruppierung steht; ich fühle nur wieder diese Vergeblichkeit aller Dinge, die nicht bunt, marktschreierisch und Konsum sind.

Auch in Westberlin hat man das Gefühl, eingemauert zu sein. So sehnsuchtsvoll sich der Blick früher über die Mauer träumte, so sehnsuchtsvoll schaue ich heute hinauf in den Himmel, wenn ein Flugzeug hochsteigt. Das Leben ist nun genauso langweilig wie in Leipzig.

Bin auf dem Arbeitsamt gewesen, um mir die Genehmigung für unseren Urlaub zu holen. Wir wollen nach Griechenland. Zwanzig Tage kriege ich »frei« vom Nichtstun. In der Leistungsabteilung erfahre ich, daß mein Antrag auf Arbeitslosengeld noch gar nicht bearbeitet wurde. Nächste Woche soll der Bescheid kommen. Wegen der Krankenversicherung werde ich an mein zuständiges Sozialamt verwiesen. Bei der Polizei kriege ich zu hören, meinen DDR-Reisepaß bekäme ich nur wieder, wenn ich meinen Westberliner Paß abgebe. Das bedeutet, daß ich alles, vom Notaufnahmeverfahren angefangen, nochmal von vorn beginnen muß. Das sind die Momente, da kannst du vor Wut zum Anarchisten werden ...

Den Promotion-Manager Schimmelpfennig aus Hamburg kennengelernt. Wir waren mit Leitners in einer Kneipe in der Uhlandstraße, bei »Frau Holle«. Schimmelpfennig meint, die DDR-Gruppen seien exotisch. Er erzählt aus der Szene: Er hat die Schallplattenrechte für die »Puhdys« gekauft, Nina Hagen aber ist vom Komitee für Unterhaltungskunst nicht freigegeben worden. Harry Jeske von den »Puhdys« hat behauptet, ich lebte in Athen, und außerdem hätte »Renft« den Bogen in der DDR wirklich total überspannt.

Ich soll meinen DDR-Reisepaß bei der Polizei abholen und den Westberliner Ausweis abgeben. Mit dem DDR-Paß soll ich in Griechenland einreisen, in Athen dann müsse ich zur westdeutschen Botschaft gehen und mir einen BRD-Paß holen. Also: Hin zur griechischen Botschaft am

Nollendorf-Platz. Mir platzt bald der Schädel. Tolle Stimmung bei den Griechen. Dort sitzt der Sekretär an seinem Schreibtisch, alle Besucher stehen um ihn herum, fragen durcheinander und alle auf einmal. Der gute Mann sitzt mit Schweißperlen auf der Stirn inmitten des Chaos' und wischt sich ständig mit dem Taschentuch übers Gesicht. Aber die Tropfen rinnen, und die Besucher fragen. Ich war so fasziniert von dem unbürokratischen Tohuwabohu, daß es mir gar nichts ausmachte, von dem Schweißperlenmann lediglich auf den anderen Tag vertröstet zu werden.

Am Bahnhof Kurfürstenstraße werde ich von zwei Sechsjährigen angesprochen und nach Feuer gefragt. Als ich verneinend nachfrage, was sie denn damit wollten, antworten beide, beinahe wie aus einem Mund: »Na rauchen natürlich.«

Ich muß aufpassen, daß mein Tagebuch nicht zur Registratur meiner Behördengänge verkommt. Aber diese Scheiße geht mir so auf Gehirn und Gemüt, daß kein anderer Gedanke Platz kriegt. Schon bringe ich die Ämter durcheinander, fahre zum Arbeitsamt, obwohl ich doch eigentlich zum Sozialamt wollte. Meine Ansprüche werden nicht anerkannt, weil ich zu spät kam, die Sprechstunde war vorbei – obwohl ich vor einem Monat weggeschickt worden war, ohne einen neuen, präzisen Termin gesagt zu bekommen. Dann fuhr ich zur griechischen Botschaft, um mir die Auskunft zu holen, sie sei für DDR-Bürger nicht zuständig ...

Endlich Flug nach Athen! Aber als Eindruck stellen sich vorwiegend Hitze, Hektik und Staub ein. Die Bucht von Saloniki verschmutzt. In der Fremde Nachdenken über die Deutschen: Westärsche in Griechenland, Ostärsche in Warna. Ich glaube, die Deutschen sind überall die gleichen. Die am meisten auf Freiheit pochen, tolerieren sie am wenigsten. Reichtum zählt nur, wenn es Arme gibt, die sich Freiheit nicht leisten können. Kaufen sich große Stereoanlagen und hören kaum Musik. Haben große Bibliotheken und lesen kaum Bücher. Machen große Reisen und möchten aber alles so haben wie zu Hause. Korrumpieren durch ihr Geld die Kunst, denn nur was auf den Markt kommt und verkauft wird, wird zur Kenntnis genommen. Eine einzige große Gleichheit herrscht freilich überall: Werbung ist für alle da.

August 1976. – Kastoria, Solonica – ich fühle eine merkwürdige Unruhe in mir. Kann nichts genießen, werde nicht fertig mit dem Zwang, mich in dieser Langeweile der Kurzeindrücke mit mir selbst zu beschäftigen. Ich habe die Chance zur Ferne, aber das Fernweh wird nicht befriedigt, es bleibt. Es hat jedoch keinen Ort, keine Himmelsrichtung. Erst treibt es mich aus Leipzig, dann aus Berlin, jetzt treibt mich Sehnsucht zurück, und ich weiß doch, daß diese Sehnsucht ein Trugschluß ist. Wahrscheinlich ist die ganze Sache sehr einfach: Ich habe keine richtige Aufgabe, ich gehöre nirgendwohin, es gibt keinen Sinn, der mit mir zu tun hat.

Den Deutschen wird gern landestypische Untergangsromantik angedichtet, vor allem dann, wenn sie in die Nähe eines Waldes geraten. Plötzlich verspüre auch ich die Lust am Untergang, an der Auslöschung des Quälenden. Nie hätte ich gedacht, daß ARBEIT wirklich ein wichtiges Motiv dafür sein kann, das Leben zu akzeptieren. So wie eben das Nichtvorhandensein von Arbeit ein Motiv sein kann, das Leben wegzugeben ... Ich verbiete mir, weiterzudenken.

Ein Bild wie ein Traum wie das Leben: Die Kugel eines Baumwipfels wirft einen einzigen Schatten in einer gnadenlos kahlen Ebene. Diese gnadenlos graue Griechenland-Farbe. Und den Schatten des Baumes füllt vollständig eine Schafherde. Bis zum Rand. Ein Schritt aus diesem Schatten – und du bist raus aus der Gnade.

Griechenland, so lese ich das bei dem Schriftsteller Seyppel: keifende Weiber, kreischende Babies, meckernde Ziegen, plärrende Radios, krähende Hähne, hupende Autos, zirpende Zikaden, brüllende Esel, tutende Lokomotiven, brummelnde alte Männer, klappernde Würfel in den Tavernen: Klischees von morgens bis abends.

Es fällt auf, daß sich die Griechen zwar undiszipliniert in die Verkehrsmittel zwängen, sich aber fast nie zanken. Viel innere Ruhe steht der größeren äußeren Disziplin anderswo gegenüber. Drei Weltverbesserungsvorschläge: Alle Griechen nach Deutschland umsiedeln, damit sie mehr Geld verdienen. Alle Deutschen nach Griechenland umsiedeln, damit sie ruhiger werden. Alle Autos ohne Hupe bauen, besonders aber die der Griechen.

Die Leute in Griechenland haben nicht diesen gehetzten Blick, nicht jene Falten im Gesicht, die von Magengeschwüren kommen, nicht häßlichen Ärger in der Stimme; arm sind sie, die Bauern und Fischer, aber Reichtum ist nicht ihr Ziel, es gibt Dinge, die mehr wert sind als Geld: klarer Anis-Schnaps, der beim Zugießen von Wasser eine milchige Färbung annimmt, die Gesundheit des Hausesels, Geschmack von Ziegenkäse. Kontakte sind leicht herstellbar, die Menschen sind offener, vielleicht haben sie weniger Geheimnisse. Sie ereifern sich leicht, wie sie sich leicht anfreunden, doch der Ertrag bleibt immer fraglich. Keifende Weiber, streitende Arbeiter, aber keiner will am Ende recht haben, Rechthaberei weicht dem Kompromiß, es geht nicht hart auf hart, man verschließt sich den Argumenten des anderen nicht, man bleibt dem anderen gegenüber offen.

Der halbnackte Städter und der vollbekleidete Bauer: der letztere schützt den Körper vor Sonnenbrand und Auskühlung, seine alte Weisheit schützt ihn gegen Extreme.

Wer die Griechen beim Baden beobachtet, kommt zur Erkenntnis, sie trauen dem Wasser nicht. Ängstlich halten sie sich in einem Streifen, drei Meter vom Ufer, in ein Meter Tiefe, noch vor der Sandbank, zehn Meter weiter, wo es fünfzig Zentimeter tief ist. Ein Naturvolk ist offensichtlich solches, das mit der Natur auf der Distanz lebt, erst der Städter mißversteht Natur als Intimität. Allerdings irrt, wer nur richtiges Verhalten erwartet: Gnadenlos werden die Babies von ihren Müttern (wer schreit lauter dabei?) ins Wasser gezerrt, bespritzt, untergestukt, alles wohl deshalb, um die Kinder ans Wasser zu gewöhnen; nicht dümmer verhalten sich Deutsche an der Ostsee.

Wieder zu Hause. Angelika hat sich um die vom Arbeitsamt vorgeschlagenen Stellen gekümmert. Eine war schon vergeben. Bei einer Spedition wollte man dann doch lieber einen aus der Branche nehmen. Angelika unterhielt sich lange mit dem Chef, einem Musikfan. Die »Renft«-Geschichte kannte er, aus dem »Spiegel« und dem ZDF. Wird schon werden, sagte er ihr zum Abschied, ihr Musiker seid doch kaum unterzukriegen, so jedenfalls klingen immer eure Lieder.

September 1976. – Mit Angelika im Kino gewesen: »Die verlorene Ehre der Katharina Blum« von Volker Schlöndorff nach Heinrich Böll. Das ist eine starke Figur, diese Katharina Blum. Sie besteht auf Barmherzigkeit, auf Liebe, auf Menschenehre, auf Begriffe, die man sich heutzutage überall abzugewöhnen scheint. Sie begibt sich in Gefahr für ihre Würde; so viel unbeschadete Menschlichkeit, erzählt der Film, kann es in unserer Gesellschaft gar nicht geben, sie aber zu verwirklichen, bleibt ein Traum. Ein Kinotraum wenigstens. Gutes Gefühl, daß bei so einem Film das Kino voll ist. Noch. Vielleicht denken viele wie ich. Das macht Hoffnung.

Die Frage, ob ich Musiker, Gemüsehändler oder Kraftfahrer werde, steht immer noch. Sie steht sogar bedrohlicher, weil die Alternative, Musik machen zu können, inzwischen die unwahrscheinlichste wurde. Angelika und ich leben von Sozialfürsorge – 654 DM, inklusive 126 DM Miete und 40 DM Heizgeld. Ich kann nur aufs Glück hoffen.

Am Wannsee. Als eine Frau einen aufm Surfbrett mit einem roten Segel sah, rief sie aus: «Da ist einer aus dem Osten!»

November 1976. – Eltern sagen oft, die Kinder seien aus dem Haus gegangen. Aber meistens sind es die Eltern, die ihre Kinder verlassen – wenn diese noch im Hause mit den Eltern wohnen. Die ökonomische Lage entscheidet, ob man sich ein Kind leistet. Vielleicht ist ein Hund besser. Wenn der Hauswirt auch dagegen etwas hat, tut es auch ein Wellensittich.

Manchmal denke ich an einen Banküberfall. Aber die ungefährdetste Art, um an Kriminalität zu verdienen, ist: darüber schreiben. Also träume ich lieber davon, einen Kriminalroman zu schreiben. Wieder auf dem Arbeitsamt, wieder kein Job. Meine Sendung im RIAS fällt aus. Warum? Olaf Leitner, der eine Antwort geben könnte, nimmt das Telefon nicht ab – er schreibt seine Magisterarbeit. Ich denke plötzlich an meine Mutter: Immer hat sie behauptet, ich hätte meinen eigenen Kopf. Das war nicht als Kompliment gedacht.

Im ZDF die Spitzennachricht: Wolf Biermann, der sich auf einer Konzertreise durch Westdeutschland befindet, ist die DDR-Staatsbürgerschaft aberkannt worden. Begründung: feindseliges Verhalten gegen den sozialistischen Staat der Arbeiter und Bauern. Die für mich wichtigere Nachricht: Unser Arbeitslosengeld ist bewilligt. Lothar, unser Rechtsanwalt, hat angerufen. Monster hat mir ein unverständliches Telegramm aus Leipzig geschickt. Nachrichten im Radio: Havemann glaubt an die Solidarität westlicher kommunistischer Parteien für Biermann. Zwölf DDR-Schriftsteller bitten offizielle DDR-Stellen um eine Überprüfung der Sache Biermann. Heinrich Böll spricht von einer »Hintergenehmigung«.

Von den Genossen verlassen
weil sie nicht in der Lage sind zu diskutieren
von eigenen Freunden angezweifelt und im Stich gelassen
So habe ich meine Heimat verlassen
Die eigene Schwäche war lange der verläßlichste Diener des Staates

Niemand, fast niemand kennt meine wirkliche Situation. Vielleicht ist das der Gedanke und die Gewißheit, die mich über Wasser halten.

Im Zusammenhang mit Biermanns Ausweisung sind Gerulf Pannach und Kuno verhaftet worden. Habe gleich Cäsar angerufen. Es sieht so aus, als ob sich die Lage drüben zuspitzt. Drüben! Das war früher die Bezeichnung für den Westen, jetzt ist es die für den Osten.

Ich beantragte eine Einreisekarte für die DDR. Mal sehen, ob die frostige Atmosphäre auch auf mich übergreift und die Repressalien des Staates auch mich treffen.

In der Zeitung stand, Thomas Schoppe sei verhaftet worden. Wenn das stimmt, werde ich eine Protestresolution versuchen und möglichst viele Musiker um Unterstützung bitten. Was werden die Puhdys sagen?

Dezember 1976. – Angelika hat sich mit Monsters Frau Karin und Kunos Christiane in Ostberlin getroffen. Die Stimmung soll sehr reserviert gewesen sein, aber das kann auch an der ständig anwesenden Stasi gelegen haben. Bei der Ausreise mußte sich Angelika einer Leibesvisitation unterziehen. In »Kennzeichen D« lief ein Filmbericht über die ehemaligen Renft-Mitglieder Pannach, Kunert und Schoppe. Ich wurde nicht erwähnt. Auch in einem »Spiegel«-Bericht fehlt mein Name. Es gibt mich nicht mehr. Als sei die Vergangenheit tot. Monster läßt mir übermitteln, ich solle keine Schallplatte herausbringen und auch sonst nichts veröffentlichen. Gelte ich als verstoßen?

Proben mit Olaf und Klunker. Sehr gute Musiker. Meine RIAS-Programme »Ära des Rock« und »Blues in der Nacht« laufen gut. Ich muß diese alltäglichen Dinge aufschreiben wie große Erfolge. Gegengewichte muß ich schaffen gegen diese andere Welt, die mir zu Ohren kommt: Gerulf hat erzählt, ich hätte zum Schluß schon gar nicht mehr richtig zur Renft-Combo gehört.

Das letzte Renft-Konzert in der DDR: Ich spiele die Kopie dieses Konzerts einem Plattenboß vor. Der sagt: »Das interessiert heute kein Schwein mehr.« Mich interessiert's noch. Bin ich ein Schwein?

Gedanken nach sehr vielen Träumen einer furchtbaren Nacht und sehr viel Cognac. Künstlerische Betätigung: reine Einbildung am Rand. Trotzdem schreiben viele, komponieren viele, malen viele, sind viele so notwendig exzentrisch: Schaubudenstupidität, einfach, simpel: du bist nichts wert: kompliziert: du bist kein Komponist, kein Musiker: soll man alles daran setzen, sie nicht mehr zu haben, sie nicht mehr zu erforschen, diese Gedanken?, am besten nichts mehr erforschen. Ach, daß die Hochgeehrten und Vielpublizierten früher oder später aufgefressen werden: unser Leben ist ja nichts anderes als eine unaufhörlich vibrierende unansehnliche Masse, die sich in wunderbaren Farben ausdrückt: Morgen und Abend, Tag und Nacht, aber eine undurchschaubare Substanz: ist alles wieder gut: die Dämmerung, die abendliche Dämmerung löst mir die Stricke, löst mir das Hirn, sperrt mit die Handschellen in meinem Hirn auf. Ich bin besoffen, ich habe besoffen geschrieben.

Gestern habe ich notiert: »Ich habe besoffen geschrieben«. Das war ein Eingeständnis. So, wie jemand zugibt: Ich bin ohne Führerschein gefahren. Aber schnell und gut!

Ach, Westberlin: Aus der politischen, geographischen Lage erklärt sich das furchtbare Klima dieser Stadt und aus diesem Klima der in so vielen Fällen niedrige Charakter ihrer Einwohner: immer haben sie Angst vor der Entdeckung von Lebewesen, die weiter entwickelt sind als sie.

Januar 1977. – Gestern wurde mir am Übergang Friedrichstraße von Grenzbehörden der DDR die Einreise nach Ostberlin verweigert. Nach zwanzig Minuten Warten gab mir ein Polizist meinen Ausweis zurück, er führte mich sogar noch in die Bahnhofshalle und erklärte dann zum wiederholten Male: »Sie sind unerwünscht.« Mit wieviel Freundlichkeit man einen solchen Satz sagen kann. Ob die moralische Hemmschwelle für solche Freundlichkeit höher wäre, wenn es darum gegangen wäre, einen wie mich in ein Lager zu stecken? Diesen DDR-Uniformierten vor mir sehend, fällt mir eine zuversichtliche Antwort schwer.

Kalle kam auch vor längerer Zeit von Ost- nach Westberlin. Kaufte sich eine Riesenflasche im Discount, zum Sparpreis. Er trinkt, und dann kommt das Glück: Er sieht niemanden, wenn er ganz in der Nähe des Himmels ist, und er möchte auch nicht gesehen werden. Wenn das Geld abnimmt, nehmen auch die Freunde ab, und Kneipenwirte haben eine unangenehme Eigenschaft: Sie benutzen leider nur ganz kleine Zettel zum Anschreiben. Irgendwann hat Kalle selber eine Kneipe eröffnet, mit Milljöh und Diskussionen. Aber auch mit roten Zahlen. Schluß mit der bürgerlichen Scheiße, sagte Kalle eines Tages. Landete auf der Straße, mit der letzten Philosophie, die einem bleibt: Frei ist nur der, der gar nichts mehr hat. Eines Tages also gehörte Kalle zu den Leuten, bei denen es keine Rolle mehr spielt, ob sie lebendig oder tot sind. Das sind die vorbildlichsten Staatsbürger. Sie ersparen allen anderen diese falschen Gefühle.

Griechenland, im April 1977. – Wir sind zu Dreharbeiten für den Film »Saitenwechsel« in Athen und einem nahegelegenen Badeort. Das Hotelzimmer mit Meerblick kostet 28 D-Mark. Meine Erinnerung an Hellas, das Land der Götter: Beim Muschelsuchen stoße ich immer nur auf Plastiktüten von Aldi.

Aus den Träumen:
Oben, auf dem Stiegenaufgang, auf dem weißen Küchenschemel sitzend. Unter irgendeiner Blechkuppel. Drauf der Regen prasselt. Auch im Kopf regnets. Kopfregen ist anders als Dachregen. Das ist ein Eintropfregen, und der höhlt aus, wäscht die Gedanken weg. Beinah schon leer ist die Kopfkugel. Sie hallt. Unten, am Fuß des Stiegenaufgangs: Landschaft. Plattgeregnetes Gras. Triefnasse Büsche. Abbröckelnde Brü-

stung, zerwaschen. Ein Knorrapfelbaum steht, die Äpfel mehlig, zu nichts nütze als zum Verheizen. Der Zaun, die Latten morsch, schief. Die Gattertür, mit der ewig abgebrochenen Klinke, noch zu. Draußen, jenseits des Zaunes: nasse Asphaltfäden, die die Landschaft an die große Stadt in der Ferne binden. Drinnen, im Kopf: die Gedankenfäden, die auch dich an irgendwas Großes binden. Noch sitzt du hier. Der Regen höhlt. Wäscht den Kopf aus. Du bist gefügig. Geduld, sagst du, war schon immer deine Stärke. Fragst dich aber, wie lange du hier oben sitzen willst. Während unten die Landschaft ist, in der Ferne die Stadt, das Große, das dich zur Pflicht ruft, ungehalten, unwillig. Wie lange? Hoffst, daß der Regen, Tropfen um Tropfen, auch diese Frage dir aus dem Kopf wäscht. Die Gedankenfäden verästeln sich, machen sich im leeren Schädel breit. Der stetige Tropfen im Kopf.

Wie immer ist der Regen bestürzend kurz.

Lang werden dir die Tage sein, dort in der Stadt, in die du dich gleich aufmachen mußt. Ob du willst oder nicht. Gehorsam wie eh und je. Wem gehorsam?

Aber schon regnets nicht mehr. Schon ist der Schemel unter dir weggekippt. Angelweit steht jetzt die Gartentür offen.

Folg den Fäden. Spring.

Juni 1977. – Gedanken, vor denen ich Angst habe. In der Konsequenz führen sie in die Isolation, in die Einsamkeit. Aber es sind Regeln, nach denen ich leben muß, wenn ich als ICH, ICH, ICH überleben will:

Nimm dir, was du brauchst – bringen wird man dir nichts.

Laß dir nicht vorschreiben, was du brauchst, sonst wirst du bald wieder ein Sklave sein.

Sich unbedingt einreden: Konsum ist nichts weiter als möbliertes Nichts.

Sich nicht beeindrucken lassen von diesen Edelegoisten, Endverbrauchern ihrer Lebenschancen, sich nicht einlullen lassen vom Bilderkarneval der Fußgängerboulevards, dieser architektonischen Uniformen der sogenannten Freiheit.

Ich möchte aufhören, Fragen zu stellen – denn wenn nur eine einzige Antwort kommt, kommen zugleich auch zwei neue Fragen.

Klaus und seine Frau Angelika: Biermanns Ausbürgerung
(Szene aus dem Film »Saitenwechsel«)

Das Leben arbeitet an uns wie ein Schlosser an einem viel zu komplizierten Schlüssel, jedes Jahr kommen ein paar tückische Zacken dazu – wenn ein wichtiger Lebensinhalt wegfällt, dann gibt es keinen Nachschlüssel. So ein verlorener Schlüssel ist nicht reproduzierbar, er kann nur noch fehlen. Ich schaue mich um, bereits im Alter von etwa 30 Jahren ist die Wahrscheinlichkeit gering, daß du einen Menschen triffst, der dieselben Bücher gelesen hat wie du oder der dieselben Musikstücke und Filme mag.

Juli 1977. – Gehirn gibt es heutzutage als Hundefutter.

August 1977. – Der Film »Saitenwechsel« wurde in der ARD gezeigt, natürlich war ich aufgeregt, denn die geschnittene Fassung hatte auch ich noch nicht gesehen. Christiane Wunder fand den Film toll, bis auf Biermann, der wie ein Fremdkörper wirkt. Ein Fremdkörper, der sich auf alles draufspreizt! Nina Hagen ist bei uns zu Besuch, und sie ist so begeistert vom Film, daß sie wie verrückt auf meinem Biedermeiersessel herumspringt. Is' ja scharf, sagte sie.

Gerulf und Kuno haben sich noch immer nicht bei mir gemeldet. Ich habe keinen Anspruch darauf, aber so eine undefinierbare Sehnsucht. Laut »Tagesschau« trafen sie sich mit Wolf Biermann, in Westberlin. Er wird sie wohl voll für seine Interessen benutzen. Da kann ich wahrscheinlich den Plan begraben, daß wir gemeinsam nochmal was machen.

Oktober 1977. – Ich lebe jetzt in einem Land, in dem ein Bahro, ein Kunze und ein Böll nicht in die Zeit passen. Damit ist alles gesagt.
Die einzige Freiheit, die du hast, das ist die Freiheit im Kopf. Wirklich, das ist die einzige Freiheit.

Aus den Träumen:
Morsche Strünke, ausgehöhlt, seine Bleibe eingrenzend, erblickte er. Als mit Gezwitscher wieder so ein Morgen auf ihn fiel. Um ihn herum, im Kreis geschichtet: Reifen, aufgeschlitzte Autositze, Matratzen, aus denen das Roßhaar quoll, löchrige Heizkessel, Obststiegen aus Plaste, voll mit leeren Weinflaschen, Fetzen von Teerpappe ... Die Birkenstämme leuchteten, riefen in ihm Erinnerungen wach, an die Lichtung, die im Truglicht der abendlichen Dämmerungen von verstohlenem Leben raschelte.
Seine Frist, wie wohl anzunehmen, war abgelaufen. Und die Dinge hatten, wie die sagen, die das Sagen haben und die Fristen setzen, die Dinge hatten ihren Lauf genommen.
Er reckte sich hoch. Über den Brennesselrand der Senke lugend, durch die nickenden Farne hindurch, ließ er Augen über das Stoppelfeld laufen: hat, in diesiger Nähe, die Straße geahnt. Den nassen Asphalt, Sperrlinien, Pflöcke mit Katzenaugen. Was machte der Spanische Reiter da? Auf der Straße, auf der ohne Absicht vor ihm fliehenden Straße, ein Hupen – Achtung, Wildwechsel?
Er blieb, wo ihm zu bleiben bestimmt war, und er blieb, was ihm zu bleiben bestimmt war: ein Rumpf, zu nichts nütze, ein Wrack, in Erwartung des endgültigen Zerfalls.

Februar 1978. – Die Geschichte von zwei Freunden, die davon träumen Rockstars zu werden. Beide kommen zum Küstenschutz. Einer wird erfolgreicher Matrose, der andere haut mit einem Schlauchboot über die Ostsee nach dem Westen ab. Mit der Begründung, ein besonnener Bürger hätte anders gehandelt, wird dort sein Antrag auf Anerkennung als politischer Flüchtling abgelehnt. Nach einiger Zeit hat auch der andere Freund die Schnauze voll vom angeblichen Sozialismus, nimmt seine Dienstwaffe und versucht, die Flucht zu erzwingen. Seine Kameraden halten das für einen Scherz, sie lachen, und als der Ernst seines Fluchtwillens herauskommt, muß er für siebeneinhalb Jahre ins Gefängnis. Als er freigekauft wird, ist ihm die Anerkennung als politischer Flüchtling sowie eine Entschädigung sicher. Als beide sich wiedertrafen, haben sie die Knete verpraßt und träumten weiter den Traum vom großen Rockstar und der großen weiten Welt.

Juni 1978. – Bei Kuno, der inzwischen auch im Westen ist. Es war eine sehr nüchterne Atmosphäre. Wir überraschten ihn beim Plätzchen-Backen. Er ließ sich nicht stören. Frustrierend. Er bekam einen Berufsausweis und will nun in einer Bar auftreten. Abends wollten wir uns mit Monster treffen, doch er kam nicht.

Juli 1978. – Eine Irlandreise. Unser Weg führt uns nach Nordwesten, durch County Mayo. Überall die hügelige Landschaft mit wild herabstürzenden Gebirgsbächen, die sich in vielen kleinen Seen sammeln. Auf den Berghängen weidende Ziegen und Schafe, mit den bunten Farbzeichen ihrer Besitzer auf dem Rücken. Es ist eine Landschaft voller Kontraste und einer unglaublichen, geradezu erschreckenden Harmonie, so wie Westport, dieses idyllische Provinzstädtchen, das durch bettelnde Frauen und verwahrloste Kinder ein eigentliches Gesicht bekommt. Im »Music House«, einer Musikalienhandlung und Kneipe, treffen wir Olsan Masterson; auf seiner Tin Whistle spielt er, an der Theke sitzend, allein vor sich hin. Bald danach gesellen sich Frank Carter mit der Bodhran und Cormac Cullen mit der Gitarre hinzu. Olsan Masterson beschreibt in einem seiner Songs den Grund für den oft ungewollten Kinderreichtum mancher irischen Familien. Ein Mädchen, Bridget O'Reilly, heiratet, und nach neun Monaten hält sie glücklich ihr erstes Kind im Arm. Nach drei Jahren hat sie weitere drei Kinder, und sie fragt den Priester, ob es eine Sünde wäre, die Pille zu nehmen. Und dieser diskutiert lange mit dem Bischof darüber, und der Bischof fragt den Papst, und der fragt den Heiligen Geist.

Die Antwort lautet, die Empfängnisverhütung ziehe die ewige Verdammnis nach sich und sei eine Todsünde. Der Priester gibt den Rat: Wenn ihr keine Kinder wollt, dann berührt nicht eure Frauen.

November 1978. – Zu einem Angebot von Olaf und Klunki: Die Konzeption einer Gruppe nach ihren Vorstellungen gefällt mir nicht. Ich will nicht das große Geld verdienen. Ich will nicht Nina Hagen und anderen beweisen, was sie selber für eine Scheiße machen. Beschissen ist nur eines: Lebst du unter Raubtieren, dann werde selbst eines. Oder du wirst gefressen. Wie nur mache ich mich ungenießbar? Aber was wäre das schon für ein Gewinn: ein ungenießbarer Mensch zu sein ...

Januar 1979. – Nach einigen Proben meinen Olaf und Klunki, mit meinem Baßspiel würde es nicht gehen, ich sei zu unrhythmisch, man wolle es nunmehr mit Monster versuchen.

Ich bin traurig, aber ich freue mich, daß wir einen Proberaum am Weichelplatz 4 gefunden haben. An den Kultursenator habe ich geschrieben wegen finanzieller Unterstützung für Instrumente und Miete. Traurig bin ich. Als ich in dieser Traurigkeit, gegen drei Uhr morgens, nicht schlafen konnte, bin ich ans Fenster gegangen und habe den Himmel betrachtet. Nie zuvor sah ich ihn schöner. Als hätte man die Sterne mit vollen Händen über den dunklen Abgrund gestreut. Man glaubt die Handbewegung fast zu sehen. Es verschlägt einem die Sprache, doch etwas in uns antwortet dem Abgrund. Man kann noch so viele Bücher lesen – sie werden einem nie vermitteln, was uns der Himmel nachts in einer einzigen Sekunde sagt. Man sieht auf zum Himmel, und nichts ist mehr von Bedeutung. Auch die Traurigkeit nicht. Es gibt keinen Tod, keine Bedrohung, keinen Kummer mehr.

März 1979. – Nun haben wir endlich eine Wohnung in der Rheinstraße gefunden. Die Wohnung hat fünf Zimmer und liegt in Friedenau. Diese zwei Sätze sind so einfach, daß ich erschrecke.
Schockierend sind nie die Angriffe von Feinden. Diese Angriffe erwarte ich. Wirklich schockierend sind die Angriffe von Freunden.

Mai 1979. – Ich bin bereit, der jetzigen Gruppe Olaf, Klunki, Monster und Christiane den Künstlernamen »Renft« zu vererben.

Nach längerer Diskussion setzt sich die Auffassung durch, daß der Name »Renft-Combo« für die Gruppe nicht geeignet ist. Klunki und Olaf schlagen »Windminister« vor.

Juliane Barthel interviewt uns im SFB. Sie will wissen, wie es im Westen sei. Ich habe geantwortet: Hart und ungerecht.

Oktober 1979. – Das Programm ist mit zehn neuen Liedern fertig, bis auf die Zugaben. Wir haben noch zweieinhalb Monate Zeit bis zum ersten Auftritt im Quartier Latin. Bei der Firma Grabmann habe ich die Plattenglocken für fast sechstausend DM bestellt. Wir hoffen, daß uns der Senat noch einmal unterstützt.

Januar 1980. – Mit den »Windministern« geht es zu Ende, ehe es so richtig begonnen hat. Neue Überlegungen, neue Quälerei. Ich glaube nicht, daß es funktioniert, wenn wir in der jetzigen Situation mit einer neuen »Renftband« starten – obwohl Cäsars Gruppe »Karussell« in der DDR wieder große Erfolge mit dem alten Stil hat. Sie hätten diesen Erfolg bestimmt auch hier! Aber ich bin dennoch unschlüssig, wie es weitergehen soll. Es wird schwer, sich ein neues Publikum zu erkämpfen, vor allem, wenn man sich nicht an bewährte, oder besser: ausgelatschte Schablonen hängt. Jeder beschwert sich über die heutige Rockmusik, doch keiner kann sich von den alten Hörgewohnheiten trennen. Das ist unsere Schwierigkeit, aber vielleicht auch unsere Chance. Wer weiß.

Ich schreibe den längst fälligen Brief an »Windminister«:
Liebe Freunde, hiermit möchte ich Euch mitteilen, daß ich meine Mitwirkung in der Gruppe WM nicht mehr gewährleisten kann.
1. nervlich, menschlich.
2. finanziell, wirtschaftlich.
Ich konnte mich in folgendem nicht durchsetzen:
Deutsch singen (machen nur Nazis, wird mir entgegengehalten).
Leiser spielen und auf Dynamic achten.
Erprobte Sounds verwenden.
Auf Renftsäulen aufbauen.
Verständliche Arrangements.
Diskussionen ohne Dogma.
»Renft« als Gruppenname.
Nur wie IHR Volksmusik, klassische Musik, Rock, Blues oder das Leben und die Bibel versteht, ist es richtig. Das gefällt mir nicht. Mit einem weisen Lächeln Eurerseits kommt höchstens mal ein »Naja, der sieht das eben so ...«

Ich habe Monster in die Band reingezogen, nun weiß ich auch nicht, wie ich ihm helfen kann. Andy Kirchberger von der deutschen CBS findet unsere Musik interessant, aber von der technischen Ausführung unzureichend und nicht in einem produktionsreifen Stadium.

Mein erstes Tagebuch rausgeholt. Am Anfang habe ich mich mal gefragt: Was soll ich nur werden? Gärtner oder Musiker? Auch jetzt ist die Frage nicht beantwortet. Ich hatte mir irgendwann mal gewünscht, in der Musik wie im Traum leben zu können: frei von der Welt. Noch immer warte ich, das Leben weglebend, auf Traumzeit. Was mir hilft, sind Erinnerungen. Totes Inventar. Aber es reicht zum Weiterleben.

Februar 1980. – Heute war Pannach bei mir, wollte mit mir über eine neue Zusammenarbeit sprechen. Wir sind so verblieben: Er spricht mit Kuno, dessen Interesse an gemeinsamer Arbeit schon ein wenig erloschen ist, und ich spreche mit Olaf, dessen Interesse erst noch geweckt werden muß. Zur Zeit ist bei der Gruppe »Westminister« jeder auf seine Art dabei, unseren Versager von Mitte Dezember zu überwinden. Ich empfinde eine Art Frust, der sitzt tiefer als alles bisher an Enttäuschungen Erlebte.

Es ist immer noch nicht klar, ob wir weiter existieren oder lebensunfähig sind.

Wir haben uns geeinigt, doch ein paar neue Aufnahmen zu machen. Sie sollen bei Mischa im halbfertigen Studio unter schlechten, aber in unserer Lage halt zu akzeptierenden Bedingungen stattfinden. Geplant ist, eine Kabine aus den herumliegenden Dämmaterialien zu bauen. Dort wird das Schlagzeug aufgebaut, und alle anderen bekommen über Kopfhörer ihre Stimmen eingespielt. Alle vier befinden sich in der Kabine von Christiane. Hoffentlich scheitert nicht wieder alles an Streitigkeiten. Vielleicht hilft uns, daß niemand einen richtigen Weg weiß. Die Not als Tugend und Ruhestifter.

Mai 1980. – Wenn ein großer Demokrat stirbt
trauern oft auch seine Feinde
Stirbt ein großer Diktator
sind seine wichtigsten Feinde meist schon tot

Stirbt die Demokratie
stirbt sie meist kinderlos

Würden die Grünen sich vor jede schwangere Frau stellen wie vor einen Baum, dann wäre in Deutschland die Umwelt schon viel freundlicher.

August 1980. – Im Herbst sollte die erste Deutschlandtournee von dem Sänger Janis Markpolus stattfinden. Ich hatte ihn bei einem Konzert in Kastora kennengelernt, das ich für den RIAS in Kunstkopf aufgenommen habe. Wir sprachen nach dem Konzert noch miteinander, und er lud mich in sein Haus nach Athen ein. Wir verstanden uns gut, und er bat mich, seine Deutschlandtournee PR-mäßig zu begleiten. Ich fuhr zu seinem Manager nach München, sprach alles ab und fuhr frohen Mutes ein paar tausend Kilometer kreuz und quer durch Westdeutschland. Aber kein Schwein interessiert sich für meinen Griechen. Ich lernte, was es heißt, Klinken zu putzen. Man kennt höchstens Mikis Theodorakis, und alle wollen nur Bettina Wegner, die nach ihrer Ausbürgerung gerade ihre erste Tournee macht. So wurde die Sache mit Janis ein großer Flop, ich war danach vierzehn Tage krank, und auf das versprochene Honorar werde ich wohl lange warten können.

Manchmal weiß ich wirklich nicht mehr, wovon ich eigentlich spreche, von der Liebe oder der Politik, von der Menschheit oder von mir, meinen höheren Anflügen oder meinen niederen Beweggründen, von der Trauer über die Heillosigkeit der Welt oder aus dem triefenden Selbstmitleid. Alles stellt sich, wenn ich Musik mache, zum Vergleich und verwandelt sich bei Berührung. Musik ist Schwerelosigkeit, Mühelosigkeit, Freiheit – mithin das Gegenteil von Mühe, Fleiß und Arbeit.

September 1980. – Ich erzähle Olaf Leitner, eine Mitarbeiterin im RIAS hätte geäußert: Was wollen die aus dem Osten hier? Die nehmen uns bloß die Arbeitsplätze weg! Ein anderes Mal fragte mich im Büro eine Frau, was ich hier im RIAS mache, und ich sagte: Sendungen. Darauf die Frau: Sendungen kann man dazu ja wohl nicht sagen, Sie schneiden Platten um.

Olaf Leitner ist sauer auf mich: Mit keinem freien Mitarbeiter habe ich solchen Ärger. Wer sich von einer Sekretärin verunsichern läßt, ist einer größeren Aufgabe nicht gewachsen. Da wundere ich mich wirklich, Klaus, wie du zu einem Namen gekommen bist, da drüben im Osten. Vor der Türe stehen Topleute, und davon kann man wohl bei dir nicht sprechen.

Ich: Mit dir will ich mich nicht streiten über dieses Thema, wir sind schließlich wirtschaftlich abhängig.

Leitner: Auf dein Unschuldsgesicht und -gerede falle ich nicht mehr herein. Außerdem kann mir niemand erzählen, daß er von 800 DM, wie du behauptest, leben kann.

Ich: Daß ich auf so hinterhältige Weise rausfliegen soll, das lasse ich mir nicht gefallen.

Leitner: Dann mußt du dich eben beschweren.

Ich: Wo kann ich das denn?

Leitner geht zum Telefon, wählt: Tachchen, hier Leitner. Herr Matthes, kann ich mal mit Herrn Jentzsch zu Ihnen kommen? Ja? Danke, wir kommen.

Bei Matthes, er ist Abteilungsleiter »Leichte Musik«, fällt bald das Wort »Honorar«.

Matthes: Wir haben wirklich keine Honorare mehr.

Leitner, nun wieder auf meiner Seite: Naja, Herr Matthes, die Gelder sind eingeplant.

Matthes (im schwäbischen Dialekt): Herr Jentzsch, Sie sind freier Mitarbeiter. (Zu Leitner): Man muß darauf achten, daß hier keine rechtlichen Verwicklungen entstehen. Frau Ristan ist fest bei uns angestellt, und sie hat sich über Sie, Herr Jentzsch, des öfteren beschwert: Sie würden verabredete Termine nicht wahrnehmen. Das heißt aber nicht, Herr Jentzsch, daß Sie nun entlassen sind – auch wenn wir dieses Jahr keine Honorare zahlen können.

November 1980. – Ich höre zum ersten Mal nach unserem Verbot den Namen »Renft« in DDR-Medien. Auf eine Höreranfrage wird in DT 64 geantwortet: Drei Mitglieder der Gruppe hätten die DDR verlassen und sie versuchten, ihren feindlichen Standpunkt von früher zu leugnen. Dann brachte der Sender den derzeitigen Spitzentitel: Stern Meißen mit »Also was soll aus mir werden«. Zweiter Platz: Gaby Rückert. Da habe ich das Radio ausgemacht; das hat alles den Charme einer fremden Zahnbürste, und dieser Schlagerscheiß macht mich fuchtig. Die drüben wollen es nicht zugeben: Auch »Renft« wollte nur singen, was das Publikum will. Sie haben über uns dem Publikum einen Maulkorb verpaßt. Nur aus diesem Grund haben wir die DDR verlassen. Wenn es überhaupt eine eigenständige DDR-Rockmusik gibt, dann ist »Renft« ein wesentlicher Teil davon. Wir dürfen nicht einfach im Orwellschen Loch verschwinden.

Es ist erschreckend, daß ich mir am meisten und am einprägsamsten vorstellen kann, daß die Erde explodiert, daß die Erde am Menschen zugrundegeht.

Die Uhr sitzt wie ein Glühwurm
an einer Hand und weiß nicht
daß sie niemandem mehr gehört.

Was nach wie vor hilft,
ist ein traumloser Schlaf.

Wenn auch das Flüstern
der Ziegelsteine
einige Nachbarn
beunruhigt.

Es kommen wieder Meldungen von Unruhen auf den Gdansker Werften. Die Gewerkschaftsbewegung tritt massiv gegen die Regierung auf. Ich würde gut finden, wenn es den Polen mit diesem Walesa gelänge, sich aus der Umklammerung durch Moskau zu lösen. Aber: Ich war im August 1968 im Urlaub an der Grenze zwischen der DDR und der CSSR, und ich habe die Auffahrt der Volksarmee erlebt. Die verstehen keinen Spaß! Spontan schreibe ich:

Ein Pflänzchen keimte rot
Es fand den frühen Tod

Lang ist der Kampf um Recht und Brot
Und tief der Haß in dieser Not

Polen du bist in Gefahr
Europa nimm die Stunde wahr

Man kann auch verdursten
Obwohl man von Wasser umgeben ist

Der Wind schlägt mein Gesicht
Ich fühl die Tränen nicht ...

Juni 1985. – Dieses Westberlin ist eine fremde Welt, und es bleibt eine fremde Welt. Sie saugt mich auf, und sie spuckt mich gleich wieder aus, immer der gleiche Vorgang. Aufsaugen ausspucken. Wenn ich diese Spießbürger ringsum nur sehe! Arme Schweine. Wenig hoffnungsvoll ist ihre Aussicht, im Morgenverkehr, im Beruf und im Hobby weiterzukommen und das Rätsel jemals zu lösen, warum sie überhaupt noch leben und nicht schon längst verhungert sind bei all diesen Ausgaben – wo doch alles Geld kostet, alles, woran sie sich erinnern, wo doch alles Geld und Zeit kostet, wo doch alles Geld, Zeit und Nerven kostet und selbst das Gespräch über Geld, Zeit und Nerven kostet, man danach im Bett liegt, stinkend vom Bier, vergiftet von Konsum, hoffnungslos und jeden Abend ärmer an allem, wonach man gegiert hat am Anfang dieses Tages. Würden die Menschen die selbstverschuldete Schuld abwerfen, wie wären sie fähig zur Revolte! Wie würde diese Welt brennen, und die Kinder hätten ein Fest, das erste ihres Lebens.

Während die Zimmer von Geld und Hoffnung prangen, zeugen an anderen Stellen der Stadt, wo Penner leben, die abgeschabten Kanten von Holzspanplatten, die einst einen Wandverhau bildeten, zeugen Matratzen in Containern, zeugen Sessel mit gebrochenem Rücken, zeugen messinggelbe Vorhangschienen mit ihren braunen und grauen Dreckrändern von Glück und Hoffnung, zeugen stumm von vergangenen Augenblicken Leben, zeugen vergebens und: bald verstummend. Denn aus den Werken schießt eine Welt nach der anderen, stapelt sich in Lagerhallen, drängt in die Wohnungen, wirft alte Welten auf den Haufen, wo schon Schichten dieser alten Welten vermodern und verkommen.

Inspizient am Westberliner Renaissance-Theater

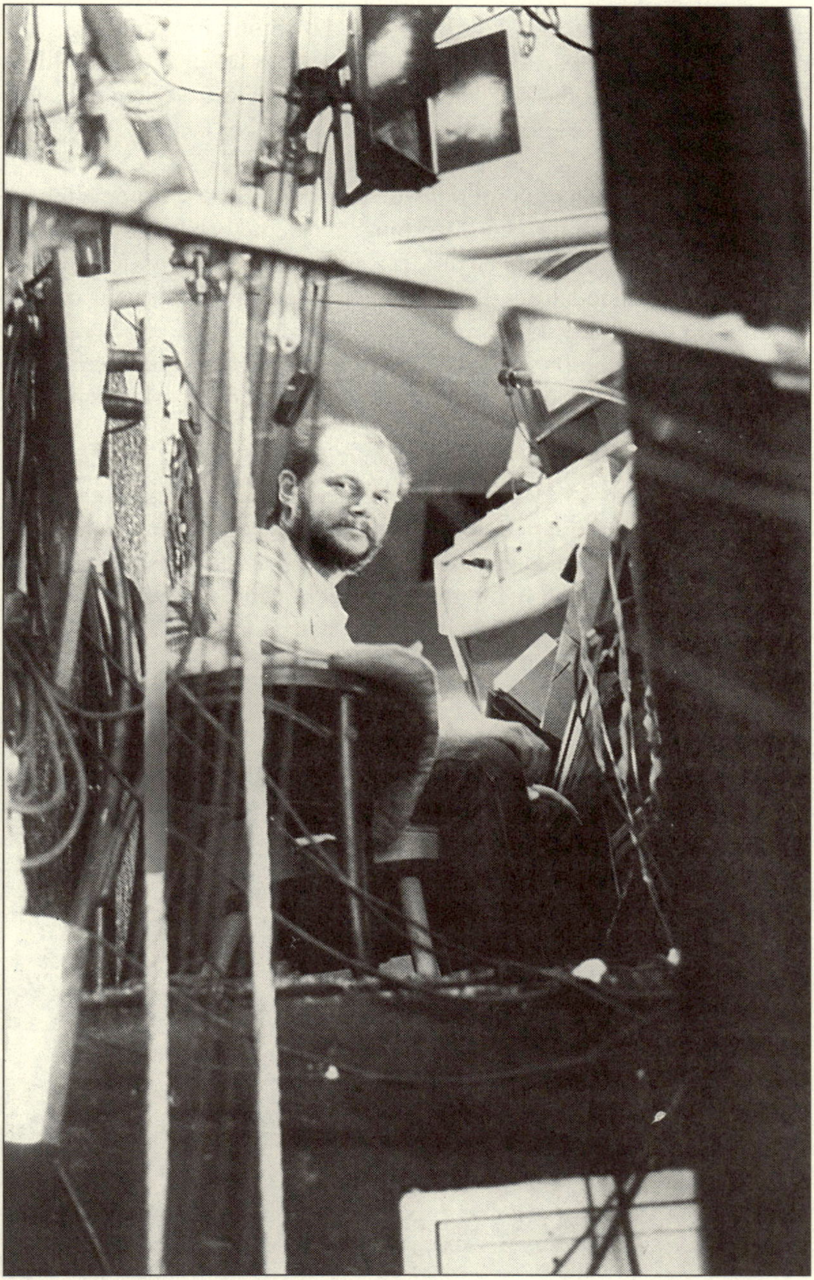

November 1989. – Das Politbüro: Die Hoffnung ist zahnlos geworden. Sie braucht ein künstliches Gebiß, das ist das Dogma, und die Ideologie ist das Wasserglas, in dem es täglich gesäubert werden soll. Das Maul stinkt weiter, wenn die falschen Zähne sauber lachen.

Januar 1991. – Kürzlich sollten wir, zurückgekehrte Gruppe »Renft«, ein Konzert im Berliner Haus der Jungen Talente geben. Es war keine Herzenseinladung, aber man wollte ja Zeitgeist beweisen. Als ich im Büro den Vertrag aushandelte, sagte man mir, es sei kein Geld mehr da, wir müßten für geringeres Honorar spielen. Auf dem Tisch lagen Verträge mit alteingesessenen Bands, ich konnte die vereinbarten Summen lesen. Das Dreifache! Man konnte zukünftige Seilschaften gut erkennen. Aber ich wollte, daß wir spielen.

Der Auftritt am 15.Dezember im Lindengarten in Potsdam war für mich das zweite Ende der »Renft«-Gruppe. Erst Verzweiflung, dann Erlösung: Vor ein paar Tagen erschienen Monster, Pjotr und Robert bei mir und teilten mir mit, daß es mit mir nicht mehr gehe. Ich war erleichtert, ohne zu wissen, wie es weitergehen soll. Da begann ich wieder zu malen und in mein Tagebuch zu schreiben.

Ich habe in meinem Leben einige Ideen gehabt, aber sie waren nicht so mächtig wie jene, die mir als Jugendlichem durch den Kopf gingen. Durch meinen kleinen Sehschlitz sah ich das Universum. Ich beherrschte die Welt, die ich gar nicht kannte. Ohne daß ich wußte, worauf er sich richten würde oder wie ich ihn in die Tat umsetzen sollte, entstand daraus bei mir jener Eroberungsdrang, der sich in Musik entladen mußte, in einem trinkfesten Musikantenleben.

Wo die Wurzeln sich festhalten, wächst ein Baum. Wo du nicht vom Gespräch ausgeschlossen bist, ist Heimat. Ich habe nie eine Heimat gefunden. Geboren im Tausendjährigen Reich. Ein Leben lang im unklaren geblieben, wer der eigene Vater ist. Auf Wegen in die Musik immer mehr Schweigen begegnet. Heute ist Heimat nur noch der Ort, an dem die Rechnungen ankommen. Kein Politiker auf der Welt hat so viele Verbündete wie das Geld. Es läßt uns nicht zur Ruhe kommen, es dringt in unsere geheimsten Gedanken ein. Vorsicht vor dem antidemokratischen Phänomen, das Geld heißt.

Der Musiker als Maler – und ein Glückwunsch von der Mutter (nächste Seite).

April 1991. – Es gibt Tage, da sollte es besser nie hell werden. Erst rufe ich den Rechtsanwalt an und sage, Monsters Band hat sich wahrscheinlich aufgelöst, und dann erfahre ich von Schubi, daß er eine LP gemacht hat, die Band unter dem Namen Renft weiterspielt und er mir, mit Cäsar, das Konzert im Lindengarten weggeschnappt hat. Vom Arbeitsamt bekomme ich ein Schreiben, daß Oma Charlotte fast 60 Mark und Christian fast 200 Mark wöchentlich für mich bezahlen sollen und ich lediglich 50 Mark die Woche bekomme. Von der Rechtsanwältin von Angelika dann die Nachricht, daß sie eine Zwangsvollstreckung gegen mich durchsetzen will. Ich glaube, für einen einzigen Tag mit nur 24 Stunden ist das genug.

Mai 1991. – Ich schreibe einen Brief an Monster.
Lieber Thomas Schoppe, ich möchte Dir mitteilen, daß wir den Prozeß gegen die ehemalige AMIGA verloren haben. Meine Freundin sagte mir, Du wärest heute hier gewesen, um die Platten abzuholen. Wenn ich mir alles im nachhinein überlege, komme ich zu folgenden Schlüssen: Wir waren gemeinsam empört darüber, daß dieser ehemalige VEB die Platte von uns noch einmal auf den Markt brachte. Doch die Zeiten haben sich gewandelt. Ein Angebot zu einer Vertragsangleichung wurde von Dir abgelehnt. Du hast Dich von mir getrennt, um einen aus meiner Sicht unheilvollen Weg unter dem Namen »Renft« einzuschlagen. Du weißt genau, wie tief der Name und meine Identität mit diesem Namen mein Leben präg(t)en. Ich kann mir nicht vorstellen, daß Du in dieser Beziehung nicht ein kleines bißchen schlechtes Gewissen hast. Ich glaube nicht mehr an die Solidarität einer Gruppe, deren Mitglieder alle (alle!) durch den Namen »Renft« zu gewissem Ruhm kamen. Meine Enttäuschung ist groß.

November 1993. – Heute ist so ein Tag, da sieht mein Zimmer aus wie einen Tag nach meinem Tod. Vielleicht ist »Renft« wirklich Vergangenheit, und ich will das nur nicht wahrhaben. Alles hört auf, indem es sich ereignet.

Berlin, den 8.2.92

Mein lieber Sohn Klaus!
Es erfüllt mich mit Stolz, daß ich mit 86 Jahren noch erleben darf, wie Du es wieder geschafft hast Deine Gefühle künstlerisch auszudrücken. Ich wünsche Dir noch viele Einfälle, und vor allem Gesundheit für Dein weiteres Schaffen.

Deine Mutter
Charlotte Mähnicke
geb. Runkel

April 1997. – Wenn ich die Fragmente meines Tagebuches lese, eine Chronik voller Lücken und Brüche, dann erschrecke ich darüber, daß diese Brüche gar nicht ins Gewicht fallen. Als fehlte gar nicht, was da fehlt. Mitunter klaffen Jahre zwischen den Eintragungen. Aber die Sprünge innerhalb dieser Jahre fallen nicht auf. Meine Faulheit, meine mangelnde Disziplin, meine Lässigkeit im Umgang mit dem Erlebten enthüllt mir weit mehr, als eine genaue Buchführung je hätte erbringen können: Die verrinnende Zeit ist mit ewig Gleichem gefüllt gewesen; die Sorgen eines früheren Jahres sind die Sorgen auch späterer Jahre. Eine immer gleiche Seelenlage schimmert durch die Folien der Zeit. Ich lebte nur in Bezug zur Band, zur Musik, zum Traum vom ewigen Auftritt. Auch mein Scheitern hat nur Sinn im Zusammenhang mit »Renft«, der Rest ist eigentlich ungelebtes Leben. Ich ziehe einen Strich unter alles: Ich lebe gern, fühle mich aber befreit von der Last, noch viel zu erwarten. Vergangenheit ist mir wichtig, sie wog dunkle Tage mit hellen auf, so entsteht das wenige Licht, das du fürs weitere Leben mitnimmst. Zukunft ist mir vor allem wichtig, weil sie Träume herbringt, die meine Ängste schönen. In der kurzen Spanne Zeit, auf dem Fließband zwischen gestern und morgen geh ich, hoffend, daß meine Ziele wenigstens manchmal noch von mir bestimmt werden. Auf was ich hoffe, sind Narben, die bleiben. Ja. Leben mit der Hoffnung, daß wenigstens Narben bleiben.

Es gibt eine Geschichte aus dem China des 14. Jahrhunderts, die alles über die Zeit erzählt. Ein Köhler geht in die Berge, um nach Brennholz zu suchen. Am Rand vom Weg sieht er junge Leute sitzen, die Schach spielen. Da er Hunger hat, reichen ihm die Jungs etwas zu essen, was wie ein Dattelkorn aussieht, und schon ist er satt. Schach interessiert ihn – wäre er sonst Chinese? –, und so bleibt er bis zum Ende der Partie. In diesem Augenblick sagt einer der Spieler zu ihm: »Sieh nur den Griff deiner Axt: Das Holz ist ganz morsch.« Und als der Köhler ins Dorf zurückkehrt, ist er hundert Jahre alt. »Tausend Jahre unter den Menschen sind nicht einmal ein Tag im Paradies. Während die Figuren auf dem Schachbrett von Feld zu Feld ziehen, verändern sich die Dinge und lösen sich schließlich in nichts auf. Der Köhler tritt seinen Heimweg an, und der Griff seiner Axt zerfällt im Wind zu Staub.«

Erstmal aufschreiben, fürs Verstehen kommt schon früh genug die Zeit.

ZWEI STIMMEN AUS DER NÄHE

PETER »CÄSAR« GLÄSER, GERULF PANNACH UND KLAUS RENFT

1997: Kuno, Cäsar, Gerulf Pannach, Klaus, Jochen Hohl (v.l.)

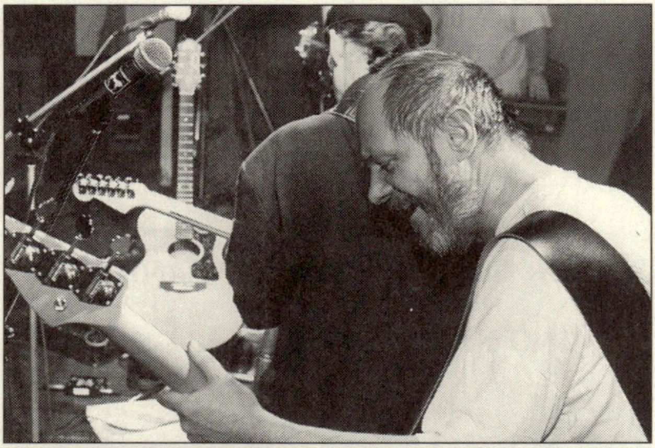

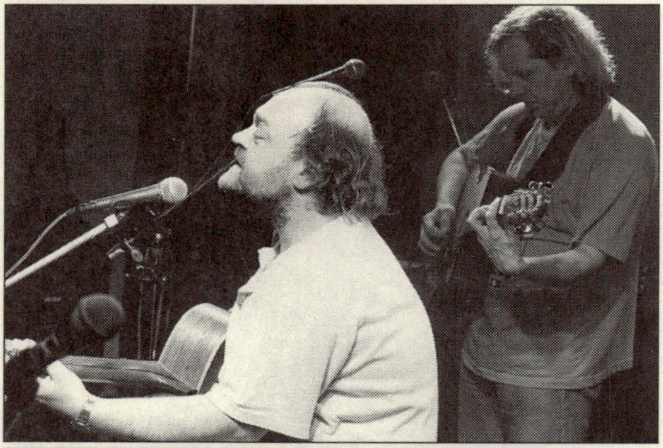

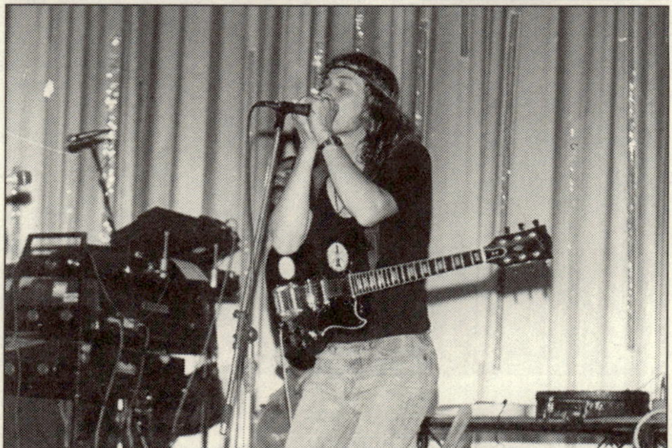

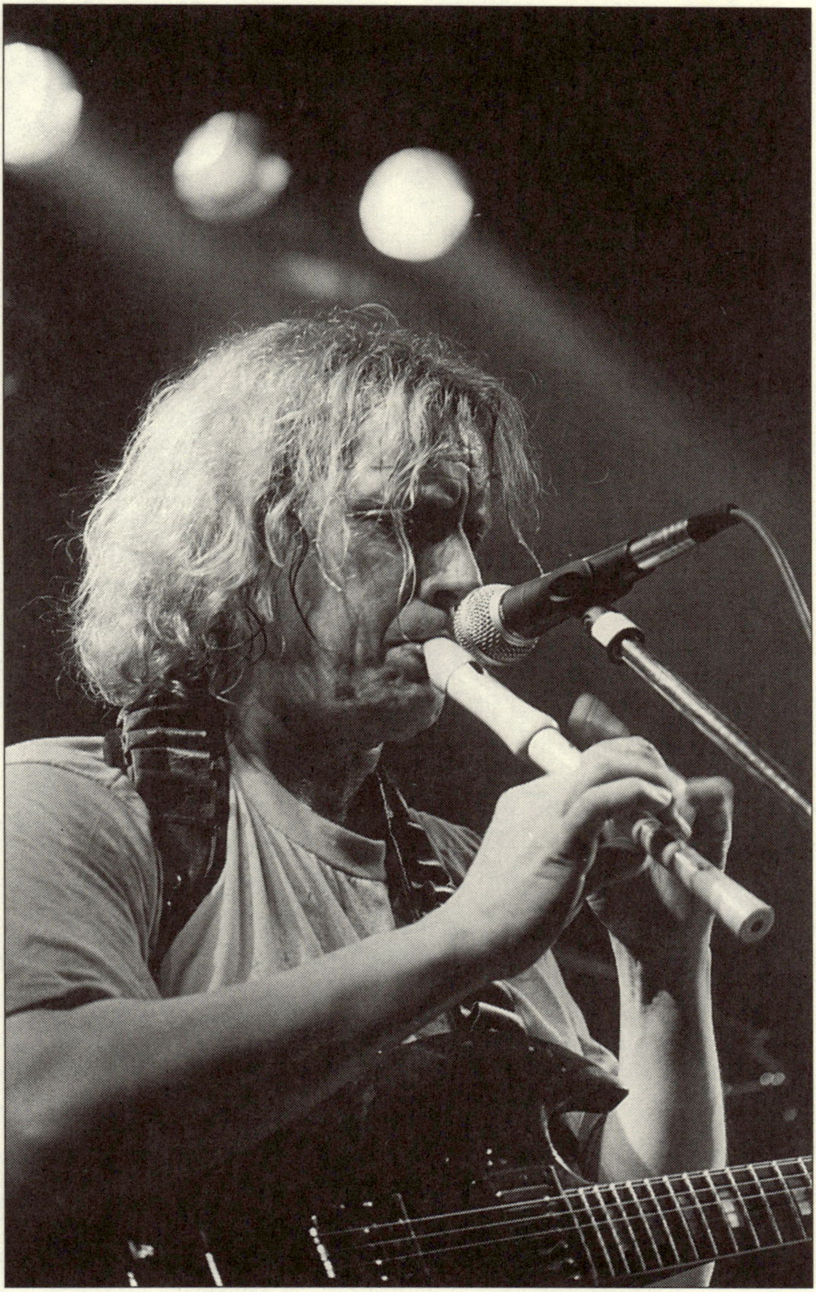

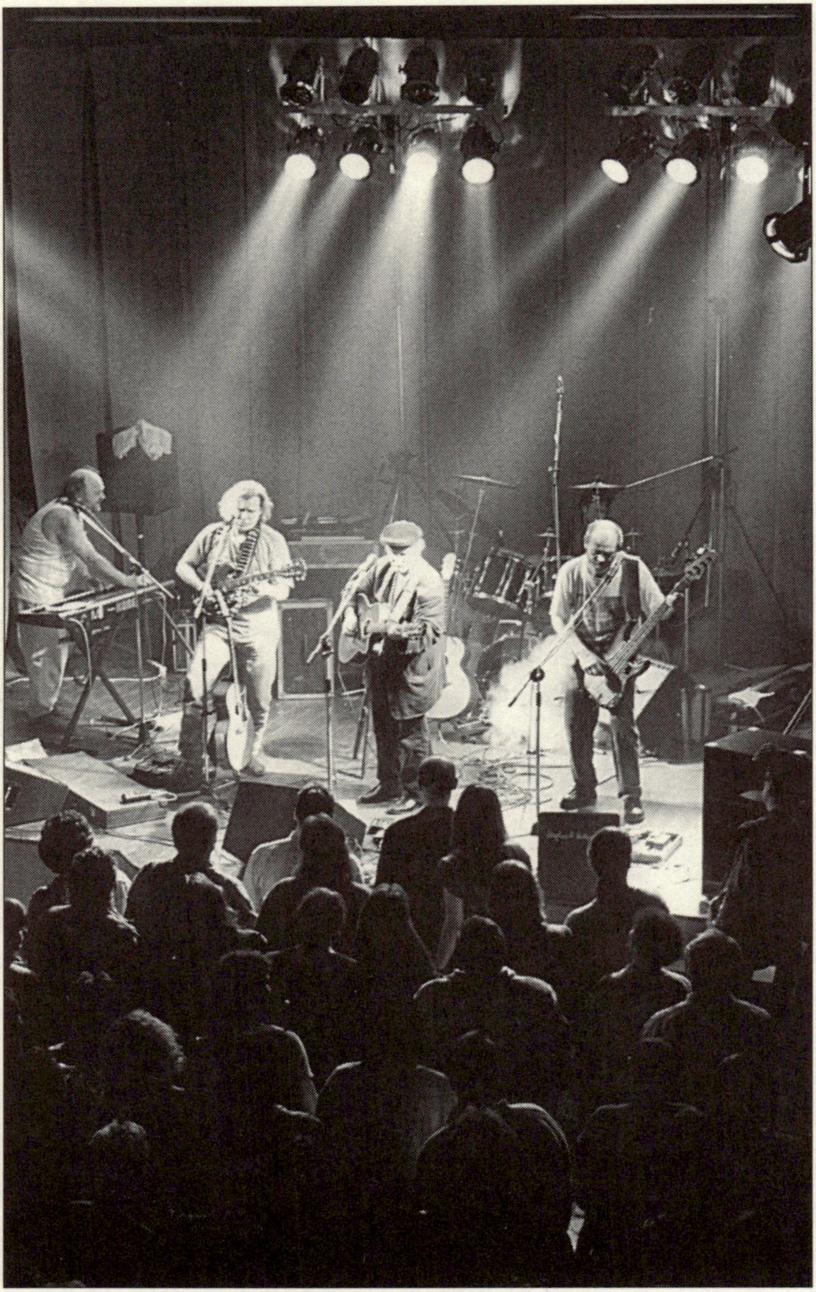

PETER »CÄSAR« GLÄSER:
HART AM WIND LEBEN

Geboren 1949 in Leipzig, Bezirksmusikschule (Blockflöte, Klavier, Klarinette, Fagott). 1965 Lehre im VEB Energieversorgung Leipzig. 1968 Nationale Volksarmee. Ab 1969 freischaffender Musiker und Komponist. 1969/75 bei »Renft«, 1976/83 bei »Karussell«, 1983/86 bei »Cäsars Rockband«, 1988/89 bei »Cäsar & die Spieler«, 1991/95 bei »Cäsar und Band«, seit 1995 bei »Cäsar. Trio«. Tourneesessions u.a mit Gerulf Pannach, André Herzberg, Kerschowski, Renft. 1992 Lyrikband »Der Freund – der Tod«. Theater- und Hörspielmusiken.
1971 Goldmedaille Interpretenwettbewerb, 1981 Kunstpreis der FDJ. 1989 Übersiedlung nach Westberlin. Verheiratet, vier Söhne, zwei Töchter. Über zwanzig Langspielplatten und CDs.

In Berlin am Anhalter Bahnhof, ganz in der Nähe des Potsdamer Platzes, bewohnt Cäsar mit Familie die Erdgeschoßwohnung eines mehrstöckigen, schon etwas zerwohnten Neubaus. Tritt man hinten aus der Tür, überrascht ein winziger wilder Garten. »Noch die kaputten Gartenstühle haben sie uns geklaut.« Cäsar beim Gespräch: unablässig rauchend, erzählfreudig; ein Mensch, der Vertrauen gern ausgibt wie ein Bier.

Rock und Lied, Blues und Folk, das Bizarre und die Harmonie – Cäsars musikalisches Leben ist nach allen Seiten neugierig geblieben, und es blieb doch über lange Zeit modenfremd. Von seiner Gitarre sagt er, sie sei in Clapton, Hendrix und sich selbst verliebt. »Cäsars Blues« ist Teil der »Renft«-Legende geworden. Sein erster Song bei dieser Band war »Wer die Rose ehrt«, aber zum Singen mußte der Instrumentalist freilich erst überredet werden.

Wir unterhalten uns, Cäsars jüngster Sohn kommt herein, und wie er dem Jungen jetzt hinterherschaut, kommt die Sprache auf die Musik der entfernteren Generationen. Cäsar mag die »Techno-Schiene«, die in ihrer provozierend-stoischen Ritualität »was Anarchisches, Wildes, Urvölkerhaftes« ausströmt. Da würde »unbeirrbar was Dunkles durchgezogen gegen die blöde Buntheit der Welt«.

***

Als ich zu «Renft» kam, war ich siebzehn, Klaus war sechs oder sieben Jahre älter, ich schaute zu ihm auf wie zu einer Vaterfigur. Ehrlich. Klaus ist für mich ewige Spielfreude, Auftrittsfeuer, er weckte damals Ähnliches in mir. Wir saßen oft im Ratskeller zusammen, und diese Gespräche eröffneten mir was Neues, alles hatte plötzlich einen gewissen philosophischen Touch, mit dem Kerl konnte man rumspinnen, beim Bier wilde Ufer erkunden. Ich hatte ziemlich oft das Bedürfnis, mit ihm zu reden. Er war Partner, denn das schöne Gequatsche blieb gekoppelt an Projekte. So ist das bis heute geblieben. Noch immer hat er diese Spielwut, er strahlt Geschäftigkeit aus, klar, ein bißchen gemildert durch zu viel Bier und zu wenig perfektes Spiel am Baß. Manchmal denke ich, entweder du begreifst einen Menschen in der Sekunde oder nie, und ich denke weiter, ich habe Klaus sofort begriffen – ohne ihm in jedem Punkt folgen zu können. Aber ich wußte, an seiner Seite würde was losgehen. Daß »Renft« damals mehr und mehr in den Mittelpunkt rückte, gefiel uns. Viel gesoffen haben wir, der Stoff schmeckte, und die Frauen schmeckten uns auch. Unberechenbar war »Renft«. Spielen sie oder spielen sie nicht? Werden sie heute gut sein oder schlecht? Wer wird stärker sein, der Stoff oder die Musik? Das waren die Fragen, die die Welt an uns hatte. Am besten waren wir auf der Bühne, wenn der Funke übersprang zwischen uns und dem Publikum. Publikum ist Droge. Entweder sind zwei Mann da oder zweitausend. Beides ist gleichermaßen verflucht geil. Da schlägt das Herz frei, ohne Kopf und ohne Rippe. Nur dazwischen, da ist es öde, Mitteldinger machen nicht an.

Klaus gefiel das natürlich auch, sein Name war in aller Munde, da verselbständigt sich manches, auch in der Selbstbewertung. In meiner Erinnerung war er nicht der alleinige Boß, er war nicht der künstlerische Kopf der Truppe, aber er hat viel organisiert, sorgte für Connections, war beflissen und umtriebig, immerhin gelang es ihm stets aufs neue, sehr merkwürdige und sehr verschieden strukturierte Leute zu interessanten und widerborstigen Bands zusammenzukriegen. Es gibt Regisseure, die sagen, achtzig Prozent ihrer Arbeit und ihre Erfolges bestünden aus der richtigen Besetzung. So einer ist Klaus. Er hat die Band gut verkauft und konnte ganz gut argumentieren. Jochen Hohl war der Ruhepol, er konnte glätten, war nicht so explosiv wie der Rest der Truppe.

Klaus war für mich damals schon, als ich zur Gruppe kam, eine legendäre Gestalt. Der Chef der einstigen »Butlers«! Beim sogenannten Beat-Aufstand auf dem Wilhelm-Leuschner-Platz war ich dabei, ich war gerade

E-Monteurlehrling. Zwei Meter hinter mir stand ein Polizist, sein Hund hechelte derart, daß ich weglief. Angst. Am anderen Tag fehlten viele in der Ausbildung. Jeder fragte sich, warum, und jeder wußte, warum. Die Jungs waren gekascht, verhaftet und in die Braunkohle geschickt worden. Aber niemand sprach drüber. Heute wunderst du dich, wie sowas funktioniert, wie Furcht sich so ganz selbstverständlich verinnerlichen und wie Schweigen zur allseits eingehaltenen Verabredung zwischen Menschen werden kann. Aber die Lehrer wollten Lehrer und die Lehrlinge Lehrlinge bleiben. Politisch einschneidend war die Angelegenheit für mich deshalb, weil es gegen Musik ging, um meine Musik, also gegen mich.

In meinem musikalischen Denken ist »Renft« Erinnerung, ich lebe inzwischen längst auf einer anderen Schiene. Überhaupt: Was heißt Denken. Viel reingebracht in die Band hab' ich sicherlich, ja, aber das hatte mit Denken weniger zu tun als mit Gefühl. »Renft«, das war seelisches Timing für die Zeit. Wir hatten, glaube ich, eine ganz gute Wahrnehmungsfähigkeit für uns selber. Wir gehörten uns selbst. Das ist großer Luxus. Ich war damals sehr jung, wir hatten Erfolg; das, was du da fühlst, nimmst du, als möglichen Traum vom Leben, ein Stück mit. Ich nahm's mit zu »Karussell«. Denn als »Renft« verboten wurde, nahm mich Jochen (»Renft«-Schlagzeuger Jochen Hohl – H.-D.S.) mit dorthin und wir spielten dann mit denen. Ich versuchte dranzubleiben an der alten Spielart, an der durchgedonnerten Deutlichkeit. Aber die »Karussell«-Leute hatten das nicht gelernt, ihnen war diese musikalische Arbeitsweise des Streitens und Aufstachelns und Fetzens fremd. Das war wie'n alter Personalausweis, den zeigst du vor, und das Leben sagt plötzlich: Leider nicht übertragbar. Ziemlich allein stand ich da, mit Jochen, und ich dachte verzweifelt: Was mach ich jetzt? Aus der wilden Zeit war eine milde Zeit geworden. Aber ich wollte doch weiter lernen, hart am Wind spielen und leben – irgendwie hatte ich ja inzwischen erfaßt, daß diese DDR eine ziemliche Miefbude war. Bei »Renft« war mir freilich politisch noch vieles egal gewesen, ich begriff damals noch nichts, oder zu wenig, ich war der kleine talentierte Typ. Mit »Karussell« blieb ich also eine Zeit zusammen, aber da ich fortan alles an »Renft« maß, knallte bald nichts mehr. Was ich bisher überhaupt nicht gekannt hatte, war diese Selbstzensur. Dabei war »Karussell« doch angetreten, das Erbe von »Renft« hochzuhalten, und mit dem Anspruch ging's mit der Band ganz schnell bergauf in der Öffentlichkeit. Aber das war mir zu sehr geschleimt in Richtung der Offiziellen. Zu angepaßt. Zu sehr der Blick aufs große Geld. Da bin ich raus.

Nicht, daß ich Systemgegner war, so ein richtiger Systemgegner war ich nie, das hat sich nur so merkwürdig entwickelt: Erst bist du ganz natürlich pubertär und also prinzipiell gegen alle und alles, dann wächst du'n bißchen, hast etwas Überblick, guckst dich um und siehst: Die Leute, die was zu sagen haben, ticken wahrhaftig nicht richtig. In dieser Hinsicht war ich freilich ein Spätentwickler, die Diskrepanz zwischen Zeitungs-DDR und Realität kriegte ich nicht so früh mit wie andere. Auch einer wie Pannach, der aggressiver und entschiedener auftrat, war nicht prinzipiell gegen die DDR, und Kuno auch nicht, keiner eigentlich von »Renft«. Glaube ich jedenfalls. Am Anfang gingen wir ja sogar noch ziemlich freudig mit. Elektra, Puhdys, Stern Meißen, später Lift – das war frischer Wind. Ulbricht hatte gesagt, lange Haare versperren den Blick; Honecker löste das auf, er tönte los, nicht der Habitus entscheide über den Wert einer Persönlichkeit. Unsere Rede, was der Mann sagte! Wir haben leider nicht kapiert, daß wir die wilden Vögel waren, die in ganz anderer Weise integriert werden sollten, als wir uns das selber vorstellten. Die wollten uns zum Beispiel in Klamotten schmeißen, wir sollten gut aussehen, stromlinienförmig, sozialistisch gestylt. Auch Kleiderordnungen bestimmten die sich machtmäßig konsolidierende DDR. Eigene

Kleider, eigene Schlager, eigene Tänze – ja, auch das sollte die Abwehrfront gegen draußen stärken. Damit wollte die DDR die Jugend an sich binden, an den Staat, der Staat der Jugend sein wollte. Kampagnen gegen Jeans wirken im nachhinein lächerlich, provozierten damals aber heftige Auseinandersetzungen. Und nun wir, in Tanzuniformen! Fast hatten wir uns schon Maß nehmen lassen, aber dann hauten wir blitzartig ab; die Haut, die die uns überstreifen wollten, sah saukomisch aus. Wir wehrten uns, wollten nicht rumlaufen wie die Lackaffen, wir wollten uns nicht fremd zeigen vor dem Publikum und uns nicht durch Künstlichkeit entfernen. Der überhöhte Standpunkt Bühne reichte doch schon als Entfernung. »Elektra« lief damals rum wie ein Schwarm bunter Plastevögel, wie Slade, das war kopierter Westen, schlecht kopiert dazu, wir aber wollten Osten sein und bleiben, und zwar Osten von unten aus gesehen. Wir entwickelten ein Gegenkonzept: Gut, sagten wir, wir vertreten die breite Masse, da wollen wir auch auftreten als Masse – nicht in irgendwelchen blöden Kunstgewerbe-Uniformen, sondern einer als Bierfahrer, einer als Arzt, einer als Müllfahrer und so weiter. Ein einziges Mal zogen wir das so auch durch, ich trat als Bierfahrer auf, weil mein Vater einer war. An Kuno kann ich mich noch erinnern, der spielte als Müllfahrer, die Schiebermütze, das Unterhemd über dem kräftigen Oberkörper, alles ein bißchen bärbeißig.

Unser Erfolg als »Renft« entstand nicht durch Einverständnis mit dem Staat, sondern durch Mißverständnis. Die versuchten, uns zu fangen, indem sie uns Angebote machten und langsam in ihre Richtung bogen. Das ist bei anderen gelungen, bei »Renft« nicht. Wir wollten keine direkt trompetende Politrockgruppe sein, aber wir waren trotzdem politisch, also direkt. Bei »Chilenisches Metall« riefen Leute aus dem Publikum »Roter Renft«. Da merkten wir, jetzt haben wir beim Kompromiß eine Schmerzgrenze erreicht. Wir hatten das große Maul und waren zugleich naiv. Irgendwann später hat eine Punk-Band dieses Verhalten präzis formuliert: Jetzt erst recht! So hieß ein Song von »Wutanfall«. Das war das Gefühl, in dem auch wir gelebt hatten. Inspiriert von den Beatles, inspiriert von den Stones. Bei den Beatles gefiel mir der musikalische Durchblick, das Künstlerische, Kreative, bei den Stones das Urwüchsige, das Wilde, das Blueshafte. Ein Slogan hieß: Die fünf häßlichsten Jungs der Welt haben sich zusammengetan – das war toll! Langhaarschnitt contra Kurzhaarschnitt hieß der Einbruch der Beatles und Stones, der, interpretiert als politische Bedrohung, den Staat zum Kampf gegen das Eindringen westlicher Vorstellungen zwang.

Manchmal denke ich darüber nach, woran »Renft« wirklich zugrunde ging, also unabhängig vom Verbot. Vielleicht an sowas wie Größenwahn. Wenn du wichtig gemacht wirst von der Außenwelt, dann hältst du dich selber eines Tages sogar für überwichtig. Möglicherweise waren Pjotr, Jochen und ich – Klaus mit Abstrichen – nicht so infiziert von diesem Wichtigkeitsgefühl, aber Monster schon. Wir alle haben uns immer gestritten, das geht bis heute so, sechs Leute, dreizehn Meinungen, und deshalb sag ich mal: Monster war auch eifersüchtig auf mich, ist es heute noch. Glaub ich jedenfalls. Pjotr war der Obernaive, ich mag Pjotr, der hat die Welt micht mehr verstanden, wenn die großen Diskussionen über den Sinn der Welt losgingen und wie man diesen Sinn am besten in drei Töne kriegt. Pjotr sagte immer, ich könnte heulen. Er fühlte sich unverstanden. Die einen hoben ab, die anderen kamen nicht mehr mit. Eines Tages fing Kuno an zu texten, sicher auch durch seine Freundschaft mit Gerulf Pannach angeregt, das brachte eine neue Schubkraft, aber eben auch einen weiteren Spreng-Kopf in die Gruppe. Aus dieser Ecke kamen dann die Biermann-Sachen – und zugleich so ein seltsames Anti-Biermann-Gefühl. Ja, beides war da, so paradox das klingt. Denn die beiden verehrten Biermann und wollten sich zugleich von ihm abnabeln. Es gibt diese Wirkung des Sogs und der gleichzeitigen Abkapselung. Sie haben ihn bewundert und ihn gleichzeitig kritisiert, das war wichtig für sie selber, für die Profilierung eines eigenen Stils. Sie spürten wohl auch schnell seine Selbstherrlichkeit. Denn sicher hat Biermann auch sie benutzt – so groß war seine Kulisse nicht, daß er es nicht nötig gehabt hätte, jeden auf sein eigenes Bedürfnis hinzubiegen. Es gab zu »Renft«-Zeiten ein Lied von Kuno, in dem es sinngemäß hieß: Was nützen mir Freunde, die sich groß erheben und mich klein dastehen lassen. Kuno und Pannach waren befreundet – und sie stritten auch gern miteinander. Das wurde natürlich auch in die Band geschleppt. Wir waren ein ziemlicher Krach-Verein, aber eben mit Power.

Daß Monster nun seine eigene »Renft«-Band aufgemacht hat, das ist seine Sache. Ich will auch nichts über ihn sagen, was jetzt wie aktueller Groll aussieht oder Retourkutsche oder sowas. Ich will auch keine Dreckwäsche waschen. Aber daß es bis heute kracht, hat ja seine Ursachen. Mich hat immer gestört, wenn sich Leute hinstellen und behaupten, sie hätten die ganze Welt begriffen, und weil sie sie begriffen haben, sind sie sozusagen zum geistigen Anführer bestimmt. Mit glühenden Augen und mephistophelischer Gebärde. Immer hoch hinaus! Ja, wohin denn aber nur? Nimm den »Apfeltraum«. Ein Volkslied. Wo man hinkommt und es singt – die Leute kennen es, und sie mögen es, als schlichtes Lied, wild und schön und ehrlich. Aber Monster, das jetzt nur als kleines Beispiel, der wollte eine gigantische Rocknummer draus machen. Es ist bestimmt schmerzlich, ständig am Anspruch zu leiden, den keiner versteht. Viele Jahre habe ich übrigens gebraucht, um selber zu begreifen, was ich da im »Apfeltraum« singe. Das Gefühl, das ich mitteilte, suchte in mir selber lange Zeit nach den richtigen Worten. Es ist so: Wenn du im Leben was gibst, ohne was haben zu wollen, wenn du fähig bist, sozusagen hintergedankenlos zu geben – dann kriegst du was zurück. Wenn du aber gibst und an Dank denkst, an Lohn, an Anerkennung und sowas – dann gehst du leer aus. Das steht nicht so direkt im Text, aber der Gedanke ist drin, das ist die Botschaft, und das Gefühl stimmte, als ich das Lied sang. Da waren wir auch beeinflußt vom Hippiegedanken, aber wie gesagt: Manchmal dauert es, bis du für dich selber ausdrücken kannst, was du anderen mitteilst. Es ist ja so, wenn du davon lebst, den Leuten was mitzuteilen: Wer weiß von sich, ob er nicht ein Zwischenträger ist. Wer weiß, welche Nachricht ihm anvertraut wurde und mit welchen Worten verschlüsselt er sie überbringt. Auch das, was man klar singt, kann eine Botschaft darstellen, von der man lange Zeit nichts ahnt.

Selbst wenn es »Renft« nicht gegeben hätte – aus mir wäre sicher trotzdem ein Musiker geworden. Obwohl sich die Toleranz meiner Eltern gegenüber meiner Leidenschaft mit den Jahren mächtig abkühlte. Zur Jugendweihe kriegte ich, alle Verwandten zusammengenommen, 650 Mark, für 50 Mark durfte ich mir, gerade mal so, eine Gitarre kaufen. Daß ich Musik machte, hatte meinen Eltern besser gefallen, als ich noch Blockflöte spielte. Mit Flöte hat alles angefangen. Irgendwann ging ich mit meiner Mutter durch die Kaufhalle und kriegte eine Blockflöte gekauft, für drei Mark fünfzig. Dazu kam noch ein Kinderxylophon.

Meine Eltern waren Deutschstämmige aus Polen, sie sind vor den Russen abgehauen und landeten in Leipzig. Mutter arbeitete als pädagogische Hilfskraft im Kindergarten, Vater, wie gesagt, als Bierfahrer. Wie der das schaffte, hat mich gewundert. Er hatte im Krieg einen Bauchschuß bekommen, das Geschoß blieb einen Millimeter vorm Rückgrat stecken, ganz gekrümmt ist er gelaufen. Eine Pferdenatur! Im Laufe der Jahre richtete er sich auf und kriegte wieder Kraft. Bei meiner Mutter im Kindergarten stand ein Klavier. Auch darauf klimperte ich. Damals hatte ich noch einen Sprachfehler, ich lispelte und mußte für drei Jahre auf eine Sprachheilschule. Die half aber nicht. Einen Kumpel hatte ich, der war schlimm dran, er stotterte, lispelte und konnte keine Umlaute sprechen. Keiner verstand ihn, nicht mal die Lehrer. Nur ich wußte, was er meinte. Denn mit ihm ging ich jeden Tag ein langes Stück Schulweg, und so war ich gleichsam der Übersetzer für ihn. Ein armer, guter Kerl.

Bei einer Blockflötenlehrerin in der Musikschule lernte ich, mäßig übend, aber gut vom Blatt spielend. Ich konnte mich, wenn es darauf ankam, tierisch konzentrieren. Erst als ich Bach und Händel spielen konnte – die Musik gefiel mir –, kriegte ich sehr gute Zensuren. Vierzehnjährig wurde ich sogar im Trio Zweiter in einem DDR-Schülerwettbewerb. Irgendwann gab's die ersten Radios, in die man sich reinstöpseln konnte, mit der E-Gitarre. Als ich meine Lehre als Elektromonteur anfing, kaufte ich mir für 120 Mark den ersten Zwölf-Watt-Verstärker. Ein neues Zeitalter begann.

Musik ist mein Leben, ja. Noch immer. Eine Sehnsucht, die nicht kleiner wird. Das ist erst mal immer wie'n diffuses Bild, das über dir schwebt, sich im Lichtstrahl bildet. Ja, Musik ist das Bild, das du anbetest, bis es runterkommt zu dir und eins mit dir wird. Es erfolgt ein Austausch, wenn du das allergrößte Glück, nämlich Publikum hast. Zwei Phasen hatte ich, da wollte ich aufhören mit Musik. In der ersten Zeit bei »Karussell«, nach dem »Renft«-Verbot, bin ich das Publikum regelrecht aggressiv angegangen. Frust ließ ich gegen die Leute los, das war Mist. Die jubelten unten, und ich schnauzte sie an. So benimmt man sich nicht. Aber ich hatte ein halbes Jahr auf Eis gelegen, und es war keine Halde da, um den Ärger abzukippen. Nur langsam wurde ich wieder ein freundlicher Mensch. Nachdem ich bei »Karussell« raus war, wußte ich, ich mußte mich auf eigene Beine stellen. Mit Kompromissen würde ich auch weiterhin leben müssen, denn was bringt der Kopf durch die Wand, ein eingerannter Kopf denkt nicht, er blutet. In der Hinsicht dachte ich mehr wie Klaus, nicht wie Pannach. Auch der Frieden kann schließlich seine Kriegslist haben. Andererseits hatte mich die konsequent ehrliche, wirklich quertreiberische künstlerische Art des Gespanns Kunert/Pannach längst zu interessieren begonnen, von da kam eine Kraft, die ich noch nicht ganz verstand, die aber was Überwältigendes hatte. Kompromisse ja, aber nicht alle um jeden Preis! Mit dieser Haltung gründete ich »Cäsars Rockband«. Spielte drei Jahre lang, bis ich die Nase endgültig voll hatte von dieser DDR. Das »Renft«-Syndrom lebte, es wucherte in mir wie ein Krebs. Einmal spielten wir bei der Armee. Es war ein schöner Abend, die hatten Frauen eingeladen, am Schluß schrieb ich ins Gästebuch: »Es war ganz gut. Armee ist nicht gut. Besser wäre es, wir könnten auf Armee verzichten, im Sinne aller, die für den Frieden sind.« Die FDJ-Bezirksleitung stornierte daraufhin sämtliche weiteren Konzerte im sogenannten Studentensommer. In einem Brief an uns hieß es, mit solcher Ablehnung der NVA arbeiteten wir den imperialistischen Verbrechern von Son My zu. Als ich diesen Brief überallhin trug, zu sämtlichen kulturpolitischen Institutionen, mit denen wir zu tun hatten, schüttelten alle nur den Kopf über den Schwachsinn. Die Konzerte fielen trotzdem aus, aber die Ausfälle wurden uns honoriert. Doppelte Moral hält besser. Im nachhinein muß ich sagen, ich war protestmäßig tierisch gut drauf – so, wie ich mich mir zu »Renft«-Zeiten gewünscht hätte. Es gab mehrere solcher Vorfälle, und ich sagte eines Tages meinen Leuten von der Rockband, sie sollten sich woanders und neu orientieren, und nachdem die Band aufgelöst war, stellte ich den Ausreiseantrag. Warten. Langes Warten. Was blieb? Wieder tierisch gesoffen. Das zweite Mal gedacht: Schluß mit Musik! Gleichzeitig versuchte ich, mich sprachlich auszudrücken. Im Haus wohnte ein Lyriker, begabter Typ, der gab mir Selbstbewußtsein und Mut, mich an die Öffentlichkeit zu wagen mit eigenen Texten. 1988 fragte mich mein Sohn Robert – ein hartnäckiger Bursche, der hatte eine Band gegründet –, ob ich mitmachen wolle. In seiner Amateurband! Ich stieg tatsächlich in diese Truppe ein, die sich recht und schlecht durch ihre Auftritte spielte. Erst wollten sie mich ein bißchen verstecken, in eine Ecke der Bühne stellen, damit mich keiner erkennt. Aber ich stand zu meiner Entscheidung, schrieb uns Lieder, kramte alte Sachen von mir raus, arrangierte neue. Harte Sachen. Ich war in Ausreisestimmung, und ich merkte, wie die Offiziellen zuckten. Es ging aufs Ende der DDR zu, wie wir jetzt wissen, die konnten mich nicht mehr behandeln, wie sie »Renft« 1975 behandelt hatten. Die Bürokraten waren entkräftet, mit meinem Namen konnte ich mir einiges leisten. Zur Frühjahrsmesse 1989 kam Klaus zu Besuch nach Leipzig, er durfte wieder rein, er wohnte auch bei mir, und das genau war der Zeitpunkt, da holten sie mich zu »Inneres«, und ich durfte raus nach Westberlin. Ostern '89 war ich drüben, eine fünfköpfige Familie, jeder mit einem Koffer in der Hand. Fremde, aber wir hatten es so gewollt.

Hier im Westen bin ich erst mal Taxi gefahren, was sonst. Mir war schon klar, daß ich musikalisch erst mal keine Chance hatte. Nach der Wende hatte ich Glück. Vor allem das Glück, daß ich die Zeit in der DDR noch relativ gut hatte ausfüllen können.

Nach der Wende mit »Renft« gemeinsam aufzutreten – das wollte ich nicht. Es hängt mit meiner Stasi-Geschichte zusammen. Ich war IM, und ich wollte den Ruf der Band nicht gefährden. Es herrschte damals eine Hexenjagd-Atmosphäre, in der ich Angst hatte vor der Wahrheit. Kuno habe ich es dann zuerst gesagt. Ich mag ihn halt. Keiner in der Band stieß mich weg. Ich fühlte mich befreit.

Passiert ist alles so einfach, wie man sich die schlimmen Dinge meist nicht vorstellen kann. Ich war damals siebzehn, achtzehn und pro DDR. Bei der Armee sollte ich Kameraden beurteilen, ob sie zum Grenzdienst taugen. Verläßlichkeit oder so. Ich fand das okay, ich gab ja nur die Wahrheit weiter, und ich wußte, wozu meine Aussagen verwendet würden. Damit war's für mich gelaufen. Den Offizier, mit dem ich zu tun hatte, fand ich ursympatisch. Er hörte zu, ein ehrlicher Typ, das denke ich auch heute noch, bei allem Abstand zu meiner Mitarbeit. Sogar den Weihnachtsmann spielte ich für seine Kinder, ich hatte eine tiefe Stimme. Jahre später spielten wir mit »Karussell« in der gleichen Kaserne, da kamen hinterher die inzwischen erwachsen gewordenen Kinder und begrüßten mich: Mensch, du hast doch damals bei uns zu Hause den Weihnachtsmann gemacht! Ich redete ganz offen mit ihnen, auch wenn mir klar war, die andern im Saal wußten, das sind doch die Kinder von einem MfS-Mann. Ich dachte, jetzt darfst du nicht kneifen. Sogar zu dem Offizier bin ich noch mal nach Hause, nach diesem Konzert, da saß er, Sozialist bis dorthinaus, aber schon mit hängendem Kopf. Die Stasi hatte mich übrigens noch mal zu fangen versucht, genau zu der Zeit, als »Karussell« ganz oben war. Kuno hatte mir eine Karte aus dem Westen geschrieben, da stand drauf, er fühle sich wie auf einer Sandbank, zu einem Ufer fände er wohl nicht mehr zurück. Da dachten die, er sei psychisch greifbar, für Westarbeit. Aus einer Probe holten sie mich raus, und meine Angst war wieder größer als mein Charakter. Sie versuchten einen neuen IM-Vorlauf mit mir. Was mich rettete, war meine Unzuverlässigkeit. Als die Stasi zum Schluß sagte: Entweder Sie arbeiten im Westen für uns oder Sie können auf Ihre Ausreise warten, bis Sie schwarz werden, war ich endlich mutig und gelassen genug, um zu antworten: Gut, werden wir eben gemeinsam schwarz. Kurz darauf ging's raus.

Wie gesagt, ich lebe nicht mehr auf der »Renft«-Schiene. Wir haben zusammen Fun gehabt, und Punkt. Wenn man in die Gitarre griff, war es so, daß die Hände in eine schöne Leere von DDR griffen, eine ausgefüllte Leere aber, die Freiheit brachte, etwas Freiheit. Was ich mir noch wünsche von dieser geilen Geschichte: Laßt diese »Renft«-Story bloß in der Schwebe! Nicht immer alles in so klare, geschichtlich bewertbare Blöcke schmieden! Das soll nicht abschiedscool und zukunftslos klingen, wir werden schon noch manches Ding zusammen machen, aber ich kann »Renft« nicht unendlich durchziehen. Vielleicht ist Klaus da in einer anderen Lage. Es hängt ja im Leben vieles davon ab, was man gerade macht. Arbeit verdrängt Erinnerung; wenn du keine Arbeit hast, überwältigt dich Erinnerung. Wenn du nur noch wenig Erfahrung machst, überwältigt dich das Erfahrene. Vielleicht ist das tragisch und saublöd, vielleicht ist das aber auch ein wunderbarer Zustand, ich weiß es nicht.

(Aufgezeichnet nach einem Gespräch, das Hans-Dieter Schütt am 21. April 1997 mit »Cäsar« führte.)

SCHOCKEN! SCHOCKEN MÜSSEN WIR SIE!
BEGEGNUNG MIT GERULF PANNACH

Von Hans-Dieter Schütt

Gerulf Pannach ist Jahrgang 1948. In der DDR war er Liedermacher, schrieb Texte für Rock-Bands. Nach der Ausbürgerung von Wolf Biermann wurde er zusammen mit dem »Renft«-Organisten Christian Kunert wegen staatsfeindlicher Hetze inhaftiert und 1977 mit Kunert und dem Schriftsteller Jürgen Fuchs nach Berlin-West abgeschoben. Dort brachte das Duo Pannach & Kunert (u.a. »Pretty Woman – guck nich so!«) fünf LPs bzw. CDs heraus. Gerulf Pannach arbeitete auch als Schauspieler und Musiker am Tribüne Theater Berlin-West und spielte die Hauptrolle in Ken Loachs Film »Fatherland«, für den er mit Kunert auch die Musik schrieb. Er komponierte für Hörspiele, schrieb Songs zu Theaterstücken (»Moll Flanders«), übertrug die französische Rock-Oper »Starmania« ins Deutsche und schrieb mit Kunert, nach Motiven B. Travens, das Musik-Theaterstück »Das Totenschiff«. Momentan ist er Stipendiat der Käthe-Dorsch-Stiftung (»Zehn Monate lang jeden Monat 1000 Mark – Schwein gehabt.«)

Er sitzt, ein wenig zusammengekauert, auf dem Sofa – und raucht. Das Gesicht noch etwas blaß, das Lächeln von trotziger Sanftmut und manchmal schon wieder ein wenig unverschämt. So strafft Gerulf Pannach seine Lage. Erst kurz vor unserem Gespräch wurde ihm ein großer Tumor aus der Niere entfernt, das Organ herausgenommen. »Zwei Nieren hat der Mensch – bei mir hat sich das Zwillingspaar gestritten«.

Wir laufen ums Wilmersdorfer Viertel, Gerulf Pannach braucht Bewegung. Sehr langsame Bewegung. Roter Schal, schwarzer Mantel, die Haare zum »Pferdeschwanz« gebunden, Baskenmütze auf dem Kopf; so mag er einst auch durch Leipzig gegangen sein, intellektuell, einzelgängerisch, auffällig, observierenswert.

Der Sachse aus der Gegend bei Dresden ist ein kleiner, zäher, zutraulicher, unverblümter Mensch, trotz seiner sarkastischen Anflüge mit unverhohlenem Hang zur Sentimentalität. Aber zu seiner Haft im Stasi-Gefängnis vor über zwanzig Jahren befragt, wehrt er sich gegen eigene Romantisierung ebenso, wie er sich gegen fremde voyeuristische Anteilnahme verwahrt. »Das Schwerste war, von heute auf morgen auf Zigaretten und Alk zu verzichten. Eiskalter Entzug. Das zogen die durch. Darüber redet niemand.« Und er lacht, prüfend. Das ist eine der Stellen, da schweigt unsereins am besten.

Gerulf Pannach, literarisch, schwarzhumorig: Das Schreiben ist ihm eine papierne Bruderschaft. Manche Texte sind wie ein Schrei des kindlich Gebliebenen, aber was sein Schreiben auch sonst noch alles bedeuten mag: Er soll jedes mögliche Ende überdauern. »Liebe und Leid« heißt eines der Lieder (Text mit Manfred Maurenbrecher) auf Pannachs jüngster CD »Yorck 17«: »Sag mir, warum/ Ich grad unglücklich war/ Mit dem Blick in die Ferne/ Und dir doch so nah/ Komm, dreh dich um/ Unsre Freunde sind da/ Neben uns, Leid und Liebe/ Das uralte Paar.«

Wie er Renft kennengelernt hat? Ironisches Lachen. Angelika, jene Halbgriechin, die Klaus später heiratete, war vorher Pannachs Freundin.

Ehe ich auf die Idee kommen könnte, das sei eine wirklich entscheidende Bemerkung, sagt er: »Klaus – das war so ein Grummeln am Baß, das machte ihm keiner nach.« Renft sei ein Leutesammler gewesen, ein Typ mit Gefühl für Typen. »Ich hab gestaunt: War mal kein Geld da, ist er zum Beispiel zum Chef von ›Studio-Team‹, einer renommierten Leipziger Gruppe, und hat den angeknallt: Du, ich hab doch Kredit bei dir. Und er hatte. Klaus hauste in einem chaotisch eingerichteten Zimmer – aber unten stand ein Polski Fiat. Immer die dicke Marie in der Hose!« Sogar den »lieben Gott« hätten ihn einige in Leipzig genannt. Das hätte sicher auch dem lieben Gott geschmeichelt, denn damit war gemeint: ein guter Geschäftsmann, dieser Renft. Hier mal eine Kneipenrunde, da mal zwei, drei Mädchen, und immer ein paar blaue Scheinchen auf Abruf in der Tasche. So einer hatte schon zu DDR-Zeiten einen Rechtsanwalt, und so einer brauchte ihn auch. Als Gegenleistung schrieb der Anwalt IM-Prosa.

Eines Tages, erzählt Pannach, benötigte »Renft« einen Tontechniker. Den Beruf gab es damals noch gar nicht, nicht mal ein Mischpult war vorhanden. Monster drehte an den Mikrofonen rum, das sah monstermäßig aus, und monstermäßig war auch der Klang. Da setzen sie also Gerulf an einen Tisch vor der Bühne, und er dirigiert den Einsatz der Verstärker. Renft meinte dann: Du gibst mir deine Arbeitskraft für die Technik, ich geb dir dafür meine Anlage. Ein Tauschgeschäft. »Aber auf diese Weise mußte ich nicht die Estraden-Aufträge der Konzert- und Gastspieldirektion in Anspruch nehmen und zog mit der Gruppe mit, bei diesen Mixturen aus Tanzabenden und Konzerten.« Sie denken wunderbar Lennon-mäßig in jener Zeit, der war ja auch mal auf diesem Vertrauenindiearbeiterklassetrip. »Und für uns war es eine Ansage gegen die alten Männer, die sich in FDJler verwandelt hatten.«

Pannach wäre damals gern in die Band eingetreten, aber er wird den Musikern »wahrscheinlich schnell zu heiß«. Es ist die Zeit, da verabschiedet sich die Gruppe gerade ein bißchen von Kurt Demmler, dem bisherigen Haupttexter. »Der arbeitete auch für Schlagersänger, routiniert, ein Workaholic.«

Wahrscheinlich fürchteten die Musiker, Demmlers Lieder würden immer abgeschliffener. Die wollten, sagt Pannach, keinen Schlagermacher. Text ist ja Spannung, einzig und allein Spannung, für sowas hätte Klaus ein gutes Gefühl gehabt, und diese Akribie mit den Texten wäre von kaum einer anderen Band so konsequent betrieben worden. Er, Pannach, sei im übrigen ganz anders als Demmler. »Mir ist sowas wie Fließband fremd. Ich war immer langsam. Nicht wie ein Schuster: Warten Sie zehn Minuten, dann können Sie alles wieder mitnehmen. Ich brauch auch relativ wenig Geld. Mag sein, daß das manche wissen, für die ich schreibe. Aber das ist kein Grund, mit Texten umzugehen wie mit Scheiße. Ich krieg schnell mit, wer einen ernstnimmt, und ich hab da so meine Erfahrung: Wem es zu gut geht, der ist meistens versaut.« Und er redet über seine Textnehmer, Vroni Fischer, die Puhdys, auch Pascal de Wroblewsky war schon im Gespräch, und es klingt jetzt ebenfalls ein bißchen wie Fließband, und vielleicht ahnt Gerulf das, denn er sagt plötzlich: »Too much, würde ich heute sagen. Zu viel Streß. Wahrscheinlich auch deshalb ist die Niere ausgestiegen.«

Aber da ist er beim Erzählen schon zu tief in seinem Element, um sich in seiner Bedenklichkeit selber ernstzunehmen; wir sind jetzt weit weg von »Renft« und doch beim Thema. Was ihm vorschwebe, seien unscheinbare Texte, die aber plötzlich irre werden. Daß du 'ne Gänsehaut kriegst. Sowas sei renftmäßig. »Am Klavier drücken vier Hände Boogy ins Elfenbein – das ist eine Metapher von mir, die mir selber gefällt.«

Wenn Gerulf Pannach heute über »Renft« nachdenkt, weiß er, ohne es auszusprechen (dazu ist er viel zu raffiniert und arrogant in seiner Bescheidung): Die Härte in seinen Metaphern war von niemandem aufzuhalten. Und für manche schwer auszuhalten. »Sehr früh war die Riesenwut in mir«. Marianne Oppel von DT 64, die viel mit der Gruppe und für sie getan hat, sagte später, alle hätten nach der Wende Angst gehabt, ihn zu Gesprächsrunden einzuladen, aus Furcht vor seiner geballten Aggression, aus Angst vor seiner Unberechenbarkeit. Er ist nicht zu kalkulieren auf eine Wirkung, die andere festlegen wollen. Wo sie den Ausbruch erwarten, bleibt er sanft; wo sie sich auf die Sanftheit verlassen, bricht er aus. Nach jenem Herbst 1989 spielt er in Leipzig, da kommt einer von früher auf ihn zu: Weißte noch, Gerulf, du hast immer geschrien:»Schocken! Schocken müssen wir sie!«

»Der Gefühlsstau hatte schon in der Schule angefangen, ich fühlte mich mißverstanden. Ein überheblicher Oberschüler war ich, der mehr gelesen hatte als andere. Zum Grunderlebnis aber wurde die Armee. Die hat mich erledigt. Da zeigte sich die Gesellschaft nackt.«

Pannach glaubt nicht an Zufälle, aber ganz stark an Fügungen, und dieser Philosophie gemäß mußte es auch in seinem Leben kommen, wie es immer kommt: Starker Drang setzt sich durch. Dieser starke Drang heißt schon bei dem Schüler Pannach – Musik. Diese Sehnsucht wird heftiger und heftiger, eines Tages kann er sich nicht mehr wehren.»Das versaute mir fast das Abitur, weil ich dauernd nur Gitarre spielte, statt zu lernen.«

Musikmachen liegt in der Familie. Eine Großmutter war Kirchenvorsängerin, ein Onkel Orchesterleiter, ein Großvater spielte Geige und Laute, die Mutter Akkordeon. Sie spielt absolut nach Gefühl, der kleine Gerulf zunächst leider nur nach Noten. Nach der Schule studiert er Jura in Halle, er achtete bei der Bewerbung lediglich darauf, in welchem Studium seine Lieblingsfächer als besonders wichtig bewertet wurden, Deutsch zum Beispiel. Mehr interessiert ihn am DDR-Rechtswesen nicht, und das Interesse hält genau ein halbes Jahr. Aber wohin nun? Theaterhochschule Leipzig! Unglücklicherweise gerät er mit dem Aufnahmeprüfenden (ausgerechnet dem Rektor!) umgehend in Streit über Dürrenmatts»Physiker«. In die grausige Komödie um Weltmächte und Weltherrschaftspläne schließt er natürlich auch die Sowjets ein, und wo der sehr leitende, leidende Prüfmensch betont, so habe das der Dramatiker nicht gemeint, und wenn, dann habe Dürrenmatt halt seine bürgerlichen Grenzen, da hält Pannach straff dagegen.»Ich hielt Dürrenmatt für witziger als diese staatlich gekrümmten Theaterbeamten. Das sagte ich so nicht, aber begriffen haben die das trotzdem. Mit dem Ergebnis: Für mich war Schluß, bevor es überhaupt losging – ich hatte die SU beleidigt, war ungeeignet für den sozialistischen Realismus. Aber ich bin sicher auch unsäglich streitsüchtig und störrisch gewesen.« Luther als Liedermacher. Hier stehe ich und feixe: Ihr Idioten könnt eben nicht anders.

Eine Weile arbeitet Pannach für das Bezirkskabinett für Kulturarbeit, verantwortlich für alle Singeklubs im Bezirk Leipzig. Es gibt dauernd Auseinandersetzungen. »Jeden Montag Zeitungsschau. Da war die Rede von Anarchisten, denen wir nicht auf den Leim gehen sollten. Die Typen würde man schon daran erkennen, daß die bei Rot über die Kreuzung gehen. Jedenfalls machte mich die Situation so an, daß ich mir die Haare und einen Bart wachsen ließ.«

Als er Klaus Renft kennenlernt und den Job an den Verstärkern bekommt, ist der für ihn – wie seine Ex-Freundin Angelika – schon Geschichte. Renft! »Ich weiß noch, ich feierte meinen 16. Geburtstag, da spielten in Schkeuditz in der ›Sonne‹ die ›Butlers‹. Drei Stücke zum Tanz, dann war Pause. Es gab neben der Gruppe von Klaus noch die Shatters (daraus wurde später die Gruppe ›Set‹), die Guitar-Men, das Franke-Echo-Quintett, die Sputniks. Auch in Renfts Truppe drehten sich alle mit den Gitarren rhythmisch zur Seite, das war der große Hit. Wenn ich damals Leute auf der Bühne beobachtete, dann gefielen mir besonders die Arroganten, die sich abhoben von der Masse, die abfällig guckten und sich mit den Augen eine Ritterüstung schmiedeten, indem sie schweigend sagten: Mit mir nicht! Immer so ein Element von Aufruhr. Es mußte was schwelen.«

»Renft« ist zunächst beim Singestudio an der Leipziger Karl-Marx-Universität angebunden, wahrscheinlich, um sich zu schützen. Pannach arbeitet mit im Zentralen Singeklub Leipzig. »Wir sangen das ›Lied vom Kapital‹ – aber mit Bluesanfang, mit musikalischen Elementen aus dem Underground. Da spitzten einige bereits bedenklich die Ohren. Gisela Steineckert warnte: Lange Haare oder Polbeat – beides zusammen geht nicht. War mir egal, ich wollte beides, und so ging's zur Sache. Mein alter Freund Walter Cikan spielte Orgel, wir tauschten Sartre aus, leider hat sich Walter dann in Rundfunkfunktionen in den Staat eingeklinkt, er wurde zum Zyniker, aber einer von den freundlichen.«

Wenn Pannach von »Renft« erzählt, erzählt er von nächtelangen Diskussionen, alles endete in furchtbarem Gebrüll. »Wir hängten die Ethik sehr hoch, zu hoch bestimmt.« Ohne Rücksicht aufs Geschäft. Sie hatten kein Kalkül – und keine eigene heile DDR, wie andere Gruppen. Und Pannach redet über den Frieden, den andere machten – obwohl die doch auch nicht an diesen verkümmernden Sozialismus glaubten. Aber einige besaßen ein Faible für gute Lebenssituationen. Die hatten Einrichtungsgefühl. »Renft« nicht. Im Gegensatz zu den »Puhdys«, zum Beispiel; die hielt er für eine lahme und angepaßte Truppe. 1974 macht er mit einer Band, den »Kometen«, Urlaub an der Ostsee. Kuno ist auch da, zufällig. Sie diskutieren, lesen Hegel, Marx, sogar Nietzsche. »Ich machte Kuno meine Stinkwut über diesen DDR-Scheinsozialismus klar. Er fragte immer nur: Wie willst du mir das beweisen? Er war verunsichert. Ich konnte ihm nichts beweisen, ich konnte ihm zum Schluß aller Debatten nur sagen: Guck mich an, ich muß mit einer Amateurband tingeln, um überhaupt an der Ostsee Urlaub machen zu können – und nun guck dir an, wie die Funktionäre sich 'n Fetten machen. Zwei Tage grübelte Kuno rum, dann kam er und sagte: Du hast recht. Wenn er sich entschieden hat, kann Kuno sehr stur sein.«

Dieses kritische Grundgefühl, das immer stärker wird, dringt irgendwann in die Band. Und wird, letztlich, ausgehalten. »Klar: Klaus eierte, er saß in der Klemme.« Was eben trotzdem für ihn sprach: Er stand zu den Leuten, die Härte mitbrachten, mehr Härte, als er wollte – und er bezwang sich. Das blieb als Qualität. »Als wir ein Angebot kriegten, im Westen zu spielen, stellte sich raus, das wäre ein Konzert bei der DKP gewesen. ›Renft‹ lehnte ab. Fand ich stark, bei dieser Verführung durch eine Westreise! Oder: ›Otto‹ und ›Glaubensfragen‹ zum Beispiel – wir hätten irgendwann nur diese beide Texte von mir rauszuschmeißen brauchen aus dem Programm, dann wäre vielleicht alles okay gewesen. Zwei Texte rausschmeißen, was ist schon dabei! Ich weiß, daß Klaus das Herz blutete, als es zum Crash kam. Aber die Truppe hielt zusammen, und auch Klaus hielt mit. Denn noch waren wir ja nicht in jenen Zeiten so um 1987 herum, da ein Heiner Müller sagen würde: Jetzt verbieten sie nichts mehr von mir, jetzt sind sie fertig.«

»Renftmäßig« findet Gerulf auch, daß ihn die Gruppe, nachdem er verboten worden war, als »Junges Talent« mit auf Tournee nimmt. Das geht freilich nicht lange, dann ist der Teufel los. Der Gipfel: ein Konzert im Berliner Metropol-Theater. Es gibt zwei Auftritte, einen am Nachmittag, einen am Abend. Ein Haufen Armee im Saal. Am Abend wird »Renft« ausgepfiffen – »wegen Staatsnähe, ja, aber bei Hansi Biebl und seiner Gruppe, die sangen englisch, applaudierten die Leute«.

»Renft« und Staatsnähe? Ja, wiederholt Pannach. Er hält die Anpassung der Gruppe, nach den Weltfestspielen, für größer, als einer wie Klaus das heute zugibt. Sowas wie »Chilenisches Metall«, das war seine Sache nie. Polit-Tralala, bei dem man nie richtig ins Herz der Truppe gucken konnte: ehrliches Anliegen oder aber Opportunismus? Anbiederung, denkt Pannach. »Ich hatte das Gefühl, die Gruppe spielte schon wieder bei jeder Hundehochzeit der FDJ.« Die Band singt irgendwann gegen ihr eigenes Publikum, ohne es zu merken; sie kritisiert von der Bühne herab, also: von oben herab, Verhaltensweisen der Leute, die zu den Konzerten kommen. Deswegen pfeifen die auch im Metropol! Als Pannach auftritt, wieder Pfiffe. Er verschafft sich Ruhe. Singt. Einer ganzen Stuhlreihe von Armisten wird vom Vorgesetzten befohlen, aufzustehen und mit »Links um!« den Saal zu verlassen, fast im Gleichschritt. Im Anschluß ans Konzert will ihn die Stasi verhaften, er versteckt sich in der Garderobe von Bettina Wegner. Vorher hatten Ordnungskräfte versucht, die »Renfts« nach einer Pause nicht wieder auf die Bühne zu lassen. »Aber wenn du vor solchen Typen wie Kuno stehst, gehst du von alleine zur Seite. Auch als Vopo. Tage später bestellten die mich ins ZK, und ZK-mäßig haben sie mich runtergebrüllt. Einer mußte plötzlich Sie zu mir sagen, den kannte ich vom Zentralrat der FDJ her. Die Situation war ihm peinlich, er war in dieser Stunde Lehrling. Unterrichtsfach: Wie unterdrücke ich erfolgreich meine privaten Gefühle? Das ist Prager Frühling! schrie ein anderer, der Hauptmacker.«

Kürzlich in Leipzig, bei einer Podiumsdiskussion zur DDR-Vergangenheit, nimmt auch Gerulf Pannach teil; es wird mitgeteilt, dieser Funktionär, der Pannach einst herunterputzte, habe sich nach der Wende umgebracht. In der Runde sitzen Ex-Funktionäre, die erzählen, wie sie selber auch die Faust geballt hatten gegen die SED-Bürokraten im Politbüro. Leute ohne ein bißchen Schamgefühl. Da platzt dem Sänger der Kragen, und er sagt, dieser Selbstmord sei sicher das erste Vernünftige, was dieser Genosse nach der Wende gemacht habe. Die sofort eintretenden Stille ist eine Totenstille. Da ist er wieder, der Gerulf Pannach, vor dem einige Angst haben: Schocken! Schocken müssen wir sie!

An Rache übrigens hat Pannach nach dem Ende der DDR nur in der ersten Wutaufwallung gedacht. Die ihn in den Knast gesteckt hatten, die seien doch schon beschissen genug dran mit ihrem Leben, ihrer Erinnerung und ihrer Unfähigkeit, sich je aus dieser DDR-Enge rauszudenken. Die bleiben, was sie immer waren, das ist bitter genug. Sein erster Vernehmer sei noch jetzt Jurist, die Frau Zahnärztin, er habe mal zu Hause bei denen angerufen. »Im Hintergrund lachten die Kinder, da legte ich wieder auf.« Jürgen Fuchs streite sich rum, ärgere sich den Arsch ab, komme nicht zur Ruhe, aber die Gerechtigkeit, die er will und auf die er ein Recht hat – die gebe es nicht. »Solcher Suchkram liegt mir nicht, ich bin kein Archäologe, was soll ich in Trümmern und Scherbenhaufen rumwühlen. Bringt nichts. Ändert nichts. Obwohl es gut bleibt, wenn einige dafür sorgen, daß bestimmte Leute nicht zur Ruhe kommen. Scheiß-Seilschaften. Manche Bürgerrechtler finde ich in ihrer Akribie aber geradezu peinlich. Sich dauernd die Hacken abtanzen wegen einem Richter in Fürstenwalde, wie es Katja Havemann macht! Ich glaube, Robert würde das nicht tun, er würde seine Späße treiben. Späße und Spott treffen besser als der Versuch, Justitia zu bemühen.«

Wir reden über die Schwierigkeiten, Widersprüche der eigenen Biografie zu klären, und wieder wird aus dem, der eben noch nahe am Ausbruch war, der Sanfte, der andere versteht, weil er die Brüche des eigenen Lebens nicht verdrängt. »Die Frage bleibt auch an mich, warum man einiges mitmachte, obwohl einem innerlich gar nicht danach war.« Das fing früh an. Vorm Beataufstand für die »Butlers« in Leipzig ist auch ihm in der Schule eingetrichtert worden: Wer hingeht, fliegt. Also geht er nicht hin, er will seine Eltern nicht enttäuschen, er hat Angst. Ohne Murren zunächst ist er zu den Grenztruppen gezogen, dient an der Berliner Oderbaumbrücke, Grenzüberhang Heinrich-Heine-Straße. Auch da will er den Eltern keine unnötigen Sorgen machen. »Revolution schrieb ich ja noch mit fünf ›r‹, auf der letzten Seite der Zeitschrift ›horizont‹ verschlang ich das Tagebuch von Che Guevara.«

Der richtig Feinsinnige, sagt Gerulf Pannach heute lächelnd, war er damals nicht. Er wollte alles zu schnell, war zu ungeduldig. »Publikum verführt dich ja: Wenn du erst mal diese Art von Beifall hast, der kein Beifall ist, sondern ein Aufschrei, dann spürst du deinen Einfluß, deine Anfälligkeit für den Rausch. Die ›Puhdys‹ zogen sich Häuser hoch, wir wollten das Publikum hochbringen; wir wühlten die Massen auf, und dabei zerwühlten wir einander.«

Die Schlußphase. Die Kommunikation bricht zusammen, vollends dann, als kurz vorm Ende Kuno und Monster Chefs werden. Monster, sagt Pannach, sei kein Mensch für Freundschaften. Egoist sei ja jeder kreative Mensch, »aber Monster ist einer, der will ins All, der will die Welt reinholen ins Jetzt, aber es fehlt der souveräne Umgang mit den unerklärlichen Dingen. Er hat gute Musiken gemacht, aber sein zerstörerisches Wesen drang mehr und mehr durch. Das durchzusetzen, was man selber nicht genau fassen kann – das kann man wahrscheinlich nicht durchsetzen.« Sagt Gerulf Pannach, dem die Clowns mehr liegen als die Propheten und Prediger.

In diese Spätphase von »Renft« fällt auch das Problem Biermann. Pannach konnte, wie man so sagt, ganz gut mit Wolf Biermann, er war mit Jürgen Fuchs befreundet, es gibt damals in jeder größeren Stadt jemanden aus diesem Freundeskreis, der auf eine ganz bestimmte Art schreibt und singt, es existiert ein grobes Informationsnetz. Da merkt »Renft«, jetzt wird's wirklich heiß. Die Techniker der Gruppe sind die ersten, die Streß signalisieren; sie haben Angst, ihren Job zu verlieren. Mit Recht, es ist ein herrliches Leben: immer rumfahren, immer was los. »Monster schlug vor, nur noch englisch zu singen, damit keiner mitkriegt, was wir meinen.«

Daß Klaus nach dem Verbot der Gruppe in den Westen geht, habe ihn, Pannach, nicht aufgeregt, traurig sei er trotzdem gewesen. »Denn in unserem Kreis gab es eine Doktrin: Wir bleiben hier! Wenn jemand zu gehen hat, dann sind das die Typen da oben! So war unsere Philosophie. Bevor Klaus übrigens rüberging, hatte er eine seltsame Idee. Beim ZDF-Interview mit Dirk Sager meinte er, alle ›Renfts‹ sollten rübermachen und mit Unterstützung des Bundes in den Osten senden. Dirk Sager war ganz erschrocken: Sie wollen doch nicht etwa sowas wie eine Band am Stacheldraht aufmachen! Da war bei Klaus wieder der Händler durchgekommen: Ihr habt uns geholfen, jetzt helfen wir euch ... Biermann übrigens hat sich schnell von uns verabschiedet, und ich war um eine Erfahrung reicher: Man sollte die Leute nicht näher kennenlernen wollen, deren Werke man verehrt.«

Wir reden übers Heute. »Was mir zu schaffen macht, ist die Beliebigkeit; die Gesellschaft vermarktet auch ihre Krisen. Ich lebe aber lieber in so einer Welt, die dich total freisetzt, als in einer Diktatur, die dich mit ihren Idealen fertigmacht. Der Preis dafür ist, daß die Kunst, die du versuchst, ein bißchen geringfügig bleibt. Dieser Preis ist für Betreffende hoch, aber er betrifft nicht die meisten, also ist er human. Die sogenannten kleinen Leute haben andere Sorgen. Daß es unter den Menschen kaum Gruppengefühl gibt, keinen Zusammenhalt, das ist schlimm. Da geht eine brutale Nummer ab. Aber das habe ich vorher schon gewußt, ich bin da nie in Verwunderung gefallen über den Westen. Trotzdem: Leben so ist besser als anderswie.«

Und er nimmt die Hand aus der Tasche seines Wintermantels, macht eine Schlagbewegung in die Luft, als wolle er Lebensgefühl mit Boxen vergleichen: Da wird normal, daß du eins auf die Fresse kriegst. Nur beim ersten Mal, wenn du aus der Fassung gebracht wirst, staunst du ungläubig. Bis du merkst: Der Kopf ist nun mal das Ziel der ganzen Angelegenheit. Am Ende seines berühmten Kampfes mit Joe Frazier hatten die Schläge in die Fresse dem Blick Muhammed Alis endgültig das Staunen ausgetrieben. In der fünfzehnten Runde schauten Frazier und Muhammed Ali sich mit geschwollenen, blutigen Gesichtern um, ohne Haß, ohne Gefühl, ohne Aggressivität, ohne Meinung, mit dem ganz einfach tragischen Blick, den ein Schlag in die Fresse immer bewirkt. »Im Osten ist es die Ideologie gewesen, im Westen ist es das Geld. Der Rest rundherum ist Watte. Mal sehen, was passiert – nach dieser Methode schreibe und lebe ich. Zuallererst mußt du im Westen lernen, nein zu sagen.«

Wenn Pannach heute auf die Bühne gehe, dann zählt für ihn nur eines: »Du mußt gut spielen und geil drauf sein, und: Du mußt du selber sein. Kein beifallheischender Blick ins Publikum.« So sei Klaus auch gewesen, »ich mag diese kindliche Freude, selbst dann, wenn er beschissen spielt.« Ja, und deshalb würde er wieder was machen mit Renft, würde auch neue Lieder für die Band schreiben. «Kuno ist da, Cäsar, Klaus, Jochen, ich – das alte Feeling ist da, und das hat die Torso-Truppe um Monster garantiert nicht. Klaus haben Leute rausgeschmissen, die sozusagen gar nicht zur Familie gehören. Das ist unanständig. Ist doch klar, daß Klaus da nervös wird, er ist ja manchmal ein seltsamer Kauz in seinen Versuchen, sein Werk zu präsentieren. Er wollte sogar mal extra angesagt werden. Kaum Baß, aber angesagt werden! Das war im Oktober 1996 in Leipzig. Bei sowas muß man einfach weghören, und alles ist wieder okay. Cäsar und ich haben schon gesagt: Jetzt reicht's, jetzt nehmen wir euch das Ding wieder aus der Hand! Jede Pfeife darf Klaus Renft nicht anpinkeln, wo kommen wir denn da hin.«

So sehr Gerulf sich für weitere Auftritte engagiert: Was er nicht mag, ist Krampf. Er plädiert für die Beibehaltung der Lässigkeit. Nicht dieses krampfhafte »Wir müssen«. Die Kunst besteht darin, loszulassen. Das ganze Leben ist Loslassen. »Und dann spielen, genau in dieser Stimmung! Das könnte eine geile Kiste werden. Zuviel Angestrengtheit bringt nichts. Deswegen trete ich auch nicht mehr mit Kuno auf. Pannach/Kunert war am Ende eine Kunstfigur, war Kabarett, Pointe. Das hat mich müde gemacht, das hatte ich schon im Osten ausgelebt, das brauchte ich irgendwann nicht mehr. Ich wollte keine Rolle mehr spielen. Pannach/Kunert wurde mit der Zeit ein kaltes Ehebett.«

Die Rede kommt auf Pannachs Leidenschaft: Fremdsprachiges ins

Deutsche holen, nicht wortwörtlich, sondern den «Sense» in die andere Sprache übertragen. Schon ein Leben lang will er »Amsterdam« von Jacques Brel machen, auf deutsch. Er liebt diesen Song. Michael Heltau und Klaus Hoffmann haben's versucht. Heltau ist verschmalzt, ein Burgtheaterschauspieler, ja, aber immerhin habe der Texter Metaphern gefunden. Hoffmann, der Kitscher, nicht. »Mit Brel quäle ich mich rum, und die Zeit vergeht. Nicht, daß mich das Älterwerden stört – das Problem hatte ich nur, als die ersten Haare ausfielen. Ansonsten aber: Ich spiele noch immer E-Gitarre, und wenn ich bei Cäsar auftrete, läßt der mich immer Soli spielen. Dann steche ich los, und keiner weiß, wann's zu Ende ist. Spaß. Ich bin inzwischen mehr für lockere Bindungen, für jeweils ein Projekt, ich denk punktuell.«

Wir gehen sehr langsam, und weil wir vom punktuellen Denken sprechen, sagt Gerulf: »Aber jetzt muß ich erst mal generell umdenken. Es steht anderes an: Krebs ist Scheiße. Du kannst ihn nicht besiegen, aber du kannst mit ihm leben. Du mußt dich mit ihm verbünden, du darfst das Ganze nicht nur als Krieg sehen.« Bei so einer Operation, sagt er, kriege man im Unterbewußtsein Sachen mit, die sind erstaunlich. Er empfand die Macht, die hinter dem Tumor stand. »Ich war meine Niere, und plötzlich wurde es ganz hell. Das war der Moment, da das Ding rausoperiert wurde. Zum Schluß, bis zur Operation, habe ich mit mir gelebt, als gäbe es mich gar nicht mehr. Und als ich operiert wurde und es so lange dauerte, hat meine Frau draußen gewartet und gedacht: Hoffentlich haut er jetzt nicht ab, unser Krieg ist noch lange nicht zu Ende.« Pannach lacht. Sehr befreit.

Es ist ein langer Nachmittag geworden. Wir haben eine Runde ums Viertel gedreht, sind aber nicht wieder in der Wohnung gelandet, sondern beim Italiener und beim Rotwein. Und eine neue Schachtel Zigaretten hat sich Gerulf Pannach auch geholt. Er hat ein unverschämtes jungenhaftes Lachen. Vor allem, wenn er so verflucht lustige Sätze sagt wie diesen: »Jetzt muß ich Kraft sammeln, um wieder loszulegen, Lou Reed hat recht: ›Was nützt Krebs mitten im Frühling?‹«

(Notiert nach einem Gespräch am 23. April 1997 in Berlin.)

Nachwort: Ein Junge-Welt-Artikel und dieses Buch
Klaus Renft fragt Hans-Dieter Schütt

KLAUS RENFT: Ich habe hier einen Artikel, ich les mal vor: »*Sagt mir, wie ihr euch nennt, und ich sage euch, wer ihr seid. Ich hoffe nicht, daß die Sache so einfach ist. Denn dann beschlichen mich bei Namen wie EINRISS, BIEST, TRUGSCHLUSS, KLAMOTT, SKEPTIKER oder DEKAdance (das verstehe ich als Umschreibung von ›Dekadenz‹) zwiespältige Gedanken. Es handelt sich um Gruppen, die auf der IX. FDJ-Werkstattwoche der Jugendtanzmusik auftreten. Der Texter Michael Sellin sprach in der Jungen Welt von sogenannten ›schrägen‹ Bands. Ihre Sprache sei konkreter, unduldsamer; sie lehnten sich gegen Beschönigung auf und würden uns wohl noch eine Menge zu sagen haben. Sie sind also, wenn ich sie richtig verstehe, ein Teil der Zukunft unserer Rockmusik. Wobei mir in diesem Zusammenhang Geradlinigkeit, Drang nach aufrechter Haltung wesentlicher wäre als irgend etwas Schräges, das wer weiß wohin abkippt. Einstürzende Neubauten, Tiefschwarz, Schlachtfest – das sind einige, für mich kaum als menschenfreundlich zu bezeichnende Gruppennamen aus der BRD und Westberlin. Ich finde, wir haben dem nicht nur einen eigenen, eigenständigen, selbstbewußten Rock entgegenzusetzen, sondern auch Haltungen (und Bezeichnungen dafür!), deren künstlerischer Impuls aus einem anderen sozialen und politischen Lebensraum erwächst. Sagt mir, wie ihr euch nennt, und ich sage euch, wer ihr seid? Man kann es auch anders formulieren: Sagt mir, wo ihr steht.*«

Das war: »Eine Randbemerkung zur IX. FDJ-Werkstattwoche der Jugendtanzmusik in Suhl«, Autor ist der Junge-Welt-Chefredakteur und FDJ-Zentralratssekretär Hans-Dieter Schütt, veröffentlicht hat er das Ding in der Jungen Welt vom 19. Oktober 1988. Im Jahre 1988, nicht 1968! Ein Hammer!

HANS-DIETER SCHÜTT: Langer Rede kurzer Sinn: Du fragst dich, wieso du ein Buch machst mit jemandem, der damals, in der DDR, auf der anderen Seite stand. Der ein Typ war wie diejenigen, die ausdauernd und erfolgreich am »Renft«-Ende gearbeitet haben.

Ich frag nicht mich, ich frag dich: Was war damals los, was ist jetzt los?

Was jetzt los ist? Jetzt bin *ich* los. Losgekommen. Ich schäme mich für diesen Artikel, denn er hat ja nicht einmal was mit Klassenstandpunkt zu tun. Er ist dumm.

Selbstkritik ist gut, noch besser ist eine Selbstkritik, die mächtig klug klingt, aber leider nicht verständlich ist. Und die man übrigens heute kostenlos haben kann.

Es geht doch nicht um Selbstkritik. Es geht darum, heute Dinge zu erklären, mit denen man früher mal unter sein Niveau ging. Und ich versuche, mir diese Dinge zu erklären, und ich stelle plötzlich fest: Ich ging gar nicht unter mein Niveau. Was du für fatal hältst heute – das genau war das Niveau!

Du bist auch schon in anderen Büchern des Verlages Schwarzkopf & Schwarzkopf aufgetaucht, im Zusammenhang mit einem Interview zu DDR-Zeiten mit Toni Krahl von »City«. Da ist von »alter Rechthaberei« und »dreisten Verhörmanieren« die Rede.

Darf ich dich an was erinnern? Du warst es, der mich gefragt hat, ob ich bei deinem Buch mitmache, nicht umgekehrt.

Eigentlich scheißegal, ja. Aber trotzdem interessiert mich das: Wie kommt man dazu, so einen blöden Artikel zu schreiben?

Propagandistischer Rausch. Ideologischer Grabenkrieg. Leben mit Scheuklappen. Ich finde heute keinen vernünftigen Grund mehr. Nicht mal das Argument überschäumender, vereinfachender Jugendsündigkeit kann ich anführen: Ich war fast vierzig! Wie war das konkret mit dem Artikel, den du angeführt hast? Ich war damals im Erzgebirge zur Kur – Chefredakteur, Leitartikler, schreibwütig – und kam natürlich nicht klar mit der unerwarteten Ruhe. Suchte die Droge. Also schrieb ich – mit dem Ergebnis übrigens, daß sich der Zentralrat der FDJ bei den Musikern für meine publizistische Entgleisung entschuldigte.

Was meintest du mit Droge?

Irgendwie war da plötzlich in mir ein Bedürfnis nach aggressiver Begegnung gewesen. Insofern ist dieser Junge-Welt-Artikel symptomatisch: Je dogmatischer man wurde, je propagandistischer, desto weniger Freunde blieben einem. Das war die Situation von Funktionären am Ende der DDR, das war auch meine Situation. Was aber verläßlich blieb, war der Feind. Irre, aber wahr! Feindentzug tut weh und sorgt für Kurzschlüsse.

Verlang nicht, daß ich das verstehe.

Ihr hattet doch auch euren Feind und auch euer Feindbild. Die Musik, die »Renft« gemacht hat, die lebte von dieser Situation. Die Situation hat vieles erst geschärft und intensiv gemacht. Feindschaft war nicht eure ursprüngliche Idee, und nicht ihr wart es, die Feindbilder aufbauten, das stimmt freilich. Aber guck mal in deinem eigenen Buch nach, das lebt von der Reibung mit Leuten, die du mit wachsender Gewißheit als Feinde hattest. Es gibt ein interessantes Beispiel aus der Theaterwelt: Peter Zadek aus dem Westen kommt nach der Wende ans Berliner Ensemble und sagt dann irgendwann, er kriegt Pickel, wenn er diese Ostler sieht, diese Brutalos Schleef, Castorf, Müller. Zadek war früher ein Störer des westdeutschen Theaters, sein Feind war die verfettete Bourgeoisie, er arbeitete gegen die literarische Tradition von Theater in Deutschland. Irgendwie aber ist ihm der Feind abhanden gekommen, in der Ära der neuen Beliebigkeit und Krisenvermarktung regte auch er niemanden mehr auf. Also suchte sich Zadek einen Feind. Aber wo? Am besten, man schaut in der eigenen Biographie nach. Zadek ist Jude, seine Eltern sind Opfer der Nazis, also sucht Zadek nach Nazis, und Castorf und Schleef müssen als Nazis herhalten, damit ein Feind da ist und die Welt gewissermaßen wieder in Ordnung. Ich glaube, sagt Heiner Müller, es gibt eine Sehnsucht nach Feinden und eine blinde Suche nach Feinden, gerade jetzt, nach dem Fall der Mauer. Ich verstehe das, ich hab das hinter mir, bei mir lag das vor dem Mauerfall.

Und um da noch mal auf den Artikel zurückzukommen: Ich saß in irgendeinem Wald, in der ersten Kur meines Lebens, rausgerissen aus dem täglichen Propagandakrieg, und weit und breit kein Feind. Da stieß ich in der

Zeitung auf diese Namen von Musikgruppen, und der Motor sprang freudig an, er heulte überglücklich auf.

Die FDJ der letzten Jahre, deren Medienbild ich mitzuverantworten habe, war zwischen Pfingsttreffen und Fackelzügen monströs, geschichtslos und blutleer geworden. Ich fürchte, wir in der Führung haben das zumindest geahnt; denn erst aus solcher Ahnung wucherte ja jene Monströsität, mit der wir uns die politische Macht bewahren wollten. Wir haben nichts mehr aufgebaut, nichts mehr verändert, wir waren Rausschmeißer des eigenen Anspruchs. Auch ich lieferte bis zum letzten Tag, bis zum Sturz Honeckers, den realen Ernst für die Parodie, zu der Geschichte uns längst bestimmt hatte. Der Artikel von mir, den du zitiert hast, gehört zu dieser Parodie. Zu einem Zeitpunkt, da die Erschütterungen jahrzehntealter Gewißheiten und ein bewegtes Weltgeschehen eigentlich verlangt hätten, daß man seine Gedanken in jede Richtung neu erprobe, war das häufigst verwandte Wort unserer Beglaubigungsbemühungen: »Bekanntlich ...«

Ich weiß von Rundfunkleuten, die noch immer stinksauer sind auf dich und es bleiben werden, weil das dogmatische Wort der »Jungen Welt« dafür sorgte, daß sie zensiert wurden, daß sie behindert wurden in freierer Ausstrahlung von Rockmusik. Ich weiß von diesen Leuten, daß sie nicht verstehen, wieso du noch Journalist sein kannst.

Ich muß das aushalten. Der Zustand macht nicht besonders glücklich. Wer heute anders schreibt als gestern, der bringt sich mit jedem Artikel in Verdacht, daß er morgen wieder ganz anders schreibt. Ich kann das Urteil nicht ändern, aber mit der Verdächtigung umgehen. Also: Ich will sie nicht umgehen. Geht auch gar nicht. Was ich geschrieben habe, habe ich nun mal geschrieben – weil ich es gedacht habe. Aber es gibt ein Recht auf Meinungsänderung. Wobei ich finde: Seiner Gesinnung treu zu bleiben, wäre nicht a priori mit Starrsinn gleichzusetzen. Diese Bundesrepublik taugt nicht gerade für Heimatgefühle, sie produziert geradezu kommunistischen Trotz. Nur stelle ich für mich fest, im Unterschied zu früher: Ich komme ganz gut ohne Heimatgefühle aus, ich fühle mich wohl in einer gewissen Ortlosigkeit.

Trauerst du der DDR nach?

Sich an die Zeit in der DDR erinnern, wie ich sie lebte, sich ebenso an das erinnern lassen, was man nicht lebte – und dann sagen: Ich will die DDR nicht wiederhaben, aber ich lasse sie mir auch nicht wegnehmen, das umfaßt so etwa meine Haltung. Niemand kann die Zeit irgendeiner Unschuld zurückbringen. Ideologie hatte damals meine Lebensgefühle übersteigert; nun wäre es verhängnisvoll, würde neuerlicher Ideologie gestattet, auch die Verluste dieser einstigen Heimat zu übersteigern. Ich habe vor acht Jahren mit meiner Funktion nur einen Teil von mir verloren – vor dem ich mich beizeiten hätte hüten sollen.

Du hast eben gesagt: Was du geschrieben hast, das hast du auch gedacht.

Wie für dich auch, so war die BRD nie eine Alternative für mich. Fett, glatt, fremd und fern. Aber ein schönes Land für Dienstreisen. Ich habe gedacht, auf der richtigen Seite zu stehen, und dafür nahm ich Beschädigungen in

Kauf. Ich habe mich freiwillig und aus Einsicht einer Disziplin unterworfen, bei der öffentliches Denken natürlich auch eine Rollenfunktion hatte. Es war nicht wichtig, was ich ganz tief drinnen dachte, wichtig war, was ich einsah an politischer Notwendigkeit. Und ich sah ein, daß die Machtfrage die wesentlichste und die Politik der SED die einzig vernünftige war. Mehr und mehr sah man ein, aber immer weniger sah man. Der Verstand als Verfestiger. Man drückte die ganz andere, die störende Wirklichkeit weg, flüchtete sich ins abstrakte Programm – so wie man etwas unter den Teppich kehrt. Geistige Versehrtheit war Funktionären irgendwann grenzenlos zumutbar geworden, und das ist für mich heute die wichtigste Frage, wenn ich über kollektiv geregelte Systeme nachdenke, über Avantgarde und sogenannte führende Rollen beim angeblichen Geschichtemachen: Wie viel an Entstellung und Selbstverleugnung sind einem Menschen im Leben für eine große Idee zumutbar? Anders gefragt: Wann verschwindet das Neue unter jenem Überdruck, welcher durch die Deformation für das Neue herrührt? Das ist die interessanteste Frage an die DDR-Geschichte. Es gibt eine Knechtschaft durch Illusion. Meine größte Illusion war, auf der Höhe seiner Zeit leben und bei fließender Kenntnis des Vielen dennoch zweifelsfrei die ansteigende Tendenz ermitteln zu können. Gegen das Allzugleich und Unwägbare in der Fülle von Raum und Zeit formten wir jene trügerisch dünne Streckung mit Namen »geschichtlicher Fortschritt«. Indem es jede kreatürliche Furcht und jedes Staunen vor der Irrationalität des Menschen und der von ihm gestalteten Welt verloren hatte, konnte sozialistisches Bewußtsein so verhängnisvoll anmaßend werden. Wahrscheinlich liegt in dieser vielfach verinnerlichten Anmaßung ein Grund dafür, daß es angesichts der nun auf uns einstürzenden Welt gerade ehemalige Marxisten sind, aus deren gebrochenen

Vernünften und gescheiterten Hoffnungen jetzt die unheilsgeschichtlichen Dämpfe und Ahnungen am stärksten entweichen. Der systematische Pessimismus als Folge davon, daß eine systematische Geschichtstäuschung aufgedeckt wurde. Wir waren prognostisch verseucht.

Was ist für dich Stalinismus?

Angst vor der Realität. Im Namen der Mehrheit die Mehrheit zum Schweigen bringen und sie zum Glücklichsein zwingen wollen. Ein Irrsinn des Stalinismus besteht darin, daß er Menschen braucht und findet, die ans Humane des Ideals ebenso fest glauben, wie sie vom Recht überzeugt sind, im Namen des Ideals immer auch mal, wenn nötig, ein wenig Willkür praktizieren zu dürfen. Zum Beispiel habe ich Menschen zum Schweigen gebracht, etwa, indem ich kritische Leserbriefe nicht veröffentlichte, sie aber zur Information unter Funktionären, auch des MfS, verbreitete. Das ist ein entwürdigender Eingriff in Vertrauen gewesen. Es ist nicht weniger schlimm als andere Arten, Menschen zum Schweigen zu bringen. Ich will nur sagen: Auch mit dem, was von mir und durch meine Entscheidungsbefugnis in der Jungen Welt stand, sind Menschen in die Opposition getrieben worden oder in einen Zorn, der sich aufgrund der Machtverhältnisse der DDR in Ohnmacht aufrieb.

Was interessiert dich wirklich an »Renft«?

Ihr gehört zu einem Teil DDR, dem nicht angehört zu haben ich bedaure. Jetzt interessiert mich diese ganz andere DDR-Geschichte, die Geschichte von Leuten, zu denen ich eine geistige Nähe entdecke, die herzustellen freilich nunmehr nichts kostet. Das gebe ich zu. Das ist auch ein bißchen peinlich für mich, aber jedes Leben besteht aus mehr Gestern als Heute, und dieses Gestern suche ich, und ich entdecke es. Wenn ich schreibe, ist es eine Befreiung. Ich mache ja heute Interviews mit Leuten so, daß ich da viel von dem loszuwerden suche, womit ich selber nicht klarkomme. Wenn so ein Buch fertig ist, kommt die Beklemmung: Ich bin wieder in der Öffentlichkeit angelangt, die mir meine Vergangenheit vorhalten kann, ich weiß also sehr wohl um meine Angreifbarkeit, ich weiß doch, daß die sich nicht auflöst in Wohlgefallen, ich will das doch auch gar nicht. Ich weiß doch, daß die kritischen Fragen kommen. Aber ich will mich wirklich auseinandersetzen. Auch so ein Buch ist der äußere Druck, den unsereins vielleicht noch eine Weile braucht, um mit sich selbst wirklich ehrlich zu sein. Aber es ist doch ein so geringer Druck, verglichen mit dem, was wir damals in der DDR anderen angetan haben.

Eine andere Art Ehrlichkeit wäre, nicht mehr zu schreiben.

Dazu bin ich unfähig. Eine Weltanschauung ist zusammengebrochen, der Ehrgeiz nicht. Das ist das Problem. Aber ich bin schon froh, daß ich über keine politische Macht mehr verfüge, diesen Ehrgeiz unkontrolliert befriedigen zu können. In der DDR hatte ich diese Macht, und der Ehrgeiz wurde befriedigt. Ziemlich rücksichtslos.

Könnte es sein, daß du's übertreibst? Irgendwann muß man ja, so sagen nicht wenige, auch mal einen Schlußstrich ziehen.

Dann leg' mir nicht solche Artikel vor! »Renft« zieht auch keinen Schlußstrich. Ihr tretet auf, und damit lebt die DDR, der ganze Mief kommt genauso hoch wie die bestialische Freude, daß eure alten Nummern ziehen. Nein, vorauseilende Absolution stützt noch nachträglich untergegangene Systeme. Daran will ich nicht beteiligt sein. Auch auf die Gefahr hin, daß mir einige vorwerfen, ich würde mich irgendeiner neuen Geschäftsordnung anpassen. Für mich selber sehe ich deine Warnung nicht, und das ist das Entscheidende. Im übrigen: Die Interviews, die ich mit Leuten wie euch machte oder mit Frank Castorf und anderen DDR-kritischen Intellektuellen, diese Interviews waren für mich der Beweis, daß es diese häufig beschworene Konfrontation zwischen Tätern und Opfern gar nicht gibt. Niemand steht sich so unversöhnlich und feindlich gegenüber, wie das einige DDR-Nostalgiker gern behaupten. Allerdings wird weiterhin Aufklärung, Wahrheit und Wiedergutmachung verlangt, und so sehr das Friedliche der Erinnerungsbemühungen eine Tugend ehemaliger Opfer ist, so ist Aufklärung, Wahrheit und Wiedergutmachung eine Pflicht der ehemaligen Verantwortungsträger – statt Kumpanei und Deckelei und statt taktisch bemühter Verweise darauf, daß die Praktiken der kapitalistischen Gesellschaft böser seien als die der pseudosozialistischen. Zum Thema gibt es ein Gedicht Brechts, »Nichtfeststellbare Fehler der Kunstkommission«: »Geladen zu einer Sitzung der Akademie der Künste/ Zollten die höchsten Beamten der Kunstkommission/ Dem schönen Brauch, sich einiger Fehler zu zeihen/ Ihren Tribut und murmelten, auch sie/ Zeihten sich einiger Fehler. Befragt,/ Welcher Fehler, konnten sie sich/ An bestimmte Fehler durchaus nicht erinnern. Alles was/ Ihnen das Gremium vorwarf, war/ Gerade nicht ein Fehler gewesen, denn unterdrückt/ Hatte die Kunstkommission nur Wertloses, eigentlich auch/ Dies nicht unterdrückt, sondern nur nicht gefördert./ Trotz eifrigen Nachdenkens / Konnten sie sich nicht bestimmter Fehler erinnern, jedoch / Bestanden sie heftig darauf/ Fehler gemacht zu haben – wie es der Brauch ist.«

Die DDR lebt noch?

Die DDR lebt wirklich noch, und sie wird immer interessanter – in dem nämlich, was da an Biografien, an Denk- und Gefühlswelten auf die andere Welt trifft, die Westwelt. Es wäre falsch, da alles zu versoßen. Die Gegensätze müssen ausgelebt werden, und das können nur die, die wirklich von dieser DDR und dieser BRD geprägt sind. Da dürfen ruhig noch ein paar Sicherungen durchknallen.

Bist du dir im Laufe der Zeit klarer über das geworden, was dich zum Funktionär gemacht hat?

Nein, ich bin weit verunsicherter über meine Motive. Das ist das Gute. Aber es ist nicht angenehm.

Du bist Redakteur beim ND. Ausgerechnet »Neues Deutschland«. Da stehen Worte drin wie Siegerjustiz, Klassenkampf, es gibt DDR-Nostalgie.

Ich schreib sowas bestimmt nicht. Aber ein Pendant zur FAZ ist nicht schlecht.

Aber warum bist du beim ND?

Ich hab es dir ja zu erklären verucht: Ich hatte mich nach der Wende entschieden, weiter Journalist zu bleiben. Der Wechsel zu einer sogenannten bürgerlichen Zeitung, damals noch Westzeitung genannt, wäre nicht nur von der Gelegenheit unmöglich, sondern auch moralisch unanständig gewesen. Das ND bedeutet Erinnerungsbindung an sehr offizielle DDR-Vergangenheit und die daraus erwachsenden Pflichten der Selbstauseinandersetzung. Es ist ja auch nicht so, daß man bei aller geistigen Befreiung nun alle Beziehungen der einstigen Gleichgesinntheit innerhalb kürzester Zeit wegwerfen kann. Selbst dann, wenn man's will. Ich kann es jedenfalls nicht, habe ich festgestellt. Und nach der Wende wegzugehen (wohin eigentlich?), das wäre mir wie Flucht vorgekommen.

Also: Es war schon so, daß ich um den Preis wußte, daß man als ND-Redakteur künftig auch all das mitzuschleppen hat, was sich in vierzig Jahren an Distanz zum Zentralorgan angesammelt hatte. Auch an Unmut. Dieser Unmut hat auch viel mit meiner Arbeit in der Jungen Welt zu tun. Die Junge Welt war von der Linie her das Gleiche wie das ND, es war auf dieser Linie nur die bessere, also aggressivere Zeitung. Und wo sollte es wichtiger sein, mit zum kritischen Nachdenken beizutragen, als dort, wo einem die Notwendigkeit dieser neuen Bedachtsamkeitspflicht stets sehr gewärtig ist. Das ND zwingt mich, aus dessen objektiver Situation in der Zeitungslandschaft heraus, nach dem Prinzip »kleine Brötchen« zu leben. Das empfinde ich für mich als nützlichen Bescheidungsmechanismus.

Es gibt Leute, meistens von euch damals Roten, die mokieren sich und freuen sich über die Politikunfähigkeit bestimmter Bürgerrechtler. Die seien bis zur absoluten Destruktivität verbittert.

Da gibt es einen Gedanken von Bärbel Bohley, den ich diesen Leuten zum Überdenken empfehlen würde:»Wie aber wirkt das Gift der Verbitterung, wenn man schon zu DDR-Zeiten ausgegrenzt war und es heute wieder ist – weil dies damals Versagung beruflicher Qualifizierung bedeutete, die aber heute verlangt wird?« Aus solcherart Ausgrenzung, aus politischer Enttäuschung und verweigertem Zuspruch durch Mehrheit entwickeln sich Mechanismen, auf andere Art Mehrheit zu gewinnen: Man tritt der Regierungspartei bei. Ich, ehemaliges Mitglied einer Regierungspartei, weiß um die Verführung, ein wenig oben zu sein, aber ich bin heute in der glücklichen Lage, so etwas nicht mehr journalistisch bewerten zu müssen. Die ehemaligen DDR-Dissidenten sind keine Heiligen, die wenigsten von ihnen taugen wirklich zum Politiker, was ja im Grunde ein Kompliment ist, aber: Wenn Leute unbedingt Akten schließen, Schlußstriche ziehen und statt konkreter konträrer Erinnerung nur noch beflissen unverbindliche und versöhnte Zukunft wollen, wenn sich ehemalige Funktionsträger wider die Siegerjustiz für »Gerechtigkeit und Menschenrechte« einsetzen, dann argwöhne ich mitunter, hinter diesem Einsatz steht der Frust, nicht an den neuen Verteilungskämpfen beteiligt zu sein.

Warst du »Renft«-Fan?

Nein.

Hast du noch was zu diesem Buch zu sagen?

Dieses Buch geht nicht ohne ein Loblied auf Kunos Spaghetti, stark gewürzt und mit viel Knoblauch, gegessen im »Haus Wünscheruh« in Hahnenklee/ Bockswiese, Oberharz. Visitenkarte:»Freundliche Ein-, Zwei- und Dreibettzimmer mit Waschecke, großer Garten mit Liegewiese, Hausbad, Fernsehraum, Parkplatz. Übernachtung incl. Frühstück ab 24 DM.« Beglückend, wie da ein Alt-Rocker als Pensionsvater lebt, in Frieden mit sich und seiner Frau und dem kleinen Kind, und natürlich den Gästen – ruhend in einer Menschenfreundlichkeit, die einen, wenn man um die bitteren Erfahrungen weiß, ganz leise macht. Grandios, wenn er nachts – nun Bier statt Spaghetti

– die Demobänder aufdreht, Musik, die er mit dem Jung-Frauenchor aus Hahnenklee aufnahm. Da kommt der antidörfliche Sarkasmus durch, die diebische Freude an der ganz anderen Welt. Da weißt du, einer nahm Abschied vom Rock, um bestätigt zu kriegen: Abschied ist nur ein anderes Wort für Auszeit. Und die geht vorbei. Und Kuno dreht seine Musik etwas lauter.

Du hast dich auch mit Kurt Demmler unterhalten.

Kurt Demmler sagte mir, du seist damals in Leipzig der Inbegriff der Szene gewesen. Ein Bauchmensch, irgendwie provinziell mythisch, obwohl musiktechnisch, ich zitiere Demmler, »eine Niete«. Du seist natürlich kein Typ für intellektuelle Diskussionen gewesen, da wäre ihm eher was Beckettsches in Erinnerung, das fast alle Verständigungsversuche parodierte. Aber dann wäre da plötzlich die Musik, sehr eigen, mehr und mehr, und sie brachte das, was Diskutieren nie gebracht hätte: Lebensähnlichkeit. Eben wie Beckett auch, sagt Demmler. »Renft«, meint euer Texter, war mehr als Musik, ihr wart »ein Hilfeschrei«, euer Nimbus und »das Dafürgebrauchtwerden« schaukelten einander hoch: »Das Unterdrückte erhält die Sympathien, das Unterdrückte will der Sympathie gerecht werden – die Sympathie schwillt an, weil ihr entsprochen wird ...«

Wie ist deine Interviewtechnik? Also nicht das Reden und Zuhören, das kenn' ich ja, ich meine das Schreiben.

Mich beeindruckt, wie das der Münchner Interviewer André Müller macht. Der sagt: »Der Dialog, der sich entwickelt, ist die auf Tonband festgehaltene Rohfassung eines später, wenn ich am Schreibtisch sitze, nach formalen Gesichtspunkten verfeinerten Kunstprodukts. Es soll spannend zu lesen sein.«

KLAUS RENFT. BIOGRAPHISCHES

1942 – am 30. Juni in Jena geboren

1949 – bis Sommer 1957: Grundschule

1957 – erste »Westreise« – zu den Geschwistern nach Pforzheim und Karlsruhe, erster Auftritt der Schülerband *Kolibri*«

1958 – erste Auftritte der im Frühjahr gegründeten *Klaus-Renft-Combo*

1962 – im Oktober Einstufung des »Klaus Renft Quintetts« durch das Kabinett für Kulturarbeit der Stadt Leipzig in die Leistungsstufe C

1963 – Spielverbot, bis 1. März 1964
– Ende August: Facharbeiterprüfung als Möbeltischler. Die Ausbildung erfolgte u.a. im VEB Leipziger Werkstätten für Möbel und Innenausbau.

1964 – am 1. März erster offiziell erwähnter Auftritt der *Butlers,* im Mai erhalten die *Butlers* beim Deutschlandtreffen der FDJ eine Urkunde aus den Händen des FDJ-Vorsitzenden Horst Schumann

1965 – Hochzeit, Sohn Christian geboren
– am 4. April erscheint der Artikel »Butlers Boogie« im Zentralorgan der SED, »Neues Deutschland«
– am 30. April: Brief der *Butlers* an das Zentralkomitee der SED
– am 17. Juli schreibt die »Frankfurter Rundschau« einen Artikel über die »Butlers«
– am 16. Oktober Strafnachricht vom Rat der Stadt Leipzig
– am 20. Oktober 1965 in der Leipziger Volkszeitung Artikel »Mißbrauch der Jugend keinen Raum«
– am 21. Oktober unbefristetes Spielverbot für die »Butlers« durch den Rat der Stadt Leipzig

1966 – inoffizielle Auftritte in der Leipziger Nachtbar »Intermezzo« (mit Ulf Willi, Christiane Wunder, Peter Gläser, Frank Belke, Thomas Birkholtz)

1967 – Tochter Christiane geboren
– am 1. Mai erster Wiederauftritt als *Klaus Renft Combo*

1968 – am 2. Mai kommt Cäsar zur Armee

1969 – am 26. Januar kommt Jürgen Matkowitz zur Band
– im Oktober kommt Cäsar von der NVA, bringt Jochen Hohl mit

1971 – im April kommt Monster zur Band

1972 – Ende Januar: Kuno macht mit
– 21. April: ehrenamtliches Mitglied der Arbeitsgruppe Jugendtanzmusik beim Zentralrat der FDJ
– November: Teilnahme an »Rhythmus 72« im Friedrichstadt-Palast

1973 – im Februar Goldmedaille für das Programm »Zwischen Liebe und Zorn«, überreicht von Kulturminister Hoffmann
– März/April: Einspielung der ersten LP
– Titel »Als ich wie ein Vogel war« für den DEFA-Film »Für die Liebe noch zu mager?« mit Simone von Zglinicki
– im Oktober erscheinen »Chilenisches Metall« und »So starb auch Neruda« als Singles

1974 – in der NBI-Beatparade belegt *Renft* nach den Puhdys den 2. Platz
– Titel »Aber ich kann's nicht verstehen« für den DEFA-Film »Wie füttert man einen Esel« mit Manfred Krug. Der Titel ist der letzte offiziell in der DDR produzierte Renft-Song.

1975 – im April Verwarnung durch die Generaldirektion des Komitees für Unterhaltungskunst wegen provokatorischer Äußerungen in Karl-Marx-Stadt, im Mai weist Kulturminister Hoffmann die »Betreuung« durch den Rat des Bezirkes Leipzig an
– Anfang September: Vorladung zur Neueinstufung im Kulturhaus »Alfred Frank« durch die Bezirkskommission für Unterhaltungskunst Leipzig
– am 22. September 1975 Verbot der *Klaus Renft Combo* durch den Rat des Bezirkes Leipzig

– am 1. Oktober: Beschwerde an den Kulturminister der DDR, Hans-Joachim Hoffmann
– am 24. September verweigert die Band die Abgabe der Zulassung
– am 15. Oktober: heimliche Aufnahmen im Volkshaus Wiederitzsch müssen wegen Denunziation abgebrochen werden
– Ende Oktober Einziehung der Zulassung XVI/51 a-g vom Kulturministerium
– am 18. November: Besuch bei Robert Havemann
– im Dezember Artikel im »Spiegel« und Sendung im RIAS
– am 8. Dezember persönliche Abgabe eines Briefes an Erich Honecker

1976 – zweite Ehe (bis 1988)
– am 15. Januar Vorladung zur Beantwortung des Briefes an Honecker – durch den Rat des Bezirkes Leipzig
– im April Antrag auf Ausreise
– im Mai Anmeldung zum Notaufnahmeverfahren

1981 – am 20. Juli Entlassung aus der DDR-Staatsbürgerschaft

1982 – wird Sohn Benjamin geboren

1990 – *Renft*-Comeback im Leipziger Haus Auensee

1992 – im Februar Ausstellung von Renft-Bildern in Berlin-Charlottenburg
– im August Beginn der Ost-Tour »Renft is back«

1994 – wird Tochter Marie Luise geboren
– am 9. August kommt die Schallplatte *Klaus Renft Combo* sowie eine Baßgitarre Renfts ins Haus der Geschichte der Bundesrepublik Deutschland

1994 – wird der Name *Renft* beim Deutschen Patentamt patentiert

»Und dann begann eine neue Zeitrechnung, an deren Ende zwei Renft-Gruppen stehen. Einmal ist keinmal, sagt man. Zweimal ist noch weniger.«   **KLAUS RENFT**

DISCOGRAPHIE

1. LP in der DDR: »Klaus Renft Combo«, 1973
Titel »Ketten werden knapper« (K: Gläser, T: Pannach), »Der Apfeltraum« (K: Gläser, T: Pannach), »Kinder, ich bin nicht der Sandmann« (K: Kunert, T: Demmler), »Wer die Rose ehrt« (K: Gläser, T: Demmler), »Liebeslied« (K: Kschentz, T: Demmler), »Der Witz« (K: Klaus Renft Combo, T: Demmler), »Gänselieschen« (K: Schoppe, T: Demmler), »Wandersmann« (K: Gläser, T: Demmler) »Trug sie Jeans« (K: Gläser/Schoppe, T: Pannach), »Hinten an der Tür« (K: Klaus Renft Combo, T: Demmler), »Lied auf den Weg« (K: Schoppe, T: Demmler).

Kurt Demmler auf dem Plattencover:
»Ich will euch ein paar Freunde nennen: Renft, Cäsar, Pjotr, Monster, Kuno und Jochen. Nach ersterem haben sie ihre Gruppe benannt und nach der Gruppe hat die Platte ihren Namen. Jahrelang haben sie nach ihrem Gesicht gesucht. Verschiedenstes ausprobiert. Sound ent- und verworfen. Titel entstanden. Kaum, daß man am Ende noch den Autor wußte. Alle waren beteiligt. Und nun die erste Langspielplatte.

Die Aufnahmen fanden zwischen Tanzveranstaltungen und Konzerten statt. Manchmal fehlte eine ganze Nacht Schlaf dazwischen, manchmal ein Instrument, das man nicht mehr rechtzeitig besorgen konnte, oder das Schüttelholz war auf irgendeiner Tanzsaalbühne liegengeblieben (Ersatz: Ein Plastesenfbecher mit hastig eingesammelten Steinchen beim ›Gänselieschen‹). An Einfällen fehlte es nie. Aber welche verwenden? Einigung fiel oft schwer, denn jede Stimme zählte gleichviel. Das Resultat ... Ihr habt selber Ohren. Hört euch die Platte an und die sechs Freunde, die sie machten.«

2. LP in der DDR: »Renft«, 1974
Titel »Ich bau euch ein Lied – I« (K: Hohl), »Wiegenlied für Susann« (K: Gläser), »Mama« (K: Gläser), »Als ich wie ein Vogel war« (K: Schoppe, T: Pannach), »Gelbe Straßenbahnballade« (K: Kunert), »Nach der Schlacht« (K: Schoppe), »Weggefährten« (K: Gläser), »Ermutigung« (K: Schoppe), »Ich und der Rock« (K: Klaus Renft Combo, T: Pannach). »Irgendwann werd ich mal« (K: Kunert), »Ich bau euch ein Lied – II« (K: Hohl/Kunert), »Was noch zu sagen wär« (K: Schoppe). Alle Texte, wenn nicht anders vermerkt, von Kurt Demmler.

40 JAHRE KLAU

MUSIKALISCHE DOKUMENTE EINER WILDEN ZEIT

Kulturfunktionärin Ruth Oelschlägel am 22.9.75 vor einer Einstufung im Kulturhaus »Arthur Nagel« in Leipzig, unter Ausschluß der Öffentlichkeit:

»Die Mitglieder der Kommission sind Ihnen bekannt, wenn nicht möchte ich sie Ihnen nochmal vorstellen: Herr Kubiczeck, Herr Pfüller, Herr Martini, Herr Scheuner, Herr Wahalla, Herr Ziegenrücker, Herr Kroll (?), Herr Siegfried Winkler und die Vorsitzende der Bezirkskommission bin bekanntlich ich.

Ich möchte Ihnen im Namen der Kommission mitteilen, daß wir nicht der Auffassung sind, daß dieses Vorspiel heute stattfindet, und zwar aus folgenden Gründen: Die Texte, die Sie mir übergeben haben, haben mit der sozialistischen Wirklichkeit. *(Starke Unruhe am Tisch.)* Ich habe Ihnen gesagt: Daß wir uns das Vorspiel heute nicht anhören und zwar aus folgendem Grund, weil die Texte mit unserer sozialistischen Wirklichkeit nicht das geringste zu tun haben. Weil in den Texten darüber hinaus die Arbeiterklasse verletzt wird, und die Staats- und Schutzorgane diffamiert werden.

Sie werden das verstehen, daß wir nicht gewillt sind, uns das auch noch musikalisch untermalen zu lassen, was Sie uns textlich vorgelegt haben.

Wir sind der Auffassung, daß damit die Gruppe Renft als nicht mehr existent anzusehen ist, mit diesen Texten, die Sie uns hier vorgelegt haben.«

Zwischenruf von Pjotr an den Techniker : »Knut, kannst auslassen« (Er meint damit die Verstärkeranlage, welche bereits aufgebaut war.)

O: »Das ist alles, was ich Ihnen zu sagen habe. Die Kommission hat beraten und ist zu dieser Entscheidung gekommen.«

Kuno: »Das bedeutet also, daß wir verboten werden?«

O: »Ich habe Ihnen nicht gesagt, daß Sie verboten sind, ich habe Ihnen gesagt, daß Sie auf Grund dieser Tatsachen nicht mehr existieren.«

Klaus: »Noch sind wir ja da.«

O: »Als Combo.«

Das Gespräch endete dann mit den Sätzen eines der Kommissionsmitglieder: »Wenn ich Sie jetzt um Ihre Zulassung bitte, ich drücke das so aus: rühre ich an Ihrer Existenz als Musiker, natürlich auch im einzelnen – das weiß ich. Wenn diese hier durch die Kommission und ihre Vertreter und mich ausgesprochenen Zusammenhänge klar sind – und das scheint der Fall zu sein – dann würde ich doch sagen, wir müssen uns nicht noch unnütz schweigend einander gegenübersitzen – oder? – Die Tage sind zu schön, als daß wir sie zu solchen Dingen nutzen.«

»Wir sind der Auffassung, daß damit die Grup

RENFT COMBO

EINE REMASTERTE AUSWAHL VON 1971 BIS 1975

40 JAHRE KLAUS RENFT COMBO
MUSIKALISCHE DOKUMENTE EINER WILDEN ZEIT
EINE AUSWAHL VON 1971 BIS 1975

DIE CD ZUR AUTOBIOGRAPHIE »ZWISCHEN LIEBE UND ZORN«

BISLANG UNVERÖFFENTLICHTE AUFNAHMEN, AUSGEWÄHLT VON KLAUS RENFT.
DIGITAL REMASTERT. DM 29,80.
IN JEDEM PLATTENLADEN UND IN JEDER BUCHHANDLUNG
ISBN 3-89602-099-4

Renft als nicht mehr existent anzusehen ist.«

DER KLASSIKER

Eines der populärsten und meistdiskutierten Bücher der DDR: Der »Dialog mit meinem Urenkel« jetzt mit neuem Vorwort in neuer Ausgabe

**JÜRGEN KUCZYNSKI:
DIALOG MIT MEINEM URENKEL**
Neunzehn Briefe und ein Tagebuch

320 Seiten, Broschur.
ISBN 3-89602-125-7
Neuausgabe. Mit einem neuen Vorwort von Jürgen Kuczynski.
24,80 DM / 180,– öS / 24,– sFr

Kaum ein Buch hat in den 80er Jahren die breite Öffentlichkeit in der DDR mehr bewegt als Kuczynskis »Dialog mit meinem Urenkel«. Wegen seiner damaligen Gesellschaftskritik galt J.K. als *persona non grata*, doch hat er, als das Buch endlich erscheinen durfte, eine enorm wichtige Debatte über das Leben in der DDR angestoßen.

Das Buch war lange vergriffen und erscheint – ergänzt um ein Vorwort von J.K. aus heutiger Sicht – als Neuausgabe.

DER ZWEITE BAND

**Der »Fortgesetzte Dialog mit meinem Urenkel«:
Jürgen Kuczynski antwortet auf neue Fragen
in einer neuen Zeit.**

JÜRGEN KUCZYNSKI:
FORTGESETZTER DIALOG MIT
MEINEM URENKEL
Fünfzig Fragen an einen unverbesserlichen Urgroßvater

256 Seiten, Broschur.
ISBN 3-89602-064-1
24,80 DM / 180,– öS / 24,– sFr

Die Zeiten haben sich seit dem ersten »Dialog mit meinem Urenkel« gewandelt. Die Urenkel haben jetzt andere Probleme, sie stellen neue Fragen. Und sie stellen alte Fragen in neuer Schärfe: nach der eigenen Verantwortung, dem Wissen um Zusammenhänge, der Vergangenheit. Mit der Lebenserfahrung von mehr als neun Jahrzehnten antwortet Jürgen Kuczynski – wie immer streitbar und voller Scharfsinn.

DIE BROSCHÜRE

»Eine kleine Broschüre, die wollte ich nach
den vielen Büchern doch noch schreiben!«
Jürgen Kuczynski

JÜRGEN KUCZYNSKI:
WAS WIRD AUS UNSERER WELT?
Betrachtungen eines Wirtschaftswissenschaftlers
64 Seiten, Broschur,
ISBN 3-89602-137-0. 9,80 DM

»In meinem letzten, 1996 veröffentlichten Buch »Fortgesetzter Dialog mit meinem Urenkel« hatte ich erklärt, daß ich mit 92 Jahren keine Bücher mehr schreiben, nur noch als Journalist tätig sein würde. Ich hatte dabei eine Möglichkeit übersehen: Einige mir wichtige Gedanken aus Artikeln etwas ausführlicher in einer kleinen Broschüre darzustellen.

Und in einer Zeit, in der so viele Menschen an dieser Welt und ihrem eigenen Schicksal in ihr – und mit so viel Recht! – zweifeln, ja verzweifeln, schien es mir wirklich wichtig, eine Broschüre zu dem Thema Was wird aus unserer Welt? vom Standpunkt des Wirtschaftswissenschaftlers zu schreiben.«

Jürgen Kuczynski im Vorwort des Buches

SEIN LETZTES BUCH

**Sein persönlichster Rückblick auf das Jahrhundert
– vollendet wenige Tage vor seinem Tode.**

JÜRGEN KUCZYNSKI:
FREUNDE UND GUTE BEKANNTE
Herausgegeben von Thomas Grimm
256 Seiten, Broschur.
ISBN 3-89602-134-6. 24,80 DM

Der bekannteste Urgroßvater der DDR lebt nicht mehr. Jürgen Kuczynski ist am 6. August 1997 in Berlin-Weißensee gestorben, kurze Zeit nach den letzten Korrekturen an diesem Buch.

Jürgen Kuczynski hat die Berühmtheiten dieses Jahrhunderts gesehen und gesprochen, mit vielen war er bekannt, mit etlichen befreundet.

Schriftsteller, Gelehrte, Politiker gehörten zu seinem Bekanntenkreis, darunter Namen, die aus einer längst vergangenen Zeit zu stammen scheinen. So war Jürgen Kuczynski bisweilen der einzige, der noch aus eigener Anschauung von ihnen erzählen kann.

Dem Journalisten Thomas Grimm hat er von seinen Begegnungen erzählt – mit Lenin und der Krupskaja, mit Einstein und Kautsky, auch mit Pieck und Ulbricht und vielen, vielen anderen. Entstanden ist ein ganz persönlicher Rückblick auf dieses Jahrhundert.

GUNDERMANN

»Manche sagen, Gundermann sei ein Spinner.
Bloß gut, daß es solche Spinner gibt!«
Neues Deutschland

GUNDERMANN:
ROCKPOET UND BAGGERFAHRER
Gespräche mit Hans-Dieter Schütt
320 Seiten, mit vielen Abbildungen
ISBN 3-89602-055-2
24,80 DM / 180 öS / 25,80 sFr

Gerhard »Gundi« Gundermann arbeitet in einem Braunkohlenbergbau der Lausitz. Seit über zwanzig Jahren fährt er Bagger – und singt. Romantisch-rauhe Lieder und aufsässigen Rock. Er war alles, was man in der DDR sein konnte: Oberschüler und Hilfsarbeiter, Offiziersschüler und Befehlsverweigerer, SED-Verfemter und IM der Stasi, strammer Zögling und aufsässiger Kumpel, disziplinierter Arbeiter und: grandios unbekümmerter Spinner in der Nachfolge von Simplicius Simplizissimus und Eulenspiegel.

Seine Lieder erzählen von Romantik der Arbeit, gefährdeter Natur und rebellischem Gewissen gegen Endstand, Notstand, Stillstand.

Der Journalist Hans-Dieter Schütt hat Gerhard Gundermann ausführlich interviewt. Und Gundermann erzählt. Entstanden ist ein Gedanken-Buch der sanften Anarchie: frech, schwermütig, phantasievoll.

»Virtuos wechselt er die Instrumente: Morgens dirigiert er den Bagger, abends malträtiert er die Gitarre. Selbst Bob Dylan ist von Gundermann begeistert.« *Süddeutsche Zeitung*

LINDENBERG & CO.

»Diese Rockmusik-Geschichte aus der DDR hat bislang absolut gefehlt. Glückwunsch, Michael Rauhut!« *mdr*

MICHAEL RAUHUT:
SCHALMEI UND LEDERJACKE
Udo Lindenberg, BAP, Underground:
Rock und Politik in den achtziger Jahren

352 Seiten, mit ca. 50 Fotos, Broschur, 12,5 x 20 cm
ISBN 3-89602-065-X, 29,80 DM / 225 öS / 24,80 sFr

Udo Lindenbergs bereits versprochene große Open-Air-Tournee findet nicht statt. BAP reist noch vor dem ersten Auftritt ab, die Tour ist geplatzt. Neonazis überfallen ein Konzert in der Zionskirche, Polizei und Stasi sehen tatenlos zu. Deutsch-deutsche Fälle in Rockmusik und Politik.

Geschenke und Briefe gingen hin und her: Udo Lindenbergs schickte eine Lederjacke, Erich Honecker eine Schalmei. Doch die bereits versprochene große Open-Air-Tournee findet nicht statt. BAP reist noch vor dem ersten Auftritt ab, die Tour durch die DDR ist geplatzt. Ein Lied hatte den Zorn der Organisatoren von »Rock für den Frieden« heraufbeschworen. Internationale Stars wie Bruce Springsteen, Bob Dylan und Joe Cocker feiern große Open Airs in Ostberlin, Musik-Manager aus Ost und West planen gar ein neues Woodstock, das Politbüro gibt seinen Segen dazu. Wunderwaffe Westkonzert?

Diese spektakulären »Fälle« dienen Rauhut schließlich als Aufhänger, um den kurvenreichen Gang des DDR-Rock im ganzen unter die Lupe zu nehmen. Mit Fingerspitzengefühl und faszinierender Akribie spürt er Trends, Protagonisten, Highlights und Tiefen auf. Da werden Hintergründe der Aktion »Rock für den Frieden« erhellt, deutsch-deutsche Rockkontakte resümiert, Interna über das Zusammenspiel von Underground und Stasi aufgerollt. Der Leser erfährt Details über das Zustandekommen der großen Open airs mit internationalen Stars wie Bruce Springsteen, Bob Dylan und Joe Cocker, über die Reaktionen der Medienmogule und Politbürokraten auf die Glasnost-Rocksongs von Silly, City und Pankow oder über Fragen wie Gagen, Reisepässe, Auflagenhöhen von Schallplatten.

UNTER VIER AUGEN

Offene Liebesbriefe an die »Junge Welt« – damals aus politischen Gründen nicht veröffentlicht in einer ergreifenden Zusammenstellung.

**JUTTA RESCH-TREUWERTH
UNTER VIER AUGEN**
Liebesbriefe aus zwei Jahrzehnten
320 Seiten, mit ca. 40 Fotos,
ISBN 3-89602-063-3
24,80 DM / 180 öS /24,80 sFr

»Unter vier Augen« von Jutta Resch-Treuwerth war die meistgelesene Rubrik der Tageszeitung Junge Welt. Zehntausende schrieben und wollten mit ihren Fragen und Nöten zur Sexualität nicht allein sein. Sie schrieben von Liebesleid, Liebesfreud, Lebensgeschichten. Intime Briefe, doch mit Millionen Lesern.

Frauen und Männer, Mädchen und Jungen, wollten nicht nur wissen, wie man richtig küßt oder wann man zum ersten Mal Geschlechtsverkehr haben darf, sie suchten Rat und Beistand, mitunter auch Trost. So die Frau, die ihren gewalttätigen Ehemann anzeigen wollte und von der Volkspolizei weggeschickt wurde, sie solle sich erst einen »Prügelattest« besorgen. Oder der Offiziersschüler, der seiner Freundin die Antibabypillen wegnahm und sich dann wunderte, warum sie den Hochzeitstermin absagte. Oder der junge Schwule, der an seiner Sehnsucht nach Liebe verzweifelte ...

Sie alle schrieben nicht nur von ihren Liebeskonflikten, sondern ihre Lebensgeschichte. Sie schrieben sich ihren Kummer von der Seele, weil sie sonst niemanden hatten, dem sie sich anvertrauen konnten. Jutta Resch-Treuwerth hat eine Auswahl von unveröffentlichten Briefen aus den beiden letzten Jahrzehnten der DDR getroffen.

FRECHE SPRÜCHE

»Man muß wirklich nicht auf seiner Linie liegen, um Gregor Gysis Schlagfertigkeit amüsant zu finden.«
TV Today

GREGOR GYSI:
FRECHE SPRÜCHE
256 Seiten, mit vielen Abbildungen
ISBN 3-89602-041-2
24,80 DM / 180 öS / 25,80 sFr

»Der Band, der Humor, Selbstironie und auch witzelnde Eitelkeit des Ostpolitikers dokumentiert, stößt auch bei westdeutschen Lesern auf Interesse.«
Der Spiegel

»Daß Gysi in puncto Eloquenz, Intelligenz und Schlagfertigkeit das Format eines Volkstribuns erfüllt, wird in diesem Querschnitt durch Bonmots, Briefe und Diskussionsbeiträge mehr als deutlich.«
Neue Westfälische

»Gysis glänzende Paraden auf verbale Attacken schicken den Leser auf eine Entdeckungsreise in das Land der sprachlichen Meisterschaft. Die ›Frechen Sprüche‹ sind eine interessante Lektüre und das Porträt eines Medienstars, der dieses Attribut wirklich verdient.«
Freie Presse Chemnitz

»Das Buch macht Spaß. Und den soll Politik ja auch ab und an bringen.«
Neues Deutschland

»Denkanstöße kommen in der Regel aus der Provokation. In diesem Sinne kann ich gerade Leuten, die der PDS fernstehen, das Buch empfehlen.«
Saarländischer Rundfunk

KUTTNER 1

»**Ein bizarres Talk-Buch, die man nur zu gerne bei sich hat.**« *Thüringer Allgemeine*

JÜRGEN KUTTNER:
DAS GROSSE SPRECHFUNK-LESEBUCH
2. Auflage, Mit ca. 50 Abbildungen, 320 Seiten, Broschur, ISBN 3-89602-040-4; 24,80 DM / 180 öS / 25,80 sFr

»Im Unterschied zu anderen Experten, die mit ernsthafter Miene im selben Nebel stochern, finden Kuttner und sein gleichermaßen wortwitzbegabter Sekundant Stefan *Dusty* Schwarz dabei stets den Punkt, an dem Geschwafel Spaß macht.« *Mitteldeutsche Zeitung,*

»Im Radio tauchen die geschliffenen Gedankenspiele der Kategorie *Höherer Blödsinn* nur gelegentlich auf, im Buch kann man sie pausenlos genießen. Mit einer gehörigen Portion schwarzen Humors gewürzt und garniert mit treffsicheren Seitenhieben, findet hier Wort-Fechten statt. Respektlos gegen alles und jeden, teils direkt, teils hintersinnig, mit mehr oder weniger Tiefgang werden hier kausale Zusammenhänge enthüllt, enorm komisch.« *Die Welt*

»Wem Kuttners Erörterungen zur ballistischen Pinkelkurve bei Männern oder die Frage, ob Kühe auf den schwarzen Flecken mehr schwitzen als auf den weißen, als zu plemplem erscheint, der hat Kuttner nicht begriffen.« *ND*

»Kuttner – vielleicht sollte man ihn angesichts seiner Fans auch Kult-ner nennen – ist unheimlich schlagfertig, die Pointen sitzen. Bewußte Mißverständnisse, Übertreibungen, Situationskomik, bloßer Ulk und schlitzohriger Hintersinn – das ergibt einen Mix, der seinesgleichen sucht.« *Lausitzer Rundschau*

KUTTNER 2

»Kuttner hat im deutschen Sprachraum keine Konkurrenz«
Die Welt

JÜRGEN KUTTNER & STEFAN SCHWARZ:
EXPERTENGESPRÄCHE –
DAS ZWEITE SPRECHFUNK-LESEBUCH
272 Seiten, mit 50 Abbildungen
ISBN 3-89602-052-8; 24,80 DM/180 öS/24,80 sFr

»Wer über die Tief- und Feinsinnigkeiten hinwegliest, dem bleibt immer noch die Freude an etwas, was nach Meinung von Experten aus zweieinhalb Jahrhunderten dieses grobe Völkchen an Havel und Spree vor allem auszeichnet: die Freude am Wortwitz.«
Zitty

»Das Geheimnis des Talkers ist keines: Er ist einfach gut. Wie er die Zuhörer beherrscht, indem er auf sie eingeht, sie zu Worte kommen läßt, hat im deutschen Sprachraum keine Konkurrenz.«
Die Welt

»Ein bizarres Talk-Buch, das man nur zu gerne bei sich hat.«
Thüringer Allgemeine

»Von reinem Nonsenstalk bis zum tiefenpsychologischen Gespräch - Kuttner hat alles drauf. Das Buch ist eine amüsante Zusammenstellung der Sprechfunkkultur und bietet auch Nicht-Kuttner-Fans Einblicke in neue Denksphären.«
Life

DER FALL ROMEO

»Der Fall Lutz Bertram« liefert die Materialien zur eigenen, schwierigen Meinungsbildung.

KLAUS-PETER WENZEL:
DER FALL LUTZ BERTRAM
Dokumentation einer Verstrickung.
Mit einem Vorwort von Christoph Links
320 Seiten, Broschur, 12,5 x 20,0 cm
ISBN 3-89602-059-5
29,80 DM/ 220 öS/ 29,80 sFr

Am 7. und 8. Januar 1995 finden die Zeitungsleser Nachrufe über einen Medienmann. Der Moderator Lutz Bertram hat seine frühere Stasi-Tätigkeit zugeben müssen. Die Enttarnung Bertrams als IM ROMEO löst in der Öffentlichkeit und in den Medien ein zwiespältiges Echo aus. Der »Frühstücksdirektor« des täglichen Morgenmagazins »Auftrakt« und als Moderator der Fernsehtalkshow »Schlagabtausch« bedeuten seine mehrere tausend Interviews mit Politikern, Schriftstellern, Wirtschaftsbossen und skurrilen Alltagsmenschen Offenbarungen an Kenntnis, Unfehlbarkeit, Witz, Wortdrechseleien und brillanter Fragetechnik – dargeboten mit einer irren Krächzstimme, die Bertrams Markenzeichen wurde.

In den Jahren 1993/94 avanciert Bertram für die einen zum Kultfunker und zur Identifikationsfigur, für die anderen zu Nervensäge. Und nun dieser Absturz. Die Hörer und Zuschauer des ORB sind erschrocken und betroffen, verärgert und enttäuscht. Das Buch dokumentiert diesen Fall Bertram als einen exemplarischen Fall. Es zeichnet Lebenslinien nach, enthält Dokumente aus Täter- wie Opfer-Akte, aus dem öffentlichen Gespräch Lutz Bertrams mit Christoph Singlnstein und Matthias Greffrath im ORB-Fernsehen, Beiträge aus der Presse und der öffentlichen Diskussion.

CITY – AM FENSTER

**Einmal wissen dieses bleibt für immer /
Ist nicht Rausch der schon die Nacht verklagt**

CITY – AM FENSTER
DIE BAND, DIE SONGS, DIE STORY.
Aufgeschrieben von Thomas Otto.
320 Seiten, Broschur, mit ca. 50 Abbildungen.
ISBN 3-89602-123-0. 29,80 DM / 220,– öS / 29,– sFr

Am Fenster: Einmal wissen dieses bleibt für immer / Ist nicht Rausch der schon die Nacht verklagt / Ist nicht Farbenschmelz noch Kerzenschimmer / Von dem Grau des Morgens längst verjagt.

Als City sich 1974 gründete, atmete die Luft auf dem Ostberliner Alexanderplatz ein bißchen Welt. Und vielleicht lag es an der Songzeile »flieg ich durch die Welt« oder nur an der traurig-aufpeitschenden Musik – »Am Fenster« wurde für eine Generation fast zur Nationalhymne. Weitere Hits folgten: »der King vom Prenzlauer Berg«, »Unter der Haut«, »Feuer im Eis«, »Casablanca«...

Wer sind die Musiker, die diese Rocklegende schufen? Wie fing alles an, woher besorgten sie sich für ihre ersten Konzerte die Musikanlage und das Auto zum Transport? Was führte diese Rocker zusammen, und was trieb sie auseinander? Wie arbeiteten sie mit ihren Textern und Produzenten zusammen? Welche Rolle spielten die Fans, die in der Band nicht nur eine künstlerische, sondern eine moralische Instanz sahen? Welche Antworten gab man Leuten, wenn man selbst nur Fragen hatte? Wie sah der Spagat aus, den die Rocker zwischen Fans und Kulturbürokratie turnten?

Fragen, denen der Journalist Thomas Otto – seit vielen Jahren mit der DDR-Rockmusik befaßt – in zahlreichen Interviews mit den Bandmitgliedern – auch mit jenen, die schon lange nicht mehr bei City dabei sind – nachging.

HANS-DIETER SCHÜTT wurde 1948 im thüringischen Ohrdruf geboren. Er studierte Theaterwissenschaften in Leipzig und arbeitete von 1973 bis 1989 als Mitarbeiter der DDR-Tageszeitung »Junge Welt«, von 1984 bis zum Herbst 1989 war er Chefredakteur des FDJ-Blattes. Nach der Wende machte sich Schütt einen Namen als Interviewer. Zu seinen zahlreichen Interviewbüchern gehören »OhnMacht – DDR-Funktionäre sagen aus«, »Noch Fragen, Genossen! – Parteisekretäre im Protokoll« (beide mit Brigitte Zimmermann), »Protokolle der Besessenheit – 13 Versuche, glücklich zu sein«, »Mein Abenteuer bin ich – 24 Prominente im Gespräch«, »Kurt Böwe – der lange kurze Atem« sowie Portraits per Interview von Reinhold Messner, Frank Castorf, Alfred Hrdlicka, Klaus Löwitsch.

Bei Schwarzkopf & Schwarzkopf erschienen: »Rockpoet und Baggerfahrer – Gespräche mit Gerhard Gundermann«, »Gert Voss: Ich würd' gern wissen, wie man ein Geheimnis spielt« sowie »Heiner Müller – Bilder eines Lebens« (Hrsg., gem. mit Oliver Schwarzkopf).

KLAUS RENFT – ZWISCHEN LIEBE UND ZORN
Die Autobiografie. Herausgegeben von Hans-Dieter Schütt
ISBN 3-89602-135-4.
© 1997 by Schwarzkopf & Schwarzkopf Verlag GmbH,
Kastanienallee 32, 10435 Berlin
Fotonachweis: ARD (S. 127, 237, 247), Klaus Becker (S. 13), Jeinz Gotsch (S. 177), Michael Hübner/Märkische Allgemeine (S. 258, 259), Klaus Jochens (S. 24), Christina Kurby (S. 151), Peter Langner (S. 174, 175, 176, 178, 179), Thomas Linßner (S. 25, 149, 263 - 266). Alle anderen Fotos stammen von Brigitte Braune (1), Christiane Küchler (1) sowie aus dem Privatarchiv Klaus Renft (47). Nicht alle Rechtsträger konnten ermittelt werden.
Zitate mit freundlicher Genehmigung des Linden Verlag, Leipzig aus »Es geht seinen Gang« von Erich Loest und des Ch. Links Verlag, Berlin aus »Rockmusik und Politik«, Hrsg. von Peter Wicke und Lothar Müller.

Behr
Grundlagen des Zwangsvollstreckungsrechts

Johannes Behr

Grundlagen des Zwangsvollstreckungsrechts

(mit den Änderungen der am 1.1.1999 in Kraft tretenden 2. Zwangsvollstreckungsnovelle)

Luchterhand

Die Deutsche Bibliothek – CIP-Einheitsaufnahme

Behr, Johannes:
Grundlagen des Zwangsvollstreckungsrechts :
(mit den Änderungen der am 1. 1. 1999 in Kraft tretenden
2. Zwangsvollstreckungsnovelle) / Johannes Behr.
Neuwied ; Kriftel : Luchterhand, 1998
ISBN 3-472-03341-X

Alle Rechte vorbehalten.
© 1998 by Hermann Luchterhand Verlag GmbH, Neuwied und Kriftel.
Das Werk einschließlich aller seiner Teile ist urheberrechtlich geschützt. Jede Verwertung außerhalb der engen Grenzen des Urheberrechtsgesetzes ist ohne Zustimmung des Verlages unzulässig und strafbar. Das gilt insbesondere für Vervielfältigungen, Übersetzungen, Mikroverfilmungen und die Einspeicherung und Verarbeitung in elektronischen Systemen.

Satz: Satz- und Verlags-Gesellschaft mbH, Darmstadt.
Druck: Druckerei Plump OHG, Rheinbreitbach.
Printed in Germany, Juni 1998.

∞ Gedruckt auf säurefreiem, alterungsbeständigem und chlorfreiem Papier

Vorwort

Die Kenntnis der Grundzüge des Vollstreckungsrechts und des ihnen zugrunde liegenden Systems ist notwendige Voraussetzung für jeden Vollstreckungszugriff. Die nachstehenden Materialien vermitteln systematisch eine praxisgerechte Einführung in die Zusammenhänge und Strukturen des Vollstreckungsrechts.

Die Grundbegriffe des Vollstreckungsrechts werden gleichwohl nicht lehrbuchartig dargestellt, sondern ergeben sich aus dem durch Beispiele hergestellten praktischen Zusammenhang.

Die didaktische Konzeption des Materials beruht auf nach Kapiteln (I) und Abschnitten (1) aufgegliederten Lernschritten, die durch eine **Information** eingeleitet werden. Nach der gegebenen Information folgen kleine Fälle, die der Informationsverarbeitung dienen und sich in der Regel nur darauf beziehen. Gelegentlich bereiten sie auch den nächsten Lernschritt vor. Fundstellenangaben dienen einmal als Beleg für die zu Streitfragen im Material vertretene Meinung, zum anderen enthalten sie Hinweise zur vertiefenden und weiterführenden Lektüre. Schließlich dienen die zitierten Judikate und die Literatur dem Praktiker zur Durchsetzung seiner Anträge. Das Schrifttum ist bis April 1998 ausgewertet. Die Änderungen durch die am 1. 1. 1999 in Kraft tretende 2. Vollstreckungsnovelle sind eingearbeitet.

Da sich der Grundkurs an den berufserfahrenen Praktiker richtet, der über juristisches Grundwissen verfügt, wird auf ein Glossar verzichtet.

Falls der Leser insoweit eine weitergehende Tiefe vermißt, darf auf die im Literaturverzeichnis empfohlenen Lehrbücher verwiesen werden.

Neben den seit der Vorauflage eingetretenen Gesetzesänderungen waren auch dankenswerte Anregungen und Hinweise der Leserschaft zu berücksichtigen.

Dank schulde ich vor allem der **Diplom-Rechtspflegerin** Dagmar Zorn, die mich bei der Neuauflage wissenschaftlich und redaktionell unterstützt hat.

Prof. Johannes Behr   Berlin, im April 1998

Inhaltsverzeichnis

	Seite
Vorwort	V
Literaturhinweise	XIII

I. Funktion und Bedeutung der Zwangsvollstreckung

1. Zwangsvollstreckung als Rechtsverwirklichung   1
   1.1. Definition   1
   1.2. Rechtsdurchsetzungsgarantie   1
   1.3. Öffentlich-rechtliche Ansprüche   2
   1.4. Unterschiede zwischen Verwaltungs- und allgemeiner Vollstreckung   4

2. Vollstreckungsanspruch und vollstreckbarer Anspruch   4

3. Dispositionsfreiheit des Gläubigers und Gesetzmäßigkeit staatlichen Handelns   6

4. Beibringungsgrundsatz (Verhandlungsmaxime)   8

5. Vollstreckungsverfahren   8

6. Verfahrensbeteiligte und Rechtsbehelf   11

7. Abgrenzung des Zwangsvollstreckungs- vom Erkenntnisverfahren   12

8. Grundrechtskollision und Verhältnismäßigkeitsgrundsatz   15

9. Strafrechtlicher Schutz in der Zwangsvollstreckung   18

II. Vollstreckungsarten und Vollstreckungsorgane

1. Zugriffsinstrumente und »Numerus clausus« der Vollstreckungsarten   21

2. Einzel- und Gesamtvollstreckung   22

3. Besonderheiten und Ausnahmen   22

	Seite
4. Funktionsübersicht	23
5. Übersicht über die Vollstreckungsarten	25
6. Die Vollstreckungsorgane – sachliche Zuständigkeit	26
6.1. Der Gerichtsvollzieher	26
6.2. Das Vollstreckungsgericht	27
6.3. Weitere Vollstreckungsorgane	29
7. Die Vollstreckungsorgane – örtliche Zuständigkeit	29
7.1. Der Gerichtsvollzieher	29
7.2. Das Vollstreckungsgericht	31
7.3. Besondere Vorschriften	31
8. Die Organe der Zwangsvollstreckung und ihre Aufgaben	32
9. Übung zur Bestimmung der Vollstreckungsart	34

III. Kosten in der Zwangsvollstreckung – Überblick

1. Grundsätzliche Kostenlast des Schuldners	39
2. Notwendigkeit der Kosten – Grundsatz der Prozeßwirtschaftlichkeit	40
3. Beitreibung und Kostenfestsetzung	47
4. Vorschußpflicht des Gläubigers	50
5. Erstattung der Schuldnerkosten	50

IV. Allgmeine Vollstreckungsvoraussetzungen

1. Der Vollstreckungstitel	53
1.1. Bestimmung der Vollstreckungsparteien	55
1.2. Bestimmung von Inhalt und Umfang des Vollstreckungszugriffs	57
1.3. Endurteile und das System der vorläufigen Vollstreckbarkeit	59
1.4. Die Abwendungsbefugnisse des Schuldners	62
1.5. Die Sicherheitsleistung	65
1.5.1. Rückgabe der Sicherheit	67
1.5.2. Abwendungsbefugnis des Schuldners	67
1.6. Sicherungsvollstreckung	67

Inhaltsverzeichnis

		Seite
1.6.1.	Grundzüge der Sicherungsvollstreckung	68
1.6.2.	Die Durchführung des Offenbarungsverfahrens nach fruchtloser Pfändung, § 807 ZPO (jetzt einhellige Meinung)	70
1.6.3.	Die Durchführung einer Vorpfändung – ohne Zustellung gem. § 750 Abs. 3 ZPO	71
1.7.	Interdependenz von Sicherungsvollstreckung und vorläufiger Vollstreckbarkeit	71
1.8.	Schadensersatz bei Wegfall der vorläufigen Vollstreckbarkeit	73
1.9.	Weitere Vollstreckungstitel	74
1.10.	Zwangsvollstreckung aus ausländischen Urteilen	76
1.11.	Titelübersicht	79
2.	Die Vollstreckungsklausel	81
2.1.	Bedeutung der Vollstreckungsklausel	81
2.2	Titel ohne Vollstreckungsklausel	84
2.3.	Klauselerteilung im Schnellverfahren	86
2.4.	Titelergänzende Klausel gem. § 726 Abs. 1 ZPO	87
2.4.1.	Bedingung	87
2.4.2.	Verfallklausel	87
2.4.3.	Wiederauflebensklausel	87
2.5.	Titelübertragende Klausel gem. § 727 ZPO	91
2.6.	Entsprechende Anwendung von § 727 ZPO (Klarstellungsklausel)	95
2.7.	Übernahmeklausel gem. § 729 ZPO	96
2.8.	Verfahren zur Erteilung der Vollstreckungsklausel	97
2.9.	Mehrfache vollstreckbare Ausfertigung	98
2.10.	Rechtsbehelfe im Klauselerteilungsverfahren	100
2.10.1	Gegen die Versagung der Vollstreckungsklausel	100
2.10.2	Gegen die Erteilung der Vollstreckungsklausel	100
2.10.3	Besondere Rechtsbehelfe	101
3.	Zustellung	102
3.1.	Zustellungsarten und -organe	103
3.2.	Funktion der Zustellungsarten für die Zwangsvollstreckung	108
3.3.	Heilung von Zustellungsmängeln bei Gläubigerkonkurrenz	111

Seite

V. Besondere Voraussetzungen für den Vollstreckungsbeginn

1. Sicherheitsleistung (insbesondere Bankbürgschaft) 115
2. Prinzip der Fälligkeit sowie Vorrats- und Dauerpfändung 117
3. Zug-um-Zug-Leistung 118
4. Vollstreckungshindernisse 121
   4.1. Formelle Hindernisse 121
   4.2. Vollstreckungsvereinbarung 122

VI. Pfändungspfandrecht und öffentlich-rechtliche Verstrickung

1. Wirkungen der Vollstreckungshandlung (Pfändung) 125
   1.1. Inbesitznahme 126
   1.2. Rangsicherung 126

2. Entstehung der öffentlich-rechtlichen Verstrickung und des Pfändungspfandrechts 126

3. Die Pfändungspfandrechtstheorien 128

4. Folgerungen für die Wirksamkeit von Vollstreckungshandlungen 130

5. Übersicht: Wirksamkeit von Pfändungen 133

VII. Vollstreckungsschutz

1. Die allgemeinen Schutzbestimmungen des § 803 ZPO 135

2. Der weitere von Amts wegen zu beachtende Vollstreckungsschutz 136
   2.1. § 811 ZPO 137
   2.2. § 811 c und § 811 d ZPO 139
   2.3. § 812 ZPO 139
   2.4. Austauschpfändung 139
   2.5. §§ 850 ff. ZPO (Einkommenspfändung) 141

3. Der besondere Vollstreckungsschutz
   3.1. Das Verwertungsmoratorium des § 813 a ZPO 146

	Seite
3.2. Der Pfändungsschutz gem. § 850 f Abs. 1 ZPO	148
3.3. Der Kontenschutz des § 850 k ZPO	149
3.4. Die Generalklausel des Schuldnerschutzes gem. § 765 a ZPO	151

VIII. Rechtsbehelfe und Einwendungen in der Zwangsvollstreckung

1. Allgemeines – Abgrenzung der formellen von den materiellen Einwendungen   155

2. Die vollstreckungsinternen Rechtsbehelfe   157

3. Die Rechtspflegererinnerung gem. § 11 RpflG   161

4. Übersichten zum Rechtsbehelfssystem in der Zwangsvollstreckung und Beispiele   162

5. Die materiellen Einwendungen gegen die Zwangsvollstreckung   167
   - 5.1. Vollstreckungsabwehrklage   168
   - 5.1.1. Die mit der Vollstreckungsabwehrklage geltend zu machenden Einwendungen   168
   - 5.1.2. Verhältnis zur Berufung   169
   - 5.1.3. Verhältnis zur Abänderungsklage gem. § 323 ZPO   169
   - 5.1.4. Die Präklusionswirkung des § 767 Abs. 2 ZPO   169
   - 5.1.5. Anwendung auf andere Titel, § 795 ZPO, Besonderheiten   170
   - 5.1.6. Verfahren   171
   - 5.2. Drittwiderspruchsklage gem. § 771 ZPO   172
   - 5.2.1. Verfahren   173
   - 5.3. Klage auf vorzugsweise Befriedigung gem. § 805 ZPO   174
   - 5.3.1. Klagegrund   174
   - 5.3.2. Verfahren   174
   - 5.4. Übungsfälle zu 5.1.–5.3.   175

IX. Die einstweilige Einstellung der Zwangsvollstreckung – Übersichten

1. Allgemeines – Abgrenzung zu §§ 775, 776 ZPO   179

	Seite
2. Die einstweiligen Einstellungen im Zusammenhang mit einer beantragten Entscheidung (Zeitgewinn)	180
2.1. Prozessuale einstweilige Einstellung (durch das Prozeßgericht)	180
2.2. Vollstreckungsrechtliche einstweilige Einstellung (durch das Vollstreckungsgericht)	181
2.3. Übersicht über die einstweilige Einstellung der Zwangsvollstreckung	182
3. Übersicht über die Einstellungs-(Aufhebungs-)möglichkeiten durch das Vollstreckungsorgan gem. §§ 775, 776 ZPO	185
Anhang: Musteranträge	187
Sachverzeichnis	219

Literaturhinweise

Baur/Stürner (ehem. *Schönke/Baur*), Zwangsvollstreckungs-, Konkurs- und Vergleichsrecht, Band I Einzelzwangsvollstreckungsrecht, 12. Aufl. 1995.

Behr, Taktik in der Mobiliarvollstreckung I (Vollstreckungsvorbereitung, Sachpfändung, Offenbarungsversicherung, Arbeitseinkommenspfändung) RWS Nr. 187, 2. erweiterte Aufl. 1989 (vergriffen).

ders., Taktik in der Mobiliarvollstreckung III (Forderungspfändung, Einkommenspfändung, Pfändung von Sozialleistungen) RWS Nr. 188, 2. neubearb. Aufl. 1989 (Mai).

ders., Taktik in der Mobiliarvollstreckung III (Kontenpfändung, Pfändung besonderer Geldforderungen, Pfändung sonstiger Vermögensrechte, Vollstreckung in den Nachlaß) RWS-Skript 205, 2. Aufl. 1989 (Oktober).

ders., Allgemeines Zwangsvollstreckungsrecht – Klausurfälle/Repetitorium/Lehrbuch 2. Aufl. 1996 Gieseking, Bielefeld.

Behr-Eickmann, Pfändung von Grundpfandrechten und ihre Auswirkungen auf die Zwangsversteigerung, RWS Nr. 197, 2. Aufl. 1989 (Dezember).

Blomeyer, Arwed, Zivilprozeßrecht – Vollstreckungsverfahren, 1975.

Brox/Walker, Zwangsvollstreckungsrecht, 5. Aufl. 1996.

Bruns/Peters, Zwangsvollstreckungsrecht, 3. Aufl. 1987.

Gerhardt, Vollstreckungsrecht, 2. Aufl. 1982.

Gross-Diepold-Hintzen, Musteranträge für Pfändung und Überweisung, 6. Aufl. 1996.

Grunsky, Grundzüge des Zwangsvollstreckungs- und Konkursrechts, 5. Aufl. 1996.

Jauernig, Zwangsvollstreckungs- und Konkursrecht, Kurzlehrbuch, 20. Aufl. 1996.

Lippross, Vollstreckungs: Systematische Falldarstellung, 7. Aufl. 1994 (Juristische Arbeitsblätter).

Mohrbutter, Handbuch des gesamten Vollstreckungs- und Insolvenzrechts, 2. Aufl. 1974.

Rosenberg/Gaul/Schilken, Zwangsvollstreckungsrecht, 11. Aufl. 1997.

Schrader/Steinert, Handbuch der Rechtspraxis, HRP Bd. 1 b: Zwangsvollstreckung in das bewegliche Vermögen, 7. Aufl. 1994.

Schuschke/Walker, Zwangsvollstreckung, 2. Aufl. 1997.

Stöber, Forderungspfändung, 11. Aufl. 1996.

Kommentare zur ZPO:

Baumbach-Lauterbach-Albers-Hartmann (BbL- + Bearbeiter), 56. Aufl. 1998.

Stein-Jonas-Münzberg (StJ- + Bearbeiter), 21. Aufl. 1994 ff.

Thomas-Putzo, 20. Aufl. 1997.

Zöller- (+ Bearbeiter), 20. Aufl. 1997.

I. Funktion und Bedeutung der Zwangsvollstreckung

1. Zwangsvollstreckung als Rechtsverwirklichung

1.1. Definition

Wie das zivilprozessuale Erkenntnisverfahren dient die Zwangsvollstreckung der Verwirklichung materieller Rechte. Während im Erkenntnisverfahren festgestellt wird, wer Recht hat, regelt das Zwangsvollstreckungsrecht wie das gefundene Recht wird, wie es sich im Rahmen unserer rechtsstaatlichen, sozialen Ordnung auswirkt.

> Die Zwangsvollstreckung ist die Durchsetzung oder Verwirklichung »privatrechtlicher Ansprüche« mit Hilfe staatlicher Gewalt.

Definition

Es handelt sich somit um Leistungsansprüche eines Bürgers gegen einen anderen Bürger. Eine Vollstreckung entfällt bei Feststellungs- und Gestaltungsurteilen (z.B. Eigentumsfeststellung kraft erfolgreicher Feststellungsklage, Scheidungsurteil, Vaterschaftsfeststellungsurteil).

Vollstreckung nur bei Leistungsansprüchen

1.2. Rechtsdurchsetzungsgarantie

Die verfassungsrechtliche Rechtsschutzgewährung zur Durchsetzung privatrechtlieher Ansprüche umfaßt neben dem Anspruch auf ein rechtsstaatliches Erkenntnisverfahren (Zivilprozeß) auch

Rechtsdurchsetzungsgarantie Art. 20, 28 GG

1

den Anspruch auf staatliche Vollstreckung. Diese Rechtsdurchsetzungsgarantie beruht auf dem Zusammenwirken der betroffenen Grundrechte (z. B. Art. 2, 14 GG) mit dem Rechtsstaatsprinzip (Art. 20 Abs. 3, 28 Abs. 1 S. 2 GG).[1]

1.3. Öffentlich-rechtliche Ansprüche

Die Hauptfunktion der Zwangsvollstreckung besteht in der Durchsetzung privatrechtlicher Ansprüche. Daneben werden aber auch öffentlich-rechtliche Ansprüche »zwangsvollstreckt«.

Vollstreckung auch öffentlich-rechtlicher Ansprüche

Deshalb sind Entscheidungen der **Verwaltungsgerichte** und Entscheidungen der **Verwaltungsbehörden** (= Verwaltungsakte) ebenfalls im Wege der Zwangsvollstreckung zu realisieren.

In dem höchst unübersichtlichen Vollstreckungswesen der öffentlichen Hände ist vor allem zwischen der Vollstreckung verwaltungsgerichtlicher Entscheidungen und der Vollstreckung von Verwaltungsakten zu unterscheiden.[2]

a) Arbeitsgerichtliche und verwaltungsgerichtliche Entscheidungen, z. B.:

aa) Arbeitsgerichtliche Titel werden nach der ZPO vollstreckt, §§ 62 Abs. 2, 64 Abs. 3, 85, 87, 109 ArbGG. **Vollstreckungsgericht ist das Amtsgericht**, nicht das Arbeitsgericht. Die Vollstreckung in körperliche Sachen (Sachpfändung) liegt auch hier in den Händen der Gerichtsvollzieher.

Besondere »Vollstreckungs«-gerichtsbarkeit

bb) Sozial-, verwaltungsgerichtliche und finanzgerichtliche Titel werden grundsätzlich nach dem 8. Buch der ZPO vollstreckt. Gerichtliches Vollstreckungsorgan ist aber nicht das Amtsgericht, sondern das jeweilige Gericht des ersten Rechtszuges (§ 167 Abs. 1 S. 2 VwGO, § 151 Abs. 1 S. 2 FGO) bzw. die Verwaltungsbehörde.

Beispiele: Bei verwaltungsgerichtlichen Titeln gegen den Bürger ist der Vorsitzende des Verwaltungsgerichts des 1. Rechtszuges,

---

1 BVerfGE 35, 346, 361.
2 Näheres *Rosenberg/Gaul/Schilken*, Zwangsvollstreckungsrecht S. 35 (Übersicht) und ausführlich *Gaul* JZ 1979, 496 ff.

bei finanzgerichtlichen Urteilen gegen den Bürger das Finanzamt (§ 150 S. 2 FGO) das zuständige Vollstreckungsorgan. Die Sachpfändung liegt aber auch hier in den Händen des Gerichtsvollzieher.

b) Entscheidungen der Verwaltungsbehörden = Verwaltungsakte – nicht Verwaltungstitel (also keine gerichtlichen Titel), sondern Verwaltungsbescheide z. B.: Beitragsbescheid der AOK usw. – werden nach dem Verwaltungsvollstreckungsgesetz vollstreckt (für Bundesbehörden: Verwaltungsvollstreckungsgesetz des Bundes, für Landesbehörden: das jeweilige Landesverwaltungsvollstreckungsgesetz). *Verwaltungsakte*

Ausnahme: Vollstreckung nach der Abgabenordnung (AO), z. B. für Finanzämter; nach der Justizbeitreibungsordnung (JBeitrO), z. B. für die Justizkassen. *Vollstreckung nach AO und JBeitrO*

Bei der Durchsetzung von Verwaltungsakten wird die Verwaltungsbehörde selbst als Vollstreckungsorgan tätig. Sie unterhält eigene Beitreibungsbeamte (Finanzvollzieher, Vollziehungsbeamte bei der Gerichtskasse). Man spricht von der Selbstvollstreckung im Gegensatz zur Fremdvollstreckung. *Selbstvollstreckung*

Vom rechtsstaatlichen Gesichtspunkt nicht ganz unbedenklich ist hier die Identität von Gläubiger und Vollstreckungsorgan! Den Verwaltungsbehörden als Vollstreckungsorgan obliegt die Sachpfändung, die Forderungspfändung und die freiwillige Abgabe der Offenbarungsversicherung. **Lediglich die erzwungene Offenbarungsversicherung muß beim Amtsgericht (Vollstreckungsgericht) abgenommen werden.** *Bedenklich: Identität von Gläubiger und Schuldner*

Streit besteht, ob Einwendungen gegen die Selbstvollstreckung durch die Verwaltungsbehörden nach der ZPO oder durch Anfechtungsklage gegen den Verwaltungsakt gem. § 42 VwGO geltend zu machen sind. So wird von einer »Überdimensionierung des Rechtsschutzes« gesprochen, wenn auch bei formellen Einwendungen Anfechtungsklage statt Erinnerung gem. § 766 ZPO erhoben werden muß.[3]

Sozialbehörden können seit 1981 ihre Verwaltungsakte (= Bescheide) im Wege der ordentlichen Zwangsvollstreckung nach

---

3 *Gaul*, JZ 1979, 496 (500).

dem 8. Buch der ZPO durch Ersuchen an die jeweiligen Vollstreckungsorgane durchsetzen (§ 66 Abs. 4 SGB X).

1.4. Unterschiede zwischen Verwaltungs- und allgemeiner Vollstreckung

Unterschied der Verwaltungs- zur allgemeinen Vollstreckung

Die Definition »privatrechtliche Ansprüche« muß eingeschränkt werden. Der entscheidende Unterschied zwischen Verwaltungsvollstreckung und Vollstreckung privatrechtlicher Ansprüche besteht darin, daß der Verwaltungsakt selbst, z. B. der Steuerbescheid, die Grundlage der Zwangsvollstreckung bildet. Die Verwaltungsbehörde braucht sich somit, anders als der Bürger, nicht an ein ordentliches Gericht zu wenden, um einen für die Zwangsvollstreckung geeigneten Titel (z. B. Urteil) zu erwirken.

2. Vollstreckungsanspruch und vollstreckbarer Anspruch

Staatliches Zwangsmonopol

Staatliche Gewalt bedeutet, daß der einzelne seine Rechte nicht auf eigene Faust zwangsweise durchsetzen darf. Der Staat hat den Rechtsfrieden zu bewahren, deshalb steht ihm das Monopol des Zwanges zu. Zwar ist es grundsätzlich dem Bürger überlassen, sein Recht durchzusetzen. Er darf sich aber nur der Mittel bedienen, die im Rahmen unserer Rechts- und Sittenordnung liegen.

Übungsfall

Sie haben einem Bekannten 10.000 DM geliehen. Er zahlt und zahlt nicht zurück. Sie beabsichtigen, einen Mahnbescheid zu beantragen. Da hören Sie, daß der Bekannte alles veräußert, was er hat, um ins Ausland zu gehen. Zufällig treffen Sie ihn am Flughafen am Lufthansa-Schalter. Er ist im Begriff, sich eine Flugkarte nach Australien zu besorgen. Die Maschine startet in wenigen Minuten. Haben Sie eine Möglichkeit, einzugreifen? – Lesen Sie zur Lösung vorab § 229 BGB!

Unter den Voraussetzungen, daß eine rechtzeitige obrigkeitliche Hilfe (z. B. Arrest/GV) nicht erlangt werden kann und daß dadurch die Gefahr besteht, daß die Verwirklichung des Anspruchs vereitelt oder wesentlich erschwert wird (§ 229 BGB), kann der Bürger im Wege der Selbsthilfe sein Recht selbst durchsetzen. Als Mittel kommen hier Wegnahme von Geld, Festnahme oder Verhinderung des Abfluges durch Beschlagnahme der Flugkarte in Betracht. Die Beseitigung eines eventuell geleisteten Widerstandes durch Hinzuziehung der Polizei ist gem. § 758 Abs. 3 ZPO möglich. Gemäß § 230 BGB darf die Selbsthilfe aber nicht weitergehen als die Arrestvollstreckung (§§ 918, 933 ZPO). Deshalb die umgehende Umwandlung in eine gerichtliche Maßnahme gem. §§ 916–919 ZPO erforderlich. In Frage kommt ein Antrag auf Erlaß des dinglichen und persönlichen Sicherheitsarrestes beim zuständigen Gericht, hier u. U. Amtsgericht als Arrestgericht der belegenen Sache (Flughafen).

Lösung

Abgesehen von der Selbsthilfe, kann der Bürger seinen privatrechtlichen Anspruch nur mit Hilfe des Staates durchsetzen. Der Bürger hat deshalb einen in der Rechtsordnung verankerten Anspruch an den Staat auf Durchsetzung seines aufgrund materiellen Privatrechts erworbenen Vollstreckungsanspruchs (nicht zu verwechseln mit dem vollstreckbaren Anspruch im Titel). Das staatliche Vollstreckungsmonopol ist Teil des allgemeinen Rechtsschutzmonopols des Staates.

Vollstreckungsanspruch und vollstreckbarer Anspruch

Das Vollstreckungsmonopol steht dem Staate zu. Der Bürger hat aber einen Anspruch auf Rechtsdurchsetzung (Vollstreckungsanspruch).[4]

Grundsatz

Vergegenwärtigt man sich die Definition des Anspruchs in § 194 BGB, so müßte die Zwangsvollstreckung eigentlich auf ein Tun, also die Herbeiführung eines Willensaktes (Leistungswille) des Schuldners gerichtet sein. So war es früher auch. Noch im späten Mittelalter hatte die Zwangsvollstreckung die Person des Schuldners zum Gegenstand (Schuldhaft, Schuldturm). Eine solche **Personalvollstreckung** ist heute nur noch bei Vornahme einer unver-

Personalvollstreckung und Real- oder Vermögensvollstreckung

---

4 So deutlich: BVerfGE 61, 126 [128] = NJW 1983, 559 [560].

tretbaren Handlung (§ 888 ZPO) durch Zwangshaft und bei Erzwingung von Duldungen und Unterlassungen (§ 890 ZPO) durch Ordnungshaft gegeben. Ferner weist das Verfahren zur Abnahme der eidesstattlichen Versicherung (Offenbarungsversicherungsverfahren = OV-Verfahren) mit der Verhaftung des offenbarungsunwilligen Schuldners noch personalvollstreckungsrechtliche Züge auf. Im übrigen ist die **Real- oder Vermögensvollstreckung** die Regel.

3. Dispositionsfreiheit des Gläubigers und Gesetzmäßigkeit staatlichen Handelns

Freie Wahl des Vollstreckungszugriffs

Der Vollstreckungsanspruch des Bürgers an den Staat korrespondiert mit der freien Wahl des Vollstreckungsobjekts durch den Gläubiger. Der Gläubiger ist insoweit Herr des Verfahrens. Er kann jederzeit den Antrag zurücknehmen, die Einstellung der Vollstreckung gewähren oder deren Fortsetzung begehren.

Dipositionsgrundsatz und Gesetzmäßigkeit des Vollstreckungsverfahrens

Die Dispositionsbefugnis des Gläubigers ist aber auf diese Antragsfunktion beschränkt. Die Durchführung der Vollstreckung selbst unterliegt strenger Gesetzmäßigkeit, die sich einmal in der Beachtung der formellen Vollstreckungsvoraussetzungen und zum anderen in der Einhaltung gesetzlich festgelegter, an übergeordneten staatlichen Gesichtspunkten orientierten Schuldnerschutzvorschriften ausdrückt.

Zwangsvollstreckung ist öffentliches Recht

Die Regelungen der Zwangsvollstreckung sind also kein dispositives, sondern zwingendes Recht. Sie gehören dem »öffentlichen« Recht an. Deshalb sind auch »die Voraussetzungen und die Grenzen der staatlichen Vollstreckungshandlungen begrifflich den Parteien entzogen«[5].

Vollstreckungsvereinbarungen sind grundsätzlich unzulässig

Vollstreckungsvereinbarungen sind daher als vollstreckungserweiternde Verträge grundsätzlich nichtig, als vollstreckungsausschließende oder -beschränkende Verträge eingeschränkt zulässig.

---

5 RGZ 128, 81, 85; BGHZ 93, 287, 297.

Beispiel: Der Verzicht auf Einkommensschutz (seitens des Schuldners) ist unwirksam. Ein Verzicht auf Zugriffsobjekte oder vollen Pfändungszugriff (seitens des Gläubigers) ist zulässig.[6]

Wird der Umfang der Vollstreckung durch Vereinbarung mit dem Gläubiger zugunsten des Schuldners eingeschränkt, so ist diese Vereinbarung materiell-rechtlicher Natur. Der Gerichtsvollzieher darf die Vollstreckung bei Nachweis der Vereinbarung einstellen (§§ 775 Nr. 4, 776 ZPO). Auf Antrag des Gläubigers ist sie aber fortzusetzen. Der Schuldner ist dann auf die Klage gem. § 767 ZPO angewiesen.[7]

Die Durchführung der Vollstreckung erfolgt zwar aufgrund des Gläubigerantrages, der mißverständlicherweise in §§ 753, 754 ZPO als Auftrag bezeichnet wird. Die staatlichen Vollstreckungsorgane handeln nämlich nicht »im Auftrag« des Gläubigers; sie sind also nicht dessen Beauftragte, sondern selbständige staatliche Organe, die staatliches Hoheitsrecht innerhalb der unabhängigen Dritten Gewalt (Judikative) ausüben und nach Gesetz und Recht handeln. Sie sind keine Verwaltungsbeamte und nicht den Weisungen des antragstellenden Gläubigers unterworfen, haben aber gleichwohl die Pflicht, Hinweisen des Gläubigers nachzugehen. — Gläubigerantrag und Selbständigkeit der Vollstreckungsorgane

Der Gläubiger ist also nur insoweit Herr des Vollstreckungsanspruchs, als er den Beginn, das Ende oder das Ruhen der Vollstreckung bestimmen kann, nicht aber deren Ablauf. — Grundsatz

Kann ein Gläubiger aus ein- und demselben Vollstreckungsurteil (Urteil auf Zahlung von Geld) zugleich die Zwangsvollstreckung in körperliche Sachen (Mobiliarpfändung), die Forderungspfändung (PfÜb in Arbeitseinkommen) sowie die Zwangsvollstreckung in ein Grundstück des Schuldners (Zwangsversteigerung) betreiben? — Übungsfall

---

6 Näherss siehe *Rosenberg/Gaul/Schilken*, Zwangsvollstreckungsrecht, § 33.
7 BGH (v. 2. 4. 1991) NJW 1991, 2295 = ZIP 1991, 611; LG Münster Rpfleger 1988, 321; siehe auch Übersichtstabelle S. 185, 186 und die grundsätzlichen Ausführungen mit zitierten Judikaten bei *Behr*, Allgemeines Zwangsvollstreckungsrecht, S. 200.

Lösung Ja. Gegen die mögliche Kumulation verschiedener Vollstreckungsarten in der Zwangsvollstreckung wegen einer Geldforderung bietet das geltende Recht kein Regulativ. Es gibt keine Exekutionsgrade in der Zwangsvollstreckung (vom einfachen zum tiefgreifenden Vollstreckungsakt, z. B. Mobilien, Forderungen, Immobilien). Eine Reihenfolge ist nicht vorgeschrieben.

Im Gegenteil: § 866 Abs. 2 ZPO normiert ausdrücklich die Möglichkeit, alle drei Arten der Immobiliarvollstreckung nebeneinander zu betreiben.

Ausnahme: § 777 ZPO Vollstreckungserinnerung, falls der Gläubiger ausreichend durch Pfandrechte gesichert ist.[8]

4. Beibringungsgrundsatz (Verhandlungsmaxime)

Eingeschränkter Beibringungsgrundsatz Nach dem »Beibringungsgrundsatz« obliegt es den Parteien, den Tatsachenstoff zu beschaffen, erhebliche Tatsachen zu behaupten und bei Bestreiten zu beweisen (§§ 138 Abs. 3, 288 Abs. 1, 282 ZPO). Dieses aus dem im Erkenntnisverfahren geltenden Verhandlungsgrundsatz zu entnehmende Prinzip gilt in der Zwangsvollstreckung nur insoweit, als das Verfahren Entscheidungs- und nicht nur Zugriffscharakter hat.

5. Vollstreckungsverfahren

kein einheitliches Vollstreckungsverfahren Ein einheitliches Vollstreckungsverfahren gibt es streng genommen nicht. Vielmehr sind im wesentlichen zwei Verfahren zu unterscheiden:

a) das Zugriffsverfahren (einleitendes Verfahren)

b) das Entscheidungsverfahren (weiterführendes Verfahren).

---

8 Für Interessenten: Zur Kritik: *Böhmer*, NJW 1979, 536; siehe auch *Gaul*, JZ 1973, 481 li. Sp.

Zu a)

Das **Zugriffsverfahren** besteht aus Vollstreckungsmaßnahmen, durch die die Vollstreckung in der Regel eingeleitet wird. Dabei findet keine vollständige Sachaufklärung statt, sondern nur eine einseitige summarische Tatsachenprüfung des Gläubigervorbringens. Rechtliches Gehör wird dem Schuldner nicht gewährt. Folglich findet auch keine mündliche Verhandlung statt.

Einseitige summarische Prüfung

Das Zugriffsverfahren ist also nicht kontradiktorisch gestaltet, denn es soll **gehandelt** (zugegriffen) und **nicht verhandelt** werden.[9]

– Der Gerichtsvollzieher prüft bei der Sachpfändung gem. § 808 ZPO nur die Vollstreckungsvoraussetzungen und den Gewahrsam (nicht das Eigentum) des Schuldners. Der Schuldner wird erst nach der Pfändung informiert, § 808 Abs. 3 ZPO.

Beispiele

– Das Vollstreckungsgericht (durch den Rechtspfleger) legt bei der Forderungspfändung die Angaben des Gläubigers zugrunde (eingeschränkte Schlüssigkeitsprüfung). So wird nur die »angegebene« (angebliche) Forderung des Schuldners gepfändet. Ihre Pfändbarkeit wird anhand des als richtig unterstellten Gläubigervortrags geprüft (§§ 829, 835, 857, 851 ZPO). Eine Schuldneranhörung ist grundsätzlich verboten, § 834 ZPO.[10]

– Zur Anordnung der Zwangsversteigerung genügt dem Vollstreckungsgericht (Rechtspfleger) der Eintrag des Schuldners als Eigentümer im Grundbuch, für die Zwangsverwaltung auch sein Eigenbesitz, §§ 17, 147 ZVG. Eine Anhörung des Schuldners ist auch hier nicht vorgesehen, §§ 15 ff. ZVG.

In all diesen Fällen werden Argumente gegen den Vollstreckungszugriff (z. B. materiell-rechtliche Einwendungen gegen die Titelforderung oder die Zugehörigkeit des Vollstreckungsobjekts zum Schuldnervermögen) nicht berücksichtigt.

Keine Prüfung der materiellen Richtigkeit

Korrekturen erfolgen ggf. später durch die Vollstreckungsabwehrklage (§ 767 ZPO), die Drittwiderspruchsklage (§ 771 ZPO) oder bei der Drittschuldnerklage (Einziehungserkenntnisverfahren) sowie durch das nachträgliche rechtliche Gehör des Schuldners im Erinnerungswege, § 766 ZPO.

Korrekturen durch Einwendungsklagen oder Erinnerung

---

9 So auch *Rosenberg/Gaul/Schilken*, Zwangsvollstreckungsrecht S. 48 *Bruns/Peters*, S. 79.
10 Näheres siehe *Behr*, Allgemeines Zwangsvollstreckungsrecht S. 143, 146, 147.

Grundsätze der Zwangsvollstreckung

Ausnahmen: Ausnahmsweise findet bei einigen wenigen Zugriffsverfahren eine
§§ 850 b, volle Sachaufklärung durch rechtliches Gehör, Beweisantritt und Bil-
891 ZPO ligkeitsprüfung statt: §§ 850 b, 887–891 ZPO.

Zu b)
Das **Entscheidungsverfahren** folgt auf das Zugriffsverfahren und hat entweder den Charakter einer Überprüfung des Vollstreckungszugriffs **(Rechtsbehelfsverfahren)** oder einer weiterführenden Modifikation der erfolgten staatlichen Beschlagnahme (**Vollstreckungsschutzverfahren** oder **besonderes Zugriffs- oder Verwertungsverfahren**).

Echte kontradiktorische Entscheidungen

Hier findet ein schriftlich (aber auch mündlich, §§ 764 Abs. 3, 813 a Abs. 5 Satz 3 ZPO) ausgestaltetes echtes kontradiktorisches Verfahren mit vollem rechtlichen Gehör und voller Sachaufklärung statt. Das Vollstreckungsgericht hat eine wertende Entscheidung zu treffen, die eine abschließende Sachverhaltsfeststellung voraussetzt. Es vollzieht sich ein echter Parteienstreit unter Beachtung

Verhandlungsmaxime gilt

der Verhandlungsmaxime mit allgemeinen Beweislastregeln.[11]

Beispiel:
– Gegen die getroffene Vollstreckungsmaßnahme (Sachpfändung durch GV oder PfÜb) ist die Erinnerung gem. § 766 ZPO gegeben. Das Erinnerungsverfahren ist als echtes kontradiktorisches Entscheidungsverfahren ausgestaltet.

Das gilt auch in den folgenden Verfahren:

– Bei der Sachpfändung durch Anträge auf Austauschpfändung (§ 811 a ZPO), Aussetzung der Verwertung (§ 813 a ZPO) und andere Art der Verwertung (§ 825 ZPO).
– Bei der Forderungspfändung durch Anträge auf Erhöhung oder Herabsetzung sowie Einschränkung der Pfändungsfreigrenzen im Wege des Vollstreckungsschutzes, §§ 850 f Abs. 1–3; 850 i, 850 k, 851 b, 765 a ZPO.
– Bei der Zwangsversteigerung im Wertfestsetzungsverfahren, § 74 a Abs. 5 ZVG, und bei der Zuschlagsanhörung nach Ablauf der Bieterstunde, § 74 ZVG.

---

11 So auch *Bruns/Peters*, S. 79.

Verfahrensbeteiligte/Rechtsbehelf

Beim Vollstreckungsgericht ist somit zwischen Vollstreckungsmaß- **Grundsatz**
nahmen **(Zugriffsverfahren)** und Vollstreckungsentscheidungen
(Entscheidungsverfahren) zu unterscheiden. Erstere ergehen
ohne Anhörung nach summarischer Tatsachenprüfung, bei letzteren wird dem Gegner (Gläubiger oder Schuldner) rechtliches Gehör gewährt und ein echtes kontradiktorisches Verfahren mit voller Sachverhaltsaufklärung durchgeführt.

6. Verfahrensbeteiligte und Rechtsbehelf

Verfahrensbeteiligte in der Zwangsvollstreckung sind Gläubiger, **Beteiligte**
Schuldner, Vollstreckungsorgan und Drittschuldner bei der Forderungspfändung.

Gläubiger und Schuldner sind die Personen, die in dem Ermächtigungspapier (Vollstreckungstitel, z. B. Urteil, Vergleich, notarielle Vollstreckungsurkunde) als diejenigen bezeichnet sind, für die (Gläubiger) und gegen die (Schuldner) die Zwangsvollstreckung betrieben wird.

Vollstreckungsorgane sind das Amtsgericht als Vollstreckungsgericht (z. B. bei der Forderungspfändung), der Gerichtsvollzieher (z. B. bei der Sachpfändung), das Prozeßgericht erster Instanz (z. B. bei der Handlungsvollstreckung) oder andere Behörden (siehe dazu näher Kapitel II. 6.–8.).
Welches Vollstreckungsorgan zuständig ist, richtet sich nach der Art der Zwangsvollstreckung.

Drittschuldner ist die Person, die dem Vollstreckungsschuldner etwas schuldet, also der Schuldner des Schuldners. Im Wege der Forderungspfändung kann dieser Anspruch des Schuldners gegen den Dritten (deshalb Drittschuldner) vom Gläubiger gepfändet werden.

Gläubiger, Schuldner und Drittschuldner haben die Möglichkeit, **Rechtsbehelf**
ihre Rechte mit dem Rechtsbehelf der Erinnerung gem. § 766 ZPO
geltend zu machen.
Die Erinnerung dient der gerichtlichen Überprüfung, ob ein Vollstreckungsbegehren des Gläubigers formell gerechtfertigt ist, ins-

Grundsätze der Zwangsvollstreckung

besondere ob die Formalerfordernisse von Titel, Klausel, Zustellung, Sicherheitsleistung u. a. (siehe dazu Kapitel IV. und V.) vorliegen und ob der von Amts wegen zu beachtende Sozialschutz gewährleistet ist.

Beispiel Der Gerichtsvollzieher (GV) pfändet in der Wohnung des Schuldners einen Kühlschrank, läßt aber die Stereoanlage ungepfändet, obwohl die Titelforderung durch den voraussichtlichen Erlös des Kühlschrankes nicht gedeckt ist. Der Gläubiger legt Erinnerung gem. § 766 Abs. 2 ZPO wegen der unterbliebenen Pfändung der Stereoanlage ein, der Schuldner wehrt sich mit der Erinnerung gem. § 766 Abs. 1 ZPO gegen die Pfändung des seiner Meinung nach gem. § 811 Nr. 1 ZPO unpfändbaren Kühlschranks.

Grundsatz Mit der Erinnerung gem. § 766 ZPO können nur das Vollstreckungsverfahren betreffende **formelle** Einwendungen gegen die Vollstreckung, **nicht aber materielle**, den Titelanspruch selbst betreffende Einwendungen erhoben werden.

7. Abgrenzung des Zwangsvollstreckungs- vom Erkenntnisverfahren

Rechtsfindung – Rechtsverwirklichung
Während im Erkenntnisverfahren das Recht gefunden wird **(Rechtsfindung)**, wird es in der Zwangsvollstreckung lediglich verwirklicht **(Rechtsverwirklichung)**. Das Zwangsvollstreckungsverfahren ist also nur auf die Erfüllung des im Erkenntnisverfahren gefundenen materiellen Rechts ausgerichtet. Eine materielle Prüfung des vollstreckbaren Anspruchs findet nicht statt.

Übungsfall *Der GV hat in Abwesenheit des Schuldners in dessen Wohnung einen Schrank gepfändet. Die anwesende Ehefrau hatte gegen die Vollstreckung nichts einzuwenden.*

Zwangsvollstreckungs-/Erkenntnisverfahren

Der Schuldner erscheint danach beim Vollstreckungsgericht und rügt die Verletzung des rechtlichen Gehörs. Der GV habe ihm die Pfändung nicht angekündigt und ihm keine Gelegenheit zur vorherigen Stellungnahme gegeben. Wird der Schuldner mit dem Einwand Erfolg haben?

Nein. Kein Anspruch auf vorheriges rechtliches Gehör, § 808 Abs. 3 ZPO; §§ 826 Abs. 3; 834 ZPO. Nur summarische Tatsachenprüfung. Rechtliches Gehör wird durch die nachträgliche Möglichkeit der Erinnerung gem. § 766 ZPO gewährleistet.

Lösung

Ausnahme: § 850 b Abs. 3 ZPO (bedingt pfändbare Bezüge). In diesem Fall ist nach dem Gesetz eine Billigkeitsabwägung zu treffen.

Das Zwangsvollstreckungsverfahren ist ein sehr formalisiertes einseitiges Antragsverfahren, pragmatisch und schnell; eine materiellrechtliche Prüfung des Anspruchs findet nicht statt, da diese bereits im Erkenntnisverfahren erfolgte. Nur die formalen Vollstreckungsvoraussetzungen – **Titel, Klausel, Zustellung** u. a. – werden geprüft.

Keine materielle Prüfung im Vollstreckungsverfahren, nur einseitige Prüfung der formalen Vollstreckungsvoraussetzungen!

Der **Vollstreckungstitel** gibt die verfassungsrechtliche Ermächtigung zum Eingriff in das Schuldnervermögen. Die **Zustellung** des Vollstreckungstitels an den Schuldner gewährleistet, daß der Schuldner von der ihm drohenden Zwangsvollstreckung Kenntnis hat, seine eventuellen materiellen Einwendungen durch Berufung oder Klage geltend machen kann und – der wohl einleuchtendste Gedanke – die Vollstreckung durch Bezahlung seiner Schuld abwenden kann.

Vollstreckungstitelzustellung

Das Formalerfordernis der sogenannten **Vollstreckungsklausel**, die vom Urkundsbeamten der Geschäftsstelle des Prozeßgerichts erteilt wird (§ 724 ZPO), ersetzt die Prüfung des Titels auf seine Rechtmäßigkeit. Die mit der Vollstreckungsklausel versehene Ausfertigung des Urteils legitimiert den GV auch nach außen (§ 755 ZPO) und berechtigt ihn zum Zahlungsempfang.

Vollstreckungsklausel

Grundsätze der Zwangsvollstreckung

Grundsatz Voraussetzung einer jeden Zwangsvollstreckungsmaßnahme ist grundsätzlich das Vorliegen von Vollstreckungstitel, Vollstreckungsklausel und Titelzustellung.

Grundsätzliche organisatorische Trennung Die grundsätzliche Trennung formellrechtlicher Vollstreckungsverfahrensvoraussetzungen von der materiell-rechtlichen Anspruchsprüfung im Zwangsvollstreckungsverfahren führt dazu, daß der Schuldner etwaige materiellrechtliche Einwände außerhalb der Zwangsvollstreckung geltend machen muß.

Übungsfall *Der GV hat in formell zulässiger Weise vollstreckt. Die Voraussetzungen der Zwangsvollstreckung: Titel, Klausel, Zustellung, waren gegeben. Der Schuldner hat aber nach Erlaß des Urteils gezahlt. Kann er gegen die formell zulässige, materiell aber ungerechtfertigte Zwangsvollstreckungsmaßnahme etwas unternehmen?*

Lösung Der Schuldner kann gem. § 767 ZPO beim Prozeßgericht der ersten Instanz Vollstreckungsabwehrklage erheben, um die Vollstreckbarkeit des Titels zu beseitigen. Erfüllung ist ein materiellrechtlicher Einwand, der nicht im Vollstreckungsverfahren Beachtung findet, sondern vom Erkenntnisgericht zu prüfen ist. Durch die Klageerhebung wird die Vollstreckung nicht gehemmt. Bis zur Entscheidung über die Klage besteht aber die Möglichkeit, die Zwangsvollstreckung gem. §§ 769 Abs. 1 (ggf. bei Eilbedürftigkeit Abs. 2), 775 Nr. 2, 776 ZPO einstweilen einstellen zu lassen.

Übungsfall *Wie vorher, nur legt der Schuldner dem Gerichtsvollzieher Einzahlungsbelege (z. B. Bank- oder Postquittungen) vor.*

Lösung Grundsätzlich ändert sich dadurch nichts: Vollstreckungsabwehrklage gem. § 767 ZPO. Nur hat der Gerichtsvollzieher hier die Zwangsvollstreckung gem. §§ 775 Nr. 5, 776 ZPO einstweilen einzustellen und den Gläubiger zu benachrichtigen. Dieser kann ohne weitere Nachweise die Fortsetzung der Vollstreckung beantragen, falls der Schuldner überhaupt nicht oder nicht auf die Titelforderung gezahlt hatte. Liegt eine wirksame Zahlung vor, so hat der Gläubiger den Vollstreckungsauftrag zurückzunehmen.[12]

---

12 Näheres siehe *Behr*, Allgemeines Zwangsvollstreckungsrecht S. 199–201; *ders.* JurBüro 1996, 175 f.

8. Grundrechtskollision und Verhältnismäßigkeitsgrundsatz

Der dem Vollstreckungsrecht immanente Widerstreit der vermögensrechtlichen Interessen zwischen Gläubiger und Schuldner und der Eingriff der Zwangsvollstreckung in die persönliche Sphäre des Schuldners führen regelmäßig zu möglichen Grundrechtskollisionen und Grundrechtsverletzungen.

Dabei sind in jüngster Zeit einige Entscheidungen des Bundesverfassungsgerichts auffällig, die mögliche Grundrechtsverletzungen in Einzelfällen untersucht haben.

Wichtige Entscheidungen des BVerfG

Die Entscheidungen hatten zum Gegenstand:

- vermögensverschleudernde Zwangsversteigerungen von Grundstücken (BVerfGE 46, 325; 42, 64),
- eine Wohnungsdurchsuchung durch den Gerichtsvollzieher (Beschl. v. 3. 4. 1979, BVerfGE 51, 97 f. = NJW 1979, 1539 f.). Nach dem grundlegenden Beschl. v. 3. 4. 1979 ist die Vorschrift des § 758 ZPO gem. Art. 13 Abs. 2 GG in verfassungskonformer Auslegung dahin zu ergänzen, daß die Durchsuchung, soweit nicht Gefahr im Verzuge ist, der Anordnung durch den Richter (entsprechend § 761 ZPO) bedarf,
- eine gesundheitsgefährdende Räumungsvollstreckung (BVerfGE 52, 214 ff.). Das Bundesverfassungsgericht hielt eine längere Räumungsfrist nach § 765 a ZPO aus Art. 2 Abs. 2 S. 1 GG für geboten. Der Vollstreckungsschutz sei trotz bereits gewährter Räumungsfristen nach §§ 721, 765 a ZPO zulässig,
- eine Haftanordnung nach verweigerter eidesstattlicher Versicherung zur Vollstreckung von Bagatellforderungen (BVerfGE 48, 396; BVerfG NJW 1983, 385),
- eine Verweigerung der PKH für die Zwangsvollstreckung (BVerfGE 56, 139, 143 f.).

Ob diese Entscheidungen, die – bis auf die grundsätzlich abgehandelte Frage der Verfassungswidrigkeit einer zwangsweisen Durchsuchung ohne richterlichen Beschluß – Einzelfälle betrafen, im

Allgemeinverbindlichkeit der Entscheidungen des BVerfG

15

Hinblick auf § 31 Abs. 1 BVerfGG Allgemeinverbindlichkeit beanspruchen können, ist streitig.[13]

Keine generelle Bindungswirkung der Einzelfallentscheidungen

Überwiegend wird das verneint, weil die Annahme einer Bindungswirkung dieser Einzelfallentscheidungen auf eine Kanonisierung der Entscheidungsgründe hinauslaufen würde. Eine solche Leitlinienfunktion verbiete sich wegen der schwierigen Übertragbarkeit des Einzelfalls auf andere Fälle. Bei der Grundrechtskollisionsnähe jeder Vollstreckungshandlung und der fast immer verfassungsrechtlichen Gratwanderung bei Anwendung einfacher gesetzlicher Verfahrensmaßstäbe im Vollstreckungsverfahren liege die Schwelle zum Verfassungsverstoß sehr niedrig.[14]

Da die Eigentumsgarantie des Art. 14 GG sämtliche vermögenswerten Rechte, also auch Forderungen von Gläubiger und Schuldner umfaßt, liegt bei fast allen Vollstreckungsfällen die Grundrechtskollision (Art. 14 gegen Art. 14 GG) auf der Hand.

Enger Wirkungsbereich der Entscheidungen des BVerfG

Der Versuch, diese Grundrechtskollision prinzipiell aufzulösen, scheitert an der Gleichwertigkeit der verfassungsrechtlichen Rechtsschutzgarantien für Gläubiger und Schuldner. Hier kann nur eine enge Grenzziehung der Bindungswirkung des Art. 31 Abs. 1 BVerfGG und seiner Judikate helfen.[15]

Andernfalls ginge nichts mehr, alles »wäre auf ewig zementiert«, die »Argumente versteinert«, jeder Vollstreckungszugriff unzulässig.

Schuldnerschutz als Träger verfassungsrechtlicher Schutzgarantien

Der verfassungsrechtliche Schutz greift deshalb erst dann, wenn im Einzelfall die Schuldnerexistenz auf dem Spiele steht oder der Schuldner in eine sozial untragbare Lage gebracht wird. Die durch das geltende Vollstreckungsschutzrecht gezogenen Grenzen tragen diesem Gedanken Rechnung, §§ 850 c, d, 811 ZPO,[16]

Verhältnismäßigkeitsgrundsatz

Oberhalb dieser absoluten Grenzen ist die Anwendung des **Verhältnismäßigkeitsgrundsatzes** ein Versuch, die Problematik auf ein erträgliches Maß hin zu mindern.

---

13 Dazu siehe *Gerhardt*, ZZP 95 (1982), 467 ff.; *Vollkommer*, Rpfleger 1981, 1 ff.
14 So deutlich: *Rosenberg/Gaul/Schilken*, aaO, S. 22, *Baur/Stürner*, Zwangsvollstreckung und Konkurs, 12. Aufl. 1995, Rdn. 11.
15 *Rosenberg/Gaul/Schilken*, S. 23.
16 Näheres bei *Behr*, Kritische Justiz 1980, S. 156.

So entspricht die Verpflichtung zur Abgabe der eidesstattlichen Versicherung gem. § 807 ZPO einer dem Grundgesetz entsprechenden Abwägung zwischen den Interessen des Schuldners und seinen Grundrechten einerseits und andererseits denen des Gläubigers, seine titulierten Ansprüche durchzusetzen.[17]

Im geltenden Vollstreckungsrecht hat der Verhältnismäßigkeitsgrundsatz vielfältig gesetzliche Ausprägung gefunden: §§ 803, 811 a, 812, 817 a, 777 ZPO, § 85 a ZVG. Hinzu kommen die Schuldnerschutzvorschriften als weiteres Korrektiv (z.B. §§ 765 a, 813 a, 850 k, 850 f Abs. 1 ZPO).

Eine rigorose Ausbreitung des Verhältnismäßigkeitsgrundsatzes im ausnormierten Vollstreckungsrecht wird in einem Sondervotum zu einer Entscheidung des Bundesverfassungsgerichts vom Richter am BVerfG *Böhmer* gefordert:[18]

Nach *Böhmer* sei der Verhältnismäßigkeitsgrundsatz bei jeder Vollstreckung von Amts wegen zu beachten. Es sei immer das mildeste Mittel der Vollstreckung zu benutzen. *Böhmer* plädiert für eine Exekutionsrangfolge, lehnt den wahlfreien Zugriff ab und will den Gläubiger bei der Vollstreckung von Bagatellforderungen von der Möglichkeit der den Schuldner unverhältnismäßig hoch belastenden Offenbarungsversicherung ausschließen.

Sondervotum Böhmer

Diese weitgehende Umstrukturierung und Aufhebung der Prinzipien des Vollstreckungsrechts wird im Schrifttum allgemein abgelehnt.[19]

Während überwiegend alle Versuche, abstrakt generelle Maßstäbe für den Verhältnismäßigkeitsgrundsatz zu finden, abgelehnt werden, ist dagegen zunehmend eine Neigung zur Methode der Güterabwägung zu beobachten. So wird für eine Auflösung der Grundrechtskollision durch konkrete Güterabwägung im Einzelfall plädiert, wobei dem geltenden Vollstreckungsschutzrecht die verfahrensrechtliche Trägerschaft zufallen soll.[20]

Güterabwägung im Vollstreckungsschutzrecht

---

17 OLG München Rpfleger 1993, 118.
18 *Böhmer*, BVerfGE, 49, 228 f. = NJW 1979, 534, 536.
19 Hierzu *Vollkommer*, Rpfleger 1982, 8 f.; *Rosenberg/Gaul/Schilken*, S. 27–28, mwN.
20 So *Weyland*, Der Verhältnismäßigkeitsgrundsatz, 1987, S. 147. Für Interessenten empfehlenswert (mit Vorschlägen für legislative Initiativen); *Wieser*, Der Verhältnismäßigkeitsgrundsatz in der Zwangsvollstreckung, Prozeßrechtl. Abhandlungen, Heft 75, Carl Heymanns Verlag, 1989; *Scherer*, DGVZ 1995, 33 ff.

9. Strafrechtlicher Schutz in der Zwangsvollstreckung

Da die Zwangsvollstreckung zu einem erheblichen Eingriff in die persönliche Sphäre des Schuldners führt und der Widerstand des Schuldners gegebenenfalls mit Gewalt gebrochen werden muß, ergeben sich zwangsläufig neben den verfassungsrechtlichen auch Fragen zum strafrechtlichen Schutz der Beteiligten.

Übungsfall *Der GV betritt gegen den Willen des Schuldners gewaltsam dessen Wohnung. Der Schuldner setzt sich zur Wehr und greift den GV tätlich an. Dieser bricht mit Hilfe der Polizei den Widerstand des Schuldners und pfändet mehrere wertvolle Gemälde, von denen der Schuldner beteuert, daß sie nicht ihm, sondern seinem Freund, einem bekannten Maler, gehören. Dieser habe sie in der Wohnung des Schuldners nur untergestellt. Schließlich sei er, der Schuldner, arm und könne sich derartig wertvolle Kunstwerke nicht leisten. Hat sich der Gerichtsvollzieher richtig verhalten? Welche Rechtsnormen sind ggf. verletzt?*

Lösung Der Gerichtsvollzieher ist grundsätzlich zur Gewaltanwendung berechtigt, § 758 Abs. 2 ZPO. Er hat nur den Schuldnergewahrsam, nicht die Eigentumszugehörigkeit der zu pfändenden Gegenstände zu prüfen, § 808 ZPO. Folgende Rechtsvorschriften könnten hier verletzt sein:

a) Art. 13 Abs. 1 GG
Da eine Durchsuchungsanordnung gem. Art. 13 Abs. 2 GG i. V. m. § 758 Abs. 1 ZPO nicht vorlag, war der Gerichtsvollzieher nur bei Gefahr im Verzuge (hier z. B. Vollstreckungsvereitelung durch zu befürchtendes Beiseiteschaffen pfändbarer Habe) berechtigt, gegen den Willen des Schuldners die Wohnung zu betreten und sie zu durchsuchen. Ist Gefahr im Verzuge nicht gegeben, benötigt der Gläubiger eine Durchsuchungsanordnung, die der Richter des Vollstreckungsgerichts zu erlassen hat.[21]

Rüge durch Erinnerung gem. § 766 ZPO.

b) § 113 StGB
Widerstand gegen Vollstreckungsbeamte liegt nur vor, wenn der Gerichtsvollzieher ohne Durchsuchungsanordnung wegen Gefahr im Verzuge (Art. 13 Abs. 2 GG) die Wohnung betreten durfte. Anderenfalls waren seine Handlungen rechtswidrig und der Widerstand des Schuldners berechtigt. Ist die Diensthandlung nicht rechtmäßig, so ist der Widerstand deshalb nicht strafbar i. S. v. § 113 StGB.

---

21 Für Interessenten: *Behr*, DGVZ 1980, 49 ff.

Strafrechtlicher Schutz

c) Nimmt man die Rechtswidrigkeit der Vollstreckungshandlung an, so verstieß die Brechung des Schuldnerwiderstandes gegen § 223 StGB, womit sich der Gerichtsvollzieher der Körperverletzung schuldig gemacht hätte.

d) Art. 14 GG
Das Eigentum eines Dritten könnte verletzt sein. Der Gerichtsvollzieher hat gem. § 808 ZPO aber nur den Gewahrsam zu prüfen, deshalb liegt kein Verstoß gegen Art. 14 GG vor. Der Dritte (Freund) müßte die Gegenstände mit der Interventionsklage (Drittwiderspruchsklage) freikämpfen, § 771 ZPO.

Das Strafgesetzbuch gewährt den Beteiligten in der Zwangsvollstreckung **strafrechtlichen Schutz**:

1. Dem Staat über § 136 StGB beim Siegelbruch und der Pfandentstrickung (Verstrickungsbruch).
2. Dem Vollstreckungsorgan über § 113 StGB (Widerstand gegen Vollstreckungsbeamte).
3. Dem Gläubiger über § 288 StGB, Vollstreckungsvereitelung (wenn die Befriedigung des Gläubigers durch Beiseiteschaffen von Vermögensgegenständen vereitelt wurde).
4. Dem Schuldner wird über § 32 StGB (Notwehr) Straffreiheit und über §§ 113 Abs. 4, 136 Abs. 3 StGB Strafmilderung bei Widerstand gegen Vollstreckungsbeamte gewährt (irrtümliche Annahme, die Diensthandlung sei nicht rechtmäßig).

Strafrechtlicher Schutz im einzelnen

II. Vollstreckungsarten und Vollstreckungsorgane

1. Zugriffsinstrumente und »Numerus clausus« der Vollstreckungsarten

Das Vollstreckungsrecht orientiert seine Zugriffsinstrumente an der im Vollstreckungstitel niedergelegten Leistungsart. Die Leistungstitel können folgende Verpflichtungen des Schuldners enthalten:

Zugriffsinstrumente orientieren sich an der Leistungsart

- Zahlung einer Geldsumme (Geldvollstreckung),
- Herausgabe einer Sache (Herausgabevollstreckung),
- Vornahme einer Handlung (Handlungsvollstreckung),
- Abgabe einer Willenserklärung (Selbstvollstreckung),
- Duldung einer Handlung eines anderen oder Unterlassung einer eigenen Handlung (Unterlassungsvollstreckung).

Jede dieser Leistungsarten ist auf ein besonderes Zugriffsobjekt ausgerichtet. Die Zugriffsinstrumente werden durch besondere Vollstreckungsorgane ausgeübt und sind ebenso wie diese streng an der Leistungsart = Vollstreckungsart orientiert.

Jede Vollstreckungsart hat ihre eigenen Durchsetzungsregeln und ihr eigenes Vollstreckungsorgan. Man spricht deshalb auch vom »Numerus clausus« der Vollstreckungsarten (*Gaul*, Rpfleger 1971, 9).

Numerus clausus der Vollstreckungsarten

Das Vollstreckungsverfahren ist also formalisiert, d. h. es vollzieht sich nach festen Regeln, die vom individuellen Fall unabhängig sind. So ist beispielsweise die Herausgabe durch den **Gerichtsvollzieher** durch **Wegnahme** des im Titel genannten Gegenstandes

Beispiele

beim Schuldner zu realisieren (§ 883 ZPO), nicht durch Erzwingung der Herausgabehandlung mit Zwangsgeld. Hat der Schuldner dagegen ein Bauwerk zu errichten oder eine Reparatur durchzuführen **(Handlungsvollstreckung)** und können die Leistungen nur von ihm erbracht werden, so ist vom **Vollstreckungsgericht Zwangsgeld oder Zwangshaft** anzuordnen (§ 888 ZPO), nicht aber können etwa Gegenstände des Schuldners weggenommen werden. Hat der Schuldner bei der Geldvollstreckung Geld zu zahlen, so vollzieht sich die Vollstreckung durch **Pfändung und Verwertung** von körperlichen Sachen durch den Gerichtsvollzieher (§§ 808 ff. ZPO) oder von Forderungen durch das **Vollstreckungsgericht** (§§ 828 ff. ZPO) nicht aber durch Verhängung von Zwangsgeld.

2. Einzel- und Gesamtvollstreckung

Einzelvollstreckung
Gesamtvollstreckung

Jede Zwangsvollstreckungsart nach der ZPO ist eine **Einzelvollstreckung**, d. h. eine Vollstreckung für einen einzelnen Gläubiger in einzelne Vermögensgegenstände. Im Gegensatz dazu steht die **Gesamtvollstreckung** im Konkurs. Dort wird für alle Gläubiger das gesamte Vermögen des Schuldners (jetzt Gemeinschuldner genannt) beschlagnahmt und gleichmäßig an alle Gläubiger verteilt.

Bei der Einzelvollstreckung wird also jeder Vollstreckungsvorgang gesondert rechtlich bewertet. Jede Vollstreckungsart hat ihr zuständiges Vollstreckungsorgan. Ein Verstoß gegen die funktionelle Zuständigkeit oder ein Wechsel der Vollstreckungsart ist unzulässig und führt zur Nichtigkeit des Vollstreckungsaktes.

3. Besonderheiten und Ausnahmen

Vermischung der Vollstreckungsarten

Bei der Vollstreckung in körperliche Sachen, die sich nicht im Schuldnergewahrsam sondern im Gewahrsam Dritter befinden, haben wir eine Vermischung der Vollstreckungsarten. Hier wird der Herausgabeanspruch des Schuldners an den Dritten durch **Forderungspfändung** seitens des **Vollstreckungsgerichts** realisiert und dann der Gegenstand durch den **Gerichtsvollzieher** wie bei der **Vollstreckung in körperliche Sachen** verwertet (§§ 846, 847 ZPO).

Die Abgabe einer Willenserklärung wird überhaupt nicht vollstreckt. Vielmehr gilt die Willenserklärung als abgegeben, wenn das Urteil rechtskräftig ist. *Selbstvollstreckung*

Ersehen Sie bitte aus der folgenden Funktionsübersicht das Vollstreckungsschema im einzelnen und lesen Sie die dort genannten Vorschriften. Danach versuchen Sie, die gewonnenen Erkenntnisse anhand der graphischen Darstellung der Vollstreckungsarten nachzuvollziehen. Prägen Sie sich das Schema optisch so ein, daß Sie jederzeit nach dem Titel die Vollstreckungsart und das Vollstreckungsorgan bestimmen können. *Lerndidaktischer Hinweis: Lesen und System anhand der Übersicht einprägen*

4. Funktionsübersicht

- **Zwangsvollstreckung wegen Geldforderungen (§§ 803–882 a)**

a) in das bewegliche Vermögen (§§ 803–863)

  aa) in körperliche Sachen (§§ 808–827); Vollstreckungsorgan: Gerichtsvollzieher. Vollstreckungsakte: Pfändung durch Wegnahme – Verwertung durch Versteigerung;

  bb) in Forderungen und andere Rechte (§§ 828–863), Vollstreckungsorgan: Vollstreckungsgericht (funktionell: Rechtspfleger). Vollstreckungsakte: Pfändungs- und Überweisungsbeschluß,

b) in das unbewegliche Vermögen (§§ 864–871 ZPO, ZVG), Vollstreckungsorgan: Vollstreckungsgericht und Grundbuchamt. Vollstreckungsakte: Eintragung einer Zwangshypothek durch das Grundbuchamt – Zwangsversteigerung – Zwangsverwaltung.

- **Zwangsvollstreckung zur Erwirkung der Herausgabe von Sachen (§§ 883–886)**

Vollstreckungsorgan: Gerichtsvollzieher. Vollstreckungsakte: Wegnahme (Besitzentziehung) – Übergabe an den Gläubiger,

- **Zwangsvollstreckung zur Erwirkung von Handlungen**

a) von vertretbaren (auch durch andere erbringbaren) Handlungen (§ 887). Vollstreckungsorgan: Prozeßgericht erster Instanz. Vollstreckungsakt: Ermächtigung an den Gläubiger, die Handlung auf Kosten des Schuldners vornehmen zu lassen,

Die Verpflichtung, eine Bürgschaft zu stellen, ist als vertretbare Handlung zu vollstrecken,[22]

b) von nicht vertretbaren Handlungen (§ 888). Vollstreckungsorgan: Prozeßgericht erster Instanz. Vollstreckungsakt: Zwangsgeld oder Zwangshaft,

c) von Willenserklärungen (§§ 894–898), Fiktion der Abgabe der Erklärung mit Rechtskraft des Urteils.

- **Zwangsvollstreckung zur »Erwirkung« einer Unterlassung oder Duldung (§ 890)**

Vollstreckungsorgan: Prozeßgericht erster Instanz. Vollstreckungsakt: Sanktion bei Zuwiderhandlung gegen die Unterlassungs- oder Duldungspflicht (Ordnungsgeld und Ordnungshaft).

---

[22] KG, KG/Report 1997, 202 f. = InVo 1998, 22.

5. Übersicht über die Vollstreckungsarten

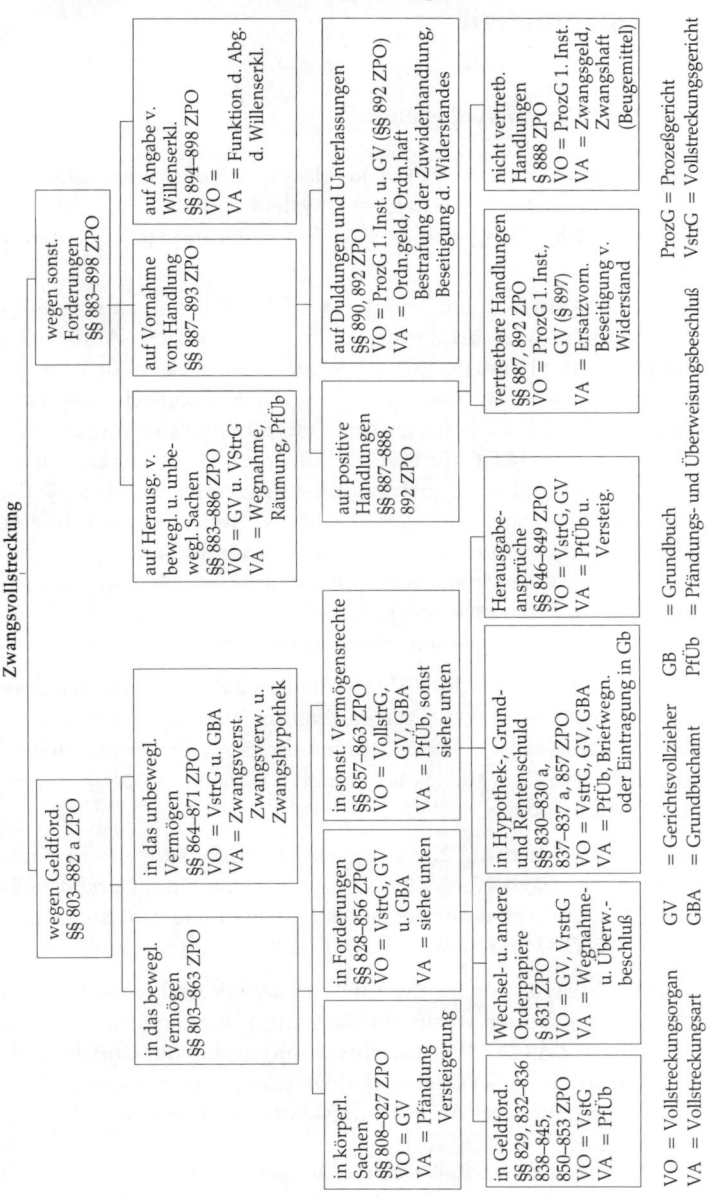

Zwangsvollstreckung

wegen Geldford. §§ 803–882 a ZPO

in das bewegl. Vermögen §§ 803–863 ZPO

- **in körperl. Sachen**
  §§ 808–827 ZPO
  838–845,
  850–853 ZPO
  VO = GV
  VA = Pfändung Versteigerung

- **in Geldford.**
  §§ 829, 832–836 ZPO
  VO = VstG
  VA = PfÜb

- **Wechsel- u. andere Orderpapiere**
  § 831 ZPO
  VO = GV, VrstG
  VA = Wegnahme u. Überw.-beschluß

in das unbewegl. Vermögen §§ 864–871 ZPO
VO = VstrG u. GBA
VA = Zwangsverst. Zwangsverw. u. Zwangshypothek

- **in Forderungen**
  §§ 828–856 ZPO
  VO = VstrG, GV u. GBA
  VA = siehe unten

- **in sonst. Vermögensrechte**
  §§ 857–863 ZPO
  VO = VollstrG, GV, GBA
  VA = PfÜb, sonst siehe unten

- **in Hypothek-, Grund- und Rentenschuld**
  §§ 830–830 a, 837–837 a, 857 ZPO
  VO = VstrG, GV, GBA
  VA = PfÜb, Briefwegn. oder Eintragung in Gb

wegen sonst. Forderungen §§ 883–898 ZPO

auf Herausg. v. bewegl. u. unbewegl. Sachen §§ 883–886 ZPO
VO = GV u. VStrG
VA = Wegnahme, Räumung, PfÜb

auf Vornahme von Handlung §§ 887–893 ZPO

- **auf Angabe v. Willenserkl.**
  §§ 894–898 ZPO
  VO =
  VA = Funktion d. Abg. d. Willenserkl.

- **auf positive Handlungen**
  §§ 887–888, 892 ZPO

  - **vertretb. Handlungen**
    § 887, 892 ZPO
    VO = ProzG 1. Inst., GV (§ 897)
    VA = Ersatzvorn. Beseitigung v. Widerstand

  - **nicht vertretb. Handlungen**
    § 888 ZPO
    VO = ProzG 1. Inst.
    VA = Zwangsgeld, Zwangshaft (Beugemittel)

  - **Herausgabeansprüche**
    §§ 846–849 ZPO
    VO = VstrG, GV
    VA = PfÜb u. Versteig.

auf Duldungen und Unterlassungen §§ 890, 892 ZPO
VO = ProzG 1. Inst. u. GV (§§ 892 ZPO)
VA = Ordn.geld, Ordn.haft Bestrafung der Zuwiderhandlung, Beseitigung d. Widerstandes

---

VO = Vollstreckungsorgan
VA = Vollstreckungsart
GV = Gerichtsvollzieher
GBA = Grundbuchamt
GB = Grundbuch
PfÜb = Pfändungs- und Überweisungsbeschluß
ProzG = Prozeßgericht
VstrG = Vollstreckungsgericht

6. Die Vollstreckungsorgane – sachliche Zuständigkeit

6.1. Der Gerichtsvollzieher

Der Gerichtsvollzieher (GV) ist das klassische Vollstreckungsorgan. Ihm kommt daher innerhalb der Systematik des 8. Buches der Zwangsvollstreckung eine gewisse Favorisierung zu, § 753 Abs. 1 ZPO.

GV als unabhängiges hoheitliches Rechtspflegeorgan Der GV ist kein Bevollmächtigter des Gläubigers, auch nicht sein Verrichtungs- oder Erfüllungsgehilfe, obwohl diese Auffassung aus § 753 ZPO herauslesbar sein könnte. Er ist vielmehr Beamter der Justizverwaltung und untersteht der Sachaufsicht des Vollstreckungsgerichts. Er haftet für **Amtspflichtverletzungen** über § 839 BGB, Art. 34 GG. Er handelt hoheitlich, ist Träger eines neutralen Amtes und im Gerichtsverfassungsgesetz verankert, § 154 GVG. Ist er selbst Partei, gesetzlicher Vertreter, mitberechtigter oder mitverpflichteter Ehegatte oder Verwandter in gerader Linie bis zum 2. Grad, ist er von der Wahrnehmung der Vollstreckungsaufgaben kraft Gesetzes ausgeschlossen, § 155 GVG. Ein Ausschluß wegen Befangenheit ist hingegen nicht vorgesehen.

Der Tätigkeitsbereich des GV innerhalb der Zwangsvollstreckung liegt in erster Linie bei den realen Zugriffsakten, während den anderen Zwangsvollstreckungsorganen die sich von Gerichtsstelle – vom Schreibtisch – aus zu treffenden Maßnahmen der Zwangsvollstreckung obliegen.

Am 1. 1. 1999 tritt die 2. Zwangsvollstreckungsnovelle in Kraft (BGBl. I 1997, 3039). Nach § 899 ZPO n. F. ist dann der Gerichtsvollzieher für die Abnahme der eidesstattlichen Versicherung gem. §§ 807, 883 ZPO und § 836 III S. 1 n. F. ZPO funktionell zuständig.[23]

GVGA und GVO Spezielle Vorschriften für die Tätigkeit des GV und für seinen Geschäftsbetrieb finden wir in der Geschäftsanweisung für Gerichtsvollzieher = GVGA (**ZPO-Interpretation**) und in der Gerichtsvollzieherordnung = GVO (**Geschäftsbetrieb**). Die personelle Aufsicht (Dienstaufsicht, Abrechnungskontrolle, Einteilung der Ge-

---

23 Näheres bei *Behr*, 2. ZwVNov JurBüro SH 1998, 8 ff.

richtsvollzieherbezirke) liegt beim aufsichtsführenden Richter des Amtsgerichts, in dessen Bezirk der GV tätig ist. (GVGA u. GVO können unmittelbar von der Arbeitsverwaltung der Justizvollzugsanstalt Wolfenbüttel, Postfach 1549, Ziegenmarkt 10, Wolfenbüttel, bezogen werden.)

Eine Sachaufsicht über die Tätigkeit des GV ist nur im Wege der Erinnerung gem. § 766 Abs. 2 ZPO möglich. Mängel im Geschäftsbetrieb (z. B. Verzögerungen) sind im Rahmen der personellen Dienstaufsicht (s. o.) angreifbar und durch eine Dienstaufsichtsbeschwerde geltend zu machen.

Sachaufsicht und Dienstaufsicht

6.2. Das Vollstreckungsgericht

Das Vollstreckungsgericht wird als Vollstreckungsorgan im PfÜb- und OV-Verfahren tätig. Funktionell ist fast ausschließlich der Rechtspfleger zuständig (§ 20 Nr. 17 RpflG), der Richter hingegen nur in wenigen Fällen (z. B. § 766 ZPO, § 20 Nr. 17 a RpflG: Erinnerung, Vollstreckung zur Nachtzeit, § 761 ZPO; Haftanordnung im OV-Verfahren, letzteres ergibt sich aus § 4 Abs. 2 RpflG; Durchsuchungsanordnung Art. 13 Abs. 2 GG).

Während der Gerichtsvollzieher in seiner Eigenschaft als Vollstreckungsorgan und als Zustellungsorgan lediglich handelt und nicht entscheidet, hat das Vollstreckungsgericht durch den Richter oder Rechtspfleger sowohl **vollstreckende (handelnde)** als auch **Entscheidungsakte** zu vollziehen.

Vollstreckungshandlungen und Entscheidungen

Vollstreckungshandlungen: z. B. Pfändungs- und Überweisungsbeschlüsse, Abnahme der Offenbarungsversicherung.

Entscheidungen: z. B. Vollstreckungsschutz; einstweilige Einstellungen gem. § 769 Abs. 2, § 766 Abs. 1 Satz 2 ZPO; Aufhebungen und Einstellungen der Zwangsvollstreckung gem. §§ 755, 776 ZPO; Erinnerung gem. § 766 ZPO.

Der Richter Kernig erfährt vom Gläubiger Hoffmann, daß der Schuldner Gerissen eine kostbare und seltene Briefmarkensammlung besitzt. Hoffmann will zum GV gehen, um ihn mit der Pfändung zu beauftragen. Kernig, ein leidenschaftlicher Philatelist, meint, die Sache selbst in die Hand nehmen zu müssen. Er geht mit dem Gläubiger in die Schuldnerwohnung, pfändet die Briefmarkensammlung und nimmt sie mit ins Gericht, um sie nach interessiertem Studium dem GV Nimm zwecks Versteigerung auszuhändigen. Ist die Pfändung wirksam?

Übungsfall

Lösung Nein, der vorliegende Verstoß gegen die funktionelle Zuständigkeit der Vollstreckungsorgane macht die Vollstreckungshandlung nichtig. Nicht der Richter als handelndes Organ des Vollstreckungsgerichts war funktionell zuständig, sondern der Gerichtsvollzieher. Deshalb ist keine wirksame Beschlagnahme zustandegekommen.

Grundsatz Grundsätzlich machen schwerwiegende Verstöße gegen die Vollstreckungsregeln den Vollstreckungsakt nichtig, mindere führen dagegen nur zur Anfechtbarkeit. Ein Vollstreckungsakt ist nichtig, wenn die Fehlerhaftigkeit des Staatsaktes offenkundig ist (Evidenztheorie).

Nichtigkeit ist gegeben bei: Verstoß gegen die funktionelle Zuständigkeit des Vollstreckungsorgans, Fehlen des Vollstreckungstitels sowie bei schweren Formverstößen in der Beschlagnahme selbst.

Anfechtbarkeit ist bei allen anderen Verstößen gegeben: z. B. Fehlen oder Mängel in der Klausel oder der Zustellung, Fehlen der Sicherheitsleistung, Fehlen des Annahmeverzuges bei einer Zug-um-Zug-Vollstreckung.

Heilbarkeit von Vollstreckungsakten Ein nichtiger Vollstreckungsakt ist nicht heilbar. Er muß neu vorgenommen werden. Ein fehlerhafter, aber nicht nichtiger, sondern nur anfechtbarer Vollstreckungsakt kann durch Beseitigung des Mangels oder Nichtrüge seitens des Schuldners geheilt werden.[24]

Heilung ex nunc oder ex tunc Die Heilung fehlerhafter Vollstreckungsakte ist unproblematisch, sofern nur ein Gläubiger vollstreckt. Bei Gläubigerkonkurrenz kommt es dagegen darauf an, ob sich die Folgen der Heilung auf den Zeitpunkt der Vollstreckungshandlung zurückbeziehen (ex tunc) oder erst mit Heilung eintreten (ex nunc). Da sich der Rang der Pfändungen nach dem Zeitpunkt ihrer wirksamen mängelfreien Vornahme bestimmt (§ 804 Abs. 3 ZPO), ist für die Befriedigungsreihenfolge ausschlaggebend, ob der mangelhafte Vollstreckungsakt durch Heilung ex nunc oder ex tunc rekonvalesziert.

---

24 Näheres bei *Baur/Stürner* aaO Rdn. 118; siehe auch OLG Saarbrücken Rpfleger 1991, 513; OLG Hamm NJW-RR 1998, 87 f.

Das ist sehr streitig.[25]

Heilung ex tunc wird immer dann angenommen, wenn die Mängel durch Fehler oder Verzögerungen der Vollstreckungs- und Zustellungsorgane vom Gläubiger nicht zu vertreten sind, was bei der Zustellung regelmäßig der Fall ist. Im übrigen wird überwiegend Heilung ex nunc angenommen. Die Beurteilung der Heilung ex tunc oder ex nunc hängt letztlich mit der Bewertung der Rechtsnatur des Pfändungspfandrechtes zusammen. Siehe dazu Näheres im Kapitel IV. 3.3 und VI.

6.3. Weitere Vollstreckungsorgane

- Prozeßgericht: Arrest- und Pfändungsbeschluß, Erzwingung von Handlungen und Unterlassungen,
- Grundbuchamt: Eintragung von Sicherungshypotheken, § 867 ZPO, Eintragung der Pfändung von Grundpfandrechten, soweit Buchrechte betroffen sind, §§ 830, 857 ZPO.

Das Grundbuchamt handelt in diesen Fällen zugleich als Vollstreckungsbehörde und als Organ der freiwilligen Gerichtsbarkeit.

7. Die Vollstreckungsorgane – örtliche Zuständigkeit

7.1. Der Gerichtsvollzieher

Der Gerichtsvollzieher ist gem. §§ 753, 764 Abs. 2 ZPO innerhalb des ihm zugewiesenen Teilbezirks des Amtsgerichts örtlich zuständig. Die Vollstreckung ist zulässig

- in der Wohnung
  oder
- in dem Geschäftsraum des Schuldners

---

[25] Siehe *Rosenberg/Gaul/Schilken*, aaO, S. 384, 504 und *Baur/Stürner* aaO Rdn. 118.

Vollstreckungsarten/-organe

sowie auch
— auf der Straße.

Keine einheitliche örtliche Zuständigkeit
Es gibt also keine einheitliche örtliche Zuständigkeit (§ 764 Abs. 2 ZPO: mehrere Wohnungen, örtlicher Auseinanderfall von Wohnraum und Geschäftsraum). Es können demnach während desselben Vollstreckungsverfahrens mehrere Gerichtsvollzieher in mehreren Bezirken gleichzeitig vor- oder nebeneinander tätig werden. Gegebenenfalls sind weitere vollstreckbare Ausfertigungen zu beantragen, § 733 ZPO.

Übungsfall *Der GV Nimm beklagt in seinem GV-Bezirk einen Auftragsrückgang! Die Zahl der Schuldner nimmt erschreckend schnell ab. Offensichtlich ist der Wohlstand in seinem Bezirk eingezogen. Nimm nimmt daher Aufträge von Gläubigern an, deren Schuldner*

a) in anderen Gerichtsvollzieher-Bezirken
oder
b) in anderen Gerichtsbezirken

wohnen.

Darf er in anderen Bezirken vollstrecken? Sind die ggf. von ihm getätigten Vollstreckungshandlungen zulässig?

Lösung Zu a):
Wird der GV außerhalb seines ihm vom Direktor des Amtsgerichts zugewiesenen Teilbezirks des Amtsgerichts tätig, so berührt das die Wirksamkeit seiner Handlung nicht. Allenfalls drohen ihm bei häufigen Verstößen gegen die innergerichtliche Geschäftsverteilung Maßnahmen der Dienstaufsicht. Für Gläubiger und Schuldner ist das aber ohne Belang.

Zu b):
Wird er außerhalb des Amtsgerichtsbezirks tätig, so ist seine Handlung nicht nichtig, sondern nur anfechtbar.

Grundsatz Generell gilt für die Zuständigkeit der Vollstreckungsorgane: Ein Verstoß gegen die örtliche Zuständigkeit macht den Vollstreckungsakt **nur anfechtbar**. Ein Verstoß gegen die funktionelle Zuständigkeit macht den Vollstreckungsakt dagegen nichtig.

7.2. Das Vollstreckungsgericht

Örtlich zuständiges Vollstreckungsgericht ist das Amtsgericht, in dessen Bezirk die einzelne **selbständige Vollstreckungshandlung** vorgenommen werden soll, § 764 Abs. 2 ZPO. Auch bei dem Vollstreckungsgericht ist ein Wechsel der Zuständigkeit möglich (z. B. Pfändung in A, Verwertung in B nach Umzug. **Vor Umzug** Pfändung und Antrag nach § 813 a ZPO in A, **nach Umzug** Verfahren gem. § 825 ZPO in B). Wechsel der Zuständigkeit

Für unselbständige Teile des Vollstreckungsaktes, insbesondere für Rechtsbehelfe (§ 766 ZPO) und Einwendungen, nicht eigentliche Vollstreckungsakte also, bleibt dagegen das Vollstreckungsgericht zuständig, das den früheren Vollstreckungsakt vorgenommen hat. Z. B. der Schuldner verlegt seinen Wohnsitz unter Mitnahme der gepfändeten Sachen. Wenn er die Unpfändbarkeit später geltend macht, ist für das Erinnerungsverfahren gem. §§ 811, 766 ZPO das Gericht des früheren Wohnsitzes als Vollstreckungsgericht zuständig. Weiteres Beispiel: Durchführung des OV-Verfahrens bei dem Amtsgericht A, Umzug des Schuldners nach B, gleichwohl Haftanordnung beim Amtsgericht A. Versteinerung der Zuständigkeit

7.3. Besondere Vorschriften

Abweichend von § 764 Abs. 2 ZPO bestimmt sich die örtliche Zuständigkeit:

- **Für die Forderungspfändung, § 828 Abs. 2 ZPO**: Allgemeiner Gerichtsstand, §§ 12 ff. ZPO und Gerichtsstand des Vermögens, § 23 ZPO.[26]
- **Für das OV-Verfahren, §§ 899, 902 ZPO**: Wohnsitz, Aufenthalt, Amtsgericht des Haftortes.
- **Prozeßgericht I. Instanz**: Arrestgericht bei Erlaß des Pfändungsbeschlusses in Forderungen aufgrund eines Arrestbefehls, § 930 Abs. 1 S. 3 ZPO; Zwangsvollstreckung zur Erzwingung von Handlungen und Unterlassungen, §§ 887, 888 ZPO.
- **Grundbuchamt**: Immer das Grundbuchamt, bei dem das Grundbuch über das Schuldnergrundstück geführt wird.

---

26 *Behr*, JurBüro 1997, 187.

Vollstreckungsarten/-organe

Grundsätzlich ist § 802 ZPO zu beachten. Alle Zuständigkeiten sind ausschließlich jeder Parteivereinbarung. § 802 ZPO bezieht sich sowohl auf den **sachlichen** wie **örtlichen** Gerichtsstand. Während ein **Verstoß gegen die sachliche Zuständigkeit** die Zwangsvollstreckung unwirksam macht, führt ein **Verstoß gegen die örtliche Zuständigkeit** nur zur Anfechtbarkeit.[27]

Ausschließliche Zuständigkeit und Wohnsitzbegriff

Für den allgemeinen Gerichtsstand des § 13 ZPO und für alle Zuständigkeiten, die auf den Wohnsitz abstellen, sind §§ 7–11 BGB zu beachten. Der Wohnsitzbegriff wird danach durch den Lebensmittelpunkt definiert, d. h. der Wohnsitz ist dort begründet, wo der Schwerpunkt des gesamten Lebens zu sehen ist.

8. Die Organe der Zwangsvollstreckung und ihre Aufgaben

Übersicht

Vollstreckungsorgan Gerichtsvollzieher

a) **Pfändung von**　　　　　　　**Verwertung durch**

　körperlichen Sachen　　　　　Versteigerung

　Geld　　　　　　　　　　　　Ablieferung an Gläubiger

　Gold- und Silbersachen　　　　Versteigerung, evtl. freihändigen Verkauf

　Wertpapieren　　　　　　　　freihändigen Verkauf, evtl. Versteigerung

　Wechsel und anderen　　　　　Überweisungsbeschluß
　Orderpapieren　　　　　　　　Zur Einbeziehung oder an Zahlungs Statt

b) **Herausgabe oder Leitung von**

1. bestimmten beweglichen Sachen
2. bestimmter Mengen vertretbarer Sachen oder Wertpapieren

} Wegnahme und Übergabe an Gläubiger

---

[27] Zöller/Stöber § 802 Rdn. 2, *BbL-Hartmann* § 802 Rdn. 3.

Organe der Zwangsvollstreckung

3. unbewegliches Sachen
   - Räumung von Haus, Mietwohnung, eingetragenem Schiff
   - Wegschaffung des Räumungsgutes

   Schuldner aus dem Besitz setzen und Gläubiger in den Besitz einweisen
   - Übergabe an Schuldner oder Verschaffung zur Pfandkammer. Anordnung des Vollstreckungsgerichts
     a) Verkauf
     b) Hinterlegung des Erlöses

---

a) **Pfändung durch Pfändungsbeschluß**

   Geldforderungen

   Zustellung an Drittschuldner

   Buchhypotheken – Eintragung in das Grundbuch

   Briefhypotheken – Wegnahme des Briefes

   sonstige Vermögensrechte

   - Zustellung an Drittschuldner oder Schuldner

   Forderung auf
   aa) Herausgabe von beweglichen Sachen
   bb) Auflassung von Grundstücken
   - Zustellung an Drittschuldner

b) Verfahren zur Abnahme der eidesstattlichen Versicherung (Offenbarungsverfahren)
   - Ab 1. 1. 1999 durch den Gerichtsvollzieher!

c) Verteilungsverfahren

Verwertung durch Überweisungsbeschluß

Überweisung an den Gläubiger
a) zur Einziehung
   oder
b) an Zahlungs Statt.

Evtl. Verwertung nach besonderer Anordnung des Vollstreckungsgerichts

zu aa) Verteigerung durch Gerichtsvollzieher

zu bb) Erwerb einer Sicherungshypothek, sodann Zwangsversteigerung oder Zwangsverwaltung

Vollstreckungsorgan Vollstreckungsgericht

Vollstreckungsarten/-organe

	d) betr. unbewegliches Vermögen 1. Zwangsverwaltungsverfahren 2. Zwangsversteigerungsverfahren
Vollstreckungsorgan Grundbuchamt Schiffsregister	3. Eintragung einer Zwangshypothek (bei Arrest: Höchstbetragshypothek)
Prozeßgericht	Zwangsvollstreckung zur Erwirkung von positiven Handlungen oder Unterlassungen
Arrestgericht	Pfändung von Forderungen aufgrund Arrestbefehls

9. Übung zur Bestimmung der Vollstreckungsart

Bestimmen Sie bitte aufgrund der folgenden Titel

a) die Vollstreckungsart,

b) das Vollstreckungsorgan, und erläutern Sie bitte stichwortartig unter Angabe der einschlägigen Vorschriften,

c) wie ggf. aus diesen Titeln zu vollstrecken ist:

1. Urteil
»Der Beklagte wird verurteilt, an den Kläger Zug um Zug gegen Zahlung von DM 9.000, eine Kawasaki 2507, Baujahr . . ., herauszugeben.«

2. Vergleich
»Der Beklagte verpflichtet sich, dem Kläger das am . . . erhaltene Darlehen von DM 10.000, einen Monat nach Kündigung zurückzuzahlen.«

3. Urteil
»Der Beklagte wird verurteilt, Zug um Zug gegen Zahlung von DM 750.000, die Auflassungserklärung bezüglich des Grundstücks . . . (genaue Bezeichnung) abzugeben.«

4. Wie Fall 3, nur hat sich der Beklagte zu der im Fall 3 beschriebenen Leistung in einem Vergleich ohne Gegenleistung verpflichtet.

5. Urteil
»Der Beklagte wird verurteilt, das Grundstück . . . (folgt nähere Bezeichnung) an den Kläger geräumt herauszugeben und den auf dem Grundstück errichteten Schuppen . . . (folgt nähere Bezeichnung) abzureißen.«

Übung: Vollstreckungsart

6. Vergleich
»*Der Beklagte verpflichtet sich, zweimal wöchentlich persönlich den Treppenaufgang C 3 des Wohnauses... (folgt nähere Beschreibung) zu säubern.*«

7. Einstweilige Verfügung
»*Der Antragsgegner hat es bei Vermeidung... zu unterlassen, nach 22.00 Uhr in seinen Wohnräumen... (folgt genaue Bezeichnung) Gesangsübungen durchzuführen.*«

8. Urteil
»*Der Beklagte wird verurteilt, die Reparatur des Fahrstuhls im Wohnhaus... vorzunehmen.*«

9. Urteil
»*Der Beklagte wird verurteilt, für die Kläger ein Verzeichnis der Nachlaßgegenstände aufzustellen, die von ihm als vermuteten Erben im Erbfall des am... verstorbenen Erblassers... in Besitz genommen wurden.*«

10. Urteil
»*Der Beklagte wird verurteilt, an den Kläger am 1. 6. DM 10.000, nebst Zinsen in Höhe von 3% über dem jeweiligen Diskontsatz ab 1. 4. zu zahlen.*«

Zu 1: **Lösungen**

a) Herausgabevollstreckung

b) Gerichtsvollzieher (bei § 886 ZPO: Vollstreckungsgericht)

c) Wegnahme gem. § 883 Abs. 1 ZPO, ggf. mit Gewalt, § 758 Abs. 3 ZPO. Eventuell OV-Verfahren gem. § 883 Abs. 2 ZPO und/oder Pfändung des Herausgabeanspruchs gem. § 886 ZPO. Vom Gerichtsvollzieher/Vollstreckungsgericht sind §§ 756, 765 ZPO zu beachten: Anbieten der Gegenleistung oder Prüfung der Befriedigung bzw. des Annahmeverzuges bezüglich der Gegenleistung.

Zu 2:

a) Geldvollstreckung

b) Gerichtsvollzieher oder Vollstreckungsgericht oder/und Grundbuchamt

c) **Gerichtsvollzieher** pfändet körperliche Sachen und verwertet sie gem. §§ 808, 814 ff. ZPO; **Vollstreckungsgericht** erläßt Pfändungs- und Überweisungsbeschluß im Rahmen der Forderungspfändung, §§ 828, 835 ZPO; **Vollstreckungsgericht und Grundbuchamt** werden im Rahmen der Immobiliarvollstreckung tätig (Anordnung und Eintragung von Zwangsversteigerung und Zwangsverwaltung, §§ 866, 869 ZPO, §§ 15 ff., 145 ff. ZVG; **Grundbuchamt** bei Eintragung einer Zwangshypothek gem. § 867 ZPO.

Zu 3:

a) Selbstvollstreckung

b) Fehlanzeige

Vollstreckungsarten/-organe

c) Fiktion der Abgabe der Willenserklärung bei Eintritt der **Rechtskraft**, § 894 Abs. 1 S. 1 ZPO. Bei Zug-um-Zug-Leistungen wird die Gegenleistung bei der Klauselerteilung geprüft, §§ 894 Abs. 1 S. 2; 726 Abs. 2 mit Abs. 1 ZPO. Abgabefiktion erst nach Erteilung der titelergänzenden Klausel gem. § 726 Abs. 1 ZPO

Zu 4:

a) Handlungsvollstreckung (unvertretbare Handlung)
b) Prozeßgericht des ersten Rechtszuges
c) Beugevollstreckung durch Zwangsgeld und/oder Zwangshaft gem. § 888 ZPO. § 894 ZPO scheidet hier aus, da Vergleiche einer materiellen Rechtskraft entbehren.

Zu 5:

d) Herausgabevollstreckung und Handlungsvollstreckung
e) Gerichtsvollzieher und Prozeßgericht der ersten Instanz
f) Räumung des Grundstücks gem. § 885 ZPO durch den Gerichtsvollzieher und Ersatzvornahme aufgrund Ermächtigungsbeschluß gem. § 887 ZPO durch das Prozeßgericht der ersten Instanz bezüglich Abriß des Schuppens. Es wird aber auch die Auffassung vertreten, daß der Abriß des Schuppens noch im Rahmen der Räumung durchzuführen sei (bei nicht stark befestigtem Schuppen).

Zu 6:

a) Handlungsvollstreckung
b) Prozeßgericht der ersten Instanz
c) **Unvertretbare Handlung** wäre durch Anordnung von Zwangsgeld/Zwangshaft durch das Prozeßgericht der ersten Instanz gem. § 888 ZPO zu erzwingen. § 888 Abs. 2 ZPO untersagt bei Verurteilung zur Dienstleistung aber die Vollstreckung. Siehe auch Art. 6 EGBGB: wie »ordre-public«-Prüfung bei ausländischem Recht, so auch hier mit den guten Sitten unvereinbar. Daher in diesem Fall Lösung über § 887 ZPO: Leistung des Schuldners ist als **vertretbare Handlung** anzusehen, Ersatzvornahme nach Ermächtigungsbeschluß gem. § 887 Abs. 1 ZPO.

Zu 7:

a) Duldungsvollstreckung
b) Prozeßgericht erster Instanz
c) Bei Verstoß (= Zuwiderhandlung) Sanktion durch Verhängung von Ordnungsgeld und/oder Ordnungshaft gem. § 890 ZPO nach vorheriger Androhung.

Übung: Vollstreckungsart

Zu 8:

a) Handlungsvollstreckung
b) Prozeßgericht erster Instanz
c) **Vertretbare Handlung.** Ermächtigungsbeschluß § 887 Abs. 1 ZPO; Ersatzvornahme ggf. nach Kostenvorschußverurteilung im Beschluß nach § 887 Abs. 2 ZPO.

Zu 9:

a) Handlungsvollstreckung
b) Prozeßgericht erster Instanz
c) **Unvertretbare Handlung.** Erzwingung durch Festsetzung von Zwangsgeld/Zwangshaft gem. § 888 Abs. 1 ZPO.

Zu 10:

a) Geldvollstreckung
b) siehe Fall 2
c) siehe Fall 2. Hier nur Besonderheit des Erfordernisses der Titelauslegung durch das jeweilige Vollstreckungsorgan. Der zu vollstreckende Betrag ist nicht direkt ermittelbar, sondern erst durch Zusatzinformation errechenbar. Streitig, ob deshalb nur in Höhe von DM 10.000, (nebst 2% Zinsen ohne Diskontsatz) vollstreckbar. Herrschende Meinung (h. M.) wohl, daß Vollstreckung einschließlich des Diskontsatzes von z. Zt. 2,5%, insgesamt also in Höhe von 5,5% Zinsen zulässig, da Diskontsatz ohne Schwierigkeiten ermittelbar.
Im übrigen ist in diesem Fall vom jeweiligen Vollstreckungsorgan der Ablauf des 1.6. (Kalendertag) zu beachten, § 751 Abs. 1 ZPO.

III. Kosten in der Zwangsvollstreckung Überblick

1. Grundsätzliche Kostenlast des Schuldners

Kosten der Zwangsvollstreckung sind die durch die Einleitung und Durchführung von Vollstreckungsmaßnahmen entstehenden Kosten des Gerichts und des Gläubigers (GV-Gebühren, Transportkosten, Vorschüsse usw.). Diese Kosten gehören nicht zu den Prozeßkosten, über die im Urteil entschieden wird. Deshalb trägt die Kosten der Zwangsvollstreckung nicht generell derjenige, der zur Tragung der Prozeßkosten verurteilt wurde. Die Kostenentscheidung des Schuldtitels scheidet vielmehr für die Frage der Kostentragung in der Zwangsvollstreckung aus. Es muß daher eine besondere gesetzliche Bestimmung klarstellen, wem die Kosten der Zwangsvollstreckung zur Last fallen.

Vollstreckungskosten nicht gleich Prozeßkosten

Ab 1. 1. 1999 (2. Vollstreckungsnovelle) gilt:

Für Vollstreckungskosten, die nach dem 1. 1. 1999 entstanden sind, haften mehrere Schuldner gesamtschuldnerisch, wenn sie als Gesamtschuldner verurteilt worden sind, § 788 Abs. 1 S. 3 n. F. ZPO. Diese **Solidarhaftung** entfällt, wenn ein Schuldner durch von ihm eingelegte Rechtsbehelfe Kosten verursacht. § 100 Abs. 3 ZPO analog.[28]

Gem. § 788 ZPO fallen die Kosten der Zwangsvollstreckung grundsätzlich dem Schuldner zur Last, weil ihn die Verantwortung dafür trifft, daß es zur Vollstreckung kommt. Dem Schuldner fallen aber nur diejenigen Kosten zur Last, die zur Durchführung der Zwangsvollstreckung notwendig waren. Notwendig sind nach § 91 ZPO die zur zweckentsprechenden Rechtsverfolgung oder Rechtsverteidigung anfallenden Kosten. Zweckentsprechend ist eine Maßnahme, die objektiv betrachtet in der Lage, in der sich die Sache befindet, als sachdienlich angesehen werden muß.

Grundsatz: § 788 ZPO

---

28 Näheres bei *Behr*, 2. ZwVNov JurBüro SH 1998, 6.

2. Notwendigkeit der Kosten

Notwendigkeit der Kosten
Zur Frage der Notwendigkeit der Kosten der Zwangsvollstreckung hat sich eine umfangreiche, aber nicht einheitliche Rechtsprechung entwickelt. Es ist von folgenden Grundsätzen auszugehen:

– Grundsatz der Prozeßwirtschaftlichkeit

Notwendig sind die Kosten, die der Gläubiger zur Zeit ihrer Aufwendung für notwendig halten konnte, auch wenn sie sich später als nicht notwendig erweisen. Jede Partei hat ihre Maßnahmen zur Wahrung ihrer Rechte in der Vollstreckung so einzurichten, daß sie die notwendigen Kosten möglichst niedrig hält.[29]

Grundsatz
Zu den notwendigen Kosten des Vollstreckungsgläubigers gehören alle Aufwendungen, die zum Zwecke der a) Vorbereitung und des b) Betriebes der Zwangsvollstreckung gemacht wurden. Dazu zählen auch die Kosten der Vollstreckungsorgane nach GKG und GVKostG.

Vorbereitungskosten
a) Zu den **Vorbereitungskosten** gehören z. B.:

- Kosten eines Anwalts im Vollstreckungsverfahren, §§ 57, 58, 68 f. BRAGO – streitig nur bezüglich der Hebegebühr gem. § 22 BRAGO bei freiwilliger Leistung des Schuldners.[30]
- Kosten der Ausfertigung und Zustellung des Vollstreckungstitels, § 788 Abs. 1 S. 2 ZPO
- Kosten für die Beschaffung von Urkunden nach §§ 726, 727, 792 ZPO

---

29 Pfälz. OLG DGVZ 1998, 8 f.; LG Hannover JurBüro 1990, 1679; OLG Hamburg NJW 1963, 1015; *BbL-Hartmann* § 788 Rdn. 5.
30 Näheres *BbL-Hartmann* § 788 Rdn. 34 f.

Notwendigkeit der Kosten

- Kosten einer vom Gläubiger zu stellenden Sicherheit durch Bankbürgschaft (Avalprovision), § 709 ZPO.[31]
- Avalkosten, die für eine Bankbürgschaft anfallen, die der Beklagte zur Abwendung der Zwangsvollstreckung aus einem Vorbehaltsurteil aufwendet, sind Kosten des Rechtsstreits im weiteren Sinne und nach der in einem nachfolgenden Vergleich oder Hauptentscheidung getroffenen Kostenquote zu verteilen.[32]
- Kosten bei der Hinterlegung einer Geldsumme zur Sicherheit, §§ 24 ff. HinterlO, § 709 ZPO; in Frage kommen hier vor allem die Anwaltskosten. Zinskosten gehören angeblich nicht dazu, sie sind also nicht erstattungsfähig.[33]
- Kosten einer Zahlungsaufforderung nach Ablauf der Wartefrist bei der Vollstreckung aus Kostenfestsetzungsbeschlüssen (§§ 788 Abs. 1 S. 1, 798 ZPO).[34]

b) Zu den **Betriebskosten** gehören z. B.:   Betriebskosten

- Auslagen und Gebühren des Gerichtsvollziehers (GV) einschließlich der Lagerkosten,
- Auslagen und Gebühren eines beauftragten Anwalts bei auswärtiger Vollstreckung,
- Kosten des Vollstreckungsgerichts (Offenbarungsverfahren, Forderungspfändung), des Prozeßgerichts als Vollstreckungsorgan (bei Ersatzvornahme, § 887 ZPO) und des Grundbuchamts (bei Eintragung einer Zwangshypothek);

---

31 BGH NJW 1986, 2438; OLG Düsseldorf NJW-RR 1987, 1210; OLG Frankfurt NJW-RR 1989, 192 sowie OLG München (v. 11. 12. 1990) JurBüro 1991, 598, OLG Köln JurBüro 1995, 496 f.
32 OLG Düsseldorf JurBüro 1996, 430 mwN auch zur BGH-Rechtsprechung.
33 OLG München JurBüro 1991, 598; OLG Köln AnwBl 1987, 288; OLG Frankfurt NJW-RR 1989, 192 (wohl inkonsequent: für Bürgschaft *ja*, für Zinsen *nein*). Andere Ansicht: *von Eicken*, Kostenrechtsprechung § 91 A. 5.4.0). Im Ganzen streitig, siehe zu Einzelfällen: Empfehlenswert die Übersicht bei *BbL-Hartmann*, 56. Aufl., § 788 Rdn. 19 ff.; im übrigen auch *Zöller/Stöber* aaO § 788 Rdn. 5 und *Thomas-Putzo* aaO § 788 Rdn. 18, 20.
34 OLG Nürnberg NJW-RR 1993, 1534 f. = JurBüro 1993, 751; OLG Düsseldorf NJW-RR 1987, 1210; OLG Frankfurt NJW-RR 1989, 192; OLG München JurBüro 1991, 598; SchlHOLG JurBüro 1993, 622 = SchlHA 1993, 125.

- Transport- und Verwahrkosten (aber nur bei entsprechender Anordnung im Titel);[35]
- Kosten eines nach Forderungspfändung erforderlichen Prozesses (Einziehungserkenntnisverfahren = Drittschuldnerklage) einschließlich der Anwaltskosten (auch beim Arbeitsgericht),[36]
- Die Kosten der Vorpfändung sind nur dann notwendige Kosten i. S. v. § 788 ZPO, wenn die Pfändung innerhalb der Frist des § 845 Abs. 2 ZPO betrieben wird (streitig).[37]

Nicht erstattungsfähig sind z. B.:

Keine Erstattungsfähigkeit
- Kosten eines aus Anlaß der Vollstreckung geführten Rechtsmittelverfahrens oder Prozesses nach §§ 766, 793, 767, 771 ZPO. In diesen Fällen ergeht eine selbständige Kostenentscheidung.[38]

Streitfall Detektivkosten
- Aufwendungen für Detektive stellen nur dann notwendige Kosten im Sinne von § 788 ZPO dar, wenn die Tätigkeit der Detektive für die Realisierung konkreter Vollstreckungsvorhaben erforderlich ist (Anschriften-, Arbeitgeberermittlung, Schuldnerverzeichnis), nicht aber, wenn sie nur der allgemeinen Schuldnerüberwachung dienen.[39]

---

35 SchlHOLG SchlHA 1993, 124.
36 KG v. 7. 3. 1989 MDR 1989, 745 = Rpfleger 1989, 382; LG Mannheim MDR 1989, 746 = Rpfleger 1989, 382; OLG Koblenz Rpfleger 1987, 385 mwN; LG Rottweil Rpfleger 1990, 265; LG Oldenburg Rpfleger 1991, 218; OlG Karlsruhe Rpfleger 1994, 118; siehe auch *Behr*, Rpfleger 1990, 243 (244) mwN.
Ganz aktuell: Zulässigkeit der Geltendmachung der Anwaltskosten gegenüber dem Drittschuldner (Arbeitgeber) auch vor dem Arbeitsgericht, LAG Köln, AnwBl. 1990, 277; **nunmehr eindeutig BAG v. 16. 5. 1990 NJW 1990, 2643 = ZIP 1990, 194.**
Zu diesen Fragen auch *Behr*, Taktik in der Mobiliarvollstreckung II S. 41 ff. und *ders.*, JurBüro 1994, 257 f.
37 LArbG Köln MDR 1993, 915 = JurBüro 1993, 622.
38 BGH NJW-RR 1989, 125 = MDR 1989, 142 = JZ 1989; 103; OLG Bremen Rpfleger 1985, 160.
39 LG Freiburg vom 5. 1. 1996 – 3 T 80/94 = JurBüro 1996, 383; OLG Koblenz Rpfleger 1996, 120 = JurBüro 1996, 383; LG Bonn WM 1990, 586; LG Mannheim v. 23. 5. 1990 – 4 T 79/90; LG Hannover MDR 1989, 148 = JurBüro 1989, 705 (nicht erstattungsfähig); dagegen: LG Berlin Rpfleger 1990, 37; AG Fürth DGVZ 1990, 14 (für Arbeitgeber und Anschriftenermittlung erstattungsfähig). AG Bad Hersfeld v. 26. 4. 1993, DGVZ 1993, 116.

- Kosten eines Pfändungsauftrags, wenn das Gericht erst kurz davor Haftanordnung erlassen hatte.[40]
- Kosten einer verfrühten Zwangsvollstreckung.[41]
- Kosten, die durch die aufgrund fehlender Titelbestimmtheit erfolgte Zurückweisung eines Vollstreckungsantrages entstanden sind.[42]
- Streitig ist, ob die 2/10-Gebühr nach § 120 BRAGO des Anwalts für Anschriftenermittlung und Postanfragen erstattungsfähig ist, oder ob §§ 57 ff. BRAGO den Gebührenanspruch erschöpfend regelt.[43]
- Kosten einer verfahrensrechtlich unzulässigen oder von vornherein aussichtslosen Vollstreckung (Pfändung einer bekanntermaßen abgetretenen Forderung).
- Umstritten ist die Erstattungsfähigkeit der **Kosten eines** im Zwangsvollstreckungsverfahren abgeschlossenen **Ratenzahlungsvergleichs**. Wegen fehlenden Nachgebens im Sinne von § 779 BGB und mangels Notwendigkeit des Abschlusses wird überwiegend eine Erstattungsfähigkeit verneint.[44]

Zu weiteren Einzelfragen der Notwendigkeit von Vollstreckungskosten siehe *BbL-Hartmann*, aaO zu § 788 ZPO; *Zöller/Stöber*, aaO, § 788 Rdn. 13.[45]

Einzelfragen

Erstattungsfähige Vollstreckungskosten können erst entstehen, wenn die allgemeinen Voraussetzungen der Zwangsvollstreckung erfüllt sind. Dazu gehört einerseits die Erwirkung der Vollstrek-

---

40 LG Aachen Rpfleger 1990, 134 mwN., LG Heilbronn MDR 1994, 951 = WM 1994, 1733 f., AG Hersbruck JurBüro 1993, 548; LG Koblenz DGVZ 1998, 61 f. = JurBüro 1998, 214 f.
41 AG Siegburg JurBüro 1993, 30.
42 OLG Saarbrücken JurBüro 1993, 27.
43 LG Konstanz JurBüro 1993, 496.
44 LG Düsseldorf DGVZ 1997, 159; *Mümmler*, JurBüro 1995, 237 f. mwN; *Ottersbach*, Rpfleger 1990, 283 f. m. v. weiteren Nachweisen; LG Wuppertal JurBüro 1996, 606 mit ausführlichen Anm. von *Mümmler*; AG Herborn DGVZ 1992, 60; AG Erkelenz DGVZ 1995, 31 f.; AG Marl DGVZ 1995, 31 f.; LG Koblenz DGVZ 1990, 141 f.; AG Limburg DGVZ 1996, 43 f.; OLG Stuttgart JurBüro 1994, 793; OLG Düsseldorf Rpfleger 1994, 246 = DGVZ 1994, 139 (= nur insoweit notwendige Kosten, als sie vom Schuldner ausdrücklich übernommen worden sind); a.A. für grundsätzliche Erstattungsfähigkeit AG Bamberg JurBüro 1995, 605.
45 Weitere Literatur: *Noack*, Aktuelle Fragen zur Erstattungsfähigkeit der Kosten der Zwangsvollstreckung nach § 788 ZPO, DGVZ 1983, 17.

kungsklausel (§§ 724 ff. ZPO), andererseits die zumindest gleichzeitige Zustellung des Titels (§ 750 ZPO).

- Eine erstattungsfähige 3/10-Gebühr gem. § 57 Abs. 1 BRAGO für eine bloße Zahlungsaufforderung an den Schuldner kann deshalb nicht entstehen, wenn die Zahlungsaufforderung vor Titelzustellung erfolgt.[46]
- Abweichend für Erstattungsfähigkeit der 3/10-Gebühr, wenn die Zahlungsaufforderung zugleich eine Vollstreckungsandrohung enthält und die Vollstreckungsklausel bereits erteilt war.[47]
- Eine dem Vollstreckungsauftrag vorausgehende, ergebnislose anwaltliche Zahlungsaufforderung stellt mit dem Vollstreckungsauftrag eine einheitliche Angelegenheit dar. Die Gebühr des § 57 BRAGO entsteht deshalb nur einmal.[48]

Zu den vielfältigen Streitfragen bezüglich der Auslösung der 3/10-**Vollstreckungsgebühr für den Anwalt** gem. §§ 57 Abs. 1, 31 Abs. 1 Nr. 1 BRAGO siehe Fußnote[49].

Inkassokosten gehören grundsätzlich nicht zu den Vollstreckungskosten. Bei ihnen handelt es sich um vorgerichtliche Mahnkosten. Ihre Erstattungsfähigkeit (durch Aufnahme in einen Mahnbescheid) ist umstritten. Als gem. § 286 Abs. 1 BGB zu ersetzender Verzugsschaden wird ihnen § 254 BGB (Schadensminderungspflicht) entgegengehalten. Überwiegend wird Erstattungsfähigkeit nur dann angenommen, wenn mit der außergerichtlichen Beitreibbarkeit gerechnet werden kann oder wenn damit die Kosten der Hinzuziehung eines Rechtsanwaltes vermeidbar wurden. In letzterem Fall werden sie teilweise auch als **notwendige Vollstreckungskosten** angesehen.[50]

---

46 LG Hamm MDR 1994, 202 mwN.
47 LAG Düsseldorf MDR 1996, 972; KG KG Report 1997, 180.
48 AG Herborn DGVZ 1993, 118 mwN; *Enders*, JurBüro 1997, 229.
49 *Lappe*, Gebührentips, 2. Aufl. 1987, S. 217–219; auch *Mümmler*, JurBüro 1986, 1121; ders. JurBüro 1994, 207 f.
50 LG Berlin JurBüro 1996, 258; OLG Dresden NJW-RR 1994, 1139 ff. = DGVZ 1994, 167 f.; LG Hamburg JurBüro 1990, 1291 (insoweit auch Vollstreckungskosten). Näheres: *Jenisch*, JurBüro 1989, 721; OLG München JurBüro 1989, 90 und die Übersicht bei *Hummel*, JurBüro 1990, 281 und *Seitz*, Rpfleger 1995, 201 sowie bezüglich der Vollstreckungskosteneigenschaft auch *Hagen*, JurBüro 1991, 1431.

Ob die Kosten notwendig waren und in der geforderten Höhe entstanden sind, hat das **Vollstreckungsorgan** (z. B. Vollstreckungsgericht, Gerichtsvollzieher) zu prüfen. Daher kann das Vollstreckungsorgan von dem Gläubiger eine genaue Aufstellung (nebst Belegen) der beanspruchten Kosten der Zwangsvollstreckung verlangen. Das gilt nicht bei Durchführung des Offenbarungsverfahrens. Hier entfällt die Kostenprüfungs- und damit Belegpflicht.[51]

Kostenaufstellung nebst Belegen erforderlich

Nach LG Darmstadt reicht es für die Mitvollstreckung gem. § 788 ZPO aus, daß Entstehen, Höhe und Notwendigkeit glaubhaft gemacht werden. Somit genügt die »anwaltliche Versicherung«. Belege sind nicht unbedingt erforderlich.

Argumente: Für den Kostenansatz bei der Mitvollstreckung müssen die gleichen Regeln wie für die Festsetzung gelten: §§ 104 Abs. 2, 294 ZPO lassen eine Glaubhaftmachung zu.[52]

Mit dem bereits zum 18. 12. 1997 partiellen Inkrafttreten der 2. Zwangsvollstreckungsnovelle, wurde der durch das Kostenrechtsänderungsgesetz von 1994 ausgelöste Streit um den Gegenstandswert bei der Räumungs- und Herausgabevollstreckung beendet:

§ 57 Abs. 2 Nr. 2 BRAGO **erklärt in der seit dem 18. 12. 1997 geltenden Fassung**[53] den Wert der herauszugebenden Sache, maximal aber den für die Dauer eines Jahres zu entrichtenden Mietzins durch Bezugnahme auf die einschlägigen Vorschriften des GKG für maßgeblich.

In dem Rechtsstreit des A gegen B, ist B rechtskräftig verurteilt worden, einen Schrank, den B im Wege der verbotenen Eigenmacht dem A weggenommen hatte, herauszugeben und in die Wohnung des A zurückzuschaffen. A beauftragt den GV mit der Vollstreckung. Dieser führt den Auftrag aus.

Übungsfall

1) Sind die entstandenen Transportkosten notwendige Kosten der Zwangsvoll-

---

51 KG DGVZ 1991, 170; LG Berlin DGVZ 1992, 28; Zum Problem der Teilzahlung und Verrechnung: siehe LG Essen DGVZ 1992, 172; *Zöller/ Stöber*, 20. Aufl. 1997 § 753 Rdn. 8 mwN.
52 LG Darmstadt Rpfleger 1988, 333.
53 Näheres bei *Behr*, 2. ZwVNov JurBüro SH 1998, 6 und *Winterstein*, DGVZ 1998, 54 f. mit weiteren kostenrechtlichen Änderungen der 2. Zwangsvollstreckungsnovelle.

streckung? Wie wäre diese Frage zu beantworten, wenn B lediglich zur Herausgabe des Schrankes verurteilt worden wäre?

2) Von wem kann der Fuhrunternehmer die entstandenen Transportkosten verlangen?

3) Wie werden die entstandenen Transportkosten beigetrieben?

Lösung Zu 1:

Umstritten ist, ob bei Titeln, die schlicht auf Herausgabe lauten, die Transportkosten zu den vom Schuldner zu tragenden Vollstreckungskosten gehören:

Nach h.M. gehören sie nur dann zu den Vollstreckungskosten, wenn die Rückschaffungs- oder Lieferungspflicht (= **Bringschuld**) materiell besteht und im Titeltenor ausdrücklich festgestellt ist. Kosten der Fortschaffung herauszugebender Möbel sind daher nur dann Vollstreckungskosten, wenn der Titel zugleich zur Versendung (= **Schickschuld**) oder Ablieferung (= **Bringschuld**) an den Gläubiger verurteilt.[54]

Problem: Aus einer bloßen Übersendungspflicht des Gerichtsvollziehers folgt nicht die Kostentragungspflicht des Schuldners. Die Notwendigkeit der Zwangsvollstreckung kann den materiell-rechtlichen Pflichtenkreis nicht erweitern oder mit anderen Worten: Die Vollstreckung kann die Holschuld nicht in eine Bringschuld umwandeln.[55]

Zu 2:

Nur vom GV! Vorschuß ist gem. § 5 GvKostG vom Gläubiger zu zahlen. GV ist Auftraggeber des Fuhrunternehmers.

Zu 3:

Die entstandenen Transportkosten sind zugleich mit dem zur Zwangsvollstreckung anstehenden Anspruch beizutreiben, § 788 Abs. 1, 2. HS. ZPO. Die Beitreibung dieser Kosten erfolgt gem. §§ 803 f. ZPO wie die Vollstreckung einer Geldforderung! **Titellose Vollstreckung.** Der GV fordert den Schuldner auf zu zahlen. Andernfalls pfändet er. Zulässig ist auch ein Pfändungs- und Überweisungsbeschlußverfahren! Ein Schuldtitel ist hierzu nicht erforderlich. Das ist eine Besonderheit des Vollstreckungsrechts.

---

54 OLG Hamm JurBüro 1997, 160 f.; OLG München JurBüro 1997, 607 f.; OLG Düsseldorf DGVZ 1995, 86 f.; OLG Koblenz DGVZ 1990, 40 = NJW-RR 1990, 1152; OLG Stuttgart JurBüro 1981, 943; *Schilken*, DGVZ 1988, 49 ff. (53); *Noack*, DGVZ 1975, 145; OLG Hamburg NJW 1971, 383; *Stein-Jonas-Münzberg*, aaO, § 788, Rdn. 13; *Zöller/Stöber*, § 788 Rdn. 13 iVm. § 883 Rdn. 11.

55 So ausführlich mit Wiedergabe des Meinungsstandes *Jelinski*, JurBüro 1989, 151.

3. Beitreibung und Kostenfestsetzung

Die Beitreibung der bloßen Vollstreckungskosten, also ohne die Geldschuld bzw. bei bezahlter Geldschuld ist grundsätzlich möglich. Die Formulierung »zugleich« in § 788 ZPO ist keine Zeitangabe, sondern bedeutet nur, daß ohne besonderen Titel eine Beitreibung auch nachträglich zulässig ist. Voraussetzung ist lediglich, daß der Titel noch nicht an den Schuldner ausgehändigt oder aufgehoben wurde.

Titellose Vollstreckung

Mit anderen Worten:

»Zugleich« mit dem Anspruch bedeutet nicht etwa, daß die Vollstreckungskosten nur »gleichzeitig« (also zusammen) mit dem Hauptanspruch beigetrieben werden müßten, sondern besagt nur, daß die Kostenvollstreckung keinen besonderen Titel erfordert. Die Vollstreckungskosten können somit auch noch **nach Befriedigung des Hauptanspruches** ohne besondere Festsetzung nach § 788 Abs. 1 ZPO beigetrieben werden (siehe auch § 109 GVGA).[56]

Das gleiche gilt, wenn ein Titel auf eine andere Leistung als Zahlung gerichtet ist (z. B. Herausgabe oder Räumung). Hier wäre eine »Zusammenvollstreckung« mit einer Geld-Hauptforderung gar nicht möglich. Eine Kostenfestsetzung ist nicht notwendig![57]

Eine titellose Kostenvollstreckung setzt aber den **Beginn einer Vollstreckungsmaßnahme** voraus, die eine **Kostenzahlungspflicht** des Schuldners entstehen läßt.[58]

Zweifelsfrei setzt die Kostenbeitreibung die Entstehung einer Kostenzahlungspflicht voraus. Diese kann aber auch **vor dem Beginn der eigentlichen Vollstreckung** liegen (z. B. Erteilung eines Voll-

---

56 LG Düsseldorf DGVZ 1991, 10; *Behr*, Rpfleger 1981, 386 und die einschlägige Kommentarliteratur zu § 788 ZPO; *a. A* (aus verfassungsrechtlichen Bedenken): *Lappe*, MDR 1979, 795 und *ders.* Rpfleger 1983, 248.
57 LG Berlin Rpfleger 1992, 37; LG Stade DGVZ 1991, 119; KG OLG-Rspr. 11, 104; *Stein-Jonas-Münzberg*, aaO § 788 Rdn. 4, 26; *Zöller/Stöber*, aaO § 788 Rdn. 14.
58 *Stein-Jonas-Münzberg*, aaO § 788 Rdn. 4 mwN Fußn. 25; *BbL-Hartmann* aaO § 788 Rdn. 1; KG MDR 1992, 300 f.

streckungsauftrags an den GV; vor Zahlungsaufforderung durch den GV Zahlung der Hauptforderung seitens des Schuldners).[59]

Da die Kosten der Zwangsvollstreckung ohne weiteres **aufgrund des Schuldtitels** beigetrieben werden können, ist ein Kostenfestsetzungsbeschluß entbehrlich.

Möglichkeiten der Kostenfestsetzung

Die Kostenfestsetzung kann aber beantragt werden, wenn

a) die Notwendigkeit der Kosten zweifelhaft ist,

b) das Vollstreckungsorgan die Beitreibung ablehnt,

c) bei Fruchtlosigkeit der Vollstreckung,

d) nach Titelaushändigung,

e) zur Fixierung bei voraussichtlich längerer Vollstreckung.

Der Anwaltsvergleich ist kein zur Kostenfestsetzung nach § 103 ZPO geeigneter Titel.[60]

Sind die entstandenen Kosten bereits in einem Pfändungs- und Überweisungsbeschluß aufgenommen, ist das Rechtsschutzinteresse an der Titulierung darzulegen.[61]

Verzinsung festgesetzter Kosten

Läßt der Gläubiger die Kosten festsetzen, so ist auf seinen Antrag – wie bei der Festsetzung von Prozeßkosten gem. § 104 Abs. 2 S. 2 ZPO – der festgesetzte Betrag vom Eingang des Antrags an mit 4% zu verzinsen. Arg.: Die Verzinsungspflicht in § 104 ZPO beruht auf dem Grundgedanken der §§ 291, 288 BGB und gilt für Prozeß- wie für Vollstreckungskosten gleichermaßen. Mit Anbringung des Festsetzungsgesuches wird die Rechtshängigkeit im Sinne des § 291 BGB fingiert. [62]

---

59 So deutlich*Thomas-Putzo* aaO § 788 Anm. 3; wohl auch *Zöller/Stöber* aaO § 788 Rdn. 14 und *Stein-Jonas-Münzberg* aaO; **a. A.** ebenso deutlich für das Erfordernis eines ausdrücklichen Vollstreckungsbeginns KG DGVZ 1991, 170 = JurBüro 1991, 1558 = MDR 1992, 300 = Rpfleger 1992, 31 (aus o.a. Gründen aber nicht konsensfähig).
60 OLG Hamburg NJW-RR 1994, 1408.
61 OLG Karlsruhe JurBüro 1997, 607.
62 OLG Hamm JurBüro 1992, 689 = Rpfleger 1992, 315; OLG Köln Rpfleger 1993, 120 = AnwBl 1993, 354; LG Münster MDR 1989, 77; *Thomas-Putzo*, § 788 Rdn. 12–13; *Zöller/Stöber*, § 788 Rdn. 19 mwN.; *Lappe*, MDR 1979, 797 und Rpfleger 1982, 38; AG Germersheim Rpfleger 1996, 255 f.; **a. A.** LG Aachen und LG Bielefeld, beide Rpfleger, 1989, 522, Arg.: Da bei der Mitvollstreckung gem. § 788 ZPO kein Zinsanspruch bestehe, müsse er auch bei der Festsetzung entfallen.

Streitig war lange Zeit, welches Gericht über den Kostenfestsetzungsantrag gem. §§ 103 f., 788 ZPO zu entscheiden habe: Das Prozeß- oder das Vollstreckungsgericht? — *Zuständigkeitsstreit*

Nach jetzt wohl h. M. ist der **Rechtspfleger des Prozeßgerichts I. Instanz** für die Festsetzung zuständig, weil das Prozeßgericht den Titel geschaffen hatte, der Voraussetzung zur Durchführung der Vollstreckung war, und weil im Interesse der Prozeßwirtschaftlichkeit eine Konzentration aller Verfahren auf die Schaffung von Vollstreckungstiteln in **einer Sache** bei **einem Gericht** erforderlich ist. — *BGH für Zuständigkeit des Prozeßgerichts*

Das **Vollstreckungsgericht** ist nur dann für die Festsetzung zuständig, wenn ein Vollstreckungsverfahren oder ein sonstiger Streit vom Vollstreckungsgericht zu entscheiden ist, eine Kostenentscheidung getroffen wurde, die von der Hauptentscheidung abweicht und Kosten dieses Vollstreckungsverfahrens festzusetzen sind.[63]

Der Rechtspfleger des Prozeßgerichts erster Instanz ist nach nunmehr h. M. auch für die Fälle zuständig, in denen aus einem Titel vollstreckt worden ist, für den es – wie beim Vollstreckungsbescheid und bei der vollstreckbaren Urkunde – kein Prozeßgericht gibt. Dann ist das »fiktive« Gericht zuständig.[64]

Ab 1. 1. 1999 gilt:

Zuständig für die Festsetzung der Kosten ist gem. § 788 Abs. 2 n. F. ZPO das **Vollstreckungsgericht**, bei dem zum Zeitpunkt der Antragstellung ein Vollstreckungsverfahren anhängig ist bzw. ggf. in dessen Bezirk die letzte Vollstreckungshandlung durchgeführt wurde.

Wenn nach den Vorschriften der §§ 887, 888 ZPO oder § 890 ZPO vollstreckt wurde, sind die Zwangsvollstreckungskosten durch das Prozeßgericht festzusetzen.

---

63 BGH NJW 1986, 2438 = MDR 1986, 732 mwN; OLG München JurBüro 1990, 259 = MDR 1990, 162; BayObLG JurBüro 1987, 761 sowie BayObLG MDR 1989, 918 und OLG Hamm JurBüro 1987, 1709. Zum Meinungsstand in der Judikatur siehe auch *BbL-Hartmann*, aaO, § 788 Rdn. 11.
64 BGH NJW-RR 1988, 1986 = JZ 1988, 160 = MDR 1988, 291; OLG Düsseldorf AnwBl 1991, 592; *Zöller/Stöber*, aaO § 788 Rdn. 19. LG Gießen JurBüro 1993, 241.

4. Vorschußpflicht des Gläubigers

Der Gläubiger muß für die Durchführung der Zwangsvollstreckung aufgrund folgender gesetzlicher Bestimmungen einen Vorschuß zahlen:

a) § 5 GvKostG, Nr. 9 Gerichtsvollzieherkosten Grundsätze (GV-KostenGR) = alle Amtshandlungen des GV

b) § 65 Abs. 4 und 7, 11 KostenVerz. 1643 GKG = Termin zur Abgabe der Offenbarungsversicherung

c) § 65 Abs. 5 und 7, 11 KostenVerz. 1640 = Diverse Verfahren über Anträge auf gerichtliche Handlungen der Zwangsvollstreckung (z. B. Pfändungs- und Überweisungsverfahren).

Wegfall der Vorschußpflicht Ist dem Gläubiger für die Durchführung der Zwangsvollstreckung Prozeßkostenhilfe gewährt worden (§ 5 S. 2 GVKostG, § 65 Abs. 7 GKG) oder genießt der Gläubiger Kostenfreiheit (Nr. 9 Ziff. 2 c GVKostGR, § 65 Abs. 7 GKG), so entfällt seine Vorschußpflicht.[65]

Gläubiger als Kostenschuldner Können die notwendigen Kosten der Zwangsvollstreckung gem. § 788 ZPO beim Vollstreckungsschuldner nicht eingezogen werden, so ist der Gläubiger als Auftraggeber bzw. Antragsteller Kostenschuldner (§ 3 Abs. 1 Nr. 1 GVKostenGR, § 49 S. 1 GKG).

5. Erstattung der Schuldnerkosten

Die Aufhebung des Vollstreckungstitels führt zur Erstattung der beigetriebenen und der dem Schuldner selbst erwachsenen Kosten, §§ 788 Abs. 2, 794, 795 ZPO.[66]

---

65 Zum Verfahren der PKH-Bewilligung; *Behr/Hantke*, Rpfleger 1981, 265.
66 Letzteres ist streitig: *Rosenberg/Gaul/Schilken*, aaO, S. 748.

Der Anspruch kann entsprechend § 717 Abs. 2 ZPO innerhalb eines schwebenden Prozesses oder durch selbständige Klage geltend gemacht werden. Die aufhebende Entscheidung bildet auch die Grundlage für eine Festsetzung der entstandenen Kosten gem. §§ 103 f. ZPO.[67]

Klage oder Kostenfestsetzung wegen der Schuldnerkosten

---

[67] *Bruns/Peters*, Zwangsvollstreckungsrecht, 3. Aufl., 1987, S. 77. Andere Auffassung: nur Rückfestsetzung (also ohne eigene Kosten); *Rosenberg/Gaul/Schilken*, aaO, S. 748.

IV. Allgemeine Vollstreckungvoraussetzungen

1. Der Vollstreckungstitel

Die erste und wichtigste Voraussetzung der Zwangsvollstreckung ist das Vorliegen eines wirksamen Vollstreckungstitels. Liegt ein Vollstreckungstitel vor, so wird davon ausgegangen, daß der zu verwirklichende Anspruch besteht. Ob er inhaltlich tatsächlich noch bzw. nicht mehr besteht, ist nicht Prüfungsvoraussetzung für den Beginn der Zwangsvollstreckung. **Die Vollstreckung bleibt zulässig, solange der Titel äußerlich besteht.** Das gilt auch, wenn der materiellrechtliche Anspruch selbst nicht oder nicht mehr besteht. Sofern der Titel noch nicht rechtskräftig ist, kann ein eventueller materiellrechtlicher Mangel im titulierten Anspruch durch Rechtsmittel (z. B. Berufung), im übrigen (auch nach Rechtskraft) mit der Vollstreckungsabwehrklage gem. §§ 767, 769 ZPO geltend gemacht werden.

> Der Vollstreckungstitel ist eine öffentliche Urkunde, aus der sich ergibt, daß der zu verwirklichende Anspruch vollstreckbar ist.

Definition

Ein rechtskräftig titulierter Anspruch **verjährt in 30 Jahren**, § 218 BGB. Das gilt für Leistungs- wie Feststellungsurteile, Vollstreckungsbescheide, Kostenfestsetzungsbeschlüsse, vollstreckbare Vergleiche und notarielle Urkunden.[68]

Der dem Schuldner zugestellte Mahnbescheid ist nur dann geeig-

---

[68] BGH NJW-RR 1989, 215.

net, die Verjährung zu unterbrechen, wenn der geltend gemachte Anspruch hinreichend individualisiert ist.[69]

Vollstreckungshandlungen, d. h. alle das Vollstreckungsverfahren fördernden Maßnahmen **unterbrechen die Verjährung**, § 209 BGB. Nach Beendigung der Vollstreckungshandlung beginnt die Verjährungsfrist in vollem Umfang neu zu laufen.[70]

Der Eintritt der »langen« Verjährung dürfte somit selten sein. Häufiger und damit problematisch ist die kurze vierjährige Verjährungsfrist bei wiederkehrenden Leistungen (z. B. Zinsen) gem. §§ 218 Abs. 2, 197 BGB. Nach BGH unterbricht eine Pfändung künftigen Arbeitseinkommens auch dann die Verjährung, wenn Zahlungen seitens des Drittschuldners erst viel später erfolgen. Die kurze Verjährungsfrist beginnt also unmittelbar nach Pfändung erneut zu laufen. Eine Verjährungshemmung von Pfändung bis zum Zahlungsbeginn gem. § 202 BGB tritt nicht ein.[71] Der Verjährungseinwand ist nicht von Amts wegen zu berücksichtigen, sondern durch Vollstreckungsabwehrklage geltend zu machen (s. unten VIII, 5). [72]

Übungsfall *Der Schuldner Gutgläubig weist den pfändenden Gerichtsvollzieher Nimm darauf hin, daß der Titel, aus dem der Gerichtsvollzieher vollstrecke, ein Versäumnisurteil sei, gegen das er rechtzeitig Einspruch eingelegt habe, da der diesem Urteil zugrunde liegende materiellrechtliche Anspruch nicht bestehe. Gutgläubig bittet den Gerichtsvollzieher, von der Vollstreckung Abstand zu nehmen. Wird er Erfolg haben?*

Lösung Nein: Ob der Titel zu Recht besteht, wird vom Vollstreckungsorgan nicht geprüft. Für den Gerichtsvollzieher ist allein die Existenz des Vollstreckungstitels maßgebend. Hier liegt ein vorläufig vollstreckbarer Titel (Versäumnisurteil = Endurteil) vor, §§ 708 Nr. 3, 704 ZPO. Lesen Sie dazu auch §§ 704–723, 794–801 ZPO. Gutgläubig müßte, da er gegen das Versäumnisurteil rechtzeitig Einspruch erhoben hat, die einstweilige Einstellung der Zwangsvollstreckung betreiben, §§ 719, 707 ZPO. Die Erhebung des Einspruchs allein hemmt die Vollstreckung nicht.

69 BGH Rpfleger 1995, 509.
70 AG Viersen JurBüro 1990, 1220; AG Münster DGVZ 1992, 44; *Behr*, JurBüro 1994, 6 ff.
71 BGH NJW 1988, 1058 = MDR 1998, 490 = ZIP 1998, 303 mit Kommentar *Walker*, Ewir 1998, 205 ff = Rpfleger 1998, 206.
72 BGH NJW 1990, 2755; *Behr*, aaO; Ausführlich: *Bennert*, Rpfleger 1996, 309.

1.1. Bestimmung der Vollstreckungsparteien

Der Vollstreckungstitel bestimmt auch die Parteien der Zwangsvollstreckung, § 750 Abs. 1 ZPO. Nur wer im Titel genannt ist, ist Gläubiger und Schuldner!

Die Zwangsvollstreckung darf nur beginnen, wenn die Personen, für und insbesondere gegen die die Zwangsvollstreckung stattfinden soll, im Titel genau bezeichnet sind, § 750 Abs. 1 ZPO.

Grundsatz

Klug hat ein Urteil gegen den reichen Wohlrabe erstritten. Dieser erregt sich über diese – seiner Meinung nach – Ungerechtigkeit derart, daß er verstirbt und seine Kinder und Enkel – insgesamt 10 Personen – als Erben hinterläßt.

Übungsfall

Was muß Klug tun, um seinen vollstreckbaren titulierten Anspruch durchzusetzen?

Gem. § 750 Abs. 1 ZPO müssen sich die Personen, gegen die vollstreckt werden soll, aus dem Titel oder der beigefügten Vollstreckungsklausel ergeben. Deshalb muß eine **titelübertragende Klausel** erteilt werden, aus der sich die zehn Erben als Rechtsnachfolger des verstorbenen Schuldners und somit als nunmehrige Gesamtschuldner ergeben,

Lösung

§§ 1967, 2058 BGB; §§ 727, 747 ZPO.

Das Vollstreckungsorgan hat die Identität von Gläubiger und Schuldner stets zu prüfen. Bei verbreiteten Namen wie Meier, Müller, Schulze sind daher außer dem Vornamen auch die Geburtsdaten in das Rubrum aufzunehmen.[73]

Lesen Sie:
Identitätsprüfung

Bei juristischen Personen und Handelsgesellschaften ist stets neben der Firma der Sitz anzugeben. Davon kann nur dann abgesehen werden, wenn die fehlende Angabe des Sitzes die Identitätsfeststellung nicht beeinträchtigt, mithin nur in Ausnahmefällen.[74]

Bei Anschriftenwechsel oder Namensänderung (z. B. durch Heirat) ist der Titel nicht zu berichtigen, da die Identität erhalten bleibt. Wird der Ehegatte mit seinem Geburtsnamen angegeben, so ist das unschädlich. Im Zweifel kann der Gläubiger den Nachweis durch Heiratsurkunde führen, die er gem. § 792 ZPO erhält. Zum Nachweis der Namensänderung reicht die »**erweiterte Meldeaus-**

---

73 AG Bonn DGVZ 1994, 95.
74 LG Saarbrücken DGVZ 1997, 183 f.

kunft« als öffentliche Urkunde aus. Gem. § 61 Abs. 1 PStG hat der titulierte Gläubiger ein rechtliches Interesse zur Erlangung dieser Melderegisterauskunft, die alle früheren Namen und Anschriften umfaßt.[75]

Ein nicht richtig geschriebener Familienname schadet dann nicht, wenn die abweichende Schreibweise an der Identifizierbarkeit nichts ändert und eine Identitätsverwechslung nach Lage der Dinge nicht möglich ist.[76]

Ist eine **Firma ohne Bezeichnung** eines Inhabers angegeben (§ 17 Abs. 2 HGB), so ist damit nicht der jeweilige Inhaber, sondern derjenige gemeint d. h. berechtigt oder verpflichtet, der geklagt hat oder bei Eintritt der Rechtshängigkeit Firmeninhaber war. Ist dagegen der **Inhaber namentlich bezeichnet,** so richtet sich der Titel an ihn bzw. gegen ihn.[77]

Fehlt die Angabe des gesetzlichen Vertreters des minderjährigen Schuldners im Titel, führt dies nicht dazu, daß der Titel zur Zwangsvollstreckung nicht geeignet ist.[78]

Notwendigkeit genauer Parteibezeichnung

Bei der Zwangsvollstreckung in ein Gesamthandsvermögen müssen im Rubrum als Parteibezeichnungen aufgeführt sein:

a) bei einer *BGB-Gesellschaft*: alle Gesellschafter, § 736 ZPO,

b) bei einer *OHG oder KG*: nur die Gesellschaft (OHG und KG sind passivvollstreckungsfähig, §§ 124 Abs. 2, 129 Abs. 4, 161 Abs. 2 HGB),

c) bei einem *nicht rechtsfähigen Verein*: = der Verein, §§ 50 Abs. 2, 735 ZPO, aber Zwangsvollstreckungsmaßnahmen sind nur gegen die Vereinsorgane zu richten, daher sind außerdem die Vorstandsmitglieder aufzuführen, die das Vereinsvermögen in Gewahrsam haben,

d) bei einem *Nachlaß*: alle Erben, § 747 ZPO.

Auch bei *juristischen Personen* (z. B. eingetragener Verein, AG, GmbH) ist das Vertretungsorgan anzugeben, da sonst Zustellung

---
75 LG Braunschweig NJW 1995, 1971 = Rpfleger 1995, 306.
76 LG Rostock vom 16. 11. 1995 – 2 T 257 195.
77 OLG Köln MDR 1996, 97; KG Rpfleger 1982, 191 mwN; siehe auch *Schneider*, JurBüro 1979, 489 aus der Kommentarliteratur: pro tantis *Zöller-Stöber*, aaO. § 750 Rdn. 10.
78 AG Hannover InVo 1997, 139 f. = Nds.Rpfl. 1997, 15.

und Zwangsvollstreckung unmöglich sind (z. B. Vorstand, Geschäftsführer).

Bei mehreren Schuldnern im Titel ist darauf zu achten, daß die Gesamtschuldnerhaftung ausgesprochen ist, da sonst nur eine Teilvollstreckung möglich ist (§§ 420, 421 BGB). Ebenso muß sich eine Gesamtgläubigerschaft aus dem Titel ergeben, da sonst jeder Mitgläubiger nur Leistung an die Gemeinschaft verlangen kann (§ 432 BGB: LG Frankenthal JurBüro 1996, 442).

Schuldner- und Gläubigermehrheit

1.2. Bestimmung von Inhalt und Umfang des Vollstreckungszugriffs

Der Vollstreckungstitel bestimmt Inhalt und Umfang der Zwangsvollstreckung, also die Art der Zwangsvollstreckung und, z. B. bei Geldforderungen, deren Höhe.

Grundsatz

Zur Zwangsvollstreckung sind nur solche Titel geeignet (= vollstreckungsfähig), die auf eine Leistung gerichtet sind. Andere Titel, z. B. mit klageabweisendem Inhalt oder Feststellungs-/Gestaltungstitel, werden zwar für vollstreckbar erklärt, sind es aber im tatsächlichen Sinne im Rahmen der vorgestellten Vollstreckungsabläufe nicht. Die ihnen verliehene Vollstreckbarkeit dient nur der Ermächtigung, gewisse staatliche Handlungen vorzunehmen, z. B. Eintragungen in öffentliche Register, Kostenfestsetzungen u. a.

Nur Leistungstitel sind vollstreckungsfähig

Der Vollstreckungstitel muß den im Wege der Zwangsvollstreckung durchzusetzenden Anspruch klar ausweisen und Inhalt und Umfang der Leistungspflicht bezeichnen. Notfalls hat das Vollstreckungsorgan den Inhalt des Titels durch Auslegung festzustellen. Dabei muß der Titel jedoch aus sich heraus für eine Auslegung genügend bestimmt sein oder jedenfalls sämtliche Kriterien für seine Bestimmbarkeit eindeutig festlegen.[79]

Grundsatz der Bestimmtheit des Vollstreckungstitels

---

[79] Näheres bei *Rosenberg/Gaul/Schilken* aaO, S. 82 ff.; BGH NJW 1986, 1440; OLG München NJW- RR 1988, 22; OLG Nürnberg Rpfleger 1990, 306 mwN; LG Berlin DGVZ 1991, 92; KG MDR 1994, 6174; BGH Rpfleger 1995, 366 f. = MDR 1995, 520; LG Kempten DGVZ 1996, 28 mwN auf die streitige Literatur und Judikatur; OLG Frankfurt Rpfleger 1992, 206; OLG Köln MDR 1993, 83 f.; LG Saarbrücken DGVZ 1997, 29 f.

Sind die herauszugebenden Unterlagen im Titel für eine Herausgabevollstreckung gem. § 883 ZPO nicht hinreichend genug bestimmt, kann ausnahmsweise nach § 888 ZPO vollstreckt werden, wenn zumindest der Schuldner dem Titel die herauszugebenden Unterlagen entnehmen kann.[80]

Wird der Schuldner nur zu einem über den freiwillig gezahlten Betrag festgelegten »Spitzenbetrag« (z. B. DM 200,– über die freiwillige Leistung hinaus) verurteilt, so sind nur DM 200,– tituliert.[81]

Ist das Ziel der Vollstreckung aus dem Titel nicht erkennbar, sondern nur mit Hilfe von nicht aus ihm selbst ersichtlichen Umständen zu ermitteln, so ist der Titel grundsätzlich nicht vollstreckbar!

Dies gilt auch für den Fall, daß eine durch den Gläubiger Zug um Zug zu erbringende Leistung im Titel nicht eindeutig bestimmt ist.[82]

Übungsfall *Sind die wie folgt tenorierten Schuldtitel zur Zwangsvollstreckung geeignet?*

a) Der Beklagte wird verurteilt, für den Unterhalt des Klägers aufzukommen.

b) Es wird festgestellt, daß der Beklagte nicht vom Kläger abstammt.

c) Der Beklagte wird verurteilt, einmal wöchentlich seine Schwiegermutter zum Essen einzuladen.

d) Der Beklagte wird verurteilt, Zug um Zug gegen Zahlung von DM 5.000 den Hausrat der Wohnung in . . . herauszugeben.

Lösung Zu a):
Nein, da kein vollstreckbarer (bezifferter) Anspruch bezeichnet ist. Der Gegenstand muß nach **Art, Umfang und Zeit der Leistung** so genau bestimmt sein, daß eine Zwangsvollstreckung möglich ist. Der Gerichtsvollzieher muß den zu leistenden Gegenstand bei der Wegnahme gem. § 883 Abs. 1 ZPO identifizieren können.

Zu b):
Nein. Feststellungsurteile sind nicht vollstreckbar, da keine Leistung durchzusetzen ist. Das gleiche gilt für Gestaltungsurteile. Letztere verwirk-

---

80 KG Beschluß vom 17. 11. 1997 – 25 W 5329/97 –.
81 BGH Rpfleger 1993, 454 (auch zum Bestimmungsgrundsatz allgemein).
82 LG Berlin DGVZ 1994, 8; LG Mainz Rpfleger 1993, 253 f.; BGH Rpfleger 1993, 206 f.; OLG Köln Rpfleger 1992, 527 f.; KG Beschluß vom 24. 7. 1997 – 25 W 8662/96.

lichen das materielle Recht auf Rechtsänderung; sie führen die neue Rechtslage selbst herbei und bedürfen daher keiner Vollstreckung.

Zu c):
Nein. Die Leistung oder zu erzwingende Handlung muß gesetzlich zulässig sein und darf nicht gegen die guten Sitten verstoßen (sie muß im Rahmen unserer Moral- oder Sittenordnung liegen).

Gute Sitten: Rechtsgefühl (= Anstandsgefühl aller billig und gerecht denkenden Menschen das billigenswerte Durchschnittsempfinden der jeweils in Frage kommenden beteiligten Kreise).

Zu d):
Nein. Hier ist zwar die Gegenleistung genau bestimmt (Zahlung von DM 5.000), nicht aber die vom Schuldner zu erbringende Leistung (siehe oben zu a).

1.3. Endurteile und das System der vorläufigen Vollstreckbarkeit

Die Zwangsvollstreckung findet statt aus rechtskräftigen, d. h. nicht mehr formell anfechtbaren, oder aus vorläufig vollstreckbaren Endurteilen, § 704 ZPO. Auch Teilurteile, Versäumnisurteile, Anerkenntnis bzw. Verzichtsurteile sind Endurteile. §704 ZPO

Urteile in Ehe- und in Kindschaftssachen äußern mit Rechtskraft ihre Wirkung von selbst. Eine eigentliche Zwangsvollstreckung findet aus ihnen nicht statt. Sie werden daher auch nicht für vorläufig vollstreckbar erklärt, § 704 Abs. 2 ZPO. Keine vorläufige Vollstreckbarkeit

Ebenso werden nicht für vorläufig vollstreckbar erklärt:

– Arresturteile und Urteile im einstweiligen Verfügungsverfahren (§§ 922, 936 ZPO), weil diese Urteile nach Art des »vorläufigen« Arrestes bzw. einstweiligen Verfügungsverfahrens schon mit ihrer Verkündung Vollstreckbarkeit erlangen sowie
– Urteile zur Leistung des Regelunterhalts im Kindschaftsprozeß, §§ 643 Abs. 1 S. 1, 704 Abs. 2 S. 2 ZPO.

Bei Urteilen auf Herausgabe eines Kindes gem. § 1632 BGB wird § 704 Abs. 2 ZPO nicht mehr entsprechend angewendet. Sie können daher für vorläufig vollstreckbar erklärt werden.[83]

---

[83] *Stein-Jonas-Münzberg,* aaO, § 704, Rdn. 4 a.E.

Sinn und Zweck der vorläufigen Vollstreckbarkeit	Aus einem vorläufig vollstreckbaren Urteil wird wie aus einem rechtskräftigen vollstreckt. Man will die Verschleppung durch Ausschöpfung des Rechtsmittelweges verhindern. **Durch die Einlegung von Rechtsmitteln wird also im Gegensatz zum Strafprozeß die Vollstreckung nicht gehemmt.** Es besteht lediglich die Möglichkeit für den Schuldner, über §§ 719, 707 ZPO eine einstweilige Einstellung der Zwangsvollstreckung zu erreichen. Die Einstellung wird meist gegen Sicherheitsleistung erfolgen. Die Höhe der Sicherheitsleistung bestimmt das Gericht nach freiem Ermessen, § 108 ZPO (in der Regel Summe der Hauptforderung, Zinsen, Kosten).
Sicherheitsleistung	Die Sicherheitsleistung erfolgt durch Hinterlegung oder Bankbürgschaft (Näheres s. unten zu 1.5 und 1.6).
Grundsatz	Jedes Urteil – soweit es einer vorläufigen Vollstreckbarkeitserklärung bedarf (s. o.) – wird **von Amts wegen** für vorläufig vollstreckbar erklärt. Das Gesetz unterscheidet dabei zwischen vorläufiger Vollstreckbarkeit ohne (§ 708 ZPO) und mit (§ 709 ZPO) Sicherheitsleistung.

Die Kataloge der §§ 708, 709 ZPO und die Privilegierung einzelner Urteile im Sinne einer vorläufigen Vollstreckbarkeitserklärung ohne Sicherheitsleistung sind aus unterschiedlichen Motiven entstanden (Bedürftigkeit des Gläubigers, Eilbedürftigkeit, geringe Vollstreckungssummen usw. – im einzelnen siehe Kataloge der §§ 708–709 ZPO).

Lesen Sie mehrmals §§ 708–711 ZPO	**Studieren Sie bitte langsam und mehrmals die genannten Vorschriften!** Dabei werfen Sie bitte einen Blick auf § 711 ZPO. Sie werden feststellen, daß der Gesetzgeber in sich verschachtelte Regelungen getroffen hat, die selbst dem geübten Leser des Gesetzes einige Mühe machen.

Vollstreckungstitel

Gutgläubig ist vom Amtsgericht auf die Klage Klugs zur Zahlung von DM 3.000 Kaufpreis nebst Zinsen und Kosten verurteilt worden. War das Urteil und ggf. wie für vollstreckbar zu erklären? Geben Sie die Vorschriften bitte an.

Übungsfall

Das Urteil war gem. § 709 ZPO nur gegen Sicherheitsleistung für vorläufig vollstreckbar zu erklären. § 708 Nr. 11 ZPO greift z. Zt. nicht, da die Berufungssumme 1.500,– DM beträgt, § 511 a Abs. 1 S. 1 ZPO (siehe Lösung der nächsten Aufgabe).

Lösung

Geben Sie bitte anhand der Vorschriften der §§ 708 f. ZPO die Regelung der vorläufigen Vollstreckbarkeit an:

a) ein Anerkenntnisurteil über DM 2.000 Kaufpreis,
b) ein Versäumnisurteil über DM 1.000 Darlehen,
c) ein Urteil über DM 2.400 Unterhaltsrückstand fur die letzten drei Monate und monatlich DM 800 laufenden Unterhalt.

Aufgabe

Zu a):
Vollstreckbarkeitserklärung ohne Sicherheitsleistung gem. § 708 Nr. 1 ZPO.

Lösung

Zu b):
Vollstreckbarkeitserklärung ohne Sicherheitsleistung gem. § 708 Nr. 2 ZPO.

Zu c):
Ohne Sicherheitsleistung vorläufig vollstreckbar, § 708 Nr. 8 ZPO.

§ 708 Nr. 11 ZPO hat de lege lata keine Bedeutung mehr. Durch die letzte Erhöhung der Berufssumme im Jahre 1993 auf DM 1.500,– (§ 511 a ZPO) sind Urteile bis DM 1.500 nicht mehr rechtsmittelfähig und damit endgültig vollstreckbar. Schutzanordnungen gem. §§ 711, 712 ZPO sollen unterbleiben, § 713 ZPO.

Achtung

Nach der 2. Zwangsvollstreckungsnovelle werden mit Wirkung vom 1. 1. 1999 die Beträge des § 708 Nr. 11 ZPO von DM 1.500,– auf DM 2.500,– bzw. von DM 2.000,– auf DM 3.000,– erhöht, sofern die mündliche Verhandlung auf die das Urteil erging, vor dem 1. 1. 1999 geschlossen worden ist. Handelte es sich um ein schriftliches Verfahren, so ist statt dessen der Zeitpunkt maßgeblich, bis zu dem die Schriftsätze hätten eingereicht werden können.

Die Übergangsregelung ist nicht verständlich, da bereits seit 1. 3. 1993 gem. § 511 a ZPO die Berufungssumme auf DM 1.500,– heraufgesetzt wurde. Urteile bis DM 1.500,– sind somit seit 1. 3. 1993 nicht vorläufig vollstreckbar, sondern rechtskräftig. Die Vorschrift wurde also nur dem geltenden Recht angepaßt.[84]

---

84 *Behr,* 2. ZwVNov JurBüro SH 1998, 4.

Allgemeine Vollstreckungsvoraussetzungen

Sonderregeln der vorläufigen Vollstreckbarkeit — Die vom Prozeßgericht von Amts wegen zu treffende Entscheidung über vorläufige Vollstreckbarkeit kompliziert sich noch durch die Möglichkeiten der Einflußnahme des Gläubigers und des Schuldners über die Bestimmung der §§ 710–714 ZPO (vgl. Muster M 1 im Anhang)

Lesen Sie §§ 710–714 ZPO — Das Verständnis dieser Regelungen ist von großer Bedeutung für die **Bewertung entsprechender Aussprüche über die vorläufige Vollstreckbarkeit** in der nachfolgenden Zwangsvollstreckung.

Die vorläufige Vollstreckbarkeit wird vom Prozeßgericht im Urteilstenor nach vorhergehenden Anträgen beider Parteien (siehe § 714 ZPO) festgelegt, eine Überprüfung durch das Vollstreckungsorgan oder den antragstellenden Gläubiger im Vollstreckungsverfahren ist nicht möglich. Die vorläufige Vollstreckbarkeit ist nur zusammen mit dem Urteil durch Berufung anfechtbar, sie liegt also quasi fest. Die Kenntnis dieser Regeln ist aber unbedingt notwendig, um vor Schluß der mündlichen Verhandlung auf den Ausspruch der vorläufigen Vollstreckbarkeit durch geeignete Anträge Einfluß nehmen zu können.

1.4. Die Abwendungsbefugnisse des Schuldners

Zwei Vorschriften erschließen sich in ihrer Auswirkung auf die Zwangsvollstreckung dem Verständnis nur sehr schwer: §§ 711, 712 ZPO. Beide enthalten Abwendungsbefugnisse des Schuldners.

Zu § 711 ZPO:

§ 711 ZPO — Als Ausgleich zum Vorteil der Vollstreckung ohne Sicherheitsleistung in den Fällen § 708 Nr. 4–10 ZPO sieht diese vorläufige Vollstreckbarkeitsregelung vor, daß der Schuldner durch Sicherheitsleistung seinerseits die Vollstreckung mit der Wirkung abwenden kann, daß alle getroffenen Maßnahmen wieder aufzuheben sind, §§ 711 S. 1 (erster Teil), § 775 Nr. 3, 776 ZPO.

Ist eine derartige Möglichkeit gegeben, bedeutet das für die Zwangsvollstreckung: **Eine Vollstreckung ist immer so lange möglich, wie der Schuldner die Abwendungssicherheit nicht leistet.** Aber da er sie bis zur Rechtskraft jederzeit leisten kann, ist die Vollstreckung **nur ohne endgültige Befriedigung** des Gläubigers möglich, d. h. der Erlös gepfändeter und verwerteter Sachen ist zu hinterlegen, § 720 ZPO. Der Drittschuldner in der Forderungspfändung darf den gepfändeten Betrag nicht an den Gläubiger auszahlen, sondern muß ihn ebenfalls hinterlegen, § 839 ZPO!

Falls in den Fällen des § 708 Nr. 4–10 ZPO der Gläubiger Sicherheit leistet, obwohl er eigentlich nicht dazu verpflichtet ist, beseitigt er damit die Abwendungsbefugnis des Schuldners, § 711 S. 1 (zweiter Satzteil) ZPO. Dann kann die Vollstreckung ohne jegliche Einschränkung durchgeführt werden. **Stellt der Gläubiger vor Schluß der mündlichen Verhandlung (§ 714 ZPO!) den Antrag gem. § 710 ZPO,** ihm die Sicherheitsleistung zu erlassen (§ 711 S. 2 ZPO), **so wird das Urteil** von vornherein **ohne Sicherheitsleistung des Gläubigers und ohne Abwendungsbefugnis des Schuldners für vorläufig vollstreckbar erklärt.** Somit entfallen auch alle Einschränkungen aus §§ 720, 839 ZPO!

Zu § 712 Abs. 1 S. 1 ZPO:

Hier ist eine weitere Abwendungsbefugnis des Schuldners festgelegt. Sie kann ohne Rücksicht auf die Sicherheitsleistung des Gläubigers gewährt werden. Die Abwendungsbefugnis des Schuldners ist also von der Sicherheitsleistung des Gläubigers unabhängig. Leistet der Schuldner die Sicherheit, so ist die Vollstreckung trotz eventueller Sicherheitsleistung des Gläubigers nicht möglich.

§ 712 Abs. 1 S. 1 ZPO

Ist dem Schuldner eine solche Abwendungsbefugnis eingeräumt und leistet er die Sicherheit nicht (wendet also nicht ab!), darf der Gläubiger zwar vollstrecken, aber wieder nur mit den Einschränkungen der §§ 720, 839 ZPO.

Zu § 712 Abs. 1 S. 2, 2. Alt. ZPO:

Diese Regelung ist häufig anzutreffen. Das liegt wohl daran, daß Gläubiger- und Schuldnervertreter alle möglichen Anträge aus §§ 710-714 ZPO stellen, nur um keinen Rechtsvorteil auszulassen, so daß es zu dieser komplizierten Regelung kommt. § 712 Abs. 1 S. 2 ZPO enthält nur Scheinalternativen:

§ 712 Abs. 1 S. 2, 2. Alt. ZPO

Die 1. Alternative (keine Vollstreckbarkeit) gilt nur für Titel, die **keine Zahlungstitel** sind. Die 2. Alternative (Beschränkung auf die Maßregeln des § 720 a Abs. 1 und 2 ZPO) gilt nur für Zahlungstitel.

Bedauerlicherweise hat der Gesetzgeber auf § 720 a ZPO Bezug genommen und damit zur Verwirrung beigetragen. Gemeint ist hier nicht etwa das Institut der Sicherungsvollstreckung des § 720 a ZPO, sondern nur die dort in Abs. 1 und 2 niedergelegten Maßregeln: also **grundsätzlich nur Pfändung, nicht Verwertung.** Verwertung nur unter den Voraussetzungen des § 930 Abs. 2 und 3 ZPO (Geld ist zu hinterlegen, Versteigerung und Erlöshinterlegung bei bestimmten Sachen).

Grundsatz Die vorläufige Vollstreckbarkeitsregelung des § 712 Abs. 1 S. 2, 2. Alt. ZPO hat mit der Sicherungsvollstreckung des § 720 a ZPO nichts zu tun, sondern entnimmt diesem Institut nur das Verwertungsverbot bzw. die Verwertungseinschränkung des § 720 a Abs. 1 und Abs. 2 ZPO.

Zu § 713 ZPO:

§ 713 ZPO Die Abwendungsanordnungen der §§ 711, 712 ZPO unterbleiben, wenn Rechtsmittel unzweifelhaft unzulässig sind. Die Zulässigkeit des Rechtsmittels, nicht seine sachliche Berechtigung, ist ausschlaggebend, z. B. fehlender Revisionsgrund, Berufungssumme nicht erreicht, Berufungsurteil des Landgerichts.

Da die Regelungen der §§ 710–713 ZPO keine konkreten Tatsachenkriterien, sondern nur **wertausfüllungsbedürftige Begriffe**, wie »schwer zu ersetzender« oder »nicht zu ersetzender Nachteil« und »überwiegendes Interesse« enthalten, gibt es nur wenig zitierbare Literatur.

Wie erwähnt, haben die Anordnungen der:

a) vorläufigen Vollstreckbarkeit gegen Sicherheitsleistung, § 709 ZPO,

b) Abwendungsbefugnis des Schuldners durch Sicherheitsleistung, §§ 711, 712 ZPO und

c) Beschränkung der Vollstreckung auf die Maßnahmen des § 720 a Abs. 1, 2 ZPO (§ 712 Abs. 1 S. 2, 2. Alt. ZPO)

wesentliche Auswirkungen auf die Zwangsvollstreckung.

Bitte lesen Sie noch einmal **mehrmals** die folgenden Vorschriften: Lerndidaktischer
Hinweis
a) § 751 Abs. 2 ZPO: keine endgültige Zwangsvollstreckung vor Sicherheitsleistung oder Rechtskraft,

b) §§ 720, 839 ZPO: Hinterlegung statt Befriedigung des Gläubigers.

c) § 720 a Abs. 1 und 2 ZPO: nur Pfändung, nicht Verwertung

1.5. Die Sicherheitsleistung

Hängt die vorläufige Vollstreckbarkeit von einer Sicherheitsleistung   Grundsatz
des Gläubigers ab, so darf die Vollstreckung nur beginnen, wenn
die Sicherheitsleistung erbracht und ihr Nachweis zugestellt ist,
§ 751 Abs. 2 ZPO.

In der Regel erfolgt die Sicherheitsleistung durch Hinterlegung,   Hinterlegung
§ 108 ZPO. Der Nachweis der Sicherheitsleistung wird durch die Hinterlegungsquittung erbracht, von der eine Abschrift im Parteibetrieb zuzustellen ist. Die Regeln über die notwendige Zustellung an den Prozeßbevollmächtigten (§ 176 ZPO) und die Heilung von Zustellungsmängeln (§ 187 ZPO) gelten auch hier.

Falls eine entsprechende Ermächtigung im Urteil gegeben ist, kann   Bankbürgschaft
die Sicherheitsleistung auch durch Bankbürgschaft (vgl. Muster
M 2 und M 3 im Anhang) erbracht werden, § 232 Abs. 2 BGB. Nur
die selbstschuldnerische Bürgschaft ist zulässig, § 239 Abs. 2 BGB.
Bankbürgschaften sind ohne weiteres selbstschuldnerisch, § 349
HGB. Wegen der in der Regel durch Rückgabe der Bürgschaftsurkunde auflösend bedingten Bürgschaft – d. h. die Bank muß nur   Zustellung der
gegen Vorlage der Urschrift leisten – muß die Urschrift der Bürg-   Urschrift
schaftsurkunde (also das Original) als Nachweis der Sicherheitsleistung gem. § 751 Abs. 2 ZPO zugestellt werden. Sonst reicht eine
beglaubigte Abschrift.[85]

---

[85] OLG Hamm WM 1993, 2050; HansOLG Hamburg JurBüro 1990, 536; OLG München MDR 1979, 1029; LG Koblenz, AnwBl 1987, 332; OLG Koblenz ZIP 1993, 297 = MDR 1993, 470 = Rpfleger 1993, 355.

Zustellung von Anwalt zu Anwalt ausreichend

Eine Zustellung von Anwalt zu Anwalt (§ 198 ZPO) mit Zustellungsnachweis ist ausreichend.[86]

Keine Doppelzustellung

§ 751 Abs. 2 ZPO ist aber nicht voll anzuwenden. Die Zustellungsurkunde des Gerichtsvollziehers oder der Zustellungsnachweis des Rechtsanwalts über die Bürgschaftsurkundenzustellung reichen aus. Eine nochmalige Zustellung wäre zweckloser Formalismus.[87]

Nachträgliche Zulassung der Bankbürgschaft

Über die Art der Sicherheitsleistung (etwa durch Bürgschaft) kann auch nachträglich – nach Schluß der mündlichen Verhandlung – durch selbständigen Beschluß entschieden werden.[88]

Zuständig zur Abänderung der Art der Sicherheitsleistung ist das Prozeßgericht 1. Instanz.[89]

De lege lata wird die Möglichkeit, bei einer **Teilvollstreckung** auch nur eine **Teilsicherheit** nach Belieben des Gläubigers zuzulassen, abgelehnt.[90]

Lediglich wird eine Teilsicherheit zugelassen, wenn dafür ein Rechtsschutzbedürfnis besteht und das Urteil Teilbetrag und Teilsicherheit näher bestimmt.[91]

Ab 1. 1. 1999 gilt:

Nach dem neu eingefügten § 752 ZPO ist die Sicherheitsleistung bei Zwangsvollstreckung wegen Teilbeträgen ebenfalls nur zu einem Teil zu erbringen. Das gilt umgekehrt auch für die Abwendungssicherheit des Schuldners gemäß § 712 Abs. 1 S. 1 ZPO.

---

86 OLG Karlsruhe MDR 1996, 525; LG Aachen Rpfleger 1988, 238; LG Hannover DGVZ 1989, 141; LG Mannheim Rpfleger 1989, 72; *BbL-Hartmann* aaO § 108 Rdn. 15; OLG Koblenz, ZIP 1993, 257 = MDR 1993, 479 = Rpfleger 1993, 355.
87 OLG Koblenz ZIP 1993, 297 = MDR 1993, 470 = Rpfleger 1993, 355; LG Hamm Rpfleger 1982, 348; LG Hamburg MDR 1982, 588 mwN; *BbL-Hartmann* aaO § 751 Rdn. 6.
88 BGH NJW 1994, 1351; *BbL-Hartmann* aaO § 709 Rdn. 7; *Zöller/Herget* aaO § 108 Rdn. 14; *Stein-Jonas-Münzberg*, aaO; § 709 Rdn. 7 a, § 708 Rdn. 5, 6. Zur Sicherheitsleistung durch Bankbürgschaft siehe auch *Kotzur*, DGVZ 1990, 65–69.
89 OLG Köln MDR 1997, 392.
90 OLG Köln NJW-RR 1995, 1280; MünchKomm ZPO *Krüger* § 709 Rdn. 5.
91 OLG Frankfurt MDR 1996, 961 = JurBüro 1996, 550 = NJW-RR 1997, 620 f.

Auch wenn § 752 ZPO nur auf § 712 Abs. 1 S. 1 ZPO abhebt, muß das aber auch für die Abwendungsfälle des § 711 ZPO gelten.[92]

1.5.1. Rückgabe der Sicherheit

Eine Rückgabe der Sicherheit gem. § 109 ZPO kommt erst in Betracht, wenn endgültig feststeht, daß der Schaden, der durch die Sicherheit verhindert werden soll, nicht entstanden ist oder entstehen kann.[93]

1.5.2. Abwendungsbefugnis des Schuldners

Für die Abwendungssicherheit des Schuldners (z. B. §§ 711, 712 ZPO) gilt das für die Sicherheitsleistung des Gläubigers Gesagte entsprechend. Lediglich die Zustellung gem. § 751 Abs. 2 ZPO entfällt. Bei der Abwendung durch Bankbürgschaft reicht ein Zugangsnachweis über den Zugang des Originals der Bürgschaftsurkunde (z. B. durch eingeschriebenen Brief) aus, um den Bürgschaftsvertrag wirksam werden zu lassen. Auch eine Zustellung mit EB von Anwalt zu Anwalt reicht aus, ist aber nicht zwingend erforderlich.[94]

1.6. Sicherungsvollstreckung

Die Sicherungsvollstreckung gem. § 720 a ZPO gibt dem Gläubiger Sinn und Zweck
die Möglichkeit, aus einem Urteil wegen einer Geldforderung, das gegen Sicherheitsleistung vorläufig vollstreckbar wurde, die Zwangsvollstreckung zu betreiben, ohne die Sicherheit zu leisten oder die Rechtskraft abzuwarten. Allerdings dürfen Zwangsvollstreckungsmaßnahmen nur zur Sicherung, nicht zur Befriedigung des Gläubigers führen. Bewegliches Vermögen kann demzufolge nur gepfändet, bei der Zwangsvollstreckung in unbewegliches Vermögen kann nur eine Sicherungshypothek eingetragen werden.[95]

---

92 So auch *Münzberg* in Festschrift für *Lüke* 1997, S. 525 [529]; *Behr*, 2. ZwVNov JurBüro SH 1998, 4.
93 OLG Düsseldorf Rpfleger 1996, 165; OLG Frankfurt Rpfleger 1993, 410; OLG Stuttgart Rpfleger 1995, 423 f.; KG NJW 1976, 1752 f.; BGHZ 11, 303 f.
94 OLG Karlsruhe MDR 1996, 525.
95 Näheres auch zur Sicherheitsleistung allgemein *Behr*, JurBüro 1995, 586 ff.

Die Sicherungsvollstreckung kann schriftlich beantragt werden. Fehlt ein ausdrücklicher Antrag, liegen aber die Voraussetzungen der §§ 720a, 750 Abs. 3 ZPO vor, so gilt sie als beantragt.[96]

1.6.1. Grundzüge der Sicherungsvollstreckung

Grundlagen und Detailregelungen der Sicherungsvollstreckung

a) **Zulässig** ist die Sicherungsvollstreckung nur bei einem Zahlungsurteil, das gegen Sicherheitsleistung für vorläufig vollstreckbar erklärt wurde. Das gilt auch für einen Kostenfestsetzungsbeschluß aufgrund eines Zahlungstitels und auch dann, wenn ein klageabweisendes Urteil zugrunde liegt.[97]

b) **Zweck:** Sicherung des Gläubigers auch ohne Sicherheitsleistung.

c) **Bewirkung:** Pfändung beweglichen Vermögens, also körperlicher Sachen (§ 808 ZPO), Forderungen (§ 829 ZPO), anderer Rechte (§ 857 ZPO), Eintragung einer Sicherungs- oder Schiffshypothek (§§ 866 Abs. 3, 867, 870 a). Zulässig ist auch das Offenbarungsverfahren nach fruchtloser Pfändung (näheres s. unten zu 1.6.1.) und die Vorpfändung gem. § 845 ZPO ohne Zustellung der Vollstreckungsklausel! (s. unten zu 1.6.2.)

d) **Einschränkung:** Nur Pfändung, keine Verwertung, also nur Pfändungsbeschluß, nicht Überweisungsbeschluß, entsprechend der Arrestvollziehung. Gepfändetes Geld ist zu hinterlegen.

Bei Gefahr der Wertverringerung von Sachen kann auf Anordnung des Vollstreckungsgerichts allerdings die Verwertung angeordnet werden (§§ 720 a Abs. 2, 930 Abs. 2, 3 ZPO). Der Erlös ist dann zu hinterlegen.

e) **Allgemeine Voraussetzungen:** Bis auf die Sicherheitsleistung alle Vollstreckungsvoraussetzungen! Ausnahme: Keine Klauselzustellung bei der Vorpfändung.

f) **Besondere Voraussetzungen:** Zustellung des Urteils und der Vollstreckungsklausel im Parteibetrieb mindestens zwei Wochen vor Zwangsvollstreckungsbeginn, § 750 Abs. 3 ZPO (Ausnahme bei der Vorpfändung, s. oben zu e)).

---

96 *Bbl-Hartmann*, aaO, § 720 a Rdn 6; *Behr*, NJW 1992, 2740.
97 OLG Köln Rpfleger 1996, 358 = InVo 1996, 222.

Zu beachten ist, daß § 750 Abs. 3 ZPO die Zustellung jeder Vollstreckungsklausel meint, also auch der einfachen, nicht nur der qualifizierten Klausel.[98]

g) **Abwendungsbefugnis:** des Schuldners durch Sicherheitsleistung nur in Höhe des vollstreckbaren Hauptanspruchs (ohne Zinsen und Kosten), § 720 a Abs. 3 ZPO. Hauptanspruch ist in diesem Sinne auch die Kostenforderung aus einem Kostenfestsetzungsbeschluß, da dieser ein selbständiger Titel ist (Amtsgerichtspräsident Düsseldorf DGVZ 1981, 127).

Die Abwendungssicherheit kann auch durch eine Bankbürgschaft erfolgen.[99]

aa) Leistet der Schuldner **vor** Beginn der Vollstreckung, hat die Pfändung zu unterbleiben.

bb) Leistet der Schuldner **nach** Beginn der Vollstreckung, ist die Pfändung aufzuheben, §§ 775 Nr. 3, 776 ZPO.

Der Gläubiger hat ein vorläufig vollstreckbares Urteil gegen Sicherheitsleistung erlangt. Er beantragt im Wege der Sicherungsvollstreckung gem. § 720 a ZPO den Erlaß eines Pfändungs- und Überweisungsbeschlusses. Die Voraussetzungen des § 750 Abs. 3 ZPO sind erfüllt. Übungsfall
Wie entscheidet der Rechtspfleger?

Entweder leistet der Gläubiger die Sicherheit gem. § 751 Abs. 2 ZPO, stellt den Nachweis zu und erhält den Pfändungs- und Überweisungsbeschluß (PfÜb) oder der Rechtspfleger erläßt nur einen Pfändungsbeschluß gem. § 720 a Abs. 2 ZPO. Lösung

Der Rechtspfleger erläßt auf entsprechenden Antrag des Gläubigers einen Pfändungsbeschluß gem. §§ 829, 850 c, 720 a ZPO. Muß er dabei § 839 ZPO berücksichtigen? Übungsfall

---

98 OLG Karlsruhe v. 1. 10. 90 MDR 1991, 161 = JurBüro 1991, 270 = DGVZ 1990, 186; mit zust. Anm. v. *Teubner* in EWiR 1991, 205; OLG Stuttgart MDR 1990, 61 = JurBüro 1990, 112; LG Göttingen DGVZ 1995, 73; OLG Düsseldorf MDR 1997, 392 = DGVZ 1997, 42 = InVo 1997, 166 f.

99 OLG München Rpfleger 1991, 67 = JurBüro 1991, 593; OLG Frankfurt InVo 1997, 19 f.

Allgemeine Vollstreckungsvoraussetzungen

Lösung Nein, § 839 ZPO gilt nur bei einem Überweisungsbeschluß und auch nur in den Fällen der §§ 711 S. 1, 712 Abs. 1 S. 1 ZPO. Die Abwendungsbefugnis des § 720 a Abs. 3 ZPO fällt nicht unter §§ 720, 839 ZPO.

Übungsfall *Der Schuldner leistet im vorigen Fall nach Erlaß des Pfändungsbeschlusses Sicherheit in Höhe des Hauptanpruchs und weist dies dem Vollstreckungsgericht nach.*

Was muß der Rechtspfleger tun?

Lösung Er muß den Pfändungsbeschluß aufheben, §§ 720 a Abs. 3, 775 Nr. 3, 776 ZPO.

Übungsfall *Vor der Entscheidung im vorigen Fall leistet der Gläubiger Sicherheit, weist dem Rechtspfleger diese nach (§ 751 Abs. 2 ZPO) und beantragt den Erlaß des Überweisungsbeschlusses.*

Wie entscheidet der Rechtspfleger?

Lösung Er muß den Überweisungsbeschluß erlassen, § 720 a Abs. 3 ZPO. Die Sicherheitsleistung des Schuldners verhindert oder beseitigt eine Vollstreckung nur, soweit nicht der Gläubiger zum Zeitpunkt der jeweiligen Entscheidung seinerseits Sicherheit geleistet hat.

Besonderheiten Im Rahmen der Sicherungsvollstreckung ist auch zulässig:

1.6.2. Die Durchführung des Offenbarungsverfahrens nach fruchtloser Pfändung, § 807 ZPO (jetzt einhellige Meinung)[100]

Offenbarungsverfahren im Rahmen von § 720 a ZPO

Argumente für die Durchführung im Rahmen von § 720 a ZPO:

– Das OV-Verfahren dient nur zur Vorbereitung der Zwangsvollstreckung

– § 720 a ZPO entspricht dem Arrest, dort ist ein OV-Verfahren zulässig;

– Die Subsidiaritätsklausel entfällt wie beim Arrest (§ 829 ZPO), da § 720 a ZPO zum 1. Abschnitt (Allgemeiner Teil) gehört;

– Beim Arrest erfolgt nur eine summarische Prüfung, Glaubhaftmachung;

---

[100] KG Rpfleger 1989, 291 m. Anm. *Behr* = DGVZ 1989, 89 = MDR 1989, 745; OLG Stuttgart NJW 1980, 1968; OLG Hamm JurBüro 1982, 1412 = MDR 1982, 416; LG Frankenthal Rpfleger 1982, 190; OLG Frankfurt Rpfleger 1989, 115 = MDR 1989, 462; OLG München und OLG Koblenz, beide in Rpfleger 1991, 66 = JurBüro 1991, 126 u. 128.

- Im Prozeßverfahren erfolgt eine materielle Prüfung und Beweisaufnahme, das spricht mindestens für Gleichbehandlung;
- Die Abwendungsbefugnis ist bei § 720 a Abs. 3 ZPO für den Schuldner einfacher, im Gegensatz zum Arrest (nur Hauptforderung). Das spricht für größere Abwehrrechte des Schuldners. Das Risiko ist kleiner als beim Arrest, deshalb kann der Gläubiger weitergehen;

1.6.3. Die Durchführung einer Vorpfändung – ohne Zustellung gem. § 750 Abs. 3 ZPO[101]

Argumente:

- Eine Vorpfändung ist weniger als eine Pfändung, also im Rahmen von § 720 a ZPO zulässig. Sinn des § 845 ZPO besteht im Dispens von der Zustellung. Somit muß § 845 Abs. 1 S. 3 ZPO dem § 750 Abs. 3 ZPO vorgehen.
- Die Schutzwirkung des § 798 ZPO ist größer **(Zahlungschance)** als die des § 750 Abs. 3 **(Abwendungschance)**. In den Fällen des § 798 ZPO ist die Vorpfändung lt. herrschender Rechtsprechung ohne Zustellung zulässig, somit muß das auch bei § 720 a ZPO gelten.[102]

Vorpfändung im Rahmen von § 720 a ZPO

1.7. Interdependenz von Sicherungsvollstreckung und vorläufiger Vollstreckbarkeit

Die Verweisung § 712 Abs. 1 S. 2, 2. Alt. ZPO auf die Maßregeln des § 720 a ZPO birgt die Gefahr der Verwechslung dieser vorläufigen Vollstreckbarkeitsregelung mit dem Institut der Sicherungsvollstreckung. Folgendes Beispiel soll der Verwechslung vorbeugen:

Gehen wir von folgendem Urteilstenor aus:

Beispiel

1. Der Beklagte wird verurteilt, an den Kläger DM 4.000 zu zahlen.
2. Der Beklagte trägt die Kosten des Verfahrens.

---

101 KG Rpfleger 1981, 240; LG Hannover Rpfleger 1981, 363 mwN; LG München DGVZ 1986, 47; OLG München InVo 1996, 77.
102 Wegen weiterer Besonderheiten siehe *Behr*, Rpfleger 1988, 2 und Jur-Büro 1995, 568 ff.

Allgemeine Vollstreckungsvoraussetzungen

3. Das Urteil ist gegen Sicherheitsleistung in Höhe von DM 5.000 vorläufig vollstreckbar. Die Zwangsvollstreckung ist nach Maßgabe des § 720 a Abs. 1 und 2 ZPO beschränkt.

Die Vollstreckung soll nun wie folgt ablaufen:

Konstellation a) *Der Gläubiger beantragt einen Pfändungs- und Überweisungsbeschluß bezüglich einer Gehaltsforderung. Drittschuldner und zu pfändende Forderung sind ausreichend bezeichnet. Die Urteilszustellung gem. §§ 270 Abs. 1, 317 Abs. 1 ZPO ist ordnungsgemäß von Amts wegen erfolgt. Dem Vollstreckungsgericht wird die mit Zustellungsbescheinigung gem. § 213 a ZPO versehene vollstreckbare Ausfertigung überreicht.*

Lösung Mangels Antrag und Parteizustellung (§ 750 Abs. 3 ZPO) kommt eine Sicherungsvollstreckung gem. § 720 a ZPO nicht in Frage. Für eine andere (normale) Vollstreckung fehlt es an dem gem. § 751 Abs. 2 ZPO erforderlichen Nachweis der Sicherheitsleistung seitens des Gläubigers. Der Rechtspfleger wird eine entsprechende Zwischenverfügung absetzen.

Konstellation b) *Nach Aufklärung läßt der Gläubiger eine vollstreckbare Urteilsausfertigung dem Schuldner im Parteibetrieb zustellen und beantragt nach Ablauf der Schutzfrist des § 750 Abs. 3 ZPO den Erlaß eines Pfändungsbeschlusses.*

Lösung Dieser wird vom Rechtspfleger antragsgemäß im Rahmen der Sicherungsvollstreckung gem. § 720 a Abs. 1 ZPO erlassen.

Konstellation c) *Nunmehr leistet der Schuldner gem. § 720 a Abs. 3 ZPO Sicherheit in Höhe des Hauptanspruchs (obwohl er im Termin von der Regelung des § 712 Abs. 1 S. 2 ZPO Gebrauch gemacht hatte) und beantragt die Aufhebung des Pfändungsbeschlusses.*

Lösung Der Pfändungsbeschluß wird gem. §§ 775 Nr. 3, 776 ZPO aufgehoben.

Konstellation d) *Kurz danach leistet der Gläubiger die Sicherheit, erbringt den gem. § 751 Abs. 2 ZPO erforderlichen Nachweis und beantragt erneut einen Pfändungs- und Überweisungsbeschluß.*

Lösung Der Rechtspfleger kann trotz erbrachter Sicherheitsleistung wegen der Beschränkung durch § 712 Abs. 1 S. 2, 2. Alt. i. V. m. § 720 a Abs. 1 S. 1 ZPO wiederum nur einen **Pfändungsbeschluß** erlassen!

Hier handelt es sich **nicht** um eine Sicherungsvollstreckung i. S. d. § 720 a ZPO! § 712 Abs. 1 S. 2, 2. Alt. spricht von »**Maßregeln**«; § 720 a Abs. 1 S. 2 ZPO kommt also nicht zur Anwendung!

e) Daraufhin verweist der Schuldner auf die von ihm bereits erbrachte Sicherheitsleistung (s. zu c)) und beantragt die Aufhebung des Pfändungsbeschlusses. — Konstellation

Dem Antrag (mangels anderer Vorschriften nach §§ 775 Nr. 3, 776 ZPO zu qualifizieren) ist nicht stattzugeben. § 720 a Abs. 3 ZPO gilt nur bei Sicherungsvollstreckung und dann auch nur, soweit nicht bereits eine Sicherheitsleistung seitens des Gläubigers vorliegt. — Lösung

1.8. Schadensersatz bei Wegfall der vorläufigen Vollstreckbarkeit

Die vorläufige Vollstreckbarkeit geht bis zur Rechtskraft des Urteils bzw. seiner Aufhebung durch ein Urteil der Rechtsmittelinstanz, § 717 Abs. 1 ZPO. Die Zwangsvollstreckung eines vorläufig vollstreckbaren Urteils war für den Gläubiger ein Risiko (soweit er nicht Sicherheit geleistet hatte).

Erweist sich nach Wegfall der vorläufigen Vollstreckbarkeit die Zwangsvollstreckung als ungerechtfertigt, so ist der Gläubiger dem Schuldner zum Schadensersatz verpflichtet, = § 717 Abs. 2, 3 ZPO. — Grundsatz

Nach § 717 Abs. 2 ZPO erfolgt eine Haftung für jeden unmittelbaren und mittelbaren Schaden. Umfang also nach §§ 249 ff. BGB (Naturalrestitution). Dazu gehört auch der Umsatzrückgang des Geschäfts infolge Kundenverlustes durch die Zwangsvollstreckung; dagegen gibt es keinen Schadensersatz für seelische Erkrankung aufgrund der Zwangsvollstreckung (kein adäquater Kausalzusammenhang). — Naturalrestitution

Die Gefährdungshaftung nach § 717 Abs. 2 ZPO ist auf die Zwangsvollstreckung aus vollstreckbaren Urkunden gem. § 794 Abs. 1 Nr. 5 ZPO nicht anwendbar.[103]

Übungsfall Eine Bank läßt aus einem vorläufig vollstreckbaren Urteil auf Zahlung von DM 4.000 nach Sicherheitsleistung beim Beklagten, dem Kaufmann Wendig, zehn Fernsehapparate pfänden und versteigern. Auf die Berufung hebt das OLG das Urteil des Landgerichts auf und weist die Klage ab. Nun zahlt die Bank an Wendig die eingetriebenen DM 4.000 nebst Kosten und Zinsen zurück. Wendig verlangt aber außerdem noch DM 1.500 für den Mindererlös, der sich bei der Versteigerung der Apparate ergeben hat.
Mit Recht?

Lösung Ja, wer ein nur vorläufig vollstreckbares Urteil vollstrecken läßt, tut dies auf eigene Gefahr. Er ist dem Beklagten dann zum Ersatz des durch die Vollstreckung entstehenden Schadens verpflichtet, wenn das Urteil in einem höheren (oder auf Einspruch in dem gleichen) Rechtszug aufgehoben oder abgeändert wird, § 717 Abs. 2 ZPO, § 249 BGB.

Übungsfall Wie wäre die Rechtslage im vorigen Fall, wenn es sich bei dem vorläufig vollstreckbaren Urteil um ein Urteil eines Oberlandesgerichts gehandelt hätte?

Lösung In diesem Fall hätte Wendig keinen Anspruch auf den Mindererlös, sondern nur auf Herausgabe des Erlangten, § 717 Abs. 3 S. 1, 2, 3 ZPO.

1.9. Weitere Vollstreckungstitel

Die ZPO kennt außer dem Urteil noch eine Reihe anderer Vollstreckungstitel, siehe § 794 Abs. 1 Nr. 1–5 ZPO.

Lesen Sie: §§ 794, 795–797, 800–801 ZPO

Für diese Titel gelten die Bestimmungen der §§ 724 ff. ZPO, sofern sich aus den §§ 796 ff. ZPO keine Abweichungen ergeben.

Besonderheiten **Besonderheiten** (Abweichungen i. S. d. § 795 ZPO):

Vergleich a) **Der gerichtliche Vergleich** hat grundsätzlich alle Vollstreckungswirkungen eines gerichtlichen Urteils. Da ihm aber keine

---

103 BGH WM 1977, 656 f. und JR 1996, 18 f.

materielle Rechtskraft i. S. d. § 322 ZPO zukommt, kann er nicht die Abgabe einer Willenserklärung ersetzen (§ 894 ZPO). Hat sich daher der Schuldner in einem Vergleich zur Abgabe einer Willenserklärung verpflichtet, dann ist die Erfüllung dieser Verpflichtung nach den Vorschriften über die Erzwingung von Handlungen zu vollstrecken (§ 888 ZPO).

Die Vollstreckung aus einem **Anwaltsvergleich** setzt eine mit der Vollstreckungsklausel versehene gerichtliche Entscheidung über die Vollstreckbarkeit voraus.[104]

b) **Eine vollstreckbare Urkunde** liegt vor, wenn *Notarielle Urkunde*

aa) die Urkunde von einem deutschen Gericht oder Notar innerhalb der jeweiligen Zuständigkeit in der vorgeschriebenen Form aufgenommen worden ist. Die Form richtet sich nach dem Beurkundungsgesetz, §§ 56 Abs. 4, 62 BeurkG, §§ 167–184 FGG.

bb) die Urkunde nur über einen Anspruch errichtet ist, der die Zahlung einer bestimmten Geldsumme oder die Leistung einer Quantität vertretbarer Sachen oder Wertpapiere zum Gegenstand hat.

Ab 1. 1. 1999 gilt:

Wenn die Urkunde nach dem 1. 1. 1999 errichtet wurde, ist jeglicher Anspruch der einer vergleichsweisen Regelung zugänglich ist, vollstreckbar, sofern er nicht auf Abgabe einer Willenserklärung gerichtet ist und nicht den Bestand eines Mietverhältnisses über Wohnraum betrifft.[105]

cc) der Schuldner sich in der Urkunde der sofortigen Zwangsvollstreckung unterworfen hat.

Unterwirft sich der Schuldner der Zwangsvollstreckung schlechthin, so kann in sein ganzes Vermögen vollstreckt werden! Bezieht sich die Unterwerfung auf Duldung der Zwangsvollstreckung aus einem Grundpfandrecht in ein Grundstück, so kann die Zwangsvollstreckung nur in dieses Grundstück erfolgen und nur so lange, wie der Schuldner Eigentümer ist. Möglich ist jedoch auch, daß der *Unterwerfungsklausel*

---

104 OLG Köln InVo 1997, 50 f. = NJW 1997, 1450 f.
105 *Behr,* 2. ZwVNov JurBüro SH 1998, 6.

jeweilige Eigentümer der Zwangsvollstreckung in das Grundstück unterworfen ist. Dies erfordert neben der ausdrücklichen Erklärung in der Unterwerfungsklausel zusätzlich die Eintragung in das Grundbuch, § 800 Abs 1 ZPO.

1.10 Zwangsvollstreckung aus ausländischen Urteilen

Voraussetzungen Voraussetzung ist ein Vollstreckungstitel gem. §§ 722, 723 ZPO. Dieses Vollstreckungsurteil, das nur bei ausländischen Leistungsurteilen in Betracht kommt, ist ein prozessuales Gestaltungsurteil.

Eine materiellrechtliche Prüfung des Anspruchs erfolgt nicht. Voraussetzung ist allerdings

a) formelle Rechtskraft und

b) Anerkenntnismöglichkeit

gem. § 328 ZPO. Dabei ist besonders der ordre-public Vorbehalt des § 328 Abs. 1 Nr. 4 ZPO i. V. m. Art. 6 EGBGB zu beachten.

Definition **ordre-public** ist der Inbegriff der fundamentalen Verfassungs- und sonstigen Rechtsgrundsätze, die als unantastbare Grundlage der Staats- und Gesellschaftsordnung eines bestimmten Staatswesens gelten.

Exequatur Ein besonderes Vollstreckungsurteil ist nicht erforderlich bei Vorhandensein von zweiseitigen Verträgen über die gegenseitige Anerkennung und Vollstreckung von gerichtlichen Entscheidungen. Hier erfolgt nur ein einfaches Beschlußverfahren, sogenannte **Exequatur**.

Solche Verträge bestehen zwischen der Schweiz, Italien, Belgien, Österreich, Großbritannien, Griechenland, den Niederlanden und der BRD.

Außerdem gehen die multilateralen Verträge den §§ 722, 723 ZPO vor (Haager Zivilprozeßabkommen vom 1. 3. 1954, Haager Unterhaltsabkommen vom 15. 4. 1958, jetzt wohl teilweise überholt durch das Auslandsunterhaltsgesetz).

Das vorgenannte Gesetz zur Geltendmachung von Unterhaltsansprüchen im Verkehr mit ausländischen Staaten – Auslandsunterhaltsgesetz (AUG) – vom 19. Dezember 1986, BGBl I S. 2563) ist besonders zu beachten.

Unterhaltsansprüche, die auf gesetzlicher Grundlage beruhen, können gem. § 1 Abs. 1 AUG nach dem in diesem Gesetz vorgesehenen Verfahren geltend gemacht werden, wenn eine Partei im Geltungsbereich dieses Gesetzes und die andere Partei in einem Staat, mit dem die Gegenseitigkeit verbürgt ist, ihren gewöhnlichen Aufenthalt hat. Nach § 1 Abs. 2 AUG ist die Gegenseitigkeit im Sinne dieses Gesetzes verbürgt,

– wenn der Bundesminister der Justiz dieses feststellt und
– wenn dieses im Bundesgesetzblatt bekannt gemacht wird.

Feststellung und Bekanntmachung sind von 1987 bis 1989 für eine Vielzahl von Staaten der USA, für Kanada und Südafrika erfolgt. Auch die Zwangsvollstreckung ist erleichtert. Zuständig ist die nach § 8 Abs. 1 AUG bezeichnete Zentrale Behörde (für die BRD ist das der Generalbundesanwalt beim Bundesgerichtshof). Die meisten Staatsverträge regeln das **Vollstreckbarkeitserklärungsrecht** nur allgemein und überlassen die nähere Ausgestaltung dem Recht des Zweitstaates. **Für die Bundesrepublik gilt seit dem 8. 6.** AVAG **1988 das AVAG** (Anerkennungs- und Vollstreckungsausführungsgesetz vom 30. 5. 1988) (BGBl I S. 662).[106]

Die bedeutendste Regelung bietet das Vollstreckungsübereinkom- EuG-ÜbK men der EWG-Staaten vom 27. 9. 1968 (EuG-ÜbK), das seit dem 1. 2. 1973 in Kraft ist (BGBl 1972 II, 773);[107]

Danach genügt statt der Klage auf Vollstreckungsurteil gem. §§ 722, 723 ZPO der Antrag auf Erteilung der Vollstreckungsklausel gem. Art. 31 EuG-ÜbK. Der Antrag ist in der Bundesrepublik an

---

106 Näheres dazu und zu internationalen Fragen des deutschen Vollstreckungsrechts siehe die Kurzübersicht bei *Thomas-Putzo* 20. Aufl. 1997 Anhang § 723 und umfassend bei *Geimer*, IZPR (internationales Zivilprozeßrecht) Rdn. 2356 f.
107 Näheres dazu siehe *Thomas/Putzo*, aaO; *Baur/Stürner*, aaO, Rdn. 55, insbesondere 55.9.

Allgemeine Vollstreckungsvoraussetzungen

den Vorsitzenden einer Kammer (ggf. der Kammer für Handelssachen) des für den Wohnsitz des Schuldners zuständigen Landgerichts zu richten (Art. 32 EuG-ÜbK, der auch die Zuständigkeit in den übrigen EG-Staaten enthält).

Für das Verfahren vor dem Vorsitzenden besteht kein Anwaltszwang (§ 5 Abs. 2 AVAG). Ist der Antragsteller allerdings nicht durch einen Anwalt oder einen anderen Bevollmächtigten vertreten, dann muß er einen Zustellungsbevollmächtigten benennen, der im Gerichtsbezirk wohnt (Art. 33 Abs. 2 EuG-ÜbK, § 4 AVAG). Für die Kostenpflicht des Schuldners gilt § 788 ZPO entsprechend (§ 8 Abs. 4 AVAG). Aufgrund der Anordnung des Vorsitzenden erteilt der Rechtspfleger die Vollstreckungsklausel in der Form des § 8 AVAG. Die dem Antrag beizufügenden Urkunden sind in Art. 46, 47 EuG-ÜbK bezeichnet.

Der Geltungsbereich des EuG-ÜbK beschränkt sich z. Zt. auf die 6 EG-Kernstaaten Belgien, Frankreich, Italien, Luxemburg, Niederlande und Bundesrepublik, bezieht sich also noch nicht auf die neuen Mitgliederstaaten Dänemark, Großbritannien, Spanien, Irland und Griechenland.

DDR-Titel **Aus der ehemaligen DDR stammende Titel** wurden vor der Herstellung der Rechtseinheit am 3. 10. 1990 wie inländische behandelt, aber auch hier erfolgte eine ordre-public Prüfung (BVerfG NJW 1982, 1948). Allerdings galt das nicht für sogenannte »gesellschaftliche Titel« z. B. Titel der Hausgerichts- und Betriebsgerichtsbarkeit.[108]

Nach dem Einigungsvertrag zwischen der BRD und der DDR, der am 4. 10. 1990 in Kraft getreten ist, werden die Urteile der »Gesellschaftsgerichte« der ehemaligen DDR weiterhin einer Prüfung im Vollstreckbarkeitserklärungsverfahren gem. §§ 722, 723 ZPO unterzogen. Andere Urteile sind dagegen nach dem 3. Oktober 1990 ohne besonderes Prüfungsverfahren zu vollstrecken. Das gilt natürlich auch umgekehrt für Titel der BRD in dem ehemaligen Gebiet der DDR.

---

108 Näheres dazu *Bode*, AnwBl 1990, 62.

Die Vollstreckung ausländischer Titel erfolgt immer nach dem Kurswert am Tag des Zwangvollstreckungsaktes.

Umrechnungsregel

Gemäß Artikel 7 Abs. 1 der Anlage 1 zu Artikel 3 des Staatsvertrages über die Schaffung einer Währungs-, Wirtschafts- und Sozialunion vom 18. 5. 1990 (in Kraft getreten am 1. 7. 1990) erfolgt die Vollstreckung der auf Mark der DDR lautenden Titel im Verhältnis 2,– Mark zu 1,– DM (Abs. 1). Nach Absatz 2 der erwähnten Vorschrift werden allerdings Löhne, Gehälter, Renten, Mieten und andere regelmäßig wiederkehrende Leistungen, die nach dem 30. 6. 1990 fällig werden, im Verhältnis 1:1 umgestellt bzw. für vollstreckbar erachtet. Danach sind z. B. Unterhaltszahlungen, die vor dem 1. 7. 1990 fällig wurden im Verhältnis 2:1 und nur solche, die nach dem 30. 6. 1990 fällig werden im Verhältnis 1:1 umgestellt.[109]

Aktuelle Situation nach Herstellung der Währungseinheit

1.11. Titelübersicht

Schuldtitel

aus denen die Zwangsvollstreckung betrieben werden kann:

I. Titel nach der ZPO

1) Endurteile und Vorbehaltsurteile, die entweder rechtskräftig oder vorläufig vollstreckbar sind (§§ 704, 300, 301, 302 Abs. 3, 599 Abs. 3 ZPO)

2) Arreste und einstweilige Verfügungen (§§ 922, 928, 936 ZPO)

3) Die § 794 Abs. 1 ZPO bezeichneten Titel: Zu den in § 794 Abs. 1 Nr. 3 ZPO bezeichneten Titeln (Entscheidungen, gegen die das Rechtsmittel der Beschwerde stattfindet) gehören z. B.

    a) Verurteilung von Zeugen und Sachverständigen zu Kosten und Strafe (§§ 380, 390, 409 ZPO)

    b) Anordnung der Rückgabe einer Sicherheit (§§ 109 Abs. 2, 715 ZPO)

---

[109] LG Konstanz Rpfleger 1992, 530; *Bode,* AnwBl. 1993, 274 f.; *Vultejus,* DGVZ 1991, 72 ff.

Allgemeine Vollstreckungsvoraussetzungen

c) Nachzahlungsanordnungen gem. § 125 ZPO
d) Beschlüsse gem. §§ 887 ff. ZPO
e) einstweilige Anordnungen gem. §§ 620 ff. ZPO
f) Pfändungs- und Überweisungsbeschlüsse (§§ 830, 836 Abs. 3 ZPO)

II. Titel aus anderen Gesetzen:

1) Rechtskräftige Entscheidungen, Vergleiche und einstweilige Anordnungen nach § 45 Abs. 3 WEG

2) Rechtskräftige Auseinandersetzungen gem. §§ 98, 99 FGG

3) Zuschlagsbeschlüsse nach dem Zwangsversteigerungsgesetz (§§ 93, 108, 132, 134 ZVG)

4) Konkurseröffnungsbeschlüsse gem. § 108 KO

5) Eintragungen in die Konkurstabelle (§ 164 Abs. 2 KO)

6) Rechtskräftige Zwangsvergleiche im KO-Verfahren (§ 194 KO)

7) Entscheidungen über eine Vermögensstrafe oder Buße nach der StPO und über verfallene Sicherheitsleistungen (§ 463 StPO)

8) Entscheidungen über die Entschädigung des Verletzten in Strafsachen (§ 406 StPO)

9) Vollstreckbare Beitragsentscheide (z. B. der AOK)

10) Ordnungsstrafbeschlüsse der Notarkammer und die mit Vollstreckbarkeitsbescheinigungen versehenen Zahlungsforderungen wegen rückständiger Beiträge (§§ 73, 74 BNotO)

11) Von Jugendämtern beurkundete Unterhaltstitel gem. §§ 49 ff. JWG

12) Kostenfestsetzungs- und Kostenerstattungsbeschlüsse im Verfahren betreffend Todeserklärungen (§ 38 VerschG)

13) Kostenfestsetzungsbeschlüsse in Strafsachen (§ 464 Abs. 2 StPO)

14) Vollstreckbare Kostenrechnungen der Notare (§ 155 KostO)

15) Steuerbescheide des Finanzamtes (§§ 260, 285 AO)
16) Vollstreckungsaufträge gem. § 7 S. 2 JBeitrO
17) Urteile und sonstige Titel der Arbeitsgerichte (§§ 62, 64 ArbGG)
18) Für vollstreckbar erklärte Schiedssprüche und Schiedsvergleiche in arbeitsgerichtlichen Verfahren (§ 109 ArbGG)
19) Für vollstreckbar erklärte Anwaltsvergleiche (§ 796 a i. V. m. § 796 b und § 796 c ZPO)

2. Die Vollstreckungsklausel

2.1. Bedeutung der Vollstreckungsklausel

Eine weitere unabdingbare Voraussetzung für die Durchführung der Zwangsvollstreckung ist, daß der Vollstreckungstitel, ob Urteil, Vergleich oder notarielle Urkunde, mit einer Vollstreckungsklausel versehen ist, §§ 724, 794, 795 ZPO. Bis auf wenige Ausnahmen (Vollstreckungsbescheid, Arrestbefehl, einstweilige Verfügung) benötigt jeder Titel eine solche Klausel, die bescheinigt, daß ein rechtswirksamer, zur Zwangsvollstreckung geeigneter Titel vorliegt.

Die Vollstreckungsklausel wird vom Urkundsbeamten der Geschäftsstelle des Prozeßgerichts, bei dem sich die Akten befinden (§ 724 Abs. 2 ZPO), oder von anderen amtlichen Organen (z. B. Notar) erteilt, die die Vollstreckungsreife des Titels anhand der Prozeßakten oder sonst geeigneter Unterlagen (siehe z. B. § 726 Abs. 1 ZPO) feststellen können. Das Vollstreckungsorgan (z. B. der Gerichtsvollzieher) könnte eine solche Feststellung nicht treffen, da ihm die Prozeßakten nicht zur Verfügung stehen.

Definition

Die Vollstreckungsklausel ist ein amtliches Zeugnis über das Bestehen und die Vollstreckungsreife des Titels. Ohne Vollstreckungsklausel ist die Zwangsvollstreckung bis auf wenige Ausnahmen unzulässig.

Allgemeine Vollstreckungsvoraussetzungen

Die Prüfung der Vollstreckungsfähigkeit ist also den Vollstreckungsorganen entzogen. Der Gerichtsvollzieher (§ 753 ZPO), das Vollstreckungsgericht (§ 764 ZPO) und das Grundbuchamt (§ 867 ZPO) sind als Vollstreckungsorgane auch im allgemeinen nicht zur Nachprüfung der Frage befugt, ob die Klausel zu Recht erteilt worden ist.

Recht und Pflicht des Vollstreckungsorgans, etwaige Bedenken der klauselerteilenden Stelle mitzuteilen, bleiben unberührt.[110]

Klauselinhalt Die Vollstreckungsklausel besteht in einem Vermerk, der auf eine Ausfertigung des Vollstreckungstitels zu setzen ist und folgenden Wortlaut hat:

»Vorstehende Ausfertigung wird dem (Name des Gläubigers) zum Zwecke der Zwangsvollstreckung erteilt«, § 725 ZPO. Der mit der Vollstreckungsklausel versehene Vollstreckungstitel ist die sogenannte »**vollstreckbare Ausfertigung**«.

Funtion und Wirkung Die Vollstreckungsklausel hat die folgenden wesentlichen Funktionen und Wirkungen:

a) **Legitimation** des Vollstreckungsorgans gegenüber Schuldner und/oder Dritten, § 754 ZPO.

b) **Eingriffsermächtigung,** d. h., die Ermächtigung in das Schuldnervermögen zu vollstrecken und ggf. auch gegen die Person des Schuldners vorzugehen, § 755 ZPO.

c) **Schutzfunktion** für den Schuldner, da in der Regel nur eine einzige vollstreckbare Ausfertigung erteilt wird, die bei Erbringung der Leistung an den Schuldner auszuhändigen ist, § 757 ZPO.

d) **Ergänzungswirkung** in den Fällen, in denen die Vollstreckung von einer Bedingung abhängt (§ 726 ZPO) und wenn gegen oder für andere als den Schuldner oder den Gläubiger vollstreckt werden soll (§ 727 ZPO). Man spricht dann auch von **titelergänzender** oder **titelübertragender Klausel.**

---

110 *Baur-Stürner,* Zwangsvollstreckung und Konkurs 12. Aufl. 1995 Band I Rdn. 17. 1 ff.; *Jaspersen,* Rpfleger 1995, 4–6.

Vollstreckungsklausel

Der Schuldner Gutgläubig hat dem Obergerichtsvollzieher Nimm, noch bevor dieser zur Pfändung schreiten konnte, die Vollstreckungsschuld in bar gezahlt. Gutgläubig verlangt die Aushändigung der vollstreckbaren Ausfertigung. Obergerichtsvollzieher Nimm weigert sich jedoch, diese herauszugeben. Mit Recht? — **Übungsfall**

Nein, er muß die vollstreckbare Ausfertigung herausgeben, § 757 Abs. 1 ZPO. Zusätzlich kann der Schuldner eine Quittung über die Leistung verlangen; bei Teilleistungen erfolgt ein sogenannter »Hebungsvermerk« auf der vollstreckbaren Ausfertigung. Siehe auch § 754 ZPO. Sie wird überdies dem Schuldner noch ausgehändigt. — **Lösung**

Beachte: Entgegen § 266 BGB ist der Gläubiger (durch den GV) in der Zwangsvollstreckung zur Annahme von Teilleistungen verpflichtet. Verstößt der GV gegen die Verpflichtungen des § 757 ZPO, kann der Schuldner Erinnerung gem. § 766 ZPO einlegen. — **Zwang zur Annahme von Teilleistungen**

Zahlt der Schuldner die gesamte Vollstreckungsforderung, ist ihm die vollstreckbare Ausfertigung auszuhändigen, § 757 ZPO (bei Teilleistungen Hebungsvermerk). Daher ist es wichtig, dem Vollstreckungsorgan, hier dem GV, bei der Antragstellung gem. § 754 ZPO eine spezifizierte Forderungsaufstellung zu übergeben. Andernfalls besteht die Gefahr, daß die vollstreckbare Ausfertigung ausgehändigt wird, obwohl noch Vollstreckungsbeträge offen sind.[111] — **Spezifizierter Forderungsauftrag**

Teilzahlungen sind gem. § 367 BGB oder § 11 Abs. 3 VerbrKrG. zu verrechnen. Besteht danach nur eine Resthauptforderung, ist keine Darlegung der fiktiven Gesamtforderung und der Teilzahlungsverrechnung im einzelnen erforderlich. Im Gesetz fehlt jeglicher Anhalt dafür, daß im Vollstreckungsverfahren wegen eines restigen Hauptsachenanspruchs etwa die Berechtigung des Gläubigers auf bereits früher getilgte Zwangsvollstreckungskosten (§ 788 ZPO) noch nachträglich überprüft werden müßte. »Dieses Verfahren ist eine unzulässige materielle Überprüfung

---

111 Näheres zum praktischen Problem der Forderungsaufstellung bei *Behr*, NJW 1992, 2738 [2739]; *Zöller-Stöber* aaO, § 788 Rdn. 15.

außergerichtlicher Schuldnerleistungen, für die nur die Vollstreckungsabwehrklage gem. § 767 ZPO das geeignete Mittel darstellt.«[112]

Ein beachtlicher Teil der Judikatur verlangt dagegen immer noch eine umfängliche Forderungsaufstellung mit Nachweisen für die Verrechnung von Teilzahlungen, sofern auf Vollstreckungskosten verrechnet wurde (angeblich notwendige Kostentransparenz).[113]

Verfahren bei Direktleistungen des Schuldners
Bei Direktleistungen des Schuldners an den Gläubiger darf der GV nicht von sich aus die vollstreckbare Ausfertigung dem Schuldner übergeben. Das gilt auch bei der Leistung durch einen Dritten. Die Zwangsvollstreckung ist vielmehr beendet und der Gläubiger erhält vom Gerichtsvollzieher die vollstreckbare Ausfertigung zurück. Er hat sie dann dem Schuldner zu übergeben, § 371 BGB. Diese materielle Verpflichtung regelt sich außerhalb der Zwangsvollstreckung. Ggf. muß der Schuldner Klage auf Herausgabe erheben. Bei ungerechtfertigter Vollstreckung ist der Schuldner auf die Vollstreckungsabwehrklage verwiesen.

2.2. Titel ohne Vollstreckungsklausel

Ausnahme von der Klauselpflicht
Grundsätzlich bedürfen alle Titel, aus denen eine Zwangsvollstreckung betrieben werden soll, der Vollstreckungsklausel. Ausnahmen:

a) Vollstreckungsbescheide (§§ 699, 796 ZPO),

b) Arreste und einstweilige Verfügungen (§§ 929, 936 ZPO) ohne Rücksicht darauf, ob die Entscheidung durch Beschluß oder Urteil ergangen ist –

---

112 *Stöber*, Forderungspfändung 11. Aufl. 1996 Rdn. 464–466 mwN in Fußn 6; Aktuell: LG Kiel DGVZ 1994, 60; LG Münster DGVZ 1994, 10; LG Stuttgart DGVZ 1993, 156; LG Amberg JurBüro 1993, 369 und AG Leonberg DGVZ 1995, 157.
113 LG Lübeck DGVZ 1992, 158; LG Siegen DGVZ 1991, 27; LG Hagen DGVZ 1994, 91 (= Forderungsprüfungspflicht und -recht der Vollstreckungsorgane = eine kühne aber systemwidrige Ansicht!); Bedenklich: *Johannsen*, DGVZ 1990, 51; siehe näher dazu *Behr*, NJW 1992, 2738 [2739].

- **Aber:** Ein in einem Verfahren auf Erlaß einer einstweiligen Verfügung geschlossener **Vergleich** bedarf selbstverständlich der Erteilung der Vollstreckungsklausel.[114]

Bei a) und b) ist eine Vollstreckungsklausel nur für oder gegen den Rechtsnachfolger erforderlich,

c) Haftbefehle im OV-Verfahren (§ 908 ZPO – **ab 1. 1. 1999** § 901 ZPO),

d) Vereinfachte Kostenfestsetzungsbeschlüsse, die nach § 105 auf das Urteil gesetzt worden sind, hier erfolgt die Zwangsvollstreckung aufgrund einer vollstreckbaren Ausfertigung des Urteils (§ 795 a ZPO),

e) Pfändungsbeschlüsse als Titel in den Fällen der §§ 830 Abs. 1 und 836 Abs. 3 ZPO (Herausgabe der Grundpfandrechtsbriefe zur Vollendung der sachenrechtlichen Pfändung und Urkundenherausgabe).

Zuständig für die Erteilung der Vollstreckungsklausel ist der Urkundsbeamte der Geschäftsstelle des Prozeßgerichts, bei dem sich die Akten befinden, § 724 Abs. 2 ZPO.   *Zuständigkeit*

In Spezialfällen (z. B. §§ 726, 727 und 733 ZPO) ist der Rechtspfleger des Prozeßgerichts zuständig, § 20 Nr. 12, 13 RpflG.

In zwei Sonderfällen hat die Vollstreckungsklausel eine weitergehende Bedeutung: *Sonderfälle*

a) **§ 726 ZPO:** Ergänzung des Vollstreckungstitels durch Bescheinigung des Eintritts gewisser Bedingungen, von denen nach dem Titelinhalt der materielle Anspruch oder seine Vollstreckbarkeit abhängig sind **(titelergänzende Klausel).**

b) **§§ 727–729 ZPO:** Verleihung der Vollstreckbarkeit für oder gegen andere Personen durch Titelumschreibung auf den Rechtsnachfolger, zum Beispiel Nacherbe, Testamentsvollstrecker, Vermögens- und Firmenübernehmer **(titelübertragende Klausel).** Man spricht hier verwirrenderweise auch von der sogenannten »Klauselumschreibung«.

---

114 LAG Düsseldorf MDR 1997, 659 f.

2.3. Klauselerteilung im Schnellverfahren

Sofortklausel bei Sofortvollstreckung Häufig scheitert ein sofortiger Vollstreckungszugriff an der fehlenden Vollstreckungsklausel, die grundsätzlich erst erteilt wird, wenn die Amtszustellung durchgeführt und die Zustellungsurkunde zu den Gerichtsakten gelangt ist. Für den »eiligen« Gläubiger bietet sich daher an, die sogenannte »Sofortklausel« (vgl. Muster M 4 im Anhang) zu beantragen.

Die Zulässigkeit dieses Verfahrens ist unbestritten: § 750 Abs. 1 S. 2 ZPO erlaubt die Parteizustellung (durch Gerichtsvollzieher oder Zustellung von Anwalt zu Anwalt gem. § 198 ZPO), § 317 Abs. 2 S. 2 ZPO die sofortige Erteilung einer Ausfertigung. Aus der Zusammenschau beider Regelungen und dem sie verbindenden Zweck einer zügigen Vollstreckung kann sofort nach Verkündung des Urteils, also noch im Verkündungstermin, eine vollstreckbare Ausfertigung erlangt werden. Dafür ist eine besondere Antragstellung vor oder nach Verkündung erforderlich.

Besondere Antragstellung

Zeitgewinn Diese »**Sofortklausel**« bewirkt einen **erheblichen Zeitgewinn**. Ein oft wochenlanges Warten auf die erst nach durchgeführter Amtszustellung in Verbindung mit der Zustellungsbescheinigung gem. § 213 a ZPO zu erteilende Klausel entfällt.

Kombinierter Vollstreckungs- und Zustellungsauftrag Der **Vorteil** liegt auf der Hand: Sofortiger kombinierter Vollstreckungs- und Zustellungsauftrag an den Gerichtsvollzieher oder auch Zustellung von Anwalt zu Anwalt und danach Forderungspfändungsantrag.[115]

Sofortklausel auch bei KFB **Auch bei Kostenfestsetzungsbeschlüssen** kann die Klausel sofort erteilt werden, also noch vor der Amtszustellung gem. § 104 Abs. 1 S. 3 ZPO und damit vor Kenntnis des Gegners über die Forderungshöhe. Die Wartefrist des § 798 ZPO bietet ausreichenden Schutz.[116]

---

115 *Behr*, JurBüro 1994, 454; OLG Frankfurt MDR 1981, 591; *BbL-Hartmann*, aaO, § 317 Rdn. 9 und § 724 Rdn. 5 mit 7; *Thomas/Putzo* 20. Aufl. 1997 § 317 Rdn. 2 mit Hinweis auf BGH 8, 303.
116 LG Frankfurt Rpfleger 1981, 204.

2.4. Titelergänzende Klausel gem. § 726 Abs. 1 ZPO

2.4.1. Bedingung

Der Schuldner hat sich in einem Prozeßvergleich verpflichtet, die Darlehenssumme jederzeit nach Kündigung zurückzuzahlen. Die Vollstreckungsklausel darf in diesem Falle nur dann erteilt werden, wenn der Gläubiger in der vorgeschriebenen Form (durch Vorlage des zugestellten Kündigungsschreibens) die Kündigung, d. h. den Eintritt der Bedingung, nachweist. Kann er den Nachweis durch öffentliche Urkunden nicht erbringen, so muß er gem. § 731 ZPO Klage erheben.

Vollstreckungsbedingung

2.4.2. Verfallklausel

Häufig finden sich in Vollstreckungstiteln folgende Leistungsverpflichtungen: »Der Beklagte wird verurteilt (verpflichtet sich), an den Kläger DM 10.000 in monatlichen Raten von DM 1.000, beginnend ab ... zu zahlen. Kommt er mit einer Rate in Rückstand, ist der gesamte Restbetrag fällig.«

Bei derartigen sogenannten **kassatorischen Klauseln oder Verfallklauseln** (Fälligkeit des Überrestes bei nicht pünktlicher Zahlung der Raten) obliegt der Beweis der Nichtzahlung nicht dem Gläubiger, vielmehr obliegt dem Schuldner der Beweis der Zahlung.[117]

Verfallklausel

Da hier der Sinn der Klausel nicht in der Stundung bis zur Nichtzahlung liegen kann, ist die Vollstreckungsklausel ohne weiteres zu erteilen. Ein Fall des § 726 Abs. 1 ZPO liegt also nicht vor! Der Schuldner muß die pünktliche Erfüllung ggf. über §§ 775 Nr. 4, 5, 776 ZPO geltend machen.[118]

2.4.3. Wiederauflebensklausel

Anders verhält es sich mit dem unter einer Wiederauflebensklausel formulierten Erlaß, bei dem es sich nicht um ein auflösend beding-

Wiederauflebensklausel

---

[117] Allgemeine Meinung BGH DNotZ 1965, 544.
[118] **A. A.** *Frankenberger/Holz*, Rpfleger 1997, 93 f. Dieser abweichenden Ansicht ist *Münzberg* mit überzeugenden Argumenten entgegengetreten, Rpfleger 1997, 413 f.

Allgemeine Vollstreckungsvoraussetzungen

tes Fortbestehen, sondern um ein aufschiebend bedingtes Wiederntstehen der erlassenen Schuld handelt.[119]

Beispiel: Der Beklagte wird verurteilt (verpflichtet sich), an den Kläger zum Ausgleich der Forderung DM 10.000 bis zum ... zu zahlen. Zahlt er nicht fristgemäß, sind weitere DM 5.000 an den Kläger zu zahlen.

Die Mehrleistung hängt hier von der Nichtleistung ab. Die Nichtleistung (oder nicht pünktliche Leistung) ist Bedingung für den Anspruch des Gläubigers auf Mehrleistung. Es gilt somit § 726 Abs. 1 ZPO, d. h., die Klausel wird erst nach Bedingungsnachweis erteilt.[120]

Übungsfälle *Folgende Prozeßvergleiche wurden abgeschlossen: Wer und unter welchen Voraussetzungen erteilt die Vollstreckungsklausel?*

Konstellation a) *a) Der Beklagte bekennt, vom Kläger ein Darlehen in Höhe von DM 10.000 erhalten zu haben. Der Beklagte verpflichtet sich, das Darlehen einen Monat nach schriftlicher Kündigung zurückzuzahlen. Der Kläger verzichtet auf alle weitergehenden Ansprüche.*

Lösung Die Klausel erteilt der Rechtspfleger des Prozeßgerichts gem. § 726 Abs. 1 ZPO, § 20 Nr. 12 RpflG nach Kündigungsnachweis durch öffentliche oder öffentlich beglaubigte Urkunden (Zustellung des Kündigungsschreibens).

Konstellation b) *b) Der Beklagte verpflichtet sich, an den Kläger zum Ausgleich der Forderung DM 8.000 zu zahlen. Zahlt er diesen Betrag nicht bis zum 1. Juli 1992, so verpflichtet er sich, weitere DM 2.000, also insgesamt DM 10.000, zu zahlen. Die Gerichtskosten trägt der Beklagte. Die außergerichtlichen Kosten ... usw.*

Lösung Die Klausel erteilt hier der Urkundsbeamte der Geschäftsstelle des Prozeßgerichts gem. § 724 Abs. 2 ZPO über DM 8.000 ohne Bedingungsnachweis sofort. Wegen des Restes von DM 2.000 besteht Wiederauflebensklausel. Über diese DM 2.000 wird die Klausel erst nach dem vom Gläubiger zu erbringenden Nachweis der Nichtzahlung durch den Schuldner (z. B. mit Hilfe einer Fruchtlosigkeitsbescheinigung) vom Rechtspfleger des Prozeßgerichts gem. § 726 Abs. 1 ZPO, § 20 Nr. 12 RpflG erteilt.

Konstellation c) *c) Der Beklagte zahlt an den Kläger DM 3.000 in monatlichen, ab April jeweils am 3. eines Monats fällig werdenden Raten von DM 300. Kommt er mit einer*

---

119 KG MDR 1967, 848.
120 Zu diesen Fragen KG MDR 1967, 848.

Rate in Verzug, so ist der ganze Restbetrag fällig und vollstreckbar. Die Kosten des Rechtsstreits ... usw.

Der Urkundsbeamte der Geschäftsstelle erteilt die Klausel gem. § 724 Abs. 2 ZPO sofort ohne Bedingungsnachweis (Verfallklausel).

Lösung

Wichtig bei § 726 ZPO ist außerdem, daß in drei Fällen, die in der Praxis häufig vorkommen, die Vollstreckungsklausel sofort – und zwar vom Urkundsbeamten der Geschäftsstelle (UdG) – ohne weitere Nachweise über den Eintritt der Bedingung erteilt wird.

Keine Anwendung von § 726 bei:

a) Wenn die Vollstreckung von einer dem Gläubiger obliegenden Sicherheitsleistung abhängt, § 726 Abs. 1 ZPO, hier muß der Nachweis der Sicherheitsleistung vor Beginn der Zwangsvollstreckung gegenüber dem Vollstreckungsorgan geführt werden, § 751 Abs. 2 ZPO, wenn nicht eine Sicherungsvollstreckung gem. § 720 a ZPO begehrt ist.

Sicherheitsleistung

b) Wenn die Geltendmachung des Anspruchs von dem Eintritt eines Kalendertages abhängt, z. B. Zahlungsfrist oder Räumungsfrist, hier darf die Zwangsvollstreckung erst beginnen, wenn der Kalendertag abgelaufen ist, § 751 Abs. 1 ZPO (Prüfung durch Vollstreckungsorgan).

Kalendertag

c) Wenn die Vollstreckung von einer Zug um Zug zu bewirkenden Leistung des Gläubigers an den Schuldner abhängt – z. B.: Zahlung Zug um Zug gegen Lieferung der Kaufsache – darf die Zwangsvollstreckung erst beginnen, wenn der Gerichtsvollzieher die Leistung dem Schuldner ordnungsgemäß angeboten hat, § 756 ZPO (bei der Vollstreckung in körperliche Sachen) oder dem Vollstreckungsgericht durch öffentliche Urkunden nachgewiesen ist, daß der Schuldner befriedigt oder in Annahmeverzug ist, § 765 ZPO (z. B. bei der Forderungspfändung). Die Zug-um-Zug-Leistung wird also grundsätzlich nicht als Bedingung i. S. d. § 726 Abs. 1 ZPO angesehen und die Vollstreckungsklausel deshalb ohne Prüfung der Gegenleistung erteilt. Das ist unschädlich, da das Vollstreckungsorgan bei der Vollstreckungshandlung die Bedingungsprüfung (Erbringen der Gegenleistung) vornimmt, §§ 756, 765 ZPO.[121]

Zug-um-Zug-Leistung

---

121 OLG Koblenz Rpfleger 1997, 445 f.

Allgemeine Vollstreckungsvoraussetzungen

Ausnahme bei Zug-um-Zug-Leistung

Von diesem Grundsatz gibt es aber eine Ausnahme: Hat der Schuldner eine Willenserklärung als Leistung zu erbringen und hängt diese Verpflichtung von einer Gegenleistung ab, so würde mit Rechtskraft des Urteils die Willenserklärung als abgegeben gelten (siehe § 894 ZPO), ohne daß jemals vorher geprüft worden wäre, ob die Gegenleistung erbracht ist. §§ 756, 765 ZPO greifen nicht, da bei der »Vollstreckung« von Willenserklärungen kein Vollstreckungsorgan eingeschaltet ist. Hier also muß das Klauselerteilungsverfahren die Prüfung der Gegenleistung übernehmen.

Lesen Sie: §§ 726 Abs. 2, 894 Abs. 1 Satz 2 ZPO.

Gegenleistung = Vorleistung

In diesen Fällen wird der Nachweis der Gegenleistung im Klauselerteilungsverfahren sozusagen als Vorleistung verlangt. Die Klausel wird auf dem rechtskräftigen Urteil gem. §§ 726 Abs. 1, 894 Abs. 1 S. 2 ZPO, § 20 Nr. 12 RpflG vom Rechtspfleger erteilt.

Übungsfälle

a) *Groß ist auf Kleins Klage zur Zahlung von DM 15.000 Zug um Zug gegen Kleins Auflassungserklärung verurteilt worden.*

b) *Huber ist auf die Klage des Meier zur Erklärung der Auflassung Zug um Zug gegen Zahlung von DM 15.000 verurteilt worden.*

Kann die Vollstreckungsklausel vor Erbringung oder Anbietung der Gegenleistung erteilt werden?

Lösung

Zu a):
Ja! Die Zwangsvollstreckung hängt von einer Zug um Zug zu erbringenden Gegenleistung des Gläubigers ab, die in der Abgabe einer Willenserklärung besteht. Die vom Schuldner zu erbringende Leistung besteht in der Zahlung von DM 15.000. In diesem Fall gilt gem. § 726 Abs. 2 ZPO die Zug-um-Zug-Leistung nicht als Bedingung i. S. d. § 726 Abs. 1 ZPO. Andernfalls wäre der Gläubiger ja gezwungen, vorzuleisten. Bei der Geldvollstreckung haben die Vollstreckungsorgane die Gegenleistung bzw. den Annahmeverzug gem. §§ 756, 765 ZPO zu prüfen.

Zu b)
Nein! Hier besteht die Schuldnerleistung in der Abgabe einer Willenserklärung. Da sie mit Rechtskraft des Urteils gem. § 894 ZPO erbracht wäre, also kein Vollstreckungsorgan die Gegenleistung des Gläubigers prüfen würde,

muß die Prüfung in das Klauselerteilungsverfahren vorverlegt werden, § 726 Abs. 2 ZPO. Die Zahlung von DM 15.000 als Gegenleistung oder der Annahmeverzug sind vom Gläubiger durch Urkunden gem. § 726 Abs. 1 ZPO nachzuweisen.

2.5. Titelübertragende Klausel gem. § 727 ZPO

Mit der »Titelumschreibung« gem. § 727 ZPO wird die Rechtsnachfolge auf Gläubiger- oder Schuldnerseite geregelt (vgl. Muster M 5 im Anhang). Durch die Umstellung der Klausel auf den oder die Rechtsnachfolger wird die Übereinstimmung von den im Titel genannten Personen mit den Personen, für oder gegen die jetzt vollstreckt werden soll, herbeigeführt. Der Umstellungs- oder Umschreibungsweg (besser wohl: diese Übertragungsform) ist kostensparender als eine neue Klage, die sonst vom Rechtsnachfolger des Gläubigers gegen den Schuldner oder vom Gläubiger gegen den Rechtsnachfolger des Schuldners angestrengt werden müßte. Für eine solche Klage fehlt es daher auch am Rechtsschutzbedürfnis. Sie wäre als unzulässig abzuweisen.[122]

Sinn und Zweck

Zu unterscheiden ist, ob die Titelübertragung auf der Gläubiger- oder der Schuldnerseite zu erfolgen hat:

Für einen Rechtsnachfolger des Gläubigers ist die Titelübertragung bei jeder Rechtsnachfolge, die nach Prozeßbeginn eingetreten ist, möglich, d. h. sowohl bei Gesamtrechtsnachfolge (Erbe) als auch bei Sonderrechtsnachfolge (Abtretung, Pfändung). Dabei spielt es keine Rolle, ob die Rechtsnachfolge aufgrund eines Rechtsgeschäfts (z. B. Abtretung), Gesetz (z. B. Überleitung von Unterhaltsansprüchen gem. § 90 BSHG) oder Staatsakt (z. B. PfÜB, durch den die Titelforderung des Gläubigers gegen den Schuldner durch einen Gläubiger des Gläubigers gepfändet wurde) erfolgt![123]

Grundsätze der Titelübertragung

---

122 OLG Köln MDR 1990, 452.
123 BGH NJW 1984, 806; OLG Frankfurt NJW 1983; 2260; LG Mannheim Rpfleger 1988, 490.

Für einen Rechtsnachfolger des Schuldners ist die Titelumschreibung nur möglich im Rahmen der Rechtsnachfolgemöglichkeit des § 325 ZPO.

Eine Titelübertragung bei Rechtsnachfolge auf der Gläubigerseite ist bei jeder Art von Rechtsnachfolge zulässig. Es kommt auch nicht darauf an, wann die Rechtsnachfolge eingetreten ist. Bei Miterben kann die Klausel wegen der Gesamthandsberechtigung nur für alle Miterben erteilt werden.

Gesamtrechts-
nachfolge

Sonderrechts-
nachfolger

Die Titelübertragung bei Rechtsnachfolge auf der Schuldnerseite ist von der Rechtskrafterstreckung des § 325 ZPO abhängig. Nur soweit das rechtskräftige Urteil auf den Rechtsnachfolger i. S. d. § 325 ZPO wirkt, ist eine Titelübertragung möglich. Das spielt bei der Gesamtrechtsnachfolge nur insoweit eine Rolle, als die Rechtsnachfolge (z. B. beim Erbrecht) erst nach Rechtshängigkeit eingetreten sein muß. Auf den guten Glauben gem. § 325 Abs. 2 ZPO kommt es hier nicht an. Beim Sonderrechtsnachfolger dagegen kommt es noch zusätzlich darauf an, daß er gutgläubig war, und zwar sowohl bezüglich der Rechtshängigkeit als auch des Mangels im Recht des Vorgängers.

Die Klausel wird zunächst ohne weiteres erteilt, wenn der objektive Hergang der Rechtsnachfolge bzw. des Besitzerwerbes nachgewiesen wird. Der angebliche gute Glaube muß vom Rechtsnachfolger in der Regel nach § 732 ZPO oder § 768 ZPO geltend gemacht werden.

Zwingende
Anhörung

Die in § 730 ZPO fakultativ normierte Anhörung ist m.E. im Hinblick auf Art. 103 Abs. 1 GG zwingend (so auch *Amelung,* ZZP 88 (1975), 88) und neuerdings OLG Hamm Rpfleger 1991, 161 mit Anm. *Münzberg* sowie *Rosenberg/Gaul/Schilken* Zwangsvollstreckungsrecht 11. Aufl. § 16 V, 3 N 350 mwN. **Im Rahmen dieser Anhörung sind auch die Einwände aus dem gutgläubigen Erwerb geltend zu machen** und ggf. vom Gericht (hier Rechtspfleger) zu berücksichtigen.

Der **Besitznachfolger** kann einen gutgläubigen Erwerb niemals geltend machen, da es keinen gutgläubigen Besitzrechtserwerb gibt.

Soll ein Vollstreckungstitel zum zweiten Mal auf einen Rechtsnachfolger umgeschrieben werden, so ist der/die Rechtspfleger/in nicht an eine bereits erteilte, der Rechtslage nicht entsprechende (erste) Vollstreckungsklausel gebunden.[124]

Rechtsnachfolger i. S. d. § 727 ZPO sind auch die Parteien kraft Amtes, also der Konkursverwalter, Testamentsvollstrecker usw. Außerdem wird § 727 ZPO in vielen Fällen, die keine Rechtsnachfolge in streng rechtlichem Sinn darstellen, entsprechend angewendet (z. B. Nachlaßpfleger, Nacherbe, Vermögensübernehmer). Der Begriff Rechtsnachfolger ist im weitesten Sinne zu verstehen.[125]

Parteien kraft Amtes als Rechtsnachfolger

Da es sich bei der durch das Postumwandlungsgesetz angeordneten Umwandlung der Deutschen Bundespost in Aktiengesellschaften (§ 1 Abs. 1 PostUmwG) um eine übertragende Umwandlung handelt, bedürfen Titel, die auf die »Deutsche Bundespost Telekom« lauten, der Klauselumschreibung, wenn die Deutsche Telekom AG daraus die Zwangsvollstreckung betreiben will.[126]

Ist am Tage der Ersterteilung einer Klausel bereits die Rechtsnachfolge eingetreten, ergeht die »umgeschriebene« Klausel (besser deshalb die titelübertragende Klausel) als Erstklausel.

Titelübertragende Klausel als Erstklausel

Die Rechtshängigkeit als Kriterium für die Rechtsnachfolgewirkung ist von der Rechtskraft des Titels unabhängig. Oder: Auch ein vorläufig vollstreckbares Urteil kann auf der Schuldnerseite umgeschrieben werden. Vollstreckbarkeit und Rechtskraftwirkung decken sich nicht immer, zwar bezieht sich § 727 ZPO auf § 325 ZPO, aber der Bezug umfaßt nur die **Voraussetzung für die Rechtskraftwirkung,** nicht die Rechtskraft selbst. Denn das Gesetz behandelt im 8. Buch der ZPO die vorläufige Vollstreckbarkeit grundsätzlich ebenso wie die endgültige.[127]

Auch vorläufig vollstreckbare Urteile werden »umgeschrieben«

Eine titelübertragende Vollstreckungsklausel darf nur dann erteilt werden, wenn die Rechtsnachfolge durch **öffentliche** oder **öffentlich beglaubigte Urkunden nachgewiesen** wird oder bei dem Gericht **offenkundig** ist. Eine beachtliche Meinung hält ein **ausdrück-**

Urkundennachweis, Offenkundigkeit oder Geständnis

---

124 KG InVo 1997, 138 = FamRZ 1997, 509 = NJW-RR 1997, 253.
125 BGH MDR 1992, 108 = NJW-RR 1992, 2159 f.; OLG Köln MDR 1990, 452; LG Münster MDR 1980, 1030; Sächs. LArbG JurBüro 1996, 195; Näheres siehe: *Baur/Stürner,* aaO, Rdn. 17.6–17.23.
126 LG Wuppertal DGVZ 1995, 118 f.
127 *BbL-Hartmann,* 56. Aufl. 1998 Einführung zu § 727 ZPO.

liches Geständnis des Schuldners für ausreichend, das den Antragsteller vom Urkundennachweis entbindet (OLG Köln Rpfleger 1990, 264; OLG Saarbrücken Rpfleger 1991, 161 = JurBüro 1991, 726 sowie die einschlägige Kommentarliteratur, zur Streitfrage ausführlich *Joswig*, Rpfleger 1991, 144 (146/147).

Streitfrage: Nichtbestreiten (Schweigen) des Schuldners = Geständnis = Wegfall der Urkundennachweispflicht?

Der aktuellen Judikatur ist eine starke Tendenz zur Durchbrechung des Prinzips der Strenge des Urkundennachweises zu entnehmen. Danach soll das **Nichtbestreiten der Rechtsnachfolge (auch durch Schweigen!)** nach Anhörung gem. § 730 ZPO seitens des Schuldners i. S. d. § 138 Abs. 3 ZPO hinsichtlich der Beweisbedürftigkeit von Tatsachen dieselben Wirkungen haben wie ein Geständnis nach § 288 ZPO. Beim Fehlen von Einwendungen nach der Anhörung sei die **Klausel** daher ohne **Urkundennachweis zu erteilen**.[128]

Gegen diese Übertragung zivilprozessualer Grundsätze auf das »Amtsverfahren« der Klauselerteilung sind nicht nur aus dogmatischen, sondern auch rechtstatsächlichen Gründen Bedenken anzumelden.

Arg.: Das Klauselverfahren gem. § 727 ZPO unterscheidet sich deutlich vom Klageverfahren gem. § 731 ZPO. Der Schuldner hat keine Darlegungslast wie im Klageverfahren. Keine Bindungswirkung des Nichtbestreitens. Der Schuldnerschutz wird perforiert. Der Schuldner kann in der Regel zum Gläubigerwechsel nichts vortragen.[129]

---

128 OLG Koblenz Rpfleger 1997, 883 f.; OLG Düsseldorf Rpfleger 1991, 465 = JurBüro 1991, 1552; OLG Köln (v. 22. 1. 1989 – 2. Zivilsenat) und LG Mönchengladbach; beide in Rpfleger 1990, 264 = MDR 1990, 452; nunmehr erneut OLG Köln 8. 1. 1996, Rpfleger 1996, 208; LGte Dortmund u. München JurBüro 1990, 111; OLG Celle JurBüro 1990, 111 = Rpfleger 1989, 467; OLG Celle JurBüro 1994, 741; LG Mainz MDR 1995, 1265. Wieder OLG Köln v. 28. 12. 1995 u. 12. 1. 1996 MDR 1996, 964 und InVo 1996, 134 und InVo 1997, 161 f.
129 So auch deutlich: *Joswig*, Rpfleger 1991, 144 f.; *Münzberg*, NJW 1992, 201 [204]; OLG Bamberg JurBüro 1992, 195; LAG Düsseldorf Rpfleger 1992, 119; OLG Zweibrücken Rpfleger 1990, 520 = MDR 1991, 162 = NJW-RR 1991, 638 = JurBüro 1991, 595; OLGte Stuttgart u. Koblenz Rpfleger 1990, 518–519 = MDR 1990, 1021; OLG Nürnberg MDR 1993, 685 = Rpfleger 1993, 500 f. = NJW RR 1993, 1340; OLG Hamm Rpfleger 1994, 72; OLG Karlsruhe Rpfleger 1995, 78 f.; LG Hamburg Rpfleger 1994, 423; LG Münster v. 23. 1. 1996–5T27/96 InVo 1996, 135; OLG Hamburg Rpfleger 1997, 536 = MDR 1997, 1156 f. = FamRZ 1997, 1489; Auch *Jurksch*, MDR 1996, 985 m. Fußn. 9.

Beruh dieser Nachweis auf öffentlichen Urkunden, so sind diese in der Klausel anzugeben und abschriftlich dem Schuldner zuzustellen (§ 750 Abs. 2 ZPO).

Sparkassen sind nach dem Sparkassengesetz Anstalten des öffentlichen Rechts und damit als öffentliche Behörden im Sinne des Staats- und Verwaltungsrechts anzusehen.[130]

Wird die Rechtsnachfolge durch eine mit Siegel versehene Abtretungsurkunde der im Titel genannten Sparkasse als bisherige Gläubigerin nachgewiesen, stellt dies eine öffentliche Urkunde dar und genügt damit dem Erfordernis des § 727 ZPO.

2.6. Entsprechende Anwendung von § 727 ZPO (Klarstellungsklausel)

Auf einige interessante Fälle der Nachfolgeklausel und über deren entsprechende Anwendung in Form der klarstellenden Klausel (vgl. Muster M 6 im Anhang) sei besonders hingewiesen:

a) Der Besitznachfolger ist wie ein Rechtsnachfolger zu behandeln, gegen den das Urteil nach § 325 ZPO wirkt, z. B. der Ehegatte, der die Wohnung übernimmt; ebenso verhält es sich bei der Übernahme der Wohnung durch Untermieter. Eine titelübertragende Klausel ist hier zulässig.[131] — Besitznachfolger

b) Gibt die vollstreckbare Schuldurkunde den jeweiligen Eigentümer oder nur das Grundstück als Haftungsgrund an, ist eine **Titelumschreibung** nach Bildung von Wohnungseigentum gegen den jeweiligen Wohnungseigentümer zulässig und erforderlich.[132] — Wohnungseigentümer

c) Wenn sich eine OHG in eine KG verwandelt, liegt keine Rechtsnachfolge vor. Trotz der Identität der Partei wird aber eine »Klauselumschreibung« im Sinne eines **Klarstellungsvermerkes** für zulässig erachtet, um die Identität beider »Gesellschaften« nach außen zu dokumentieren. — OHG/KG

---

130 BGH NJW 1963, 1630.
131 *Stein-Jonas-Münzberg* aaO, § 727 Rdn. 20; LG Darmstadt MDR 1960, 407.
132 LG Weiden Rpfleger 1984, 280.

Inhaberwechsel beim Handelsgeschäft

d) Eine solche **klarstellende Klausel** wird auch beim Inhaberwechsel der Firma eines Handelsgeschäftes befürwortet. Zwar kann ein Kaufmann unter seiner Firma klagen und verklagt werden (§ 17 Abs. 2 HGB), so daß die Angabe der Firma im Titel reicht. Wechselt nun der Inhaber, so bleibt die Firma identisch, eine Titelübertragung obsolet, gleichwohl wird mit der klarstellenden Umstellung der Klausel auf den neuen Inhaber der Inhaberwechsel nach außen dokumentiert und eine Personalvollstreckung (z. B. OV-Verfahren) erleichtert.[133]

Auflösung einer Gesellschaft

e) Bei Auflösung einer Gesellschaft sind die Gesellschafter nicht automatisch Rechtsnachfolger. Eine entsprechende Anwendung dürfte auch im Hinblick auf § 129 Abs. 3 HGB unzulässig sein.[134]

2.7. Übernahmeklausel

Die Übernahmeklausel (vgl. Muster M 6 im Anhang) gem. § 729 ZPO schafft bei der so häufig von Schuldnern vorgegebenen totalen Vermögensübernahme gem. § 419 BGB eine Vollstreckungsmöglichkeit gegen den in der Regel solventen Vermögensübernehmer. Allerdings muß die Vermögensübernahme nach Rechtskraft erfolgt sein.[135]

Eine titelumschreibende Klausel nach § 729 Abs. 2 ZPO kann nur dann erteilt werden, wenn derjenige, der ein unter Lebenden erworbenes Handelsgeschäft unter der bisherigen Firma fortführt, für diese Verbindlichkeiten nach § 25 HGB haftet.[136]

Gemäß Art. 13 Nr. 16 EGInsO entfällt § 419 BGB mit dem Inkrafttreten der Insolvenzordnung am 1. 1. 1999. Damit dürfte die Übernahmeklausel gem. § 729 ZPO an Bedeutung verlieren, da einziger Anwendungsbereich die Firmenübernahme gem. § 25 HGB bleibt.

---

133 *Eickmann*, Rfleger 1968, 64; OLG Frankfurt Rpfleger 1973, 64. *Stein/Jonas/Münzberg* aaO., § 727 Rdn. 32–34 mwN.
134 LG Frankfurt BB 1982, 399 mwN; **a.A.** (für entspr. Anwendung von § 727): LG Oldenburg Rpfleger 1980, 27. Wegen weiterer Fälle einer »klarstellenden« Klausel siehe *Behr*, Taktik in der Mobilvollstreckung I, 2. Aufl. 1989, S. 29 ff.
135 Näheres siehe *Behr*, JurBüro 1994, 454 [455].
136 OLG Köln NJW-RR 1994, 1118 f.

2.8. Verfahren zur Erteilung der Vollstreckungsklausel

Die Vollstreckungsklausel wird auf formlosen Antrag des Gläubigers erteilt, der bereits in dem Klageantrag zu sehen ist. Es besteht kein Anwaltszwang (§ 78 Abs. 2 ZPO). Das Verfahren selbst ist gebührenfrei (§ 1 GKG). Eine Anhörung des Gegners kommt grundsätzlich nicht in Betracht (Ausnahme: § 730 ZPO in den Fällen der §§ 726, 727 ZPO). *Formloser Antrag*

Der Antrag kann auf einen Teil oder Teilbetrag des Urteilsanspruchs beschränkt werden; die Einschränkung muß dann in der Klausel Erwähnung finden (»Vorstehende Ausfertigung wird in Höhe des Betrages von ... bzw. zu Ziff. X des Urteilstenors vom ... erteilt«). *Teilklausel*

Das Prozeßgericht oder der Notar haben folgende Voraussetzungen für die Erteilung der vollstreckbaren Ausfertigung zu **prüfen**. *Voraussetzungen*

a) Liegt ein **wirksamer Titel** vor? Der Titel darf also nicht aufgehoben sein. Die Einlegung eines Rechtsmittels hindert nicht die Erteilung der Klausel. *Titel*

b) Ist der Titel **vollstreckungsreif?** Das Urteil muß rechtskräftig oder wenigstens vorläufig vollstreckbar sein (vgl. §§ 704, 794 ZPO). Die angeordnete Einstellung der Zwangsvollstreckung steht der Erteilung der vollstreckbaren Ausfertigung nicht im Wege, ebenso nicht die Wartefristen nach §§ 798, 798 a ZPO. *Vollstreckungsreife*

c) Hat der Titel einen **vollstreckungsfähigen Inhalt?** Kann aus dem Titel überhaupt vollstreckt werden? Folgende Urteile haben keinen vollstreckungsfähigen Inhalt: Feststellungsurteile, klageabweisende Urteile, das Urteil auf Wiederherstellung der Ehe, Urteile mit einem unbestimmten Inhalt, wie etwa: Der Beklagte hat 40% seines Einkommens an die Klägerin, seine Ehefrau, als Unterhalt zu zahlen. Alle diese Urteile dürfen nicht mit der Vollstreckungsklausel versehen werden.[137] *Vollstreckungsfähiger Inhalt*

Bei Gläubiger- oder Schuldnermehrheit gilt folgendes:

Bei Gesamtgläubigern (§ 428 BGB), Gesamthandsgläubigern (Gesellschaft des BGB, Erbengemeinschaft) und bei mehreren Gläubigern einer unteilbaren Leistung (§ 432 BGB) darf nur eine voll- *Gläubigermehrheit*

---

[137] Näheres dazu siehe auch *Sauer*, Rpfleger 1997, 289 ff.

streckbare Ausfertigung erteilt werden, bei Teilgläubigern dagegen so viele Ausfertigungen, wie Gläubiger vorhanden sind.

Schuldnermehrheit
Bei Gesamtschuldnern (§ 421 BGB) wird nur **eine** vollstreckbare Ausfertigung erteilt, bei Teilschuldnern (§ 420 BGB) so viele Ausfertigungen, wie Schuldner vorhanden sind.

2.9. Mehrfache vollstreckbare Ausfertigung

Doppel- oder Simultanvollstreckung
Gem. § 733 ZPO besteht die Möglichkeit, eine weitere vollstreckbare Ausfertigung; zu erlangen und mehrere Vollstreckungsversuche (auch Vollstreckungszugriffsarten) parallel zu unternehmen (Doppelpfändung).[138]

Allgemeines:
Die Vollstreckungsklausel hat eine Schutzfunktion für den Schuldner. Um ungerechtfertigte Mehrfachvollstreckungen zu verhindern, wird grundsätzlich nur eine vollstreckbare Ausfertigung erteilt.

Rechtsschutzbedürfnis
Eine weitere wird nur erteilt, wenn dafür ein Rechtsschutzbedürfnis besteht.[139]

Verlust oder Beschädigung
Ein Rechtsschutzbedürfnis wird bei Verlust oder Rückgabe (z. B. Beschädigung) der ersten Ausfertigung **immer,** in anderen Fällen hingegen nur dann angenommen, wenn die Notwendigkeit paralleler Vollstreckungszugriffe **vom Gläubiger nachgewiesen oder zumindest glaubhaft gemacht wird,** § 733 ZPO.[140]

Versehentliche Aushändigung
Ferner wird ein Rechtsschutzbedürfnis zweifelsfrei angenommen, wenn die erste Ausfertigung versehentlich durch Gläubiger oder GV bei Teilbefriedigung dem Schuldner ausgehändigt wurde. Bei Streit (Widerspruch des angehörten Schuldners) ist der Gläubiger beweispflichtig.[141]

Entsprechende Anwendung
Aus dem Grundsatz, daß § 733 ZPO dem objektiven Zweck folgt, Vollstreckungshindernisse tunlichst einfach und kostensparend

---

138 Näheres: *Behr,* JurBüro 1994, 581 ff.
139 OLG Saarbrücken AnwBl 1981, 161; OLG Frankfurt NJW-RR 1986, 512.
140 OLG Düsseldorf DNotZ 1977, 571; KG FamRZ 1985, 628.
141 LG Zweibrücken DGVZ 1991, 13; OLG Hamm Rpfleger 1979, 431; LG Hechingen Rpfleger 1981, 444; LG Dortmund, Rpfleger 1994,308.

Vollstreckungsklausel

zu vermeiden, wird § 733 ZPO in vielen Fällen entsprechend angewendet:

Beispiele für die Notwendigkeit einer weiteren vollstreckbaren Ausfertigung: — **Beispiele**

- Konsumtion des Titels, (Verbrauch durch revidierte Vollstreckung z. B. § 812 BGB nach Zugriff in Drittvermögen)
- Zwangsvollstreckung an mehreren Orten,
- versehentliche Aushändigung an den Schuldner,
- Doppelpfändung, z. B. bei Eigentumsvorbehalt,
- Notwendige Doppelvollstreckung bei Gesamtschuldnern,
- selbständige Vollstreckung eines Gesamtgläubigers.[142]

Zur Sicherung des Schuldners vor ungerechtfertigter Doppelvollstreckung muß er vor Erteilung einer weiteren vollstreckbaren Ausfertigung angehört werden, es sei denn, die erste Ausfertigung wird zurückgegeben, § 733 Abs. 1 ZPO. In zweifelsfreien Fällen kann die Anhörung unterbleiben. In jedem Fall ist der Schuldner von der Erteilung zu benachrichtigen. — **Verfahrenshinweis**

Eine Rückgabe wird nur in den Fällen der Beschädigung oder Ergänzung (Teil- zu Vollklausel) verlangt. In anderen Fällen (insbesondere bei notwendiger Doppelvollstreckung) ist die Rückgabe zwangsläufig entbehrlich.[143]

Wer erteilt die Vollstreckungsklausel für eine notarielle vollstreckbare Urkunde? — **Frage**

In der Regel der Notar, § 797 Abs. 2 ZPO, der ja die Originalurkunde verwahrt. Ist der Notar verstorben oder nicht mehr im Dienst, erteilt das Amtsgericht oder die nach sonstigem Landesrecht zuständige Behörde die Klausel. Auch die titelübertragende Klausel wird vom Notar erteilt. — **Antwort**

Wer erteilt eine weitere vollstreckbare Ausfertigung einer notariellen Urkunde? — **Frage**

Der Notar auf Entscheidung des Gerichts, § 797 Abs. 3 ZPO. Beim Gericht ist der Rechtspfleger für die Entscheidung zuständig, § 20 Nr. 13 RpflG. — **Antwort**

---

142 Näheres zu weiteren Möglichkeiten und zum Erteilungsverfahren: *Behr*, JurBüro 1994, 581 ff.
143 OLG Hamm JurBüro 1992, 269; OLG Sturttgart NJW RR 1990, 126 = MDR 1990, 162 = JurBüro 1990, 258.

2.10. Rechtsbehelfe im Klauselerteilungsverfahren

2.10.1. Gegen die Versagung der Vollstreckungsklausel

Klausel-versagung

a) **durch den UdG:** Die Entscheidung des Prozeßgerichts ist nachzusuchen, § 576 Abs. 1 ZPO. Lehnt auch dieses die Erteilung ab, so steht dem Gläubiger die Möglichkeit der einfachen Beschwerde zu, §§ 567, 576 Abs. 2 ZPO;

b) **durch den Rechtspfleger:** § 11 Abs. 1 S. 1, RpflG: unbefristete Durchgriffserinnerung;

c) **durch den Notar:** einfache Beschwerde gem. §§ 54 BeurkG, 20 ff. FGG.

2.10.2. Gegen die Erteilung der Vollstreckungsklausel

Klauselerteilung

a) **durch den UdG:** ebenfalls Erinnerung gem. § 732 Abs. 1 ZPO

b) **durch den Rechtspfleger:** ebenfalls Erinnerung gem. § 732 Abs. 1 ZPO. Als besonderer Rechtsbehelf des Klauselverfahrens verdrängt § 732 ZPO die Erinnerung gem. § 11 RpflG.[144]

c) **durch den Notar:** ebenfalls Erinnerung gem. § 732 ZPO an das Amtsgericht, in dessen Bezirk der Notar seinen Amtssitz hat, § 797 Abs. 3 ZPO.

Erinnerung gem. § 732 ZPO

Die Erinnerung gem. § 732 ZPO ist sowohl bei formellen Einwendungen (Titel ist nicht vollstreckbar, Vollstreckbarkeit ist durch Klagerücknahme in höherer Instanz fortgefallen, Voraussetzungen der Klauselerteilung nach § 726 ff. ZPO sind nicht durch öffentliche Urkunden nachgewiesen u. a.) als auch bei materiellen Einwendungen (Rechtsnachfolge oder Bedingungen sind nicht eingetreten, Nichtigkeit der Abtretung u. a.) gegeben.

Einstweilige Einstellung

Die Geltendmachung der Einwendungen mit der Erinnerung gem. § 732 ZPO hemmt die Vollstreckung nicht. Das Gericht kann aber die Zwangsvollstreckung durch eine einstweilige Anordnung gem. § 732 Abs. 2 ZPO bis zur Entscheidung über die Erinnerung einstweilen einstellen.

---

144 Jetzt wohl h. M., *Zöller/Stöber*, aaO § 732 Rdn. 4.

2.10.3. Besondere Rechtsbehelfe

Neben diesen allgemeinen Rechtsbehelfen haben die Parteien noch besondere Rechtsbehelfe, wenn es sich um titelübertragende oder titelergänzende Vollstreckungsklauseln handelt (§§ 726, 727 ZPO). *Besondere Rechtsbehelfe*

a) Kann der Gläubiger in den Fällen der §§ 726, 727 ZPO den Nachweis der Rechtsnachfolge oder bei einem bedingten Titel den Nachweis des Eintritts der Bedingung mit öffentlichen oder öffentlich beglaubigten Urkunden nicht führen, dann muß er Klage auf Erteilung der Vollstreckungsklausel erheben. § 731 Abs. 1 ZPO. Zuständig (ausschließlich, § 802 ZPO) ist das Prozeßgericht der 1. Instanz, bei Urkunden das Gericht, bei dem der Schuldner seinen allgemeinen Gerichtsstand hat, § 797 Abs. 5 ZPO. Bei Vollstreckungsbescheiden gem. § 796 Abs. 3 ZPO ist das Gericht zuständig, das für das Streitverfahren zuständig gewesen wäre, u.U. also auch das Landgericht. Es handelt sich um eine prozessuale Gestaltungsklage, gerichtet auf die Zulässigkeit der begehrten Vollstreckungsklausel. *Klage gem. § 731 ZPO*

b) Bestreitet der Schuldner, daß die Voraussetzungen zur Umschreibung der Vollstreckungsklausel vorliegen oder daß die Bedingungen eingetreten sind, so kann er Klage auf Unzulässigkeit der Zwangsvollstreckung aus dieser Vollstreckungsklausel erheben, § 768 ZPO. Die Klage ist nur wegen materieller Einwendungen (Nichteintritt der materiellen Wirkungen) zulässig (z. B. Nichtigkeit der Abtretung, Ungültigkeit von Urkunden). Bestreitet der Schuldner die noch bestehende Höhe des titulierten Anspruchs selbst, so muß er nicht gem. § 768 ZPO gegen die Klausel, sondern gem. § 767 ZPO gegen die Vollstreckbarkeit des Titels vorgehen. Will er die Rechtmäßigkeit des Titels angreifen (nicht also bloß seine Vollstreckbarkeit), so muß er Berufung einlegen. Die Klage gem. § 768 ZPO ist eine prozessuale Gestaltungsklage. Zuständig ist das Prozeßgericht der ersten Instanz, §§ 768, 767 Abs. 1 ZPO. *Klage gem. § 768 ZPO*

Da materielle Einwendungen gegen die Klauselerteilung, wie z. B. die Ungültigkeit von Urkunden oder die Nichtigkeit einer Abtretung, wahlweise durch Erinnerung gem. § 732 ZPO oder durch Klage gem. § 768 ZPO geltend gemacht werden können, besteht *Wahl zwischen § 732 und § 768 ZPO* ein Konkurrenzverhältnis zwischen § 732 ZPO und § 768 ZPO. Wie sich aus § 768 ZPO (am Ende) ergibt, kann stets statt Klage Erinnerung gem. § 732 ZPO eingelegt werden. Hat die Erinnerung keinen Erfolg, kann noch nachträglich Klage gem. § 768 ZPO erhoben werden. Umgekehrt dagegen ist jedoch durch ein Urteil nach § 768 ZPO die Erinnerungsmöglichkeit gem. § 732 ZPO ausgeschlossen.

Praktische Abgrenzung von § 732 zu § 768 ZPO
Die Erinnerung gem. § 732 ZPO ist ein einfaches, summarisches Verfahren, das bei dem Gericht durchgeführt wird, das die Vollstreckungsklausel erteilt hat. Die Klage gem. § 768 ZPO ist dagegen ein ordentliches Klageverfahren, das auch eine Beweisaufnahme vorsieht. Der Schuldner wird also immer dann den Klageweg beschreiten, wenn er zugleich Einwendungen gem. § 767 ZPO erheben, also nicht nur gegen die Klauselerteilung als solche vorgehen will, sondern gegen die Zulässigkeit der Zwangsvollstreckung überhaupt.

3. Zustellung

Grundsatz Für den Beginn jeder Zwangsvollstreckung ist grundsätzlich erforderlich, daß der Vollstreckungstitel bereits zugestellt ist oder gleichzeitig zugestellt wird, § 750 Abs. 1 S. 1 ZPO.

In besonderen Fällen ist **zusätzlich die Zustellung der Vollstreckungsklausel** einschließlich der für ihre Erteilung wesentlichen Urkunden erforderlich, § 750 Abs. 2 ZPO (d. h. bei der titelübertragenden Klausel gem. § 727 ZPO und der titelergänzenden Klausel gem. § 726 ZPO s. oben zu Kapitel IV. 2.4. und 2.5.). Die Zustellung einer **beglaubigten Abschrift** des Urkundenoriginals genügt.[145]

Für die **Sicherungsvollstreckung** ist sowohl die vorherige Zustellung des Titels als auch der Vollstreckungsklausel notwendig, fer-

---

145 LG Aachen DGVZ 1991, 42; AG Göppingen DGVZ 1992, 59; OLG Hamm Rpfleger 1994, 173 f.

ner muß danach noch zwei Wochen abgewartet werden, bevor mit der Vollstreckung begonnen werden kann, § 750 Abs. 3 ZPO.

Von der Grundregel der mindestens **gleichzeitigen Zustellung** gibt es aber Ausnahmen:

Ausnahmen

a) Zustellung **zwei Wochen vor Beginn** der Zwangsvollstreckung ist in den Fällen des § 798 ZPO (z. B. Kostenfestsetzungsbeschluß, notarielle Urkunden) notwendig.

§ 798 ZPO

b) Zustellung **einen Monat vor Beginn** ist bei Abänderungsbeschlüssen zu Unterhaltstiteln gem. § 798 a ZPO erforderlich.

§ 798 a ZPO

c) Zustellung **eine Woche nach Beginn** ist in den Fällen der §§ 929 Abs. 3, 935, 936 ZPO (Arrest- und Einstweilige Verfügung) zulässig.

§ 929 Abs. 3 ZPO

d) **Zwei Wochen vorher muß das Urteil** (bzw- der Kostenfestsetzungsbeschluß) oder der Regelunterhaltsbeschluß gem. § 795 S. 2 ZPO) zugestellt sein, wenn der Gläubiger ohne Sicherheitsleistung gem. § 720 a ZPO vollstrecken will, § 750 Abs. 3 ZPO. Hier müssen ausnahmsweise Urteil und Vollstreckungsklausel zugestellt werden (s. oben).

§ 795 S. 2, § 750 Abs. 3 ZPO

3.1. Zustellungsarten und -organe

Die Zustellung ist die amtlich beurkundete Übergabe einer beglaubigten Abschrift des zuzustellenden Schriftstücks, nur in Ausnahmefällen ist die Urschrift zuzustellen, §§ 166, 170, 208, 210 ZPO. Die Zustellung erfolgt entweder von Amts wegen (§§ 166 ff. ZPO) oder auf Betreiben der Parteien (§§ 208 ff. ZPO).

Definition

Für die Amtszustellung ist die Geschäftsstelle das zuständige Zustellungsorgan. Sie bedient sich der Post oder des Gerichtswachtmeisters, §§ 209, 211 ZPO.

Amtszustellung

Allgemeine Vollstreckungsvoraussetzungen

Parteizustellung Die Parteizustellung wird durch den **Gerichtsvollzieher** als Zustellungsorgan ausgeführt. Er kann persönlich zustellen oder sich der Post bedienen. Die Parteizustellung kann auch durch **Vermittlung der Geschäftsstelle** geschehen, §§ 166 Abs. 1, 168, 196 ZPO. Der Urkundsbeamte der Geschäftsstelle beauftragt dann in der Regel einen Gerichtsvollzieher (§ 168 ZPO). Nur in besonderen Eil- oder Notfällen kann sich der UdG unmittelbar der Post bedienen (§ 196 ZPO).

Achtung: Auch die nach der Privatisierung der Deutschen Bundespost durch Postangestellte unter Beachtung der Vorschriften der ZPO und des VwZG durchgeführten Zustellungen sind wirksam. Bei den Zustellungsurkunden handelt es sich nach wie vor um öffentliche Urkunden.[146]

Gem. Art. 6 Nr. 13 PTNeuOG ist in § 16 Abs. 1 Postgesetz eine entsprechende Beleihung der Post AG mit Recht zur Zustellung nach den Regeln des Prozeß- und Verfahrensrechts erfolgt. Ab 1998 tritt im geänderten Postgesetz (BR-Drucks. 147/97) an Stelle von § 16 PostG a.F. § 32 Abs. 1 PostG n. F.

Von Anwalt zu Anwalt Eine besondere Form der Parteizustellung ist die Zustellung von Anwalt zu Anwalt gem. § 198 ZPO. Sie besteht in der formlosen Aushändigung des zuzustellenden Schriftstücks gegen schriftliches Empfangsbekenntnis. Letzteres gelangt dann an den Anwalt, der die Zustellung veranlaßt hat, zurück. Diese Form ist im Rahmen der Parteizustellung bei beidseitiger Vertretung durch Anwälte sehr häufig.

Dabei ist zu beachten, daß nur der anwaltliche Prozeßbevollmächtigte zur Unterzeichnung des Empfangsbekenntnisses mit rechtlicher Wirksamkeit berechtigt ist. Er kann einen anderen Anwalt derselben Sozietät als Empfangsberechtigten bestimmen (im Zweifel ist jeder der Sozietät angehörige Anwalt als bevollmächtigt anzusehen), keinesfalls aber den Bürovorsteher oder eine Kanzleiangestellte.[147]

Bei überörtlichen Sozietäten sind nur die am Ort des Prozeßge-

---

146 BFH NJW 1997, 3264 = ZIP 1997, 2012; OLG Koblenz InVo 1997, 334; LG Bonn ZIP 1998, 401; **a.A.** bezüglich des Urkundscharakters: Löwe/Löwe 1997, 2002.
147 BGH AnwBl 1995, 157; BGH NJW 1982, 1650 (1651).

richts kanzleiansässigen Rechtsanwälte im Sinne von § 176 ZPO zu Prozeßbevollmächtigten bestellt. Eine Zustellung an einen lediglich überörtlich sozietätsgebundenen Rechtsanwalt ist unwirksam.[148]

Mängel in der Zustellung machen den Vollstreckungsakt nicht nichtig, sondern nur anfechtbar. Unter den vielen möglichen Verstößen sind häufig Mängel bei der Ersatzzustellung (z. B. an Untermieter, Verstoß gegen § 181 ZPO) und bei der Vertretung durch Anwälte (z. B. an Schuldner persönlich, obwohl anwaltlich vertreten, § 176 ZPO) auffällig.

Zustellungsmängel und Ersatzzustellung

Eine Ersatzzustellung an einen Familienangehörigen des Empfängers ist nur wirksam, wenn beide in derselben Wohnung leben. Die Zulässigkeit der Ersatzzustellung gem. § 181 Abs. 2 ZPO an den Hauswirt oder Vermieter, der im selben Hause wohnt, gilt nicht für Familienangehörige.[149]

Eine Ersatzzustellung durch Niederlegung auf der Geschäftsstelle des Amtsgerichts oder beim zuständigen Postamt gem. § 182 ZPO setzt das Bestehen einer Wohnung im Amtsgerichtsbezirk und einen Zustellungsversuch nach § 181 ZPO voraus. Der Zustellungsempfänger muß eine natürliche Person sein. Ein Geschäftslokal im AG-Bezirk reicht nicht aus.[150]

Für die Wirksamkeit dieser Ersatzzustellung durch Niederlegung gem. § 182 ZPO ist es bedeutungslos, ob und wann der Adressat von ihr Kenntnis erhält, wenn nur der Zusteller eine ordnungsgemäße Benachrichtigung in den Hausbriefkästen gesteckt hatte.[151]

Die Judikatur zu § 181 Abs. 1 ZPO problematisiert die Zustellung an den Lebensgefährten:

Nichteheliche Lebensgemeinschaft

Eine Ersatzzustellung an den nichtehelichen Lebenspartner sei unwirksam, da er nicht zu den im § 181 ZPO genannten Personen gehöre. Es sei kein »zur Familie gehöriger erwachsener Hausgenosse«[152].

---

148 KG MDR 1995, 833 = Rpfleger 1995, 117; *Boin*, MDR 1995, 882.
149 OLG Rostock MDR 1996, 1067 f. = NJW-RR 1997, 123.
150 LArbG Köln v. 8. 2. 1996, MDR 1996, 741; siehe auch *BbL-Hartmann*, aaO., § 182 Rdn. 3–5.
151 LG Berlin Rpfleger 1977, 120.
152 BGH DGVZ 1987, 137 = NJW 1987, 1562.

Diese Auffassung ist neuerdings revidiert worden. Für die grundsätzliche Ersatzzustellungsberechtigung des nichtehelichen Lebenspartners, soweit ein nach außen wirkendes Vertrauensverhältnis im Rahmen einer tatsächlichen Lebensgemeinschaft vorhanden ist, hat sich u. a. der BGH ausgesprochen.[153]

Die Beweiskraft der Zustellungsurkunde gem. § 418 ZPO erstreckt sich nicht darauf, daß der Zustellungsempfänger unter der Zustellungsanschrift wohnt.[154]

Anders aber, wenn die Wohnungsangabe in der Zustellungsurkunde mit der in den Akten vom Zustellungsempfänger selbst angegebenen oder bestätigten Anschrift übereinstimmt.[155]

Heilung Mängel können geheilt werden durch

- ordnungsgemäße Wiederholung der Zustellung,
- rügelosen Ablauf des Verfahrens (hier der Zwangsvollstreckung),
- Zugang des Schriftstücks an den richtigen Zustellungsadressaten, § 187 Satz 1 ZPO.

Die Möglichkeit, Zustellungsmängel zu heilen, setzt jedoch einen Zustellungsvorgang und damit die Absicht, eine Zustellung vorzunehmen, voraus.[156]

Frage *Wem ist das Urteil zuzustellen, wenn der Beklagte, nicht aber der Kläger,*
a) durch einen Rechtsanwalt vertreten ist,
b) minderjährig ist?

Antwort Zu a):
Dem Prozeßbevollmächtigten des Beklagten (§ 176 ZPO), sofern das Verfahren noch anhängig ist. Ist bereits Rechtskraft eingetreten, muß die Zu-

---

153 BGH NJW 1990, 1666 = Rpfleger 1990, 373 = DGVZ 1990, 116 = WM 1990, 1044 = JurBüro 1990, 702; OVG Hamburg NJW 1988, 1807, sowie *Schilken*, DGVZ 1995, 161 ff., der sich grundsätzlich für eine Reform des Zustellungsrechts ausspricht.
154 BVerfG NJW-RR 1992, 1084 f. = DGVZ 1992, 154.
155 OLG Köln Rpfleger 1996, 415. Zu weiteren Mängelproblemen und grundsätzlich zu Heilungsfragen siehe *Behr*, Allgemeines Vollstreckungsrecht, 2. Aufl. 1996, S. 25 ff.
156 LG Frankfurt/Main vom 6. 5. 1993 JurBüro 1993, 750 f.

Zustellung

stellung an den Beklagten persönlich erfolgen, da § 176 ZPO nur für das »anhängige« Verfahren gilt, zu dem allerdings auch das Kostenfestsetzungsverfahren gehört.[157]

Zu b):
Den gesetzlichen Vertretern (den Eltern), § 171 ZPO, wobei die Zustellung an einen Elternteil genügt.[158]

Die Parteien schließen folgenden Vergleich. »Der Beklagte zahlt zum Ausgleich der Klageforderung DM 2.000 an den Kläger und übernimmt die Kosten des Verfahrens. **Übungsfall**

Welche Voraussetzungen müssen vor Beginn der Zwangsvollstreckung erfüllt sein? Der Kläger ist anwaltlich vertreten, der Beklagte nicht.

Der Vergleich ist ein zur Zwangsvollstreckung geeigneter Titel, § 794 Abs. 1 Nr. 1 ZPO. Die Vollstreckungsklausel muß erteilt werden, §§ 724, 725, 795 ZPO. **Lösung**

Eine Zustellung im Parteibetrieb ist erforderlich, da es sich nicht um eine gerichtliche Entscheidung handelt (siehe unten zu 3.2.), §§ 750 Abs. 1 S. 2, 795 ZPO. Die Zustellung muß an den Beklagten persönlich erfolgen.

Nach h. M. ist die Zustellung eines Vergleiches unwirksam, wenn sie statt im Parteibetrieb von Amts wegen erfolgt.[159]

Wie ist zuzustellen, wenn im vorhergehenden Fall beide Parteien durch Anwälte vertreten sind? **Frage**

Durch Zustellung von Anwalt zu Anwalt gegen Empfangsbekenntnis, § 198 ZPO. Diese Zustellung gilt als Parteizustellung und genügt als Voraussetzung zur Zwangsvollstreckung, § 750 Abs. 1 S. 2 ZPO. **Antwort**

Oder

Per Zustellung durch den Gerichtsvollzieher an den Beklagten persönlich, nicht an den Anwalt, da § 176 ZPO nur während des anhängigen Rechtsstreits gilt.

---

157 *Biede,* DGVZ 1977, 74.
158 LG Ravensburg Rpfleger 1975, 379.
159 *Stein-Jonas-Münzberg* § 750 Rdn. 29; MünchKomm.-*Arnold* § 750 Rdn. 71; *Zöller-Stöber* § 795 Rdn. 1; *Thomas-Putzo* vor § 166 Rdn 7, 14; Andere Ansicht: OLG Dresden InVo 1997, 46.

3.2. Funktion der Zustellungsarten für die Zwangsvollstreckung

Grundsatz der Amtszustellung

a) **Vollstreckungstitel**, die aufgrund einer **gerichtlichen Entscheidung** ergehen, insbesondere also Urteile und Vollstreckungsbescheide, werden grundsätzlich **von Amts wegen zugestellt** §§ 317 Abs. 1, 270 Abs. 1, 699 Abs. 4 S. 1 ZPO.

Das gilt auch für alle – also auch für die verkündeten – Beschlüsse und sonstigen Entscheidungen des Gerichts, die einen Vollstreckungstitel bilden oder die der sofortigen Beschwerde bzw. befristeten Erinnerung unterliegen (§§ 270 Abs. 1, **329 Abs. 3 ZPO**).

Wirkung der Amtszustellung

Nur diese **Amtszustellung** setzt die Rechtsmittelfrist in Lauf, §§ 516, 552, 577 ZPO. Ist die Amtszustellung fehlerhaft, wird das Urteil erst sechs Monate nach Verkündung rechtskräftig (§ 516 ZPO). Das gilt auch dann, wenn eine ordnungsgemäße Parteizustellung nachträglich erfolgt. Lediglich bei den in Beschlußform erlassenen Arresten und einstweiligen Verfügungen, bei Pfändungs- und Überweisungsbeschlüssen und bei der Vorpfändung bleibt es ausschließlich bei der Parteizustellung (§§ 922 Abs. 2, 936, 829 Abs. 2 S. 1, 845 ZPO).

Ausnahme

Ausnahmsweise setzt beim Vollstreckungsbescheid auch die Parteizustellung die Rechtsmittelfrist in Lauf, wenn der Gläubiger selbst zustellen will oder die Auslagen nicht zahlt (§ 699 Abs. 4 S. 2 ZPO).[160]

§ 750 Abs. 1 S. 1 ZPO

Jede im Erkenntnisverfahren erfolgte Amtszustellung genügt auch als Voraussetzung für die Zwangsvollstreckung.

§ 213 a ZPO

Der Zustellungsnachweis ist durch die Bescheinigung des UdG (§ 213 a ZPO) zu erbringen. Sie wird in der Regel in die Vollstreckungsklausel integriert; »Vorstehende, **dem Beklagten am ... zugestellte** Ausfertigung, wird dem Kläger zum Zwecke der Zwangsvollstreckung erteilt.«

Beanstandet der Vollstreckungsschuldner aber, daß die Zustellung nicht oder nicht ordnungsgemäß erfolgt sei, darf dieser Einwand

---

160 OLG Koblenz NJW 1981, 408; *Bischof*, NJW 1980, 2235.

nicht allein unter Hinweis auf den Zustellungsvermerk zurückgewiesen werden.[161]

Wie wir gesehen haben, kann die Zustellung als Voraussetzung für die Zwangsvollstreckung sowohl im Parteibetrieb als auch im Amtsbetrieb erfolgen. Nur die Amtszustellung setzt aber die Rechtsmittelfrist in Lauf.

Doppelwirkung der Amtszustellung

Die Amtszustellung hat also zwei Wirkungen:

aa) Inlaufsetzen der Rechtsmittelfrist,
bb) Voraussetzung für die Zwangsvollstreckung.

Grundsatz

Fehlerhafte Amtszustellungen können durch Zugang des zuzustellenden Schriftstücks an den richtigen Adressaten bezüglich der Wirkung zu bb) geheilt werden, siehe § 187 ZPO.

Heilung von fehlerhaften Zustellungen

Zur Erfüllung der Voraussetzung für die Zwangsvollstreckung genügt also jede ordnungsgemäße Zustellung, sei sie **von Amts wegen** oder im **Parteibetrieb** erfolgt. Allerdings setzt lediglich die Amtszustellung die Rechtsmittelfrist in Lauf.

Grundsatz

Nur beim Vollstreckungsbescheid setzt in einem Ausnahmefall die Parteizustellung die Rechtsmittelfrist in Lauf, § 699 Abs. 4 S. 2 ZPO (siehe oben).

b) **Andere Vollstreckungstitel** als gerichtliche Entscheidungen werden im Parteibetrieb zugestellt, insbesondere also Vergleiche, notarielle Urkunden, Arreste und einstweilige Verfügungen (sofern sie ohne Anhörung des Gegners in Beschlußform ergehen und damit keine echten Entscheidungen sind), §§ 794 Abs. 1 Nr. 1 und 5, 795, 922, 936 ZPO.

Ausschließliche Parteizustellung

---

[161] OLG Köln InVo 1996, 246 ff. = Rpfleger 1997, 31.

Darüber hinaus gibt es noch **eine Reihe anderer Schriftstücke**, Urkunden und Beschlüsse, die nach dem Gesetz oder der Systematik des Vollstreckungsverfahrens **im Parteibetrieb** zugestellt werden müssen:

- Pfändungs- und Überweisungsbeschlüsse, § 829 Abs. 2 ZPO,
- Vorpfändungsbenachrichtigungen, § 845 Abs. 1 S. 1 ZPO,
- Nachweise der Sicherheitsleistung auf der Gläubigerseite, § 751 Abs. 2 ZPO,
- Titelergänzende und titelübertragende Klauseln, §§ 726, 727, 750 Abs. 2 ZPO,
- Beglaubigte Abschriften der Urkunden, die den Klauseln gem. §§ 726, 727 ZPO zugrundelagen, § 750 Abs. 2 ZPO,
- Einfache Vollstreckungsklauseln bei der Sicherungsvollstreckung, § 750 Abs. 3 ZPO,
- Arreste und einstweilige Verfügungen in **Beschlußform**, sofern sie an den Antragsgegner durch den Antragsteller gem. § 922 Abs. 2 ZPO zuzustellen sind (Vollzugszustellung).

Doppelzustellung bei Arresturteilen

Zu beachten ist, daß bei Arrestbefehlen und einstweiligen Verfügungen, die in Urteilsform ergehen, eine **Doppelzustellung** an den Antragsgegner zu erfolgen hat. Von Amts wegen gem. §§ 270, 317 ZPO und im Parteibetrieb gem. §§ 922, 929 ZPO (Vollstreckungszustellung). Die Parteizustellung ist hier zwingend, um anzuzeigen, daß von dem Titel Gebrauch gemacht wird.[162]

Übungsfall *Ein verkündetes Urteil ist dem Beklagten von Amts wegen (§§ 317, 270 ZPO) zuzustellen. Der Postbedienstete (§§ 211, 280, 195 Abs. 2, 191 Nr. 4, 181 ZPO) vermerkt auf der Zustellungsurkunde, daß die Zustellung an den Untermieter des Beklagten erfolgt ist. Dieser übergibt später die Urteilsausfertigung dem Beklagten.*

a) Ist die Rechtsmittelfrist in Lauf gesetzt worden?

b) Kann die Zwangsvollstreckung beginnen?

---

162 OLG Naumburg, OLG-Report – Naumburg, 1997, 341 und SchlHOLG SchlHA 1997, 74; *Wedemeyer*, NJW 1979, 293; *Bischof*, NJW 1980, 2236, **a. A.** bei einer einstw. Verfügung auf Unterlassung ist OLG Celle NJW-RR 1990, 1088 und OLG Oldenburg MDR 1992, 903 = JurBüro 1992, 495: Wegen der Besonderheit der Unterlassungsvollstreckung gem. § 890 ZPO genüge eine Amtszustellung.

Zustellung

Zu a): **Lösung**
Eine wirksame Ersatzzustellung, § 181 ZPO ist nicht erfolgt, da der Untermieter nicht Empfangsberechtigter ist. Der Mangel kann nicht über § 187 S. 1 ZPO geheilt werden, da die Berufungsfrist eine Notfrist ist. Sie wurde nicht in Lauf gesetzt. Es muß erneut zugestellt werden (§ 187 S. 2 ZPO).

Zu b):
Die Zustellung als Voraussetzung zur Zwangsvollstreckung kann geheilt werden; § 187 S. 1 ZPO. Da der Beklagte das Schriftstück tatsächlich erhalten hat, ist die Zustellung geheilt, und die Zwangsvollstreckung kann beginnen (sofern alle anderen Voraussetzungen gegeben sind).

3.3. Heilung von Zustellungsmängeln bei Gläubigerkonkurrenz

Die Zustellung ist eine wesentliche Voraussetzung der Zwangsvollstreckung. Fehlt sie oder hat sie einen Mangel, ist der Vollstreckungsakt anfechtbar, aber nicht nichtig. Wird nicht angefochten, verbleibt es also bei der Pfändung. Wird der Mangel nun später geheilt, so entfällt der Anfechtungsgrund. Das ist unproblematisch, sofern nur ein Gläubiger an der Vollstreckung beteiligt ist. Bei Gläubigerkonkurrenz dagegen kommt es darauf an, wann der Zustellungsmangel geheilt wird und wie sich das auf den Rang der Pfändungen auswirkt. **Problem**

Der Rang der Pfändung bestimmt sich nach der Reihenfolge der Pfändungen, § 804 Abs. 3 ZPO: **Prioritäts- oder Präventionsprinzip.** **Prioritätsprinzip**

Haben also zwei oder mehrere Gläubiger denselben Vermögensgegenstand des Schuldners beschlagnahmt, so kommt es auf die zeitliche Reihenfolge der wirksamen Beschlagnahme an. Reicht der Wert des Vermögensgegenstandes (z. B. Erlös gepfändeter Sachen, Geldforderung bei der Forderungspfändung) nicht aus, um beide Gläubiger vollständig zu befriedigen, so erfolgt die Befriedigung in der Reihenfolge der wirksamen Pfändung.

Allgemeine Vollstreckungsvoraussetzungen

Übungsfall *Im Auftrage des Gläubigers Schlau pfändet der Gerichtsvollzieher Nimm bei dem Schuldner Gutgläubig einen Wohnzimmerschrank. Der vollstreckbare Schuldtitel war bereits vor der Pfändung an den nicht anwaltlich vertretenen Schuldner zu Händen der seit längerer Zeit bei dem Schuldner tätigen Wirtschafterin Säuberlich in der Weise zugestellt worden, daß die Wirtschafterin das Schriftstück auf der Straße in Empfang nahm. Danach läßt ein anderer Gläubiger, Herr Klug, den Schrank im Wege der Anschlußpfändung (§ 826 ZPO) pfänden. Vorher war für Klug ordnungsgemäß die Zustellung des vollstreckbaren Titels erfolgt.*

Gutgläubig legt gegen die erste Pfändung (für Schlau) Erinnerung gem. § 766 ZPO mit dem Hinweis ein, er sei nicht in den Besitz des der Wirtschafterin übergebenen Schriftstücks gelangt. Vor Entscheidung über die Erinnerung stellt Schlau – diesmal an den Schuldner persönlich – erneut im Parteibetrieb zu.

Wird die Erinnerung Erfolg haben?

Lösung Bei der Entscheidung über die Erinnerung wird im Regelfall die Sach- und Rechtslage zugrundegelegt, wie sie sich im Zeitpunkt der Entscheidung ergibt:[163]

Schlau hat ordnungsgemäß zugestellt, wenn auch erst nach der Beschlagnahme. Die »nachgeholte Zustellung« hat die fehlerhafte, weil ohne Zustellung ausgeführte, Beschlagnahme geheilt. Der Verfahrensmangel ist im Zeitpunkt der Entscheidung über die Erinnerung geheilt. Die Erinnerung ist daher zurückzuweisen.

Übungsfall (Fortsetzung) *Der Gerichtsvollzieher versteigert nunmehr den Wohnzimmerschrank. Der Reinerlös deckt die Forderung des Schlau, Gläubiger Klug droht auszufallen. Er macht geltend, sein Pfandrecht gehe dem des Schlau vor.*

Lösung Für das Befriedigungsrecht gilt der Prioritätsgrundsatz des § 804 Abs. 3 ZPO. Äußerlich ist für Schlau zuerst gepfändet worden. Die öffentlich-rechtliche Verstrickung (Beschlagnahme) ist wirksam geworden, auch wenn sie wegen des Zustellungsmangels zunächst anfechtbar war. Für den Rang der materiellen Befriedigungsbefugnis **(Pfändungspfandrecht)** kommt es aber darauf an, wer zuerst eine unanfechtbare, d. h. auf Dauer wirksame Beschlagnahme, erreicht hat. Das Pfändungspfandrecht war bei der Erstpfändung zumindest nicht voll wirksam (»auflösend bedingt« oder »schwebend wirksam«) entstanden.

Zu den Pfändungspfandrechtstheorien siehe Näheres Kapitel VI.

Für Klug ist äußerlich später gepfändet worden. Diese Beschlagnahme war nicht fehlerhaft. Also ist für ihn ein voll wirksames **Pfändungspfandrecht** entstanden. Danach müßte Klug den besseren Rang haben, § 804 Abs. 3 ZPO.

---

163 OLG Hamm NJW-RR 1998, 87 f.

Schlau hat aber den Mangel in der Zustellung durch Nachholung geheilt. Umstritten ist, ob dieser Mangel rückwirkend (auf den Zeitpunkt der Erstpfändung), also ex tunc geheilt wurde oder erst mit dem Zeitpunkt der Nachholung, also ex nunc.[164]

Da der mangelhafte Staatsakt **nicht nichtig**, sondern nur **anfechtbar** ist, ist die Pfändung nach hier vertretener Auffassung **auflösend bedingt**. Darum tritt bei der Heilung des Vollstreckungsmangels nicht ein, was nicht bestand, sondern es bleibt erhalten, was bereits bis dahin bestand, aber gefährdet war.

Bei Zustellungsmängeln Heilung ex tunc

Somit müßte die Heilung eines Zustellungsmangels **rückbezogen auf den Zeitpunkt der Zustellung (ex tunc)** erfolgen. Dieses Ergebnis erscheint bei Zustellungsmängeln, die vom Gläubiger in der Regel nicht zu vertreten sind, besonders gerechtfertigt. Bei anderen Mängeln (Klausel, Sicherheitsleistung) kann unter Umständen eine andere Beurteilung angebracht sein – siehe Kapitel VI –.

---

164 Zum Streitstand siehe *Rosenberg/Gaul/Schilken*, aaO § 50 III, 3 – sowie unten zu Kapitel VI.

V. Besondere Voraussetzungen für den Vollstreckungsbeginn

1. Sicherheitsleistung (insbesondere Bankbürgschaft)[165]

Zu den besonderen Voraussetzungen für den Vollstreckungsbeginn gehört auch die Sicherheitsleistung, § 751 Abs. 2 ZPO.

In der Regel erfolgt die Sicherheitsleistung durch **Hinterlegung von Geld** oder zur Sicherheit **geeigneten Wertpapieren**, § 108 ZPO. Der Nachweis der Sicherheitsleistung wird durch die Hinterlegungsquittung erbracht, von der eine Abschrift im Parteibetrieb zuzustellen ist.

Hinterlegung

Auf Antrag oder von Amts wegen kann durch das Gericht eine andere Art von Sicherheitsleistung als durch Geld oder Wertpapiere angeordnet werden. In der Regel bestimmt das Gericht die **Sicherheitsleistung durch Bankbürgschaft** § 232 Abs. 2 BGB, wobei nur die selbstschuldnerische Bürgschaft zulässig ist, § 239 Abs. 2 BGB. Bankbürgschaften sind ohne weiteres selbstschuldnerisch, § 349 HGB. In der gerichtlichen Praxis ist die Anordnung durch »selbstschuldnerische Bürgschaft einer Großbank oder eines öffentlichen Kreditinstitutes« allgemein üblich.[166]

Bürgschaft

Zu den Großbanken und öffentlichen Kreditinstituten zählen begrifflich und tatsächlich insbesondere die Nachfolgeinstitute der Deutschen Bank, der Dresdner Bank und die Commerzbank. Da die Volksbanken und Raiffeisenbanken nicht unter die allgemeine Formulierung »Großbank oder öffentliche Sparkasse« fallen, sollte der Gläubiger darauf hinwirken, daß seine »Hausbank« in der Anordnung ausdrücklich erwähnt wird.[167]

Begriff der Goßbank und öffentliches Kreditinstitut

Wegen der in der Regel durch Rückgabe der Bürgschaftsurkunde

Zustellung der Urschrift

---

165 Näheres: *Behr,* JurBüro 1995, 568.
166 BGH WPM 1966, 378.
167 OLG Düsseldorf ZIP 1982, 366; *Zöller/Herget,* aaO, § 108 Rdn. 8.

auflösend bedingten Bürgschaft – d. h. **die Bank muß nur gegen Vorlage der Urschrift leisten** – muß zur Bewirkung der Sicherheitsleistung die Urschrift der Bürgschaftsurkunde (also das Original) zugestellt werden; sonst reicht eine beglaubigte Abschrift.[168]

Streitig ist, ob eine **Bürgschaft** mit **Hinterlegungsvorbehalt** zulässig ist.[169]

Zustellung an den Prozeßbevollmächtigten zulässig, aber nicht zwingend

Die für die Entstehung der Bürgschaft und damit zugleich für das Erbringen der Sicherheitsleistung erforderliche Zustellung erfolgt durch den Gerichtsvollzieher an den Schuldner als Sicherungsberechtigten oder an seinen Prozeßbevollmächtigten. § 176 ZPO ist nicht anwendbar, eine **zwingende Zustellung** an den Prozeßbevollmächtigten ist nicht gegeben,[170] wohl aber hindert die Nichtanwendung von § 176 ZPO nicht die Zustellung an den Prozeßbevollmächtigten.[171]

Auch eine Zustellung von Anwalt zu Anwalt ist zulässig.[172]

Die Zustellung kann auch erst bei Beginn der Zwangsvollstreckung erfolgen, eine vorherige Zustellung ist nicht erforderlich.[173]

Ist Sicherheit durch Prozeßbürgschaft einer Großbank geleistet worden, so kann der Sicherungsgeber gem. § 108 ZPO einen Beschluß erwirken, der die gleichwertige Bürgschaft einer bestimmten anderen Großbank zuläßt, und nach Zustellung dieser Bürg-

---

168 Hans. OLG Hamburg JurBüro 1990, 536; OLG Düsseldorf DGVZ 1990, 156; OLG Koblenz MDR 1993, 470 = ZIP 1993, 297 = WM 1993, 1431 = Rpfleger 1993, 355.
169 OLG Hamm WM 1993, 2050 (= nur unbedingte und unbefristete Bürgschaften sind zulässig); dass. MDR 1995, 412; LG Berlin DGVZ 1991, 9 (= nur unbedingte Bankbürgschaften, keine Hinterlegungsbefreiung); eine andere Auffassung vertritt das OLG Koblenz DGVZ 1995, 25 = Rpfleger 1995, 39 = WM 1995, 1223 (= Hinterlegungsvorbehalt zulässig, da Barhinterlegung sicherer sei).
170 OLG Düsseldorf MDR 1978, 489; LG Bochum Rpfleger 1985, 33.
171 So auch *Zöller/Herget*, aaO, § 108 Rdn. 11.
172 OLG Koblenz Rpfleger 1993, 355 = ZIP 1993, 297; LG Aachen Rpfleger 1988, 238; LG Hannover DGVZ 1989, 141; *Kotzur*, DGVZ 1990, 69; *Behr*, JurBüro 1995, 568; *BbL-Hartmann* aaO, § 108 Rdn. 15 mwN; MünchKomm-*Belz* § 108 Rdn. 34; LG Augsburg Rpfleger 1998, 166; a. A. LG Aurich DGVZ 1990, 10 (= Bürgschaftsvertrag käme nicht zustande, daher Zustellung nur an Schuldner) u. *Zöller/Herget* aaO, § 108 Rdn. 11.
173 LG Hannover Rpfleger 1982, 348.

schaftsurkunde gem. § 109 ZPO die Rückgabe der früheren Bürgschaftsurkunde betreiben.[174]

2. Prinzip der Fälligkeit sowie Vorrats- und Dauerpfändung

Ist die Geltendmachung des titulierten Anspruchs von dem Eintritt eines bestimmten Kalendertages abhängig, darf die Zwangsvollstreckung nur beginnen, wenn der Kalendertag abgelaufen ist, § 751 Abs. 1 ZPO.

Grundsatz § 751 Abs. 1 ZPO

Von diesem Grundsatz wird nur bei der Pfändung von Arbeitseinkommen wegen künftig fällig werdender Unterhaltsforderungen sowie wegen der aus Anlaß einer Verletzung des Körpers oder der Gesundheit zu zahlenden Renten (Deliktsgläubiger) abgewichen, §§ 850 d Abs. 3, 850 f Abs. 2 ZPO.

Ausnahmen: §§ 850 d Abs. 3, 850 f Abs. 2 ZPO

In diesen Fällen kann zugleich mit der Pfändung wegen fälliger Ansprüche auch künftig fällig werdendes Arbeitseinkommen wegen der dann jeweils fällig werdenden künftigen Unterhaltsansprüche gepfändet und überwiesen werden: **sogenannte Vorratspfändung.**

Prinzip der Vorratspfändung

Dabei entsteht für die fälligen und erst später fällig werdenden Unterhalts- und Rentenansprüche ein einheitlicher Pfändungsrang. Nur das künftig fällig werdende Arbeitseinkommen kann wegen der künftig fällig werdenden Ansprüche nicht gepfändet werden, wenn nicht wenigstens wegen einer fälligen Unterhaltsrente vollstreckt wird. **Rückstände müssen also vorhanden sein.**

Einheitlicher Pfändungsrang

Voraussetzung: Vorhandensein von Rückständen

Gegenstand der Vorratspfändung kann nur künftig fällig werdendes Arbeitseinkommen sein, nicht andere Ansprüche auf wiederkehrende Leistungen wie Miet- oder Pachtzinsen oder Kaufpreisraten.[175]

---

174 BGH v. 24. 2. 1994 – IX ZR 120/93 – = WM 1994, 623 = MDR 1994, 1037 = ZIP 1994, 654 = EWiR 1994, 511 [Kommentar *Vortmann*] = Rpfleger 1994, 365. Wegen weiterer Fragen siehe oben zu Kapitel IV. 1.5.
175 LG Berlin ZIP 1982, 1130.

Besondere Voraussetzungen für den Vollstreckungsbeginn

Von der Vorratspfändung **zu unterscheiden** ist das Prinzip der **Dauerpfändung**:

Prinzip der Dauerpfändung §§ 832, 833 ZPO

Danach sind bei der Pfändung von Arbeitseinkommen zukünftig fällig werdende Einkommensbeträge ohne ausdrücklichen Hinweis mit rangwahrender Wirkung mitgepfändet, §§ 832, 833 ZPO. Voraussetzung ist allerdings, daß das Arbeitsverhältnis unverändert fortdauert.[176]

Das Prinzip der Dauerpfändung gilt auch bei anderen in fortlaufenden Bezügen oder Leistungen bestehenden Forderungen wie Sozialleistungen, Miet- und Pachtzinsen, Zinsforderungen und Leistungen aus Reallasten.[177]

3. Zug-um-Zug-Leistung

Grundsatz Hängt die Zwangsvollstreckung von einer Zug um Zug zu bewirkenden Gegenleistung des Gläubigers an den Schuldner ab, darf das Vollstreckungsorgan (z. B. Gerichtsvollzieher – GV –, Vollstreckungsgericht – VGericht –) mit der Vollstreckung erst beginnen, nachdem dem Schuldner die ihm gebührende Leistung, so wie sie zu bewirken ist, tatsächlich angeboten wurde. Das gilt nicht, falls der Gläubiger bereits befriedigt ist oder sich im Annahmeverzug befindet, §§ 756, 765 ZPO, §§ 293 ff. BGB

Voraussetzung der Vollstreckung aus einem Titel, der die Schuldnerleistung von einer Gegenleistung des Gläubigers abhängig macht, ist – wie auch beim titulierten Leistungsanspruch –, daß die Gegenleistung bestimmt genug ist. Wenn ein Lagerbestand herauszugeben ist, müssen sich die einzelnen Gegenstände zumindest aus dem Tatbestand oder den Entscheidungsgründen ermitteln lassen. **Eine Zug-um-Zug-Einschränkung in einem Titel muß**

---

176 Näheres dazu *Behr,* Taktik in der Mobiliarvollstreckung II, 2. Aufl. 1989. S. 73 ff.
177 *Stein-Jonas-Brehm,* 21. Aufl. 1994, § 832 Rdn. 4.

so hinreichend bestimmt sein, daß sie ihrerseits zum Gegenstand einer Leistungsklage gemacht werden könnte.[178] Zu unterscheiden ist dabei, ob der GV oder das VGericht als Vollstreckungsorgan tätig wird:

a) **Der GV** hat in der Regel – falls nicht schon Befriedigung oder Annahmeverzug vorliegt – die Gegenleistung **tatsächlich anzubieten**. Der Gläubiger hat dem GV deshalb die Gegenleistung (z. B.: die Kaufsache) mitzugeben oder ihn damit zu begleiten, § 84 GVGA. Beim tatsächlichen Angebot muß der GV nicht nur die Identität der Gegenleistung prüfen, sondern auch ihre Güte und Mängelfreiheit, §§ 243, 455 ff. BGB.[179]

Tatsächliches Angebot

Das Gesetz zur Änderung zwangsvollstreckungsrechtlicher Vorschriften (2. Zwangsvollstreckungsnovelle) fügt ab 1. 1. 1999 § 756 ZPO einen 2. Absatz hinzu, der dem Gerichtsvollzieher die Vollstreckung gestattet, wenn der Schuldner auf ein **wörtliches Angebot** erklärt, daß er die Leistung nicht annehmen werde (nicht zu verwechseln mit dem wörtlichen Angebot **nach** erfolgter Annahmeverweigerung vor Vollstreckungsbeginn, § 295 BGB). Dies würde in der Praxis eine beachtliche Erleichterung bedeuten, weil das **tatsächliche Angebot** für den Gläubiger mit großem Aufwand und erheblichen Kosten verbunden ist (z. B. bei Anlieferung von Sachen). Gibt der Schuldner nach diesem wörtlichen Angebot zu erkennen, daß er annehmen werde, entfällt diese Erleichterung.

Bestehen Zweifel an der Vollständigkeit oder Qualität der Gegenleistung, so ist ein Sachverständiger zuzuziehen. Notfalls muß der Gläubiger sogar Klage auf Feststellung erheben, daß der dem Schuldner anzubietende Gegenstand mit dem im Titel genannten identisch ist.[180]

Gegen die Entscheidung des GV haben Gläubiger und Schuldner die Erinnerung gem. § 766 ZPO.

Hat der Gläubiger seine Leistung erbracht, kann er Feststellungsklage erheben, wenn der Schuldner den Erhalt der Gegenleistung

---
178 KG MDR 1997, 1058; BGH MDR 1993, 347 = NJW 1993, 324 [325]; *Zöller-Stöber*, aaO, § 756 Rdn. 3 mwN.
179 LG Kleve NJW-RR 1991, 704; *Schneider*, DGVZ 1982, 37 f.
180 BGH MDR 1977, 133; OLG Köln MDR 1986, 1033; LG Gießen DGVZ 1986, 77; LG Kleve aaO; LG Landau DGVZ 1995, 87 f.

nicht zugesteht und der Gläubiger den »Annahmeverzug« nicht formgerecht nachweisen kann.[181]

Keine Vorleistung des Gläubigers Der GV bewirkt die angebotene Leistung aber nur, wenn der Schuldner die Titelforderung erfüllt (bei Geldforderungen also zahlt). Andernfalls vollstreckt der GV ohne Bewirkung der Gegenleistung. Selbst eine erfolgreiche Pfändung ist noch keine Erfüllung und die Gegenleistung ist nicht zu erbringen, § 298 BGB.

Wörtliches Angebot Ein wörtliches Angebot der Gegenleistung genügt, wenn der Schuldner bereits erklärt hatte, daß er die Gegenleistung nicht annehmen werde sowie auch dann, wenn es zur Bewirkung der Gegenleistung einer Handlung des Schuldners, insbesondere der Abholung, bedarf, § 295 BGB.[182]

Erklärt sich der Schuldner einer Zug-um-Zug zu erbringenden Leistung zwar bereit, die ihm geschuldete Leistung anzunehmen, verweigert er aber bestimmt und eindeutig die Erfüllung der ihm obliegenden Verpflichtung, so genügt ein wörtliches Angebot der vom Gläubiger geschuldeten Leistung, um den Annahmeverzug des Schuldners herbeizuführen.[183]

b) **Das Vollstreckungsgericht** hat keine Möglichkeit, die Gegenleistung tatsächlich anzubieten. Es hat daher selbständig zu prüfen, ob bei Vollstreckung aus einer Zug-um-Zug-Verurteilung Befriedigung oder Annahmeverzug bewiesen ist. Der **Urkundlicher Nachweis des Annahmeverzuges** Gläubiger muß dem Vollstreckungsgericht den Annahmeverzug oder die Befriedigung des Schuldners urkundlich nachweisen, § 765 ZPO. Dazu dient auch das Protokoll des GV über einen fruchtlosen Pfändungsversuch. Die ab 1. 1. 1999 geltende Neufassung des § 765 ZPO beruht auf der Änderung des § 765 ZPO (siehe oben zu a).

Unter Umständen kann der Beweis auch schon durch das Urteil geführt werden, falls sich der Beklagte bereits im Annahmeverzug befand. Es empfiehlt sich die Aufnahme eines entsprechenden Feststellungsbegehrens schon in den Klageantrag.[184]

---

181 OLG Koblenz Rpfleger 1993, 28 f.
182 OLG Oldenburg JurBüro 1991, 1553 = MDR 1992, 74; Näheres siehe *Gilleßen/Jacobs*, DGVZ 1981, 49.
183 BGH ZIP 1997, 147 = Rpfleger 1997, 221 = WM 1997, 424.
184 OLG Köln NJW-RR 1991, 383; Näheres dazu *Doms*, NJW 1984, 1340.

4. Vollstreckungshindernisse

4.1. Formelle Hindernisse

Neben den bereits erwähnten Voraussetzungen der Zwangsvollstreckung kennt das Zwangsvollstreckungsrecht sogenannte Vollstreckungshindernisse, d. h. besondere formelle Umstände, die dem Beginn oder der Fortsetzung der Zwangsvollstreckung entgegenstehen.

Definition

Dazu gehören

a) die in § 775 ZPO aufgezählten Gründe der Einstellung – dazu Näheres unten zu Kapitel IX,

b) der Ablauf der Frist für die Arrestvollstreckung, § 929 Abs. 2 ZPO sowie

c) die Eröffnung des inländischen Konkurses oder eines Vergleichsverfahrens über das Vermögen einer der Parteien, §§ 14 KO, 47, 48 VerglO.

Die Eröffnung der Gesamtvollstreckung führt zum Verlust der Wirksamkeit aller noch nicht beendeter Zwangsvollstreckungsmaßnahmen einzelner Gläubiger.[185]

Ab 1. 1. 1999 treten an Stelle der bisher geltenden Vorschriften der Gesamtvollstreckungsbestimmungen die Regelungen der Insolvenzordnung (InsO): §§ 89, 90, 210 InsO.

Während die in den vorangehenden Abschnitten bereits erwähnten allgemeinen und besonderen Vollstreckungsvoraussetzungen vom Vollstreckungsorgan **von Amts wegen zu prüfen** sind, bleiben die Vollstreckungshindernisse solange unberücksichtig bis das Vollstreckungsorgan von ihnen Kenntnis erlangt (Konkurs/Insolvenz) oder sie in der gesetzlich vorgeschriebenen Form nachgewiesen bekommt (§ 775 ZPO). Die Nichtbeachtung führt nicht zur

Beachtung nur bei Kenntnis oder Nachweis

---

[185] BGH DGVZ 1995, 71 f.

Nichtigkeit, sondern nur zur Anfechtbarkeit des Vollstreckungsaktes.[186]

4.2 Vollstreckungsvereinbarung

Modifizierung und Ausschluß der Vollstreckung

Zwischen den Parteien werden gelegentlich Vereinbarungen getroffen, die die Durchführung einer eventuellen Zwangsvollstreckung modifizieren oder ausschließen. Nicht in allen Fällen sind solche Vereinbarungen vom Vollstreckungsorgan zu beachten, zum Teil sind sie gänzlich nichtig.

Für die Beurteilung ihrer Gültigkeit ist im Einzelfall zu beachten, daß die rechtlich streng genormten Zwangsvollstreckungsgrundsätze in der Regel **zwingendes Recht** sind.

»Die Voraussetzungen und Grenzen der staatlichen Vollstreckungshandlungen sind begrifflich den Abmachungen der Parteien entzogen.«[187]

Grundsatz Zwar kann der Gläubiger im Rahmen seiner Dispositionsbefugnis auf gewisse Vollstreckungsmaßnahmen (insbesondere graduell) verzichten. Der Schuldner kann aber nicht auf den gesetzlich normierten Sozialschutz verzichten.[188]

Zu unterscheiden ist daher zwischen

Wichtige Differenzierung
a) vollstreckungs**erweiternden** Verträgen,
b) vollstreckungs**ausschließenden** Verträgen und
c) vollstreckungs**beschränkenden** Verträgen.

---

186 Für Interessenten: *Behr*, JurBüro 1996, 175 f.
187 RGZ 128, 81, 85.
188 Grundsätzlich dazu: *Gaul*, Zulässigkeit und Geltendmachung vertraglicher Vollstreckungsbeschränkungen, JuS 1971, 347 ff.

Zu a):
Vollstreckungserweiternde Verträge haben die Erweiterung der Gläubigerbefugnisse über den gesetzlich vorgesehenen Rahmen hinaus zum Inhalt (z. B. Verzicht auf Schuldnerschutz, §§ 811, 850, 765 a ZPO). **Sie sind nichtig.**[189]

Keine Vollstreckungserweiterung

Zu b):
Umstritten ist, ob **vollstreckungsausschließende Verträge** zulässig sind. Soweit sie eine Änderung der Vollstreckungsart beinhalten – z. B. Zwangsgeld statt Herausgabevollstreckung oder Vornahme einer vertretbaren Handlung (also § 888 ZPO statt §§ 883 ff., 887 ZPO) sind sie unwirksam. Das gilt auch, wenn die Vollstreckung eines Anspruchs von vornherein gänzlich ausgeschlossen werden soll.[190]

Verbot der Änderung des Vollstreckungszugriffs

Vereinbarungen, die sich auf das materielle Recht beziehen (z. B. Erlaß, Stundung), fallen im engeren Sinne nicht unter den Begriff der Vollstreckungsvereinbarungen und sind daher in den Grenzen des materiellen Rechts zulässig. Sie sind im Prozeß oder in der Rechtsmittelinstanz, bei nachträglicher Vereinbarung im Wege der Vollstreckungsabwehrklage geltend zu machen.

Materielle Einschränkung zulässig

Zu c):
Vereinbarungen, die die Zwangsvollstreckung zeitlich oder gegenständlich **beschränken,** sind gültig (z. B. Vollstreckung erst nach Rechtskraft oder erst nach streitigem Verfahren – nicht aus einem Versäumnisurteil –; Zwangsvollstreckung nur in bestimmte Gegenstände oder Herausnahme bestimmter Gegenstände bei einem möglichen Vollstreckungsversuch).[191]

Zeitliche und gegenständliche Beschränkungen sind zulässig

Umstritten ist, wie der Schuldner die Vollstreckungsbeschränkung im Falle der Nichtbeachtung durch das Vollstreckungsorgan geltend zu machen hat: Mit der Erinnerung gem. § 766 ZPO oder mit der Vollstreckungsabwehrklage gem. § 767 ZPO?

§ 766 oder § 767 ZPO

Die Abrede, nicht oder wenigstens nicht binnen einer bestimmten Frist vollstrecken zu wollen, hat unmittelbare Verfahrenswirkung

---

189 *Baur/Stürner,* 12. Aufl. 1995, Rdn. 10.1–9.
190 BGH NJW 1968, 700.
191 KG, KG-Report 1997, 11 (zeitliche Hemmung der Vollstreckung); BGH MDR 1991, 668 (Forderungsteilverzicht); BAG NJW 1990, 2642 (Rangverzicht bei der Pfändung); siehe auch *Baur/Stürner,* aaO, Rdn. 10.5–10.9.

dahin, daß die Zwangsvollstreckung unzulässig ist. **Das spricht für § 766 ZPO**.[192]

Soweit sich die Absprache aber auch auf das materielle Recht bezieht (z. B. Stundung), wird die Vollstreckungsabwehrklage gem. § 767 ZPO nicht auszuschließen sein.[193]

Der Gerichtsvollzieher – so LG Münster – habe derartige Vereinbarungen allenfalls gem. §§ 775 Nr. 4 und 5, 776 ZPO zu berücksichtigen. Bei einem Widerspruch des Gläubigers sei der Schuldner auf die Klage gem. § 767 Abs. 1 ZPO verwiesen.

---

192 So auch *Stein-Jonas-Münzberg*, 21. Aufl. 1994, § 766 Rdn. 21–22, anders KG, KG-Report 1997, 11 (für Vollstreckungsabwehrklage).
193 So *Stein-Jonas-Münzberg*, aaO, Rdn. 23–26; *Gerhardt*, Vollstreckungsrecht, 2. Aufl., 1982, S. 201. Grundsätzlich – um jede Aufsplittung in unterschiedliche Verfahren zu verhindern – für die Vollstreckungsabwehrklage: LG Münster Rpfleger 1988, 321.

VI. Pfändungspfandrecht und öffentlich-rechtliche Verstrickung

1. Wirkungen der Vollstreckungshandlung (Pfändung)

Anhand eines Einzelfalles (mangelhafte Zustellung) haben wir in Kapitel V. 1.3. geprüft, ob und wann der Mangel einer Vollstreckungsvoraussetzung geheilt und damit eine wirksame Vollstreckung durchgeführt werden kann.

Es erhebt sich nun die allgemeine Frage, wann und unter welchen Umständen und mit welchen rechtlichen Folgen eine Vollstreckungshandlung **wirksam** bzw. **unwirksam** ist.

Pfändung einer beweglichen körperlichen Sache (§ 808 ZPO)

ist

staatliche Beschlagnahme des Vollstreckungsgegenstandes (öffentlich-rechtlicher Akt)

mit **zwei** Wirkungen:

Öffentlich-rechtliche Verstrickung

1.1. Inbesitznahme

| Öffentlich-rechtliche Verstrickung | = | prozessuale oder verfahrensrechtliche staatliche Wirkung | wirksame Verstrickung § 808 ZPO | = | Inbesitznahme des Vollstreckungsgegenstandes durch den Gerichtsvollzieher zum Zwecke der Befriedigung des Gläubigers, Entziehung der Verfügungsbefugnis des Schuldners, prozessuale Erlaubnis für die Vollstreckung (öffentlich-rechtliche Verstrickung). |

1.2. Rangsicherung

| Pfändungspfandrecht | = | materielle oder privatrechtliche Wirkung | Entstehung eines Pfändungspfandrechts § 804 ZPO | = | Es hat den Zweck, dem Gläubiger seinen Rang gegenüber anderen Gläubigern zu sichern und enthält die materielle Befriedigungsbefugnis des Gläubigers. |

Definition Das Pfändungspfandrecht ist ein mit materiell-rechtlichem Zuordnungsgehalt ausgestattetes Pfandrecht.

2. Entstehung der öffentlich-rechtlichen Verstrickung und des Pfändungspfandrechts

Zum Verständnis darf aus dem hier nicht zu behandelnden Gebiet der Mobiliarvollstreckung als Beispiel vorweggenommen werden:

Entstehung

In der Zwangsvollstreckung ist eine Formalisierung nicht nur der Voraussetzungen für die Zwangsvollstreckung, sondern auch der Zugriffstatbestände zu beobachten. Als Zugriffstatbestände kommen in Frage:

Formalisierung der Zugriffstatbestände

- Gewahrsamsprüfung, § 808 ZPO (bei der Sachpfändung),
- Schlüssigkeitsprüfung, § 828 ZPO (bei der Forderungspfändung).

Das heißt: Auch bei

a) materiellen Mängeln (Gegenstand gehört nicht zum Schuldnervermögen/Forderung besteht nicht mehr) und

b) formellen Mängeln (Zustellung ist mangelhaft/Klausel fehlt/Gegenstand unpfändbar/Wartefrist nicht eingehalten/Sicherheitsleistung fehlt)

entsteht die öffentlich-rechtliche Verstrickung; diese erlaubt den Ablauf der Zwangsvollstreckung. Der Ersteher erwirbt lastenfreies Eigentum!

Ersteher erwirbt lastenfrei

Wegen der Rangfolge des § 804 Abs. 3 ZPO ist aber in bezug auf die privatrechtliche Wirkung des Pfändungspfandrechts eine andere Rechtsfolge gegeben.

§ 804 Abs. 2, 3 ZPO verweist für die vollstreckungsrechtliche Verfahrenswirkung auf die materiell-rechtliche Funktion des Pfändungspfandrechts. Das Pfändungspfandrecht soll als Instrument der materiell-rechtlichen Güterzuordnung über den Abschluß des Vollstreckungsverfahrens hinaus Vertragspfandrecht-Charakter haben. Es ist deshalb zweifelhaft, ob dem Pfändungspfandrecht ohne Einschränkung der gleiche publizistische, öffentlich-rechtliche Charakter zugeschrieben werden kann wie der öffentlich-rechtlichen Verstrickung.

Pfändungspfandrecht hat Vertragspfandrechtscharakter

Unbestritten kann ein Pfändungspfandrecht nur voll wirksam, d. h. ohne Einschränkung entstehen, wenn eine wirksame öffentlich-rechtliche Verstrickung (Beschlagnahme) erfolgt ist. **Aber:** Nicht jede wirksame öffentlich-rechtliche Verstrickung führt zur vollwirksamen Entstehung des Pfändungspfandrechts.

Grundsatz

Für Pfändungs- Die Entstehung eines voll wirksamen Pfändungspfandrechts ist an
pfandrecht weitergehendere Voraussetzungen geknüpft als die Entstehung
erweiterte Vor- der öffentlich-rechtlichen Verstrickung. Für letztere reicht z. B.
aussetzungen Schuldnergewahrsam, für erstere muß der im Gewahrsam des
Schuldners befindliche Gegenstand auch dem Schuldner gehören.

Aus der publizistisch (nach außen) wirkenden Sicht wäre es wünschenswert, wenn beide Entstehungsvoraussetzungen deckungsgleich wären, andererseits muß aber ein Unterschied bestehen zwischen den bloß **formalen (prozessualen)** Voraussetzungen für die
Pfandrechts- Entstehung der öffentlich-rechtlichen Verstrickung und den **in-**
theorien haltlichen (materiellen) Voraussetzungen für die Entstehung des Pfändungspfandrechts. Das Problem hat zu verschiedenen Pfändungspfandrechtstheorien geführt.

3. Die Pfändungspfandrechtstheorien

a) Die Verwertung gepfändeter Gegenstände zur Befriedigung der titulierten Forderung hat ein Vorbild im materiellen Recht: Das vertragliche Pfandrecht an beweglichen Sachen, §§ 1204 ff. BGB, das dem Gläubiger ermöglicht, den Pfandgegenstand außerhalb der Zwangsvollstreckung zu verwerten. Der historische Gesetzgeber wollte das Pfändungspfandrecht diesem privaten Recht nachgestalten (§ 804 Abs. 2 ZPO).[194]

Privatrechtliche Die Vollstreckung sollte die Verwirklichung des privaten Pfand-
Theorie rechts sein (privatrechtliche Theorie). Das bedeutet:

aa) Steht die Forderung dem Gläubiger nicht zu, entsteht kein Pfändungspfandrecht, §§ 1250, 1252 BGB.

bb) Gehört der Gegenstand nicht dem Schuldner, entsteht auch kein Pfändungspfandrecht, § 1205 BGB.

cc) Fehlt es an den Vollstreckungsvoraussetzungen, entsteht ebenfalls kein Pfändungspfandrecht.

---

194 *Pinger*, JR 1955, 94, 96; *Marotzke*, NJW 1978, 133; *Bruns/Peters*, aaO, § 20, III, 2.

b) Vor über 30 Jahren ist eine Auffassungsänderung eingetreten, die die Zwangsvollstreckung nicht aus einer privaten Vollstreckungsmacht des Gläubigers ableitet, sondern ihr hoheitliche Funktion zuweist und davon ausgeht, daß die Vollstreckungsorgane in Ausübung unabhängiger hoheitlicher Befugnisse tätig werden. Diese Befugnisse ergeben sich aus dem öffentlichen Recht, d. h. die Pfändung durch den GV und die Versteigerung haben danach nur öffentlich-rechtliche Wirkungen. Man spricht vom sog. »publizistischen Pfandrecht«. Dieses entsteht unabhängig davon, ob die Forderung besteht und der Gegenstand im Schuldnereigentum steht (**öffentlich-rechtliche Theorie**). *Öffentlich-rechtliche Theorie*

Diese Einordnung in den »gradlinigen öffentlich-rechtlichen Aufbau« läßt das Pfändungspfandrecht bei materiellen Mängeln im durchzusetzenden Recht wie bei vollstreckungsspezifischen Formfehlern (z. B. Zustellung, Klausel, Sicherheitsleistung mangelhaft) gleichwohl entstehen, wenn nur die öffentlich-rechtliche Verstrickung eingetreten ist.[195]

c) Aus dem Widerstreit beider Theorien entwickelte sich die privat-öffentlich-rechtliche Theorie (gemischte Theorie). Während der Vollstreckung muß – sofern der Vollstreckungsakt nicht nichtig ist (funktionell unzuständiges Vollstreckungsorgan, kein Titel, keine wirksame Inbesitznahme), sondern wegen Formmängeln nur anfechtbar ist und wenn dann in schuldnerfremdes Vermögen oder ohne bestehende Forderung vollstreckt wird – der Gläubiger gegenüber dem Schuldner und Dritten pfandberechtigt bleiben, bis diese durch Einwendungsklagen gem. § 767 ZPO oder gem. § 771 ZPO das Pfandrecht beseitigen. Nach dem Ende der Vollstreckung haben der Schuldner oder Dritte dann einen Anspruch gem. § 812 BGB. Formelle Mängel lassen die öffentlich-rechtliche Verstrickung ebenfalls entstehen. Bleiben sie rügelos, entfällt allerdings ein Kondiktionsanspruch gem. § 812 BGB, da dieser nur auf materielle Mängel gestützt werden kann. *Privat-öffentlich-rechtliche Theorie*

---

195 *Lüke*, JZ 1957, 239, 241; *Münzberg*, ZZP 78 (1965); *BbL-Hartmann*, aaO, Übersicht vor § 803; *Thomas-Putzo*, aaO § 804, 4; *Zöller/Stöber*, aaO § 804 Rdn. 2.

Öffentlich-rechtliche Verstrickung

»Nicht voll« oder »schwebend« wirksames Pfändungspfandrecht

Während der Dauer des Vollstreckungsverfahrens besteht bei Vorliegen derartiger Mängel also ein »schwebend wirksames« oder nicht voll wirksames Pfändungspfandrecht, das durch § 766 ZPO – Erinnerung – oder durch Klagen gem. §§ 767, 771 ZPO beseitigt werden kann.

Hier wird sehr deutlich unterschieden zwischen **prozessualem Verfahrensrecht**, dessen Einhaltung den Ablauf des Vollstreckungsverfahrens gewährleistet und **materiellem Recht**, das dem Gläubiger ein Recht auf den Erlös gewährt.[196]

4. Folgerungen für die Wirksamkeit von Vollstreckungshandlungen

Pfandrecht setzt Verstrickung voraus

a) Einigkeit besteht bei allen Theorien, daß ein Pfändungspfandrecht nur entsteht, wenn eine wirksame öffentlich-rechtliche Verstrickung erfolgt ist.

Nichtigkeit des Vollstreckungsaktes

b) In folgenden Fällen tritt **keine Verstrickung** ein, womit auch kein Pfändungspfandrecht entsteht:
  – es fehlt der Schuldtitel,
  – es wird gegen eine weder im Schuldtitel noch in der Vollstreckungsklausel genannte Person vollstreckt,
  – das funktionell unzuständige Vollstreckungsgericht pfändet eine bewegliche körperliche Sache,
  – es wird § 808 Abs. 1 und 2 ZPO verletzt (mangels Inbesitznahme).

Nicht voll wirksame Entstehung des Pfändungspfandrechts

Trotz wirksamer öffentlich-rechtlicher Verstrickung entsteht das Pfändungspfandrecht nur auflösend bedingt bzw. nur schwebend wirksam bei:

Materielle Mängel

aa) Materiellen Mängeln (aus der Akzessorietät des Pfändungspfandrechts zur Forderung und zum Eigentum):
  – dem Gläubiger steht die titulierte Forderung nicht zu, § 1252 BGB,

---

196 *Baur/Stürner*, aaO, Rdn. 27.6.; *Brox/Walker*, aaO, Rdn. 399; *Gaul*, Rpfleger 1971, 1, 4 ff.; *Rosenberg/Gaul/Schilken*, 11. Aufl. 1997 Seiten 778 ff., zugleich eine empfehlenswerte Gesamtdarstellung.

- der gepfändete Gegenstand gehört nicht zum Vermögen des Schuldners, § 1205 BGB.

bb) Formellen Mängeln: **Formelle Mängel**

- es fehlt die Vollstreckungsklausel,
- der Schuldtitel wurde nicht wirksam zugestellt,
- es wird vor Ablauf der Wartefristen gem. §§ 798, 798 a ZPO gepfändet,
- der gepfändete Gegenstand ist gem. § 811 ZPO unpfändbar.

In diesen Fällen wird die öffentlich-rechtliche Verstrickung nicht berührt, d. h. die Vollstreckung nimmt ihren Fortgang. Sie ist zulässig, kann aber angefochten werden. Bei erfolgreicher Anfechtung erlischt das schwebend wirksame Pfändungspfandrecht.

Beispiele zu aa) – Materielle Mängel

- Dem Gläubiger steht die Forderung nicht zu oder sie ist erloschen. **Beseitigungsinstrument**: Der Schuldner kann mit der **Zwangsvollstreckungsgegenklage, § 767 ZPO**, vorgehen und damit die Zwangsvollstreckung beenden (das bedingte Pfändungspfandrecht auflösen!). Gelingt das nicht vor Beendigung der Zwangsvollstreckung, ist der Gläubiger ggf. kondiktionspflichtig (§ 812 BGB).   **Beispiele – materielle Mängel**
- Der Gläubiger vollstreckt in einen Gegenstand, der nicht dem Schuldner, sondern einem Dritten gehört, § 1205 BGB. **Beseitigungsinstrument: Drittwiderspruchsklage, § 771 ZPO**. Das schwebend wirksame Pfändungspfandrecht wird beseitigt. Gelingt das nicht vor Beendigung der Vollstreckung, hat der Dritte ebenfalls einen Kondiktionsanspruch, § 812 BGB.

Beispiele zu bb) – Formelle Mängel

Der Schuldner kann die Pfändung nach § 766 ZPO anfechten und die Aufhebung der Zwangsvollstreckung erwirken. Das Pfändungspfandrecht erlischt. Kann allerdings der Mangel beseitigt werden (durch Nachholung oder Heilung gem. § 187 ZPO), so entsteht das Pfändungspfandrecht in voller Wirksamkeit. Das kann bei konkurrierenden Gläubigern eine große Rolle spielen.   **Beispiele – formelle Mängel**

Beseitigung des Mangels in den vorstehend zu bb) aufgeführten Fällen:

- die Klausel wird nachträglich erteilt,
- die Zustellung wird durchgeführt oder der Zustellungsmangel wird gem. § 187 ZPO geheilt,
- die Wartefrist ist abgelaufen,
- es wird eine Austauschpfändung durchgeführt, §§ 811 a, 811 b ZPO.

Heilung ex nunc oder ex tunc **Streitig ist** – wie bereits in Kapitel IV. 3.3. dargestellt – insbesondere im Hinblick auf eine Gläubigerkonkurrenz, **ob das Pfändungspfandrecht ex nunc oder ex tunc konvalesziert**, ob also die Heilung auf die erste (fehlerhafte) Beschlagnahme zurückwirkt oder Heilung mit Wirkung auf den Heilungszeitpunkt eintritt.

Gemischte Theorie: Heilung ex nunc Die Vertreter der gemischten öffentlich-privatrechtlichen Theorie sehen das Pfandrecht (gegenüber konkurrierenden Gläubigern) erst dann als voll wirksam entstanden an, wenn der Mangel geheilt wurde. Eine rückwirkende Heilung wird als ungerechtfertigter Nachteil gegenüber dem ordnungsgemäß vollstreckenden Gläubiger angesehen und daher abgelehnt (**also Heilung ex nunc**).[197]

Öffentlich-rechtliche Theorie: Heilung ex tunc Für die Vertreter der öffentlich-rechtlichen Theorie ist das Pfändungspfandrecht mit der öffentlich-rechtlichen Verstrickung voll wirksam eingetreten. Somit wirkt jede Heilung auf diesen Zeitpunkt zurück (**also Heilung ex tunc**).[198]

Der Streit, welche Theorie für wen erfolgreich angewendet werden kann, entscheidet sich im Zweifel in dem **Widerspruchsprozeß des Verteilungsverfahrens, § 878 ZPO**. Unter Umständen wird man aber neben den dogmatischen Kriterien des Theorienstreits auch die Frage berücksichtigen, ob der den konkurrierenden, ordnungsgemäß nachpfändenden Gläubiger durch Heilung ex tunc überholende Erstgläubiger den formellen Mangel in den Vollstreckungsvoraussetzungen zu vertreten hat oder nicht. Gerade bei den häu-

Bei unvertretbaren Mängeln: Heilung ex tunc figen Zustellungsmängeln wird ihm kein Vorwurf zu machen sein, da diese in der Regel vom Zustellungsorgan zu vertreten sind. Hier wäre eine Heilung ex tunc das gerechtere Ergebnis (siehe insoweit auch Kapitel IV.3.3.).[199]

---

197 *Baur/Stürner*, aaO, Rdn. 27.10–27.17; *Brox/Walker*, aaO, Rdn. 390.
198 *Stein-Jonas-Münzberg*, aaO, § 750, Rdn. 11–14; *Zöller/Stöber*, aaO, § 878, Rdn. 11.
199 So auch OLG Schleswig NJW-RR 1988, 700.

Wirksamkeit

5. Übersicht: Wirksamkeit von Pfändungen

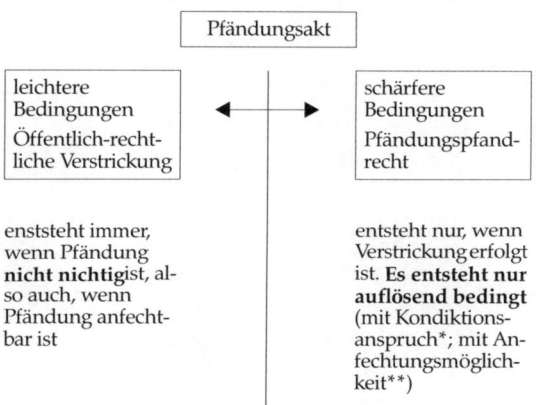

```
                    Pfändungsakt
                   ┌─────────────┐
                   └─────────────┘
   ┌─────────────────┐         ┌─────────────────┐
   │ leichtere       │         │ schärfere       │
   │ Bedingungen     │◄───────►│ Bedingungen     │
   │ Öffentlich-rech-│         │ Pfändungspfand- │
   │ liche Verstrickung│       │ recht           │
   └─────────────────┘         └─────────────────┘
```

enststeht immer, wenn Pfändung **nicht nichtig** ist, also auch, wenn Pfändung anfechtbar ist

entsteht nur, wenn Verstrickung erfolgt ist. Es entsteht nur **auflösend bedingt** (mit Kondiktionsanspruch*; mit Anfechtungsmöglichkeit**)

entsteht	entsteht nicht	materiell*	formell**
... auch wenn Forderung aus Titel nicht mehr besteht ... auch wenn Vollstreckungsklausel, Zustellung oder Sicherheitsleistung fehlen ... auch wenn Pfandsache nicht zum Schuldnervermögen gehört	wenn Vollstreckungstitel fehlt wenn keine Inbesitznahme der Pfandsache erfolgt wenn funktionell unzuständiges Organ gepfändet hat	wenn die Forderung, d. h. die Titelforderung nicht besteht § 1252 BGB (§ 767 ZPO) wenn der gepfändete Gegenstand nicht zum Schuldnervermögen gehört § 1205 BGB (§ 771 ZPO)	wenn wesentliche Vollstreckungsvoraussetzungen fehlen, z. B. Klausel, Zustellung, Sicherheitsleistung usw. Aber: Verletzung bloßer Ordnungsvorschriften lassen das Pfändungsrecht voll wirksam entstehen (z. B. §§ 730, 735, 761, 812, 813 ZPO)
Anfechtungs- bzw. Auflösungsinstrumente:	keine, da Vollstreckungsakt nichtig	bis Ende der Zwangsvollstreckung durch Klagen gem. §§ 767, 771 ZPO danach: § 812 BGB	bis Ende der Zwangsvollstreckung durch Erinnerung § 766 ZPO danach: keine Möglichkeit mehr

VII. Vollstreckungsschutz

1. Die allgemeinen Schutzbestimmungen des § 803 ZPO

Die Schutzbestimmungen gelten für die gesamte Vollstreckung in das bewegliche Vermögen, also auch für die Forderungspfändung. Bei der Forderungspfändung haben sie aber kaum Bedeutung, da diese auf den Umfang des vollstreckbaren Anspruchs beschränkt bleibt.

Deckungsprinzip (Verwertung 1 : 1), z. B. DM 1.000 Titelforderung, DM 3.000 Kaufpreisforderung des Schuldners an einen Dritten: Nur DM 1.000 werden »verwertet«. Das Einziehungsgericht beschränkt sich auf die Höhe der Titelforderung. Das gilt auch, wenn eine »Vollpfändung« begehrt ist. — Forderungspfändung = Deckungsprinzip

Dagegen herrscht bei der Sachpfändung das **Verlustprinzip** vor (Verwertung 1 : X, mindestens 1 : 2), z. B.: DM 1.000 Titelforderung, DM 2.000 Wert der körperlichen Sache (gewöhnlicher Verkaufswert), Zuschlag gem. § 817 a ZPO zum Mindestgebot, also für DM 1.000. Geht man davon aus, daß der »gewöhnliche Verkaufswert« vom Gerichtsvollzieher oft geringer als der tatsächliche Wert geschätzt wird (die Versteigerungschancen sind dann höher), so ist das Verlustverhältnis noch größer als 1 : 2. Deshalb kommt den Bestimmungen der §§ 803, 813 ZPO hier besondere Bedeutung zu. — Sachpfändung = Verlustprinzip

§ 803 Abs. 1 ZPO verbietet eine Überpfändung, § 803 Abs. 2 ZPO verbietet eine Unterpfändung (zwecklose Pfändung). Der Gerichtsvollzieher muß diese Verbote von Amts wegen beachten. Für ihn hängt die Entscheidung von der Wertschätzung der Sachen ab, § 813 ZPO. — Pfändungsverbote

2. Der weitere von Amts wegen zu beachtende Vollstreckungsschutz

Die Geldvollstreckung hat den Vermögensausgleich zwischen Gläubiger und Schuldner zum Ziel, nicht aber die Existenzvernichtung des Schuldners. Deshalb hat der Gesetzgeber von Amts wegen zu beachtende Schuldnerschutzvorschriften geschaffen, die als gesetzliche Konkretisierung des in Art. 20, 28 GG niedergelegten Sozialstaatsprinzips anzusehen sind.

Grundsatz — Die öffentlich-rechtliche Pflicht des Staates zur Vollstreckung findet dort ihre Grenze, wo die Vollstreckung den Schuldner in eine der Menschenwürde widersprechende soziale Lage bringen würde.[200]

Anfechtungsmöglichkeit bei Nichtbeachtung der Schutzvorschriften — Die im folgenden aufgeführten Pfändungsbeschränkungen sind zwingend und von Amts wegen zu beachten. Ihre Verletzung gibt dem Schuldner eine Anfechtungsmöglichkeit gem. § 766 ZPO, die bis zur Aushändigung des Erlöses an den Gläubiger besteht.

Grundsatz — Die Verletzung der gesetzlichen Schutzvorschriften macht die Pfändung nicht nichtig. Die öffentlich-rechtliche Verstrickung entsteht gleichwohl. Das Pfändungspfandrecht dagegen entsteht nach der gemischten Theorie (siehe Kapitel VI.1.3.) nicht voll wirksam, sondern nur auflösend bedingt bis zur Aushändigung des Erlöses an den Gläubiger.

---

200 Näheres dazu siehe *Stein-Jonas-Münzberg*, aaO, § 811 Rdn. 1 ff.

Nach Aushändigung des Erlöses ist die Vollstreckung beendet und es besteht keine Anfechtungsmöglichkeit mehr, der Schuldner hat aber einen Anspruch aus ungerechtfertigter Bereicherung gem. § 812 BGB gegen den Gläubiger. Die Rechtsprechung gestattet aber dem Gläubiger eine Aufrechnung mit seiner Titelforderung gegen den Konditionsanspruch des Schuldners, so daß **der Schuldner tatsächlich mit der Beendigung der Vollstreckung** und damit auch mit dem Ende der Erinnerungsmöglichkeit gem. § 766 ZPO **weder den Gegenstand noch den Erlös wiederverlangen kann.**

Heilung durch Beendigung der Vollstreckung

2.1. § 811 ZPO

Die Pfändungsverbote des § 811 ZPO [ab 1.1.1999: § 811 Abs. 1] sollen die wirtschaftliche Existenz des Schuldners und seiner Familie sichern (insbesondere Nr. 1, 3, 5, 8). Unpfändbar sind aber auch bestimmte Dinge, die für den Schuldner einen besonderen persönlichen oder ideellen Wert haben (vgl. Nr. 10 u. 11).

§ 811 ZPO Sicherung der wirtschaftlichen Existenz

Die Pfändungsverbote betreffen im einzelnen

a) die Verbrauchsseite, §§ 811 Ziff. 1–3, 4 (z. T.), 4 a, 8 ZPO,

b) die Erwerbsseite, § 811 Ziff. 4, 5, 6, 7, 9 ZPO,

c) die höchstpersönliche Lebenssphäre des Schuldners, § 811 Ziff. 10–13 ZPO.

Zu jedem Punkt hat sich eine schwer zu übersehende Rechtsprechung gebildet, aus der grundsätzliche Maßstäbe nicht abzuleiten sind, da sie in der Regel auf den konkreten Einzelfall abgestellt ist.

So wird bei Nr. 1 auf eine **bescheidene Lebens- und Haushaltsführung** abgestellt. Hierzu gehören nach h. M. fast alle Kleidungsstücke (sofern nicht luxuriös, z. B. Pelzmantel neben einem Stoffmantel), Möbel, Farbfernseher, Kühlschrank und Waschmaschine in einem 3-Personenhaushalt.[201]

§ 811 Nr. 1: Bescheidene Lebens- und Haushaltsführung

---

201 Zur Rechtsprechung im einzelnen siehe: E. *Schneider/Becher*, Probleme der unpfändbaren Sachen in der Judikatur, DGVZ 1980, 177 und die einschlägigen Kommentierungen (aktuell immer *BbL-Hartmann* zu § 811 ZPO). **Aus der aktuellen Judikatur:** Ein Fernsehgerät ist grundsätzlich unpfändbar, auch wenn der Schuldner zuätzlich noch über ein Rundfunkgerät verfügt (BFH v. 30. 1. 90 – NJW 1990, 1871).

Kein Verzicht auf Sozialschutz zulässig Der Pfändungsschutz des § 811 ZPO ist unabhängig davon, wem die unpfändbaren Sachen tatsächlich gehören (absoluter Sozialschutz). Nach h. M. kann der Schuldner auch nicht auf diesen Schutz verzichten.[202]

Eine Einschränkung besteht ab 1. 1. 1999 insoweit, als der Pfändungsschutz des § 811 Abs. 1 Nr. 1, 4, 5 bis 7 n.F. ZPO nicht geltend gemacht werden kann, wenn der Gläubiger aus einer Geldforderung in Gegenstände vollstreckt, die zur Absicherung dieser Geldforderung unter Eigentumsvorbehalt gekauft und geliefert wurden, § 811 Abs. 2 n. F. ZPO. Der Eigentumsvorbehalt ist durch Urkunden nachzuweisen

Diese Privilegierung des Eigentumsvorbehaltsverkäufers stellt eine bedenkliche Systemdurchbrechung dar. Erstens sieht sie eine materielle Prüfungspflicht des Vollstreckungsorgans Gerichtsvollzieher vor, zweitens führt diese Privilegierung dazu, daß materielle Eigentumsüberlegungen, die für die Entstehung von Herausgabetiteln und deren Vollstreckung notwendig sind, in die Geldvollstreckung eingeführt werden.

Angesichts des Verschleuderungseffektes einer Sachpfändung werden die Gegenstände erheblich unter Wert versteigert und dem Gläubiger verbleibt fast 50 % der ursprünglichen Titelforderung offen. Aus dieser vollstreckt er dann weiter in das Schuldnervermögen. Der Vollstreckungsschutz wird so ad absurdum geführt. Schließlich könnte der Gläubiger eine Herausgabeklage statt Zahlungsklage erheben. Wenn er sich der Geldvollstreckung bedient, muß er die dafür vorgesehenen Regeln akzeptieren. Diese sollten nicht – wie ab 1. 1. 1999 – mit den Überlegungen zum Herausgabeanspruch verknüpft werden.[203]

§ 811 ZPO nicht bei Herausgabevollstreckung Die Pfändungsbeschränkungen des § 811 ZPO gelten nur für die Zwangsvollstreckung wegen Geldforderungen, nicht dagegen für die Vollstreckung eines dinglichen oder persönlichen Anspruchs auf Herausgabe.

---

202 *Stein-Jonas-Münzberg*, 21. Aufl. § 811 Rdn. 14 mwN; *Zöller-Stöber* aaO, § 811 Rdn. 10.
203 *Behr*, 2. ZwVNov JurBüro SH 1998, 6.

2.2. § 811 c und § 811 d ZPO

Gem. § 811 c ZPO sind Haustiere grundsätzlich nicht der Pfändung unterworfen. Bei Tieren von hohem finanziellen Wert kann auf Gläubigerantrag nach Interessenabwägung eine Pfändung ausnahmsweise zugelassen werden.

§ 811 c ZPO
Haustiere
grundsätzlich
unpfändbar

§ 811 d ZPO ist die Ausnahme zu § 811 ZPO und läßt die Pfändung einer unpfändbaren Sache zu, wenn zu erwarten ist, daß sie demnächst durch Veränderung der tatsächlichen Verhältnisse beim Schuldner pfändbar wird. Zugelassen ist aber nur die Beschlagnahme! Die Abholung und Verwertung dürfen erst erfolgen, wenn die Sache pfändbar geworden ist.

§ 811 d ZPO
zukünftige
Pfändbarkeit

Die Pfändung ist aufzuheben, wenn binnen Jahresfrist die Pfändbarkeit nicht eintritt, § 811 d Abs. 2 ZPO.

2.3. § 812 ZPO

§ 812 ZPO erweitert bzw. modifiziert § 803 Abs. 2 ZPO. Unter Hausrat fallen Möbel, Geschirr, Kleidung und Wäsche, sofern sie nicht gewerblich gebraucht werden und nicht schon von § 811 Nr. 1 ZPO erfaßt werden.

§ 812 ZPO
Pfändungsschutz
für Hausrat

Anders als bei § 811 Nr. 1 ZPO kommt es hier nicht darauf an, daß die Gegenstände zur angemessenen bescheidenen Lebensführung des Schuldners benötigt werden. Vielmehr will § 812 ZPO verhindern, daß Sachen gepfändet und verwertet werden, die für den Gläubiger nur einen geringen Erlös bringen, für den Schuldner aber von hohem funktionellen Wert sind.

2.4. Austauschpfändung

Austauschpfändung bedeutet, daß trotz Unpfändbarkeit die Pfändung eines in § 811 (ab 1. 1. 1999 § 811 Abs. 1) Ziff. 1, 5, 6 ZPO genannten Gegenstandes zugelassen werden kann, wenn dem Schuldner vom Gläubiger ein **Ersatz** zur Verfügung gestellt wird, **der den Zweck des gepfändeten Gegenstandes erfüllt.** Möglich ist auch die Bereitstellung eines entsprechenden Geldbetrages. Die Austauschpfändung kann auf Antrag des Gläubigers durch das

Einschränkung
des Schuldnerschutzes durch
Austauschpfändung = § 811 a
ZPO

Vollstreckungsgericht zugelassen werden, § 811 a Abs. 2 ZPO. Das Vollstreckungsgericht entscheidet durch Beschluß.

Notwendige Angaben im GV-Protokoll
Wichtig ist, daß dem Gläubiger die Möglichkeit der Vornahme einer Austauschpfändung bekannt wird, wenn der GV nicht (von selbst) die vorläufige Austauschpfändung gem. § 811 b ZPO vornimmt. Zu diesem Zweck hat der GV im Pfändungsprotokoll anzugeben, welche Gegenstände er im Hinblick auf § 811 Nr. 1, 5, 6 ZPO nicht gepfändet hat. Nur so kann der Gläubiger prüfen, ob für ihn eine Austauschpfändung in Frage kommt.[204]

Versteigerungserlös muß Wert des Ersatzstücks übersteigen
Die Austauschpfändung soll gem. § 811 a Abs. 2 S. 2 ZPO nur zugelassen werden, wenn zu erwarten ist, daß der Versteigerungserlös den Wert des Ersatzstückes erheblich übersteigen wird und wenn keine anderen pfändbaren Gegenstände vorhanden sind. Sind diese Voraussetzungen erfüllt, setzt das Vollstreckungsgericht den Wert des Ersatzstückes fest, damit gegebenenfalls dem Schuldner dieser Betrag zur Verfügung gestellt werden kann.

Der festgesetzte Betrag ist wie die Kosten der Zwangsvollstreckung aus dem Versteigerungserlös zu erstatten.

Der dem Schuldner überlassene Geldbetrag ist unpfändbar. Die gepfändeten Sachen können erst abgeholt werden, nachdem der Zulassungsbeschluß rechtskräftig geworden ist.

Vorläufige Austauschpfändung § 811 b ZPO
Durch die vorläufige Austauschpfändung gem. § 811 b ZPO ist dem Gerichtsvollzieher die Möglichkeit gegeben worden, schon vor der Entscheidung des Gerichts eine Austauschpfändung vorzunehmen. Er darf dies dann tun, wenn zu erwarten ist, daß der Vollstreckungserlös den Wert des Ersatzstückes erheblich übersteigen wird. Die gerichtliche Entscheidung entfällt in diesen Fällen jedoch nicht. Sie muß **binnen zwei Wochen (Notfrist)** nach Kenntnisnahme des Gläubigers von der Pfändung von diesem beantragt werden. Der Gerichtsvollzieher muß den Gläubiger darüber belehren, daß die Pfändung andernfalls aufgehoben wird. Für Scha-

---

204 LG Göttingen DGVZ 1994, 90; LG Bochum JurBüro 1994, 308; AG Recklinghausen JurBüro 1995, 159; LG Traunstein Rpfleger 1988, 199 m. Anm. *Behr*; OLG Oldenburg JurBüro 1989, 261; OLG Bremen NJW-RR 1989, 1407 = JurBüro 1989, 263 = DGVZ 1989, 40; OLG Frankfurt; **a. A.** DGVZ 1982, 116 = MDR 1982, 503; *Zöller/Stöber* aaO, § 762 Rdn. 3; *BbL-Hartmann* aaO, § 762 Rdn. 3; Ausführlich mwN: *Behr*, Rpfleger 1988, 1 (5); *Behr*, NJW 1992, 2738 (2742).

densersatzansprüche des Gläubigers wegen Verletzung der Belehrungspflicht haftet das Land, in dessen Dienst der Gerichtsvollzieher steht, Art. 34 GG, § 839 BGB. Auch bei der vorläufigen Austauschpfändung muß die gepfändete Sache bis zur Rechtskraft des Beschlusses im Gewahrsam des Schuldners belassen werden.

2.5. §§ 850 ff. ZPO (Einkommenspfändung)

Noch bedeutender als der von Amts wegen zu beachtende Vollstreckungsschutz bei der Sachpfändung ist der gesetzliche Vollstreckungsschutz bei der Einkommenspfändung. Er ist ebenfalls von Amts wegen zu beachten, Verstöße sind mit der Erinnerung gem. § 766 ZPO zu rügen.

Arbeitseinkommen ist wie jede Geldforderung pfändbar, nur wird es, da es oft die einzige Einnahmequelle des Schuldners bildet, aus sozialpolitischen Gründen in gewissem Umfang geschützt, §§ 850–850 k ZPO.	Grundsatz

Der von Amts wegen zu beachtende Schutz gliedert sich in   Übersicht

a) völlig unpfändbare Einkommensforderungen, § 850 a ZPO,

b) bedingt pfändbare Einkommensforderungen, § 850 b ZPO,

c) nach bestimmten Freigrenzen beschränkt pfändbare Einkommensforderungen, §§ 850 c, 850 d ZPO.

Bei c) unterscheidet man nach Gläubigergruppen: Privilegierte Gläubiger (z. B. Unterhaltsgläubiger) können gem. § 850 d ZPO verschärft pfänden, d.h. sie erhalten mehr vom Einkommen des Schuldners, während dieser weniger und somit einen geringeren Vollstreckungsschutz erhält als wenn ein nicht privilegierter Gläubiger gem. § 850 c ZPO gepfändet hätte.

Privilegierte Gläubiger = § 850 d ZPO

Nichtprivilegierte Gläubiger = § 850 c ZPO

Besonderer Vollstreckungsschutz § 850 f. Abs. 1 ZPO	Darüber hinaus gewährt das Gesetz auf Antrag besonderen Vollstreckungsschutz gem. § 850 f Abs. 1 ZPO. Damit soll einer besonderen, pauschalen Einschätzung durch Tabellenfreibeträge nicht zugänglichen, individuellen Schuldnerbelastung Rechnung getragen werden.
§ 850 k ZPO	Schließlich kann auf Antrag noch **ein besonderer Pfändungsschutz für Kontoguthaben** aus Arbeitseinkommen gewährt werden, § 850 k ZPO.
§ 850 a ZPO	Zu a): Bestimmte Teile des Arbeitseinkommens sind gem. § 850 a ZPO dem Vollstreckungszugriff völlig entzogen. Nur den bevorrechtigten Unterhaltsgläubigern gestattet § 850 d Abs. 1 ZPO, in die in § 850 a Nr. 1, 2 und 4 ZPO genannten Bezüge teilweise zu vollstrecken.
	Beispiele: Die Hälfte der Überstundenvergütung (Nr. 1), bestimmte Teile von Treuegeldern, Zuwendungen (Nr. 2), und Aufwandsentschädigungen (Nr. 3) sowie Weihnachtsgeld bis DM 540,00 (Nr. 4).
Möglichkeit, den Vollstreckungsschutz zu manipulieren	Für den Gläubiger ist es wichtig, darauf zu achten, daß der Drittschuldner nach der Pfändung mit dem Schuldner, seinem Arbeitnehmer, keine Arrangements trifft, die ein Teil des Arbeitseinkommens als Prämie oder Erschwerniszulage ausweisen. Diese Leistungen wären dann zum Teil gem. § 850 a ZPO unpfändbar.
	Bestimmte Teile des Arbeitseinkommens können wie erwähnt gem. § 850 a ZPO nur eingeschränkt gepfändet werden. Bei der Überstundenvergütung ist aus § 850 a Nr. 1 ZPO der Pfändungsrahmen leicht ablesbar (50% unpfändbar). Das gleiche gilt für die Weihnachtsvergütung, § 850 a Nr. 4 ZPO.
Häufiger Streitpunkt	**Problematischer sind dagegen Urlaubsgelder, Treueprämien sowie Aufwands- und Erschwerniszulagen,** § 850 a Nr. 2 und 3 ZPO. Hier gelten die Teile als unpfändbar, die den branchenüblichen Rahmen nicht übersteigen. Das ist ein häufiger Streitpunkt. Hier ist es empfehlenswert, Auskünfte von Fachverbänden, Gewerkschaften oder Handwerkskammern usw. einzuholen.
§ 850 b ZPO	Zu b): Zu den bedingt pfändbaren Bezügen des § 850 b ZPO zählen vor allem gesetzliche und vertragliche Renten sowie fortlaufende Ein-

künfte aus Stiftungen, Witwen- und Sterbekassen und Lebensversicherungen.

Diese Bezüge sind zunächst unpfändbar. Ihre bedingte Pfändbarkeit besteht darin, daß ausnahmsweise eine Pfändung – allerdings in den Schutzschranken der §§ 850 c, 850 e ZPO – durch Entscheidung des Vollstreckungsgerichts zugelassen werden kann. Dafür muß der Gläubiger darlegen, daß er ohne diesen Vollstreckungszugriff nicht zu seinem Geld käme. Außerdem muß die Pfändung nach Art des beizutreibenden Anspruchs der Billigkeit entsprechen.

Ausnahmepfändung wie Arbeitseinkommen

Zulassungskriterien

Ob diese **besonderen Voraussetzung** vorliegen, entscheidet das Vollstreckungsgericht nach Anhörung der Beteiligten, § 850 b Abs. 3 ZPO.

Insoweit wird vom Grundsatz des § 834 ZPO abgewichen, der eine vorherige Anhörung des Schuldners verbietet.

Schuldneranhörung

Zu c):
Hier ist zu unterscheiden, ob ein Normalgläubiger (= nicht privilegierter Gläubiger) das Arbeitseinkommen gem. § 850 c ZPO pfändet oder ob ein privilegierter Unterhaltsgläubiger gem. § 850 d ZPO die verschärfte Pfändung ausbringt.

Unterscheidung zwischen Pfändung gem. § 850 c und gem. § 850 d ZPO

§ 850 c ZPO:

Der pfändbare Betrag ergibt sich aus einer Tabelle, auf die § 850 c Abs. 3 ZPO verweist und die sowohl die Höhe des Nettoeinkommens des Schuldners als auch seine Unterhaltsverpflichtungen nach Personenzahl, im übrigen aber undifferenziert berücksichtigt.

Berechnung nach Tabelle

Stellt sich bei Anwendung der Tabelle im Einzelfall ein aufgrund der Schuldnerbedürfnisse unverhältnismäßig scharfer Pfändungszugriff heraus, kann dem Schuldner **individueller Schutz** nach § 850 f Abs. 1 ZPO gewährt werden.
Seit dem 1. 7. 1992 sind die Tabellensätze angehoben und ein besonderer Sozialschutz gem. § 850 f Abs. 1 lit. a ZPO geschaffen worden.[205]

Individuelle Regelung nach § 850 Abs. 1 und 3 ZPO

---

[205] Näheres aktuell bei: *Behr*, JurBüro 1996, 11; *Hornung*, Rpfleger 1992, 331; *Behr*, Rpfleger Stud. 1993, 1 ff.; *Boewer*, ZAP 1993, 355 (Fach 14, Seite 125).

Umgekehrt kann der Gläubiger über § 850 f Abs. 3 ZPO eine über die Tabelle hinausgehende **Erweiterung seines Pfändungszugriffs** unter besonderen Voraussetzungen erlangen.

Der Pfändungsschutz gem. § 850 c ZPO ist wegen aller titulierten Geldforderungen gegeben, die nicht Unterhaltsansprüche oder gleichgestellte Ansprüche (Deliktsansprüche gem. § 850 f Abs. 2 ZPO) sind.

Prinzip des Blankettbeschlusses
Gem. § 850 c Abs. 3 S. 2 ZPO genügt die Bezugnahme auf die Tabelle (sogenannter Blankettbeschluß). Der Drittschuldner (z. B. Arbeitgeber) muß die pfändbaren (abzugsfähigen) Beträge ermitteln und dabei z. B. anhand der Lohnsteuerkarte oder des Personalbogens die zu berücksichtigenden unterhaltsberechtigten Personen feststellen. Sämtliche Nachweise sind vom Arbeitgeber zu beachten. Dazu gehören auch die Nachweise, die der Gläubiger erbringt.[206]

§ 850 d ZPO:

Sinn der Regelung
Bei der Pfändung von Arbeitseinkommen für titulierte Unterhaltsansprüche (§ 850 d ZPO) und für Ansprüche aus vorsätzlich begangener unerlaubter Handlung § 850 f Abs. 2 ZPO) ist der Pfändungsschutz für den Schuldner geringer und für den Gläubiger der Zugriff weitergehend als bei der Normalpfändung gem. § 850 c ZPO. Sinn dieses Vollstreckungsprivilegs ist es, dem besonders von der Schuldnerleistung abhängigen, sozial schützenswerten Gläubiger einen wesentlich erweiterten Zugriff in das Arbeitseinkommen zu ermöglichen.

Berechnung der Freibeträge
Die Höhe der Freibeträge (notwendiger Unterhalt) richtet sich nach den jeweiligen Lebenshaltungskosten sowie wirtschaftlichen und sozialen Verhältnissen des Einzelfalles: Der kranke, diätbedürftige Schuldner wird höhere Freibeträge erhalten als der gesunde Schuldner.

Da der Gläubiger und das Vollstreckungsgericht aber in der Regel keine Informationen über die näheren Lebensumstände des Schuldners haben, fehlt es oft an konkreten Anhaltspunkten für die genaue Festsetzung der Notbedarfsbeträge. Auch das Anhörungsverbot des § 834 ZPO läßt eine genauere Bestimmung nicht zu.

---

[206] KG Rpfleger 1978, 335; LArbG Düsseldorf Betrieb 1986, 649 = Rpfleger 1986, 100 und generell zum Verfahren: *Behr*, Rpfleger 1981, 382, 383.

Somit erfolgt die Festsetzung **nach Regelsätzen für die Bemessung der laufenden Hilfe nach dem BSHG** (§§ 22, 23, 24 BSHG) zuzüglich Zuschlägen. Sockel und Regelsatzprinzip: Sockelbeträge und Zuschläge gem. §§ 21–23 BSHG sowie tatsächliche Miet- und Heizungsaufwendungen oder Pauschale gem. § 8 WoGG. Die Regelsätze differieren von Gerichtsbezirk zu Gerichtsbezirk.[207]

So kommt das **Kammergericht** in einer neueren Entscheidung auf einen notwendigen Schuldnerselbstbehalt von ca. 1150,–.[208]

Andere Gerichte gehen vom doppelten Regelsockelbetrag aus und kommen auf ca. DM 1050,– notwendigen Bedarf für den Schuldner. Manche erhöhen diese Summe um 10–15%, um die Arbeitsmotivation zu erhalten.[209]

Im Durchschnitt ist in Berlin im Dezember 1997 von folgenden Richtsätzen auszugehen:

Schuldner	1100,–
Ehegatte	450,–
Kind	350,–
nicht erwerbstätiger Schuldner	900,–

Da es sich nur um Regelsätze handelt, ist eine Abweichung nach Lage des Falles jederzeit möglich, wenn das Vollstreckungsgericht Informationen, z. B. durch das Erinnerungsverfahren gem. § 766 ZPO, nachgeliefert erhält oder der Schuldner einen Antrag gem. § 850 f Abs. 1 ZPO stellt.[210]

---

207 OLG Hamm DAVorm. 1985, 417 = JurBüro 1984, 1900; insbesondere zu den Berechnungskriterien siehe: LG Hamburg Rpfleger 1991, 515 = NJW-RR 1992, 264; wegen weiterer Einzelheiten vgl. *Stöber*, aaO Rdn. 1094 ff.; LG Hamburg Rpfleger 1991, 515 = JurBüro 1991, 1566; LG Detmold Rpfleger 1993, 357 (DM 1200,– für Alleinstehende!).
208 KG Rpfleger 1994, 373 = JurBüro 1994, 403.
209 *Büttner*, FamRZ 1990, 459, 462, 463; s. auch BVerfG FamRZ 1993, 285 f. **Aktuell**: LG Hechingen v. 3. 11. 1997 – 3 T 86/97 = JurBüro 1998, 209 mit Anm. *Behr*.
210 Zu den vielfältigen Problemen bei der Pfändung von Arbeitseinkommen siehe *Behr*, Rpfleger 1981, 382 und zur verschärften Pfändung für Deliktgläubiger: *Behr*, JurBüro 1995, 8: Für Interessenten siehe auch *Behr*, Allgemeines Vollstreckungsrecht aaO, Fälle 5–7.

3. Der besondere Vollstreckungsschutz

Im Gegensatz zu dem von Amts wegen zu beachtenden und zu gewährenden Vollstreckungsschutz steht der auf Antrag (d. h. durch Entscheidung des Gerichts) dem Schuldner zu gewährende **richterliche Vollstreckungsschutz**.

3.1. Das Verwertungsmoratorium des § 813 a ZPO (ab 1. 1. 1999: § 813 b)

a) **Inhalt** der Norm: Auf **Antrag des Schuldners** kann die Verwertung gepfändeter Sachen zeitweilig ausgesetzt werden.

Zweck der Schutzvorschrift

b) **Zweck** der Norm: Die Verwertung gepfändeter Sachen trifft den Schuldner häufig härter als die Bezahlung der Schuld, da der Versteigerungserlös oft viel geringer ist als der Anschaffungspreis der Sache. Umgekehrt benötigt der Gläubiger den möglichen Versteigerungserlös selten sofort, ihm ist vielmehr meist daran gelegen, überhaupt in absehbarer Zeit einmal sein Geld zu bekommen.

c) **Anwendung:** Nur anwendbar bei der Zwangsvollstreckung wegen einer Geldforderung in bewegliche Sachen. Es muß also eine Pfändung nach § 808 ZPO vorausgegangen sein.

d) **Voraussetzung:** Die Gegenstände müssen bereits gepfändet sein. Der Antrag des Schuldners auf Aussetzung der Verwertung ist binnen zwei Wochen nach der Pfändung, u. U. auch verspätet, zulässig.

e) **Angemessenheit** der Aussetzung der Verwertung

Abwägung von Schuldner- und Gläubigerinteressen

Folgende Umstände sind maßgebend:

aa) Person des Schuldners: redlich und zuverlässig

bb) wirtschaftliche Verhältnisse des Schuldners: Er muß einerseits zur sofortigen vollständigen Zahlung außerstande, andererseits zur Einhaltung von Zahlungsfristen in der Lage sein. Maßstab für die Zumutbarkeit sind die Pfändungsgrenzen des § 850 c ZPO.

cc) **Art der Schuld:** Kein Aufschub z. B. bei Unterhaltsforderungen oder Deliktsansprüchen.

dd) **keine überwiegenden Interessen des Gläubigers:** Sie stehen dem Aufschub entgegen, wenn er das Geld dringend benötigt oder der Aufschub ihm mehr schadet als er dem Schuldner nützt.

f) **Verfahren:** Das Vollstreckungsgericht (durch den Rechtspfleger) entscheidet über die Aussetzung der Verwertung durch Beschluß. Rechtsmittel: befristete Erinnerung ohne Durchgriff gem. § 11 Abs. 1 RpflG, da die Entscheidung, wäre sie durch den Richter ergangen, grundsätzlich unanfechtbar wäre, § 813 a Abs. 5 S. 4 ZPO (siehe Rechtsbehelfe unten zu Kapitel VIII. 3.).

Der Aussetzungsbeschluß kommt einer einstweiligen Einstellung gleich: Pfändung und Pfändungspfandrecht bleiben bestehen. Anhörung des Gegners, § 813 a Abs. 5 S. 1 ZPO; Glaubhaftmachung, Güteversuch, § 813 a Abs. 5 S. 3 ZPO.

g) **Entscheidung:** Falls dem Antrag stattgegeben wird, wird angeordnet, daß die Verwertung der Sache X bis zum ... ausgesetzt wird, sofern der Schuldner den Vollstreckungsbetrag (+ Kosten) zu genau bezeichneten Terminen ganz oder in Teilbeträgen leistet.

Länger als ein Jahr nach der Pfändung darf die Verwertung nicht ausgesetzt werden, § 813 a Abs. 4 ZPO, es sei denn, der Gläubiger ist damit einverstanden. Die Anordnung des Verwertungsaufschubs kann aufgehoben oder abgeändert werden, 813 a Abs. 3 ZPO.

Ab 1. 1. 1999 ist dem gerichtlichen Verwertungsaufschub durch Ratenzahlung gem. § 813 b n. F. ZPO (bisher § 813 a) ein Verwertungsaufschub durch den Gerichtsvollzieher vorgeschaltet (§ 813 a n. F. ZPO). Er ist als Befugnis des Gerichtsvollziehers aufgrund eines modifizierten Sachpfändungsauftrages des Gläubigers, also im Rahmen der diesem zustehenden Dispositionsbefugnis ausgestaltet (BT-Drucks. 13/341 v. 27. 1. 1995 S. 27/28). Folglich kann der Gläubiger im Sachpfändungsauftrag die Zahlung in Teilbeträgen **ausschließen** oder ihr ausdrücklich **zustimmen** (§ 813 a

Abs. 2 n. F. ZPO). Hat er geschwiegen, also weder eine positive noch negative »Weisung« erteilt, so kann der Gerichtsvollzieher eigenverantwortlich die Verwertung gegen Ratenzahlung aufschieben, wenn der Schuldner sich zur Zahlung innerhalb eines Jahres verpflichtet. Der »**gesetzlichen Vermutung**«, daß dieses Verfahren dem Gläubigerinteresse entspricht, kann der Gläubiger nach Unterrichtung durch den GV **widersprechen**. Dann endet der Aufschub. Dasselbe gilt, wenn der Schuldner mit einer Zahlung in Verzug kommt.

Im übrigen ist das Verwertungsmoratorium des GV dem gerichtlichen inhaltlich bis auf folgende Abweichungen gleichgestellt:

- eine individuelle Abwägung zwischen Gläubiger- und Schuldnerinteressen bezogen auf Persönlichkeit und wirtschaftliche Verhältnisse des Schuldners findet nicht statt,
- verpflichtet sich der Schuldner zur Ratenbefriedigung innerhalb eines Jahres, hat er seine tatsächlichen Verhältnisse nicht glaubhaft zu machen,
- der GV kann einen Verwertungstermin zeitlich unmittelbar nach dem jeweils nächsten Zahlungstermin bestimmen oder verlegen, was zweifellos die Bereitschaft des Schuldners zur pünktlichen Zahlung fördert.[211]

3.2. Der Pfändungsschutz gem. § 850 f Abs. 1 ZPO

Erhöhung der Unpfändbarkeitsgrenzen

a) **Inhalt** der Norm: In bestimmten Einzelfällen ist das Vollstreckungsgericht ermächtigt, nach seinem Ermessen auf einen besonderen Antrag des Schuldners hin die Unpfändbarkeitsgrenzen der §§ 850 c und 850 d ZPO zu Lasten des Gläubigers und damit zugunsten des Schuldners zu erhöhen. Voraussetzung ist, daß der Erhöhung überwiegende Belange des Gläubigers nicht entgegenstehen.

b) **Verfahren**: Zu den Voraussetzungen gehört ein **Antrag** des Schuldners oder eines durch die Pfändung betroffenen Unterhaltsberechtigten an das Vollstreckungsgericht.

---

[211] *Behr*, 2. ZwVNov JurBüro SH 1998, 7.

In dem Antrag ist darzulegen und unter Beweis zu stellen, daß über die Berücksichtigung der normalen Belange des Schuldners hinaus (§§ 850 c, 850 d ZPO) **aus persönlichen und beruflichen Gründen** besondere Bedürfnisse des Schuldners erwachsen sind, die eine Erhöhung seines Aufwandes über das übliche Maß hinaus bedingen.

Darlegungs- und Beweispflicht des Schuldners

Die Bestimmung des § 850 f. Abs. 1 ZPO ergänzt damit den § 850 c ZPO, wenn letztere Vorschrift wegen der besonderen individuellen Situation des Schuldners nicht zu einer befriedigenden Regelung führt.

Individualanpassung

Der Rechtspfleger entscheidet durch von Amts wegen (§ 329 Abs. 3 ZPO) an den Gläubiger, Schuldner und Drittschuldner zuzustellenden Beschluß. Die dadurch entstehenden Kosten sind Vollstreckungskosten i. S. d. § 788 ZPO. Zur Feststellung der besonderen Umstände bedarf es stets der Anhörung des Gläubigers.

Anhörung des Gläubigers stets notwendig

c) **Die Bedürfnisse, die zur Erhöhung führen:** Dazu können beispielsweise gerechnet werden: Sonderausgaben für Heilmittel, notwendige Kurkosten, Kosten für eine berufliche Umschulung, der Aufwand für die notwendige Beschaffung von Bekleidung, besonders hohe Fahrtkosten zur Arbeitsstätte u. a. m.

Die persönlichen oder beruflichen Bedürfnisse

3.3. Der Kontenschutz des § 850 k ZPO

Auf ein Bank-, Sparkassen- oder Postscheckkonto überwiesene Beträge genießen im allgemeinen nicht mehr den ursprünglichen Pfändungsschutz.

Eine **Sonderregelung** gilt für Sozial-/Versorgungsleistungen und Beihilfen. Diese Leistungen bleiben auf dem Konto des Leistungsempfängers sieben Tage lang unpfändbar, § 55 SGB I.

Sonderregelung bei Sozialleistungen

Normales, im bargeldlosen Zahlungsverkehr überwiesenes Arbeitseinkommen genießt auf dem Konto des Lohn-/Gehaltsempfängers keinen automatischen Pfändungsschutz gem. §§ 850 ff. ZPO. Die Unpfändbarkeit des Arbeitseinkommens erlischt mit der Gutschrift auf dem Konto ebenso wie bei barer Auszahlung durch den Arbeitgeber.

Kein automatischer Pfändungsschutz

Mit der Gutschrift ist gegen die Bank ein neuer (nicht auf dem Arbeitsverhältnis beruhender) selbständiger Rechtsanspruch auf Auszahlung des Kontoguthabens entstanden, der pfändbar ist.

Auszahlungssperre Allerdings besteht eine Auszahlungssperre von zwei Wochen, § 835 Abs. 3 S. 2 ZPO.

Grundsatz § 850 k ZPO ersetzt die bisherige entsprechende Anwendung von §§ 811 Nr. 8, 766 ZPO. Laut Regierungsbegründung soll das Guthaben des Schuldners – ebenso wie nach § 811 Nr. 8 ZPO Bargeld – den Vollstreckungsschutz ohne Rücksicht darauf genießen, auf welcher Überweisung es beruht. Geschützt werden soll das Einkommen vom Tag der Pfändung bis zum nächsten Zahlungstermin.[212]

Pfändungsschutz wie bei der »Arbeitgeberpfändung« Auf Antrag ist gem. § 850 k Abs. 1 ZPO vom Vollstreckungsgericht der Schuldner so zu stellen, als wäre sein Einkommen beim Arbeitgeber gepfändet worden. Die Höhe des Kontoguthabens spielt dabei keine Rolle. Selbst wenn bei einem Arbeitseinkommen von DM 2.500 der Schuldner nur noch DM 500 auf dem Konto hat, wird der unpfändbare Betrag für die Zeit der Pfändung bis zum nächsten Zahlungstermin gem. §§ 850 ff. (z. B. § 850 c ZPO) so berechnet, als wären noch DM 2.500 auf dem Konto.

Beispiel Tag der Pfändung: 10. des Monats

Nächster Zahlungstermin: 30. (Monatsende)

drei unterhaltsberechtigte Personen

Monatseinkommen   DM 2.500,00 netto

Pfändungsbetrag   DM   36,30

unpfändbar also: DM 2.463,70

für den ganzen Monat!

Teilbetrag vom 10. bis 30. = 20 Tage = 20/30 = 2/3,

unpfändbarer Betrag also DM 1.642,47,

---

[212] *Behr*, RpflStud 1978, 33; *Behr*, RpflStud 1980, 36 (Klausur zu § 850 k ZPO); *Behr*, JurBüro 1979, 305 und *derselbe* in Rpfleger 1989, 53; *Hornung*, Rpfleger 1978, 353.

d. h. die gesamten DM 500 sind unpfändbar, obwohl der Schuldner bereits DM 2.000 abgehoben hatte, ihm verbleibt das gesamte (Rest)-Guthaben als unpfändbar.

Bei der Berechnung sind auch Mehrarbeitsvergütung und Sonderleistungen entsprechend § 850 a ZPO zu berücksichtigen.

Der Schuldner (Antragsteller) muß die Voraussetzungen für die Berechnung darlegen und wegen des zu erwartenden Widerspruchs des anzuhörenden Gläubigers auch durch Vorlage von Belegen (z. B. Einkommensbescheinigungen u. a.) beweisen.

Nachweis durch Belege erforderlich

Da durch die notwendige Gläubigeranhörung und die Vorlage der Unterlagen bis zur Entscheidung Zeit vergehen kann, hat das Vollstreckungsgericht die Möglichkeit der einstweiligen Einstellung gem. § 850 k Abs. 3 ZPO.

Einstweilige Einstellung gem. § 850 k Abs. 3 ZPO

Gem. § 850 k Abs. 2 ZPO besteht zudem die Möglichkeit der Vorabaufhebung der Pfändung bezüglich der Notbedarfsbeträge gem. § 850 d ZPO. Hierfür hat der Schuldner keinen Beweis anzutreten, Glaubhaftmachung genügt.

Vorabaufhebung

3.4 Die Generalklausel des Schuldnerschutzes gem. § 765 a ZPO

Grundsätzlich unterliegt das gesamte Vermögen des Schuldners dem Vollstreckungszugriff. Der Gesetzgeber hat deshalb eine Generalklausel für den Schuldnerschutz geschaffen, die zur Anwendung kommt, wenn die Vollstreckungsfolgen mit den Vorstellungen eines gerechten, vertretbaren Ergebnisses nicht in Einklang zu bringen sind.[213]

Für die Mobiliarvollstreckung gelten folgende Grundsätze:

a) § 765 a ZPO gilt grundsätzlich auch bei der Sachvollstreckung durch den GV.

Grundsätze

---

[213] Zu den grundsätzlichen Fragen siehe *Behr*, Vollstreckungsschutz, Gläubiger- oder Schuldnerschutz?, in Kritische Justiz 1980, 156 ff.; zur Reform des § 765 a ZPO *Behr*, Rpfleger 1989, 13. Wegen Einzelheiten sei auf den Beitrag in der Kritischen Justiz und die Kommentierung von *Stein-Jonas-Münzberg*, § 765 a ZPO, verwiesen.

b) § 765 a ZPO ist auf Antrag ausdrücklich oder subsidiär anzuwenden, d. h. auch dann, wenn eine sonstige Vollstreckungsschutzvorschrift nicht oder nicht ausreichend hilft.

c) Das Vollstreckungsgericht kam das Verfahren frei gestalten. Der Gläubiger ist wegen der notwendigen Abwägung von Schuldner- und Gläubigerinteressen **immer** anzuhören.

d) Das Vollstreckungsgericht kann die Vollstreckung **aufschieben, aussetzen** oder **untersagen**.

e) Jede Fallkonstellation im Rahmen der Sachpfändung ist für einen Vollstreckungsschutz geeignet. Im Rahmen der Sachpfändung bietet sich aber häufig an, für die **Aussetzung der Verwertung über ein Jahr hinaus** § 765 a ZPO anzuwenden.

Beispiel

Beispiel: Alle Voraussetzungen für den Vollstreckungsschutz gem. § 813 a ZPO sind gegeben, lediglich die Tilgung der Vollstreckungsforderung im Wege der Ratenzahlung würde 14 Monate in Anspruch nehmen. Da § 813 a Abs. 4 ZPO den Verwertungsaufschub auf 12 Monate begrenzt, könnte über 765 a ZPO geholfen werden.[214]

Räumungsschutz ist Hauptanwendungsgebiet

Hauptsächliches Anwendungsgebiet für den Vollstreckungsschutz gem. § 765 a ZPO ist der Räumungsschutz bei der Räumungsvollstreckung gem. § 885 ZPO. Das liegt daran, daß es dort einer speziellen vollstreckungsrechtlichen Schutznorm ermangelt und die prozessuale Schutzregelung des § 721 ZPO nicht ausreicht.[215]

Ab 1. 1. 1999 ist der Anwendungsbereich des über § 765 a ZPO zu gewährenden Räumungsschutzes insoweit eingeschränkt, als Schutzanträge grundsätzlich spätestens zwei Wochen vor dem durch den GV festgesetzten Räumungstermin zu stellen sind (§ 765 a Abs. 3 n. F. ZPO). Die stringente Formulierung soll verhin-

---

214 siehe *Stein-Jonas-Münzberg*, aaO, § 765 a Rdn. 33.
215 **Aus der aktuellen Judikatur und Literatur:** BVerfG NJW 1991, 3207; BVerfG v. 15. 1. 1992 – NJW 1992, 1157; KG Rpfleger 1995, 469 = JurBüro 1995, 495 = NJW-RR 1995, 848; LG Kiel v. 11. 2. 1992 – 1 T 137/91 NJW 1992, 1174; LG Darmstadt Rpfleger 1991, 117; OLG Köln JurBüro 1996, 158 = Rpfleger 1996, 33: bei schulpflichtigen Kindern keine Räumung vor Schuljahresschluß; OLG Köln Rpfleger 1990, 30 = DGVZ 1990, 9, erneut OLG Köln Rpfleger 1995, 510; *Dorn:* Zwangsräumung und Räumungsschutz Rpfleger 1989, 262–270; *Walker-Gruß,* (§ 765 a ZPO bei Suizidgefahr und Alter) NJW 1996, 352; *Hintzen,* ZAP 1996, 565 (572).

dern, daß Schutzanträge so kurzfristig vor dem Räumungstermin gestellt werden, daß bei Gewährung von Räumungsaufschub dem Gläubiger erhebliche wirtschaftliche Nachteile entstehen (z. B. Weitervermietung, Speditionsaufwendungen).[216]

Lediglich für den Fall, daß die Gründe für den Aufschub erst nach diesem Zeitpunkt entstanden sind und der Schuldner unverschuldet an einer rechtzeitigen Antragstellung gehindert war, kann noch Schutz gewährt werden. Durch **Herabsetzung des Verschuldensmaßstabes** wird man aber in eklatanten Fällen (Suizidgefahr oder drohende irreparable Gesundheitsschäden) gleichwohl helfen können. Die Sorge *Münzbergs* ist m. E. unbegründet.[217]

Für den Gerichtsvollzieher bedeutet die Zweiwochenausschlußfrist, daß er den Räumungstermin dem Schuldner so rechtzeitig mitteilt, daß diesem die Wahrung der Antragsfrist möglich ist. Die Begründung schlägt deshalb schon vor, § 180 Nr. 2 S. 1 GVGA durch Aufnahme einer festen Frist (z. B. »mindestens 3 Wochen vor dem Termin«) zu präzisieren.[218]

Begrüßenswert ist die Aufnahme der bereits nach h. M. zulässigen einstweiligen Anordnung (= Einstellung der Zwangsvollstreckung) gem. § 732 Abs. 2 ZPO in § 765 a Abs. 1 S. 2 n. F. ZPO.

---

216 BT-Drucks. 13/341 S. 19; *Behr*, 2. ZwVNov JurBüro SH 1998, 8.
217 *Münzberg*, Festschrift für Lüke 1997, 541.
218 BT-Drucks. 13/341 S. 19 li. Sp. unten.

VIII. Rechtsbehelfe und Einwendungen in der Zwangsvollstreckung

1. Allgemeines – Abgrenzung der formellen von den materiellen Einwendungen

> Im Zwangsvollstreckungsrecht wird auch im Rechtsbehelfssystem zwischen formellen und materiellen Einwendungen unterschieden.

Grundsatz

a) Hat der Schuldner oder ein Dritter materiell-rechtliche Einwendungen gegen den festgestellten titulierten Anspruch oder gegen den Vollstreckungszugriff (z. B. Fremdeigentum), so ist die materielle Streitfrage in einem Prozeß zu entscheiden; es ist also der **Klageweg** zu beschreiten.

Materielle Streitfragen
→ Prozeßweg

b) Haben der Gläubiger, der Schuldner oder ein Dritter formelle Einwendungen gegen die Vollstreckung (z. B. Mangel in den Vollstreckungsvoraussetzungen), so sind sie auf vollstreckungsinterne Rechtsbehelfe **(Erinnerung oder sofortige Beschwerde)** angewiesen, über die durch das Vollstreckungsgericht oder das Landgericht entschieden wird.

Formelle Streitfragen
→ Vollstreckungsrechtsbehelfe

c) Davon ganz zu trennen sind Einwendungen besonderer Art, die das Klauselverfahren betreffen (siehe näheres Kapitel IV. 2.10.) und die im Verfahren zur Abgabe der Offenbarungsversicherung im Offenbarungstermin vorzutragen sind (Widerspruch gem. § 900 Abs. 5 ZPO).

Einwendungen besonderer Art

d) In der Regel führt die Einlegung eines Rechtsbehelfs oder die Erhebung der Klageeinwendungen nicht zum automatischen Stillstand der Vollstreckung (Suspensiveffekt). Vielmehr bedarf es der gesonderten Einstellung der Zwangsvollstreckung. Sie ist oft auch deshalb erforderlich, um Zeit für die Vorbereitung der Entscheidung über den Rechtsbehelf/die Einwendung zu

Einstellung der Zwangsvollstreckung

gewinnen, (z. B. Gewährung rechtlichen Gehörs an den Gegner).

Rechtsbehelfsbelehrung
e) Eine gesetzliche Anordnung der Rechtsbehelfsbelehrung für die Zwangsvollstreckung gibt es nicht. In der ZPO ist nur in wenigen Fällen eine Belehrung vorgeschrieben: z. B. gem. § 692 ZPO – Widerspruchsbelehrung im Mahnverfahren. Das Bundesverfassungsgericht hält die Erteilung einer Belehrung in Urteilen über zivilrechtliche Klagen nicht für erforderlich.[219]

f) Übersicht:

Formelle Einwendungen:	Materielle Einwendungen:
1. Erinnerung gem. § 766 ZPO Sofern eine Vollstreckungsmaßnahme oder die Unterlassung einer solchen angegriffen werden soll.	1. Vollstreckungsabwehrklage gem. § 767 ZPO. Sofern ein materiell-rechtlicher Einwand gegen den vollstreckbaren Anspruch (z. B. Erfüllung) erhoben werden soll.
2. Sofortige Beschwerde gem. § 793 ZPO Sofern eine Entscheidung des Vollstreckungsgerichts angegriffen werden soll. Hat der Rechtspfleger als Vollstreckungsgericht eine Entscheidung getroffen, so ist zusätzlich § 11 RpflG zu beachten.	2. Drittwiderspruchsklage gem. § 771 ZPO Sofern ein Dritter ein die Veräußerung hinderndes Recht am Gegenstand des Vollstreckungszugriffs hat.
	3. Klage auf vorzugsweise Befriedigung gem. § 805 ZPO Sofern ein Dritter ein besitzloses Pfandrecht (z. B. Vermieterpfandrecht) an einem Gegenstand des Vollstreckungszugriffs hat.

---

219 BVerfG NJW 1993, 3173. Im Schrifttum wird teilweise für eine Rechtsbehelfsbelehrung plädiert. *Limberger*, DGVZ 1997, 165; *Böttcher*, ZVG 2. Aufl. 1997, §§ 15, 16 Rdn. 119.

Einstweilige Einstellung der Zwangsvollstreckung bis zur Entscheidung über die Einwendung:	
zu 1. gem. §§ 766 Abs. 1 S. 2, 732 Abs. 2 ZPO	zu 1. gem. §§ 769 Abs. 1 und Abs. 2, 770 ZPO
zu 2. gem. § 572 Abs. 2, 3 ZPO	zu 2. gem. §§ 771 Abs. 3, 769 Abs. 1 und 2, 770 ZPO
	zu 3. (Erlöshinterlegung) gem. §§ 805 Abs. 4 S. 2, 769, 770 ZPO.

2. Die vollstreckungsinternen Rechtsbehelfe[220]

Hier ist zwischen der Erinnerung gem. § 766 ZPO und der sofortigen Beschwerde gem. § 793 ZPO zu unterscheiden:

a) Die **Erinnerung gem. § 766 ZPO** (vgl. Muster M 12 u. M 13 im Anhang) ist zulässig, wenn sich die Einwendungen auf die Art und Weise der Zwangsvollstreckung, insbesondere auf das Verfahren des Vollstreckungsorgans beziehen. Sie ist also gegeben, wenn eine Vollstreckungsmaßnahme angegriffen werden soll, die ohne vorherige Anhörung des Gegners (Schuldners) erfolgte (die Regel!). — Erinnerung gem. § 766 ZPO

Die Erinnerung ist **kein Rechtsmittel** im technischen Sinne, da sie nicht zu einem Verfahren in höherer Instanz führt (kein Devolutiveffekt). — Kein Rechtsmittel

Berechtigt die Erinnerung einzulegen, ist jeder, dessen Rechtsstellung durch den behaupteten Verfahrensmangel beeinträchtigt wurde: also Gläubiger, Schuldner und Dritte. Geltend gemacht werden kann die Unzulässigkeit, Mangelhaftigkeit oder die Nichtvornahme einer Vollstreckungsmaßnahme, — Berechtigte

z. B. durch:
Den Schuldner: Wegen Mängeln in den Vollstreckungsvoraussetzungen, wegen Pfändung unpfändbarer Sachen und Forderungen

---

220 Siehe dazu: *Behr*, JurBüro 1995, 405 ff.

Rechtsbehelfe/Einwendungen

Den Gläubiger: Wegen Weigerung des GV, die Vollstreckung vorzunehmen.

Dritte: Wegen Verstoßes gegen §§ 808, 809 ZPO, wegen Verletzung von Pfändungsvorschriften, §§ 850 c, 850 d, 850 g ZPO.

Zuständigkeit — Zuständig für die Entscheidung über die Erinnerung ist das Vollstreckungsgericht (§ 764 ZPO) und funktionell **immer der Richter**, § 20 Nr. 17 a RpflG.

Abhilferecht des Rechtspflegers — Hat der Rechtspfleger die Vollstreckungsmaßnahme getroffen (z. B. Erlaß eines Pfändungs- und Überweisungsbeschlusses), so ist **§ 11 RpflG nicht anwendbar**, vielmehr bleibt prinzipiell der Richter zuständig. Allerdings ist dem Rechtspfleger ein Abhilferecht analog § 571 ZPO eingeräumt worden. Hilft er nicht ab, entscheidet der Richter.[221]

Verfahrensregeln — Die Erinnerung ist **zulässig** vom Beginn bis zum **Ende** der Zwangsvollstreckung. Sie kann form- und fristlos eingelegt werden.

Die **Entscheidung** über die Erinnerung ergeht durch **Beschluß**. Rechtliches Gehör muß gewährt werden. Da sie mit sofortiger Beschwerde anfechtbar ist (siehe unten zu b), ist sie gem. § 329 Abs. 3 ZPO von Amts wegen zuzustellen. Bis zur Entscheidung kann die Zwangsvollstreckung gem. §§ 766 Abs. 1 S. 2, 732 Abs. 2 ZPO einstweilen eingestellt werden.

Einstweilige Einstellung

Sofortige Beschwerde gem. § 793 ZPO — b) **Die sofortige Beschwerde gem. § 793 ZPO** ist gegeben gegen Entscheidungen, die im Zusammenhang mit dem Vollstreckungsverfahren ergehen und gegen Vollstreckungsmaßnahmen, die nach Anhörung des Gegners erfolgen (die Ausnahme!). Letzteres deshalb, weil die Vollstreckungsmaßnahme durch die Berücksichtigung der gegnerischen Argumente Entscheidungscharakter enthält (z. B. Erlaß eines Pfändungs- und Überweisungsbeschlusses nach Anhörung des Schuldners bei bedingt pfändbaren Bezügen, § 850 b Abs. 3 ZPO).

Wird der Erlaß einer Vollstreckungsmaßnahme abgelehnt oder hebt das Vollstreckungsgericht nach der Erinnerung gem. § 766 ZPO eine Vollstreckungsmaßnahme auf, so hat nach h. M, auch dieser Vorgang Entscheidungscharakter, womit sofortige Beschwerde gegeben ist.

---

221 Unstreitig: OLG Koblenz Rpfleger 1978, 227; LG Frankenthal Rpfleger 1984, 424 mwN.

Der Gläubiger sollte bei der Stellungnahme für den Fall der Aufhebung eines Pfändungs- und Überweisungsbeschlusses Wirksamkeitsaufschub bis zur Rechtskraft beantragen, um so einem unwiederbringlichen Pfandrechts- und damit Rangverlust vorzubeugen (entsprechende Anwendung von § 572 Abs. 2 ZPO).[222]

Für die **Zulässigkeit, Zuständigkeit, Befristung** und das **Verfahren** der sofortigen Beschwerde gelten die §§ 567–577 ZPO. Die sofortige Beschwerde muß danach binnen einer Notfrist von zwei Wochen seit Zustellung der anzugreifenden Entscheidung eingelegt werden (§ 577 Abs. 2 ZPO). Das Landgericht als nächst höhere Instanz (Beschwerdegericht) entscheidet über die sofortige Beschwerde (vgl. Muster M 14 im Anhang).

Verfahrensregeln

Einige Beispiele für Entscheidungen, die mit der sofortigen Beschwerde angreifbar sind:

Beispiele für die Anfechtbarkeit gem. § 793 ZPO

- Vollstreckungsschutz gem. § 765 a ZPO,
- Andere Art der Verwertung gem. § 825 ZPO,
  Ab 1. 1. 1999 *ist die Verwertung* in anderer Weise oder an einem anderen Ort gem. § 825 n. F. ZPO auf Antrag des Gläubigers durch den Gerichtsvollzieher ohne Anordnung des Vollstreckungsgerichts möglich. In einem solchen Fall ist die Erinnerung gem. § 766 ZPO gegeben, nicht aber die sofortige Beschwerde, da es sich nicht um eine Entscheidung im o. g. Sinne handelt (vgl. *Behr*, 2. ZwVNov JurBüro SH 1998, 6 f.).
- Beschluß über eine Erinnerung gem. § 766 ZPO,
- Erlaß eines Pfändungs- und Überweisungsbeschlusses nach Schuldneranhörung,
- Zurückweisung eines Antrags auf Abgabe der Offenbarungsversicherung,
- Erlaß der Haftanordnung[223],
- Kontenschutz gem. § 850 k Abs. 1 und 2 ZPO.

Die Entscheidung über die sofortige Beschwerde ergeht durch Beschluß. Dagegen ist die sofortige weitere Beschwerde nur unter den Voraussetzungen des § 568 Abs. 2 ZPO gegeben. D. h., bei Überein-

---

222 SchlHOLG SchlHA 1993, 91 mwN.
223 Durch die Streichung von § 908 ZPO erfolgt gem. § 901 n. F. ZPO mit dem Inkrafttreten der 2. Zwangsvollstreckungsnovelle die Verschmelzung von Haftanordnung und Haftbefehl, *Behr*, 2. ZwVNov JurBüro SH 1998, 11.

stimmung der Entscheidungen vom Vollstreckungsgericht und Beschwerdegericht gibt es – **bis auf die Fälle des Vorliegens eines wesentlichen Verfahrensverstoßes** (z. B. Verletzung rechtlichen Gehörs, Art. 103, Abs. 1 GG) – **keine weitere Beschwerde**.

In eng begrenzten Ausnahmefällen krassen Unrechts können auch übereinstimmende Entscheidungen wegen **greifbarer Gestzeswidrigkeit** im Wege einer weiteren Beschwerde angefochten werden. Voraussetzung ist die Unvereinbarkeit mit der geltenden Rechtsordnung und/oder die Tatsache, daß sie jeder gesetzlichen Grundlage entbehren und dem Gesetz inhaltlich fremd sind.[224]

Laut BGH v. 26. 5. 1994 – I ZB 4/94 = MDR 1995, 92 liegt eine greifbare Gesetzwidrigkeit nicht schon vor, wenn die Entscheidung und ihre Begründung nach h. M. unvertretbar erscheint oder schlichtweg falsch ist, wenn es wenigstens eine Auffassung gibt, die dafür spricht. So soll beispielsweise eine Entscheidung, mit welcher die Pfändung künftiger Rentenansprüche auch nach Neufassung des § 54 SGB I mit Hinweis auf die Unmöglichkeit der (abgeschafften!) Billigkeitsprüfung abgelehnt wird, zwar fehlerhaft, nicht aber greifbar gesetzwidrig noch willkürlich sein.[225]

c) **Unanfechtbare Entscheidungen oder Maßnahmen**

In einigen Fällen hat der Gesetzgeber Entscheidungen oder Maßnahmen aus Gründen der Prozeßökonomie oder der verfahrensrechtlichen Klarheit aus dem Rechtsbehelfssystem herausgenommen und für unanfechtbar erklärt, z. B. § 813 a Abs. 5 S. 4 ZPO; § 900 Abs. 4 S. 4 ZPO; § 227 Abs. 2 S. 3 ZPO.

Unanfechtbarkeit nach ZPO = Anfechtbarkeit gem. § 11 RpflG

In diesen Fällen gibt es weder die Erinnerung noch die sofortige Beschwerde. Eine Besonderheit besteht lediglich dann, wenn der Rechtspfleger tätig geworden ist, weil dessen Entscheidungen immer durch den gesetzlichen Richter überprüfbar sein müssen (siehe § 11 Abs. 1 S. 2, 2. Alt. RpflG und folgend zu 3).

---

224 Aktuell: BGH NJW 1998, 63; BGH NJW 1995, 2497 = MDR 1996, 845; **Zur greifbaren Gesetzeswidrigkeit:** BVerfG NJW 1988, 1773; BGH NJW 1997, 744 = ZIP 1997, 253 = MDR 1997, 390; Zur Vertiefung sei als Lektüre empfohlen: *Baur/Stürner*, Rdn. 42.1 ff.; OLG Köln DGVZ 1992, 73 f. = JurBüro 1992, 262 = Rpfleger 1992, 206 = NJW-RR 1992, 632; BGH ZZP 1993, 233 ff. mit Kommentar *Chlosta*, NJW 1993, 2160 f.; *Schneider*, MDR 1997, 991 ff.
225 OLG Stuttgart, Rpfleger 1996, 516 = NJW 1997, 64.

3. Die Rechtspflegererinnerung gem. § 11 RpflG

Das zu 2. dargestellte Rechtsbehelfssystem in der Zwangsvollstreckung kompliziert sich noch dadurch, daß für das Rechtspflegeorgan Rechtspfleger noch ein **besonderes Rechtsbehelfssystem** in § 11 RpflG niedergelegt wurde. Da der Rechtspfleger gem. § 20 Nr. 17 RpflG die Aufgaben des Vollstreckungsgerichts nach dem 8. Buch der ZPO bis auf wenige Ausnahmen (siehe §§ 20 Nr. 17 a, 4 RpflG) wahrnimmt, ist dieses besondere System zu beachten.

Da § 20 Nr. 17 a RpflG die Anwendung des § 11 RpflG für die Fälle der Erinnerung gem. § 766 ZPO ausschließt, ist § 11 RpflG in der Zwangsvollstreckung nur noch dann zu beachten, wenn nach der ZPO

a) **die sofortige Beschwerde** oder
b) **kein Rechtsmittel gegeben** ist.

Grundsatz

Zu a):
Gibt es nach der ZPO die sofortige Beschwerde, ist bei Tätigkeit des Rechtspflegers die befristete Erinnerung gem. § 11 RpflG **mit Durchgriff** zum Landgericht gegeben (befristete Durchgriffserinnerung; vgl. Muster M 14 im Anhang). D. h. die Erinnerung ist binnen einer Frist von zwei Wochen ab Zustellung einzulegen und der Rechtspfleger hat kein Abhilferecht. Der Richter kann abhelfen (gegen die Rechtspflegerentscheidung entscheiden), andernfalls (also bei gleicher Beurteilung wie durch den Rechtspfleger) hilft er nicht ab, sondern legt die Erinnerung als sofortige Beschwerde dem Landgericht vor (befristete Durchgriffserinnerung). Die Nichtabhilfeentscheidung ist eine Sachentscheidung und damit zu begründen.[226]

Befristete Durchgriffserinnerung

---

226 OLG Hamm AnwBl 1997, 52.

Rechtsbehelfe/Einwendungen

Befristete Erinnerung ohne Durchgriff

Zu b):
Ist nach der ZPO die Entscheidung unanfechtbar, ist bei Tätigkeit des Rechtspflegers die befristete Erinnerung gem. § 11 RpflG **ohne Durchgriff** zum Landgericht gegeben (befristete Erinnerung ohne Durchgriff). D. h., die Erinnerung ist binnen einer Frist von zwei Wochen ab Zustellung einzulegen, und der Rechtspfleger hat kein Abhilferecht. Der **Richter muß entscheiden**.

Unbefristete Erinnerung mit Durchgriff

§ 11 RpflG sieht noch einen 3. Fall vor: Ist die Entscheidung/Maßnahme nach der ZPO mit einfacher Beschwerde anfechtbar, so ist bei Tätigkeit des Rechtspflegers die unbefristete Durchgriffserinnerung gem. § 11 RpflG gegeben. Dieser Fall kommt in der Zwangsvollstreckung nicht vor, so daß wir ihn vernachlässigen können. Zur systematischen Vollständigkeit ist er aber in der nachfolgenden graphischen Darstellung der Funktionen des § 11 RpflG (siehe unten 4 a) mit aufgenommen worden.

4. Übersichten zum Rechtsbehelfssystem in der Zwangsvollstreckung und Beispiele

Zur Übersicht 4 a)
siehe Ausführungen oben zu 3.
Graphische Darstellung siehe Seite 163

§ 11 RpflG und das Rechtsbehelfssystem in toto s. graph. Darstellung auf folgenden Seiten

Zur Übersicht 4 b)
Das komplizierte System der vollstreckungsinternen Rechtsbehelfe erfordert eine systematische Prüfung der Rechtsbehelfskriterien, die anhand eines Schemas erleichtert werden soll.

Übersicht 4 b) siehe Seiten 164, 165

Beispiel 1:

Beispiele Der GV pfändet einen Fernsehapparat. Der Schuldner hält ihn gem. § 811 Nr. 1 ZPO für unpfändbar und will dagegen vorgehen.

(Text weiter Seite 164)

Graphische Darstellung zu § 11 RpflG

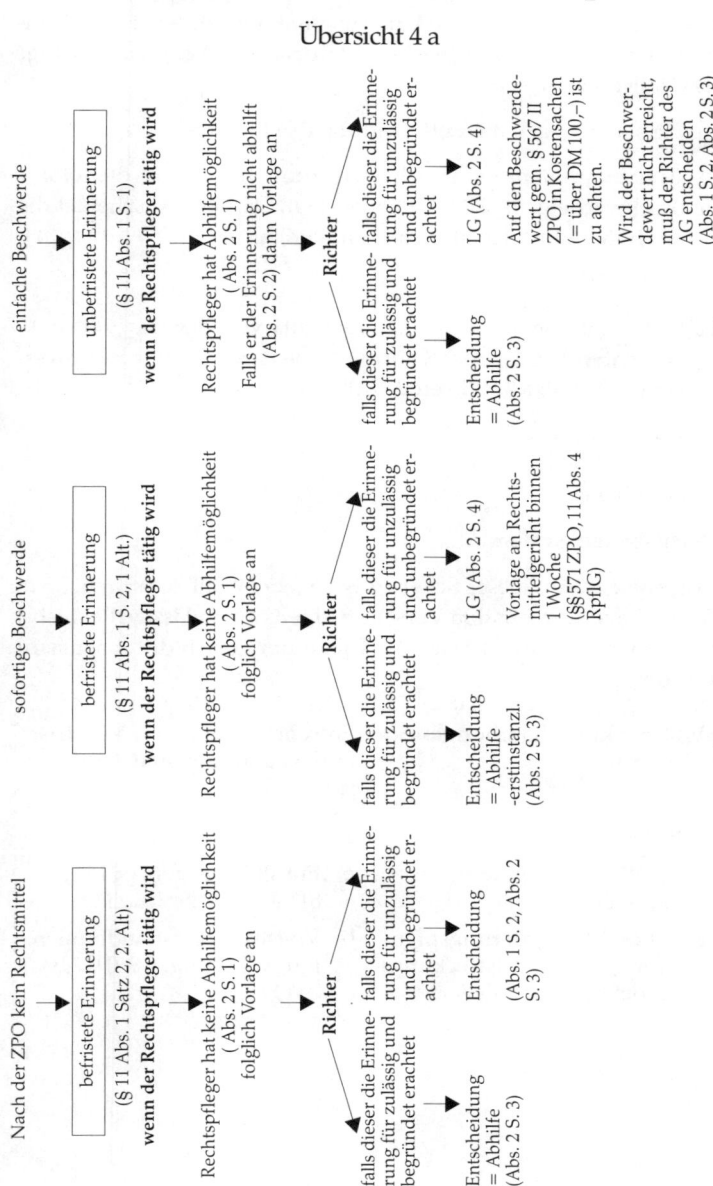

Übersicht 4 a

Nach der ZPO kein Rechtsmittel

befristete Erinnerung (§ 11 Abs. 1 Satz 2, 2. Alt.), **wenn der Rechtspfleger tätig wird**

→ Rechtspfleger hat keine Abhilfemöglichkeit (Abs. 2 S. 1) folglich Vorlage an **Richter**

- falls dieser die Erinnerung für zulässig und begründet erachtet → Entscheidung = Abhilfe (Abs. 2 S. 3)
- falls dieser die Erinnerung für unzulässig und unbegründet erachtet → Entscheidung (Abs. 1 S. 2, Abs. 2 S. 3)

sofortige Beschwerde

befristete Erinnerung (§ 11 Abs. 1 S. 2, 1 Alt.) **wenn der Rechtspfleger tätig wird**

→ Rechtspfleger hat keine Abhilfemöglichkeit (Abs. 2 S. 1) folglich Vorlage an **Richter**

- falls dieser die Erinnerung für zulässig und begründet erachtet → Entscheidung = Abhilfe -erstinstanzl. (Abs. 2 S. 3)
- falls dieser die Erinnerung für unzulässig und unbegründet erachtet → LG (Abs. 2 S. 4)

Vorlage an Rechtsmittelgericht binnen 1 Woche (§§ 571 ZPO, 11 Abs. 4 RpflG)

einfache Beschwerde

unbefristete Erinnerung (§ 11 Abs. 1 S. 1) **wenn der Rechtspfleger tätig wird**

→ Rechtspfleger hat Abhilfemöglichkeit (Abs. 2 S. 1) Falls er der Erinnerung nicht abhilft (Abs. 2 S. 2) dann Vorlage an **Richter**

- falls dieser die Erinnerung für zulässig und begründet erachtet → Entscheidung = Abhilfe (Abs. 2 S. 3)
- falls dieser die Erinnerung für unzulässig und unbegründet erachtet → LG (Abs. 2 S. 4)

Auf den Beschwerdewert gem. § 567 II ZPO in Kostensachen (= über DM 100,-) ist zu achten.

Wird der Beschwerdewert nicht erreicht, muß der Richter des AG entscheiden (Abs. 1 S. 2, Abs. 2 S. 3)

Rechtsbehelfe/Einwendungen

Rechtsbehelf?

Da es sich um eine Vollstreckungsmaßnahme handelt, ist die Erinnerung gem. § 766 ZPO gegeben. Darüber entscheidet der Richter des Vollstreckungsgerichts.

Rechtsbehelf gegen die Entscheidung des Richters?

Da es sich nunmehr um eine Entscheidung handelt, ist die sofortige Beschwerde gem. § 793 ZPO gegeben. Darüber entscheidet die nächst höhere Instanz, also das Landgericht.

Rechtsbehelf dagegen?

Falls die Entscheidung des Landgerichts von der des Vollstreckungsrichters (Amtsgericht) abweicht: weitere sofortige Beschwerde gem. § 568 Abs. 2 ZPO an das Oberlandesgericht.

(Text weiter Seite 165)

Übersicht 4 b

Rechtsbehelfssystem

Vor Anwendung dieses Schemas ist in jedem Fall zu prüfen, ob in der in Frage kommenden Vorschrift bereits der zulässige Rechtsbehelf genannt wurde. Ist das der Fall, erübrigt sich die Schemaanwendung.

Vollstreckungshandlung **ohne** Anhörung	Entscheidungen und Vollstreckungshandlungen **mit** Anhörung
z. B.	z. B.
a) § 808 ZPO Sachpfändung durch GV	a) Entscheidungen: §§ 765 a, 811 a, 813, 825, 766 ZPO
b) § 829 ZPO Forderungspfändung durch Vollstreckungsgericht (Rechtspfleger)	b) Vollstreckungshandlungen mit Anhörung: § 850 b Abs. 3 ZPO

→

Rechtsbehelfssystem

	c) Zurückweisung von Anträgen auf Vornahme von Vollstreckungshandlungen (= Abhilfeentscheidungen des Rechtspflegers, siehe linke Spalte)
Zu a) Vollstreckungsorgan: GV = Erinnerung gem. § 766 ZPO; es entscheidet der Richter § 20 Nr. 17 a RpflG	zu a) bis c): Es entscheidet der Richter. Dagegen: Sofortige Beschwerde gem. § 793 ZPO binnen 2 Wochen zum Landgericht.
Zu b) Vollstreckungsorgan: Vollstreckungsgericht (Rechtspfleger) = Erinnerung gem. § 766 ZPO; es entscheidet der Richter, § 20 Nr. 17 a RpflG aber: der Rechtspfleger hat ein Abhilferecht aus allgemeinen Rechtsgrundsätzen, § 571 ZPO Hilft er ab = Entscheidung (wegen des Rechtsbehelfs dagegen siehe rechte Spalte) Hilft er nicht ab = Vorlage an den Richter, der hat zu entscheiden.	Es entscheidet der Rechtspfleger. Dagegen: Befristete Durchgriffserinnerung gem. § 11 RpflG binnen 2 Wochen. Der Richter des Vollstreckungsgerichts kann abhelfen, andernfalls geht der Rechtsbehelf als sofortige Beschwerde zum Landgericht.

Beispiel 2:

Das Vollstreckungsgericht (durch den Rechtspfleger) erläßt einen Pfändungs- und Überweisungsbeschluß in das Arbeitseinkommen des Schuldners. Der Schuldner hält die Pfändung gem. § 777 ZPO für unzulässig, da der Gläubiger durch andere Pfandgegenstände ausreichend gesichert sei.

Rechtsbehelf?

Da es sich bei Erlaß des Pfändungs- und Überweisungsbeschlusses um eine **Vollstreckungsmaßnahme** handelt, ist die Erinnerung

gem. § 766 ZPO gegeben. Darüber entscheidet der Richter des Vollstreckungsgerichts (Amtsgericht) gem. § 20 Nr. 17 a RpflG, § 11 RpflG ist ausgeschlossen. Dem Rechtspfleger des Vollstreckungsgerichts ist aber ein Abhilferecht aus dem allgemeinen Rechtsgedanken des § 571 ZPO eingeräumt.
Der Rechtspfleger hilft analog § 571 ZPO der Erinnerung ab und hebt den Pfändungs- und Überweisungsbeschluß auf.

Rechtsbehelf?

Da es sich bei der Aufhebung des Pfändungs- und Überweisungsbeschlusses um eine **Entscheidung** handelt, wäre die sofortige Beschwerde gem. § 793 ZPO gegeben. Hier hat aber der Rechtspfleger entschieden; somit tritt an die Stelle der sofortigen Beschwerde zunächst die befristete Durchgriffserinnerung gem. § 11 Abs. 1 S. 2, 1. Alt. RpflG. Der Richter kann der befristeten Erinnerung abhelfen oder sie als sofortige Beschwerde an das Landgericht weiterleiten. Hilft der Richter ab, gibt er also der Erinnerung statt, d. h. hebt er den Aufhebungsbeschluß wieder auf, so stellt er den Pfändungs- und Überweisungsbeschluß wieder her. Deshalb wird die Wirksamkeit des Aufhebungsbeschlusses von der Rechtskraft abhängig gemacht! Praktisch entscheidet der Richter so über die Erinnerung.

Rechtsbehelf?

Da es sich um eine **Entscheidung** handelt, ist die sofortige Beschwerde gegeben. Darüber entscheidet das Landgericht – weiterer Verfahrensgang siehe oben zu Beispiel 1.
Hilft der Richter nicht ab, legt er die befristete Erinnerung als sofortige Beschwerde dem Landgericht vor – weiterer Verfahrensgang siehe oben zu Beispiel 1.

Beispiel 3:

Der Rechtspfleger des Vollstreckungsgerichts gewährt gem. § 765 a ZPO dem Schuldner Räumungsschutz. Der Gläubiger hält die Entscheidung für falsch.

Rechtsbehelf?

Da es sich um eine **Entscheidung** handelt, wäre die sofortige Beschwerde an das Landgericht gegeben. Gem. § 11 Abs. 1 S. 2, 1. Alt.

RpflG tritt aber bei Rechtspflegertätigkeit an die Stelle der sofortigen Beschwerde die befristete Erinnerung. Der Richter kann der Erinnerung abhelfen oder sie als sofortige Beschwerde an das Landgericht weiterleiten. Weiterer Verfahrensgang siehe oben Beispiel 2.

Beispiel 4:

Der Rechtspfleger des Vollstreckungsgerichts erläßt nach Anhörung des Schuldners einen Pfändungs- und Überweisungsbeschluß gem. § 850 b ZPO, durch den die Sterbegeldversicherung des Schuldners gepfändet wird. Der Schuldner will dagegen vorgehen.

Rechtsbehelf?

Obwohl es sich um eine **Vollstreckungsmaßnahme** handelt, wird der Vorgang wegen der erfolgten Schuldneranhörung im Rechtsbehelfssystem als **Entscheidung** behandelt. Deshalb wäre die sofortige Beschwerde an das Landgericht gegeben. Da der Rechtspfleger tätig geworden ist, tritt an die Stelle der sofortigen Beschwerde die **befristete Erinnerung** gem. § 11 Abs. 1 S. 2, 1. Alt. RpflG. Wegen des weiteren Verfahrensganges siehe oben Beispiele 3 und 2.

5. Die materiellen Einwendungen gegen die Zwangsvollstreckung

Neben den Erinnerungen der §§ 766 ZPO, 11 RpflG und der sofortigen Beschwerde gem. § 793 ZPO gibt es noch drei Einwendungen gegen die Zwangsvollstreckung, nämlich

a) die **Vollstreckungsabwehrklage** (Vollstreckungsgegenklage), § 767 ZPO,

b) die **Drittwiderspruchsklage**, § 771 ZPO und

c) die **Klage auf vorzugsweise Befriedigung** § 805 ZPO.

Während sich die Drittwiderspruchs- und die Vorzugsklage gem.

Die drei Einwendungsklagen

§ 805 ZPO nur gegen die Zulässigkeit der Vollstreckung in einen bestimmten Gegenstand (Sache) oder ein bestimmtes Recht (Forderung) richten, will die Vollstreckungsabwehrklage den Zwangsvollstreckungsanspruch selbst vernichten, sich also gegen die Zulässigkeit der Zwangsvollstreckung überhaupt wenden.

5.1. Vollstreckungsabwehrklage

Ziel und Zweck Die Vollstreckungsabwehrklage ist als prozessuale Gestaltungsklage auf die Beseitigung (Unzulässigkeit) der Vollstreckung gerichtet, nicht aber auf die Aufhebung des Titels: **die Rechtmäßigkeit des Titels wird nicht berührt!**

Deshalb ist die Vollstreckungsabwehrklage nur gegen **festgestellte Leistungsansprüche**, nicht gegen **Feststellungsansprüche** zulässig. So ist die Vollstreckungsabwehrklage unzulässig bei Arresten und einstweiligen Verfügungen, da beide nur auf Sicherung, nicht auf Befriedigung (Leistung) gerichtet sind.

5.1.1. Die mit der Vollstreckungsabwehrklage geltend zu machenden Einwendungen

sind

Art der Einwendungen
- **rechtsvernichtender Art**, z. B. Erfüllung, Erlaß, Vergleich, Rücktritt vom Vertrag, Verlust der Aktiv- und Passivlegitimation durch Abtretung, Pfändung, Aufrechnung, Schikaneverbot (§ 226 BGB), unzulässige Rechtsausübung (§ 242 BGB); Verjährung.[227]

oder

- **rechtshemmender Art**, z. B. Stundung, Ratenzahlung.

Das Rechtsschutzbedürfnis zur Erhebung der Vollstreckungsabwehrklage ist von der Erteilung der Vollstreckungsklausel bis zur Herausgabe des Titels an den Schuldner gegeben.[228]

Hat der im Titel genannte Gläubiger die titulierte Forderung abgetreten, so kann die Vollstreckungsabwehrklage gegen den Zessio-

---
227 OLG Frankfurt DGVZ 1993, 91 mwN.
228 OLG Karlsruhe JurBüro 1990, 399.

nar nur erhoben werden, wenn die Voraussetzungen zur Erteilung einer titelübertragenden Klausel gem. § 727 ZPO vorliegen.[229]

5.1.2. Verhältnis zur Berufung

In den Fällen, in denen der Schuldner sowohl mit der Berufung als auch mit einer Vollstreckungsabwehrklage vorgehen könnte, stellt sich die Frage der Konkurrenz. Beispielsweise könnte ein Berufungsgrund deshalb gegeben sein, weil die Forderung – wie sich nachträglich herausstellt – auf einem nichtigen Vertrag beruht, der Schuldner aber zunächst nach Urteilserlaß gezahlt hatte. Wenn nunmehr trotz allem vollstreckt wird, hätte der Schuldner neben der Berufung auch einen Vollstreckungsabwehrklagegrund (Erfüllung). Konkurrenz zwischen Berufung und Vollstreckungsabwehrklage

Die Berufung greift die Rechtmäßigkeit des Titels an, die Zwangsvollstreckungsabwehrklage die Rechtmäßigkeit der Vollstreckung. **Die Berufung ist also weitreichender.** Legt der Schuldner Berufung ein, so ist für die Klage gem. § 767 ZPO kein Raum mehr!

Erhebt umgekehrt der Schuldner zuerst Vollstreckungsabwehrklage, so kann er noch Berufung einlegen.

5.1.3. Verhältnis zur Abänderungsklage gem. § 323 ZPO

Während mit der Abänderungsklage nur eine **graduelle Änderung** in den rechtsbegründenden Tatbeständen **pro futuro** im Hinblick auf die Zahlungsverpflichtung Berücksichtigung findet, führt die Vollstreckungsabwehrklage zur **rückwirkenden** prinzipiellen Hemmung oder Vernichtung der Zahlungsverpflichtung. Die Anwendungsbereiche beider Klagen schließen sich somit aus. Abänderungsgründe i. S. d. § 323 ZPO können keine Einwendungen i. S. d. § 767 ZPO sein und umgekehrt. § 707–§ 323 ZPO

5.1.4. Die Präklusionswirkung des § 767 Abs. 2 ZPO

Lesen Sie zunächst § 767 Abs. 2 ZPO genau! Sinn: Prozeßkonzentration, keine Wiederholung des alten Prozesses.
Schluß der mündlichen Verhandlung und Erlaß des Urteils sind in der Regel unterschiedliche Zeitpunkte.
Das Urteil wird nämlich (außer beim Versäumnisurteil) **nicht un-** Der Einwendungsausschluß

---

229 BGH NJW 1993, 1396 ff. = Rpfleger 1993, 291.

mittelbar am Schluß der mündlichen Verhandlung verkündet (erlassen), sondern erst in einem späteren Verkündungstermin. Deshalb differieren die Zeitpunkte **Schluß** der mündlichen Verhandlung und **Erlaß**, was für § 767 Abs. 2 ZPO im Vergleich zu §§ 775 Nr. 4 u. 5, 776 ZPO von Bedeutung ist.

Ab 1. 1. 1999 erhält § 775 Nr. 5 ZPO eine geänderte Fassung, nach der auch Banküberweisungsnachweise zur Einstellung geeignet sind. Das entspricht der h. M. (BGH NJW RR 1988, 881). Leider ist der redaktionellen Anpassung die zeitliche Beschränkung zum Opfer gefallen. Das ist auch im Hinblick auf § 775 Nr. 4 ZPO bedauerlich, da dort auf die Zeit **nach Erlaß des Urteils** abgestellt ist, hier jede Beschränkung fehlt, so daß auch »Uraltbelege« zur Einstellung taugen.[230]

Die Aufrechnungsproblematik

Streitig ist, **wann** bei selbständigen Gestaltungsrechten (Aufrechnung, Rücktritt, Wandlung, Minderung) die Einwendung entstanden ist: mit Entstehung des Gestaltungsrechts (z. B. der Aufrechnungslage) oder erst mit seiner Ausübung (Aufrechnungserklärung)? Eine weit verbreitete Meinung, insbesondere im Schrifttum, stellt auf den Zeitpunkt der Aufrechnungserklärung ab.[231]

5.1.5. Anwendung auf andere Titel, § 795 ZPO, Besonderheiten

Vollstreckungsabwehrklage in besonderen Fällen

- **Vollstreckungsbescheid:** ausgeschlossen sind alle Einwendungen, die vor Zustellung des Vollstreckungsbescheids entstanden sind, § 796 Abs. 2 ZPO.
- **Kostenfestsetzungsbeschluß:** keine Einschränkung gem. § 767 Abs. 2 ZPO, da keine mündliche Verhandlung stattgefunden hat und Einwendungen nicht vor Zustellung des Kostenfestsetzungsbeschlusses möglich sind, weil sie erst ab da entstehen.
- **Prozeßvergleich:** keine Anwendung von § 767 Abs. 2 ZPO, da Vergleiche keine der Rechtskraft fähigen Titel sind. Somit können ihnen gegenüber alle Einwendungen vorgebracht werden ohne Rücksicht auf den Entstehungsgrund. Von Teilen der

---

230 *Behr*, 2. ZwVNov JurBüro SH 1998, 5.
231 OLG Frankfurt a.M. VersR 1986, 543; AG Heidelberg DGVZ 1989, 46; aber umstritten, siehe *Bruns*, Zwangsvollstreckungsrecht, 3. Aufl., 1987, S. 92; *Baur/Stürner* aaO, Rdn. 45, 14; *Stein-Jonas-Münzberg* aaO, § 767 Rdn. 32–33.

Rechtsprechung wird die Klage gem. § 767 ZPO bei Vergleichen überhaupt ausgeschlossen, da Vergleiche ja die Fortsetzung des Prozesses nicht ausschließen, womit es am Rechtsschutzbedürfnis fehle. Andere Auffassungen lassen dem Schuldner die Wahl zwischen Vollstreckungsabwehrklage und Prozeßfortsetzung.[232]
- **vollstreckbare notarielle Urkunden:** § 797 Abs. 4 ZPO, keine Anwendung von § 767 Abs. 2 ZPO.

5.1.6. Verfahren

Die Zuständigkeit des Prozeßgerichts der I. Instanz ergibt sich, ohne Rücksicht auf den Streitwert, aus § 767 Abs. 1 ZPO (vgl. Muster M 15 im Anhang). Bei Vollstreckungsbescheiden richtet sich die Zuständigkeit nach dem Streitwert (Amtsgericht, Landgericht), § 796 Abs. 3 ZPO. Bei vollstreckbaren Urkunden richtet sie sich nach dem Streitwert und dem Schuldnerwohnsitz, § 797 Abs. 5 ZPO.

Urteilstenor: »Die Zwangsvollstreckung aus dem Titel vom ... wird für unzulässig erklärt.«	Urteilstenor
Einstweilige Einstellung: Da die Klageerhebung keine Suspensivwirkung hat, ist die Zwangsvollstreckung gem. § 769 Abs. 1 ZPO auf Antrag einsweilen einzustellen. Bei Dringlichkeit des Falles und Schlüssigkeit der Klage ist gem. § 769 Abs. 2 ZPO eine einstweilige Einstellung der Zwangsvollstreckung durch das Vollstreckungsgericht (ohne gleichzeitige Klageerhebung!) möglich (vgl. Muster M 16 im Anhang). Siehe dazu näher IX. 2.	Einstweilige Einstellung

---

232 Zum Meinungsstand in der Judikatur siehe *BbL-Hartmann* 56. Aufl. 1998, § 767 Rdn. 33 mwN.

Rechtsbehelfe/Einwendungen

5.2. Drittwiderspruchsklage gem. § 771 ZPO

Ziel und Zweck Die Drittwiderspruchs- oder Interventionsklage ist nicht auf Beseitigung der Vollstreckbarkeit des Titels, sondern nur auf die Freistellung eines oder mehrerer bestimmter Gegenstände von der Zwangsvollstreckung gerichtet. Dritter im Sine des § 771 ZPO ist jeder, der nicht Vollstreckungsschuldner ist.

Zulässigkeit Die Drittwiderspruchsklage ist zulässig bei allen Arten der Zwangsvollstreckung wegen Geldforderung und bei der Zwangsvollstreckung zur Erwirkung der Herausgabe von Sachen.

Klagegründe Klagegrund ist ein die **Veräußerung hinderndes Recht**, und zwar jedes Recht, aufgrund dessen der Dritte den Gegenstand für sich selbst in Anspruch nehmen kann: Eigentum, Miteigentum, Sicherungseigentum, Eigentumsvorbehalt, Abtretung, Besitz. In der Regel sind dies also dingliche Rechte.

Grundsatz Obligatorische Rechte können nur dann Grundlage der Widerspruchsklage sein, wenn sie auf Wiederherausgabe, nicht aber, wenn sie auf eine schuldrechtliche Erstverschaffung gerichtet sind (nur ein auf »restituere«, nicht auf ein »dare« gerichteter Anspruch).

Beispiele für den vorstehenden Grundsatz:

Der Vermieter, der nicht Eigentümer ist, kann Interventionsklage erheben, wenn die von ihm dem Mieter übergebene (vermietete) Sache bei seinem Mieter von dessen Gläubiger gepfändet wird (= restituere).

Dagegen hat der Käufer, wenn die gekaufte, aber noch nicht übergebene Sache, von einem Gläubiger des Verkäufers bei letzterem gepfändet wurde (= dare), keine Klagemöglichkeit aus § 771 ZPO, sondern nur einen Schadensersatzanspruch gegen den Verkäufer.

Kriterium der wirtschaftlichen Zugehörigkeit Die wirtschaftliche Zugehörigkeit ist ausschlaggebend:

dare = Kauf, Tausch, Auftrag, § 812 BGB, Vermächtnisnehmer

restituere = Verleiher, Vermieter, Verpächter (eigentumsunabhängig).

Materielle Einwendungen

Das besitzlose Pfandrecht (z. B. Vermieterpfandrecht, § 559 BGB) gibt nur die Möglichkeit der vorzugsweisen Befriedigung gem. § 805 ZPO. Eine Drittwiderspruchsklage nur gegen die Hilfswegnahme von Urkunden ist unzulässig.[233]

5.2.1. Verfahren

Örtlich zuständig ist ausschließlich das Prozeßgericht, in dessen Bezirk die Zwangsvollstreckung erfolgte, §§ 771 Abs. 1 letzter HS, 802 ZPO.

Verfahrensregeln

Sachlich gelten §§ 23, 71 GVG.

Klagetenor: »Die Zwangsvollstreckung in den ... Gegenstand wird für unzulässig erklärt.«

Klagetenor

Einstweilige Einstellung: siehe das bei der Vollstreckungsabwehrklage beschriebene Verfahren: Gem. §§ 771 Abs. 3, 769 ZPO ist eine Freigabeaufforderung erforderlich, da sonst der Dritte bei sofortigem Anerkenntnis des Beklagten (= Gläubiger) die Kosten zu tragen hat, § 93 ZPO: Das die Veräußerung hindernde Recht ist glaubhaft zu machen, um dem Gläubiger eine Prüfung der Freigabeaufforderung zu ermöglichen.[234]

Einstweilige Einstellung

Freigabeaufforderung zur Vermeidung der Kostenlast

Für eine einstweilige Einstellung gem. § 769 Abs. 2 ZPO ist die Dringlichkeit glaubhaft zu machen, siehe näher IX, 2.

Die Drittwiderspruchsklage (vgl. Muster M 17 im Anhang) kann nach Beginn und vor Beendigung der Zwangsvollstreckung erhoben werden.

Ausnahme: Bei der Herausgabevollstreckung gem. § 883 ZPO kann sie schon **vor Beginn** der Zwangsvollstreckung erhoben werden, sobald die Herausgabe ernsthaft droht. Das ist darin begründet, daß ein sofortiger Vollstreckungserfolg zu besorgen ist.

---

[233] KG JurBüro 1994, 502.
[234] BGHZ 58, 207 (209, 211).

5.3. Klage auf vorzugsweise Befriedigung gem. § 805 ZPO

Ziel und Zweck Pfandrechte an beweglichen Sachen, die **keinen Besitz des Pfandgläubigers** erfordern, gewähren kein Recht auf Widerspruch gem. § 771 ZPO, sondern nur ein Recht auf vorzugsweise Befriedigung gem. § 805 ZPO.

5.3.1. Klagegrund

Klagegründe Zur Klage auf vorzugsweise Befriedigung berechtigen:
- das gesetzliche Pfandrecht des nichtbesitzenden Vermieters, § 559 BGB,
- das gesetzliche Pfandrecht des nichtbesitzenden Verpächters, §§ 581 Abs. 2, 585 BGB,
- das gesetzliche Pfandrecht des nichtbesitzenden Werkunternehmers, § 647 BGB,
- das gesetzliche Pfandrecht des nichtbesitzenden Gastwirts (an den eingebrachten Sachen), § 704 BGB
= **(sogenannte Einbringungspfandrechte)**,
- das rechtsgeschäftliche Pfandrecht, das der Dritte gutgläubig nach einer erfolgten Pfändung erwirbt.

Besonderheit **Wichtig:** auch wenn die Forderung des Drittberechtigten noch nicht fällig ist, besteht ein Recht auf vorzugsweise Befriedigung, § 805 Abs. 1 ZPO.

Die Klage gem. § 805 ZPO ist **nur bei der Zwangsvollstreckung wegen einer Geldforderung zulässig**. Bei der Herausgabevollstreckung gem. § 883 ZPO kann der Pfandberechtigte mit der Klage gem. § 771 ZPO die völlige Freigabe verlangen. Allerdings muß hier im Gegensatz zu § 805 Abs. 1 a. E. ZPO eine **fällige Forderung** bestehen!

5.3.2. Verfahren

Verfahrensregeln **Klagetenor:** »Der Beklagte hat darin einzuwilligen, daß der Versteigerungserlös aus den vom GV ... gepfändeten Sachen in Höhe von ... DM an den Kläger ausgezahlt (zugunsten des Klägers mit dem Ziel der Auszahlung bis zum ... hinterlegt) wird.«

Einer Klage gem. § 805 ZPO bedarf es nicht, wenn Gläubiger und

Materielle Einwendungen

Schuldner der Vorwegbefriedigung zustimmen. Stimmt nur der Gläubiger, nicht auch der Schuldner zu, so muß der Dritte gegen den Schuldner gem. § 805 ZPO klagen.

Ein Dritter kann die Zwangsvollstreckung nicht von selbst betrei- **Problematik der** ben. Falls der Gläubiger sich mit der Vollstreckung (= Versteige- **Regelung** rung) Zeit läßt, kann der Dritte seine bürgerlich-rechtliche Pfandverwertung nicht vornehmen. Er muß einen Zahlungstitel erwirken und die Anschlußpfändung betreiben, um den gepfändeten Gegenstand dann mit der Wirkung seiner vorzugsweisen Befriedigung versteigern zu lassen. Wegen des übrigen Verfahrens siehe die Ausführungen zur Drittwiderspruchsklage oben 5.2.

5.4. Übungsfälle zu 5.1. – 5.3.

Beim Schuldner Schuster will der Gerichtsvollzieher Greif pfänden. Schuster weist **Übungsfall** *eine Einzahlungsquittung der Post über die volle Vollstreckungssumme vor. Wie ist die Rechtslage? Lesen Sie vor dem Lösungshinweis §§ 775 Nr. 5, 776 ZPO.*

Der GV Greif muß die Zwangsvollstreckung gem. §§ 775 Nr. 5, 776 ZPO **Lösung** einstweilen einstellen und den Gläubiger benachrichtigen. Falls der Gläubiger auf der Vollstreckung besteht, **muß** der GV die Zwangsvollstreckung fortsetzen. §§ 775 Nr. 5, 776 ZPO sollen nicht einer eventuellen Klärung in einem Prozeß gem. § 767 ZPO vorgreifen, sondern nur verhindern, daß eine unnötige Zwangsvollstreckung stattfindet. Ferner soll die Regelung eine Rückfrage beim Gläubiger ermöglichen und eine überflüssige Klageerhebung vermeiden. Hat der Schuldner tatsächlich bezahlt, so wird sich das bei einer Rückfrage aufklären, andernfalls muß der Klageweg des § 767 ZPO beschritten werden. Sollte der Gläubiger hier Fortsetzung begehren, muß der Schuldner Klage gem. § 767 ZPO erheben und beantragen, die Zwangsvollstreckung einstweilen einzustellen, § 769 Abs. 1 oder Abs. 2 ZPO.

Herr Schuster muß laut Urteil DM 1.000 an Frau Glaubrecht zahlen. Er hatte **Übungsfall** *schon vor Klageerhebung gezahlt und fühlt sich unschuldig verurteilt. Er konnte lediglich die Quittung nicht finden. Jetzt erscheint der GV Greif bei ihm, um zu pfänden. Die Berufungsfrist ist noch nicht abgelaufen. Da findet Herr Schuster die Quittung, die er durch den Umzug verlegt hatte. Was kann er tun?*

Schuster kann Berufung einlegen, nicht Vollstreckungsabwehrklage, da **Lösung** der Einwand die Rechtmäßigkeit des Titels angreift, nicht die bloße Vollstreckbarkeit. Eine einstweilige Einstellung bis zur Entscheidung über die Berufung ist möglich, §§ 719, 707 ZPO.

Rechtsbehelfe/Einwendungen

Übungsfall Wie ist die Rechtslage im vorstehenden Fall, wenn die Berufungsfrist schon abgelaufen wäre, d. h. das Urteil bereits rechtskräftig geworden wäre?

Lösung § 580 Nr. 7 b ZPO (Restitutionsklage); lesen Sie auch § 582 ZPO. Einstweilige Einstellung gem. § 707 ZPO.

Übungsfall Der Schuldner Schuster hat vernommen, daß der Gläubiger Glaubrecht gegen ihn die Zwangsvollstreckung aus einem vollstreckbaren Titel betreiben will. Da er die Forderung nach Schluß der mündlichen Verhandlung bezahlt hat, will er sofort Zwangsvollstreckungsabwehrklage erheben.
a) mit Recht?
b) Hat er ein Rechtsschutzbedürfnis, wenn der Gläubiger Glaubrecht während seiner Abwesenheit vollstreckt hatte und auch bereits den Erlös der Zwangsversteigerung in Händen hat?

Lösung Zu a):
Ja! Mit Erlangen der vollstreckbaren Ausfertigung besteht ein Rechtsschutzbedürfnis für die Klageerhebung.

Zu b):
Nein! Nach Beendigung der Zwangsvollstreckung besteht kein Rechtsschutzbedürfnis. Allerdings kann der Schuldner nunmehr Klage auf Rückzahlung des überzahlten Betrages aus dem Rechtsgrund der ungerechtfertigten Bereicherung erheben, § 812 BGB.

Übungsfall Der Gerichtsvollzieher will ein im Gewahrsam des Schuldners befindliches Klavier und DM 500, die er beim Schuldner in einer Schublade vorfindet, pfänden. Der Schuldner widerspricht beiden Pfändungen, da er das Klavier unter Eigentumsvorbehalt von der Firma Wimmer & Co. gekauft habe und das Geld seinem Freund gehöre, der es ihm lediglich zur Verwahrung gegeben habe, worüber er eine Quittung besitze (in Kopie).
a) Wie hat sich der Gerichtsvollzieher zu verhalten?
b) Was müssen die Fa. Wimmer & Co. und der Freund gegebenenfalls tun?

Zu a):
Lösung Der Gerichtsvollzieher hat die Eigentumsverhältnisse nicht zu prüfen, für ihn spielt allein der Gewahrsam eine Rolle. Das Klavier muß er daher pfänden. Ebenfalls das Geld, aber er darf das Geld nicht an den Gläubiger aushändigen, sondern muß es gem. § 815 Abs. 2 ZPO hinterlegen.

Zu b):
Die Fa. Wimmer & Co. muß Drittwiderspruchsklage erheben, § 771 ZPO, mit der Möglichkeit der einstweiligen Einstellung gem. § 769 Abs. 1 oder Abs. 2 ZPO. Vorher muß aber eine Freigabeaufforderung an den Gläubiger erfolgen (Kostenproblematik bei sofortigem Anerkenntnis, § 93 ZPO).

Falls die Fa. Wimmer & Co. keine Klage gem. § 771 ZPO erhebt, aber dem Gläubiger ihr Eigentum nachweisen kann, so besteht eine Klagemöglichkeit gem. § 823 BGB aus dem Rechtsgrund der unerlaubten Handlung. Au-

Materielle Einwendungen

ßerdem besteht immer eine Klagemöglichkeit aus ungerechtfertigter Bereicherung gem. § 812 BGB, weil für den Erlösempfang durch den Gläubiger der Rechtsgrund (das Pfändungspfandrecht) fehlte, da der Schuldner nicht Eigentümer des Klaviers war (siehe zur Wiederholung § 804 Abs. 2 ZPO, § 1205 BGB).

Für den Freund gilt prinzipiell das zu b) Gesagte. Nur muß die Widerspruchsklage binnen einer Frist von zwei Wochen erhoben werden und die einstweilige Einstellung der Zwangsvollstreckung vorliegen, § 815 Abs. 2 ZPO.

Der Gerichtsvollzieher hat aufgrund eines Titels des LG Hamburg über DM 9.500 gegen den in Berlin-Schöneberg wohnenden Schuldner in dessen Geschäft in Berlin-Charlottenburg mehrere Maschinen im Wert von DM 20.000 gepfändet. Welches Gericht wäre für eine eventuelle Interventionsklage zuständig? **Übungsfall**

Gem. § 771 Abs. 1 ZPO ist das Gericht **örtlich** zuständig, in dessen Bezirk **Lösung** die Zwangsvollstreckung erfolgte. **Sachlich** ist je nach dem Streitwert das Amtsgericht oder Landgericht zuständig, §§ 23, 71 GVG.

In unserem Falle also das **Amtsgericht** Charlottenburg oder das **Landgericht** Berlin. Für den Streitwert gilt § 6 ZPO: Pfandrechtswert und Titelforderung werden gegenübergestellt; der jeweils geringere Wert bestimmt die sachliche Zuständigkeit. Hier wäre aber das Amtsgericht Charlottenburg zuständig.

Im Hotel Elite in Hamburg wohnt der Berliner Fritz Schuster. Er hat wegen des **Übungsfall** *langen Aufenthalts in Hamburg seinen halben Haushalt mitgebracht. Da er wenig Geld hat, macht er auf der Reeperbahn große Schulden. In seinem Zimmer im Hotel werden mehrere Anzüge im Wege der Arrestvollstreckung gepfändet. Der Hotelbesitzer Elio Elito befürchtet die Nichtzahlung der Hotelrechnung. Was kann er tun?*

Elio Elito hat gem. § 704 BGB ein besitzloses Gastwirtspfandrecht und kann **Lösung** Klage gem. § 805 ZPO erheben. Die Klage ist gegen die Gläubiger des Arrestverfahrens (offensichtlich Lokalbesitzer und Reeperbahn-Wirte) zu richten.

Die Klage ist beim Amtsgericht Hamburg (Ort des Arrestgerichts) zu erheben. Der Klagetenor lautet: »Der Beklagte hat darin einzuwilligen, daß der Versteigerungserlös aus den vom GV gepfändeten Gegenständen (Aufzählung ...) in Höhe von DM ... an den Kläger ausgezahlt wird.«

Vorab hat der Kläger aber die Gläubiger aufzufordern, ihre Zustimmung zur Vorwegbefriedigung zu erteilen.

Nachdem das Arrestverfahren (Reeperbahn-Gläubiger ./. Schuster) in ein normales Verfahren übergeleitet wurde und die gepfändeten Gegenstände verwertet wurden, wird Elio Elito aus dem Erlös bevorzugt befriedigt.

IX. Die einstweilige Einstellung der Zwangsvollstreckung – Übersichten

1. Allgemeines – Abgrenzung zu § 775, 776 ZPO

Durch die Einlegung von Rechtsbehelfen und durch die Erhebung von Einwendungen gegen die Zwangsvollstreckung sowie durch Stellung von Anträgen auf Vollstreckungsschutz wird die Zwangsvollstreckung nicht automatisch angehalten. Die genannten Rechtsbehelfe, Einwendungen und Anträge wirken nämlich nicht aufschiebend (kein Suspensiveffekt), sondern die Zwangsvollstreckung läuft weiter. Deshalb gibt es Institute, die die Zwangsvollstreckung anhalten, und zwar solange, bis rechtswirksam über den jeweiligen Einwand entschieden wurde. Das System dieser »einstweiligen Einstellungsregeln« ist auf den ersten Blick nicht durchschaubar, sondern bedarf einer übersichtlichen Auflistung. Siehe dazu die Übersicht unten zu 2.3. Lesen Sie bitte vorab: §§ 707, 719, 732 Abs. 2, 769 und 572 Abs. 2 u. 3.

Durch die einstweilige Einstellung als Zeitgewinnungsinstitut bis zu einer wirksamen Entscheidung über den Rechtsbehelf, den Einwand oder den Vollstreckungsschutzantrag wird die Zwangsvollstreckung an dem Punkt angehalten, an dem sie sich gerade befindet (keine ex tunc-Wirkung). Getroffene Maßnahmen werden nicht rückgängig gemacht. Die Zwangsvollstreckung wird entweder befristet oder bis zur rechtskräftigen Entscheidung über den jeweiligen Einwand angehalten.

Einstweilige Einstellung als Instrument zur Zeitgewinnung

Die einstweilige Einstellung erfolgt in der Regel auf Antrag, in einigen Fällen auch von Amts wegen.

Sie kann gegen Sicherheitsleistung oder auch ohne Sicherheitsleistung angeordnet werden. Bei den **prozessualen** einstweiligen Einstellungen, die durch das Prozeßgericht erfolgen, besteht in der Regel Antragszwang. Die **vollstreckungsrechtlichen** Einstellungen erfolgen in der Regel von Amts wegen.

Wichtige Unterscheidung Zu unterscheiden von diesen einstweiligen Einstellungen sind die zwingend vom Vollstreckungsorgan von Amts wegen zu beachtenden **Vollstreckungsbeschränkungen** (Vollstreckungshindernisse) der §§ 775, 776 ZPO (s. unten zu 3).

Diese Beschränkungen (Aufhebungen oder Einstellungen) gelten für alle Vollstreckungsorgane und sind an strenge formelle Voraussetzungen geknüpft; siehe die zu 3. folgende Übersicht:

Sie sind völlig **unabhängig von einem Rechtsbehelf**, einer Einwendung oder einem Vollstreckungsschutzantrag und **wirken per se**. Sie dienen deshalb auch grundsätzlich nicht dem Zeitgewinn für eine vom Vollstreckungs- oder Prozeßgericht zu treffende Entscheidung.

2. Die einstweiligen Einstellungen im Zusammenhang mit einer beantragten Entscheidung (Zeitgewinn)[235]

2.1. Prozessuale einstweilige Einstellung (durch das Prozeßgericht) z. B. §§ 707, 719, 769 Abs. 1, 732 Abs. 2 ZPO

Einstellung durch das Prozeßgericht Hier erfolgt die einstweilige Einstellung grundsätzlich nur gegen Sicherheitsleistung durch den Antragsteller. Nur, wenn der Schuldner glaubhaft macht, daß die Vollstreckung ihm einen unersetzbaren Nachteil bringt und daß er zur Sicherheitsleistung nicht in der Lage ist, kann auch ohne Sicherheitsleistung eingestellt werden.[236]

---

235 Siehe unten zu 2.3.
236 Näheres zur Rechtsprechung siehe *BbL-Hartmann* aaO, § 707 Rdn. 9.

2.2. Vollstreckungsrechtliche einstweilige Einstellung (durch das Vollstreckungsgericht) z. B. §§ 766 Abs. 1, S. 2, 769 Abs. 2, 572 Abs. 2

Hier besteht gegenüber den Fällen 2.1. die Erleichterung, daß das Gericht die Zwangsvollstreckung auch dann ohne Sicherheitsleistung einstellen kann, wenn ein Nachteil nicht glaubhaft gemacht worden ist.

Einstellung durch das Vollstreckungsgericht

Gegen Entscheidungen über die einstweilige Einstellung, **ist ein Rechtsbehelf grundsätzlich nicht gegeben**, da der Grundgedanke des § 707 Abs. 2 S. 2 ZPO vorherrscht (keine Eröffnung eines gesonderten Rechtsbehelfsweges, da Ermessensentscheidung). Nur bei grobem Gesetzesverstoß (greifbare Gesetzesverletzung) oder Ermessensmißbrauch ist die sofortige Beschwerde gegeben.[237]

Ermessensentscheidung i. d. R. unanfechtbar

Hat der Rechtspfleger die Einstellung vorgenommen, tritt an Stelle der Unanfechtbarkeit die befristete Erinnerung **ohne Durchgriff** gem. § 11 Abs. 1 S. 2, 2. Alt. RpflG und an Stelle der sofortigen Beschwerde die befristete Erinnerung **mit Durchgriff** gem. § 11 Abs. 1 S. 2, 1. Alt. RpflG – siehe oben Kapitel VIII. 3.[238]

---

[237] OLG Karlsruhe MDR 1993, 798 und erneut FamRZ 1996, 1486; BGH JZ 1994, 285; OLG Brandenburg FamRZ 1996, 356 f.; OLG Rostock FamRZ 1996, 115; OLG Köln JurBüro 1995, 612 = InVo 1996, 270; OLG Frankfurt InVo 1996, 105; 187; LAG Bremen InVo 1996, 1045 f.; Hans. OLG Bremen MDR 1996, 186 f.; SchlHOLG InVo 1996, 329 = SchlHA 1997, 22; OLG München InVo 1996, 330; OLG Dresden JurBüro 1997, 102 = FamRZ 1997, 509; OLG Braunschweig InVo 1996, 270; OLG Köln InVo 1998, 23; dass. InVo 1998, 22 und die einschlägige Kommentarliteratur (z. B. *BbL-Hartmann* aaO, § 769 Rdn. 16); **aktuelle a. A.:** Grundsätzlich sofortige Beschwerde: OLG Köln JurBüro 1993, 627; OLG Frankfurt JurBüro 1997, 159 = MDR 1997, 194.
[238] OLG Köln InVo 1996, 190.

2.3. Übersicht über die einstweilige Einstellung der Zwangsvollstreckung

Einstellung erfolgt gemäß:	Bis zur Entscheidung über eine	Durch Gericht	Von Amts wegen oder auf Antrag	Besonderheiten
Prozessuale einstweilige Einstellung				
§ 707 ZPO	Wiedereinsetzung in den vorigen Stand Wiederaufnahme des Verfahrens	das für die Entscheidung über den Rechtsbehelf zuständige Gericht (Prozeßgericht)	nur auf Schuldnerantrag	Einstellung erfolgt in der Regel gegen Sicherheitsleistung, strenge Anforderungen falls ohne Sicherheitsleistung begehrt
§ 719 ZPO	Rechtsmittel der Berufung /. Revision oder des Einspruchs	das über den Rechtsbehelf zu entscheiden hat (Prozeßgericht)	nur auf Schuldnerantrag	Einstellung erfolgt in der Regel gegen Sicherheitsleistung, strenge Anforderungen falls ohne Sicherheitsleistung begehrt
§ 572 Abs. 3 ZPO	Beschwerde (auch sofortige)	Beschwerdegericht	auf Antrag oder von Amts wegen	Einstellung bzw. Aussetzung der Vollziehung ohne Sicherheitsleistung

Fortsetzung: Übersicht über die einstweilige Einstellung der Zwangsvollstreckung

Einstellung erfolgt gemäß:	Bis zur Entscheidung über eine	Durch Gericht	Von Amts wegen oder auf Antrag	Besonderheiten
§ 732 Abs. 2 ZPO	Erinnerung gegen die Erteilung der Vollstreckungsklausel	Prozeßgericht, das die Klausel erteilt hat	auf Antrag oder von Amts wegen	Einstellung erfolgt in der Regel nur gegen Sicherheitsleistung, entsprechend § 707 ZPO
§ 769 Abs. 1 ZPO	Vollstreckungsabwehrklage oder Drittwiderspruchsklage §§ 770, 771 Abs. 3 ZPO	das nach § 767 Abs. 1 bzw. § 771 Abs. 1 ZPO zuständige Gericht	nur auf Antrag des Schuldners oder Dritten	erleichterte Möglichkeit der Einstellung ohne Sicherheitsleistung
Vollstreckungsrechtliche einstweilige Einstellung				
§ 766 Abs. 1 S. 2 ZPO	Erinnerung gegen die Art und Weise der Zwangsvollstreckung	Vollstreckungsgericht §§ 764, 766 ZPO	von Amts wegen oder auf Antrag	Einstellung gegen oder ohne Sicherheitsleistung
und				
§ 850 k Abs. 3 ZPO				großzügigere Handhabung als bei § 732 Abs. 2 ZPO

Fortsetzung: Übersicht über die einstweilige Einstellung der Zwangsvollstreckung

Einstellung erfolgt gemäß:	Bis zur Entscheidung über eine	Durch Gericht	Von Amts wegen oder auf Antrag	Besonderheiten
				Entsprechende Anwendung bei allen Vollstreckungsschutzanträgen, die keine ausdrückliche einstweilige Einstellung bis zur Entscheidung vorsehen
§ 769 Abs. 2 ZPO	einstweilige Einstellung gem. § 769 Abs. 1 ZPO durch das Prozeßgericht, Fristsetzung!	Vollstreckungsgericht §§ 764, 769, Abs. 2 ZPO	nur auf Antrag des Schuldners oder Dritten	erleichterte Möglichkeiten der Einstellung ohne Sicherheitsleistung, Dringlichkeit muß glaubhaft gemacht werden
§ 572 Abs. 2 ZPO	Aussetzung der Vollziehung durch das Beschwerdegericht gem. § 572 Abs. 3 ZPO	Vollstreckungsgericht §§ 764, 572 Abs. 2 ZPO	auf Antrag oder von Amts wegen	Aussetzung der Vollziehung ohne Sicherheitsleistung

3. Übersicht über die Einstellungs-(Aufhebungs-)möglichkeiten durch das Vollstreckungsorgan gem. §§ 775, 776 ZPO

Die Entscheidung gem. §§ 775, 776 ZPO erfolgen auch ohne Antrag des Schuldners von Amts wegen. Hat der GV die Einstellung bewirkt, ist sie mit der Erinnerung gem. § 766 ZPO angreifbar, andernfalls mit sofortiger Beschwerde gem. § 793 ZPO bzw. mit befristeter Erinnerung gem. § 11 Abs. 1 S. 2, 1 Alt. RpflG.

Die Regelungen in §§ 775, 776 ZPO – eine Übersicht

§ 775	Vorlage	Maßnahme	Besonderheiten
Nr. 1: Aufhebung des Urteils oder der Vollstreckbarkeit durch:	Vollstreckbarer Entscheidungen z. B. Berufungsurteil, Urteile gem. §§ 767, 768, 771 ZPO, Beschlüsse gem. § 776 Abs. 1 S. 1 732 Abs. 1, 765 a ZPO	Aufhebung der getroffenen Vollstreckungsmaßregeln. Aufgehobene Vollstreckungsmaßregeln leben auch durch Rechtsmittel nicht wieder auf! = keine Fortsetzung	Vergleich, der ein vorl. vollstreckbares Urteil aufhebt, ist keine Entscheidung i. S. von Nr. 1. Aufhebung der Vollstreckungsmaßregeln hier nur über §§ 767, 769 ZPO möglich
Nr. 2: Einstweilige Einstellung der Zwangsvollstreckung bzw. Fortsetzung nur gegen Sicherheitsleistung (Sicherheitsleistung ist durch Hinterlegungsquittung nachzuweisen) durch:	von gerichtlichen Entscheidungen z. B. Einstellungsanordnung gem. §§ 572 Abs. 2 u. 3, 707, 719, 732 Abs. 2, 765 a, 766 Abs. 1 S. 2, 769 Abs. 1 u. 2, 709 S. 2 ZPO	Einstellung der Vollstreckungsmaßregeln (Verfahren ruht!), Aufhebung nur soweit ausdrücklich angeordnet. Fortsetzung möglich (nach Aufhebung oder Fristablauf der einstweiligen Einstellungsentscheidung)	Beschlüsse über die einstweilige Einstellung wirken mit ihrer Existenz = Expedition der Entscheidung,. Nach Wirksamkeit erfolgte Vollstreckungen sind über § 766 ZPO aufhebbar.
Nr. 3 Nachweis der zur Vollstreckungsabwendung erfolgten Sicherheitsleistung durch:	von öffentlichen Urkunden (Hinterlegungsschein, Zustellungsnachweis oder Original der Bürgschaftserklärung). Anwendbar bei §§ 711, 712 Abs. 1, 720 a Abs. 3 ZPO	Aufhebung der getroffenen Vollstreckungsmaßregeln Keine Fortsetzung, sondern nur Neuvornahme s. Nr. 1	Betrifft nur den Fall der durch Urteil (§§ 711, 712 Abs. 1 ZPO) oder durch Sonderregelung (§ 720 a Abs. 3 ZPO) nachgelassenen Sicherheitsleistung. Nicht den Fall der einstweiligen Einstellung gegen Sicherheitsleistung = s. Nr. 2

Einstweilige Einstellung

§ 775	Vorlage	Maßnahme	Besonderheiten
Nr. 4/5: Erfüllungs- (auch Erlaß u. Aufrechnung) und Stundungsnachweis durch:	von öffentlichen oder vom Gläubiger ausgestellten Privaturkunden sowie Post- und Bankbescheinigungen. Echtheit der Urkunde ist von Amts wegen zu prüfen.	Einstellung der Vollstreckungsmaßregeln (Verfahren ruht!) Fortsetzung jederzeit auf Antrag des Gläubigers, wenn er Befriedigung bestreitet. Näheres zur Einstellung gem. §§ 775 Nr. 4 und 5, 776 ZPO) *Behr*, JurBüro 1996, 175	Keine materielle Prüfung der Befriedigungs- oder Stundungsnachweise durch das Vollstreckungsorgan. Klagemöglichkeit gem. §§ 767 ZPO bleibt unberührt.

Anhang: Musteranträge

Übersicht

		Seite
M 1	Vorläufige Vollstreckbarkeit ohne Sicherheitsleistung (Varianten)	188
M 2	Sicherheitsleistung durch Bankbürgschaft	190
M 3	Bürgschaftserklärung der X-Bank	191
M 4	Sofortklausel (Varianten)	193
M 5	Rechtsnachfolgeklausel § 727 ZPO (Varianten)	194
M 6	Klarstellende Klausel, Übernahmeklausel (Varianten)	195
M 7	Weitere vollstreckbare Ausfertigung, § 733 ZPO (Varianten)	197
M 8	Anordnung gem. § 758 ZPO	199
M 9	Anordnungen gem. § 758 und § 761 ZPO	200
M 10	Parallelpfändung von Kontoguthaben – Beispiel für Sofortzugriff	202
M 11	Pfändung gegenwärtiger und zukünftiger Rentenansprüche – Beispiel für Sofortzugriff	206
M 12	Erinnerung gem. § 766 Abs. 1 ZPO	208
M 13	Erinnerung gem. § 766 Abs. 2 ZPO	209
M 14	Sofortige Beschwerde/befristete Durchgriffserinnerung	210
M 15	Vollstreckungsabwehrklage gem. § 767 ZPO mit Einstellung gem. § 769 Abs. 1 ZPO	212
M 16	Antrag auf einstweilige Einstellung an Vollstreckungsgericht gem. § 769 Abs. 2 ZPO	214
M 17	Drittwiderspruchsklage mit einstweiliger Einstellung (§§ 771, 769 Abs. 1 ZPO)	215

Anhang: Musteranträge

M 1

Antrag: Vollstreckbarkeit ohne Sicherheitsleistung (von Klageeinreichung bis Schluß der mündlichen Verhandlung möglich), §§ 710, 711 S. 2, 714 ZPO

a) In Sachen . . . (bei Klageeinreichung) erhebe ich namens und in Vollmacht der Klägerin

Klage

und werde **beantragen**:

1. Der Beklagte wird verurteilt, an die Klägerin DM 50.000,– nebst 7,5% Zinsen seit . . . zu zahlen.
2. Der Beklagte trägt die Kosten des Rechtsstreits.
3. Das Urteil ist (ohne Sicherheitsleistung) vorläufig vollstreckbar.

b) In Sachen . . . (vor Schluß der mündlichen Verhandlung)

wird **beantragt**,

das Urteil ohne Sicherheitsleistung für vorläufig vollstreckbar zu erklären.

Begründung: (Auszug)

Im Falle des Obsiegens wäre das Urteil gem. § 709 ZPO nur gegen Sicherheitsleistung vorläufig vollstreckbar (Variante gem. § 711 S. 1: . . . wäre dem Beklagten eine Abwendungssicherheit einzuräumen).

Der Kläger ist zur Sicherheitsleistung nicht in der Lage, da er zur Zeit das Kapital zur Anschaffung eines PKW für den Geschäftsbetrieb benötigt. Zudem ist er aus folgenden Gründen auf die Schuldnerleistung noch vor Rechtskraft angewiesen:

. . . .

(Variante § 711 S. 2) zusätzlich:

Die Abwendungssicherheit des Schuldners reicht nicht aus, da der Kläger die Schuldnerleistung gegenwärtig benötigt. Auch bei Nichtleistung der Abwendungssicherheit ist der Befriedigungsaufschub gem. §§ 720, 839 ZPO für den Gläubiger aus den gleichen Gründen ein schwer zu ersetzender Nachteil und daher unzumutbar.

M 2

Sicherheitsleistung durch Bankbürgschaft

a) Vor Urteilserlaß z. B. in der Klageschrift:

... Es wird ferner beantragt, der Klägerin zu gestatten, eine von ihr im Falle des Obsiegens zu erbringende Sicherheit durch eine selbstschuldnerische, unwiderrufliche und unbefristete Bürgschaft der X-Bank (genaue Bezeichnung) zu leisten.

Dem Kläger ist es nicht möglich, den Betrag aus seinem Geschäft zu entnehmen und zu hinterlegen.

b) Nach Urteilserlaß:

In Sachen ./. ist das Urteil des ... Gerichts vom ... gegen Sicherheitsleistung in Höhe von ... DM für vorläufig vollstreckbar erklärt worden.

Es wird beantragt,

der Klägerin zu gestatten, die Sicherheitsleistung durch eine selbstschuldnerische ... (weiter wie oben).

M 3

Bürgschaftserklärung der X-Bank

Prozeßbürgschaft

In dem Rechtsstreit

— Klägerpartei —

Prozeßbevollmächtigt:

gegen

— Beklagtenpartei —

Prozeßbevollmächtigt:

ist d. Bekl. durch Urteil des . . . gerichts in . . . vom . . ., Az.: . . . verurteilt worden, an d. Kl. DM . . . nebst . . . % Zinsen seit dem . . . zu zahlen. Das Urteil ist gegen Sicherheitsleistung in Höhe von DM . . . vorläufig vollstreckbar. Die Sicherheit kann nach dem Urteil/Beschluß vom . . . durch die Bürgschaft der unterzeichnenden Bank geleistet werden.

Gemäß diesem Urteil übernimmt hiermit die unterzeichnende X-Bank im Auftrag der o. g. Klägerpartei dem Prozeßgegner gegenüber die selbstschuldnerische unwiderrufliche und unbefristete Bürgschaft bis zum Höchstbetrag von

DM ....

i. W.: Deutsche Mark ....

....

für alle Schadensersatzansprüche, die im Falle der Aufhebung oder Abänderung des o. g. Urteils durch die Vollstreckung oder durch eine zur Abwendung der Vollstreckung erbrachte Leistung erwachsen sollten. Die Befreiung von der Bürgschaft durch Hinterlegung des o. g. Sicherheitsbetrages in bar bei der zuständigen Hinterlegungsstelle als Sicherheit bleibt vorbehalten:

Anhang: Musteranträge

Die Bürgschaft erlischt gem. § 158 Abs. 2 BGB mit der Rückgabe der Bürgschaftsoriginalurkunde durch den Sicherheitsberechtigten (Vollstreckungsschuldner) oder mit dessen Zustimmung durch einen Dritten an uns.

                                            X-Bank

Ort, Datum   ppa.

M 4

Sofortklausel

a) Antrag in der Klageschrift oder während des Verfahrens bis zur Urteilsbegründung:

In Sachen
./.
wird für den Fall des Obsiegens beantragt,

> dem Kläger unmittelbar nach Urteilsverkündung (-Erlaß) noch vor der Amtszustellung gem. §§ 317 Abs. 2 S. 2 in Verb. mit § 750 Abs. 1 S. 2 ZPO

eine vollstreckbare Ausfertigung zu erteilen.

Begründung:

§ 750 Abs. 1 S. 2 ZPO erlaubt die Parteizustellung (durch Gerichtsvollzieher oder gem. § 198 ZPO), § 317 Abs. 2 S. 2 ZPO die sofortige Erteilung einer Ausfertigung. Aus der Zusammenschau beider Regelungen und dem mit ihnen verbundenen Zweck einer zügigen Vollstreckung kann sofort nach Verkündung des Urteils eine vollstreckbare Ausfertigung erteilt werden.

Der Kläger/Gläubiger beabsichtigt, sofortige Vollstreckungsmaßnahmen einzuleiten. Ein Abwarten bis zur durchgeführten Amtszustellung gefährdet den Vollstreckungserfolg und ist dem Kläger/Gläubiger daher nicht zumutbar.

b) Antrag nach Urteilserlaß/-Verkündung:

In Sachen ./. wird beantragt,

> dem Gläubiger noch vor Vollendung der Amtszustellung gem. §§ 317 Abs. 2 S. 2 in Verb. mit § 750 Abs. 1 S. 2 ZPO eine vollstreckbare Ausfertigung zu erteilen.

Begründung: (siehe zu a)

Anhang: Musteranträge

M 5

Rechtsnachfolgeklausel, § 727 ZPO

Vom titelschaffenden Prozeßgericht zu erteilen :

a) In Sachen

./.

(Aktenzeichen)

ist der Kläger nach Erlaß des Urteils vom . . . am 8. August . . . verstorben. Erben sind ausweislich des beigefügten Erbscheins des Nachlaßgerichts . . . vom . . . sein Bruder . . ., seine Schwester . . .

Laut beiliegender Vollmacht **beantrage** ich,

> für diese Rechtsnachfolger des im Urteil vom . . . bezeichneten Gläubigers eine vollstreckbare Ausfertigung zu erteilen.

b) In Sachen

./.

(Aktenzeichen)

hat mir der Kläger seine Forderung aus dem Urteil des . . . gerichts vom . . . abgetreten.

Ich übergebe die notariell beglaubigte Abtretungsurkunde vom . . . und **beantrage**,

> mir als Rechtsnachfolger des Klägers eine vollstreckbare Ausfertigung zu erteilen.

M 6

Besonderheiten und klarstellende Klausel, Übernahmeklausel

Vom titelschaffenden Prozeßgericht zu erteilen:

a) In Sachen

./.

überreiche ich Vollmacht sowie vollstreckbare Ausfertigung des Urteils . . . vom . . . und **beantrage,**

> eine vollstreckbare Ausfertigung für den Rechtsanwalt X als Konkursverwalter der Gläubigerin zu erteilen.

Ich überreiche Ausfertigung des Konkursverwalterzeugnisses gem. § 81 Abs. 2 KO des AG . . . Danach ist Rechtsanwalt X als Konkursverwalter Rechtsnachfolger der Gläubigerin im weiteren Sinne des § 727 ZPO.

b) In Sachen

./.

(wie zu a) . . . und **beantrage,**

> eine vollstreckbare Ausfertigung für den Kläger gegen den Ehemann/Lebensgefährten X der Beklagten zu erteilen.

Ich überreiche Protokoll des Gerichtsvollziehers vom . . ., wonach das gegen die Beklagte erwirkte Räumungsurteil nicht vollstreckt werden konnte, da zwar die Beklagte die Wohnung geräumt hat, nicht aber ihr im Titel nicht aufgeführter Ehemann/Lebensgefährte. Er ist somit Besitznachfolger und damit im Sinne von § 727 ZPO Rechtsnachfolger der Beklagten.

c) In Sachen

./.

(wie zu a) . . . und **beantrage,**

eine vollstreckbare Ausfertigung für den Kläger gegen den Geschäftsnachfolger des Klägers, Herrn X, zu erteilen.

Herr X hat das vom Kläger betriebene Einzelhandelsgeschäft mit Aktiva und Passiva übernommen und führt es unter der bisherigen Firma weiter. Da ich vor Geschäftsübernahme gegen die Firma wirksam Klage erhoben und das o.e. Urteil erlangt hatte, benötige ich zur Vollstreckung gegen den neuen Firmeninhaber eine klarstellende Klausel. (OLG Frankfurt Rpfleger 1973, 64; *Eickmann* Rpfleger 1974, 260).

d) In Sachen

./.

(wie zu a) . . . und **beantrage,**

eine vollstreckbare Ausfertigung für den Kläger gegen den . . . als Vermögensübernehmer des Schuldners gem. § 419 BGB und § 729 Abs. 1 ZPO zu erteilen.

Am 1. 1. 1999 entfällt § 419 BGB mit dem Inkrafttreten der Insolvenzordnung gem. Art. 13 Nr. 16 EGInsO. Eine Übernahmeklausel gem. § 729 Abs. 1 ZPO gegen den Vermögensübernehmer des Schuldners kann dann nicht mehr erteilt werden.

Ich überreiche Protokoll des Gerichtsvollziehers vom . . . nebst dem in der Anlage in Fotokopie beigefügten Übernahmevertrag vom . . ., aus dem sich ergibt, daß der Schuldner seinen Schneidereibetrieb mit allen Einrichtungsgegenständen seinem Sohn . . . (Vermögensübernehmer zum Ausgleich einer Darlehensrestforderung von DM 150.000,– übertragen hat. Laut GV-Protokoll ist die Übergabe de facto am . . . erfolgt. Zu diesem Zeitpunkt war das von mir erstrittene Urteil vom . . . bereits rechtskräftig. Die dem Schuldner verbliebenen Hausratsgegenstände sind allesamt unpfändbar, § 811

M 6

Nr. 1 ZPO. Außer seiner (ebenfalls unpfändbaren) Rente verfügt der Schuldner – wie sich aus dem VV der am . . . unter Az. M beim Vollstreckungsgericht – AG . . . abgegebenen Offenbarungsversicherung ergibt – über keine weiteren Vermögensgegenstände.

M 7

Weitere vollstreckbare Ausfertigung, § 733 ZPO (erweiterte Anwendung)

a) In Sachen

./.

beantrage ich,

dem Gläubiger eine zweite vollstreckbare Ausfertigung des Vollstreckungsbescheides/Urteils vom . . .
– Aktenzeichen – gegen den Schuldner zu 2) zu erteilen.

Begründung:

In dem genannten Urteil war der Schuldner zu 2) gemeinsam mit der Schuldnerin zu 1), seiner damaligen Ehefrau, als Gesamtschuldner verpflichtet/verurteilt. Die Schuldner sind geschieden.

Der Gläubiger erfuhr, daß der Schuldner zu 2) in . . . wohnt. Um gegen ihn zu vollstrecken, benötigt der Gläubiger eine zweite vollstreckbare Ausfertigung gegen diesen Schuldner.

Grundsätzlich für 2 Ausfertigungen des VB bei Gesamtschuldnern:[239]

b) In Sachen

./.

beantrage ich,

dem Gläubiger eine zweite vollstreckbare Ausfertigung des Vollstreckungsbescheides/Urteils vom . . .
– Aktenzeichen – zu erteilen.

---

[239] AG Groß-Gerau, Rpfleger 1981, 151 mwN. Prozeßformularbuch Beck Verlag, 6. Aufl III, A 7 – Seite 933; *Baumbach-Lauterbach-Hartmann*, ZPO 56. Aufl. 1998, § 733 Rdn. 4; *Zöller-Stöber*, 20. Aufl. 1997 § 733 Rdn. 8.

Begründung:

Ein notwendiger Sachpfändungsauftrag beim Gerichtsvollzieher wird sich angesichts der Arbeitsüberlastung der Gerichtsvollzieher über Monate, ja Jahre hinziehen. Zudem ist bei der Höhe der Titelforderung von DM . . . (ggf.: und bei den Wohnverhältnissen des Schuldners) nicht mit vollständiger Befriedigung zu rechnen.

Soweit hier bekannt, soll

- der Beklagte/Schuldner in . . . ein Wochenendhaus/Geschäftslokal besitzen.
- bei der X-Bank ein Kontokorrentkonto führen.
- mit Rückzahlung von überzahlten Steuern seitens des Finanzamtes Y zu rechnen sein.
- bei der BfA einen in der Zukunft fällig werdenden Rentenanspruch haben.

Da ich dringend in die erwähnten Vermögensgegenstände vollstrecken will, benötige ich die begehrte(n) weitere(n) vollstreckbaren Ausfertigung(en) gegen den Beklagten/Schuldner.[240]

---

[240] OLG Stuttgart, OLG Hamm, FamRZ 1991, 966; NJW RR 1990, 126 mwN; dasselbe erneut Rpfleger 1995, 220; alle Kommentare pro tantis: *Zöller-Stöber*, aaO. Rdn. 6; *Stein-Jonas-Münzberg*, 21. Aufl. 1994, Rdn. 8; zu allem ausführlich *Behr*, JurBüro 1994, 581; und *derselbe* JurBüro 1995, 348.

M 8

Antrag auf Erlaß einer Anordnung gem. § 758 ZPO (ab 1. 1. 1999 § 758 a n. F. ZPO)

In Sachen

gegen

Aufgrund des Titels vom . . . Az. . . .

wird **beantragt,**

den Gerichtsvollzieher gem. § 758 ZPO richterlich zu ermächtigen, in Ausführung der Zwangsvollstreckung die Wohnung und die Behältnisse des Schuldners zu durchsuchen, soweit der Zweck der Vollstreckung dies erfordert. Gleichzeitig ist der Gerichtsvollzieher zu ermächtigen, auch die verschlossenen Haustüren, Wohnungstüren, Zimmertüren und Behältnisse öffnen zu lassen.

Die Anordnung gilt zugleich für das Abholen der Pfandstücke und ist für die Dauer von 5 Monaten ab Erlaß des Beschlusses gültig.

Begründung:

Die Genehmigung ist zur Durchführung der Zwangsvollstreckung erforderlich, weil sich der Schuldner weigert, die titulierte Schuld zu begleichen und er dem Gerichtsvollzieher das Betreten seiner Wohnung/Geschäftsräume nicht gestattet oder der Schuldner mehrfach nicht angetroffen wurde. Der Titel und das Protokoll des Gerichtsvollziehers . . . vom . . . sind beigefügt.

Beschlußentwurf ist beigefügt.

gez. Rechtsanwalt

M 9

Kombination §§ 758, 761 ZPO Antrag auf Erlaß von Anordnungen gem. §§ 758, 761 ZPO (ab 1. 1. 1999 § 758 a Abs. 1, 4 n. F. ZPO)

In Sachen

gegen

Aufgrund des beigefügten Titels vom . . . Az.: . . .

wird **beantragt**,

den Gerichtsvollzieher für die Dauer von 5 Monaten ab Erlaß des Beschlusses zu ermächtigen, in Ausführung der Zwangsvollstreckung die Wohnung und die Behältnisse des Schuldners zu durchsuchen, soweit der Zweck der Vollstreckung dies erfordert.

Diese Anordnung gilt zugleich für das Abholen der Pfandstücke. Daneben wird die Erlaubnis gem. § 761 ZPO erteilt, zur Nachtzeit sowie an Sonn- und Feiertagen zu vollstrecken.

Diese Anordnungen gelten für die Dauer von 5 Monaten ab Erlaß der Beschlüsse.

Begründung:
zu § 758 ZPO wie vorgehendes Muster.

zu § 761:
Der Schuldner schuldet dem Antragsteller laut dem beigefügten Titel einen Betrag von . . . DM (nebst Kosten und Zinsen). Nach dem ebenfalls beigefügten Protokoll des Gerichtsvollziehers . . . in . . . vom . . . (UR-Nr. . . .) ist die Vollstreckung in der Wohnung/Gaststätte/Betrieb des Schuldners bisher erfolglos geblieben, weil derselbe in der Wohnung nicht, auch nicht außerhalb der normalen Arbeitszeiten, anzutreffen war und der Betrieb/die Gaststätte erst ab 18.00 Uhr geöffnet ist. Bei einem Besuch kurz nach dieser Zeit war die Vollstreckung erfolglos, weil der Kassenbestand noch ganz ge-

ring war (etwas Wechselgeld). Es ist allerdings davon auszugehen, daß nach 21.00 Uhr und insbesondere zu dieser Zeit an den Wochenenden die Kassenpfändung Erfolg verspricht. Da eine einmalige Pfändung der Kassenbestände nicht zum Erfolg der Zwangsvollstreckung führen wird, muß sich die Erteilung der Erlaubnis antragsgemäß auf den Zeitraum von 5 Monaten erstrecken.

Von einer – möglichen – Anhörung des Schuldners vor der Entscheidung über diesen Antrag bitte ich abzusehen, da der Erfolg der Vollstreckung dann in höchstem Maße gefährdet wäre, weil der Schuldner das Geld leicht »beiseite schaffen« könnte.

gez. Rechtsanwalt

Anmerkung:

§ 761 ZPO wird mit Inkrafttreten der 2. Zwangsvollstreckungsnovelle am 1. 1. 1999 aufgehoben. Gem. § 758 a Abs. 4 n. F. ZPO ist die Vollstreckung zur Nachtzeit und an Sonn- und Feiertagen in der Wohnung des Schuldners im Rahmen einer Durchsuchungsanordnung weitgehend in das Ermessen des Gerichtsvollziehers gestellt.

Die Pfändung in den Geschäftsräumen des Schuldners außerhalb der normalen Zeiten erfordert aber keine Durchsuchungsanordnung.[241]

---

241 Näheres bei *Behr*, 2. ZwVNov JurBüro SH 1998, 5; *Steder*, RpflStud. 1998, 35 f.

M 10

Pfändung von Kontoguthaben und Nebenansprüchen bei mehreren Kreditinstituten (Banken, Sparkassen) zugleich

An das Amtsgericht
– Vollstreckungsgericht –

Es wird beantragt, den nachstehenden Pfändungs- und Überweisungsbeschluß zu erlassen und die Zustellung zu vermitteln, an die Drittschuldner mit der Aufforderung nach § 840 ZPO. Die Vollstreckungsunterlagen und DM 20,– Gerichtskosten (Gebühr Nr. 1640 Kost.Verz. GKG) sind beigefügt.

Rechtsanwalt

Amtsgericht   Geschäfts-Nr.:

Pfändungs- und Überweisungsbeschluß

In der Zwangsvollstreckungssache

(Gläubiger)

gegen

(Schuldner)

werden wegen der in nachstehendem Forderungskonto[242] näher bezeichneten und berechneten Forderung(en) in Höhe von insgesamt ... DM zuzüglich weiterer Zinsen und der Zustellungskosten dieses Beschlusses (ggf. ... und der Vorpfändungsbenachrichtigung) aufgrund des vollstreckbaren Urteils (genaue Titelausgabe, Gericht und Aktenzeichen) die angeblichen Ansprüche des Schuld-

---

[242] Das Forderungskonto enthält eine Zusammenstellung von Hauptforderung, Zinsen hieraus bis heute, Verfahrenskosten und bisherigen Vollstreckungskosten mit Belegen. Zahlungen sind entsprechend §§ 366–367 BGB, § 12 Abs. 3 VerbKrG zu verrechnen. Zur Problematik der Vollstreckung von Teil(rest)forderungen siehe Text S. 83 f.

ners gegen den/die nachbezeichneten Drittschuldner wie folgt gepfändet:

1) Gepfändet werden alle gegenwärtigen und zukünftigen Ansprüche des Schuldners aus sämtlichen bei der Drittschuldnerin für den Schuldner geführten Girokontokorrent-Konten und zwar auf:
    a) Zahlung des Überschusses (Guthabens), der sich bei Saldoziehung (Verrechnung aller Debet- und Kreditposten) im Augenblick der Pfändung ergibt (gegenwärtiger Saldo = Zustellungssaldo),
    b) Zahlung aller künftigen Überschüsse (Guthaben), die sich bei zukünftiger Saldoziehung ergeben (zukünftiger Saldo),
    c) fortlaufende Auszahlung der sich zwischen den Rechnungsabschlüssen ergebenden Tagesguthaben (Tagessalden),
    d) Vornahme von Überweisungen,
    e) Gutschrift der eingehenden Beträge.

2) Gepfändet werden alle gegenwärtigen und zukünftigen Ansprüche auf Auszahlung von Sparguthaben einschließlich Sparguthaben aus vermögenswirksamer Leistung.

3) Gepfändet werden alle gegenwärtigen und zukünftigen Ansprüche des Schuldners auf Herausgabe von Beträgen und körperlichen Sachen, die zugunsten des Schuldners bei der Drittschuldnerin eingegangen sind oder noch eingehen werden und sonstwie von der Drittschuldnerin zugunsten des Schuldners gehalten werden.

4) Gepfändet werden alle gegenwärtigen und zukünftigen Ansprüche des Schuldners auf Herausgabe von Wertpapieren aus Sonder- oder Drittverwahrung samt dem Miteigentumsanteil von Stücken im Sammelbestand.[243]

5) Gepfändet werden alle gegenwärtigen und zukünftigen Ansprüche des Schuldners auf Zutritt zum Stahlkammerfach (Safe) und auf Öffnung des Stahlkammerfaches durch die Drittschuldnerin oder ihre Mitwirkung hierzu.

---

[243] Umstritten, da angesichts der Vielzahl von Varianten bei Wertpapieren und Sicherheiten ein Verstoß gegen den Bestimmtheitsgrundsatz angenommen werden könnte – BGH WM 1987, 1311; *Stein-Jonas-Brehm* ZPO 21. Aufl. § 829 Rdn. 44–50.

6) Gepfändet werden alle gegenwärtigen und zukünftigen Ansprüche des Schuldners auf Herausgabe verwahrter oder hinterlegter Sachen.[232]

7) Gepfändet werden alle gegenwärtigen und zukünftigen Ansprüche des Schuldners auf Herausgabe und Rückübereignung beweglicher Sachen und auf (Rück-)Abtretung von Forderungen und sonstigen Rechten.[243]

8) Gepfändet werden alle gegenwärtigen und zukünftigen Ansprüche des Schuldners auf Auszahlung der Erlöse aus der Verwertung von Sicherheiten und von Teilen davon.

9) Gepfändet werden alle gegenwärtigen und zukünftigen Ansprüche des Schuldners auf **Auskunfterteilung** und **Rechnungslegung** aus dem Bankvertragsverhältnis durch Herausgabe von − gegebenenfalls von Einzahlerangaben befreiten − Bankauszügen und Kontenrechnungsabschlüssen im Hinblick auf die gepfändeten Konten vom Tage der Zustellung an.[244]

an die Drittschuldner:

a) Raiffeisenbank N.N. e.G.
Fechnerstr. 27
12305 Berlin (Anschrift fiktiv)

b) COMMERZBANK AG
Fechnerstraße 43
12305 Berlin

c) Sparkasse der Stadt Berlin
(Landesbank Berlin)
Fechnerstraße 67
12305 Berlin

Der Schuldner ist bei der Fa. Müller Export Möbel AG, Fechnerstr. 4, 12305 Berlin beschäftigt. Es kann davon ausgegangen werden, daß er sein Gehaltskonto bei einem oder mehreren der genannten Institute führt und seinen gesamten Finanzverkehr dort abwickelt.

---

244 Siehe hierzu: BGH ZIP 1985, 1315 = WM 1985, 1098 = NJW 1985, 2699 (rechte Spalte); AG Landsberg NJW-RR 1987, 819; AG Rendsburg WM 1987, 1179 = NJW-RR 1987, 819; *Stöber* Forderungspfändung, 11. Aufl. Rdn. 1741, 166 k; *Baumbach/Lauterbach/Hartmann* ZPO 55. Aufl. 1997; Grundz. vor § 704 Rdn. 87.

Für das Bestehen der gepfändeten Forderungen sprechen die Gesamtumstände (eventuell ausführen!). Vom Nichtbestehen kann nicht ausgegangen werden (siehe OLG München ZIP 1990, 1128 = WM 1990, 1591, *Behr*, JurBüro 1995, 348).

Diese gepfändeten Ansprüche werden hiermit dem Gläubiger zur Einziehung überwiesen.

Der Schuldner darf insoweit über die Forderung nicht verfügen, insbesondere sie nicht einziehen.

Der Drittschuldner darf, soweit die Forderung gepfändet ist, an den Schuldner nicht mehr leisten.

Der Drittschuldner hat die gepfändete Forderung an den Gläubiger zu leisten.

Das Gericht erläßt des weiteren gem. § 836 III ZPO die folgende

Herausgabeanordnung:

1. Der Schuldner hat alle Sparbücher im Hinblick auf die bei der Drittschuldnerin angelegten Sparkonten an den Gläubiger herauszugeben.

2. Der Schuldner hat sämtliche in seinem Besitz befindlichen Euroscheckformulare und Euroscheckkarten, die sich auf die gepfändeten Konten beziehen, an den Gläubiger herauszugeben.[245]

Es wird des weiteren angeordnet, daß diejenigen Sachen, bezüglich welcher die Herausgabeansprüche gepfändet sind, zum Zwecke der Verwertung zugunsten des Gläubigers an einen von diesem zu beauftragenden Gerichtsvollzieher herauszugeben sind (§ 847 ZPO).

Ferner wird angeordnet, daß ein vom Gläubiger zu beauftragender Gerichtsvollzieher Zutritt zu dem/den Stahlkammerfach/Stahlkammerfächern zum Zwecke der Pfändung seines Inhaltes hat.

Anmerkung:

Die bisherigen datenschutzrechtlichen Bedenken gegen die Aufnahme mehrerer Drittschuldner in einen Pfändungsbeschluß werden

---

[245] Umstritten: pro LG Dortmund DGVZ 1992, 188; contra OLG Schleswig NJW 1992, 579; pro jetzt *Stöber*, Forderungspfändung 11. Aufl. 1996, Rdn. 166 bezüglich der Scheckformulare.

mit dem Inkrafttreten der 2. Zwangsvollstreckungsnovelle am 1. 1. 1999 obsolet, da gem. § 829 Abs. 1 S. 3 n. F. ZPO auf Antrag des Gläubigers die Pfändung bei mehreren Drittschuldnern durch einheitlichen Beschluß erfolgen soll.[246]

---

[246] Vgl. *Behr*, 2. ZwVNov JurBüro SH 1998, 12.

M 11

Pfändung von gegenwärtigen und zukünftigen Rentenansprüchen (Altersruhegeld, Erwerbs- und Berufsunfähigkeit)

Gepfändet werden alle gegenwärtigen und zukünftigen fortlaufenden Ansprüche des Schuldners auf Zahlung von Rente wegen Altersruhegeld, Erwerbs- oder Berufsunfähigkeit in Höhe der nach § 850 c ZPO in jeweils gültiger Fassung pfändbaren Beträge in Verbindung mit § 54 Abs. 4 SGB I n. F.

Ausdrücklich von der Pfändung ausgenommen werden die in dem gepfändeten Anspruch enthaltenen Kinderzuschläge und vergleichbare Leistungen, § 54 Abs. 5 SGB I n. F.

Rentenansprüche sind wie Arbeitseinkommen pfändbar. Die Anhörung des Schuldners sowie die Prüfung der Billigkeit und der Sozialhilfebedürftigkeit entfallen seit 14. 6. 1994 infolge der Neufassung des § 54 SGB I nach dem zweiten Gesetz zur Änderung des Sozialgesetzbuches – 2. SGBÄndG v. 13. 6. 1994 (BGBl. I 1229).

Sinn des durch die Neuregelung herbeigeführten Wegfalls der Billigkeitsprüfung und der Prüfung der Sozialhilfebedürftigkeit des Schuldners ist laut Regierungsbegründung die Gleichstellung der Pfändung von Sozialleistungen mit der Pfändung von Arbeitseinkommen (BR-Drucksache 243/93 v. 16. 4. 1993, S. 82).[247]

An die Drittschuldner:
Ziffer 1): Landesversicherungsanstalt Baden (jeweilige LVA einsetzen)
Ziffer 2): BfA – Bundesversicherungsanstalt für Angestellte, Ruhrstraße 2, 10704 Berlin

---

247 Siehe: *Behr*, Pfändung von laufenden Sozialleistungen, JurBüro 1994, 521; *Hornung*, Neues Recht zur Pfändung laufender Sozialgeldleistungen, Rpfleger 1994, 442 (446 li. Sp.); wegen der gleichzeitigen Pfändung bei BfA und LVA siehe *Behr*, JurBüro 1995, 348 [350].

Anmerkung:

Die gleichzeitige Pfändung bei der BfA und jeweiligen LVA in einem Antrag funktioniert in der Praxis erstaunlich gut, obwohl der Schuldner nur bei der einen oder anderen Anstalt rentenversichert ist. Nur wenige Gerichte erheben den Einwand, daß sich die beiden Versicherungsträger wechselseitig ausschließen und erst durch das Offenbarungsverfahren das Versicherungsverhältnis geklärt werden muß. Die meisten Vermögensverzeichnisse enthalten keine Erklärungen des Schuldners zum Rentenversicherungsverhältnis. Erhebt das Gericht wegen dieser Frage Bedenken, so empfiehlt es sich, die Aussetzung des Pfändungsverfahrens zu beantragen und im Wege der Nachbesserung zum Vermögensverzeichnis den Rententräger festzustellen.

Hierzu wird auf die ablehnende Entscheidung des LG Berlin vom 21. 10. 1994 – 81 T 724/94 – verwiesen. – Argumente für die gleichzeitige Pfändung bei BfA und LVA bei *Behr*, JurBüro 1995, 348 [350].

M 12

Erinnerung gemäß § 766 Abs. 1 ZPO

An das
Amtsgericht
Vollstreckungsgericht

In der Vollstreckungssache

./.

lege ich namens und in Vollmacht des Herrn Mustermann

Erinnerung

ein, mit dem Antrag, den Pfändungs- und Überweisungsbeschluß vom . . . aufzuheben und bis zur Entscheidung die Zwangsvollstrekkung (ohne Sicherheitsleistung) gem §§ 766 Abs. 1 S. 2, 732 Abs. 2 ZPO einstweilen einzustellen.

Begründung

Mit dem Pfändungs- und Überweisungsbeschluß wurde neben dem bereits gepfändeten Arbeitslosengeld das Wohn- und Kindergeld von insgesamt DM 1.200,– im Wege der Zusammenrechnung beschlagnahmt. Gem. § 850 e Nr. 2 a ZPO ist eine Zusammenrechnung mit unpfändbaren Bezügen unzulässig. Gem. § 54 Abs. 4 und 5 SGB I i.V.m. § 851 ZPO sind Wohn- und Kindergeld jedenfalls für den Gläubiger einer Kaufpreisforderung unpfändbar.

Rechtsanwalt

M 13

Erinnerung gem. § 766 Abs. 2 ZPO

An das
Amtsgericht/Vollstreckungsgericht
In der Vollstreckungssache
./.
lege ich namens und in Vollmacht des Herrn Mustermann
Erinnerung
ein, mit dem Antrag, den Gerichtsvollzieher anzuweisen, auch die Stereoanlage des Schuldners mit allem Zubehör zu pfänden.

Begründung:

Nach dem Pfändungsprotokoll hat der Gerichtsvollzieher beim Schuldner zwar den Zweitfarbfernseher gepfändet, die Pfändung der Stereoanlage aber nach § 811 Nr. 1 ZPO **(ab 1. 1. 1999 Abs. 1 Nr. 1)** abgelehnt. Dies ist unberechtigt, weil die Stereoanlage im Vorbehaltseigentum des Gläubigers steht.

Beweis: anliegender vom Schuldner unterzeichneter Kaufvertrag.

Der Schuldner hat den Kaufpreis nicht gezahlt. Die Vollstreckung erfolgt wegen der Kaufpreisforderung, wie sich aus der Begründung des vorgelegten Urteils ergibt. Dies Vorbehaltseigentum war dem Gerichtsvollzieher bei der Pfändung auch durch Beifügung des Kaufvertrages nachgewiesen worden.

Beweis: anliegende Kopie des Vollstreckungsauftrages

Unter diesen Umständen ist die Berufung des Schuldners auf den Pfändungsschutz des § 811 Nr. 1 ZPO arglistig **(ab 1. 1. 1999 gem. § 811 Abs. 2 ZPO unzulässig**[248]) und der Gerichtsvollzieher darf die Pfändung nicht ablehnen.

Rechtsanwalt

---

[248] *Behr,* 2. ZwVNov JurBüro SH 1998, 7.

Anhang: Musteranträge

M 14

Sofortige Beschwerde/befristete Durchgriffserinnerung gem. § 703 ZPO/ § 11 Abs. 1 S. 2 RpflG

An das
Amtsgericht
– Vollstreckungsgericht –

In der Zwangsvollstreckungssache

./.

lege ich namens und in Vollmacht des Gläubigers gegen den Beschluß vom . . ., durch den der Antrag auf Erlaß des begehrten Pfändungs- und Überweisungsbeschlusses zurückgewiesen wurde,

sofortige Beschwerde bzw. befristete Erinnerung

ein und **beantrage,**

den Zurückweisungsbeschluß aufzuheben und den begehrten Pfändungs- und Überweisungsbeschluß antragsgemäß zu erlassen.

Begründung:
Durch das Zweite Gesetz zur Änderung des Sozialgesetzbuches – 2. SGBÄndG – vom 13. 6. 1994 (BGBl 1994 I, 1229), in Kraft seit 14. 6. 1994, ist neben den umfangreichen Änderungen über den Schutz von Sozialdaten auch der Vollstreckungszugriff in laufende Sozialleistungen gem. § 54 Abs. 4 SGB I geändert worden. Durch den Wegfall der Prüfung von Billigkeit und eventueller Sozialhilfebedürftigkeit hat der Gläubiger zur Billigkeit nichts vorzutragen. Auch die Schuldneranhörung ist entfallen. Gem. § 54 Abs. 4 SGB I ist die gegenwärtige und zukünftige Rente wie Arbeitseinkommen pfändbar.

M 14

Soweit die Zurückweisung auf der unterschiedlichen Schreibweise des Schuldnervornamens im Titel »Fritz«, in der Zustellungsurkunde »Franz« beruht, ist eine Identität i. S. von § 750 Abs. 1 ZPO durchaus gegeben, da... (nähere Ausführungen, ggf. Beweisangebot).

Rechtsanwalt

M 15

Vollstreckungsabwehrklage mit Antrag auf einstweilige Einstellung §§ 767, 769 Abs. 1 ZPO

An das
Landgericht

Klage des . . .

wegen Unzulässigkeit der Zwangsvollstreckung, § 767 ZPO

Streitwert: . . .

Namens und in Vollmacht des Klägers erhebe ich

Klage

und werde beantragen zu erkennen:

Die Zwangsvollstreckung aus dem vollstreckbaren Urteil des LG . . . vom . . . Az. . . . wird für unzulässig erklärt.

Zugleich beantrage ich, vorab im Wege der einstweiligen Anordnung zu beschließen:

Die Vollstreckung aus dem Urteil des LG . . . vom . . . Az. . . . wird bis zum Erlaß des Urteils in dieser Sache einstweilen eingestellt.

Begründung:

Der Kläger wurde durch Urteil vom . . . zur Zahlung von . . . DM rechtskräftig verurteilt. Der Kläger hat als Schuldner der Titelforderung diese am . . . in Höhe eines Teilbetrages von . . . an den Beklagten (ehemals Gläubiger) gezahlt.

Beweis: Bestätigter Banküberweisungsbeleg vom . . .

Im übrigen hat der Kläger wegen des Restbetrages die Aufrechnung mit einer Gegenforderung erklärt, die er nach dem Urteil im Vorprozeß erworben hat.

Beweis: Schuldanerkenntnis des Klägers vom . . .

Außerdem hat der Beklagte in Zeugengegenwart ausdrücklich auf die Forderung verzichtet, da er Ruhe haben wolle.

Beweis: Zeugnis des A (ladungsfähige Anschrift),

dessen Aussage in Form einer eidesstattlichen Versicherung beigefügt wird. Leider hat der Beklagte mit dem weiter beigefügten Schreiben vom . . . angedroht, er werde die Zwangsvollstreckung betreiben. Daher ist nicht nur Klage, sondern auch der Antrag auf einstweilige Anordnung geboten.

Rechtsanwalt

Anhang: Musteranträge

M 16

Antrag auf einstweilige Einstellung an Vollstreckungsgericht (§ 769 Abs. 2 ZPO)

An das
Amtsgericht
Vollstreckungsgericht

In der Vollstreckungssache ...
./.

beantrage ich,

namens und in Vollmacht des Schuldners folgendes zu beschließen:

Die Zwangsvollstreckung des Gläubigers gegen den Schuldner aus dem Urteil des LG ... vom ... Az. ... wird bis zu einer Anordnung des Prozeßgerichts (LG ...) einstweilen, längstens bis zum ... eingestellt. Die erfolgte Pfändung des schuldnerischen Warenlagers gem. Pfandprotokoll des Gerichtsvollziehers A vom ... DRNr. ... wird gegen Sicherheitsleistung von ... DM aufgehoben.

Begründung:

Die Vollstreckung des Gläubigers aus dem Urteil ist nicht mehr berechtigt. Ich verweise dazu auf die in Kopie beigefügte Vollstreckungsabwehrklage des Schuldners gegen den Gläubiger mit Antrag auf einstweilige Anordnung, die ich zugleich beim LG ... erhebe. Dort beigefügte eidesstattliche Versicherung überreiche ich gesondert.

Das heute gepfändete Warenlager ist für den schuldnerischen Geschäftsbetrieb unentbehrlich, da aus ihm ständig Waren zur Verarbeitung entnommen werden. Sonst muß der Schuldner seinen Betrieb schließen, da er die weiterlaufenden Löhne und Gehälter nicht zahlen könnte. Somit sind unverzügliche Maßnahmen erforderlich.

Rechtsanwalt

M 17

Drittwiderspruchsklage mit einstweiliger Einstellung (§§ 771, 769 Abs. 1 ZPO)

An das
Landgericht . . .

der Kauffrau Musterfrau
Klägerin,

Prozeßbevollmächtigter:
Rechtsanwalt . . .
gegen
Malermeister Mustermann
Beklagter

wird

Klage

wegen Unzulässigkeit der Zwangsvollstreckung erhoben.

Namens und in Vollmacht der Klägerin werde ich beantragen:

Die von dem Beklagten als Gläubiger aus dem vollstreckbaren Urteil des LG . . . vom . . . Az. . . . gegen den Schuldner betriebene Vollstreckung in die Farbenmischmaschine Marke . . ., Bau-Nr. . . . wird für unzulässig erklärt.

Ferner beantrage ich, die vom Beklagten aus dem genannten Urteil betriebene Zwangsvollstreckung in die genannte Farbenmischmaschine bis zur Entscheidung einstweilen einzustellen.

Begründung:

Die Klägerin verkaufte die Farbenmischmaschine an den Schuldner unter Eigentumsvorbehalt (ist näher auszuführen, Beweis anzubieten). Der Schuldner hat die Maschine bisher nicht voll bezahlt.

Durch Zufall erfuhr die Klägerin, daß die Maschine durch den Gerichtsvollzieher A laut Pfändungsprotokoll vom . . . DRNr. . . . für den Beklagten gepfändet ist. Versteigerung steht an am . . .

Beweis: anl. Protokollabschrift

Der Beklagte ist zur Freigabe aufgefordert worden, verweigert diese aber. Daher ist Klage geboten. Um den Rechtsverlust durch die Versteigerung zu verhindern, bitte ich um unverzügliche Entscheidung über den Antrag auf einstweilige Einstellung gem. § 769 Abs. 1 ZPO.

Rechtsanwalt

Sachverzeichnis

Abwendungsbefugnis des Schuldners 62, 63
Amtszustellung 108, 109
Annahmeverzug
– des Schuldners 118, 120
Arbeitsgerichtliche Titel 2
Arrest 5
Auslandsunterhaltsgesetz 77
Aussetzung der Verwertung 146
Austauschpfändung 139

Bankbürgschaft 65, 67, 115
Beibringungsgrundsatz 8
Bestimmtheit des Vollstreckungstitels 57
Bestimmtheitsgrundsatz 57
Bestimmungsfunktion 55, 57
Bürgschaftsurkunde 65, 67, 115

Dauerpfändung 117
Dispositionsfreiheit des Gläubigers 6
Drittwiderspruchsklage 167, 172, 173

Einstellung der Zwangsvollstreckung 155
Einstellung gem. §§ 775, 776 ZPO 185
Einstellung gem. §§ 779, 776 ZPO 179

einstweilige Einstellung 179
einstweilige Einstellung der Zwangsvollstreckung 179
Einwendungen
– formelle 155
– materielle 155
Einzelvollstreckung 22
Entscheidungsverfahren 10
Erinnerung
– gem. § 766 Abs. 1 ZPO 12
– gem. § 732 Abs. 1 ZPO 100
– gem. § 766 ZPO 157
Exequatur 76

Fälligkeit
– der Titelforderung 117
Formelle Einwendungen 156
Funktion der Zustellungsarten 108

Generalklausel des Schuldnerschutzes gem. § 765 a ZPO 151
Gerichtsvollzieher 29
– sachliche Zuständigkeit 26
Gesamtvollstreckung 22

Hebungsvermerk 83
Heilung fehlerhafter Vollstreckungsakte 28
Heilung von Zustellungsmängeln 106

Sachverzeichnis

Inkassokosten 44
Internationale Vollstreckung 76

Justizbeitreibungsordnung 3

Klage auf vorzugsweise Befriedigung 167, 174
Klarstellungsklausel 95
Kosten der Zwangsvollstreckung 39
- Beitreibung 47
- Betriebskosten 41
- Festsetzung 48
- Notwendigkeit 40
- Vorbereitungskosten 40
Kostenfestsetzung 48
Kostenschutz gem. § 850 k 142
Kumulation verschiedener Vollstreckungsarten 8

Materielle Einwendungen 156

öffentliche Verstrickung 125
ordre-public 76

Parteibezeichnung 55
Parteizustellung 104, 109
Personalvollstreckung 5
Pfändungspfandrecht 125
Pfändungspfandrechtstheorien 128
Prioritätsprinzip 111
prozessuale einstweilige Einstellungen 179

Ratenzahlungsvergleich
- Kosten der Zwangsvollstreckung 43
- Kostenerstattung 43
Real- oder Vermögensvollstreckung 5
Rechtsbehelfe
- im Klauselerteilungsverfahren 100
- in der Zwangsvollstreckung 155
- Übersichten 156
Rechtsbehelfssystem
- in der Zwangsvollstreckung 164
- Übersicht 164
Rechtsdurchsetzungsgarantie 1
Rechtspflegererinnerung gem. § 11 RpflG 161
- grafische Darstellung 163

Schadensersatz bei Wegfall 73
Schlüssigkeitsprüfung
- eingeschränkte 9
Schuldneranhörung 9
Selbsthilfe 5
Sicherheitsleistung 61, 65, 66, 67
Sicherungsvollstreckung 67
- zum Ausspruch der vorläufigen Vollstreckbarkeit 71
sofortige Beschwerde gem. § 793 ZPO 158
Sofortklausel 86
Strafrechtlicher Schutz in der Zwangsvollstreckung 18
System 59

Teilleistungen 83

Sachverzeichnis

Titelergänzende Klausel 87
Titelübertragende Klausel 91
Trennung von formellem Vollstreckungsverfahren und materiellem Erkenntnisverfahren 14

Übersicht 156
Übersicht über die Einstellung(Aufhebungs-)möglichkeiten durch das Vollstreckungsorgan gem. §§ 775, 776 ZPO 185
Übersicht über die einstweilige Einstellung der Zwangsvollstreckung
Umrechnungsregel 79

Verfahrensbeteiligte 11
Verhältnismäßigkeitsgrundsatz 16
Verjährung 54
– titulierter Anspruch 53
– Vollstreckungshandlungen 54
Verstrickung
– öffentlich-rechtliche 126
Verwaltungsvollstreckungsgesetz 3
Verwertungsmoratorium 146
vollstreckbarer Anspruch 4
Vollstreckungsabwehrklage 168
Vollstreckungsakt
– anfechtbarer 28, 105
– Heilung des 28
– nichtiger 28, 105
Vollstreckungsantrag 7

Vollstreckungsarten 21
Vollstreckungsentscheidungen 10
vollstreckungsfähiger Inhalt 57
Vollstreckungsgericht 29
– sachliche Zuständigkeit 27
Vollstreckungshindernisse 121
Vollstreckungsklausel 81
– Erteilungsverfahren 91, 97
– im Schnellverfahren 86
– kassatorische 87
– qualifizierte 82
– Rechtsbehelfe 100
– titelergänzende 85
– titelübertragende 85
– Wegfall des Urkundennachweises 94
– weitere oder mehrfache 98
Vollstreckungsmaßnahmen 10
Vollstreckungsmonopol 5
Vollstreckungsorgane 11, 21
vollstreckungsrechtliche Einstellungen 179
Vollstreckungsschutz
– auf Antrag 146
– besonderer 146
– Generalklausel des § 765 a ZPO 151
– von Amts wegen zu beachtender 136
– zu gewährender 146
Vollstreckungstitel 53
– aus der ehemaligen DDR 78
– Übersicht 79
– weitere 74
Vollstreckungsübereinkommen der EWG-Staaten 77
Vollstreckungsvereinbarung 122
Vollstreckungsverfahren 8

vorläufige Vollstreckbarkeit 59, 73
Vorratspfändung 117
Vorschußpflicht 50

weitere vollstreckbare Ausfertigung 98
Wiederauflebungsklausel 87

Zug-um-Zug-Leistung 118
Zugriffsinstrumente 21
Zugriffsverfahren 10

Zustellung 108
– anderer Urkunden 109
– Mängel 105
– von Anwalt zu Anwalt 66, 104
Zustellung der Urschrift 65, 115
Zustellung des Titels 102
– Funktion 108
Zustellungsarten 103
Zwangsvollstreckung 108, 179
– ausländische Urteile 76
– Definition 1
– nach JBeitrO 3